周祖謨文集　第一卷

問　學　集

周祖謨　著

中華書局

圖書在版編目(CIP)數據

問學集/周祖謨著. —北京:中華書局,2022.12
(周祖謨文集)
ISBN 978-7-101-15680-5

Ⅰ.問… Ⅱ.周… Ⅲ.漢語–文集 Ⅳ.H1-53

中國版本圖書館 CIP 數據核字(2022)第 051192 號

書　　　名	問學集
著　　　者	周祖謨
叢 書 名	周祖謨文集
責任編輯	秦淑華
責任印製	陳麗娜
出版發行	中華書局
	(北京市豐臺區太平橋西里 38 號　100073)
	http://www.zhbc.com.cn
	E-mail:zhbc@zhbc.com.cn
印　　　刷	三河市宏達印刷有限公司
版　　　次	2022 年 12 月第 1 版
	2022 年 12 月第 1 次印刷
規　　　格	開本/710×1000 毫米　1/16
	印張 37¼　插頁 4　字數 624 千字
印　　　數	1-1500 册
國際書號	ISBN 978-7-101-15680-5
定　　　價	180.00 元

周燕孫（祖謨）先生

中國语言学会成立大会一九

八零年十月二十一日 武汉

與唐作藩（左二）、張世禄（左四）、史存直（左五）、李新魁（後排右一）
等先生,1980年10月於武漢

《周祖謨文集》出版説明

周祖謨(1914—1995),字燕孫,北京人,我國傑出的語言學家,卓越的文獻學家、教育家。原北京大學中文系教授。歷任普通話審音委員會委員、中國語言學會常務理事、中國音韻學研究會名譽會長、北京市語言學會副會長等職。

周祖謨先生一生致力於漢語史與古文獻研究,出版學術著作十餘種,發表論文二百餘篇,涉及音韻、文字、訓詁、詞彙、方言、語法、詞典編纂、版本、目録、校勘、敦煌學、文學、史學等多個領域,而尤孜孜於傳統語言文字學典籍的校勘。作爲20世紀人文領域的一位大家,周祖謨先生根植傳統、精耕細作,對中國語言學的發展與進步産生了深遠的影響。

《周祖謨文集》共分九卷,涵蓋周祖謨先生論文結集、古籍整理成果及學術專著等。所收文集、專著保持周祖謨先生生前編訂成書的原貌,其他散篇論文新編爲《問學集續編》。收録論著均參考不同時期的版本細心校訂、核查引文,古籍整理成果後附索引,以便讀者使用。

《周祖謨文集》的出版工作得到了周祖謨先生家屬及社會各界人士的幫助和支持,在此謹致以誠摯的謝意。

中華書局編輯部
2020 年 12 月

本卷出版説明

本卷收入周祖謨先生的《問學集》。

《問學集》,收 44 篇作者 1962 年之前創作的論文、札記和序跋,1966 年由中華書局出版。

此次出版《周祖謨文集》,我們以中華書局本爲底本,改豎排爲横排,增加書名號,並改正了部分譌誤。

原來的《〈廣韻校本〉序》《〈廣韻〉跋尾二種》、《〈方言校箋〉序》《書劉熙〈釋名〉後》、《〈爾雅〉之作者及其成書之年代》《〈爾雅〉郭璞注古本跋》《郭璞〈爾雅注〉與〈爾雅音義〉》《書鄭樵〈爾雅注〉後》《重印〈雅學考〉跋》,因文集第二卷《廣韻校本》、第四卷《方言校箋附釋名校箋》、第五卷《爾雅校箋》已經收録,本卷不再收入,僅存目。

中華書局編輯部

2017 年 5 月

目　録

序

　　這本文集共收文章 44 篇，包括有關漢語文字音韻訓詁三方面的論文、札記和書籍的序跋。其中有一部分曾在 1957 年編爲《漢語音韻論文集》，由商務印書館出版，現在又重加修訂，和其他文章總集在一起，題名爲《問學集》。

　　這些文章，以在 1934 年至 1949 年之間所寫的居多。有些是關於書籍或資料的考證和校訂，有些是問題的探討，有些是對前人著述的評論。大抵從考察和分析材料入手，進而論述材料所反映的語言現象，以供學者參考。

　　研究漢語的歷史，可以憑藉的資料和著述極多，前人雖然做了不少研究或整理的工作，但是還很不足，而且由於受時代和條件的限制，他們對材料和問題的認識和理解也不免有疏略，有錯誤。爲了科學地説明漢語發展的規律，探討漢語發展史上某些重要的問題，我們必須很好地理解和運用歷史上的材料，去粗取精地繼承前人的研究成果，因此對古代的書籍和前人的著述都有必要逐步加以整理校訂和分析批判。只有批判地繼承，才能有所發明，有所創造。這裏所收的文章大多屬於史料考訂的範疇，談不上批判地繼承，充其量不過是爲批判繼承提供了一部分資料和線索。即使有些文章對前人的疏失有所駁正，但是也難免還有不正確的地方，誠懇地希望讀者指教。

　　集中的文章大體以類相從。凡以前曾經在報刊或雜誌上發表過的，後來都陸續有所修改和補充。有的問題一時解決不好的，也只好留待將來去解決了。

周祖謨

1962 年 11 月

漢字的產生和發展

一、漢字產生的時代和早期漢字與圖畫的關係

漢字是漢族的祖先在勞動過程中創造出來的[1]。

漢字產生的確切時代我們還不能斷定,可是根據遠古文化遺物的考查,在河南、甘肅等地所發現的新石器時代晚期的彩陶文化中還沒有看到文字。彩陶文化時期約在公元前 2000 年左右,漢字的產生可能是在彩陶文化之後[2]。

今日我們能看到的最古的漢字是商代的文字。商代的文字已經是一種很發達的文字了。其中不僅有象形字和表意字,而且有了形聲字和假借字。這都是要經過很長的時期才能發展成功的。由此推斷,漢字的產生要遠在商代之前,可能在公元前 1500 年至前 2000 年之間。

商代的文字見於龜甲、獸骨、銅器、骨器和玉石器上面,除銅器上的字是鑄成的以外,其他都是用刀刻的[3]。商人最好占卜,如祭祀、征伐、行止、田獵、農事等都要占卜。占卜所用的東西主要是龜腹甲,有時也用牛肩胛骨。把龜甲和牛骨事先鑽成一個個的深槽,占卜時用火在鑽處燒灼,從背面坼裂的兆文來定休咎。占卜的事情就用文字記載下來刻在兆文的旁邊,這就是"卜辭"。今日我們所看到的卜辭都是刻在龜甲獸骨上的,所以稱這種文字叫"甲骨文字"。

商代占卜的甲骨是清代光緒年間(1880 年以後)在河南安陽西北五里小屯村發現的,這個地方在洹水之南,是殷代的舊墟。甲骨文字爲世人所知是在公元 1899 年(清光緒二十五年)以後。最早收藏甲骨的是王懿榮,其後是

---

① 古人傳説文字是黃帝史官倉頡所作,例如秦李斯《倉頡篇》説:"倉頡作書,以教後詣。"漢許慎《説文解字‧序》説:"黃帝之史倉頡見鳥獸蹏迒之迹,知分理之可相别異也,初造書契。"這種傳説是不足信的。

② 彩陶是一種紅色的陶器,陶器上畫着各種精美的圖案花紋,有些陶器還畫着一些事物的圖象,但還不是文字。彩陶文化也稱"仰韶文化",因爲代表這種文化的彩色陶器首先在河南省澠池縣仰韶村發現的。實際上彩陶分布在河南、山西、陝西、甘肅、青海等省的黃河流域,不是僅僅在仰韶才有。參看裴文中《中國石器時代的文化》39—46 頁,中國青年出版社 1954 年。

③ 也曾經發現用朱色或黑色來寫的,不過很少。

劉鶚和羅振玉。從 1928 年以後又有過幾次科學的發掘,前後獲得的甲骨有十萬片以上,其中絕大部分都是商朝後半期的東西,即盤庚遷於殷以後的東西,從殷王武丁時代起到帝辛時代止,約二百七十三年(公元前 1300 年—前1028 年),距離現在已經有三千多年了。這些龜甲獸骨的刻辭,大部分是卜辭,也有一部分是記事的文辭,其中包含着極豐富的殷商文化史料,是研究中國古代社會、經濟、文化各方面最寶貴的資料。從甲骨文字發現以後,很多古文字學家進行蒐集、整理、考釋和研究的工作,前後編定寫成的專書就有二百多種,現在考釋出來的文字已將近兩千,這對於中國歷史文化的研究有極大的貢獻。

　　甲骨文的發現使我們對於漢字的產生和發展有了明確的認識。

　　甲骨文已經是一種很發達的文字了,可是還保留不少圖形的文字,從這一點我們可以瞭解漢字是由圖畫發展來的,例如:

(《殷契佚存》116)
(癸丑卜㲃貞叀王征舌方,
下上弗若,不我其受祐)

　　這些字都是根據外物的形象描繪出來的,很接近於圖畫。現在我們所寫的漢字如"目、耳、牛、羊"之類已經跟事物的形象很不相像了,那是因爲經過了長期的演變,所以變了樣子。原來的寫法跟事物的形象是非常接近的。

　　由圖畫發展爲文字,必然是由繁複趨於簡單,而且要有一定的寫法。這個過程在甲骨文裏也表現得很明顯。上面的一些字雖然接近於圖畫,但已經成爲一種代表語詞的文字,爲了書寫的方便和排列的整齊,就不能不把原來的圖形改變一下,使它更便於應用。甲骨卜辭都是由上而下直行寫的,或向左行,或向右行,有些橫寫不方便的就改爲豎寫,如"犬、豕、馬、象、虎"之類,有些筆畫繁複的就儘量要求簡單,只要能把事物形象的特徵表現出來,就不須要像圖畫那樣複雜了，例如“戈”在商代銅器上畫作𢧐，在甲骨文裏簡寫作𠄌；“羊”在早期的卜辭裏寫作𦍌，後來就簡寫作𦍌，這都表明甲骨文字已經是逐步在脱離圖畫的階段，演變成爲一種真正記載語言的文字。

二、漢字體系的建立

甲骨文給研究漢字發展史提供了很好的資料。根據甲骨文我們可以更進一步地瞭解到漢字的體系是怎樣建立起來的。在甲骨文裏有圖形文字、表意文字和表音文字三類，這就是漢字體系的内容。

圖形文字包括象形字和指事字。凡是象物之形的字在文字學上都稱爲“象形字”，如上面所説的“人、口、日、月、牛、羊”之類象形字就是漢字造字的基礎，從一個象形字還可以産生許多其他的字，例如𡘂（大）象人形，𡗞（天）、𡂡（矢）、𡗜（夭）、𡗶（夫）等字都是與“大”形體相近的字，而𡘋（美）、𡗚（亦）、𡗗（夾）、�（立）、𡔷（乘）、𨸏（陵）等字皆從“大”。𡘂就是一個基礎。

在語言裏有些代表抽象概念的詞是不容易用一個象形字來表現的，只有用符號來表示，例如：

一	二	三	三	✕	介	十
一	二	三	四	五	六	七

八	九	丨	彡	⌣	⌢	中
八	九	十	肜①	上	下	中

這種字只是一種符號式的文字。上下和中間很難表示，古人用⌣、⌢、中來表示是很巧妙的。在文字學上稱這種字爲“指事字”。這種單純用符號以見意的辦法也是造字方法之一種，不過這種字數量很少，在漢字當中不是主要的。

在甲骨文中，除了圖形文字以外，還有大量的表意文字。表意字是從字的結構成分上來表現詞義，例如𡰥（元）表示人的頭，𣁋（見）表示人以目觀看，𦥓（𥄗，即望）表示人企立張目而望。這種字雖然類似象形，而性質是表意。表意字中一般都是比較複雜的，常用兩個或三個成分結合在一起表示一個意思，例如：

---

① “肜”即“肜日”的“肜”，祭祀之後第二天又祭祀就是“肜日”。這個字從字形上看是表示連續不斷的意思。

从　牧　逐　伐　秉　祝　降

武　相　戌(啓)　尋(得)　受　休　取

這些都是比較複雜的表意字。"从"表示人相從;"牧"從牛從攴,表示牧牛;"逐"從豕從止,止代表人的足,表示追逐;"伐"從戈從人,表示殺;"秉"從禾從又,表示以手持禾;"祝"從示從兄,表示祝告;"降"從阜從夅,"夅"(🦶)是人的兩足;"武"從戈從止,表示威武;"相"從木從目,表示看;"戌"從戶從又,表示開;"尋"從貝從又,"受"從受從舟,"休"從人從木,"取"從耳從又。諸如此類,都是一種合體的表意字。這種合體表意字,文字學上稱爲"會意字"。

　　由象形文字產生表意文字之後,文字就逐漸豐富起來了。可是語言的詞彙隨着人對客觀事物認識的日益擴展和加深而日趨豐富,文字勢必也要增多,單純應用象形、表意的方法來造字也就行不通了。因爲事物有形可象的未必都能描繪得出,遇到無形可象的或難以表現的就更有困難。於是不得不另外想辦法。最好的辦法就是表音。

　　漢字在商代的時候,象形字和表意字占多數,同時也出現了一些表音的文字,例如:

徝(逢)　壬(往)　犧　犂　效　霖　遘　麗

從彳夆聲　從止王聲　從牛戲聲　從牛剛聲　從攴交聲　從雨林聲　從辵冓聲　從厂龍聲

　　這些字一部分表意,一部分表音,文字學上稱這種字爲"形聲字"。

　　甲骨文中還有原來是一個象形字,後來在象形字上加上表音成分而變爲一個形聲字的,例如:

鳳　　　　　雞

　　"鳳"和"雞"原來都是象形字,後來"鳳"字右邊加上"凡"聲[1],"雞"字左邊加上"奚"聲,就成爲形聲字了。由此可以看出由象形字向表音字發展的過程。表音字的出現是要求文字跟語音相配合的一種表現,也是漢字發展的一個轉折點。

----

① 甲骨文裏"鳳"假借爲"風"。

　　在甲骨文裏不僅出現了形聲字,而且在文字的使用上出現了很多的假借字。假借字就是借用一個語音相同的字來代表另一個語詞,它的作用就是表音,例如:

　　　我　　　其　　　自　　　來　　　北

"我"象戈形,"其"象箕形,"自"象鼻形,"來"象麥形,"北"象二人相背。在卜辭裏"我"是代詞,"其、自"都是虛詞,"來"是往來之來,"北"是四方的名稱。這些都是假借字。假借字只是作爲一種表音的符號來使用,不再有表意的作用。文字在使用上有了假借的方法,就可以少造字。遇到難以造字的時候,也可以用假借以濟其窮。這樣就可以更好地使文字與語言相適應了。假借字的産生可能要比形聲字早得多。

　　總起來看,漢字的體系在商代的甲骨文裏已經建立起來了。甲骨文裏既有象形字、表意字,又有假借字和形聲字。在文字發展的過程中,自然先有接近於圖畫的文字,後有表音的文字。但是這些階段不是截然可分的。有了圖形文字的時候,就可以有表意的成分;有了表意文字的時候,也就可以有表音的成分。由象形、表意趨向於表音,這就是漢字發展的内部規律。

三、漢字的發展

　　文字是記載語言的符號,要能够很好地適應這種需要,就必須與語音相結合。漢字最初雖然先有象形字和表意字,但要應用文字來記録語言,就不能不根據語音來創造文字,所以在商代的甲骨文裏既出現了文字上的同音假借,又出現了不少的形聲字。這説明文字必須走上表音的途徑才能有發展。

　　我們的祖先掌握了這條原則,所以從周代以後,文字發展的總的方向就是爲適應記録語言的需要而不斷地創造形聲字。在原有的文字當中有些也由表意字改變爲形聲字。

　　這裏我們可以舉幾個有趣味的例子來説明這樣的事實,例如"鑄"字在周代的銅器裏有許多不同的寫法,從這些不同的寫法可以看出"鑄"字是怎樣發展來的。

芮公鼎　　兒姁鬲　　仲鑅簋　　鑄于鼎　　余義鐘

這些不同的寫法表現出"鑄"字最初只是一個表意字,表示以手持鬲在火上陶鑄的意思,後來加上表音的成分(如"**昜**、**己**"),又加上表事物的成分("金"),最後變爲一個純粹的形聲字。

又如"征"字在甲骨文裏只寫作**正**,到周代的銅器中就寫作**征**,加上"彳",以別於"中正、正月"的"正","征"是一個形聲字。"盤"字在周代銅器中有的寫作**般**,有的寫作**鎜**,有的寫作**盤**,"盤"字從皿般聲(或從金),是一個後起的形聲字。

從這樣的例子我們可以瞭解,在文字向表音途徑發展中,我們的祖先怎樣改進原有的文字和怎樣適應語言的需要而創造新的形聲字。由原來沒有表音成分的表意字加上聲符而成爲一個形聲字;以原有的象形字和表意字爲基礎,作爲聲符,再加上意符(即形旁)而產生新的形聲字;這就是漢字由象形字、表意字轉向表音字的發展過程。

後來形聲字不斷地發展,就成爲漢字發展的主體。三千年來漢字的發展始終沒有脫離形聲字的範圍。

形聲字一半表意、一半表音。表意的部分稱爲形旁,或稱爲意符;表音的部分稱爲聲旁,或稱爲聲符。形旁所表示的意思主要是事物的類屬,例如屬於人事方面的加"人"旁,屬於思想感情方面的加"心"旁,屬於疾病方面的加"疒"旁,屬於衣著方面的加"衣"旁或"巾"旁,與水有關的加"水"旁,與"山"有關的加"山"旁,草、木、蟲、魚之類則加"艸"、加"木"、加"虫"、加"魚"[①]。這樣就形成了一個偏旁的系統。形聲字的聲旁具有表音的作用,聲符與字音有的相同,有的只是相近。一般説來,在韻母一方面相同者居多;在聲母一方面則不盡相同,有很多形聲字只取其發音部位相同而已,不過聲母完全相同的還是占多數。這樣聲旁就有了一定的表音作用,例如"共"諧"恭拱供烘洪鬨巷","巷"又諧"港";"工"諧"功攻空紅江扛項虹","空"又諧"腔"。字音雖然不都跟聲符一致,而大類不遠[②]。

在漢字發展過程中先有一部分形旁和聲旁,後來逐漸增多,構成漢字的繁複體系。早期漢字中的形聲字形旁和聲旁寫的位置是不一樣的,例如"艸、疒"作爲形旁都寫在上面,"水、木"作爲形旁大多數都寫在左邊,原來是爲了書寫

---

① 偏旁和字義之間並非都完全符合,只能作爲一種粗疏的標誌來看。
② 有些字聲旁與字音按今音的讀法可能相去較遠,但古今音不同,古人讀起來應當是相同或相近的。因此根據諧聲系統可以考證古音。

的方便和形式的美觀,後來也就成爲一般的格式了。形聲字的形旁和聲旁組合在一起有下列幾種方式:

　　　　左形右聲:江河征炸吟袖迷銅陪　　　右形左聲:和放顏飄收鵝部期靚
　　　　上形下聲:草崇室奢篇　　　　　　　下形上聲:吾常煮裂帛含盟婆
　　　　外形內聲:國療圍裏闌閻衢　　　　　內形外聲:問聞穀辯

　　這些形式雖然很複雜,但同從一個形旁的字寫法大都一致,例如"人、口、手、木、水、衣、禾、亻、辶、言、足、金"等偏旁一般都在字的左邊,"力、支、殳、見、頁、鳥"等偏旁一般都在字的右邊,"宀、广、竹、艸、雨"等偏旁都在字的上邊,"子、皿、貝、黽"等偏旁一般都在字的下邊,這樣也就比較整齊了。

　　形聲字的偏旁範圍和字形的構造方式從漢代起已經完全具備,自漢代以後形聲字日益增多。語言裏隨時産生新詞,文字中也就隨時出現新的形聲字。因此形聲字在漢字當中占百分之九十以上。

　　這種形聲字都是在已有的象形字、表意字的基礎上産生的,有了一定的偏旁範圍和已有的普通應用的漢字,要造一個形聲字當然很容易,同時依照語音來造字也正合於文字向表音方向發展的規律,所以形聲字的大量發展,成爲漢字發展過程中一個主流。原來代表某一個語詞的字不是形聲字,後來也很容易增加形旁而變成形聲字,例如"昆侖"寫爲"崑崙"、"扇動"寫爲"搧動"之類。至於漢以後新産生的表意字(如"淚、尖、歪"等),就很少了。

　　漢字本身是一直向表音方向發展的,但是由於始終沒有脫離固有的象形和表意的系統,沒有發展成爲純粹拼寫語音的文字,所以還是一種表意體系的文字。

　　漢字所以長期沒有發展爲拼音文字,當然原因很多。除了受歷史上社會、政治種種條件的限制外,還應當說跟漢語的特點有關。在創造文字的時候,漢語的語詞大部分都是單音節的詞,而且語法上的形態變化很少,在這種情形之下,方塊漢字是能够表達古漢語的結構的,所以沒有發展爲拼音文字。另外,漢語從很古就有不同的方言,方言之間最大的分歧是語音,這種表意性質的文字自然就成爲有力的交際工具了。過去在長期封建社會中,方言的分歧是很難消除的,漢字受種種條件的限制要有所改變也很困難。文字孳生繁衍,越來越多,但有大量的字因爲所代表的語詞已經消失也就廢棄不用了。

　　　　　　　　　　　　　　　　　　　　　　　　　　1957 年 11 月

漢字與漢語的關係

一、漢字與漢語聯繫的情況

漢字是在漢語的基礎上產生着和發展着的。要理解漢字，對於漢字和漢語的關係不能不有明確的認識。

漢字既然始終是一種表意體系的文字，在表現語言方面就不能完全與語言相應合，因而形成種種錯綜的關係：

（一）字和詞不能完全相應。

漢字是一個個方塊式的字，每一個字都代表語言的一個音節。語言裏的詞有的是一個音節，就用一個漢字來代表，例如"人、走、高、大"之類；有的是兩個或兩個以上的音節，就要用兩個或兩個以上的漢字代表，例如"人民、革命、偉大、工業化、圖書館"之類。因此，字跟詞並不完全相應。有些漢字就相當於語言裏的一個詞，有些漢字只相當於一個詞的語音組織的一部分，甚至於很少單獨應用，例如：

| 崎嶇 | 澎湃 | 淅瀝 | 逍遥 | 嘮叨 | 吩咐 | 徘徊 |
| 燦爛 | 瑪瑙 | 薔薇 | 葡萄 | 檸檬 | 窟窿 | 圪墶 |

這裏面每一個字只代表整個詞的一個音節，並不是一個獨立的詞。

（二）漢字本身不能正確表示語音。

漢字當中有一部分是象形字和表意字，如"生、重、育、建、長、奔、齊、逐、析、間、困"之類，固然不能表示出聲音來，就是形聲字也不能把語音完全明確表示出來，例如"居、固、苦、胡"不都讀"古"，"格、客、路、洛"不都讀"各"，"功、空、項、江"不都讀"工"，"語"從"吾"得聲，可是"語"現在不念"吾"，"假借"的"借"從"昔"得聲，可是"借"現在不念"昔"，這就是很明顯的例子。造成這種事實至少有兩個主要的原因：一種是原來造字的時候，聲符並不與字音完全一致，只是相近而已；一種是最初造字的時候，聲符的讀音本來與字音相合，但是由於時代的變遷，字音有了改變，於是發生歧異。由此可見漢字的形聲字構成的辦法固然很巧妙，可是並不能達到真正表音的作用。還有些形聲字從現代書寫的形式上已經看不出哪是形旁，哪是聲旁，更無從辨出它的聲音來了，例如

"年"從禾千聲,"康"從米庚聲,"成"從戊丁聲,"舉"從手與聲,"釜"從金父聲,"責"從貝朿聲,"產"從生彥省聲,"疫"從疒役省聲,這些字没有專門文字學知識的人就很難知道它是形聲字了。由此可見漢字中儘管大部分都是形聲字,字形所表現的聲音跟語音並不密合無間。

漢字既然不能直接表音,一個漢字的讀法古今可以有不同,各處的方言也可以有不同。在不同的時代、不同的地區,讀音都可能有差異,例如"歌",唐以前念[﹦ga],現在念 ﹦ge,"寫"唐以前念[ˬsia]現在念ˬxie,這就是古今有不同;"南"唐以前念[﹦nɑm],現在廣州仍然念[﹦nɑm],可是普通話念 nán,"雲"唐以前念[﹦ɣiuən],現在廈門話念[﹦hun],可是普通話念 yún,這就是方音的不同。因此,想從漢字獲得語音的統一就很困難。漢語的方言分歧現象長期不能改變,與使用漢字有連帶的關係。

(三)口語裏的詞未必有相應的字來寫。

漢語的詞彙是非常豐富的,但是由於漢字是表意系統的文字,所以有些詞只在口語裏應用,而無適當的文字可寫,例如一連串的東西叫一 dulu,如說"一 dulu 葡萄、一 dulu 鑰匙"。dulu 一詞一定很早就有了,可是不知道怎樣寫才更合適(曾經有人寫作"嘟嚕")。像這樣的詞因爲受了漢字的限制在書面上没有表現出來的很多。在不同的方言裏都有一些口語中特有的詞,但往往因爲没有恰當的字可寫,也就很難在書面裏應用。研究語言的人聽到一個口語詞要把它用漢字記錄下來也很困難,因此不得不煞費苦心地到古書裏去尋找"本字"。這都表明使用漢字來記載漢語有時不免要受到一些限制。

(四)語言裏同樣一個詞古今字有不同,造成很多的廢字。

例如 shuàn 是洗的意思,放物在水中擺盪沖洗叫 shuàn,唐人寫作"灛",現在寫作"涮","灛"已經成爲廢字了。又如果子裏的堅硬部分叫 hú,唐宋人寫作"榝",現在寫作"核"(hú),"榝"已經廢棄不用了。詞有定而字無定,音同而字不同,這是很不經濟的。

有時語言裏的一個詞古代怎樣説,現在還是那樣説,没有很大的差別,但文字的讀音有了改變,於是跟口語的説法就有了距離,例如,我們吃飯用筷子取菜,北方説 ﹦jia,南方説 ﹦ga 或 ﹦go。在漢末服虔《通俗文》裏這個詞寫作"㩉",作"以箸取物"解。但是"㩉"這個字按後代韻書的讀法它跟"奇數"的"奇"同音,那就跟口語音相差很遠了。事實上古人的讀音是 gia,並不是 ji,ji 是後來的變音。字音改變了,而口語裏跟古語相近,這就造成了語言和文字的分歧。所以現在一般都寫作“夾”,而“㪉”這樣一個字就廢棄不用了。

(五)漢字中有大量的同音字,字的應用要隨着所表達的語詞而變更。

例如“榆樹、娱樂、愉快、剩餘、愚昧”這些詞當中“榆、娱、愉、餘、愚”都是同音字,但在應用上就不能同音代替,因此每一個字都成爲一個獨立的表音符號,必須一個個地聯繫語詞來學習。漢語的音系並不是十分複雜的,但文字隨着語言的發展逐漸增多,以致多到好幾萬。漢代書籍中應用的文字有一萬多,到唐宋時代,韻書中所收的字已增加了一倍,到了明清時代,字書中所收的字就多到四萬以上。在個别方言區域内使用的方言字還不在内①。由此,一方面可以看出漢語的豐富,一方面也可以看出漢字數目的龐大。現在通常應用的字雖然只有六七千,要掌握六七千漢字也並非一件容易事。如果以前能够應用拼音文字,用簡單有數的符號來表示語音,那就不會有這樣的困難了。

二、漢字形音義的矛盾現象

根據上面所説,我們對於漢字的性質已經認識得很清楚:漢字是一種表意系統的文字,它雖然很早就走向表音的道路,想儘量跟語音結合,可是没有完全脱離表意的範疇,在形體上既要表音,又要表意,這就是漢字特有的一種性質。形體本來是一種書寫的符號,要從形體上顯示出來語言的聲音和意義,二者兼顧就很難達到好處,同時在形體與聲音或意義之間也不免會産生一些分歧和矛盾的現象。這種分歧和矛盾的現象有些通過産生新的形聲字而獲得解決,有些就存留下來造成使用上的不便。

從漢字發展過程中我們看到下面一些事實:文字要跟語音相結合是一個總的趨向,原有不標音的字固然往往要爲標音字所代替,例如“氒”爲“厥”所代替,“砅”爲“濿”所代替,“凷”爲“塊”所代替,“軎”爲“轊”所代替等等②,但即使是標音字,也可能在某一個時代因爲音符已與實際語音不很相應而另外産生一個新的標音字,例如“焣”字見於漢揚雄《方言》,從火取聲,這個字就是“炒菜”的“炒”字。晉代這個字寫作“䰗”(見郭璞《方言注》),到唐代又改寫作“煼”(見慧琳《一切經音義》),都從芻聲。從取從芻原來可能跟語音比較接近③,但是後來就相差很遠了,所以後代又改寫作“炒”。“炒”從火少聲,跟

① 如廣州話的“嘅、冇”,福州話的“伓、価”等。

② 這幾個例子都見於《説文解字》。履石渡水爲“砅”,車軸耑爲“軎”。

③ 現代所寫的“吵”字在唐人書裏寫作“謅”,跟“炒”字寫作“煼”相同。現代“謅”音 zhōu,例如“胡謅一氣”。

ʿchao 這樣一個音就接近得多了。又如"掛"字,古代寫作"挂",現代寫作"掛","挂"從手圭聲,當然不如寫作從手卦聲更與近代語音切合,所以又產生了"掛"字[①]。這都表明了文字要儘量跟語音相結合的總的趨向。在漢字歷史發展過程中,每個時代都有很多新字出現,用新字來代替舊字。這樣異體字固然增多了,可是形音之間的矛盾有一部分的字可以獲得解決。這是一方面。

另外一方面,漢字不僅要求表音,而且要求表意,於是就要在形體上儘可能地區分詞義。要區分詞義,文字就不斷孳衍,逐漸繁化起來。

語言裏一個音常常代表幾種不同的意義,爲了儘可能把這不同的意義在形體上表現出來,漢字就常常用增加形旁的辦法來解決,於是原來的一個字由於增加形旁就繁衍成幾個不同的字,例如"人才"和"木材","才"與"材"要寫成兩個字;"支派"和"四肢"也要寫成兩個字。

有些詞的寫法古人最初應用假借的辦法借用聲音相同的字來寫,後來就另外造一個字。有的在原來應用的假借字上加上一個形旁,有的就另外用一個字來代替,例如:"價值"的"值"古人原來作"直",後來加人旁作"值";"猝然"的"猝"古人原來作"卒",後來加犬旁作"猝";"直"跟"卒"都是假借字。又如:"疲勞"的"疲"周秦古書裏作"罷","罷"是一個假借字,漢以後就用"疲"來代替;"早晨"和"早先"的"早"漢以前的古書裏很多都作"蚤",班固的《漢書》仍作"蚤","蚤"是一個假借字,後來就用"早"來代替。"值、猝、疲、早"都是後起的字。

還有一些字原來所代表的語詞在意義方面有了引申,引申出來的意義由於聲音上的改變而成爲另外的一個詞,於是文字也隨着語詞的發展分化爲兩個字,例如:"知道"的"知"和"智慧"的"智"最初都寫作"知",後來才產生"智"字;"扇子"的"扇"和"搧動"的"搧"古代都寫作"扇","搧"字是後起的一個字,這種字就是一種分別字,都是在原來應用的字上加上一個形旁所構成的。

另外還有一些字原來自有它的本義,可是後來在應用上又去代表其他的語詞,而且這種新的用法占了優勢,原來它所表示的詞的意義反而模糊了,於是也利用增加偏旁的辦法爲本來所代表的詞另外造一個字,例如:"止"原來代表的是足趾的"趾",後來"止"字有了別的用法,於是又造出"趾"字來;"益"原來代表的是滿溢的"溢",後來"益"字有了別的用法,於是又造出"溢"字來。其他如

---

① 文字改革委員會公布的《第一批異體字整理表》取"挂"不取"掛",是因爲"挂"字筆畫少,便於書寫。這非常好。

“須鬚、要腰、縣懸、畢罼、暴曝、朝潮、監鑑、新薪、然燃、莫暮、鄉嚮”等等都是這一類的例子①。這種後起的字，文字學上稱爲“後起本字”。

從這些事實可以看出漢字要在形體上區分詞義是相當費事的。要解決形義之間的矛盾，主要的辦法就是增加偏旁造成一個新的形聲字。文字在書寫上是要求簡化的，可是漢字在跟語言的關係上又要求與語詞的聲音和意義相結合，這樣在形體的結構上又不能不趨於繁化。簡化和繁化是相矛盾的，形體與音義之間也免不了產生矛盾。漢字在解決形音義之間的矛盾時過去只有采取不斷創造形聲字之一法。這種辦法固然可以解決一部分個別的矛盾，但不能根本解決所有的矛盾，因此在漢字發展過程中還存留下不少的形音義矛盾的現象。

這種矛盾的現象主要有下列幾方面：

（1）同形異音同義。一個字意義相同而讀音不同的現象很多，有的是傳統的讀音就有兩種不同的讀法，例如“側”有 cè、zè 兩讀，“栖”有 qī、xī 兩讀②。有的是讀書音跟口語音有不同，例如“學”讀書音是 xué，口語裏或説 xiáo（如“學好”）；“摘”讀書音是 zhé，口語裏或説 zhāi（如“摘一朵花”）；“尾巴”的“尾”讀書音是 wěi，口語裏或説 yǐ；“掠”讀書音是 lüè，口語裏或説 liáo（如“掠開”）。有的是同樣一個字做爲單詞是一個讀法，與別的字組成一個詞又是一個讀法，例如“剥”音 bāo，“剥削、剥奪”的“剥”音 bō；“薄”音 báo，“薄弱、淡薄”的“薄”音 bó。有的是同樣一個字在不同的詞裏讀音不同，例如“模”在“模範”這個詞裏音 mó，在“模樣、模子”裏音 mú；“鑿”在“鑿子”這個詞裏音 záo，在“穿鑿、確鑿”裏音 zuó。

（2）同形同音異義。用同一個字代表兩個不同意義的同音詞，就是前面所説的假借字。漢字當中有不少同形同音異義的字，例如：“會”是“會合”的“會”，又是“會不會”的“會”；“升”是“升斗”的“升”，又是“升降”的“升”；“抄”是“略取”的意思，而又是“抄寫”的“抄”；“打”是“打擊”的“打”，而又是“打水”的“打”。

（3）同形異音異義。漢字中一字數音數義的例子很多。有些單字所代表的語詞不是一個語詞，因此音義就有不同，例如：“行”音 xíng，是走的意思，又

---

① 當然也有不用增加偏旁的辦法而另造一個形聲字的，例如“獸”本爲“田狩”字，後來“獸”作“禽獸”的“獸”字來用，於是又造一個“狩”字。不過這種例子遠没有應用增加偏旁的方法那樣廣泛。

② 一個字在一種讀法之外還有另外的一種讀法，另外的一種讀法稱爲“又音”。

音 háng，是行列的意思；"盛"音 shèng，是興盛的意思，又音 chéng，是裝納的意思。又如："好"音 hǎo，是"好壞"的"好"，又音 hào，是"愛好"的"好"；"創"音 chuāng，是"創傷"的"創"，又音 chuàng，是"創造"的"創"；音義都不相同。另外有些字出現在不同的詞裏，它所代表的意義不同，音讀也就不同，例如："漂浮"的"漂"音 piāo，"漂白"的"漂"音 piǎo，"漂亮"的"漂"音 piào；"折騰"的"折"音 zhē，"轉折"的"折"音 zhé，"折本"的"折"音 shé；"强大"的"强"音 qiáng，"勉强"的"强"音 qiǎng，"倔强"的"强"音 jiàng；"炮火"的"炮"音 pào，"炮製"的"炮"音 páo，"炮肉"的"炮"音 bāo。這些都是同形異音異義的例子。

　　（4）異形同音同義。音義相同而寫法不同，這是漢字中常見的一種現象，例如：

　　　　槍鎗　暖煖　檐簷　歡懽　愧媿　跡迹　階堦　谿溪

　　　　疏疎　濕溼　筍笋　麵麪　煙烟　棲栖　線綫　洩泄

　　　　嫉妒嫉妬　忼慨慷慨　怳惚恍惚　彷彿髣髴

　　這些都是音義相同而寫法不同的字，這種字一般稱爲"異體字"。異體字的產生是漢字在社會上長期使用的結果，有些是由於造字的時間和地域不同，造字的人所采用的表音和表意的符號不一致而產生的。有些是從古代兩種字體保留下來的不同的寫法，如"禮"是篆書，"礼"是古文，"禮礼"同樣保存下來。有些是由於要求形體能够更好地表達聲音和意義而產生的異體字，例如："褲子"的"褲"漢人寫作"絝"[①]，從糸夸聲（夸音 ₍kua），後來寫作"袴"，從衣，不從糸，再後又寫作"褲"，從衣庫聲。從形旁來看，從衣比從糸意義要顯明得多，從聲旁來看，從庫比從夸聲音更加切合，所以一個字有幾種不同的寫法。另外還有很多異體字是由於要求簡化而產生的，例如"糭"又作"粽"，"筍"又作"笋"，"粽"和"笋"都是簡體字。異體字產生的緣由很多，這幾點都是主要的。

　　從一個字的兩種不同的寫法來看，也有種種不同的情況，大致可以分爲以下幾類：

　　　　（1）古今字的不同，如：礼禮、号號、从從、愬訴；

　　　　（2）表音表義不同，如：淚泪、豔艷、搨拓、逃逃；

　　　　（3）形旁不同，如：坑阬、杯盃、唇脣、剪翦、阱穽、秕粃、鋪舖；

　　　　（4）聲旁不同，如：仿倣、糭粽、筍笋、烟煙、妒妬、喫吃、挂掛、驗驗、遁遯；

---

① 《說文》："絝，脛衣也。"

（5）結構成分的位置不同，如：夠够、峯峰、脇脅、羣群、概槩、滙滙、濶濶；

（6）偏旁有無的不同，如：果菓、韭韮、帚箒、沾霑、布佈；

（7）筆畫不同，如：句勾、汙污、罵駡、陰隂、朶朵、函圅、回囘。

　　這些字都是極常用的字，在寫法上如此分歧，實在有整理的必要。中國文字改革委員會已經公布了《第一批異體字整理表》，這對漢字規範化具有很重要的意義。

　　總起來看，漢字形體和聲音意義之間還存在着不少矛盾的現象。有些異讀詞就須要進行規範化，無用的異體字也須要淘汰掉，這樣才能使漢字更好地爲漢語服務。

1957 年 11 月

兩漢韻部略説

　　清代古韻之學莫盛於乾嘉之世，蓋讀古書者必以通古訓爲先務，而欲通古訓，又必自明古音始，故經籍之學盛而古韻之學亦盛。古韻之研究，自顧炎武《音學五書》肇其端，江永《古韻標準》振其緒，至段玉裁之《六書音均表》規模始備。爾後戴震、孔廣森、王念孫、江有誥等，復相繼有作，浸浸加詳。於是，周秦古韻之部類分合，遂昭然若揭矣。若乃兩漢之韻文，去經已遠，且叢雜廣泛，故論者蓋尠。始而顧氏之爲《唐韻正》，於古音之與《廣韻》不合者，皆舉字詮發，列經子屈賦爲證。間或引及兩漢之文，則聊示一二音之轉變，而未遑綜述韻類之分合。及至江永、段玉裁、孔廣森之書出，皆以群經屈賦爲主，亦未能肆其餘力以治兩漢之音，故曰論者蓋尠。然其有之，則推王念孫之《西漢韻譜》，江有誥之《漢魏韻讀》，張成孫之《説文諧聲譜·韻附》，凡三家。而三家之中，江書未刊，今已失傳，其體例蓋與《先秦韻讀》相類。至於王書，則嘗見稿本，乃取西漢之辭賦及楚騷史傳之文，發其韻讀，定其分合，而依東蒸二十一部之次第列譜，其用力精且勤矣。張氏全書爲五十卷，近有武林葉氏刊本，其《韻附》一卷，雜采兩漢之文，依篇紀韻，而據中僅二十一部之説，標識相協諸字韻部之同異，別無發明。然兩家之書，又同爲未竟之業，故漏略尚多。是以清代古韻之學雖盛，而研究之範圍亦僅限於周秦間群經諸子屈賦之音爲止，至於兩漢之音，則才發其端，隨即中輟，故成就之微如此。然即此而論，其研究之觀點方法，猶有可商。蓋自段氏以迄張氏，諸家之論，約分二派：隨説舉發，略示漢代一二類用韻之趨勢者，一也；以周秦古音部屬兩漢之韻讀，二也。段玉裁、孔廣森爲前派，王念孫、張成孫爲後派。而二派又各有所失，前者失之於泛，後者失之於拘。拘則扞格而難通，泛則叢脞而無緒。嘗試論之。段氏《六書音均表》，本分古韻爲十七部，至於漢代，則云："用韻甚寬，離爲十七者，幾不可別識。"是深知兩漢之音不同於周秦也。篇中論漢音之處尚多，如表一云："第二（蕭）第三（尤）第四（侯）第五（魚），漢以後多四部合用，不甚區分。""第七（侵）第八（談），漢以後乃多合用。""第十二（真）十三（文）十四（元）三部，《三百篇》及群經屈賦分用畫然，漢以後用韻過寬，三部合用。"是也。孔氏之《詩聲類》亦嘗論漢魏之音云："陽之與東，若魚之與侯，自漢魏之間魚侯溷合爲一，東陽遂亦溷合爲一，似《吳越春秋》《龜筴傳》往往有之。”然此兩家喜作皮傅之説，不免有似是而非之論。蓋其意本在辨證周秦古音部分之嚴整，而尚論漢以後之音轉，以明考古者未可執漢音以疑周秦之古音。是故漢人韻部之多寡，不及辨；所謂合用甚寬者，其間有無分野，亦不明，且幾若諸韻茫無界畔，而均可溷通者矣。即段氏所云第二第三第四第五漢以後四部合用及孔氏所謂東陽漢魏之間溷合爲一之説，考案兩漢之文，皆不相符。蓋彼等僅見其合，未見其分耳。

　　至於王念孫、張成孫之書，則不尚空言，而實事求是。張氏取漢代賈誼、司馬相如、東方朔以迄班固、崔駰、張衡十家有韻之文，決擇韻讀，標記分合。王氏則取西漢有韻之文依韻列譜，本韻合韻，分別畫然。若權而論之，二家者，以周秦古韻之部分犁別漢韻，復有强古人以從我之病矣。夫兩漢之音不必同於周秦，東漢之音又不必同於西漢。原於語音因時而變，周秦自有周秦之音，兩漢自有兩漢之音，以彼例此，則方圓難周，將如棼絲之不可復理。必也因其自然，擘析其條理支脈，而後釐畫部分，審其遠近通合之迹以定之，則漢韻爲寬也，爲窄也，自可顯而易見，未可以周秦之韻部爲限也。

　　夫清人研究周秦之古韻，皆以《詩三百篇》爲主，《三百篇》之音整齊嚴明，考校較易。至於兩漢之文，則用韻龐雜，已不同於周秦，故段氏有不可別識之論。揆其困難所在，由於西漢之材料少，韻部之分合卒不易辨，是論斷爲難；東漢之材料雖多，而演變方屬，通用較廣，且一人之用韻往往兩歧，是決擇爲難。若平心尋索，亦有不易之方在焉。蓋欲求古人用韻之部類分合，必先通其韻例。江慎修云：“古有韻之文亦未易讀，稍不精細，或韻在上而求諸下，韻在下而求諸上，韻在彼而誤叶此；或本分而合之，本合而分之；或間句散文而以爲韻；或是韻而反不韻；甚則讀破句，據誤本，雜鄉音，其誤不在古人而在我。”誠有先見之明。《詩三百篇》韻讀之分析，孔氏《詩聲分例》所列綦詳。考查兩漢之韻，亦當以此爲準則。要言之，不外句中韻與句末韻而已。句中韻，兩漢詩文中尚不多見，如司馬相如《上林賦》“櫙檀木蘭，豫章女貞”，“檀”與“蘭”韻，“章”與“貞”合韻。又“柴池苴虒，旋還乎後宮，雜襲累輯，被山緣谷，循陁下隰，視之無端，究之亡窮”，“池”與“虒”韻，“襲”與“輯隰”韻。又揚雄《蜀都賦》“周流往來，方轅齊轂，隱軫幽輵，埃勃塵拂”，“勃”與“拂”韻。此句中韻之例也。句末韻例，最要者有三：一，偶句相協或偶句與奇句相協例；二，兩韻上下間迭爲韻例；三，前後相協，中有間韻例。第一類爲一般用韻例，二、三兩類亦屢見不鮮，如：

揚雄《博士箴》：“洋洋三代，典禮是修，畫爲辟雍，國有學校，侯有泮宫，各有攸教，德用不陵。”（“雍宫陵”爲韻，“校教”爲韻。）

班固《典引》：“君臣動色，左右相趨，濟濟翼翼，峨峨如也。”（“色翼”爲韻，“趨如”爲韻。）

此兩韻上下間迭爲韻之例也。如：

枚乘《七發》：“侯波奮振，合戰於藉藉之口，鳥不及飛，魚不及迴，獸不及走。”（“口走”爲韻，“飛迴”爲韻。）

班固《奕旨》：“四象既陳，行之在人，蓋天政也；成敗臧否，爲人由己，危之正也。”①（“陳人”爲韻，“否己”爲韻，“政正”爲韻。）

此前後相協，中有間韻之例也。惟論兩漢之音，尚不能不注意四聲分用之例，即如賈誼《弔屈原賦》云：

般紛紛其離此尤兮，亦夫子之辜也，歷九州而相其君兮，何必懷此都也。鳳凰翔於千仞兮，覽德輝而下之，見細德之險徵兮，遥曾擊而去之。彼尋常之汙瀆兮，豈容夫吞舟之魚，横江湖之鱣鯨兮，固將制於螻蟻。

依賈氏二句换韻之例求之，此“辜都”與“下去”非一韻，“魚蟻”又與“下去”有别，可知漢初平上分用之例矣。又枚乘《七發》“海涘止”與“來怠持”分用，司馬相如《上林賦》“扈野”與“櫨櫺邪間”分用，亦然。又如賈誼《鵬鳥賦》“夏舍暇”與“故度去”上去分用，司馬相如《上林賦》“去獸兔耀宙”與“羽虡”及“處仆”上去分用，王褒《僮約》“脯笋”與“具竇鬥”及“酒口斗偶”平上去分用，揚雄《甘泉賦》亂曰，二句换韻，“卉對”與“依迟”平去分用，如此之類至多，清人多未措意。張成孫以《鵬鳥賦》之“夏舍暇”與“故度去”爲一韻，以《上林賦》之“扈野”與“櫨櫺邪間”爲一韻，並誤。韻例既明，則何者爲韻，何者非韻，自可了然。或有當韻而不韻者，則古人行文之便耳，未可膠柱以求之。然亦有韻字傳寫譌誤，顛倒錯置者，則又有待於校勘，如揚雄《太常箴》：“故聖人在位，無云我貴；慢行繁祭，毋曰我材，輕身恃巫。”“巫”當作“筮”，“位貴”爲韻，“祭筮”爲韻也。王褒《洞簫賦》：“垂喙蜿轉，瞪瞢忘食，況感陰陽之龢而化風俗之倫哉。”食，王念孫《讀書雜志》改作“飧”，與“轉倫”二字爲韻。此譌字之當刊正者也。又如揚雄《蜀都賦》：“萬物更湊，四時迭代，彼不折貨，我罔乏械，財用饒贍，蓄積備具。”“備具”當作“具備”，“備”與“代械”爲韻也。杜篤《大司馬吳漢誄》：“朝失鯁臣，國喪牙爪，天子愍悼，中宮咨嗟。”“牙爪”當作“爪牙”，“牙”與“嗟”爲韻也。蔡邕《協和昏賦》：“惟性情之至好，歡莫備乎夫婦，受精靈之造化，固神明之所使。事深微以玄妙，實人倫之端始。考遂初之原本，覽陰陽之綱紀，乾坤和其剛柔，艮兑感其腜腓。葛覃恐其失時，摽梅求其庶士。惟休和之盛代，男女得乎年齒，始姻協而莫違，播欣欣之繁祉。”腜腓，當作“腓腜”，丁聲樹先生曰：“腓字與上下用韻皆不合，疑腜腓本作腓腜。《易》咸卦，艮下兑上，六二咸其腓，在艮體，九五咸其腜，在兑體。故此賦云艮兑感其腓腜。艮與腓應，兑與腜應，若作腜腓，既失其韻，又失其行文之辭例矣。”其說至精且確。此韻字倒置者之當更正也。韻字之譌誤倒置者既訂正之矣，則自無誤叶之患，如賈誼《旱雲賦》：“憭兮慄兮，以鬱怫兮；念思白雲，腸如結兮。”“慄怫結”爲韻。張氏誤“慄”爲“熛”，乃以“憭熛”二字與上文“暴躁悼”協韻。斯則不事校讐之過，足爲先戒。

　　至於考訂韻部之分合，則審音與考證不可偏廢。段氏嘗云：“不以本音蔑合韻，不以合韻惑本音。”最爲有見。然欲求考證精當，又必知其分合關通之理，苟不知此，則有强不韻以爲韻者矣。如司馬相如《封禪書》：“故聖王弗替，而修禮地祇，謁款天神。勒功中嶽，以彰至尊。舒盛德，發號榮，受厚福，以浸黎民。”此“替”與“神尊榮民”合韻。張氏之書分“替祇”爲一韻，非是。案替字古有平、入二音：《詩·大雅·召旻》：“彼疏斯粺，胡不自替，職兄斯引。”“替引”爲韻。屈原《離騷》：“長太息以掩涕兮，哀民生之多艱，余雖好修姱以鞿羈兮，謇朝誶而夕替。”“艱替”爲韻。此替字之讀真部平聲者。屈原《九章·懷沙》：“撫情效志兮，冤屈而自抑，刓方以爲圜兮，常度未替。”“抑替”爲韻。《莊子·則陽》篇：“與世偕行而不替，所行之備而不洫。”“替洫”爲韻。張衡《東京賦》：“洪恩素蓄，民以固結，執誼顧主，夫懷貞節，忿姦慝之干命，怨皇統之見替。玄謀設而陰行，合二九而成譎，登聖皇於天階，章漢祚之有秩。”“結節替譎秩”爲韻。此替字之讀質部入聲者。是替字絕不與支部祇字相通。今司馬相如之文，替字正作真部平聲讀，張氏不察，誤以“替祇”爲韻，此江慎修所以歎精審之難也。

　　嘗考兩漢之音，西漢已與《詩三百篇》不同。要言之：《詩經》脂微兩部爲一部，魚侯兩部爲一部，真諄兩部爲一部，質術兩部爲一部，《詩經》之部尤韻字轉入幽部，幽部軌字轉入之部，而陰聲陽聲兩類韻部之上去聲，亦均已大備。至東漢則歌部支韻字轉入支部，魚侯部“家華”一類字轉入於歌，蒸部“弓雄”等字轉入於冬，陽部“京明”一類字轉入於耕。足證語音因時而變，兩漢之音不同於周秦，東漢之音又不同於西漢也。

《詩經》韻部 31	西漢韻部 27	東漢韻部 27
之(牛龜郵)	之(軌)	之(軌)
幽(軌)	幽(牛龜郵)	幽(牛龜郵)
宵	宵	宵
魚 ⎱ ———————	魚(家華)	魚
侯 ⎰		
歌(宜)	歌(宜)	歌(家華)
支	支	支(宜)
脂 ⎱ ———————	脂	脂
微 ⎰		
祭	祭	祭
東	東	東
冬	冬	冬(弓雄)
蒸(弓雄)	蒸(弓雄)	蒸
陽(京明)	陽(京明)	陽
耕	耕	耕(京明)
真 ⎱ ———————	真	真
諄 ⎰		
元	元	元
談	談	談
侵	侵	侵
職	職	職
屋	屋	屋
沃	沃	沃
藥	藥	藥
鐸	鐸	鐸
錫	錫	錫
質 ⎱ ———————	質	質
術 ⎰		
月	月	月
葉	葉	葉
緝	緝	緝

　　今既粗得綱紀，故略爲之説，以見清人論兩漢之音所云尚有不合。漢人爲文用韻雖通轉稍多，亦非無界畔可尋。此但就一般分韻情況而言，至於特殊方言，今不具論云。

1940 年 2 月

　　原名《兩漢音韻部略説》，載《漢語音韻論文集》，商務印書館 1957 年。收入《問學集》時，更爲今名。

古音有無上去二聲辨

一、引　言

四聲之名,古所未有,學者皆知起於宋齊之世。至於四聲之分,則由來已遠,非創始於江左也。觀魏晉之人,爲文制韻,固已嚴辨四聲,即上求周秦兩漢之文,亦莫不曲節有度,急徐應律,平必韻平,入必韻入。故知字有聲調之別,自古已然。惟古之聲調是否有四,實不易辨。蓋今日欲考古聲調之區分,所憑藉者惟古之韻文而已。然一字之音,今古有異,一字之調,未始無變,執今論古,其事自難。且古人爲文,取其可歌可誦而已,間有通叶,則一字之爲平爲仄,乃不能確指,其事又難。是以清人論列古聲調者雖多,終以觀點相異,而所見各殊。或曰古無四聲,或曰古有平上入而無去,或曰古有平上去而無入,或曰古四聲均已具備。斯可謂異説紛紜,雜然並陳矣。然則孰是孰非,不可不論也。

蓋自明陳第倡古詩不必拘於後世四聲之説以後,清初顧炎武方有古人四聲一貫之論,爾後江永服膺顧説,復舉《詩》中四聲通韻之例爲證,由是古無四聲之論乃風靡一時。及至段玉裁始斟酌陳、顧之言,草創新義,以爲古今聲調本自不同,古四聲之不同於今,亦猶古韻部之異乎今也。此與顧、江兩家以爲古詩四聲隨在雜叶之説,大異其趣,誠爲一大發明。段氏又謂周秦漢初之文有平上入而無去,且曰或以爲怪,非好學深思不能知也。其自信之堅如此。段氏之後,孔廣森復創古有去無入之説,雖若可喜,實則囿於方音,非通人之論。迨夫江有誥,始則折中顧、段兩家,既而發明古人實有四聲,特其所讀者不盡與後人相同耳。王念孫晚年亦主此論,道咸之際,夏燮闡發尤詳。古四聲之論至此始有定説。然傳之至今,學者猶未肯信。近人黃侃復謂古音不但無去,抑且無上,以爲古人僅有平入二聲而已,今之上,古皆作平者也。此又一反王、江所論,而蹈襲陳、顧之舊。是説一出,承學之士幾茫然不知所從矣。今披尋《詩》韻及群經諸子屈宋之文,詳加考覈,深悉古人確有上去二聲。因條辨衆説,間下己意,以與考訂古音者共商榷焉耳。

二、辨古無四聲説不可信

古無四聲説，創於明陳季立。季立作《毛詩古音考》，既明古音與今音有異，復謂四聲之辨，非古所有。其意以爲古人之詩既在求其可歌可誦，則平仄互協，不以爲嫌，與後世文人之嚴於界畫者不同。舊説必以平叶平，以仄叶仄，反覺其拘。此與其古今音異之論，同爲宋代叶音説之一大解放[①]。迨清初顧亭林著《音學五書》，承其緒論，而立説更加廣泛，以爲古詩用韻，四聲一貫，本無平上去入之分。且謂入爲閏聲，可轉爲平上去。《音論》云："四聲之論，雖起於江左，然古人之詩，已自有遲疾輕重之分，故平多韻平，仄多韻仄。亦有不盡然者，而上或轉爲平，去或轉爲平上，入或轉爲平上去，則在歌者之抑揚高下而已。故四聲可以並用。"又云："古之爲詩，主乎音者也，江左諸公之爲詩，主乎文者也。文者一定而難移，音者無方而易轉。夫不過喉舌之間，疾徐之頃而已。諧於音順於耳矣，故或平或仄，時措之宜，而無所窒礙。《角弓》之'反'上，《賓筵》之'反'平，《桃夭》之'室'入，《東山》之'室'去，惟其時也。《大東》兩言'來'，而前韻'疚'，後韻'服'，《離騷》一篇兩言'索'，而前韻'妒'，後韻'迫'，惟其當也。"此論可謂剴切著明矣。南宋以來叶音之説，至此廓清殆盡。然而陳、顧雖知音有古今之異，而不知字調今古有時相殊。今之讀上者古或與平協，或與本類協。若一字僅與平相協，則此字古必讀平，而不讀上；若一字均與上相協，而不與平相協，則此字古人未必不讀上。若同爲上聲一類，此字古與平相協，彼字古與上相協，是古人二字不同一類，而後者不得與前者相提並論。顧氏第見《詩》中平仄通叶者多，乃謂古四聲一貫，通爲一音，而未能分別觀省，不知其中四聲之分頗稱謹嚴。今人讀之非一聲者，古人或爲一類，而非通協也。此以今證古，終非至當之論。故其説雖可以破宋人舊説之壅滯，然猶無以自立。至於入爲閏聲之説，尤背理亂常，悠謬不經。《音論》云："《詩三百篇》中亦往往用入聲之字，其入與入爲韻者，什之七八；與平上去爲韻者，什之三。以其什之七，而知古人未嘗無入聲也。以其什之三，而知入聲可轉爲三聲也。故入聲聲之閏也，猶五音之有變宮變徵而爲七也。"此謂古人未嘗無入，誠是矣。若謂入與平上去三聲協韻，而入可轉讀爲三聲，則非。蓋《詩》中去入通協者有之，入與平上通協者絕寡。凡顧氏《詩本音》中所謂上入通爲一韻者，往往不同一部；所謂平與入通爲

[①] 陳氏之意未嘗一定認爲古音無聲調之分，只謂古人爲詩平與仄可以通協無礙耳。顧、江每每責其不能固守己説，猶扞格於一二四聲之辨，以爲徒勞脣吻而費簡册，斯亦過矣。

一韻者，往往平入分用。既非一韻，又未必同部，平自讀平，入自讀入，不可轉入爲平也。如《秦風·小戎》首章、二章平入分別畫然，而顧氏必以爲通韻，遂改入讀平。又《豳風·七月》六章上入分用不亂，而顧氏謂入可轉上，因定爲一韻。是則入或爲平，或爲上，其通轉無方矣。此説之虚妄，又與宋人之叶音説何異？故《詩本音》中所謂平仄通協之一類，不合者居多。其所謂古無四聲之説，實不可信。然而篳路初啟，深邃難求。《詩》韻之部類分辨未精，用韻之方例審視未密，則自然以不同部之字爲同部，且進而以此不同部之字，其四聲不同而見用於一章者，爲通協矣。顧氏不知古有四聲之分，不亦宜乎。

雖然，顧氏亦非不知其言之過爲廣泛，故《詩本音》於《芄蘭》首章下注云："古人音部雖寬，而用之則密，故同一部而有親疏。如此章'支、觿、知'平與平爲韻，'遂、悸'去與去爲韻[①]，而合之則通爲一也。《干旄》二章'旟、都'平與平爲韻，'組、五、予'上與上爲韻，而合之則通爲一也。《木瓜》二章'桃、瑶'平與平爲韻，'報、好'去與去爲韻[②]，而合之則通爲一也……分之而不亂，合之而不乖，可以知其用音之密矣。"此特其一時直覺之所得，終不能動其根本，故雖知平去可分，分之且不亂，然而有所不爲者，爲陳季立之説所囿耳。

顧氏之後，江慎修著《古韻標準》，固亦用古無四聲之説，然能明於通變，不苟爲附和之論。凡顧氏爲求《詩》韻合諧而別轉一音者，皆不復從。且曰："顧氏《詩本音》改正舊叶之誤頗多，亦有求之太過，反生葛藤。如一章平上去入各用韻，或兩部相近之音各用韻，率謂通爲一韻，恐非古人之意。《小戎》二章以'合軜邑'叶'驂'，以念字叶'合軜邑'，尤失之甚者。"[③]是以書中訂正顧説之誤頗多。至於入轉平上之説，尤斥其謬。《標準》卷四入聲第一部總論云："入聲與去聲最近，《詩》多通爲韻。與上聲韻者間有之，與平聲韻者少，以其遠而不諧也。韻雖通而入聲自如其本音，顧氏於入聲皆轉爲平爲上爲去大謬。"由此觀之，江書雖謂古人四聲通用，然已與顧説有異。蓋江氏以爲古之平入當各有其本音，此爲音素之不同。至於古人爲韻，所以四聲通用較廣者，或於抑揚輕重之辨未若後世之著明耳。然《標準》仍以四聲分卷，似亦未敢斷言古人必無四聲也。

---

① "遂悸"與"支觿知"不同部。

② "報好"與"桃瑶"不同部。

③ 見例言。

三、辨古無上去二聲説與《詩經》用韻不合

顧氏之論古無四聲，疏謬既多。及至段若膺作《六書音均表》，創古四聲不同今韻之説，始加精審。其論古四聲云："古四聲不同今韻，猶古本音不同今韻也。考周秦漢初之文，有平上入而無去。洎乎魏晉，上入聲多轉而爲去聲，平聲多轉爲仄聲，於是乎四聲大備，而與古不侔。有古平而今仄者，有古上入而今去者，細意搜尋，隨在可得其條理。今學者讀《三百篇》諸書，以今韻四聲律古人，陸德明、吳棫皆指爲協句，顧炎武之書亦云平仄通押、去入通押，而不知古四聲不同今，猶古本音部分異今也。明乎古本音不同今韻，又何惑乎古四聲不同今韻哉。"此論識見精敏，足破顧説之滯。因知考古之事，必資於審音，審音細，而後論事切也。段氏之分古韻既較顧、江兩家詳密，則其辨識四聲之有無自易。彼謂古音已分平上入三聲誠是，至於古音無去之説，猶與《詩》韻不盡相合。

考段氏立説之根據，不外二端：一曰《詩經》用韻，二曰文字諧聲。此固爲審音之要路，求韻之大方，然而用貴有當，不可牽强。苟析理不精，辨材未密，則隙漏百出。夫即《詩經》用韻而論，去與平上相協者有之，與入相協者亦有之。去與入相協者，段氏以爲古必讀入；與平上相協者，古必讀平上。從文字諧聲觀之，陰聲去入相關者多，陽聲平上去牽連者衆。故凡去與平上相關者，段氏以爲古讀平上；與入相關者，古當讀入，因此定古音無去之説。今之去聲，《六書音均表》或歸入，或歸平，或歸上。然而細心尋案，古音未必無去。以《詩經》用韻而言，雖去聲有與平上入三聲通協者，而去與去自協者固多，如之魚脂元諸部之去皆自成一類，不可謂古音無去也。若即諧聲而論，去聲字亦有不與他聲相涉者，如東部之"弄"、元部之"貫亂見建贊算"、脂部之"四罪弃胃對穎隶"、祭部之"外衛敗帶尚繼貝介"、支部之"解"、歌部之"坐臥"、幽部之"就售"、宵部之"盜"、侯部之"扁寇"，皆難以定其非去。段氏不加詳辨，重其合而不重其分，其誤一也。且夫過信古今聲調有異，而不知古人爲詩自有通變，則誤以上去及去入之通協者皆爲一類矣。知從偏旁以求四聲之分，而不知偏旁相同者其四聲未必相同[1]，則誤以諸字之由一聲孳衍而來者，皆與其得聲之字共爲一聲矣。其失已甚。又況據《詩》韻與文字諧聲交互以證古四聲之分合，孰爲可信，漫無分辨乎？蓋《詩》之協韻，何者爲平，何者爲去，其可明者也；文字之諧聲，一音所生諸字

---

① 猶之乎同從一聲之字，其聲紐不盡相同也。

是否同聲,其不可明者也。夫不可明者自不能與可明者並論。苟《詩》之協韻,分畫犁然,則不得復據諧聲之關係,以證其合。段氏重諧聲而不重《詩》韻,其誤二也。又古韻各部所具之聲調未必盡同,此部無去,他部則否,豈可斷言古必無去。段氏以一概全,其誤三也。抑有進者:前人論韻均舉《詩經》及群經、《楚辭》為證,然而群經中往往雜有戰國以迄秦漢之作,戰國以後上去二聲均已逐漸具備,前人因《三百篇》之用韻上去二聲猶有分辨不十分明確者,遂併群經中分用甚明者而亦糅合之,是忽略事實,強古人以從我,非慎思明辨之道矣。段氏乃謂《切韻》以前無去不可入,昧於時代之演變,其誤四也。綜茲四端,可知段氏立說雖似牢不可破,其實間隙尚多。今欲論古四聲,自當以《詩》韻為主。《詩》韻有去,而段氏認為無去,是與《詩》韻不合。於時王念孫為《古韻譜》,亦從其說,未能正焉。

　　段氏既謂古音無去矣,而近人黃季剛復倡古音無上之說,亦以《詩》音及文字諧聲為證。以為《詩經》用韻上與平通叶者既多,而文字之諧聲其聲子聲母全在上聲者又少,是今之上聲古皆讀平無疑。而段若膺《六書音均表》所以無去而有上者,一則因《詩經》上聲連用者多,一則段氏不明《詩》有數章連韻之例①,故未敢斷然定讞。實則黃氏之誤,正與段氏古音無去之說相若。觀其《詩音上作平證》一文②,以《詩》中平上通韻之例為古之本音,極為牽強。蓋《詩》中上聲分用者多,與他類合用者寡,以寡論多,自不能洽理愜心。又況此雖與平相協,而今韻中與其同為上聲之字,尚有不與平相協者在,又焉能以其在今韻為同類,遂與前者係屬而不分乎? 其誤所在,不必詳辨自明。復從文字諧聲觀之,之脂魚幽諸部之上,皆截然自成一類者也。段氏獨能分之,其卓識誠不可沒,黃氏必謂聲子聲母全在上聲者絕稀,故作革新立異之言,又誰能信? 其弟子黃永鎮又述其師之說曰:“黃氏更謂上聲初起則在毛公之後,鄭君之前。證明如次:《詩·揚之水》:‘揚之水,不流束蒲,彼其之子,不與我戍許。’傳曰:‘蒲,草也。’箋云:‘蒲,蒲柳也。’《釋文》:‘蒲,如字。’孫毓云:蒲草之聲不與戍許相協,箋義為長。今二蒲之音未詳其異耳……今韻‘蒲’無上聲,漢師之音為韻書所無者多矣。觀此可知‘蒲’在前讀平無上,後讀上,故訓為蒲柳矣。”此舉單文隻義以為古音無上之證,實不可從。況此單文隻義,猶未盡然:案《詩·揚之水》二章言“揚之水,不流束楚,彼其之子,不與我戍甫”,傳曰:楚,木也。三章言“揚之水,不流

---

① 即孔廣森所謂續韻例。
② 見黃永鎮《古韻學源流》及《文藝叢刊》。

束蒲,彼其之子,不與我戍許",傳曰:蒲,草也。鄭康成以毛傳言楚曰木,言蒲曰草,上下不應,故箋云"蒲,蒲柳也",此訓義之異,與音無涉[1]。至晉孫毓爲《毛詩評》,遂以爲蒲草字音平,蒲柳字音上,故曰箋義爲長。此晉人之臆説,非漢師之舊讀,不可信也。因藉蒲草與蒲柳之訓,不能證毛公讀"蒲"爲平、鄭氏讀"蒲"爲上;尤無以證古人蒲字必先讀平,而後復有上聲一音。考《詩·小雅·采薇》六章:"昔我往矣,楊柳依依。"傳曰:楊柳,蒲柳也。據此,又焉知毛公"蒲"不讀上乎?然而非也,古人蒲字惟有平聲而已。《詩》中蒲字凡三見:《魚藻》三章"蒲居"爲韻,《韓奕》三章"租屠壺魚蒲車且胥"爲韻,均作平聲,此章"蒲"與"許"爲韻,則平上通協耳。考之兩漢韻文亦均作平聲,如枚乘《七發》"腴蒲膚"爲韻,司馬相如《子虛賦》"圃蒲蕙茞"爲韻,馬融《廣成頌》"荼蒲渠于"爲韻,《樗蒲賦》"都蒲憂"爲韻,絶無讀上者。而鄭玄東漢人也,受學於馬融,當亦無異。黃氏謂其讀"蒲"爲上,非爲孫毓所誤乎?然則古音無上之説不能成立,昭昭然矣。因論段説古音無去之誤,故附辨之於此[2]。

四、證古有上去二聲

自段氏創古無去聲之説以後,學者多以爲占四聲不備矣。迨段氏卒後之七年,江晉三始發明古人實有四聲,特古人所讀之聲不盡與今韻相同。有今之上去古讀爲平者,有今之平去古讀爲上者,亦有今韻一聲而古人本有二聲者。江氏因仿顧氏《唐韻正》之例,爲《唐韻四聲正》一書,凡古聲與今聲有異者,皆一一爲之辨識,使學者得知古今異同之所在,且有以論古四聲之分類也。其説獨出胸臆,無所因假,故不敢勇於自信,道光二年壬午冬(1822)乃寄書與高郵王懷祖,述其所見,藉以請益。略謂古韻廿一部中,其四聲具備者七部:曰之、曰幽、曰宵、曰侯、曰魚、曰支、曰脂。有平上去而無入者七部:曰歌、曰元、曰文、曰耕、曰陽、曰東、曰談。有平上而無去入者一部:曰侵。有平去而無上入者一部:曰真。有去入而無平上者一部:曰祭。有平聲而無上去入者二部:曰中、曰蒸。有入聲而無平上去者二部:曰葉、曰緝[3]。此論一以三代兩漢之音爲準,不執今以疑古,不守一以概全,能發前人之所未發。是年王氏殆亦確定古有四聲[4],故

---

[1]　見馬瑞辰《毛詩傳箋通釋》。
[2]　楊樹達《積微居小學金石論叢·詩音有上聲説》一文,亦訂正黃氏之誤。
[3]　見《唐韻四聲正》卷首。
[4]　觀壬午夏《與丁履恆書》可知。見丁氏《形聲類編》。

答書云:"接奉手札,謂古人實有四聲,特與後人不同,陸氏(法言)依當時之聲誤爲分析,特撰《唐韻四聲正》一書,與鄙見幾如桴鼓相應,益不覺狂喜。顧氏四聲一貫之説,念孫嚮不以爲然,故所編古韻,如札内所舉'頯饗化信'等字皆在平聲,'偕茂'等字皆在上聲,'館'字亦在去聲。其他指不勝屈,大約皆與尊見相符。至字則上聲不收,惟收去入爲小異耳。其侵、談二部,仍有分配未確之處,故至今未敢付梓。既與尊書大略相同,則鄙箸雖不刻可也。"此書作於道光三年癸未(1823),時王氏已年登耄耋矣。由是可知王氏晚年所見與江氏不謀而合。顧其書未刊,後人不得其詳。近年始見其遺稿中之《西漢韻譜》,其中分判四聲甚密,藉此得知其立説之梗概。以其晚年所定廿二部言之[1]:支脂之魚侯幽蕭七部,四聲皆備者也。東冬蒸侵談陽耕真諄元歌十一部,則有平而無上去入。質月二部,有去入而無平上。合緝二部,僅有入而已[2]。此與江氏之説大抵相同,惟陽聲未分上去二聲,是所異耳。

　　夫王、江兩家能知古有四聲,誠爲段氏之後一大進步。然而兩家對於古人所以確有四聲之故,猶未闡發。至道光二十年(1840)當塗夏燮(嗛甫)爲《述韻》,始道其詳[3]。撮要言之,約有三證[4]:(1)古人之詩,一章連用五韻六韻以至十餘韻者,有時同屬一聲,其平與平、入與入連用者固多,而上與上、去與去連用者,亦屢見不鮮,若古無四聲,何以四聲不相雜協? 是古人確有四聲之辨矣。(2)《詩》中一篇一章之内,其用韻往往同爲一部,而四聲分用不亂,無容侵越,若古無四聲,何以有此? 是四聲分用之例,即判別古韻部有無四聲之確證也。(3)同爲一字,其分見於數章者,聲調並同,不與他類雜協,是古人一字之聲調大致有定。苟古無四聲,則不能不有出入矣。即此三事,足以輔贊王、江之説,亦可證顧、江、段、孔之言尚非通論。兹舉夏氏所列《詩》中一章四聲分用之例,以明古人之嚴於審音:

　　　脂部　《邶風·谷風》二章:遲違畿(平)薺弟(上),平上分用

　　　　　　《小雅·節南山》五章:惠戾屆闋(去)夷違(平),平去分用

　　　　　　《小雅·大田》三章:萋祁私(平)穉穧穗利(去),平去分用

　　　　　　《小雅·采菽》五章:維葵(平)腜戾(去),平去分用

---

①　廿二部之説,見《與丁履恆書》及劉逢禄《詩聲衍》。

②　詳見陸宗達《王石臞先生韻譜合韻譜遺稿跋》。

③　夏炘、夏燮嘗與江晉三爲友,而《述韻》中無一字論及江書。江氏《唐韻四聲正》道光七年刻,夏燮蓋未之見。

④　見卷四。

之部　《鄘風·載馳》四章:麥極(入)尤思之(平),平入分用

　　　　《魏風·園有桃》二章:棘食國極(入)哉其矣之之思(平),平入分用(矣,上聲字)

　　　　《小雅·六月》二章:則服(入)里子(上),上入分用

　　　　《小雅·采芑》一章:芑畝止試止(上)翼奭服革(入),上入分用

　　　　《小雅·我行其野》三章:蓄特(入)富異(去),去入分用

　　　　《小雅·大田》一章:戒事(去)耡畝(上),上去分用(案夏氏未舉此例)

幽部　《邶風·谷風》五章:惄饎售(去)鞠覆育毒(入),去入分用

　　　　《豳風·七月》六章:奠茇(入)棗稻酒壽(上),上入分用

宵部　《衛風·氓》五章:勞朝(平)暴笑悼(去),平去分用

魚部　《小雅·斯干》三章:閣橐(入)除去芋(平),平入分用

　　　　《小雅·十月之交》四章:徒夫(平)馬處(上),平上分用

　　　　《大雅·韓奕》五章:土訏甫嘑虎(上)居譽(去),上去分用

侯部　《唐風·綢繆》二章:芻隅(平)逅遘(上),平上分用

　　　　《小雅·巧言》五章:樹數(去)口厚(上),上去分用

東部　《商頌·長發》五章:共共厖龍(平)勇動竦總(上),平上分用

真部　《大雅·桑柔》二章:翩泯(平)爐頻(上),平上分用

諄部　《小雅·小弁》六章:先墐(平)忍隕(上),平上分用(案夏氏未舉此例)

元部　《大雅·民勞》五章:安殘(平)綣反諫(上),平上分用

此四聲分用例之見於《詩經》者。而群經、諸子、《楚辭》、秦刻石亦往往有之,如:

陽部　《墨子·七患》:當殃(平)仰養仰養(上),平上分用

　　　　《楚辭·遠游》:行鄉陽英(平)壯放(去),平去分用

　　　　宋玉《舞賦》:裝芳揚方(平)仰往(上)悵象(去),平上去分用

耕部　《莊子·在宥》:聽靜正(去)清形精生(平),平去分用

　　　　《韓非子·主道》:令命定(去)情正名形情(平),平去分用

支部　秦琅邪臺刻石:帝地懈(去)辟易畫(入),去入分用

脂部　宋玉《高唐賦》:氣鼻志淚瘁磑(去)隤追(平),平去分用(志,之部字)

　　　　秦石鼓《靈雨》:癸□濟(上)洎遫(去),上去分用

之部　《易‧賁》象傳：疑尤(平)喜志(去)，平去分用

《易‧大畜》象傳：災尤(平)志喜(去)，平去分用

《荀子‧賦篇‧雲》：塞偪□塞(入)忌置(去)，去入分用

《韓非子‧揚權》：富代(去)殆子起(上)，上去分用

《呂覽‧君守》：恢恢疑來(平)識事備(去)，平去分用

《呂覽‧任地》：時時謀時(平)治富(去)止起倍(上)，平上去

分用

秦琅邪臺刻石：始紀子理士侮(上)事富志字載意(去)，上去分用

《楚辭‧天問》：市姒(上)佑弒(去)，上去分用

《楚辭‧惜誦》：恃殆(上)志態(去)，上去分用

《楚辭‧懷沙》：怪態(去)采有(上)，上去分用

魚部　《管子‧內業》：舍圖度(去)下所(上)，上去分用

《管子‧度地》：下距(上)汐作(入)把鋪女野(上)，上入分用

《呂覽‧任地》：逆慕薄郊(入)下苦下處(上)，上入分用

《楚辭‧離騷》：夜御(去)下予佇妒馬女(上)，上去分用

　　據此可知古音諸部之上去確與平入分用，學者於古有四聲之説當無疑難矣。由是又可知兩漢之文所以嚴辨四聲者，本有所承，非偶然之事也[1]。夏氏嘗就所分古韻二十部詳加考索，以爲古音平上去入四聲具備者，爲之脂支幽侯宵魚七類。備平上去而不備入者，爲東真文元歌陽耕蒸侵談十類。備去入而不備平上者，爲祭至二類。入聲獨用而不備平上去者，爲緝一類。此就其大較而言，細分之則其中四聲辨析最明者，爲支脂之幽侯魚六部。其平上去三聲確有界畫者，爲元部。其餘則宵祭二部去入通用者廣，東歌耕三部上去之屬於平者多。而陽部之去，古人但讀平上[2]，真侵二部之去，《詩》中惟與平相協。凡此三韻又幾爲平上二聲之專部矣。至於蒸部，群經諸子所用無上去獨韻者，則古人惟有平聲耳。今就夏氏所説與王、江二氏所論，列爲一表，以便省覽。

王　氏(廿二部)	江　氏(廿一部)	夏　氏(二十部)
東(陽聲均無上去)	東上去	東上去(上去歸平者多)
冬	中	
蒸	蒸	蒸

---

[1]　王、江、夏三家之能知古有四聲，即由考覈漢人用韻而得。

[2]　兩漢始有去聲獨用者。

王　氏(廿二部)	江　氏(廿一部)	夏　氏(二十部)
侵	侵上	侵上
談	談上去	談上去
陽	陽上去	陽上
耕	耕上去	耕上去(上去歸平者多)
真	真去	真上
諄	文上去	文上去
元	元上去	元上去
歌	歌上去	歌上去(上去歸平者多)
支紙忮錫	支上去入	支上去入
至質		至入
脂旨鞊術	脂上去入	脂上去入
祭月	祭入	祭入(去入通用者多)
合	葉	
緝	緝	緝
之止志職	之上去入	之上去入
魚語御鐸	魚上去入	魚上去入
侯厚候屋	侯上去入	侯上去入
幽有黝毒	幽上去入	幽上去入
蕭小笑藥	宵上去入	宵上去入(去入通用者多)

觀上所列,陰聲類之具有四聲,三家所見並同。惟陽聲上去之辨未臻一致而已[1]。

五、古韻二十二部上去二聲字辨

古有四聲經王、江、夏三家之考證,已極明確。惟今人固守段説者尚多,未肯降心相從。推原其故,蓋因古人上去與平相協者及去入相協者並多,畛域難分,故不暇細辨。然學者求知,貴得其真,豈可專己守殘,隨聲附和。若孔㢅軒之爲《詩聲類》,不指字之平仄,心知其意猶可[2],至若丁道久之論古音,謂讀《詩》必辨四聲是勞心於無用之地,則非至當之論。夫江、夏兩家之書,固已精深弘密,獨於古韻部中上去二聲字獨用者有幾,與他類合用者有幾,未遑詳列,

---

① 王靜安嘗因王氏之説而創古五聲説,以陰陽聲與四聲混爲一談,非是。
② 見《詩聲類》卷三慶字案。

其必不與平入爲一類之故，猶不能明。今爲證明古韻部中確有上去二聲，故不厭繁瑣，尋案《詩》及群經諸子屈宋之文，考校王氏所訂古韻二十二部中何部有上，何部有去，何部並有上去，其上去與平入相叶者爲何，獨用者又爲何，不尚空談，但以實例爲據。如是則因其有獨用之例，可知古音必自成一類，因其與平入有合用之例，可知古人一字或有二聲，游轉未定，或爲古人一時權宜之便，或古聲本與今聲有異。學者苟不以此窒彼，則古音確有上去之故自明。

　　然而欲辨某字古讀某聲，亦非易事。因吾人所能憑藉者，僅爲古之韻文[1]。夫古之韻文有限，若一字見用之次數甚多，則其聲調易辨；若見用之次數甚寡，則不易矣。且古人一字往往兩叶，或叶本聲，或叶他聲，其果爲合韻與否，均難斷定，故論理之根據欲措置妥切甚難。今就其實例，分別歸類，略有折衷而已。昔姚文田著《古音諧》，已以四聲分判例字，然不辨合用獨用，猶未美備，故不嫌重作矣。

　　〇東部　有平上去三聲
上去聲字古讀平聲例（平聲字古今相同者均省略）
　　古惟讀平聲（凡上去二聲字，先秦古籍僅與平聲字相協，屢見不鮮，絕無例外者，均參江、夏兩家説定爲古人惟讀平聲。下仿此）
　　訟　〔詩〕墉訟訟從（《行露》）〔諸子〕訟從（《管子·四稱》）
　　寵　〔群經〕凶寵邦功（《易·師》象傳）〔諸子〕共寵（《韓非子·揚權》）
　　古兼有平聲一音（凡上去二聲字已有獨用之例，而古書中與平聲相協者尚多，今依江、夏兩家説姑定爲古人兼有平聲一音，是一字二聲也。下仿此）
　　動　〔群經〕動應（《易·恆》象傳　應，蒸部字。凡異部字均以圈識之，下仿此）降騰同動（《禮記·月令》　降，冬部字；騰，蒸部字）〔屈宋〕動憑（《登徒子好色賦》　憑，蒸部字）
　　用　〔詩〕從用卬（《小旻》）〔群經〕龍用（《易·乾》初九）終用（《禮記·月令》）〔諸子〕功用（《管子·樞言》）〔屈宋〕從用（《招魂》　此從王逸讀）
　　誦　〔詩〕誦訩邦（《節南山》）〔屈宋〕誦容（《九辯》）
　　上聲字　勇尰懞唪搴動有平竦總（恐）[2]
　　獨用例　〔詩〕勇尰（《巧言》）懞唪（《生民》　懞，《釋文》莫孔反，《廣韻》莫紅切）勇動竦總（《長發》）〔諸子〕勇恐（《吕覽·士容》）動恐（《管子·

---

[1]　聲訓及經籍異文未必全然可信。
[2]　括號內字《詩》韻未見，僅於群經諸子屈宋之文見之，下仿此。

版法》)〔屈宋〕動恐勇(《高唐賦》)

與平合用例① 〔詩〕縫總公(《羔羊》 凡合用例中聲調與本類不合之字,皆以‧識之)奉雝(《卷阿》 奉,《釋文》布孔反又薄孔反又薄公反。夏炘《詩古韻表集説》列爲平聲,今不從)

去聲字 控送巷(誦有平用有平種縱)

獨用例 〔詩〕控送(《大叔于田》)〔諸子〕誦用(《荀子‧天論》 誦用二字,江、夏以爲古惟讀平聲)種用(《管子‧權脩》)〔屈宋〕縱巷(《離騷》)

與平合用例 〔詩〕丰巷送(丰,夏炘列爲去聲,案《釋文》芳凶反,今定爲平聲字)

○冬部　有平聲無上聲去聲獨用例亦未見

去聲字古讀平聲例

古惟讀平聲

降 〔詩〕蟲螽忡降(《草蟲》)蟲螽忡降仲戎(《出車》)中降(《旱麓》)溱宗宗降崇(《鳧鷖》)〔群經〕降騰同動(《禮記‧月令》)降騰(同上)騰降通冬(同上　騰,蒸部字;同動通,東部字)〔屈宋〕庸降(《離騷》 庸,東部字)降中窮巑(《九歌‧雲中君》)躬降(《天問》)

衆 〔群經〕衆中功(《易‧解》象傳 功,東部字)功衆(《禮記‧月令》)〔屈宋〕衆宮(《招魂》)

僅見與平相協②

宋 〔詩〕仲宋忡(《擊鼓》 仲宋二字,夏炘列爲去聲)

仲 〔詩〕仲宋忡(《擊鼓》)蟲螽忡降仲戎(《出車》)

○蒸部　有平聲無上聲去聲獨用例亦未見

去聲字古讀平聲例

古惟讀平聲

夢 〔詩〕甍夢憎(《雞鳴》)興夢(《斯干》)蒸夢勝憎(《正月》)

勝 〔詩〕陾薨登馮興勝(《緜》)勝乘承(《玄鳥》)〔諸子〕勝應(《老子‧

---

① 上聲字已有獨用之例,而古書中亦偶有一二例與平聲合用者,因見例甚少,不敢定古人兼有二聲,故獨出一類,名曰合用。然與古兼有二聲者相似而實不同,要以所見合用例之多寡爲斷。蓋不如是,若以此一二偶見之例爲古之本音,則上述獨用之例亦將據此而歸入平聲矣。重合而不重分,誠爲大病,顧、段兩家均不能免。下去與平合用例仿此。

② 凡上去二聲字無獨用之例,古書中僅有一二例與平相協者,則古人是否讀上去不敢定,附此存疑。下仿此。

任爲》)崩勝(《管子·侈靡》)勝應(《吕覽·論人》)應勝(又《任數》)

　　乘　〔詩〕乘縢弓綅增膺懲承(《閟宫》　綅,侵部字)勝乘承(《玄鳥》)
〔群經〕乘弓朋(《左傳·莊公二十二年》)〔屈宋〕乘炎(《招魂·亂》)

　　僅見與平相協

　　孕　〔群經〕陵孕勝(《易·漸》九五)

　　○侵部　有平上去三聲

　上去聲字古讀平聲例

　古惟讀平聲

　　僭　〔詩〕欽琴音南僭(《鼓鐘》)僭心(《抑》)

　　譖　〔詩〕林譖(《桑柔》　譖,《釋文》亦作“僭”)

　　僅見與平相協

　　甚　〔詩〕葚耽耽耽(《氓》)

　　諗　〔詩〕駸諗(《四牡》)

　　黮　〔詩〕林黮音琛金(《泮水》)

　上聲字　枕簟寢錦甚髧

　　獨用例　〔詩〕苕儼枕(《澤陂》　苕儼,談部字,從江晉三說)簟寢(《斯
干》)錦甚(《巷伯》)〔群經〕坎枕窞(《易·坎》六三　坎窞,談部字)

　　與平合用例　〔詩〕寢占(《斯干》句中隔韻,見孔氏《詩聲類》,孔氏云從
占之字古並讀若砧上聲,今不從。占,談部字,從江晉三說)降飲寢(《無羊》
降,冬部字)飲宗(《公劉》　江晉三謂飲古有平聲。宗,冬部字)

　　與去相協例① 　〔詩〕汎髧(柏舟)

　去聲字　浸念汎

　　獨用例　〔詩〕浸念(《下泉》　詳孔氏《詩聲類》。浸《廣韻》有平去二
音)浸念(《白華》)

　　○談部　有平上去三聲

　上聲字古讀平聲例

　　犯　〔諸子〕犯贍(《管子·侈靡》)

　上聲字　檻莢敢苕儼玷貶斬(坎窞剡憸)

　　獨用例　〔詩〕檻莢敢(《大車》)苕儼枕(《澤陂》　枕,侵部字)玷玷

_____

① 《詩》中偶有去聲字與上聲字相協者,因見例甚少,去聲亦無獨用例,故古讀如何不敢定,今附上聲存疑。
　　下仿此。

（《抑》　玷,列談部,從江晉三説）玷貶（《召旻》　姚文田《古音諧》列爲去聲
誤）〔群經〕坎窞（《易・坎》初六）坎枕窞（又六三）斬剡（《禮記・雜記下》）
〔屈宋〕敢憯（《九章・抽思》）

　　　與平合用例　〔詩〕巌瞻惔談斬監（《節南山》）

　去聲字　監有平濫

　　獨用例　〔詩〕監濫（《殷武》　此從江晉三説）

○陽部　《詩》有平上二聲,群經諸子用韻有去聲

上去聲字古讀平聲例

古惟讀平聲

　　享　〔詩〕享嘗王疆（《天保》）享明皇疆（《信南山》）將享（《我將》）光享
（《載見》）疆衡鶬享將康穰饗疆賞將（《烈祖》）鄉湯羌享王常（《殷武》）

　　慶　〔詩〕蹌羊嘗亨將祊明皇饗慶疆（《楚茨》）將慶（同上）明羊方臧慶
（《甫田》）梁京倉箱梁慶疆（同上）黃章章慶（《裳裳者華》）兄慶光喪方（《皇
矣》）嘗衡剛將羹房洋慶昌臧方常（《閟宮》）〔群經〕疆亨疆行常行慶疆
（《易・坤》象傳）疆光慶行疆方行（《益》象傳）亨慶行（《行》象傳）明行當剛
行當慶（《履》象傳）慶行（《大畜》象傳）光上慶（又《頤》象傳）明慶剛祥
（《困》象傳）當明行慶翔臧（《豐》象傳）當慶當光（《兑》象傳）慶殃（《坤》文
言）疆慶（《儀禮・士冠禮》）慶疆（同上）明昌慶（《大戴禮・虞戴德》篇）慶讓
（《禮記・射義》）讓慶（同上）〔諸子〕祥殃慶（《荀子・正論》）

　　饗　〔詩〕霜場饗羊堂觥疆（《七月》）臧覭饗（《彤弓》）蹌羊嘗亨將祊明
皇饗慶疆（《楚茨》）方王饗（《我將》）疆衡鶬享將康穰饗疆嘗將（《烈祖》）
〔群經〕當饗（《禮記・月令》）〔屈宋〕饗喪（《天問》）亡莊饗長（同上）

　　爽　〔詩〕湯裳爽行（《氓》）瀼光爽忘（《蓼蕭》）〔諸子〕盲聾爽狂妨（《老
子・檢欲》　聾,東部字）明聰穎爽揚（《莊子・天地》　聰,東部字）聾盲爽狂
（《吕覽・尊師》）

　　鷞　〔屈宋〕皇鶬鷞翔（《大招》　鷞,從爽聲,爽,古惟讀平,鷞,亦僅見與
平協,故列此）

　　讓　〔詩〕良方讓亡（《角弓》）〔群經〕行讓强（《大戴禮記・文王官人》）
張良常讓讓堂行張（又《投壺》）讓常殃康（《禮記・禮運》）慶讓（又《儒行》）
讓慶（同上）〔諸子〕相王讓明（《荀子・成相》）讓行（《管子・弟子職》）

　　上　〔詩〕桑上上（《桑中》）湯上望（《宛邱》）上王方（《大明》）〔群經〕上

明行(《易・晉》象傳)上行明行剛(《睽》象傳)上行往亨行(《損》象傳)傷上(《比》象傳)光上慶(《頤》象傳)當光上(《萃》象傳)當上當長(《中孚》象傳)當長上六(《小過》象傳)王上(《禮記・曾子問》)望藏上鄉(《禮運》)上愴(《祭義》)王上(《坊記》)上堂(《左傳・文公二年》)兄上(《孟子・梁惠王上》)〔諸子〕上常(《管子・侈靡》)上攻(又《七臣七主》　攻,東部字)上通(又《度地》　通,東部字)長剛旁上行囊防傷楊(同上)〔屈宋〕望張上(《九歌・湘夫人》)長上彰(《天問》)

　　　覟　〔詩〕藏覟饗(《彤弓》)〔群經〕羊盉筐覟償相(《左傳・僖公十五年》)〔屈宋〕傷倡妄長芳章芳覟羊明(《九章・悲回風》)

　　　葬　〔諸子〕藏將行方葬行(《莊子・山木》)章明葬強王亡王(《荀子・禮賦》)

　古兼有平聲一音

　　　往　〔群經〕行亨往行(《易・小畜》象傳)亨剛亨往(《賁》象傳)行往亨(《大過》象傳)上行往亨行(《損》象傳)〔諸子〕狂往(《莊子・在宥》)王往(《呂覽・下賢》)

　　　廣　〔詩〕廣杭望(《河廣》)〔群經〕翔廣(《左傳・昭公五年》)〔諸子〕房皇彊明方廣行昌(《莊子・知北游》)

　　　尚　〔詩〕尚亡章兵方(《抑》)〔屈宋〕明藏尚行(《天問》)

　　　象　〔群經〕剛長象行(《易・剝》象傳)〔諸子〕芒象(《莊子・至樂》)

　　　像　〔屈宋〕強像(《九章・懷沙》)

　　　罔　〔詩〕罔亡罔亡(《瞻卬》)

　僅見與平相協

　　　向　〔詩〕向藏王向(《十月之交》)

　　　怲　〔詩〕上怲臧(《頍弁》)

　　　抗　〔詩〕抗張(《賓之初筵》)

　　　伉　〔詩〕伉將行(《緜》)

　　　朗　〔諸子〕揚行朗長明揚行良養明(《呂覽・盡數》)

　　　障　〔諸子〕光行障(《呂覽・勿躬》)

　　　竟　〔群經〕疆竟梁裳(《禮記・月令》)

　　　枉　〔群經〕強枉(《大戴禮・武王踐阼》)

　　　浪　〔屈宋〕當浪(《離騷》)

恙　〔屈宋〕臧恙(《九辯》)

上聲字　景養兩蕩仰掌廣_{有平}泳永梗往_{有平}競_{有去}(罔_{有平}黨放長_{有平}怳象_{有平}像_{有平}響賞_{有去})

獨用例　〔詩〕景養(《二子乘舟》)兩蕩(《南山》)仰掌(《北山》)〔群經〕罔往(《易‧大壯》象傳　罔往,或以爲古讀平聲亦可)黨蕩(《書‧洪範》)仰放(《禮記‧檀弓上》)長養(《禮運》　案長幼之長與長短之長聲調自古有異。觀群經諸子之用韻幾無例外可知)〔諸子〕怳象(《老子‧虛心》)象往(《仁德》　象往,古亦讀平聲)勇廣長(《三寶》　勇,東部字)仰養仰養(《墨子‧七患》)往象長響(《呂覽‧順說》)〔屈宋〕長像(《橘頌》)仰往(《舞賦》)長往(《大言賦》)

與平合用例　〔詩〕廣泳永方(《漢廣》　夏炘以爲"方"古有上聲)方泳亡喪(《谷風》)將往競梗(《桑柔》)仰行(《車舝》)〔群經〕養饗(《禮記‧禮器》　案饗字古多作平聲,惟《禮記》與上聲字協韻,似爲後世讀入上聲之濫觴,今附此存疑,下享字同。江有誥謂"養"古有平聲一音,今不從)養享(《祭義》)象饗黨(《仲尼燕居》)賞殃(《左傳‧哀公廿八年》)

去聲字(妄病競_{有上}賞_{有上}量尚匠壯放_{有上}望相暢狀傍悵)

獨用例　〔群經〕妄病(《禮記‧儒行》)競病(《左傳‧僖公七年》)〔諸子〕賞棟(《管子‧七臣七主》　棟,東部字)量妄(《牧民》)〔屈宋〕尚匠(《天問》)壯放(《九章‧遠游》)望相尚量暢狀(《神女賦》)

與平合用例　〔群經〕相壯陽(《爾雅》)〔諸子〕亡病(《老子‧立戒》)

與上合用例　〔群經〕壯罔(《易‧大壯》九三)養繩傍(《大戴禮‧保傅》)〔諸子〕狀象恍(《老子‧贊元》)掌妄(《莊子‧在宥》)〔屈宋〕悵象(《舞賦》)

○耕部　有平上去三聲

上去聲字古讀平聲例

古兼有平聲一音

靜　〔諸子〕平正靜寧正(《呂覽‧君守》)聽靜爭(《管子‧正》篇)莖榮生成正平靜(《內業》篇)

姓　〔詩〕菁睘姓(《杕杜》)〔群經〕姓明(《書‧堯典》　明,陽部字)

正　〔詩〕名清成正甥(《猗嗟》)庭楹正冥寧(《斯干》)平寧正(《節南山》)〔群經〕中成正淵(《易‧訟》象傳　中,冬部字;淵,真部字)行正(《同

人》象傳）正情（《大壯》象傳）亨正命情（《萃》象傳　亨，陽部字）信正（同上

　信，真部字）正民（《屯》象傳　民，真部字）聽正（《需》象傳）正命（《臨》象

傳）正命正（《晉》象傳）井正成（《井》象傳）正聽（《艮》象傳）正盈（《禮記·

禮運》）正定定聲（《樂記》）正清寧成生成正姓（《緇衣》）〔諸子〕平正靜寧正

（《呂覽·君守》）形正情性成（《勿躬》）

　　定　〔詩〕天定生寧醒成（《節南山》　天，真部字）平定爭寧（《江漢》）

〔群經〕定生（《禮記·禮運》）正定定聲（《樂記》）

　　令　〔詩〕令鳴征生（《小宛》）〔諸子〕耕令（《管子·輕重己》）令請（《七

臣七主》）

　　敬　〔詩〕庭敬（《閔予小子》）〔群經〕敬信（《禮記·中庸》　信，真部字）

　　性　〔群經〕成性（《大戴禮·保傅》）寧性靜定（《禮記·月令》）〔諸子〕

名形命形性（《莊子·天地》）形正情性成（《呂覽·勿躬》）

　　命　〔群經〕正命（《易·臨》象傳）正命正（《晉》象傳）〔諸子〕名形命

（《莊子·天地》）

　僅見與平相協

　　省　〔群經〕名省（《大戴禮·誥志》）清省爭（《禮記·曲禮上》）

　　馨　〔詩〕馨生（《蓼莪》）

　　潁　〔詩〕冥潁（《無將大車》）

　　挺　〔群經〕挺肩（《左傳·襄公五年》）

　上聲字　　領騁屏

　　獨用例　〔詩〕領騁（《節南山》）領屏（《桑扈》）

　去聲字　　定有平姓有平聘政正有平（敬有平令有平盛幸命有平靜有平聖徑聽性有

平勁）

　　獨用例　〔詩〕定姓（《麟之趾》）定聘（《采薇》）政姓（《節南山》）〔群經〕

正定（《易·家人》象傳）正敬（《訟》象傳）正定（《離》卦傳）正令（《儀禮·士

冠禮》）敬正（《大戴禮·武王踐阼》）聘正（《禮記·禮運》）盛姓（《表記》）命

幸（《中庸》）敬正（《儒行》）幸幸（《左傳·宣公十六年》）令定（《襄公五年》）

〔諸子〕靜命（《老子·歸根》）靜正（《爲政》洪德淳風）令政（《管子·四稱》）

定正（《心術下》）聖正聖正（《四時》）徑幸（《正》篇）正靜（《内業》）正靜定

（同上）敬定（同上）定聽（同上）敬靜敬性定（同上）靜正（同上）靜定（同上）

命命（《弟子職》）聽靜正（《莊子·在宥》）靜定（《天地》）令命定（《韓非子·

主道》)正定(《揚權》)靜命定(同上)聽靜性(《呂覽・先己》)性正令(《圜道》)命定(同上)勁命(《順説》)敬令靜定(《審應》)正敬(《期賢》)〔屈宋〕靜定(《大招》)盛命盛定(同上)

○真部　有平上去三聲

上去聲字古讀平聲例

古惟讀平聲

甸　〔詩〕甸田(《信南山》)甸命命命(《韓奕》　命,耕真兩部兼收)

信　〔詩〕洵信(《擊鼓》)人姻信命(《蝃蝀》)薪人信(《揚之水》)苓苓顛信(《采苓》　苓,從令聲,令,耕真兩部兼收)親信(《節南山》)天信臻身天(《雨無正》)翩人信(《巷伯》)〔群經〕順信賢(《易・繫辭上》傳)信身(下傳)親新信(《離》卦傳)仁信敦(《大戴禮・王言》)親信(《五帝德》)信仁(《穀梁傳・莊公二十七年》)身信(《論語・學而》)

泯　〔詩〕翩泯燼頻(《桑柔》)〔屈宋〕塵鱗身巾泯(《小言賦》)

鎮　〔屈宋〕真人(《九章・抽思》)

古兼有平聲一音

引　〔詩〕替引(《召旻》)〔群經〕天田年引(《儀禮・少牢饋食禮》)

命　〔詩〕人姻信命(《蝃蝀》)鄰命人(《揚之水》)命申(《采菽》)民人天命申(《假樂》)天人命人(《卷阿》)甸命命命(《韓奕》)人田命命年(《江漢》)命臣(《召旻》)〔群經〕身天命(《禮記・禮運》)神命天(同上)親命(《祭義》)命天(《論語・學而》)

進　〔群經〕進親顛(《易・雜卦》傳)

令　〔詩〕顛令(《東方未明》)令仁(《盧令》)鄰顛令(《車鄰》)〔群經〕令民(《禮記・月令》)

僅見與平相協

燼　〔詩〕翩泯燼頻(《桑柔》)

慎　〔諸子〕信新慎人身(《管子・正》篇)

上聲字　盡引

獨用例　〔詩〕盡引(《楚茨》)〔群經〕謹勉盡(《禮記・中庸》　謹,諄部字;勉,元部字)〔諸子〕甽盡(《呂覽・任地》　甽,諄部字)

去聲字　電令有平(進有平命有平)

獨用例　〔詩〕電令(《十月之交》)〔群經〕變命(《禮記・郊特牲》　變,

元部字)〔屈宋〕願進(《九章‧抽思》　願,元部字)

○諄部　有平上去三聲

上去聲字古讀平聲例

古兼有平聲一音

訓　〔詩〕訓刑(《烈文》　刑,耕部字)

順　〔諸子〕緒昏順(《莊子‧天地》)

僅見與平相協

黨　〔詩〕川焚熏聞遯(《雲漢》)

悶　〔諸子〕昏悶(《老子‧異俗》)悶醇(又《順化》)

閔　〔詩〕恩勤閔(《鴟鴞》)

畛　〔詩〕耘畛(《載芟》)

上聲字　洒殄忍隕壼(謹勔輴)

獨用例　〔詩〕洒浼殄(《新臺》　浼,元部字)忍隕(《小弁》)〔群經〕謹勉盡(《禮記‧中庸》　勉,元部字;盡,真部字)〔諸子〕勔盡(《呂覽‧任地》)〔屈宋〕忍隕(《離騷》)忍輴(《九章‧惜誦》)

與平合用例　〔詩〕隕貧(《氓》)

去聲字　盼順有平問慍訓有平胤(刃困絢)

獨用例　〔詩〕倩盼(《碩人》　倩,耕部字)順問(《女曰雞鳴》)慍問(《縣》)訓順(《抑》)〔群經〕順刃(《大戴禮‧虞戴德》)聘問(《禮記‧儒行》　聘,耕部字)倦困(同上　倦,元部字)倩盼絢(《論語‧八佾》)

與上合用例　〔詩〕壼胤(《既醉》)〔群經〕勉困(《論語‧子罕》)

○元部　有平上去三聲

上去聲字古讀平聲例

古惟讀平聲

憲　〔詩〕安軒閑原憲(《六月》)翰憲(《桑扈》)難憲(《板》)番嘽翰憲(《嵩高》)

翰　〔詩〕翰憲(《桑扈》)垣翰(《文王有聲》)藩垣翰(《板》)翰蕃宣(《嵩高》)番嘽翰憲(同上)宣翰(《江漢》)嘽翰漢(《常武》)〔群經〕皤翰(《易‧賁》六四)

古兼有平聲一音

反　〔詩〕反幡遷僊(《賓之初筵》)〔群經〕反連(《易‧蹇》九三六四)

〔諸子〕言反(《老子·任信》)

　　　遠　〔詩〕遠然(《角弓》)菅遠(《白華》)難遠(《抑》)〔群經〕遠遷(《易·繫辭下》傳)〔屈宋〕遠壇(《九章·涉江·亂》　夏燮謂"壇"有上聲,今未從)

　　　善　〔群經〕然善(《大戴禮·哀公問五義》)〔諸子〕善安(《管子·七臣七主》)

　　　患　〔諸子〕患端(《韓非子·揚權》)〔屈宋〕聞患亡完(《九章·抽思》聞,諄部字)

　　　慢　〔諸子〕漫騫慢愆言(《荀子·正名》)

　　僅見與平相協

　　　獻　〔詩〕燔獻(《瓠葉》)

　　　巘　〔詩〕原繁宣歎巘原(《公劉》)

　　　暖　〔屈宋〕暖寒言(《天問》)

　　　建　〔群經〕建援(《左傳·文公五年》)

　　　蔓　〔屈宋〕間蔓間(《九歌·山鬼》)

　　　漫　〔諸子〕漫騫慢愆言(《荀子·正名》)

　　　伴　〔屈宋〕伴援(《九章·惜誦》)

　　上聲字　轉卷選簡變管涗反_{有平}遠_{有平}埍阪婉踐幝痯勉綣諫衍板罕(短蹇斷免產晚煥旱緩顯善_{有平}摶楗)

　　　獨用例　〔詩〕轉卷選(《柏舟》)簡簡(《簡兮》)變管(《靜女》)洒涗殄(《新臺》　洒殄,諄部字)反遠(《載馳》)埍阪遠(《東門之埍》)婉變(《候人》)遠踐(《伐柯》)幝痯遠(《杕杜》)反遠(《角弓》)簡反反(《執競》)綣反諫(《民勞》　案諫,《詩》兩見,均作上聲)〔群經〕遠短(《禮記·樂記》)謹勉盡(《中庸》　謹,諄部字;盡,真部字)反遠(《論語·子罕》)〔諸子〕遠反(《老子·象元淳德》)衍蹇(《莊子·秋水》)斷轉免(《天下》)遠產(《管子·內業》)遠反蹇(《荀子·賦篇·雲》)遠反晚(《法行》)遠反(《吕覽·情欲》)煥旱(同上)旱緩(《任地》)〔屈宋〕反遠(《離騷》《九歌·國殤》《九章·哀郢》)顯遠(《高唐賦》)

　　　與平合用例　〔詩〕萬卷悁(《澤陂》)阪衍踐遠愆(《伐木》　夏燮謂"愆"有上聲,今不從)反幡遷僊(《賓之初筵》)板癉然遠管亶遠諫(《板》)〔群經〕善遷免(《禮記·曲禮上》)斑卷(《檀弓下》)安顯(《禮運》)

去聲字　雁旦泮怨岸宴反_{有平上}粲晏彥爛婉_{有上}變_{有上}卂見弁選_{有上}貫亂汕衍霰館鍛澗衍_{有上}渙難_{有平}騧燕展願羨漢慢（變患_{有平}面巽倦賤散惴縵辨譔贊觀_{有平}昕）

独用例　〔詩〕雁旦泮（《瓠有苦葉》）怨岸泮宴宴旦反（《氓》　反，有去聲）宴粲彥（《羔裘》）旦爛雁（《女曰雞鳴》）婉變卂見弁（《甫田》　婉，古有去聲）變婉選貫反亂（《猗嗟》）粲爛旦（《葛生》）汕衍（《南有嘉魚》）霰見宴（《頍弁》）館亂鍛（《公劉》）澗澗（同上）旦衍（《板》）艾渙難（《訪落》　此從江晉三說。艾，祭部字）騧燕（《有駜》）〔群經〕變變面（《易・革》九五上六）願亂（《履》象傳）變巽（《家人》象傳）亂變巽（《萃》象傳）巽願亂（《漸》象傳）順願（《渙》象傳　順，諄部字）變願（《中孚》象傳）變倦（《繫辭下》傳）爛反（《雜卦》傳）旦患（《禮記・坊記》）忿倦怨（同上　忿，諄部字）難賤（《表記》）亂難（《緇衣》）倦變亂（《射義》）見散（《孟子・梁惠王下》）〔諸子〕變貫貫亂貫變（《荀子・天論》）變亂貫（《成相》）惴縵（《莊子・齊物》）辨見（《管子・白心》）亂怨（《九守・主周》）〔屈宋〕霰見（《九章・哀郢》）賦亂變譔（《大招》　賦，魚部字）見贊（《神女賦》）見觀昕（《登徒子好色賦》）

與平相協例　〔詩〕展_{去聲}袢顏媛（《君子偕老》）館還粲（《緇衣》）溥婉願（《野有蔓草》）渙薗觀觀觀觀（《溱洧》）援羨岸（《皇矣》）嘽翰漢（《常武》）〔群經〕貫然（《大戴禮・保傅》）傳倦（《論語・子張》）媛彥（《爾雅・釋訓》）

與上合用例　〔詩〕慢罕（《大叔于田》）〔群經〕緩難（《易・離》卦傳　難，去聲）旦顯（《左傳・昭公三年》）〔諸子〕怨怨善（《老子・任契》）賤衍塞（《莊子・秋水》）〔屈宋〕變遠（《九章・惜誦》）摶爛（《橘頌》）槮爛（《風賦》）

○歌部　有平上去三聲

上去聲字古讀平聲例

古惟讀平聲

化　〔群經〕化宜（《易・繫辭下》傳）施化（《大戴禮・曾子天圓》）〔諸子〕（見姚氏《古音諧》）〔屈宋〕他化（《離騷》）化離（同上）爲化（《天問》）施化（同上）化爲（《九章・思美人》）化何（《九辯》）

議　〔詩〕議爲（《北山》）儀議罹（《斯干》）〔諸子〕離挫議虖（《莊子・山木》）

古兼有平聲一音

地　〔群經〕地宜（《易・繫辭下》傳）〔屈宋〕歌地（《天問》）

義　〔群經〕義何(《易·鼎》象傳)頗義(《書·洪範》)〔諸子〕義爲(《莊子·盜跖》)義爲(《韓非子·揚權》)〔屈宋〕義差(《登徒子好色賦》)

左　〔詩〕左瑳儺(《竹竿》)左左宜(《裳裳者華》)

僅見與平相協

駕　〔詩〕駕猗馳破(《車攻》)

破　〔詩〕駕猗馳破(《車攻》)

上聲字　我左有平彼禍可掎扡哆侈(脞惰墮坐倚踦蘂纚跛)

獨用例　〔詩〕我我(《黍離》)左我(《有杕之杜》)彼彼我彼(《下泉》)禍我可(《何人斯》)哆哆(《巷伯》)〔群經〕脞惰墮(《書·皋陶謨》)左坐(《禮記·郊特牲》)〔諸子〕倚踦(《莊子·養生主》)可我(《韓非子·揚權》)可我(《管子·四稱》)〔屈宋〕蘂纚(《離騷》)可我(同上)

與平合用例　〔詩〕我嗟(《權輿》)掎扡佗(《小弁》　佗,《廣韻》託何切,《釋文》吐賀反,夏炘以爲"佗"古有平上二音)〔群經〕爲墮(《公羊傳·僖公二十一年》)

去聲字　賀佐瓦詈地有平(義有平過有平戲僞貨)

獨用例　〔詩〕賀佐(《下武》)〔群經〕地義(《大戴禮·五帝德》)義過(《武王踐阼》)義過(《禮記·禮運》)地義(同上)義戲(《儒行》)〔諸子〕義僞(《老子·俗薄》)貨過(《管子·四稱》)〔屈宋〕過地(《九章·橘頌》)

與平合用例　〔詩〕詈歌(《桑柔》)〔諸子〕貨多(《老子·立戒》)貨過爲(《守微》)

與上合用例　〔群經〕左義(《禮記·表記》)跛差詈(《大戴禮·保傅》)

與入合用例　〔詩〕地裼瓦(《斯干》　裼,支部入聲字)

○支部　《詩》有平去入三聲,群經諸子用韻有上聲

上聲字(是庳)

獨用例　〔群經〕是是(《左傳·昭公七年》)〔諸子〕庳是(《吕覽·下賢》)

去聲字　解帝揥髢刺有入提有平(繫睨締賜)

獨用例　〔詩〕解帝(《閟宫》)〔群經〕繫睨(《左傳·哀公十三年》)〔諸子〕地解(《韓非子·揚權》　地,歌部字)解締(《九章·悲回風》)

與入合用例　〔詩〕翟髢揥晳帝(《君子偕老》　髢,從也聲,當在歌部,惟《説文》作鬄,從易聲,則在本部)提辟揥刺(《葛屨》　提,《釋文》徒兮反)帝易(《文王》　易,從鄭讀)帝辟帝辟(《蕩》)〔諸子〕地賜賜益(《韓非子·揚

權》 地,歌部字)帝適(《吕覽·下賢》)

○至部 有上去入三聲無平聲(此部江晉三、夏心伯均謂古有上聲)

去聲字兼有上聲一音

至 〔詩〕禮至(《賓之初筵》)〔諸子〕水至(《管子·形勢解》)

去聲字 至曀嚏(致)

獨用例 〔詩〕曀嚏(《終風》)〔群經〕示死致(《禮記·儒行》 示死,皆脂部字,死,古有去聲,從江晉三説)〔諸子〕致至(《管子·内業》)利至視恣(《荀子·成相》 利視恣,皆脂部字)利至(《吕覽·音律》)〔屈宋〕濟至死(《九辯》 濟死,皆脂部字,古均有去聲)至比(《九章·悲回風》 比,脂部字)

○脂部 有平上去入四聲

去聲字古讀平聲例

古惟讀平聲

畏 〔詩〕愧畏(《何人斯》)懷畏(《將仲子》)畏懷(《東山》)壞畏(《板》 壞,古有平聲)推雷遺遺畏摧(《雲漢》)〔群經〕畏威(《書·皋陶謨》)歸畏(《禮記·中庸》)

罪 〔詩〕威罪罪(《雨無正》)威罪(《巧言》)罪罪(《瞻卬》)

壞 〔詩〕壞畏(《板》)〔群經〕貴歸壞(《大戴禮·哀公問五義》)威壞(《左傳·文公七年》)頽壞萎(《禮記·檀弓上》)

僅見與平相協

媿 〔詩〕媿畏(《何人斯》)

楷 〔群經〕稽楷推(《禮記·儒行》)

愧 〔群經〕威愧(《禮記·儒行》)

斐 〔詩〕萋斐(《巷伯》)

上聲字 煒美荑尾燬邇瀰鷕體死有去薺弟泲禰姊泚玼指禮濟有去藟瀰菲水唯偕火葦几韡軆旨豈矢兕醴隼泥匕砥履視有去涕爾依秭妣皆訨底(胏娣牝鬼比有去稽有平累粃米機雉弛)

獨用例 〔詩〕煒美(《靜女》)荑美(同上 荑,古有上聲,本江晉三説)餘見王念孫《古韻譜》(惟《載馳》之"濟閟"、《大田》二章之"穉火"、三章之"穉穧",宜列去聲,詳下文)〔群經〕見王《譜》(惟《易·繫辭下》傳之"利濟"、《禮記·坊記》之"禮利"、《儒行》之"示死致"除外)〔諸子〕見姚文田《古音諧》齊部〔屈宋〕比累水(《高唐賦》)餘見王《譜》(惟《九章·懷沙》之"濟

示"，宜列去聲）

　　與平合用例　〔詩〕訛哀違依底（《小旻》）〔群經〕濟回（《大戴禮·五帝德》）水瑰歸歸懷（《左傳·成公十七年》）

　　去聲字　濟閟肄棄曁謂潰曁紕四畀遂悸穟醉季寐比有上佽棣檖萃蔚瘁柴退訊渭屆利稺穧駟愛妹渭對類穟匱位溉懟內優逮隧悖戾泣惠翳肆（饋次資貴氣味視恣眛費孿嘅喟示死有上冀欷鼻淚磑配悴）

　　獨用例　〔詩〕濟閟（《載馳》）肄棄（《汝墳》）塈謂（《摽有梅》）潰肄曁（《谷風》）紕四畀（《干旄》）遂悸遂悸（《芄蘭》）穟醉（《黍離》）季寐棄（《陟岵》）比佽比佽（《杕杜》）棣檖醉（《晨風》）萃訊（《墓門》　訊，段氏云宜作"誶"）薈蔚（《候人》　薈，祭部字）旆瘁（《出車》　旆，祭部字）佽柴（《車攻》）退遂瘁訊退（《雨無正》）嘒渒屆寐（《小弁》　嘒，祭部字）蔚瘁（《蓼莪》）稺穧穟利（《大田》）醉醉（《賓之初筵》）渒嘒駟屆（《采菽》）愛謂（《隰桑》）妹渭（《大明》）對季季（《皇矣》）類比（同上）類致（同上）旆穟（《生民》）匱類（《既醉》）位塈（假樂）溉塈（《泂酌》）類懟對內（《蕩》）寐內（《抑》）優逮（《桑柔》）隧類對醉悖（同上）類瘁（《瞻卬》）〔群經〕退遂（《易·大壯》上六）遂饋（《家人》六二）次資次（《旅》六九三　資，有去聲，本江晉三說）謂內（《臨》象傳）貴類悖（《頤》象傳）位愛謂（《家人》象傳）內貴（《蹇》象傳）位退悖（《解》象傳）悖貴（《鼎》象傳）位快逮（《旅》象傳　快，祭部字）利濟（《繫辭下》傳）位氣（《說卦》傳）內類退（《雜卦》傳）醉愛（《大戴禮·文王官人》）類悖（同上）退對（《禮記·曲禮上》）對退（同上）大位（《月令》　大，祭部字）味氣（同上）匱遂（同上）位利（《禮運》）內位（《祭義》）薈萃匱（《左傳·成公九年》　薈，祭部字）類萃（《孟子·公孫丑上》）〔諸子〕利至視恣（《荀子·成相》　至，至部字）眛退類（《老子·同異》）愛費（《立戒》）貴位（《韓非子·愛臣》）位類醉（《揚權》）孿貴（《管子·牧民》）退貴位（《四稱》）位氣（《四時》）利濟（《內業》）饋饋悖（《弟子職》）退內（同上）利至（《呂覽·音律》）類悖（《審分》）對穟（《審時》）〔屈宋〕嘅邁（《九章·哀郢》　邁，祭部字）濟示（《懷沙》）喟謂愛類（《懷沙·亂》）至比（《悲回風》）濟至死（同上）冀欷（《九辯》　欷，去聲）氣鼻志淚瘁磑（《高唐賦》）貴位配位備（《小言賦》　備，之部字）悴費（《釣賦》）

　　與平合用例　〔詩〕脆戾（《采菽》）〔群經〕貴歸壞（《大戴禮·哀公問五義》）〔諸子〕弁稽（《管子·弟子職》）

　　與上合用例　〔詩〕穊火（《大田》）〔群經〕禮利（《禮記·坊記》）

　　與入合用例　〔詩〕淢率（《采芑》）惠戾屆闋（《節南山》）滅戾勰（《雨無正》　滅勰，祭部字）出瘁（同上）苐仡肆忽拂（《皇矣》）疾戾（《抑》）疾屆（《瞻卬》）〔群經〕逮悖氣物（《易·説卦》傳）内出（《禮記·月令》）〔諸子〕轡戾（《吕覽·樂成》）

　　○祭部　有去入無平上

　　去聲字　敗憩拜説有入厲揭有入帨吠逝害有入帶艾歲外泄邁肺晢役芾噦噲薈愒瘵蠆世劂枻翽藹大茷衛嘒兌駾喙斾（曳掣貝沛際廢乂藝蓋閉慧勢泰蔽制巇殺刈穢裔澨汏介蔕籟會滯竄祭賴埶磕濿霈摯蔡）

　　獨用例　〔詩〕敗憩（《甘棠》）拜説（同上）厲揭（《匏有苦葉》）逝害（《二子乘舟》）厲帶（《有狐》）艾歲（《采葛》）外泄逝（《十畝之間》）逝邁（《東門之枌》）肺晢（《東門之楊》）役芾（《候人》）艾晰噦（《庭燎》）噲噦（《斯干》）艾敗（《小旻》）邁瘵（《小宛》）愒瘵邁（《菀柳》）厲蠆邁（《都人士》）外邁（《白華》）世世（《文王》）翳枻（皇矣）翽藹（《卷阿》）愒泄厲敗大（《民勞》）惠厲瘵（《瞻卬》　惠，脂部字）茷噦大邁（《泮水》）大艾歲害（《閟宫》）〔群經〕曳掣劂（《易·暌》六三　劂，脂部字）厲貝（《震》六二）沛沫（《豐》九三　沫，脂部字）外敗（《需》象傳）外大際（《泰》象傳）害敗害晢（《大有》象傳）際大歲（《坎》象傳）外害（《咸》象傳）害大（同上）外大位害（《涣》象傳　位，脂部字）大廢（《繫辭下》傳）乂藝（《書·禹貢》）廢世（《大戴禮·武王踐阼》）害大（同上）蓋閉泄（《禮記·月令》）藝説（《少儀》）外泄（《左傳·隱公元年》）慧勢（《孟子·公孫丑上》）〔諸子〕廢敗外害泰（《荀子·議兵》）蔽勢制巇厲敗害世（《成相》）廢敗世害泰（《賦篇》）大逝（《老子·象元》）害大（《仁德》）大敗（《管子·形勢》）廢外（《版法》）敗泄（《侈靡》）害外泄大（同上）外大貴（同上　貴，脂部字）外害（《内業》）逝外害（同上）泄敗害（同上）泰敗（《七臣七主》）勢制（同上）器制敗（《度地》　器，脂部字）遂大（《地員》　遂，脂部字）世制（《莊子·大宗師》）内外敗（《在宥》）大逝（《天地》）外内大（《秋水》）歲外（《則陽》）害敗外（《韓非子·愛臣》）泰害（《揚權》）外内愛（《備内》　愛，脂部字）蓋泄（《吕覽·音律》）外内貴（《下賢》）歲大（《貴信》）歲艾（《上農》）害大（《辯士》）穗殺大（《審時》　穗，脂部字）〔屈宋〕刈穢（《離騷》）艾害（同上）裔澨逝蓋（《九歌·湘夫人》）帶逝際（《少司命》）害敗（《天問》）汏滯（《九章·涉江》）歲逝（《抽思》）厲衛（《遠游》）帶介愒邁穢敗昧

(《九辯》　慨昧,皆脂部字)沫穢(《招魂》)蓋會藹沛蔕籟會(《高唐賦》)斾蓋逝會害逮滯歲(同上　逮,脂部字)世厲(《大言賦》)大世(同上)蓋介外(同上)

　　與入相協例　〔詩〕脫帨吠(《野有死麕》)轝邁衛害(《泉水》)逝邁外蹶(《蟋蟀》)結厲滅威(《正月》)秣艾(《鴛鴦》)輩逝渴括(《車舝》)拔兌駾喙(《緜》)較烈歲(《生民》)揭害撥世(《蕩》)舌逝(《抑》)舌外發(《烝民》)斾鉞烈曷蘗達截伐桀(《長發》)〔群經〕發大害(《易·坤》象傳)竄掇(《訟》象傳)大月物(《大戴禮·哀公問五義》)勱列藝(《禮記·禮運》　勱,元部字)〔諸子〕察勢(《管子·七臣七主》)徹祭(《弟子職》)物歲敗害敗害(《山權數》)制殺決(《莊子·在宥》)闕敗外(《呂覽·君守》)外察賴害埶世(《離俗》)大害越大外賴世竭衛厲折(《士容》)〔屈宋〕蔽折(《離騷》)會碣磕厲滴霈邁喙竄摯(《高唐賦》)雪貝蔡(《登徒子好色賦》)

　　○盍部　有入無平上去
　　○緝部　有入無平上去
　　○之部　有平上去入四聲
上去聲字古讀平聲例
古兼有平聲一音

　　佩　〔詩〕佩思來(《子衿》)思之佩(《渭陽》)〔屈宋〕佩詒(《離騷》)
　　志　〔群經〕之志(《易·革》象傳)謀志哉(《左傳·昭公十二年》)志思(《論語·子張》)〔屈宋〕志哈(《九章·惜誦》)期志(《抽思》)
　　怠　〔群經〕時災來怠(《易·雜卦》傳)〔諸子〕怠來(《荀子·堯問》)治怠持(《莊子·漁父》)

　　上聲字　采友否母𦔮有趾子有去沚事有去止氾以悔矣李裏已久耳齒俟右有去玖洓里杞洧士晦喜有去畝𦙃鯉耜時有平去祉在芑試有去仕殆宰史使負似梓恥恃紀起理秄薿敏怠有平改婦謀有平秠祀饎式有去入海鮪始(釐有平餌醢市侑鼇有平鄙等倍徙不茝晦芷姒痔徵駭)

　　獨用例　詳見王氏《古韻譜》及姚氏《古音諧》(“試式時事謀鼇鼇”諸字古蓋有上聲)

　　與平合用例　〔詩〕子尤思之(《載馳》)哉其矣之之思(《園有桃》)時謀萊矣(《十月之交》)裘試(《大東》)牛右(《我將》)兹饎子母(《泂酌》)兹子(同上)〔群經〕喜起熙(《書·皋陶謨》)〔屈宋〕詩疑娭治之否欺思之尤之

（《九章・惜往日》）

　　與入合用例　〔群經〕福母（《易・晉》六二）

　　去聲字　背有入痗食有入子有上疚來有平入載有入又喜右有上富有入異輻意戒有入事能有平時有平上識有入誨舊式有上入塞有入寺倍忌熾試侑字（志有平疑有平備有入祐嗣誡有入治有平貸嬉置待殖賚植思有平佩有平代有入祀有入伺餌態期有平怪竢懘）

　　獨用例　〔詩〕背痗（《伯兮》）好食（《有杕之杜》　食，有去聲）疚來（《采薇》）載來疚（《杕杜》）來又（《南有嘉魚》）載喜右（《彤弓》）富異（《我行其野》）載載（《正月》）輻載意（《正月》）來疚（《大東》）戒事（《大田》）能又時（《賓之初筵》　時，古有去聲）識又（同上）食誨載（《緜蠻》）時舊（《蕩》）事式（《崧高》）塞來（《常武》）誨寺（《瞻卬》）倍事（同上）富忌（同上）富疚（《召旻》）子疚（《閔予小子》）熾富背試（《閟宮》）〔群經〕字字（《易・屯》六二）志富載疑（《小畜》象傳）志備祐（《大有》象傳）喜志（《賁》象傳　喜，古有去聲）志喜（《大畜》象傳）志志疑喜祐志（《損》象傳）志喜疑事志富（《升》象傳）疑志（《兌》象傳）事事（《小過》象辭）備字（《儀禮・士冠禮》）事嗣（《士昏禮》）覆誡（《大戴禮・保傅》　覆，幽部字）志事（《勸學》）治貸治就（同上　就，幽部字）載事嬉（《誥志》）富治（同上）能事（同上）載置（《投壺》）備事事（《禮記・月令》）事氣待事（同上　氣，脂部字）事志（《禮器》《學記》）事志治（《樂記》）志事（《中庸》）試事（同上）載幬（同上　幬，幽部字）疚志（同上）誨殖嗣（《左傳・襄公三十年》）食志祐（《昭公元年》）賚富（《論語・堯曰》）〔諸子〕富志（《老子・辯德》）事富（《淳風》）舊備（《管子・牧民》）事植嗣（《版法》）戒戒異思識備（《樞言》）待治（《白心》）備事（同上）事載（同上）來富（《禁藏》）時事（《四時》）疑事植（《七臣七主》）食事（《墨子・七患》）喜備（《雜守》）志富待思（《荀子・成相》）事戒識意（同上）事備（同上）忌置（《賦篇》）來事（同上）佩異（同上）嗣識（《哀公》）意異（《韓非子・主道》）舊備（同上）能意（同上）能事（《揚權》）富代（同上）置祀治置祀（《外儲左上》）伺餌（《外儲右上》）事能（《呂覽・君守》）識事備（同上）事喜能（《知度》）意待（同上）事待（《貴當》）治富（《任地》）〔屈宋〕能佩（《離騷》）時態（同上）異佩（同上）待期（同上　期，古蓋有去聲）識喜（《天問》）戒代（同上）祐喜（同上）志態（《九章・惜誦》）怪態（《懷沙》）佩異態竢（《思美人》）代意置載備異再識（《惜往日》）右期（《悲回風》）志喜（《橘頌》）異喜（同上）怪來（《遠游》）意事（《卜居》）怪備代（《招魂》）代意（同上）思事意異（《九

辯》)志意記異識志(《神女賦》)備究(《同上》　究,幽部字)

　　與平合用例　〔詩〕異貽(《靜女》)〔群經〕志富災之試災(《易‧无妄》象傳)待尤之(《蹇》象傳)事來之志之志辭來(《益》象傳)事試治災治(《乾》文言)事之志(《禮記‧儒行》)〔諸子〕意菑(《管子‧內業》)佩異媒喜(《荀子‧賦篇》)備恢恢疑來(《呂覽‧君守》)

　　與上合用例　〔詩〕里痗(《十月之交》)里里舊(《召旻》)〔群經〕治事始(《易‧蠱》象傳)志士(《大戴禮‧勸學》)〔諸子〕食事士(《管子‧四稱》)戒有悔態(《荀子‧成相》)

　　與平上合用例　〔群經〕災志僊事否志疑(《易‧遯》象傳)僊疑時來久(《既濟》象傳)〔諸子〕識疑來止(《莊子‧山木》)

　　與入合用例　“來載備戒背代貸富祀”諸字每與入聲字相協,疑古蓋有入聲,今不入此例。〔詩〕克富又(《小宛》)棘稷翼億食祀侑福(《楚茨》)字翼(《生民》)子德(《假樂》)疚棘極(《江漢》)〔群經〕載子克(《易‧大有》九二九三)志得克福(《禮記‧郊特牲》)〔諸子〕事富克事悔(《管子‧四稱》　悔,上聲字)德辭事備(《荀子‧成相》　辭,平聲字)態備忌匿(同上)

　　○魚部　有平上去入四聲

上聲字　楚馬筥釜下女處渚與羽野雨土顧_{有去}苦阻怒_{有去}舞俁虎組五予甫滸父武舉所鱮岵鼠戶者杜湑踽栩鹽黍怙禦鼓夏_{有去}紵語股宇許莫矜酤暇_{有去}寫旅午麌寡祖堵輔沮扈怙暑罟祜胥黼紓皋䍓脯圉_{有去}茹吐嘑浦緒虜稌薯虞㾮且秬魯假酤(斧普舍_{有去}覩敘俎矩賈豫古敟睹序伍社雅俯櫓褚拒悟鉅禹寅距廡沮儛圄莽佇𤺄憮簴壄姱迕)

　　獨用例　詳見王氏《古韻譜》、姚氏《古音諧》(“顧豫”二字古有上聲)

　　與平合用例　〔詩〕蒲許(《揚之水》)舍車盱(《何人斯》)〔屈宋〕土都(《登徒子好色賦》)

　　與入合用例　〔詩〕伯旅(《載芟》)〔諸子〕索所(《管子‧內業》)

去聲字　居_{有平}御露夜_{有入}茹據愬怒_{有上}故射_{有入}路祛惡_{有入}圃瞿莫_{有入}泝度_{有入}除_{有平}稼固庶作_{有入}茹穫暇_{有上}顧_{有上}譽椐柘豫_{有上}虞_去若_{有入}賦斁_{有入}著素慮圖_{有平}助鷺(舍_{有上}下_{有上}塗_{有平}懼傅赦夏_{有上}詐處_{有上}榭錯咋蠹步途_{有平}布具圄污_{有平}倨曙遽嘎慕牾暮妒洿璐踱假_{有上})

　　獨用例　〔詩〕居御(《鵲巢》)露夜露(《行露》)茹據愬怒(《柏舟》)故露(《式微》)射御(《大叔于田》)路祛惡故(《遵大路》)圃瞿夜莫(《東方未明》)

洳莫度度路(《汾沮洳》)莫除居瞿(《蟋蟀》)祛居故(《羔裘》)夜居(《葛生》)
圃稼(《七月》)固除庶(《天保》)作莫故故(《采薇》)茹穫(同上)除莫庶暇顧
怒(《小明》)譽射(《車舝》)椐柘路固(《皇矣》)怒豫(《板》)度虞(《抑》)去
故莫虞怒(《雲漢》)若賦(《烝民》)居譽(《韓奕》)惡斁夜譽(《振鷺》)〔群
經〕虞舍(《易·屯》六三)譽故(《蹇》初六六二)下若(《巽》九二)慮塗慮慮
(《繫辭下》傳)度懼故(同上)譽懼(同上)下舍(《乾》文言)居著(《雜卦》傳)
惡路(《書·洪範》)傅慮(《大戴禮·保傅》)虞懼(《文王官人》)射譽(《投
壺》)舍故(《禮記·曲禮上》)顧慮顧固(《曲禮下》)虞柘(《月令》)賦下赦
(同上)作度固(《禮運》)夏露(《孔子閒居》)射譽(《射義》)詐虞(《左傳·宣
公十五年》)懼怒(《昭公二十六年》)豫助豫度(《孟子·梁惠王下》)夜夏
(《論語·微子》)〔諸子〕居居去(《老子·養身》)惡處(《苦恩》)惡故(《任
爲》)度固(《管子·牧民》)路惡(同上)惡度助(同上)度赦懼(《版法》)樹舍
圖夜處(《四稱》　圖,古有去聲)居譽(《侈靡》)惡故(《心術上》)居舍度
(《白心》)故路(《四時》)固舍(《內業》)度圖(同上)度圖慮(同上)固度素
(《七臣七主》)赦錯故固(同上)據處去惡(《莊子·至樂》)居處(《山木》)度
舍居故(《知北游》)懼怍(《讓王》)居著(《天下》)固顧去(《墨子·雜守》)顧
故慮(同上)蟲作(《荀子·勸學》)步舍(同上)惡度途故(《成相》)惡素(《韓
非子·主道》)慮處(同上)惡路(《有度》)故布(《內儲下》)惡舍(《揚權》)具處
(同上)圖度(同上)固詐(《呂覽·情欲》)赦故(《音律》)固故(《下賢》)慮譽
(同上)助惡(《慎行》)度稼(《任地》)處汙(《辯士》)〔屈宋〕見姚氏《古音諧》

　　與平合用例　〔詩〕著素華(《著》)除去芊(《斯干》)去呱訏路(《生民》)
呼夜(《蕩》)〔群經〕穫奮(《易·无妄》六二)華夫譽(《大過》九五)呼舍固
(《禮記·曲禮上》)車御(《禮運》)稼漁(《坊記》)

　　與上合用例　〔詩〕野故(《我行其野》)舉圖舉助補(《烝民》)鷺下舞
(《有駜》)〔群經〕故旅下寡處(《易·雜卦》傳)斁敘(《書·洪範》)倨矩(《禮
記·樂記》)作土戶(《禮運》)度序(《經解》)〔諸子〕故序(《莊子·知北游》)
夜鼠(《韓非子·揚權》)〔屈宋〕佇妒(《離騷》)女女宇惡(同上)語曙(《遠
游》)遽據處語曙(《神女賦》)

　　與入合用例　〔群經〕處涸(《大戴禮·誥志》)布索(《禮記·月令》)〔諸
子〕蟄據搏固作嗄(《老子·元符》)舍薄圖舍(《管子·內業》)稼赦獲(《荀
子·議兵》)路澤(《韓非子·大體》)逆慕薄郄(《呂覽·任地》)〔屈宋〕牾蹠

(《高唐賦》)

○侯部　有平上去入四聲

上聲字　笱後枸梗考瘶口厚侮_{有去}主醹斗后取揄數_{有去}(腐蔀听藪僂傴俯走訽垢股狗)

獨用例　詳見王氏《古韻譜》及姚氏《古音諧》

與平合用例　〔諸子〕腐螻(《呂覽·盡數》)

去聲字　近咮媾豆具孺裕附奏樹數_{有上}侮_{有上}漏覯屬(寇聚構鬥湊慾務晝遇竇鮒)

獨用例　〔詩〕近近(《綢繆》)咮媾(《候人》)豆飫具孺(《常棣》　飫,宵部字)樹數(《巧言》)禡附侮(《皇矣》　禡,魚部字)樹侮(《行葦》)附奏(《縣》)漏覯(《抑》)〔群經〕寇媾(《易·屯》六二)寇寇(《蒙》上九)寇媾(《賁》六四、《暌》上九)聚聚(《萃》象傳)樹數(《繫辭下》傳)〔諸子〕構鬥(《莊子·齊物》)數具(《墨子·雜守》)湊構(《韓非子·揚權》)具慾務(《呂覽·大樂》)聚務(《音律》)

與平合用例　〔詩〕餱具(《無羊》)〔群經〕晝誅遇(《易·雜卦》傳)竇蹻(《左傳·哀公十七年》)

與上合用例　〔詩〕裕瘉(《角弓》)

與入合用例　〔詩〕奏祿(《楚茨》)木附屬(《角弓》)〔群經〕谷鮒漏(《易·井》九二)束構(《大戴禮·勸學》)〔諸子〕斲豆鬥寇(《呂覽·貴公》)

○幽部　有平上去入四聲

去聲字古讀平聲例

古兼有平聲一音

救　〔群經〕游救(《大戴禮·武王踐阼》)〔諸子〕求憂救(《管子·宙合》)

僅見與平相協

臭　〔詩〕臭孚(《文王》　臭,有平聲,從江晉三説)〔群經〕猶臭(《左傳·僖公四年》)

上聲字　昂誘手老軌牡埻道_{有去}醜狩酒鴇首阜好_{有去}簋飽缶翻皓懰受懰棗稻壽蚤韭舅咎茂罶栲蹂杻草考戊禱鳥苞卯擣昊皁莠柳蹈保寶蓼叟朽茆(牖歐守擾狃嫂)

獨用例　詳見王氏《古韻譜》及姚氏《古音諧》

與平合用例　〔詩〕昂裯猶(《小星》)包誘(《野有死麕》)雛老猶醜(《采
芑》)橐好醻(《彤弓》)酒殽(《正月》)榆蹂叟浮(《生民》)首休考壽(《江
漢》)有收(《瞻卬》)

與去合用例　〔詩〕造考孝(《閔予小子》)〔諸子〕奧寶保(《老子·爲
道》)〔屈宋〕首授記覆究(《神女賦》　記,之部字)

與平入合用例　〔詩〕軸陶抽好(《清人》)

　去聲字　冒好_{有上}報造覺_{有入}襃究猶_{有平}就孝秀祝讎售憂_{有平}繡嘯(道_{有上}奧
竃救_{有平}雷畜授覆)

獨用例　〔詩〕冒好報(《日月》)報好(《木瓜》)造覺(《兔爰》)好造(《緇
衣》)好報(《女曰雞鳴》)襃究好(《羔裘》)好猶(《斯干》　猶,古有去聲)猶
就(《小旻》)欲孝(《文王有聲》　欲,侯部字)襃秀好(《生民》)祝究(《蕩》)
讎報(《抑》)〔群經〕道欲(《禮記·樂記》)道道欲(同上)奧竃(《論語·八
佾》)〔諸子〕笑道(《老子·同異》)事救(《歸元》　事,之部字)報孝(《荀
子·法行》)〔屈宋〕好就(《九章·惜誦》)秀雷畜圃(《大招》　圃,之部字)

與平合用例　〔詩〕醻究(《小弁》)

與入合用例　〔詩〕愒讎售(《谷風》)

與上入合用例　〔詩〕皓繡鵠憂(《揚之水》)

與平入合用例　〔詩〕脩嘯嘯淑(《中谷有蓷》)

○宵部　有平上去入四聲

去聲字古兼有平聲一音

　笑　〔詩〕寮囂笑藐(《板》)〔群經〕咷笑郊(《易·同人》九五上九)巢笑
咷(《旅》上九)

　上聲字　藻潦悄少少摽皎僚糾旐_{有平}鎬蹻_{有入}(繚佼槁窈)

獨用例　〔詩〕藻潦(《采蘋》)悄少少摽(《柏舟》)皎僚糾悄(《月出》
僚,古有上聲)旐悄(《出車》)藻鎬(《魚藻》)藻蹻(《泮水》)〔諸子〕佼槁(《呂
覽·音律》)

　　與去合用例　〔諸子〕小剽繚(《荀子·賦篇》)〔屈宋〕笑窈(《九歌·山鬼》)

　去聲字　芼樂_{有入}暴笑_{有平}敖_{有平}悼倒召膏曜傲罩盜教_{有平}到昭照燎懆紹弔
炤芼沼(號_{有平}橈校剽廟朝學濯妙徼要詔燿驁傲高_{有平})

獨用例　〔詩〕芼樂(《關雎》)暴笑敖悼(《終風》　敖,古有去聲)暴笑悼
(《氓》)倒召(《東方未明》)照燎紹懆(《月出》　懆,從《五經文字》)膏曜悼

(《羔裘》)傚敖(《鹿鳴》)罩樂(《南有嘉魚》)盜暴(《巧言》)教傚(《角弓》)到樂(《韓奕》)昭笑教(《泮水》)〔群經〕號笑(《易·萃》初六)橈校(《周禮·考工記·弓人》)校剟(同上)廟朝學(《禮記·禮運》　朝,古有去聲)濯暴(《孟子·滕文公上》)〔諸子〕妙徼(《老子·體道》)廟校(《管子·牧民》)要效(《韓非子·揚權》)教詔(《呂覽·君守》)〔屈宋〕到照(《天問》)燿鷔(《遠游》)

　　與平合用例　〔詩〕飄嘌弔(《匪風》)廟猷(《巧言》)

　　與上入合用例　〔詩〕蕭廟保(《思齊》)

　　與入合用例　〔詩〕沼樂炤懆虐(《正月》)濯翯沼躍(《靈臺》)虐謔蹻耄謔熇藥(《板》)昭樂懆藐教虐耄(《抑》)〔群經〕虐傲(《書·堯典》)〔屈宋〕鑿教樂高(《九辯》　高,有去聲)約效(同上)

　　由上所列可證《詩》韻非無上去二聲,第前人不肯細察,故異說歧出,莫衷一是。今觀陽聲諸類有兼備上去者,有有上而無去者。陰聲諸類,則大抵皆備上去入。是古有四聲殆無疑義。至於古四聲之讀法如何,則幾無可考。約略言之,平與入相遠,去與入最近。夫入聲韻尾既有塞聲(k、t、p),則其聲調自較平聲爲短爲促,故《詩》中平入通協者少。至於《詩》中去聲字之與入相協者,大半由入聲轉來,其音亦必相近。考去聲字之來源有二:一自平上聲轉來,一自入聲轉來[1]。二者來源雖異,而《詩》中相協自成一類,是調值相同可知也。前人因去聲字在諧聲上不與平上相關,即與入聲相關,故創古音無去之說。然苟《詩》音無去,則由入聲轉來之去聲字必不與由平上轉來者相協矣。今既有異,則王、江、夏三家古有四聲之說非無見也。

1941 年 2 月

---

① 　其所以自入轉去者,高本漢以爲由於韻尾之失落。其構思雖巧,然不合處尚多,今不詳論。

四聲別義釋例

一、四聲別義之所始

古人一字每有數音，或聲韻有別，或音調有殊，莫不與意義有關。蓋聲與韻有別者，由於一字所代表之語詞有不同，故音讀隨之而異。如：敦，厚也，音都昆切；《詩》"敦彼獨宿"，敦，獨貌，音堆。賁，飾也，音彼義切；賁勇則音奔。其例至廣，無煩覼縷。至若音調有殊者，則多爲一義之轉變引申，因語詞之虛實動靜，及含義廣狹之有不同，而分作兩讀。或平或去，以免混淆。即如物體自有精麤美惡，人心亦有愛憎去取，物之精者美者，謂之好，音呼皓切；麤者劣者，謂之惡，音烏各切。而心之所喜所愛，則謂之好，音呼號切；所憎所惡，則謂之惡，音烏故切。夫物之美惡與人之好惡義雖相關，但以其詞類不同，用於文句之地位亦不同，故古人區分爲兩詞兩音，一讀上，一讀去，斯即以四聲別義之例也。

考四聲別義之所始，清人多謂肇自六朝經師。蓋北齊顏之推《家訓·音辭》篇嘗謂"好"有呼號一音，"惡"有烏故一音，見於葛洪《要用字苑》、徐邈《毛詩》《左傳》音。二人皆晉人也。而陸德明《經典釋文》所錄晉宋以下經師以四聲別義之例尤多。故顧炎武、錢大昕、盧文弨、段玉裁皆謂此乃始自六朝經師，不合於古。如顧氏《音論》卷下"先儒兩聲各義之說不盡然"條云：

> 凡上去入之字，各有二聲，或三聲，四聲，可遞轉而上同以至於平，古人謂之轉注（此語非是）。其臨文之用，或浮或切，在所不拘。而先儒謂一字兩聲各有意義，如惡字爲愛惡之惡，則去聲；爲美惡之惡，則入聲，《顏氏家訓》言此音始於葛洪、徐邈，乃自晉宋以下同然一辭，莫有非之者。余考惡字，如《楚辭·離騷》有曰"理弱而媒拙兮，恐導言之不固。時溷濁而嫉賢兮，好蔽美而稱惡"，此美惡之惡，而讀去聲；漢劉歆《遂初賦》"何叔子之好直兮，爲群邪之所惡。賴祁子之一言兮，幾不免乎俎落"，此愛惡之惡，而讀入聲。乃知去入之別，不過發言輕重之間，而非有此疆爾界之分也。凡書中兩聲之字，此類實多，難以枚舉。自訓詁出而經學衰，韻書行而古詩廢，小辯愈滋，大道日隱。噫，先聖之微言，泊於蒙師之口耳者多矣。

自此説出,學者多承其緒論。錢氏《十駕齋養新録》論《易》卦之觀字云(一卷):

> 古人訓詁,寓於聲音,字各有義,初無虚實動靜之分。好惡異義,起於葛洪《字苑》,漢以前無此分別也。觀有平去兩音,亦是後人强分。《易》觀卦之"觀",相傳讀去聲,象傳"大觀在上,中正以觀天下",象傳"風行地上,觀",並同此音,其餘皆如字,其説本於陸氏《釋文》。然陸於"觀國之光",兼收平去兩音,於"中正以觀天下"云徐唯此一字作官音,是童觀闚觀觀我生觀其生觀國之光,徐仙民並讀去聲矣。六爻皆以卦名取義,平則皆平,去則皆去,豈有兩讀之理?而學者因循不悟,所謂是末師而非往古者也。

又論長深高廣字音云(見卷四,又卷五"一字兩讀"條意亦相若):

> 長深高廣俱有去音,陸德明云:凡度長短曰長,直亮反。度深淺曰深,尸鴆反。度廣狹曰廣,光曠反。度高下曰高,古到反。相承用此音,或皆依字讀(見《周禮釋文》)。又《周禮》前期之前,徐音昨見反,是前亦有去聲也。此類皆出乎六朝經師,强生分別,不合于古音。

此與顧氏之説同出一轍。餘如盧文弨《鍾山札記》卷一,謂字義不隨音區別,段玉裁《六書音均表》卷 古音義説,謂平轉爲仄,上入轉爲去,今韻多爲分別,皆拘牽瑣碎[1]。立論雖各有所據,然不察其所由起,概視爲末儒妄作,則非也。

以余考之,一字兩讀,決非起於葛洪、徐邈,推其本源,蓋遠自後漢始。魏晉諸儒,第衍其緒餘,推而廣之耳,非自創也。惟反切未興之前,漢人言音只有讀若、譬況之説,不若後世反語之明切,故不爲學者所省察。清儒雖精究漢學,於此則漫未加意。閒嘗尋繹漢人音訓之條例,如鄭玄《三禮注》,高誘《吕覽》《淮南》注,與夫服虔、應劭《漢書音義》,其中一字兩音者至多,觸類而求,端在達者。今就諸儒之説,詮次於後,申其指趣,而以魏世蘇林、如淳、孟康、韋昭之説附焉。

　漁　《説文》捕魚也,《廣韻》語居切,在魚韻。

　案《吕覽·季夏紀》"令漁師伐蛟,取鼉",高注云:"漁師,掌魚官也。漁讀若相語之語。"[2]《季冬紀》"命漁師始漁",注云:"漁讀如論語之語。"[3]《淮南子·原道》篇"薄年而漁者爭處湍瀨",注云:"漁讀告語。"此相語、告語、論語之語,並讀去聲(《廣韻》牛倨切)。與言語之語,讀上聲音魚巨切者不同。今韻

---

① 其説又散見《説文解字注》。
② 《淮南子·時則》篇"乃命漁人伐蛟取鼉"注同。
③ 此指漁師之漁而言。《淮南子·時則》篇"命漁師始漁"、《説林》篇"漁者走淵"注同。

書漁字有平聲，無去聲，高誘音去聲者，以漁師漁人漁者之漁，與《易》"以佃以漁"之"漁"，爲用不同，前者爲由動詞所構成之名詞，後者爲動詞，故《吕覽·決勝》篇"譬之若漁深淵"，《異寶》篇"方將漁"，《慎人》篇"舜之耕漁"，《具備》篇"見夜漁者""漁爲得也"，諸漁字並如本字讀，而不别加音釋。是漁字漢人有平去二音也。斯即以四聲别義之一例。

語　《廣韻》魚巨切，在語韻，論也。又牛倨切，告也。

案二者音義略有不同，如《易·繫辭》"或默或語"，《禮記·文王世子》"既歌而語"，皆讀如本字。而《論語·陽貨》篇"居，吾語女"，《禮記·雜記》"言而不語"，《釋文》皆讀去聲。此固晉宋以後經師所口相傳述，然自上例觀之，高注稱漁讀相語之語，又曰漁讀告語之語，是告語、相語之語，與言語之語有别，自漢末已然矣。

爲　《廣韻》薳支切，在支韻，《爾雅》作、造，爲也。又于僞切，在寘韻，助也。

案作爲與助爲義雖相因，而有廣狹之異，故相傳分作兩讀，如《吕覽·審爲》篇"殺所飾要所以飾，則不知所爲矣"，高注云："爲讀相爲之爲。"相爲之爲，即音于僞切。又《漢書·高紀上》"明其爲賊"，集注云："應劭曰爲音無爲之爲……鄭氏曰爲音人相爲之爲。"應、鄭皆漢末人，其言已如此。

遺　《廣韻》以追切，在支韻，失也，亡也。又以醉切，在至韻，贈也。

案遺失，遺留，與遺贈、遺送之音有别，自古已然。如《周禮·地官》序官"遺人"，鄭注云："鄭司農云：遺讀如《詩》曰'棄予如遺'之遺[1]。玄謂以物有所饋遺。"《淮南子·覽冥》篇"猨狖顛蹶而失木枝"，高注云："狖讀中山人相遺物之遺。"皆其證也。

難　《廣韻》那干切，在寒韻，艱也，不易稱也。又奴案切，在翰韻，患也。

案經典相承，難易之難，與問難、難卻、患難之難，音有不同。難易之難爲形容詞，讀平聲；問難、難卻之難爲動詞，讀去聲。患難之難爲名詞，亦讀去聲。此本爲一義之引申，因其用法各異，遂區分爲二。如《周禮》占夢"遂令始難毆疫"，鄭注云："難謂執兵以有難卻也……故書難或爲儺，杜子春儺讀爲難問之難。"又《淮南子·時則》篇仲秋之月，"天子乃儺，以御秋氣"，高注云："儺猶除也……儺讀躁難之難。"躁難、難問，皆讀去聲也。杜子春者，河南緱氏人，嘗問業於劉歆[2]，而鄭衆、

---

①　《釋文》云鄭衆音維。
②　見賈公彦《周禮注疏》論周禮廢興所引馬融《周官傳序》。

賈逵又皆從其受學,自其讀儺爲難問之難,可知難字分作兩讀。遠始於東漢之初。

勞　《廣韻》魯刀切,在豪韻,倦也,勤也,病也。又郎到切,在號韻,勞慰也。

案勞慰云者,即《孟子》"勞之來之"之勞,其與勤勞之勞,義實相承,而古人已分作兩讀,如《淮南子·氾論》篇"以勞天下之民",注云:"勞猶憂也,勞讀勞勑之勞。"此即作去聲讀[1]。

任　《廣韻》如林切,在侵韻,堪也,保也。又音汝鴆切,勝也。

案堪任、保任、任使之任,蓋皆讀平聲。勝任、信任、任用之任,皆讀去聲,如《淮南子·精神》篇"養性之具不加厚,而增之以任重之憂",注云:"任讀任俠之任。""任俠"一詞,古之通語也。《史記·季布欒布傳》"爲氣任俠",集解引孟康云:"相與信爲任。"《漢書》顏注云:"任音人禁反。"是任俠之任讀去聲。又《說林》篇"短綆不可以汲深,器小不可以盛大,非其任也",注云:"任讀堪任之任。"此即讀爲平聲矣。是任之分作兩音,由來已遠,非近世所興也。

量　《廣韻》呂張、力讓二切。

案豆區斗斛之屬,謂之量,讀去聲。以之度物之多少,亦謂之量,讀平聲。去聲爲名詞,平聲爲動詞。《周禮·考工記·栗氏》"準之然後量之",鄭注云:"量讀如量人之量。"即讀平聲也。

陰　《廣韻》於金切,在侵韻。

案經典相承又有去聲一音,前者爲名詞,後者爲動詞,謂覆蔽之也,如《禮記·祭義》"陰爲野土",鄭注云:"陰讀爲依廕之廕。"是其證[2]。

與　《廣韻》余呂、羊洳二切。

案凡黨與、相與、許與之與,皆讀余呂切,而參與、干與之與,皆讀羊洳切。蓋由相與、親與之義引申之,以我臨物亦謂之與也。如《易·雜卦》傳"或與或求",王弼注與讀去聲,是余呂爲本音,羊洳則轉音也。然兩聲各自爲義,自漢已然,如《儀禮·特牲饋食禮》"祝曰酳,有與也",鄭注云:"與讀如諸侯以禮相與之與。"[3]與即讀爲上聲,如《禮記·中庸》"可以與知焉",鄭注云:"與讀爲贊者皆與之與。"[4]《漢書·高紀下》"萬民與苦甚",集注云:"如淳曰與音相干與之

①　《漢書·平當傳》"勞徠有意者"注:"勞者恤其勤勞也。"
②　陰覆之"陰"又通作"廕",或作"蔭"。
③　諸侯以禮相與,《禮記·禮運》文。
④　贊者皆與,《儀禮·士冠禮》文。

與，師古曰音弋庶反。"與皆讀去聲，是其例也。

子　《廣韻》即里切，在止韻。

案經師相承又有將吏切一音，蓋子者本爲對父之名，愛人如其子，則讀去聲。《禮記·樂記》云："致樂以治心，則易直子諒之心油然生矣。"鄭注曰："子讀如不子之子。"[1]考《尚書·益稷》云："啟呱呱而泣，予弗子，惟荒度土功。""弗"《史記·夏本紀》作"不"，不子者，不能愛念之如子也。此云易直子諒之心者，亦爲子愛之義，故鄭云讀如不子之子。陸德明《尚書釋文》云：子如字，鄭將吏反。是不子之子鄭殆讀去聲無疑[2]。《樂記》注云云，匪特明其義訓，抑且通其音讀，故稱讀如，或者不察，僅以爲疏通故訓則拘矣。又子愛之子亦通作字[3]，《列子·楊朱》篇云："惟荒度土功，子産不字，過門不入。"不字，即不子也。《左傳·成公四年》"其肯字我乎"，《周禮·大司徒》注"小國貢輕，字之也"，字並訓愛。

比　《廣韻》卑履切，校也。又毗至切，近也。

案比較、比擬、比例、比方之比，前人多讀上聲，比近、比次、黨比、頻比之比，多讀去聲。前者爲本音，後者爲轉音。《漢書·任敖傳》"吹律調樂，入之音聲，及以比定律令"，集注云："如淳曰比音比次之比，謂五音清濁，各有所比，不相錯入，以定十二律之法令，於樂官使長行之。或曰謂比方之比，音必履反……師古曰，依如氏之説，比音頻二反。"由此觀之，比有兩讀，魏世已然。

下　《廣韻》胡雅切，在馬韻，賤也，後也，底也。又胡駕切，在禡韻，行下。

案前者爲形容詞，後者爲動詞，故分爲二音。《漢書·高紀下》云："葬長陵已下。"集注云："蘇林曰下音下書之下。"下爲動詞，故師古曰下音胡亞反，足證下有兩讀，由來已久。

假借　假，《廣韻》古疋、古訝二切，皆訓借也，而有上去之異。借，子夜、資賜二切，皆訓假借，而有去入之分。左氏莊公十八年《傳》孔疏云："假借同義。取者，假爲上聲，借爲入聲。與者，假借皆爲去聲。"

案古人已有此分別，如《漢書·文帝紀·贊》"常假借納用焉"，集注云："蘇林曰假音休假，借音以物借人之借。"[4]又《晁錯傳》"里有假士"，集注云："服虔

---

① 《祭義》亦有此語，注同。《釋文》云："子如字，徐將吏反。"

② 孫星衍《尚書今古文疏證》謂鄭蓋讀如字恐非。

③ 《廣韻》疾置切，去聲。

④ 《薛宣朱博傳·贊》"假借用權"集注引鄧展音同。

曰假音假借之假。"是也。

　　被　《廣韻》皮彼切,在紙韻,寢衣也。又平義切,在寘韻,覆也。

　　案《書·堯典》"光被四表",鄭注云(見《詩·噫嘻》疏):"言堯德光耀及四海之外。"《釋文》被音皮寄反,作去聲讀。考《淮南子·俶真》篇"被施頗烈",高注云:"被讀光被四表之被也。"《漢書·韓王信傳》"國被邊",集注云:"李奇曰被音被馬之被。"《史記·南越尉佗傳》"即被佗書",集解引韋昭云:"被音光被之被。"由是可知覆被之被(動詞)與寢被之被(名詞),音讀不同,有自來矣。

　　走　《廣韻》子苟、則候二切,並訓趨也。

　　案走之字義,有趨走、走向之分。古者趨走之走,讀上聲;走向之走,讀去聲,如《孟子》"棄甲曳兵而走",走,退走也,讀上聲。《淮南子·説林》篇"漁者走淵,木者走山",高誘云:"走讀奏記之奏。"則讀去聲矣。又《漢書·高紀上》"步從間道走軍",集注云:"服虔曰走音奏。師古曰……走謂趣向也。"《張釋之傳》"此走邯鄲道也",集注云:"如淳曰走音奏,奏,趣也。"凡此之類,並讀去聲。夫趨走與走向義近,而古人分爲二音者正以其爲用不同耳。

　　過　《廣韻》古禾切,在戈韻,經也。又古臥切,在過韻,誤也,越也,責也。

　　案經過之過讀平聲,過越之過讀去聲,漢人即已如是。《淮南子·覽冥訓》"過歸雁於碣石,軼鶤雞於姑餘",高誘曰:"過去也,過讀責過之過。"云責過之過,即所以別於經過之過也。

　　數　《廣韻》所矩、色句二切。凡計數之數讀上聲,數目之數讀去聲,而頻數之數則又音所角切,是一字有上去入三音也。

　　案然考之漢代,固已若是,犁然不紊,如《漢書·東方朔傳》"朔曰是寋數也"[1],集注云:"蘇林曰數音數錢之數。"案此即讀爲上聲一音。《史記·李廣傳》"以爲李廣老,數奇",索隱引服虔云:"作事數不偶也。音朔。"此則讀爲入聲矣。

　　告　《廣韻》古到切,在號韻,報也。又古沃切,在沃韻,告上曰告。蓋上告下音古沃切,下告上音古到切。一讀去聲,一讀入聲。

　　案漢人此字已有兩讀,《詩》"日月告凶",《漢書·劉向傳》作"日月鞠凶";《禮記·文王世子》"則告于甸人",注云:"告讀爲鞠。"鞠、告雙聲,鞠,入聲字也。《釋名》云:"上敕下曰告,告覺也,使覺悟知己意也。"覺亦入聲字。又《史記·高祖本紀》云:"高祖爲亭長時,常告歸之田。"集解云:"服虔曰告音如嗥呼之噑。李斐曰休謁之名也……孟康曰古者名吏休假曰告。告又音譽。"索隱曰：
"韋昭云告，請歸乞假也，音告語之告……劉伯莊、顏師古並音古篤反，非號譽兩
音也。按《東觀漢記·田邑傳》云：邑年三十，歷卿大夫，號歸罷厭事，少所嗜
欲。尋號與噑同，古者當有此語……今以服虔雖據田邑號歸，亦恐未得。然此
告字，當音誥。誥、號聲相近，故後告歸號歸遂變耳。"據是可知告歸之告，古有
數讀，服虔音號，孟康音譽，顏、伯莊音梏，梏、譽並入聲，沃韻字也。《淮南子·
氾論》篇"乾鵠知來而不知往"，高誘云："鵠讀告退之告。"鵠亦沃韻字，而高誘
音"告退之告"，可證高誘讀告亦有入聲一音，韋昭音告語之告亦然。今人讀告
歸之告多讀爲梏，殆即本乎高誘、韋昭矣。

由上所述，可知以四聲別義遠自漢始，確乎信而有徵。清人所稱此乃六朝
經師之所爲，殆未深考。即諸儒之音觀之，以杜子春之音《周禮》"儺讀難問之
難"爲最早，爾後鄭玄、高誘分別更廣。鄭玄與盧植同爲馬融之門人，而高誘又
爲盧植之弟子，二人師友之淵源既深，故解字說音，趣旨亦同。後儒繼作，遂成
風尚。迨夫晉世，葛洪、徐邈，更趨精密矣。論其所始，不得不謂其昉自漢世也。

二、四聲別義釋例一

以四聲區分字義，遠自漢始，至晉宋以後，經師爲書作音，推波助瀾，分辨更
嚴，至陸德明《經典釋文》，乃集其大成。後之傳《文選》《史》《漢》之學者，論音
定義，亦莫不宗之。如公孫羅《文選音決》、劉伯莊《史記音義》、司馬貞《史記索
隱》、張守節《史記正義》、顏師古《漢書集注》、何超《晉書音義》，皆是也。及其
傳習日久，學者濡染已深，凡點書，遇一字數音，隨聲分義者，皆以朱筆點發，以
表其字宜讀某聲[1]。若發平聲，則自左下始，上則左上，去則右上，入則右下。至
宋人復易點爲圈，以求明晰，斯即所謂圈發之法。此與漢石經以點分章而後世
易點爲圈正同，如岳刻相臺九經三傳，是其例也。後之塾師以朱筆圈點經書，即
襲唐宋之舊，積習相沿，其來已久。

然自漢魏以迄隋唐，以聲別義之法，其例雖廣，而皆散見諸書音釋，鮮有集
其全體，分辨其義類者。有之，則自宋賈昌朝《群經音辨》始。書分七卷，五門。
其中辨字音清濁，辨彼此異音，辨字音疑混等，即以聲別義之例也。所謂辨字音
清濁者，如衣施諸身曰衣，於既切；冠加諸首曰冠，古亂切；此因形而著用者也。

---

① 見唐張守節《史記正義》發字例及李匡乂《資暇集》上字辨條。

物所藏曰藏,才浪切;人所處曰處,尺據切;此因用而著形者也。所謂彼此異音者,謂一字之中,彼此相形,殊聲見義。如求於人曰假,與人曰假,價音。毀他曰敗,音拜;自毀曰敗。是也。所謂字音疑混者,如上上(時亮切、時掌切)、下下(胡賈切、胡嫁切)之類,或指高卑而言,或指升降而言,皆隨聲別義者也[①]。彼以昔賢未嘗著論,故參考經籍故訓,爲之訓説,然揆其例證,錯亂實多。且字音清濁之論,尤含胡不清,是雖具條例,猶不具也。第前代經書傳注以聲別義之例均已甄録無遺,故丁度纂修《集韻》,均取以入書,其沾溉後學,固已多矣。自是之後,元劉鑑復有《經史動靜字音》之作,附《切韻指南》之後,紬繹其書,即昌朝上述之三類。其所以稱之曰動靜字者,未加解説。但云(上虞羅氏寫印本):"凡字之動者,在諸經史當以朱筆圈之。靜者,不當圈也。"即此論之,蓋字讀本音者,多爲靜字;讀變音者,多爲動字。其意似今文法家有名詞、形容詞、動詞之分,故以動靜字名之耳。然實不能概其全也。至明則有張位《問奇集》,復備舉常用之字隨音圈發之例[②],然亦散漫無紀,聊備一家而已。由是觀之,前人纂述之功雖勤,而類例分判之法尚疏,蓋以聲別義之事,本爲文法學、語義學之一部,古人雖有文法上之意識,然無文法之學理及稱謂之名號,故不能條分而縷析之也。兹就《群經音辨》所舉之詞略釋其例,凡所取證,即以《釋文》及前代諸書音釋爲主,雖不盡悉,其要蓋具備於是矣。

　　夫古人創以聲別義之法,其用有二:一在分辨文法之詞性,一在分辨用字之意義。前者屬於文法學之範疇,後者屬於語義學之範疇。依其功用之不同,可分爲兩類:一因詞性不同而變調者,一因意義不同而變調者。今分別述之:

A　因詞性不同而變調者

(1)區分名詞用爲動詞

王,君也,于方切。平聲。君有天下曰王,于放切。去聲。

案《易》師卦"以王"《釋文》云:"王如字,物歸往也。徐又往況反。"《漢書·高紀》"項羽背約,而王君王於南鄭",集注云:"上王音于放反。"往況、于放音同。凡爲王,或使之爲王,均讀去聲。

子,男女之通稱也,將此切。上聲。子育下民曰子,音將吏切。去聲。

案《禮記·樂記》"則易直子諒之心油然生矣",鄭注曰:"子讀如不子之

子。"①孔疏云："子謂子愛下民。"又《中庸》"子庶民也"，注云："子猶愛也。"凡愛之如子，視之如子，皆讀去聲。

女，未嫁之稱也，尼呂切。上聲。以女嫁人曰女，尼據切。去聲。

案《書·堯典》"女于時"，孔傳曰："女，妻也。"《釋文》云："女，惡據反。"左氏桓公十一年《傳》"宋雍子女於莊公，曰雍姞"，注云："以女妻人曰女。"《國語·越語》"請勾踐女女於王"，韋注云："進女爲女。"女字並音去聲。

妻，與夫齊者也，七奚切。平聲。以女適夫曰妻，七計切。去聲。

案《詩·有女同車·序》"齊侯請妻之"，《釋文》云："妻，七計反，以女適人曰妻。"左氏桓公十一年《傳》"盡人將妻之"，《釋文》云："妻，七計反。"

賓，客也，必鄰切。平聲。客以禮會曰賓，必吝切。去聲。

案以禮接待賓客之賓，經典多作儐，或作擯。《周禮·大宗伯》"朝覲會同，則爲上相"，鄭注云："出接賓曰擯，入詔禮曰相。"《釋文》云："擯，必刃反，本或作賓同。"又《司儀》"及其擯之，各以其禮"，《禮記·曲禮下》"其擯於天子也"，字並作擯。

衣，身章也，於希切。平聲。以衣施諸身曰衣，於既切。去聲。

案《論語·子罕》"衣弊縕袍"，皇疏云："衣猶著也。"《釋文》云："衣，於既反。"

冠，首服也，古桓切。平聲。以冠加諸首曰冠，古玩切。去聲。

案《儀禮·士冠禮》，《釋文》云："冠，古亂反。"《漢書·蕭何曹參傳·贊》"位冠群臣"，集注云："冠謂居其首，古亂反。"

枕，藉首木也，章荏切。上聲。首在木曰枕，章鴆切。去聲。

案《易》坎卦"險且枕"，《釋文》云："徐針鴆反，王肅針甚反，鄭玄云木在首曰枕。"又《論語·述而》篇"曲肱而枕之"，《釋文》枕，之鴆反。引申爲枕臨之枕，亦音去聲。《漢書·嚴助傳》"南近諸越，北枕大江"，集注云："枕，臨也。"

麾，旌旗也，許爲切。平聲。所以使人曰麾，許穢切。去聲。

案左氏隱公十一年《傳》"周麾而呼"，杜注云："麾，招也。"《釋文》："麾，許危反，又許僞反。"

膏，脂凝也，古刀切。平聲。以膏潤物曰膏，古到切。去聲。

案《詩·羔裘》"羔裘如膏"，左氏襄公十九年《傳》"若常膏之"，膏《釋文》

---

① 《書·金縢》："是有不子之責于天。"

並音古報反。

文，采章也，無分切。平聲。施以文飾曰文，亡運切。去聲。

案《論語·憲問》篇"文之以禮樂"，《荀子·儒效》篇"取是而文之也"，文並讀去聲。

粉，白飾也，夫吻切。上聲。以粉傅物曰粉，夫問切。去聲。

案《周禮·考工記·㡛氏》"淫之以蜃"，鄭注云"淫薄粉之，令帛白。"《釋文》："粉，如字，劉方問反。"

巾，帨也，居銀切。平聲。以巾被之曰巾，居吝切。去聲。

案《周禮·春官·序官》"巾車"，注："巾猶衣也。"《釋文》："巾如字，劉居覲反。"《華嚴經音義》下引隋諸葛穎《桂苑珠叢》云："以衣被車，謂之巾也。"又《儀禮·士昏禮》"醢醬二豆，菹醢四豆，兼巾之"，《釋文》："巾如字，劉居近反。"《士喪禮》"祝受巾，巾之"，《釋文》："下巾，劉居覲反。"

陰，氣之濁也，於金切。平聲。所以庇物曰陰，於禁切。去聲。

案覆陰之陰亦作蔭、廕。《詩·桑柔》"既之陰女"，《釋文》："鄭音蔭，覆蔭也。"《禮記·祭義》"陰爲野土"，鄭注："陰讀爲依廕之廕。"

蹄，獸足也，杜奚切。平聲。足相蹂曰蹄，大計反。去聲。

案《儀禮·士昏禮》"其實特豚，合升去蹄"，《釋文》："蹄，大西反。"此名詞也。《禮記·月令》仲夏之月，"游牝別群，則縶騰駒"，鄭注云："爲其牡氣有餘，相蹄齧也。"《釋文》云："蹄，大計反，蹋也。或作踶。"此則動詞也。

棺，柩也，古桓切。平聲。以棺斂曰棺，古患切。去聲。

案《禮記·曾子問》召公謂史佚曰"何以不棺斂於宮中"，左氏僖公二十八年《傳》"爲其所得者棺而出之"，《釋文》棺並音古患反。

被，寢衣也，所以覆體者，部委切。上聲。覆之曰被，部僞切。去聲。

案《書·堯典》"光被四表"，《釋文》："被，皮寄反。"《漢書·高紀》"高祖被酒"，集注云："被，加也。被酒者，爲酒所加。被音皮義反。"又《禮樂志》"聖主廣被之資"，集注云："被猶覆也，音皮義反。"

喪，死亡之稱，息郎切。平聲。亡失曰喪，息浪切。去聲。

案公羊桓公十八年《傳》"公之喪，至自齊"，何休云："喪者，死之通辭也。"此爲名詞，音平聲。《詩·皇矣》"受禄無喪"，傳云："喪，亡也。"此爲動詞，音去聲。

間，中也，古閑切。平聲。廁其中曰間，古莧切。去聲。

案閞音去聲，爲動詞。凡閞隔、閞代、閞諜、非難、病閞之義，並同。

（2）區分動詞用爲名詞

采，取也，倉宰切。上聲。所以取食曰采，倉代切。去聲。

案《韓詩外傳》八云：“天子爲諸侯受封，謂之采地。”左氏莊公元年《經》注“單伯采地”，《釋文》：“采，七代反。”

染，濡也，而琰切。上聲。既濡曰染，音而豔切。去聲。

案《周禮·天官·冢宰》“染人，掌凡邦之染事”，《釋文》：“染，而豔反。”染爲動詞，音上聲；染人則合爲一名詞，故變爲去聲。猶漁師、縫人（見《周禮·天官·冢宰》），漁、縫二字並讀去聲也。賈云“既濡曰染”，非是。

貫，穿也，古桓切。平聲。既穿曰貫，古玩切。去聲。

案前者爲動詞，後者爲名詞。《易》剥卦“貫魚”，《釋文》：“貫，古亂反，徐音官，穿也。”據是貫有平去兩讀，似自徐仙民始。然《説文》云：“毌，穿物持之也，讀若冠。”毌即貫字，讀若冠之冠，作平聲讀也。是貫有平聲一讀，自漢已然①。

縫，紩也，符容切。平聲。既紩曰縫，符用切。去聲。

案《説文》：“縫，以鍼紩衣也。”《禮記·玉藻》“縫齊倍要”，左氏僖公二十六年《傳》“彌縫其闕”，縫爲動詞，並音平聲。《周禮·天官·冢宰》“縫人，掌王宮之縫線之事”，《釋文》：“縫，扶用反。”又衣之界緎，亦讀去聲，皆名詞也。

過，逾也，古禾切。平聲。既逾曰過，古臥切。去聲。

案過者，經過也，讀平聲。過失爲其引申義，讀去聲。

行，履也，户庚切。平聲。履迹曰行，下孟切。去聲。

案《荀子·法行》篇云：“所以行之之謂行。”《易·大畜》“君子以多識前言往行，以畜其德”，《釋文》：“行，下孟反。”《禮記·坊記》“民猶貴禄而賤行”，行亦音下孟反，皆名詞也。

操，持之也，七刀切。平聲。志有所持謂之操，七到切。去聲。

案操者執持之義，引申之，能持其志，亦謂之操。《風俗通義·聲音》篇云：“操者言遇菑遭害，困厄窮迫，雖怨恨失意，猶守禮義，不懼不懾，樂道而不失其操者也。”《楚辭·謬諫》“夫何執操之不固”，是其義矣。操讀去聲。

宿，止也，思六切。入聲。謂日星所止舍曰宿，思宥切。去聲。

---

① 冠亦有平去二讀，此作平不作去。若作去，則許氏必云讀若冠禮之冠矣。前人多不達此旨。

案星宿字讀去聲,宿衞字古亦有讀去聲者。《周禮·脩閭氏》"掌比國中宿互櫋者",宿者所守衞之人,《釋文》:宿如字,劉昌宗息就反。

吹,呴也,昌垂切。平聲。謂呴氣曰吹,尺僞切。去聲。

案《禮記·月令》"仲秋之月,上丁,命樂正入學習吹",《釋文》:"吹,昌睡反。"

緣,循也,羊專切。平聲。謂循飾其旁曰緣,羊絹切。去聲。

案《儀禮·士冠禮》"青絢繶純",鄭注云:"純,緣也。"孔疏云:"謂繞口邊緣也。"《釋文》:"緣,以絹反。"

編,次也,補年切。平聲。謂所次列曰編,步典切。上聲。

案《周禮·追師》"掌王后之首服爲副編次追衡笄",《釋文》:"編,步典反。"

種,播穀也,之用切。去聲。五穀曰種,之隴切。上聲。

案《周禮·草人》"掌土化之法,以物地相其宜而爲之種",又《舍人》"以歲時縣穜稑之種",種,《釋文》並章勇反[1]。

乘,登車也,食陵切。平聲。謂其車曰乘,食證切。去聲。

案《詩·株林》"駕我乘馬,説于株野",《釋文》:"乘,繩證反。"

卷,曲也,居兗切。上聲。謂曲者曰卷,居戀切。去聲。

案《禮記·曲禮上》"請業則起",鄭注云:"尊師重道也,業謂篇卷也。"《釋文》:"卷音眷,徐邈久戀反。"

傳,授也,直專切。平聲。記所授曰傳,直戀切。去聲。

案傳記字音去聲,以其爲名詞也。《經典釋文·周易音義》云:"傳,直戀反,以傳述爲義。"

含,實口中也,胡南切。平聲。謂口實曰含,胡紺切。去聲。

案左氏文公五年《經》"王使榮叔歸含且賵",注云:"珠玉曰含,含口实也。"《釋文》云:"含本亦作唅,戶暗反,口實也。《説文》作琀,云送終口中玉。"玄應《一切經音義》卷二引《字林》,琀,瑚紺反。

收,斂也,式周切。平聲。斂獲曰收,式救切。去聲。

案《禮記·月令》仲秋之月,乃命冢宰"藏帝藉之收於神倉",收謂所收之禾穀也,《釋文》:"收如字,又守又反。"

---

[1]　賈昌朝以上聲爲本音、去聲爲變讀,非。

斂，收也，力檢切。上聲。收聚曰斂，力劍切。去聲。

案《周禮・委人》"掌斂野之賦斂"，《釋文》賦斂字音力豔反。《禮》大斂、小斂字並同，皆名詞也。《禮記・檀弓下》"斂手足形，還葬而無椁"，《釋文》斂，力檢反，斂爲動詞，則音上聲。

陳，列也，池珍切。平聲。成列曰陳，直刃切。去聲。

案《論語・衛靈公》問陳，《釋文》陳，直刃反，字今作陣。

藏，入也，徂郎切。平聲。謂物所入曰藏，徂浪切。去聲。

案《周禮・天府》"掌祖廟之守藏與其禁令，凡國之玉鎮大寶器藏焉"，藏焉之藏，爲動詞；守藏之藏，爲名詞；《釋文》守，手又反；藏，才浪反。

爨，炊也，七岩切。平聲。謂所炊處曰爨，七亂切。去聲。

案《周禮・挈壺氏》"及冬則以火爨鼎水而沸之"，《釋文》爨，七端反。《莊子・天運》篇"蘇者取而爨之"，《釋文》爨，七丸反。此皆爲動詞。《周禮・亨人》"職外內饔之爨亨煮"，《釋文》爨，七亂反，此爲名詞。

譽，稱也，羊諸切。平聲。稱名當體曰譽，羊洳切。去聲。

案毀譽字皆曰平聲，聲譽則讀去聲，如《詩》"式燕且譽"（《車舝》），"以永終譽"（《振鷺》），是也。

處，居也，昌呂切。上聲。謂所居曰處，昌據切。去聲。

案《易》乾卦九二"見龍在田"，王弼注云："處於地上，故曰在田。"《釋文》處，昌呂反。此爲動詞。居處之處爲名詞，故讀去聲。

帥，總也，所律切。入聲。總人者曰帥，所類切。去聲。

案《儀禮・聘禮》"帥大夫以入"，《禮記・王制》"簡不帥教者以告"，帥並讀入聲。《周禮・夏官司馬》"師帥皆中大夫"，《禮記・月令》"賞軍帥、武人於朝"，帥並讀去聲。

將，持也，即良切。平聲。持衆者曰將，即亮切。去聲。

案《荀子・成相》"將之無鈹滑"，楊倞注："將，持也。"《史記・秦本紀》"將軍擊趙"，正義云："將猶領也。"將並讀平聲。《周禮・夏官司馬》"軍將皆命卿"，將則讀去聲。

監，莅也，古銜切。平聲。莅事者曰監，古陷切。去聲。

案《禮記・王制》："天子使其大夫爲三監，監於方伯之國。"《釋文》："上監字古蹔反，下古銜反。"

守，保也，式帚切。上聲。謂保曰守，式救切。去聲。

案《周禮·內宰》"而糾其守",左氏莊公二十一年《傳》"王巡虢守",守爲名詞,並音狩。

數,計之也,色主切。上聲。計之有多少曰數,色句切。去聲。

案數計之數,舊多以朱筆圈發。《荀子·王霸》篇"不足數於大君子之前",《列子·湯問》篇"灼其骨以數焉",數並讀上聲。

量,酌也,龍張切。平聲。酌之有大小曰量,龍向切。去聲。又度、約也,徒洛切。入聲。約之有長短曰度,徒故切。去聲。

案量度之量,度計之度,舊多以朱筆圈發。

(3)區分自動詞變爲他動詞或他動詞變爲自動詞

飲,酒漿也,於錦切。上聲。所以歠曰飲,於禁切。去聲。

案《詩·六月》"飲御諸友",《釋文》:"飲,於鴆反。"又《周禮·宰夫》"掌其牢禮委積膳獻飲食賓賜之飧牽",《釋文》:"飲,鄭、徐於鴆反。"飲皆謂飲之以酒,爲他動詞,故讀去聲也。

語,言也,仰舉切。上聲。以言告之,謂之語,牛倨切。去聲。

案《禮記·雜記》"言而不語",鄭注:"爲人說爲語。"《莊子·在宥》篇"來,吾語女",語,《釋文》並魚據反。

離,兩也,力支切。平聲。兩之曰離,力智切。去聲。

案《易》離卦"象曰六五之吉,離王公也",《書·胤征》"畔官離次",《禮記·學記》"雖離師輔而不反也",離,《釋文》並音去聲。

毀,壞也,壞他曰毀,許委切。上聲。自壞曰毀,況僞切。去聲。

案自毀,毀他,音有不同。《周禮·司厲》云:"凡有爵者與七十者,與未齔者,皆不爲奴。"鄭注曰:"齔,毀齒也,男八歲女七歲而毀齒。"《釋文》毀,況僞反。毀之有異讀見此。據是音去聲者,乃毀他之義也。賈說自毀音況僞切,立義有異。毛居正《六經正誤》卷五云:"凡物自壞曰毀,音上聲,況偉反。從而壞之曰毀,音去聲,況僞反。賈氏《音辨》以自壞之毀爲去聲,壞之之毀爲上聲,非也。"考《韻會》云:"凡成敗之毀上聲,非自壞而隳毀之則去聲。"與毛說同。今多承用之。

去,離也,棄也。除之曰去,羌舉切。上聲。自離曰去,丘倨切。去聲。

案左氏閔公二年《傳》"衛侯不去其旗",《論語·鄉黨》篇"去喪無所不佩",《吕覽·下賢》篇"去其帝王之色",去並訓除,均讀上聲。至於離去之去,則讀去聲。此種分別,自漢末已然,如《吕覽·審分》篇"無去車",高注云:

“去，猶釋也，去讀去就之去。”云讀去就之去者，以別於除去之去也。足證去有兩讀，由來已久。

禁，制也，居吟切。_{平聲。}制謂之禁，居蔭切。_{去聲。}

案前者爲自動詞，後者爲他動詞。情不自禁，音平聲，如《文選・阮籍〈詠懷〉》詩“涕下誰能禁”，是也。至如禁止之禁，則音去聲，如《國策・西周策》“禁秦之攻周”，是也。

（4）區分形容詞用爲名詞

高，崇也，古刀切。_{平聲。}度高曰高，古到切。_{去聲。}深，下也，式金切。_{平聲。}測深曰深，式禁切。_{去聲。}長，永也，持良切，_{平聲。}揆長曰長，持亮切。_{去聲。}廣，闊也，古晃切，_{上聲。}量廣曰廣，古曠切。_{去聲。}

案前者爲形容詞，後者爲名詞，《周禮・淩人》鄭注“《漢禮器制度》大槃廣八尺，長丈二尺，深三尺”，《釋文》云：“凡度長短曰長，直亮反。度淺深曰深，尸鳩反。度廣狹曰廣，光曠反。度高下曰高，古倒反。相承用此音，或皆依字讀。”此蓋《周禮》經師之所分可知。

（5）區分形容詞與動詞

好，善也，呼皓切。_{上聲。}嚮所善謂之好，呼到切。_{去聲。}惡，否也，烏各切。_{入聲。}心所否謂之惡，烏路切。_{去聲。}

案《禮記・大學》“如好好色，如惡惡臭”，上好惡字爲動詞，下好惡字爲形容詞，音讀各異。

遠，疏也，對近之稱，於阮切。_{上聲。}疏之曰遠，于眷切。_{去聲。}

案《六經正誤》卷一云：“凡指遠近定體，則皆上聲。離而遠之，附而近之，則皆去聲。”斯即形容詞與動詞之殊。《論語・雍也》篇“敬鬼神而遠之”，《國語・晉語》“諸侯遠己”，《漢書・成帝紀》云“退遠殘賊”，遠並音去聲。

近，邇也，其謹切。_{上聲。}附近之曰近，其靳切。_{去聲。}

案《易》剝卦“象曰剝牀以膚，切近災也”，《釋文》：“近，徐巨靳反。”《漢書・刑法志》云：“近古而便民者也。”集注：“近，音其靳反。”

空，虛也，苦紅切。_{至聲。}虛之曰空，苦貢切。_{去聲。}

案《詩・節南山》“不宜空我師”，空讀去聲。

卑，下也，對高之稱，補支切。_{幫母，平聲。}下之曰卑，部此切。_{並母，上聲。}

案《禮記・中庸》“辟如登高，必自卑”，《釋文》卑，音婢。《周禮・匠人》注“禹卑宮室”，《釋文》卑，劉音婢。皆讀上聲也。

上，下之對稱，居高定體曰上，時亮切。去聲。自下而升曰上，時掌切。上聲。

案《易》需卦："象曰雲上於天。"《釋文》："上，時掌反，干寶云升也。"

下，底也，居卑定體曰下，胡賈切。上聲。自上而降曰下，胡嫁切。去聲。

案《易》訟卦九二"不克訟"，王注云："以剛處訟，不能下物。"《釋文》下，遐嫁反。又謙卦六四"无不利撝謙"，王注云："處三之上，而用謙焉，則是自上下下之義。"《釋文》："下下，上遐嫁反，下如字。"

(6)區分名詞之時間詞用爲動詞

先，前也，思天切。平聲。前之曰先，思見切。去聲。後，對先之稱，居其後曰後，胡苟切。上聲。從其後曰後，胡豆切。去聲。

案《易》乾卦"先天而天弗違，後天而奉天時"，《釋文》先，悉薦反；後，胡豆反。《六書正誤》卷一云："先後二字，指定體之在先在後，則先平聲，後上聲。若當後而先之，當先而後之，則去聲也。"

(7)區分數詞用爲量詞

三，奇數也，蘇甘切。平聲。審用其數曰三，蘇暫切。去聲。

案三爲數詞，用爲量詞，則讀去聲，如《易》蒙卦"再三瀆，瀆則不告"，晉卦"晝日三接"，《論語·公冶長》"季文子三思而後行"，《釋文》三並音息暫反。

此上所舉，但挈其綱領而已。至如名詞用爲介詞，動詞用爲形容詞，副詞用爲動詞，助動詞用爲名詞，介詞用爲動詞，間亦有之，今不備舉。

三、四聲別義釋例二

B　因意義不同而變調者

(1)意義有彼此上下之分，而有異讀

假，借也，取於人曰假，古雅切。上聲。與之曰假，古訝切。去聲。

案《禮記·王制》"大夫祭器不假"，《釋文》假，古訝切。

借，假也，取於人曰借，子亦切。入聲。與之曰借，子夜切。去聲。

案左氏襄公四年《傳》"寡君是以願借助焉"，借音入聲；《論語·衛靈公》"有馬者，借人乘之"，《釋文》借，子夜反。音去聲。

乞，求也，取於人曰乞，去訖切。入聲。與之曰乞，去既切。去聲。

案《晉書·謝安傳》云謝安"謂其甥羊曇曰，以墅乞汝"。乞者，與之也。讀去聲。

貸，假貸也，取於人曰貸，他得切。入聲。與之曰貸，他代切。去聲。

案《孟子・滕文公上》"又稱貸而益之"，貸音入聲。左氏昭公三年《傳》"以家量貸而以公量收之"，貸音去聲。

風，教化也，上化下曰風，方戎切。平聲。下刺上曰風，方鳳切。去聲。

案《詩・關雎・序》云："風，風也。"《釋文》云：下風字，徐音福鳳反，崔靈恩集注本下即作諷字……云用風感物則謂之諷。又《序》云："上以風化下，下以風刺上。"《釋文》云：下風字亦音福鳳反。

告，示也，語也。下白上曰告，古祿切。入聲。上布下曰告，古報切。去聲。

案《書・大禹謨》"不虐無告"，《釋文》告，故毒反。《盤庚中》"今予告汝不易"，《釋文》告，工號反。

養，育也。上育下曰養，餘兩切。上聲。下奉上曰養，餘亮切。去聲。

案《書・大禹謨》"政在養民"，養音上聲。《易》漸卦注"無祿養進而得之"，《釋文》養，羊尚反。音去聲。

仰，嚮也。上委下曰仰，魚亮切。去聲。下瞻上曰仰，語兩切。上聲。

案仰古亦作卬。《詩・車舝》"高山仰止"，《荀子・議兵》篇"上足卬，則下可用也"，仰並讀上聲。《易》屯卦王注"窮困閫厄，无所委仰"，《釋文》仰，如字，又魚亮反。《漢書・食貨志》"衣食仰給縣官"，集注："仰，音牛向反。"此皆讀去聲。

（2）意義別有引申變轉，而異其讀

遲，緩也，直尼切。平聲。緩而有所待曰遲，直利切。去聲。

案遲者徐行也，凡遲緩義皆平聲。或爲形容詞，或爲動詞[1]，若遲而有所待，則讀去聲。《漢書・高帝紀》"遲明"，顏師古注云："明遲於事，故曰遲明。變爲去聲，音丈二反。"又《文選・西征賦》"賓旅竦而遲御"，曹子建《責躬》詩"遲奉聖顏"，謝靈運《酬從弟惠連》詩"傾想遲嘉音"，《南樓中望所遲客》"臨江遲來客"，遲字並音直利切。

聞，聆聲也，亡分切。平聲。聲著於外曰聞，亡運切。去聲。

案聲聞字爲名詞，《詩・卷阿》"令聞令望"，《書・堯典》僞孔傳"名聞充溢"，《釋文》聞並音問，本亦作問。

首，頭也，書九切。上聲。頭所嚮曰首，書救切。去聲。

---

[1]　如《史記・荊軻列傳》："今太子遲之。"

案《禮記·玉藻》"寢恆東首"，《楚辭·遠逝》"登崐崘而北首兮"，《史記·淮陰侯列傳》"北首燕路"，首並訓爲嚮，讀去聲。

聽，聆也，他丁切。上聲。聽受謂之聽，他定切。去聲。

案《周禮·鄭長》："凡歲時之戒令皆聽之。"鄭注云："聽之，受而行之也。"《國語·周語》"民是以聽"，韋注云："聽，從也。"《國策·齊策》"靖郭君不聽"，高注云："聽，受之。"聽並讀去聲。

應，當也，於陵切。平聲。相當曰應，於證切。去聲。

案凡物相應，上作下應、此感彼應之類，皆讀去聲。《詩·麟之趾·序》云："《關雎》之應也。"注："麟應之時。"又云："麟信而應禮。"皆音應對之應。唯箋云："公子信厚，與禮相應。"謂德與禮適相當。故音鷹。《釋文》云："當也。"①

當，宜也，都郎切。平聲。得宜曰當，都浪切。去聲。

案匹敵、當值、相當字皆音平聲。《禮記·月令》"行爵出禄，必當其位"，《學記》"鼓無當於五聲"，《莊子·徐無鬼》"於五音無當也"，當並音去聲，此乃相合中理之義也。

喜，悦也，虛己切。上聲。情有悦好謂之喜，虛記切。去聲。

案《易》蹇卦"內喜之也"，《詩·彤弓》"中心喜之"，《漢書·宣帝紀》"然亦喜游俠"，喜皆喜好之義，讀去聲。字亦作熹②。

勞，勤也，力刀切。平聲。賞勤勸功曰勞，力到切。去聲。

案《周禮·大司馬》"王弔勞士庶子"，《釋文》勞，老報反。《漢書·元帝紀》"是月勞農勸民"，顔注云："勞農謂慰勉之，勞音來到反。"

興，舉也，虛凌切。平聲。舉物寓意曰興，許應切。去聲。

案《詩·關雎·序》"《詩》有六義焉……四曰興。"《釋文》興，虛應反。引申之，凡意有感發，情之所寄亦曰興，音去聲，如興味、感興是也。

重，再也，直龍切。平聲。增益而多曰重，直用切。去聲。

案《吕覽·制樂》篇"是重吾罪也"，《史記·司馬相如傳》"重煩百姓"，重並音去聲。

相，共也，息良切。平聲。共助曰相，息亮切。去聲。

案相者兩相之辭。共助曰相者，如《易》泰卦"輔相天地之宜"，《書·盤庚下》“予其懋簡相爾”,相皆相助之義也。《釋文》並音息亮反。

調,和也,徒聊切。平聲。選謂之調,徒料切。去聲。

案選調之義,即使之調和也,義實相因①。《漢書·宣帝紀》“調關東輕車鋭卒”,調謂發選也,去聲。

彊,堅也,其良切。平聲。勉之自彊曰彊,其兩切。上聲。

案彊通作强,《易》艮卦注“强止之”,《釋文》强,其兩反。《周禮·考工記·梓人》“强飲强食”,亦同。

齊,等也,徂奚切。平聲。等而和之曰齊,在詣切。去聲。

案《周禮·鹽人》“凡齊事,鬻鹽以待戒令”,注:“齊事,和五味之事。”《禮記·少儀》“凡羞有湇者不以齊”,注:“齊,和也。”齊並讀去聲。考《淮南子·時則》篇“秫稻必齊”,注:“齊,讀齊和之齊也。”是齊有二音,自漢已然。

任,堪也,如林切。平聲。堪其事曰任,如禁切。去聲。

案《周禮·考工記·瓬人》注“爲其不任用也”,《釋文》任,音壬。《禮記·王制》“任事然後爵之”,《釋文》任,而鴆反。是其例。

勝,舉也,識烝切。平聲。舉之克曰勝,詩證切。去聲。

案《國語·周語》“不過一人之所勝”,韋注:“勝,舉也。”《詩·玄鳥》“武王靡不勝”,《釋文》:勝,毛音升,鄭式證反。任也。

便,利也,蒲練切。去聲。巧佞曰便,蒲連切。平聲。

案巧佞謂言辭捷給也。《論語·季氏》“友便佞”,《書·冏命》“便辟側媚”,便並音平聲。

雨,天澤也,王矩切。上聲。謂雨自上下曰雨,王遇切。去聲。

案雨,水從雲下也,引申凡物之如雨下降者,亦謂之雨,讀爲去聲。如《詩》“雨雪其雱”,左氏文公三年《經》“雨螽於宋”,是也②。

稱,舉也,尺烝切。平聲。舉事得宜曰稱,尺證切。去聲。

案《周禮·考工記·輿人》“謂之參稱”,注云:“稱,猶等也。”《釋文》稱,尺證反。

治,理也,直基切。平聲。致理成功曰治,直吏切。去聲。

案《六經正誤》卷一云:“治字本平聲,音持,攻理也。借爲去聲,平治治道

---

① 猶音聲之和謂之調,徒料切,名詞。
② 《詩·大田》“雨我公田,遂及我私”,“雨”亦音去聲。

字,音直吏反。”

　比,近也,卑履切。上聲。近而親之,比而次之曰比,毗至切。去聲。

　案《論語·里仁》“義之與比”,皇疏:“比,親也。”《釋文》比,毗志反。

　少,微也。凡微曰少,施沼切。上聲。又小曰少,施照切。去聲。

　案《禮記·少儀》,《釋文》云:“少猶小也。”左氏僖公二十八年《傳》“少長有禮”,少長猶言大小,少並讀去聲。

　(3)意義有特殊限定而音少變

　走,趨也,臧苟切。上聲。趨嚮曰走,臧候切。去聲。

　案《漢書·高紀》“步從間道走軍”,集注云:“服虔曰走音奏。師古曰:……走謂趣向也,服音是。”又《史記·蒙恬傳》“北走琅邪”,《黥布傳》“疾走漢”,走並讀去聲。

　足,止也,子六切。入聲。益而止曰足,子預切。去聲。

　案《論語·公冶長》“巧言令色足恭”,《釋文》足,將樹反。

　迎,逆也,魚京切。平聲。謂迓爲迎,魚映切。去聲。

　案《儀禮·士昏禮》“壻親迎”,穀梁桓公三年《傳》“冕而親迎”,《釋文》迎並讀去聲。蓋物來而接之爲平聲,物未來而往迓之使來,則去聲。

　乳,生子也,耳主切。上聲。謂飼子曰乳,而遇切。去聲。

　案經師相承,乳有去聲一讀,皆指產生而言。若渾謂之乳,則作上聲。《書·堯典》僞孔傳云:“乳化曰孳。”《釋文》乳,儒付反。左氏宣公四年《傳》“虎乳之”,《釋文》乳,如主反。是也。

　遣,送也,苦演切。上聲。送終之物曰遣,去戰切。去聲。

　案《周禮·牛人》“喪事共其奠牛”,鄭注云:“謂殷奠、遣奠也。”《釋文》遣,棄戰反。又《儀禮·既夕禮》“讀遣”,鄭注云:“遣者入壙之物,君使史來讀之,成其得禮之正以終也。”遣音同。

　臨,莅也,良尋切。平聲。哭而莅喪曰臨,力禁切。去聲。

　案《周禮·寺人》“掌內人之禁令,凡內人弔臨于外,則帥而往”,《釋文》臨,良鴆反。左氏宣公十二年《傳》“卜臨于大宮”,注:“臨,哭也。”《釋文》音同。又《漢書·高紀》“哀臨三日”,集注曰:“眾哭曰臨,音力禁反。”

　輕,浮也,對重之稱,去盈切。平聲。所以自用曰輕,苦政切。去聲。

　案左氏隱公九年《傳》“戎輕而不整,貪而無親”,《釋文》輕,遣政反。又《書·太甲上》僞孔傳云:“太甲性輕脫,伊尹至忠,所以不已。”《釋文》音同。又

《周禮・車僕》“輕車之萃”,鄭注云:“輕車,所用馳敵致師之車。”《釋文》輕亦遣政反也。

施,行也,式支切。平聲。行惠曰施,式豉切。去聲。

案《易》乾卦彖曰“雲行雨施”,象曰“德施普也”,《釋文》施並始豉反。

呼,聲也,火吳切。平聲。大聲曰呼,火故切。去聲。

案呼出氣也,音平聲。大聲號呼,則音去聲。《禮記・曲禮上》“城上不呼”,《釋文》云:“呼,火故反,號叫也。”

(4)義類相若,略有分判,音讀亦變

洟,目汁也。目汁曰洟,他禮切。上聲。鼻汁曰洟,他計切。去聲。

案《易》離卦“出涕沱若”,《釋文》云:涕,徐他米反。又萃卦“齎咨涕洟”,《釋文》云:“涕,徐音體;洟,他麗反。鄭云自目曰涕,自鼻曰洟。”夫涕、洟實爲一字①,故賈氏均書爲洟。

巧,功巧也。善功曰巧,苦絞切。上聲。僞功曰巧,苦教切。去聲。

案《禮記・月令》“毋或作爲淫巧”,《表記》“無作淫巧”,《釋文》巧並音苦教反。又《吕覽・上農》篇“多詐則巧法令”,高注云:“巧,讀如巧智之巧。”亦作去聲②。

遺,亡也。有所亡曰遺,以追切。平聲。有所與曰遺,羊季切。去聲。

案《詩・鴟鴞・序》云“乃爲詩以遺王”,《漢書・嚴助傳》“遺王之憂”,遺並讀去聲也。

降,下也。下謂之降,古巷切。去聲,見母。伏謂之降,户江切。平聲,匣母。

案降之讀爲去聲,若左氏僖公十九年《傳》“軍三旬而不降”,《釋文》降,音户江反,即其例也。

披,開也。開謂之披,鋪悲切。平聲。分謂之披,鋪彼切。上聲。

案凡分開之義爲平聲,析裂之義爲上聲,如《史記・魏其武安侯傳》“不折必披”,《方言》卷六“東齊器破曰披”,披並讀平聲。左氏成公十八年《傳》“而披其地”,昭公五年《傳》“又披其邑”,《史記》“木實繁者披其枝”,披並讀上聲。

倒,傾也。傾謂之倒,都老切。上聲。顛倒反正曰倒,都導切。去聲。

案《詩・東方未明》“顛倒衣裳”,《釋文》倒,多老反。亦讀上聲,今多讀

---

①　從弟從夷,往往相同。
②　《周禮・胥師》注“使人行賣惡物於市,巧飾之,令欺誑買者”,《釋文》巧,苦教反。是其例。

爲去聲。倒懸字亦然。

此皆爲因意義不同而變換聲調者。

以上所論皆就變換聲調之功用而言,若論其形式則有由平聲變爲上去二聲者,有由入聲變爲去聲者。其中由平變入,或由入變平者,則絕少。據是可知古者平與入截然爲二。因語義之蕃衍,而平聲可以讀去,入聲亦可以讀去。此即魏晉以後去聲字所以日益增多之故。昔段玉裁爲《六書音均表》,以爲古無去聲,固未可信;然謂平與上最近,去與入最近,誠得其理。而藉四聲變換以區分字義者,亦即中國語詞孳乳方式之一端矣。其中固以變字調者爲主,然亦有兼變其聲韻者。蓋凡入聲變有去聲一讀者,其入聲之韻尾必已消失,是即所謂變韻者也。若分方云切分扶問切、卑補支切卑部此切之類,則所謂變聲者也。凡此所舉,要無一致之標準,其中字調之改變,凡類例相同者,變易之形式亦同,此殆由類推而來,即語言學所謂類比作用也。

四、四聲別義與語詞之分化

世界各民族之語言不同,印歐一系之語言富於形態變化,一般之語詞,如詞義有改變,則可以增添形式不同之附加成分(affixation)以構成新詞;語法意義有改變,則藉形式之變化,以表明各種不同之意義。至於漢語,則形態變化較少,古代一般之語詞不因其在語句上功用之不同而發生變化(conjugational and declensional alterations)。語義之爲此爲彼,皆於語詞次第之先後(syntax)見之;或增加語助詞(empty auxiliary words),以表達語意。其性質與印歐一系語言不同。然漢語古代書音以四聲區分詞性及詞義,頗似印歐語言中構詞上之形態變化,例如取魚之漁,與漁師之漁,一爲動詞,一爲名詞,與英語之 fish、fisherman 相當;操行與行事,一爲名詞,一爲動詞,與英語之 con'duct、conduct' 相當。英語或增添語尾,或改變重音,而漢語古代書音則皆改讀聲調,以示分別。進而論之,分方云切之與分扶問切,猶如英語之 shear 與 share;選思兗切之與選思絹切,猶如英語之 choose 與 choice;食時力切之與食音寺,猶如英語之 food 與 feed;膏古刀切之與膏古到切,猶如英語之 grease[griːs] 與 grease[griːz];衣於希切之與衣於既切,猶如英語之 clothing 與 clothe;語仰舉切之與語牛倨切,猶如英語之 talk 與 tell。蓋凡英語中一語詞分化爲其他詞類之語詞,或變元音,或變字尾子音者,漢語書音亦每以變換聲調之方式表現之。故根據此類現象,一則可以考見古人對於語法之認識,一則可以知漢語語詞之分化派生與四聲變讀之關係。以好好去聲爲例,好好去聲分爲二詞,其分別即在於四聲變讀,其他如分分去聲、膏膏去聲之類皆是也。

古人以四聲變讀分別詞性及詞義見之於古代書音者,《群經音辨》搜羅已富,其流行於人民口頭而不見於舊書雅記者尚多。即以北京語所有者而論,如:

背,脊背也,去聲。以背負之,則讀平聲。陰平

把,持也,上聲。物之把柄,則讀去聲。

簸箕,去聲。以箕簸米,則讀上聲。

傍,近也,去聲。以物附其旁,則讀平聲。陰平

泡,浮漚也,去聲。謂物之質鬆曰泡,讀平聲。陰平

鋪,張也,平聲。陰平 商肆謂之鋪子,則讀去聲。

磨,石磨也,去聲。磨刀,則讀平聲。陰平

悶,氣不暢也,去聲。悶於胸中,則讀平聲。陰平

矇,盲也,讀陽平聲。欺騙曰矇,則讀陰平。

淋,淋漓也,平聲。陽平 使水瀝下曰淋,讀去聲。

涼,寒也,平聲。陽平 置熱物於風寒之處,使之自涼曰涼,讀去聲。

空,隙也,平聲。陰平 閒暇曰閒空,留出餘地亦曰空,並音去聲。

雪,寒氣所凝,上聲。古爲入聲。如雪之白,謂之雪白,音去聲。

旋,轉也,平聲。陽平 旋風音去聲。

沿,循也,平聲。陽平 河之兩岸曰河沿,去聲。

鑽,所以穿孔者,去聲。以鑽穿孔曰鑽,音上聲。

奔,赴也,平聲。陰平 直往而赴之曰奔,去聲。

撒,遠投也,上聲。古爲入聲字。撇開不顧,音平聲。陰平

諞,巧言也,平聲。陽平 自伐己能謂之諞,上聲。

當,認以爲是曰當,去聲。意以爲如何,曰當,音上聲。

吐,瀉也,上聲。嘔吐,則讀去聲。

脫,離也,解也,平聲。陰平 離去謂之脫開,音上聲。脫古爲入聲。

裂,分也,去聲。裂開,音上聲。裂古爲入聲。

擰,扭也,平聲。陽平 用力扭轉曰擰,上聲。

摟,抱也,上聲。聚於一處,音平聲。陰平

豁,開朗也,去聲。古爲入聲。豁口豁開音平聲。陰平

熏,煙氣上出也,平聲。陰平 爲煙氣所熏曰熏,音去聲。

撒,放開也,平聲。陰平 以手散播曰撒,上聲。撒古爲入聲。

散，分散也，去聲。鬆開，音上聲。

由是可知此種以四聲區分語詞，不僅見於書音，抑且見於口語。古代書音中亦有不變調而僅變聲紐者，實亦與文法或意義有關，即如：

折，屈折也。自折曰折，巿列切。禪母。爲物所折曰折，之舌切。照母。

案《禮記·曲禮下》云"短折曰不禄"，《祭法》云"萬物死皆曰折"，折並讀巿列反。《易》豐卦"君子以折獄致刑"，《詩·將仲子》"無折我樹杞"，折者斷也，傷害之也，並讀之舌切。

別，分也。離別音皮列切。並母。分別音彼列切。幫母。

案《易》簡卦王注云"節之大者，莫若剛柔分，男女別也"，《詩·關雎》傳"摯而有別"，別並音彼列反。

解，釋也，古買切。見母。既釋曰解，胡買切。匣母。

案《易》解卦，《釋文》解，音蟹。孔疏云："解有兩音：一音古買反，一音胡買反。解見母謂解難之初，解匣母謂既解之後。"

斷，絕也，都管切。上聲端母。既絕曰斷，徒管切。上聲定母。

案前者爲他動詞，後者爲自動詞及形容詞。即如《禮記·曲禮》"庶人齘之"，鄭注云："不橫斷。"《釋文》斷音短端母。《周禮·司刑》"刖罪五百"，鄭注云："刖，斷足也。"《釋文》斷，丁管反。至於"若司寇斷獄"，斷者乃斷絕之義，《釋文》無音，是音徒管反也。

盡，極也，即忍切。上聲精母。終竭曰盡，慈忍切。上聲從母。

案《易·大有》"自天祐之，吉无不利"，王弼云："爻有三德，盡夫助道。"《釋文》盡，津忍反。精母。《禮記·曲禮上》"虛坐盡後，食作盡前"，音同。

著，置也，陟略切。入聲知母。置定曰著，直略切。入聲澄母。

案《周禮·瘍醫》注云："注謂附著藥。"《釋文》著，豬略反。知母。又"燒之三日三夜，其煙上著"，《釋文》著，直略反①。

繫，屬也，古詣切。去聲見母。屬而有所著曰繫，胡計切。去聲匣母。

案幽繫、縛繫字讀見母，聯繫字讀匣母。

屬，聯也，章玉切。入聲照母。聯而有所係曰屬，時玉切。入聲禪母。

案《禮記·經解》"屬辭比事"，《釋文》屬音燭。照母。《儀禮·鄉飲酒禮》"皆不屬焉"，《釋文》如字，禪母。是其例也。

———————————

① 彰著之著音張慮反。

畜，聚也，敕六切。_{入聲徹母。} 養謂之畜，許六切。_{入聲曉母。}

案《易・小畜》，《釋文》云畜：“本又作蓄，同。敕六反。積也，聚也……鄭許六反，養也。”《易》師卦“君子以容民畜衆”，《釋文》云：畜，聚也，敕六反。《詩・日月》“畜我不卒”，傳“畜，養也”，《釋文》許六反。分別甚明。今人音六畜字爲敕六切，則與古音不合。見錢大昕《十駕齋養新錄》卷一。

大，巨也。廣曰大，徒蓋切。_{泰韻，定母。} 其極曰大，土蓋切。_{泰韻，透母。}

案大甚之大今通作太，如大室、大廟、大古，並音徒蓋切。

會，合也。相合曰會，胡沛切。_{廢韻，匣母。} 聚合曰會，古內切。_{隊韻，見母。}

案大計曰會計，讀見母。《周禮・小宰》“八曰聽出入以要會”，鄭衆曰：“要會謂計最之簿書。月計曰要，歲計曰計。”《釋文》云：“會，古外反，凡要會會計之字皆仿此。”

焉，何也，常居語初，於乾切。_{仙韻，影母。} 焉，已也，常居語末，于乾切。_{仙韻，喻母。}

案《顏氏家訓・音辭》篇云：“諸字書焉者鳥名，或云語辭，皆音於愆反。自葛洪《要用字苑》分焉字音訓：若訓何訓安，當音於愆反……若送句及助詞，當音矣愆反。”據是則焉音於愆反者，爲副詞；音矣愆反者，爲助詞；此類《經典釋文》分別甚嚴。

壞，毀也。自壞曰壞，戶怪切。_{去聲，匣母。} 毀之曰壞，音怪。_{去聲，見母。}

案壞字有二音，蓋起自晉呂忱《字林》。《爾雅・釋詁》“壞，毀也”，《釋文》云：“《字林》壞，自敗也，下怪反。”《禮記・問喪》“如壞牆然”，《釋文》引《字林》云：“壞音怪。”是也。

敗，壞也。自毀曰敗，薄邁切。_{夬韻，並母。} 毀他曰敗，音拜。_{怪韻，幫母。}

案敗有二音，亦起自晉宋以後，《經典釋文》分析甚詳，如左氏隱公元年《傳》“敗宋師于黃”，《釋文》云：“敗，必邁反，敗他也。”即是一例。他如“敗國、必敗、敗類、所敗”等敗字，皆音必邁反。

此皆字調不變而變其聲紐者，其用意與變字調者同。

綜合言之，漢語語詞聲音之變轉，約有四端：

（a）聲調變讀；

（b）變調兼變聲母；

（c）變調兼變韻母；

（d）調值不變僅變聲韻。

此但就字形不變者而言，推而廣之，凡由同一語根孳生之語詞，雖形有增變，義有轉移，而音則每藉聲調之變換以區分之。追溯其始，蓋古人一字兼備數用，爾後增益偏旁，分別之字乃多。或變其聲韻，或變其字調，卒然觀之，似別爲一字，實即由一意義相關之語詞而來。如内之與入、位之與立、姓之與生、威之與畏、鑒之與監、教之與學、儼之與嚴、俱之與具、潮之與朝[1]，皆其類也。學者執此義以推尋文字語詞日益蕃衍之軌轍，自當得其鰓理。惜乎言音韻者，多不注意訓詁；言訓詁者，則又略去聲音。研求古韻者，漢魏且不屑道，遑論晉宋。是皆偏於一隅者也。夫以聲別義之事，乃漢語之特色，與文法訓詁音韻，皆息息相關。事雖不古，自漢已然；舊日兩聲各義之説雖不盡行於近代，而其意義不可不明。昔洪亮吉之著《漢魏音》，不知讀如、讀若之中，實兼言義。阮元之撰集《經籍籑詁》，言義而不言音。且其一字兩音各義者，隨意錯置，乖戾不倫。蓋皆不達此旨也。然則異日編製中國辭書者，何去何從，不難辨之矣。

　　　　　　　　　　　　　　　　　　　　　　　　1946 年 1 月

---

[1]　朝夕之朝即古潮汐字。

審母古音考

　　審母字《廣韻》分爲兩類，等韻圖一列二等，一列三等。山疏沙生，二等字也；書舒施式，三等字也。三等字之古音，錢大昕《養新録》以爲古與心無別（見"翻切古今不同"條），黄季剛《音略》則以爲古與透相合。而高本漢（B. Karlgren）之《漢語分析字典》及《詩經研究》，復謂諧聲中審母不與端照相通，其古音當與《切韻》無異（同讀爲摩擦音ś）。是三等字之古讀，舊有數説矣。今案錢、黄兩家之説，例證甚少，考覈猶未精當。蓋錢氏僅據《顔氏家訓》"《字林》音伸爲辛"一語（見《音辭》篇），以定古無心審之別，而不知其中尚有不讀爲心者也。黄氏舉羴字式連切或作氊爲證，然氊字從亶得聲，"亶"爲端母字，非透母字也。至於高氏之言，以爲本母不與端照相諧，則尤爲舛誤。即如"説税"從兌聲，兌，杜外切；"頷鉈"從它聲，它，託何切；"曋憛"從覃聲，覃，徒含切；"餈侈"從多聲，多，得何切；"聖"從壬聲，壬，他鼎切[1]；"適"從啻，"啻"從帝聲，帝，都計切；"鬈賭"從菩，"菩"從屯聲，屯，徒渾切；此皆本母字從端透定諸母得聲者也。又如"翅馶"從支聲，支，章移切；"苫痁笘"從占聲，占，職廉切；"書暑奢"從者聲，者，章也切；"識幟"從戠聲，戠，之翼切；"室"從至聲，至，脂利切；"孰"從臺聲，臺，常倫切；此皆本母字從照禪二母得聲者也。據是可證高氏之言誠爲不當矣。然而審母字之諧聲猶不止此，其從喻母四等字得聲者尚多，如"筳倏儵"之從攸，"舒紓"之從予，"鄃輸隃腧"之從俞，"錫觴殤傷"之從昜，"賜"之從易，"釋繹懌醳"之從睪，"梴挻埏"之從延，"式"之從弋，"敜弛施阤"之從也，"始俇"之從台，"瞋"之從寅，"睒覢"之從炎（炎，古爲喻母四等字），"弞弞"之從引，皆是也。案照母古讀近端（高本漢擬爲t̂），禪母古讀近定（高本漢擬爲d̂），又據曾運乾之説，喻母古歸於定（高本漢擬爲d），則上述諸字之古音蓋爲舌音塞音一類，錢大昕謂讀爲s，高本漢謂讀爲ś，尚非確論。至於本母字之從本類字得聲者，高氏雖謂古讀爲ś，然從經籍異文考之，讀如舌音塞音者亦多。今並疏證如次：

---

① 《説文》從呈聲，今不從。金文聖作𦔻。

“説税”並舒芮切古讀如“脱”。“説税”均從兑聲，古與“脱”音義並同①。如《易》蒙卦“用説桎梏”，《釋文》説，吐活反。《禮記·文王世子》“武王不説冠帶而養”，《釋文》説作税，云：“本亦作脱，又作説同，音他活反。”又《少儀》“車則説綏”，《釋文》説作税，云：“本又作脱，又作説同，吐活反。”此皆“説税”古與脱字同音之證。“説税”《廣韻》音舒芮切，蓋後世之變音也。

“釋”施隻切古與“澤”通用。《詩·載芟》“載芟載柞，其耕澤澤”，箋云：“將耕，先始芟柞其草木，土氣烝達而和，耕之則澤澤然解散。”案“澤澤”即“釋釋”也。《書·君奭》“天不庸釋”，魏《三體石經》釋古文作“澤”。又《管子·小問》篇引語曰“澤命不渝”，“澤命”亦即“釋命”②，猶《詩》言舍命也（見《羔裘》）。古“澤、釋”相通，“澤”今讀澄母，古讀如定。

施式支、施智二切、弛施是切，古音讀如“易”。“施易”二字古多通用，如《詩·何人斯》“我心易也”，《釋文》易，《韓詩》作“施”。《戰國策·韓策二》“易三川而歸”，《史記·韓世家》作“施三川”。是其例。“施”從也聲，“也”古音如“它”；易，喻母字，古讀如定母，是“施、易”古聲相近也，故得通假。施，經傳亦通作“弛”，《爾雅·釋詁》云：“弛，易也。”施、弛，音義並同。施，古亦與“延”聲母相近，故《詩·旱麓》“施於條枚”，《吕氏春秋·知分》篇及《韓詩外傳》引《詩》並作“延”，“延”古音蓋讀如“誕”。而“施”又與“池”音近，故《禮記·樂記》“咸池備矣”，鄭注云：“黄帝所作樂名也，堯增修而用之。咸，皆也，‘池’之言施也，言德之無不施也。”施，古又訓陳，《國語·晉語》“爲大戮施”，注：“施，陳也。”又“秦人殺冀芮而施之”，注：“陳尸曰施。”“施、陳”亦聲近③。

“叔”式竹切古讀如“弔”。叔，金文作𠂤，𠂤即弔字。《左傳·文公元年》經“天王使叔服來會葬”，叔，魏《三體石經》古文亦作𠂤，是“叔、弔”古音聲母相近，弔，端母字也。《左傳·宣公二年》“必以蕭同叔子爲質”，叔，《公羊》作姪。案叔、姪，義雖不同，聲蓋相近，故經師口相傳述，音近而字異也。“督”從叔聲，而音篤，亦叔字古讀舌音之一證。

“庶”商署切古音讀如“度”。《逸周書·諡法解》“心能制義曰庶”，《左傳·

---

① 《廣韻》脱，徒活、他括二切。

② 舊注解爲恩澤之命誤。

③ 施，古又與“斜”聲近義通，《史記·賈生列傳》“庚子日施兮”，施，《漢書》作“斜”；《孟子》“施從良人之所之”，趙注云：“邪施而行。”“斜、邪”音義相同。邪，古讀如涂，《史記·匈奴傳》“會涿涂山毋所得”，《漢書》作“涿邪山”是其證。故“施、斜”以聲近通用。

昭公二十八年》“庶”作“度”。度，定母字。“庶、度”聲近義通，故《書·益稷》
“明庶以功”，《吕刑》“咸庶中正”，“庶”皆訓度也（見章太炎《尚書古文拾遺》）。
庶，古亦與“諸”通用，《禮記·燕義》“古者周天子之官有庶子官”，案庶子官，
《周禮·夏官》作“諸子”，“庶、諸”音近，諸，照母字也。

　　“聖”式正切古與“聽”聲相近。《尚書·無逸》“此厥不聽”，魏《三體石經》
“聽”古文作𦔻、𦔻即聖字。聖，金文作𦔻，象以耳相聞之意。《廣川書跋》稱秦
碑“皇帝躬聽”，今《史記·始皇本紀》“聽”作“聖”，是“聖”與“聽”古音相近。
聽，透母字。又從聖之字如“桯”，音丑貞切，古亦讀爲透母。

　　“儵”古與“踧”徒歷切音同。《爾雅·釋訓》：“儵儵，罹禍毒也。”郭注云：“悼
王道穢塞。”《釋文》儵，郭徒的反。郝氏《義疏》云：“郭蓋以儵爲踧，據《詩》‘踧
踧周道，鞠爲茂草’而言（《小弁》），故曰悼王道穢塞。”案儵，郭音徒的反，與
“踧”音同。《廣韻》錫韻：菽，草木旱死也，亦音徒歷切。

　　“怠”式竹切古與“逐”聲相近。《易》頤卦“其欲逐逐”，《釋文》子夏傳“逐
逐”作“攸攸”，荀爽本作“悠悠”，劉表本作“怠怠”，云，遠也。案“怠”與“逐”聲
相近，逐，直六切，澄母字，古讀如定母。

　　“世”舒制切古與“大”聲相近。“世、大”古多通用，如《左傳·文公十三年》
經“大室屋壞”，大室《公羊傳》作“世室”。《昭公二十五年》“宋樂大心”，《公羊
傳》作“世心”，是也。“世、大”古聲相近，故世子亦稱大子[①]。《左傳·宣公十
八年》經“晉侯衛世子臧伐齊”，傳“世子”作“大子”。《禮記·曲禮下》“不敢與
世子同名”，注：“世，或爲大。”是其例。大，徒蓋切，定母字。

　　“矢”式視切古與“陳”聲相近。《詩·大明》“矢于牧野”，傳曰：“矢，陳也。”
《爾雅·釋詁》同。《左傳·隱公五年》經“公矢魚于棠”，傳曰：“遂往陳魚而觀
之。”可證“矢、陳”聲母相近。

　　“尸”式脂切古與“陳”聲相近。尸，金文作𐍈，即古夷字，“尸、夷”經傳多通
用。《左傳·成公十七年》“一朝而尸三卿”，《韓非子》載屬公語“吾一朝而夷
三卿”。《周禮·凌人》“大喪共夷槃冰”，注：“夷之言尸也。”是“尸、夷”音義並
同。“夷”古亦與“陳”聲母相近，《左傳·僖公元年》“邢遷于夷儀”，夷儀，《公
羊傳·襄公二十五年》作“陳儀”（詳見錢大昕《潛研堂答問》），是其證。“尸”
古亦與“陳”聲母相近，故《禮記·郊特牲》云：“尸，陳也。”《白虎通·崩薨》篇

---

① 世子者，天子諸侯之適子也。

云:"尸之爲言陳也,失氣亡神,形體獨陳。"

"升"識蒸切古讀如"登"。"登、升"古多通用,《左傳·僖公二十二年》"公及邾師戰于升陘",升陘,《釋文》作"登陘"。"升、登"聲近,故相通假。"升聞"亦作"登聞","升降"亦作"登降","升車"亦作"登車",皆其例也。

"舜"舒閏切古與"推"聲相近。《風俗通·皇霸》篇引《書大傳》云:"舜者,推也。"《廣雅·釋詁三》云:"𡞕,推也。""舜、𡞕"一字。"舜"之訓推,蓋取聲近爲訓①。《禮記·中庸》又云:"舜之言充也。"充,穿母字,"舜、充"聲近。

"蓍"式脂切古讀如"耆"。《白虎通·蓍龜》篇:"蓍之爲言耆也。"《論衡·卜筮》同。案耆,古音讀如"致",致,照母字。"蓍、耆"古音相近。

"啻"施智切古讀如"鞮"。《說文》:"啻,語時不啻也,从口帝聲……讀若鞮。"案鞮,《廣韻》都奚切,端母字。"不啻"爲古之成語,猶今言"不但"也。

"適"施隻切古讀如"敵"。適,《廣韻》有都歷、之石、施隻三切。案"適"從啻聲,"啻"從帝聲,"適"之古音自當讀爲舌音。古書中匹敵字作"適",音如"敵",固無論矣;即適往、不適、調適諸義,蓋亦讀爲舌音。如《詩·北門》"王事適我",傳曰:"適,之也。""之、適"聲近義通。之,照母字,古讀近端母。又《吕氏春秋·明理》篇"其風雨則不適",注:"適,時也。""適、時"聲近,義有通轉,故"適然"謂有時而然也。時,禪母字,古讀近定母。又《書大傳》:"古者諸侯之於天子也,三年一貢士……一適謂之攸好德,再適謂之賢賢,三適謂之有功。"注云:"適猶得也。""得、適"亦聲近,得,端母字也。

"水"式軌切古與"準"聲相近。《周禮·考工記·輈人》云:"輈注則利準。"鄭注云:"故書準作水。"案"準、水"古音聲母必相近,《釋名》云:"水,準也。"是其證。準,《廣韻》之尹切,照母字,古音讀近端母。

"詩"書之切古與"承"聲相近。《禮記·内則》"詩負之",注云:"詩之言承也。"《儀禮·特牲饋食禮》"詩懷之",注亦云:"詩猶承也。"是"詩、承"聲相近也。承,禪母字,古當讀近定母。

"娠"失人切古與"震"章刃切聲相近。《左傳·昭公元年》"方震大叔",《釋文》震,本又作"娠"。案《鄭世家》即作"娠"。又《哀公元年》"后緡方娠",《詩·生民》疏"娠"引作"震",是古書"娠、震"相通也。《爾雅·釋詁》:"娠,動也。"郭注:"娠猶震也。""娠、震"古聲蓋相近。

---

① 推,《廣韻》他回切,透母字。

　　“傷”式羊、式亮二切古與“陽”聲相近。《詩·澤陂》“傷如之何”，《爾雅·釋詁》郭注引《魯詩》作“陽如之何”，“傷、陽”皆從易聲，“傷”古蓋讀如陽。“傷”與“夷”聲亦相近。《易·明夷》序卦傳：“夷者，傷也。”《左傳·哀公二年》“無折骨，無面傷”，《周禮·大祝》注引作“無面夷”。“夷、陽”皆喻母字，古音讀近定母。

　　“輸”式朱、傷遇二切古與“渝”聲相近。《左傳·隱公六年》“春，鄭人來渝平，更成也”，渝，《公》《穀》作“輸”。又《詛楚文》云：“爕輸盟刺。”“輸”即“渝”也。渝，喻母字，古讀近定母。又“輸”亦讀若“偷”，《荀子·修身》篇云：“偷儒憚事。”偷儒，愚弱之意，《方言》十二云：“儒輸，愚也。”“儒輸”即“偷儒”一語之轉。“輸、偷”音近字通。“輸儒”亦作“舒懦”，或作“選耎”。《禮記·玉藻》鄭注云：“舒懦者，所畏在前也。”[1]《漢書·西南夷傳》云：“恐議者選耎。”“舒懦、選耎”皆“輸儒”之轉，“輸”之作“選”，後世音變耳。

　　“舒”傷魚切古與“除”聲相近。“舒”從予聲，或曰從舍聲，古音蓋讀如“除”。《爾雅·釋天》“四月爲余”，《釋文》余，孫炎本作“舒”。《詩·小明》鄭箋作“四月爲除”。是“舒、除”聲相近也。舒，古亦作“荼”，“荼”從余聲，古當讀爲舌音。“舒”又與“徐”聲近通用，《左傳·哀公十四年》“陳恆執公于舒州”，《史記·齊世家》作“田常執簡公于徐州”。又《戰國策·齊策一》“楚威王戰勝于徐州”，注：“徐州，或作舒州。”是“舒、徐”古音相近。故《春秋元命苞》曰：“徐之爲言舒也。”《釋名·釋州國》亦云：“徐州，徐，舒也，土氣舒緩也。”徐，邪母字，古讀爲 dz。

　　“首”書九、書救二切古與“頭”聲相近。《禮記·曲禮上》“頭有創則沐”，《雜記下》“頭”作“首”。“頭、首”本爲一語，音自相近，無煩覼縷。

　　“申”失人切古與“陳”聲相近。“陳”從申聲，“申”古當讀如“陳”。《詩·大雅·文王》云：“陳錫哉周。”《商頌·烈祖》云：“申錫無疆。”“申錫”即“陳錫”也。《漢書·韋玄成傳》匡衡上書曰：“子孫本支，陳錫亡疆。”即用《商頌》文，可證“陳、申”古音相同。陳，澄母字，古讀定母。“申”又讀如“田”，《書·君奭》云“申勸寧王之德”[2]《禮記·緇衣》作“田觀文王之德”，“申、田”亦聲近字也。“申”古又與“重”通用，《書·益稷》“天其申命用休”，《史記·夏本紀》作“天其重命用休”。《爾雅·釋詁》云：“申，重也。”“申、重”義通。

----

① “諸侯荼前詘後直”下。
② “寧”爲“文”之誤。

“失”式質切古與“佚”聲近通用。《莊子·徐无鬼》篇云“若卹若失”,《釋文》失,本亦作“佚”。案佚,古音如“跌”,《漢書·揚雄傳》云:“爲人簡易佚蕩。”張晏曰:“佚,音鉄。”“佚蕩”亦作“跌踢”(見《説文》),是“佚、跌”同音也。失,古亦讀若“逸”,《荀子·哀公》篇“其馬將失”,注云:“失,讀爲逸。”《史記·吳王濞傳》:“陛下多病,志失不能省察。”“志失”即“志逸”也。逸,喻母字,古讀近定母。又“失”亦與“秩”通用,《爾雅·釋鳥》“秩秩海雉”,《釋文》云:“本又作失失。”案從失之字若“芺迭跌胅”等皆讀爲定母,而失字今乃讀爲審母,蓋後世之音轉耳。

“菽”式竹切古音同“豆”。《詩·采菽》箋云:“菽,大豆也。”“菽、豆”一語,“豆”爲定母字。

“奢”式車切古與“都”聲相近。《荀子·賦》篇云:“閭娵子奢,莫之媒也。”“子奢”即子都。《韓詩外傳》作“閭娵子都”是也。“都、奢”均從者聲,古音相近,故“麗都”亦稱“麗奢”。《戰國策·齊策》云:“妻子衣服麗都。”《急就章》曰:“晏奇能,邢麗奢。”“麗都、麗奢”音近義同。又《吕氏春秋·高義》篇“荆昭王之時有士焉,曰石渚”,《史記·循吏傳》“石渚”作“石奢”,“奢、渚”亦聲近。

“憃”丑江、丑用、書容三切古讀如“瞳”。《莊子·知北游》云:“女瞳焉如新生之犢。”《釋文》:“瞳,敕紅反……李云:未有知貌。”《淮南子·道應》篇云:“憃乎若新生之犢。”“憃、瞳”聲近。憃,《禮記·表記》,《釋文》引《字林》音丑降反,今《廣韻》有書容一音,蓋後世之變音也。

“身”失人切古與“中”聲相近。《禮記·檀弓》曰:“文子其中退然,如不勝衣。”注:“中,身也。”中,知母字,古讀爲端母,“中、身”聲近相假。

“商”式羊切古與“章”聲近。《吕氏春秋·勿躬》篇管子曰:“決獄折中,不殺不辜,不誣無罪,臣不若弦章。”《韓非子·外儲説左》“弦章”作“弦商”,“商、章”音近,故相通假。《漢書·律曆志》亦云:“商之爲言章也。”

“室”式質切古讀如“實”。《説文》:“室,實也。”《釋名·釋宮室》亦云:“室,實也。人物實滿其中也。”案“室、實”古音聲母相近,實,牀母三等字,古音讀近定母。

此從經籍異文及書傳音訓可證上述之字古代均曾與舌音塞音一類字相通。其音值雖不易確定,但若從高氏之擬音,古讀爲ś,則與以上諸母之音相去過遠矣。然而今之審母三等字尚有一類不可詳考者,其古音蓋讀與心母相近,如

“少”,書沼、失照二切,古與“小”聲近義通。故力小亦曰力少,少君亦稱小君,少主亦稱小主,少腹亦曰小腹,小,心母字也。又“鑠”,書藥切,《説文》云:“銷金也。”“爍”音同“鑠”,《莊子·胠篋》釋文引崔注云:“爍,消也。”“銷、消”皆心母字。又“手”,書九切,《釋名·釋形體》云:“手,須也。事業之所須也。”“手、須”雙聲爲訓,“須”心母字也。又“濕”,失入切,《左傳·襄公八年》云“鄭人侵蔡,獲蔡公子燮”,《穀梁傳》“燮”作“濕”。“濕、燮”聲近通假,“燮”心母字也。又“屍”,式脂切,《史記·魯周公世家》“以其屍與之”,索隱云屍:“本亦作死字也。”案“死”心母字也。又“狧”,書藥切,《説文》讀若愬。“愬”亦心母字也。餘若“聲束守鼠”之類,古音蓋亦讀近心母。高本漢擬爲ś,甚爲合理。故今定審母三等字之古音爲兩類:“説世”爲一類,“手束”爲一類。惟音隨時變,語有遞轉,“説世”一類字秦漢以前必已有由舌部塞音轉變爲ś者,故“施”可以讀如“斜”,“舒”可以讀爲“徐”。又“伸”古當讀爲舌音,而屈伸字經籍中每每作“信”,如《周禮·考工記·鮑人》云:“引而信之。”《禮記·儒行》云:“竟信其志。”“信”皆讀如“伸”。“信”古爲心母字,“信”s“伸”ś音近,自得通假。同例商之後代名曰宋,司徒或作申徒(見《史記·留侯世家》),皆其類也。復次,審母字尚有少數字由牙喉音及泥娘日諸母轉來者,如“餉”之從向,“襮”之從爽(“爽”讀若“郝”),“燒”之從堯,“諗”之從念,“攝”之從聶,鼉之從爾,“恕”之從如,或爲音變,或爲古人諧聲之變例,今不能究其詳矣。

審母三等字之古音既如上述,次則論及二等字。二等字之音,黃氏、高氏均謂讀如心母,此由文字諧聲及經籍異文極易證明,蓋本紐與齒音之關係最爲密切也。考本紐字之諧聲,主要者有二類:(1)本紐字諧本紐字,如“璽”從帥聲[1]。“瑟”從瑟聲,“魦毟”從沙聲,“榱瘻”從衰聲,“傻”從翜聲,“疏梳踈”從疋聲,“蔬”從疏聲,“駛”從史聲,“鷞縔顙瑯”從爽聲,“臔慢”從雙聲,“穡歠濇”從嗇聲,“鰤獅篩”從師聲,“牲笙甥”從生聲,“啐達蟀”從率聲,“滲蔘穆縿”從參聲,“楷婿瘖”從省聲,“衫杉”從彡聲,皆是也。(2)齒音字諧本紐字,如“莦梢”從肖聲,“肖”私妙切;“瘦搜”從叟聲,“叟”蘇後切;“臕攄”從肅聲,“肅”息逐切;“靴縰”從徙聲,“徙”斯氏切;“霜”從相聲,“相”息良切;“姺詵”從先聲,“先”蘇前切;“痒莘”從辛聲,“辛”息鄰切;“摍縮”從宿聲,“宿”息逐切;“殺”從杀聲,“杀”音蔡;“諰”從恖聲,“恖”子力切;此皆本紐字從齒音字得聲者也。其中尤

---

[1] 師,金文作“帥”,不從自。

以從心母字得聲者爲多。即此觀之,可知審母二等字古蓋讀如心母矣。其本紐字諧本紐者,亦可由經籍異文及書傳音訓證之。然本紐之諧聲除上述兩類外,尚有少數字從牙喉音字及來審二母字轉來者,如"所"從戶聲,"戶"爲匣母字;"鈒"從及聲,"及"爲見母字;"數"從婁聲,"婁"爲來母字;"欶"從束聲,"束"爲審母字("欶"有蘇奏、所角二音);皆是。此類字古音蓋亦讀如心母。今且舉經籍異文爲證:

"疏"_{所菹、所去二切}古與"胥"聲近通假。《詩·大雅·緜》"予曰有疏附",《尚書大傳》"疏附"作"胥附"[①]。"疏、胥"聲同,故每每通假,如《左傳·宣公十四年》"車及於蒲胥之市",《吕氏春秋·行論》篇作"車及之蒲疏之市"。《戰國策·魏策一》"東有淮潁沂黄煮棗海鹽無疏",《史記·蘇秦列傳》"無疏"作"無胥"。皆其例也。胥,《廣韻》相居切,心母字,"疏"今讀爲正齒者,當爲後世之變音。

"蔬"_{所菹切}古與"糈"聲相近。《莊子·天道》篇"鼠壤有餘蔬",《釋文》引司馬彪云:"蔬讀曰糈,糈,粒也。"糈,《廣韻》私吕切,心母字。

"摻_{所咸、所斬二切}攕"_{所咸切}古讀如"纖"。"摻攕"《廣韻》並音所咸切。案《詩·魏風·葛屨》"摻摻女手",傳曰:"摻摻猶纖纖也。"《文選·古詩十九首》注引《韓詩》曰:"纖纖女手,可以縫裳。"是"摻、纖"音義並同,纖,《廣韻》息廉切,心母字,摻字古亦當讀心母。《詩釋文》徐邈音息廉反,與古相合。又《方言》二云:"摻,細也。""摻、細"亦爲雙聲。郭音素檻反是也。又《詩》摻摻字《説文》手部引作"攕攕","攕"與"摻"爲一字。

"沙"_{所加切}古與"瑣"聲同。《左傳·成公十二年》經"公會晉侯、衛侯于瑣澤"。瑣澤,《公羊傳》作"沙澤"。《左傳·定公七年》"齊侯、衛侯盟于沙",傳云"盟于瑣"。蓋"沙、瑣"古爲雙聲,故相通假。瑣,《釋文》素果反,沙,素禾反。又"沙"聲與"嘶"同,《禮記·內則》"鳥麗色而沙鳴,鬱",鄭注:"沙猶嘶也。"疏云:"沙鳴者,沙,嘶也,謂鳴而聲嘶。"是"沙、嘶"聲義並近。"沙"古與"莎"亦爲雙聲,《詩·豳風·七月》"六月莎雞振羽",《釋文》沈重云"舊多作沙,今作莎,素何反"[②]。是也。又僧曰沙門,後漢亦曰桑門,"沙、桑"聲同。

"朔"_{所角切}古與"蘇"聲同。《釋名·釋天》云:"朔,蘇也。月死復蘇生也。"《白虎通·四時》亦云:"朔之言蘇也,明消更生故曰朔。""朔、蘇"均取雙聲爲

---

① 《後漢書》卷九十七《何顒傳》注引同。

② 今本"沙、莎"誤倒。

訓,是"朔、蘇"聲同之證。蘇,《廣韻》素姑切,心母字。

"縮"所六切古與"脩"聲相近。《釋名·釋飲食》云脯:"又曰脩,脩,縮也,乾燥而縮也。""脩、縮"雙聲爲訓。又《詩·七月》"九月肅霜",傳云:"肅,縮也,霜降而收縮萬物。""肅、縮"聲訓,"肅"亦心母字,是縮字古當讀爲心母也。

"蹜"所六切古與"宿"音同。《禮記·玉藻》云"執龜玉,舉前曳踵,蹜蹜如也",《釋文》"蹜蹜"作"宿宿",蓋"蹜、宿"古音相同,"蹜"即"宿"之增益字。宿,《廣韻》息逐切,心母字。

"茜"所六切古與"湑"聲相近。《詩·小雅·伐木》"有酒湑我",傳云:"湑,茜之也。"《周禮·天官·甸師》"祭祀共蕭茅",鄭大夫注云:"蕭字或爲茜,茜讀爲縮。束茅立之祭前,沃酒其上,酒滲下去,若神飲之,故謂之縮。縮,浚也。"案"湑、浚"皆心母字,觀毛傳及《周禮》鄭大夫注可知茜字古與"湑、浚"爲雙聲。

"慫"所江、息拱二切古與"竦"同音。慫,《說文》作"憽",从心雙省聲。《左傳·昭公六年》:"懼其未也,故誨之以忠,聳之以行。"《漢書·刑法志》引"聳"作"慫"。晉灼曰:"慫,古竦字也。"顏師古曰:"慫謂獎也,又音所項反。"案晉説是也。所項一音乃後世之變音,古當讀如聳若竦。竦字亦作"悚",《方言》十三云:"聳,悚也。"聳竦悚,《廣韻》並音息拱切,心母字。

"殺"所八切古與"肆"聲近通用。《論語·憲問》云:"吾力猶能肆諸市朝。""肆"即"殺",皇疏云:"肆者,殺而陳尸也。""肆、殺"聲近通用。肆,《廣韻》息利切。《左傳·昭公元年》"周公殺管叔而蔡蔡叔",案蔡蔡叔者即殺蔡叔也。蔡,《釋文》音素達反,即讀"蔡"爲"殺"。又"殺"與"獮"聲同,《左傳·隱公五年》"春蒐,夏苗,秋獮,冬狩",注:"獮,殺也。以殺爲名,順秋氣也。""獮、殺"亦雙聲爲訓。獮,《廣韻》息淺切。"殺"又與"娑"聲相同,《釋名·釋姿容》云"摩娑猶末殺也,手上下之言也"。是"殺、娑"古爲雙聲,娑,《廣韻》素何切,心母字。

"生"所庚、所敬二切古與"鮮"聲同義近。《周禮·獻人》"辨魚物爲鱻薧",注云:"鮮,生也。""鮮、生"義同音近,故新殺之獸曰鮮(見《儀禮·既夕禮》注),生肉亦曰鮮(見《周禮·庖人》注)。"鮮、生"同一語原,其聲相同。又《荀子·禮論》云"大饗尚玄尊,俎生魚",生魚,《史記·禮書》作"腥魚","生、腥"聲同。腥,心母字也。"生"古又與"性"通用,《周禮·大司徒》"以土會之法辨五地之物生",杜子春讀"生"爲"性"。《大戴禮·子張問入官》:"既知其以生有習,然後民特從命也。"生亦性也。故生命亦曰性命。性,《廣韻》息正切。又

《禮記·祭統》“喪祭之禮廢,則臣子之恩薄,而倍死忘生者衆矣”,忘生,《漢書·禮樂志》作“忘先”,“先、生”雙聲字也。

“笙”所庚切古與“細”聲同義近。《方言》二:“笙,細也。自關而西秦晉之間凡細貌謂之笙。”《廣雅·釋詁二》亦云:“笙,小也。”“笙、細、小”三字聲義並近。《吕氏春秋·仲夏紀》“調竽笙壎篪”,高注云:“竽,笙之大者,古皆以匏爲之。竽三十六簧,笙十七簧。”①案“竽”從于聲,故大於笙者曰竽。笙則以小而得名也。《方言》謂細曰笙,亦猶今之言星也。

“牲”所庚切古與“腥”音相近。《周禮·掌客》“牲三十有六”,注:“牲當爲腥,聲之誤也。”《釋文》牲,音星。

“灑所綺切釃所宜、所綺二切古與“厮”聲相近。《史記·河渠書》“乃厮二渠,以引其河”,索隱云:“厮,《漢書》作釃,《史記》舊本亦作灑,字從水。按韋昭云:‘疏決爲釃。’字音疏跬反。厮即分其流,泄其怒,是也。”今本《漢書·溝洫志》“厮”作“釃”,孟康曰:“釃,分也。”顔師古音山支反。案古音“灑釃”當並與“厮”聲相近,故得通假。厮,《廣韻》息移切,心母字。又,灑淅,寒貌也(見《素問·調經論》),“灑、淅”亦雙聲字。

“纚”所綺切古與“斯”聲相近。《禮記·問喪》“雞斯徒跣”,鄭注云:“雞斯當爲笄纚,聲之誤也。”《釋文》纚,色買反,徐所綺反。案依鄭注,“斯”當作“纚”,“斯、纚”因聲同而誤也②。此“斯、纚”古爲雙聲之證。

“使”疏士、疏吏二切古與“先”聲相近。《易》兑卦象辭“説以先民,民忘其勞”,《後漢書·吕强傳》强上疏引《易》作“悦以使民”,《三國志·王肅傳》同。“先”之作“使”,古聲相近也。

“省”息井、所景二切古與“獮”聲同。《禮記·玉藻》“唯君有黼裘以誓省”,鄭注:“省當作獮,秋田也。”又《明堂位》“春社秋省而遂大蜡”,注:“省讀爲獮。”《釋文》獮,仙淺反,蓋“省、獮”古爲雙聲,故得通借。今《廣韻》“省”有息井、所景二切,所景一音蓋後世之變音也。又痟瘦字亦作“省瘦”,或作“損瘦”,皆一音之轉。

“眚”所景切古與“痟”聲相近。《釋名·釋天》云:“眚,痟也,如病者痟瘦也。”“眚、痟”聲訓,可證“眚、痟”古聲相同。痟,《廣韻》相邀切,心母字。

“數”所矩、色句、所角三切古與“速”聲近通假。《周禮·考工記》“不微至,無以

---

① 《周禮·笙師》《説文》均云十三簧。

② 《昏義》“贊醴婦”,鄭注:贊醴婦當作“禮”,聲之誤也。是其例。

爲戚速也”，注：“速，疾也，書或作數。”又《考工記·弓人》“其人安，其弓安，其矢安，則莫能以速中，且不深”，注：“故書速或作數。”是“數、速”聲音相近。故《禮記·曾子問》云“不知其已之遲數”。“遲數”即“遲速”也①。又《樂記》“衛音趨數煩志”，注云：“趨數讀爲促速。”皆“數、速”古聲相同之證。速，《廣韻》桑谷切，心母字。又“數”亦與“算”聲近通借，“算”亦心母字，《儀禮·鄉射禮》“司射釋弓，視算如初”，注：“今文曰視數也。”而成語中“無數”亦即“無算”，“意數”亦即“意算”，如《禮記·鄉飲酒義》“脩爵無數”，《家語》作“無算”；《後漢書·皇甫規傳》“規爲人多意算”，《荀彧傳》則云：“彧明有意數。”是也。

“師”疏夷切古與“犀”聲同。《公羊傳·文公十六年》“公子遂及齊侯盟于犀丘”，犀丘，《穀梁傳》作“師丘”。“師、犀”古蓋同音。《戰國策·趙策二》“遂賜周紹胡服衣冠貝帶黃金師比”，“師比”亦作“胥紕”（見《史記·匈奴傳》漢遺單于黃金胥紕）、“犀毗”（見《漢書·匈奴傳上》）、“鮮卑”（見《楚辭·大招》）。“師、犀、胥、鮮”聲同，故相通用。

“索”蘇各、山責、山戟三切古與“素”聲同。《書序》：“八卦之説，謂之《八索》，求其義也。”《釋文》索，所白反，徐音素，本或作素。《禮記·中庸》“素隱行怪”，《漢書·藝文志》作“索隱行怪”。是“索、素”聲同。今《廣韻》“索”有蘇各、山責、山戟三音，山責、山戟二音蓋蘇各一音之轉。

“蒐”所鳩切古與“搜”聲同。《爾雅·釋天》“春獵爲蒐”，郭注云：“搜索取不任者。”《白虎通·田獵》云：“秋謂之蒐何？蒐索肥者也。”案“蒐索”即“搜索”，“搜、索”雙聲。

“莘”所臻切古讀如“辛”。干辛，夏桀臣。《墨子·所染》篇云：“夏桀染於干辛。”《呂氏春秋·慎大》篇云：“干辛任威。”然《説苑·雜事》篇“干辛”作“干莘”②，是“辛、莘”音同。辛，《廣韻》息鄰切，心母字。“莘”讀所臻切，蓋後世之變音也。

“山”所間切古與“宣”聲同。《説文》云：“山，宣也，宣氣散生萬物。”《古微書》引《春秋説題辭》亦云：“山之爲言宣也，含澤布氣，調五行也。”是“山、宣”聲同，故取雙聲爲訓。宣，《廣韻》須緣切，心母字。

“爽”疏兩切古與“喪”音近通假。《書·仲虺之誥》云：“夏王有罪，矯誣上天，以布命于下，帝用不臧，式商受命，用爽厥師。”案“爽”即“喪”也。《墨子·

---

① 鄭注云“數”讀爲“速”。
② 《漢書·古今人表·序》云“于莘、崇侯與之爲惡則行”，字作“于”。

非命上》引作"我聞有夏,人矯天命,布命于下,帝伐之惡,龔喪厥師",是其證。"爽、喪"音近,故得相假。《書》傳訓"爽"爲明,孔疏因之,非也。

"霜"_{色莊切}古與"喪"聲同。《説文》云:"霜,喪也,成物者。"《釋名·釋天》亦云:"霜,喪也,其氣慘毒,物皆喪也。"是"霜、喪"並取雙聲爲訓,喪,《廣韻》息郎切。

"稍郎"_{並所教切}古與"削"聲同。《周禮·天官·大宰》"以九賦斂財賄……四曰家削之賦",《釋文》削,本亦作"稍",又作"郎",所教反。又《地官·載師》"以家邑之田任稍地",注:"故書稍或作削。"《説文》引此文作"郎"。案"稍郎"皆從肖聲(肖,《廣韻》私妙切),古與削字聲同,故"削、稍、郎"三字通用。

"梢"_{所交切}古與"簫"聲相近。《釋名·釋兵》云:"弓,其末曰簫,言簫梢也。""簫、梢"雙聲爲訓。

"綃"_{相邀、所交二切}古讀如"宵"。《儀禮·士昏禮》"姆纚笄宵衣在其右",注云:"宵讀爲《詩》素衣朱綃之綃。"[①]案《廣韻》宵,相邀切;綃,相邀、所交二切,綃字所交一音蓋相邀一音之轉。

"捎"_{相邀、所交二切}古音讀如"騷"。《方言》二:"撟捎,選也。"郭注"捎"音"騷",騷,心母字。今《廣韻》"捎"有所交一音,蓋後世之變音也。

"箱"_{所交切}古與"筅"聲相近。《説文》云:"陳留謂飯帚曰箱。"《廣雅》云:"箱謂之筅。"筅,曹憲音素典反。案"箱、筅"古爲雙聲。筅,"箱"之轉語也。

"謏"_{所六、蘇后二切}古與"小"聲相近。《禮記·學記》"足以謏聞",注云:"謏之言小也。""謏、小"雙聲爲訓。

"溲"_{所鳩切}古當讀如"叟"。《詩·大雅·生民》"釋之叟叟",傳曰:"釋,淅米也。叟叟,聲也。"《釋文》"叟叟"又作"溲溲"。是"叟、溲"音義並同,"溲"即"叟"之增益字。叟,心母字也。"溲"或作"溞",《爾雅·釋訓》"溞溞,淅也",樊光注引《詩》作"溞溞"。溞,《廣韻》蘇遭切,與"叟"爲雙聲字。

"鄋"_{所鳩切}古與"叟"聲同。《左傳·文公十一年》"鄋瞞伐宋",《釋文》引《字林》"鄋"音先牢反,是"鄋"聲與"叟"相同。今《廣韻》"鄋"音所鳩切,乃後世之變音。

"刷"_{所劣、數刮二切}古與"雪"聲同通假。《史記·楚世家》:"王雖東取地於越,不足以刷恥。""刷恥"即"雪恥",《秦本紀》云:"子其悉心雪恥。"是也。又

---

① 今《詩·揚之水》作"素衣朱繡"。

"雪涕"亦曰"刷涕",如《晏子春秋·諫上》"公刷涕而顧晏子曰",《列子·力命》篇作"雪涕"是也。"刷、雪"古爲雙聲,故得通用。雪,《廣韻》相絶切,心母字。

"率帥"_{並所律、所類二切}古與"悉"聲同。《漢書·元帝紀》初元二年詔曰:"其悉意陳朕過,靡有所諱。"案"悉意"謂悉心也。"悉意"亦作"率意",或作"帥意","率、帥"古與"悉"聲同,如《文帝紀》後元年詔曰:"有可以佐百姓者,率意遠思,無有所隱。"《元帝紀》建昭四年詔曰:"相將九卿,其帥意毋怠,使朕獲觀教化之流焉。"是也。"率、帥"古皆讀如心母,故《爾雅·釋詁》云:"率,循也。""率、循"取雙聲爲訓。

據上所述,足證審母二等字古音當讀近心母無疑。惟其正確音值是否即與心母相同,尚待研討。高本漢於《中國文字》一書中分審母二等字之古音爲三類[1]:

(a)s 限於二等獨立韻,在 a、ǎ、ɛ、å 一類元音之前;

(b)ṣ 限於三等韻及三、四等同韻,在 i 介音前;

(c)sl 限於本紐字從來紐字得聲一類及本紐字有來紐又音者。

按高氏所擬之古音,s、ṣ 有分,一在 i 介音前,一不在 i 介音前,立説甚細,足資依據。惟"數灑率史"諸字高氏皆擬爲 sl,未必完全可信。此固爲揣度之辭,然愚意以爲中國古代之語言與文字均極流動,同一形體其所代表之語言未必限於同源。蓋當文字初興之際,形體不盡敷用,一字往往具有二音,如委字爲影母字,其諧聲字如"萎逶踓桵"均讀本母,而"諉餒捼緌"則讀泥娘日三母。又如甘字爲見母字,其諧聲字如"紺柑"均讀本母,而"甜恬"則讀定母。若假定"委甘"二字之古音當有複輔音存在,則複輔音必大爲增多。與其隨意推測,不如闕疑。

審母二、三等字古音不同,至晉宋以下則變爲雙聲,如《北史·魏收傳》云:"收外兄博陵崔巖嘗以雙聲嘲收曰:遇魏收衰曰愚魏。魏答曰:顏巖腥瘦,是誰所生? 羊頤狗頰,頭團鼻平,飯房笒籠,著孔嘲玎。"[2]案"衰、收"爲雙聲,"腥、瘦"爲雙聲,"衰、瘦"爲審母二等字,"收"爲三等字,"腥"則心母字也。又《洛陽伽藍記》云:"冠軍將軍郭文遠……堂宇園林匹於邦君,時隴西李元謙樂雙聲語,常經文遠宅前過,見其門閭華美,乃曰:是誰第宅? 過佳。婢春風出曰:郭冠軍家。元謙

---

① *Grammatica Serica*, *Script and Phonetics of Chinese and Sino-Japanese*, 1940。

② 《北齊書》同。

曰：凡婢雙聲。春風曰：儜奴慢罵。"案"雙、聲"二字，"雙"爲審母二等字，"聲"爲三等字，元謙以爲雙聲。又《文鏡祕府論》雙聲側對例云："詩曰：花明金谷樹，葉映首山薇。金谷與首山字義別，同雙聲對。"案"首"爲審母三等字，"山"爲二等字，"首山衰收"爲雙聲，是二、三等字不甚分辨也。其所以不甚分辨者，或即後日讀同一類之漸歟？ 則有待於將來之證明矣。因論審母古音而牽連及之，以爲談音韻歷史者參證焉。

1941 年 10 月 10 日

禪母古音考

禪母等韻圖列爲正齒音三等。正齒音有塞音及擦音兩類,照穿牀爲塞音,審禪爲擦音。禪母古音,黄侃《音略》歸之於定母,高本漢之《漢語分析字典》(*Analytic Dictionary of Chinese and Sino-Japanese*)則考訂禪母之古音讀 d̂,與定母相近,然皆未能與古籍之音訓及文字之通假相參證,故取《説文》《廣韻》所收之禪母字,重加尋案,由文字之諧聲,以求諸字得聲之原,由經籍之異文,以窺聲音通轉之迹。倫理既具,乃比次成説,以爲考證古音者之參考。

一、由文字諧聲推求禪母古音

正齒音照母古讀爲舌音塞音一類,錢大昕於“舌音類隔之説不可信”一文,已有考證。爾後夏燮作《述韻》,復列舌齒出入諸證,一本錢氏之説,而又引申推廣之。其言曰(見《述韻》卷九):

> 舌齒之混,幾於左右遇之,然舌上之闌入於正齒者最多……大氏一證以《説文》偏旁,則不齊者可以齊之。有以本音證得聲之字之誤者,卷中所論“鍾”從重聲,“植”從直聲,“純”從屯聲,“終”從冬聲,此以本音證其誤……更有即得聲之字,以證本音之誤者,如“都堵”等字皆從者聲,“儋澹”等字皆從詹聲,“經姪”等字皆從至聲,“捶唾”等字皆從垂聲,以此證本音之闌入於齒改而歸之舌。

此即前人據文字諧聲推求古音之法。觀禪母字之諧聲,有從本母字而得聲者,有從他母字而得聲者。從他母字而得聲者,可藉其所從得聲之字,考定其古音。從本母字而得聲者,可藉同從此聲之字,推尋而得。二者交互爲證,則本紐諸字之古音,不難知之矣。今先就禪母字之以他母字爲聲者論之。

(一)禪母字有從喻母四等字得聲者

鰫蜀庸切;又餘封切慵鞲並蜀庸切從庸聲[1]。用,余頌切。

訦氏任切;又常枕切忱疣並氏任切從尤聲。尤,餘針切。

① 本文所注反語皆出自《廣韻》,引用他書時始分别注明。

鋋市連切;又以然切從延聲。延,以然切,《説文》延從厂聲,今不從。

蜍署魚切;又以諸切從余聲。余,以諸切。

墅承與切從野聲,野承與切;又羊者切從予聲。予,以諸切;又余吕切。

鮋市流切;又直由、以周二切從由聲。由,以周切。

鍦視遮切,同鉈;又式支、施智二切從施聲,施從也聲。也,羊者切。

弛承紙切;又神帋切從也聲。

剡時染切;又以冉切從炎聲[①]。炎,于廉切。

(二)禪母字有從端母一類及知母一類字得聲者

禪市連切;又時戰切蟬嬋市連切鱓墠常演切僤市連切,同儃,態也。又徒旱、徒案二切,疾也撣市連切,撣援。又徒干、徒案二切,觸也從單聲。單,都寒切;又市連、常演、時戰三切。

澶市連切;又徒案切蟺常演切擅甎時戰切儃市連切;又徒干切嬗時戰切;又他干、多旱二切從亶聲,亶從旦聲。旦,得案切。

遄輲椯市緣切腨市兗切歂市緣、市兗二切瑞是僞切篅圌同上。是爲、市緣二切踹市兗切;又丁貫切諯市緣切,又職緣、尺絹、七絹三切從耑聲。耑,多官切。

檵《説文》大徐音市緣切從遄聲。

韶磬同上謌柖昭玿市昭切袑紹覘市沼切邵同召。古文作綤鉊卲寔照切卲市昭、寔照二切;又之少切軺市昭切;又餘昭切佋市昭切,佋穆;又市昭切,佋介從召聲,召寔照切;又直昭切從刀聲。刀,都牢切。

尰時宂切從重聲,重從東聲。東,德紅切。

瘇時宂切,同尰從童聲,童從重省聲。

誠郕宬城珹筬是征切盛是征、承正二切頠是征切;又渠京切晟承正切從成聲,成是征切。從丁聲。丁,當經切。

姼是支、承紙二切恀承紙切;又諸氏、尺氏二切栘成臡切;又弋支切從多聲。多,得何切。

社常者切,古文作袿。從土聲。土,他魯切。

鉈視遮切;又式支切從它聲。它,託何切。

豎臣庾切侸大徐常句切,《説文》讀若樹裋臣庾切,大徐常句切從豆聲。豆,徒候切。

忕時制切;又他蓋、徒蓋二切從大聲。大,徒蓋切。

純常倫切;又之尹切奄常倫切醇常倫切;又直倫切從屯聲。屯,徒渾切;又陟倫切。

尌常句切從壴聲。壴,中句切

---

① “炎”古音當與喻母四等字同類,詳曾運乾《喻母古讀考》。

樹臣庾、常句二切澍常句切；又之戍切從尌聲，尌常句切，《說文》讀若駐《說文》從壴從寸。段氏云壴亦聲。

啜嘗芮切；又陟劣、殊雪二切從叕聲。叕，陟劣切。

貚丑善切。《說文》讀若騁驒，驒，《廣韻》時忍切從蟲聲，蟲從中聲。中，丑列切。

壽殖酉、承呪二切嚋斅市流切璹殖酉、殊六二切從弖聲，弖從㝈聲，弖《說文》作屬，此從段注。㝈，古文疇字。疇弖，並直由切。

埴殖常職切植搟常職切；又直吏切稙大徐常職切從直聲。直，除力切。

鄮市流、殖酉二切；又直由切從壽聲。

（三）禪母字有從照母三等一類字得聲者

䟜攱是義切從支聲。支，章移切。

嫥常倫切膞塼市兗切從專聲，專從叀聲。叀，大徐職緣切，《廣韻》時釧切。又叀《說文》作中亦聲，今不從。

誰脽視隹切從隹聲。隹，職追切。

峕大徐侍之切市時止切從之聲。之，止而切。

時鰣市之切恃時止切畴時止切；又諸市、直里二切從寺聲，寺從之聲。

塒鰣市之切蒔市之、時吏二切從時聲。

朱殊洙銖姝缾陎市朱切從朱聲。朱，章俱切。

授哾承呪切綬殖酉、承呪二切從受聲，受殖酉切從舟聲。《說文》作從舟省聲，甲骨文、金文皆從舟不省。舟，職流切。

酬市流切詶市流、承呪二切從州聲。州，職流切。

汋市若切；又士角切妁市若切；又之若切彴市若切杓市若切；又都歷切芍市若切；又張略、都歷二切從勺聲。勺，之若切；又市若切。

逝誓鵽趀時制切從折聲。折，旨熱切；又常列切。

嗜醋鰭常利切從者聲，者從旨聲。旨，職雉切。《說文》旨從匕聲，今不從。

署常恕切從者聲。者，章也切，《說文》者從米聲，米，古文旅，今不從。

曙常恕切從署聲。

藷常恕切；又章魚切從諸聲，諸從者聲。

藸署魚切；又章魚切從儲聲，儲從諸聲。

慎時刃切從真聲。真，職鄰切。

贍時豔切蟾視占切；又職廉切從詹聲。詹，職廉切。

埴常職切；又昌志切從戠聲。戠，之翼切。

視承矢、常利二切际古文視從示聲。示,神至切。

淑婌殊六切從叔聲,叔從未聲。未,式竹切。

探視占切從突聲。突,大徐式針切。

(四) 其他

拾是執切從合聲,合,匣母字。案從合得聲者有牙喉音及舌音兩類[1]。讀爲舌音者,如罄他合切答都合切等字皆是。拾字從合得聲,蓋屬舌音一類。從拾聲者如湁字音丑入切,亦舌音也。

攝時攝切;又書涉切從聶聲。聶,《廣韻》尼輒切,娘母字[2]。案聶古亦有定母一讀,如《禮記·少儀》“聶而切之爲膾”,注:“聶之言牒徒協切也。”[3]又“皆聶而不切”“皆聶而切之”,《周禮·醢人》注聶皆作牒直葉切,是其證。

撏視占切;又昨含、徐林二切從尋聲。案尋,徐林切,邪母字。

褶是執切;又似入、徒協二切從習聲。案習,似入切,邪母字。

輇市緣切,同輴從全聲。案全,疾緣切,從母字,從全聲之字如“詮銓筌荃”等皆讀清母。此緣切。輇,《説文》讀若鑣,亦清母字,是輇之讀爲禪母,蓋由齒頭音變來。

據以上所列觀之,禪母字之以他母字爲聲者,其所從之聲母除正齒音及少數齒音字外,以喉音之喻母四等字及舌音一系之字居多,喻母四等字如“用尤延余”之類古音皆讀爲 d,端知等古讀爲 t,則禪母字之古音亦當與照母相似,讀爲舌音塞音一類。次就禪母字之以本母字爲聲者論之:

常裳嘗徜鎠市羊切諸字均從尚聲,尚,時亮切,禪母字。案從尚之字讀爲舌音者甚多,如,棠堂徒郎切當黨矘鄺都郎切諸字是也。《説文》尚從向聲,今不從。

宸震晨栕郳植鄰切陙常倫切欯裖蜃時忍切諸字均從辰聲,辰,植鄰切,禪母字。案從辰之字亦有讀爲照母者,如脤裖章忍切震振娠侲跰章刃切等字是也。《説文》辰從厂聲,今不從。

萐翅筈匙嘊是支切禔是支切;又章移切禔承紙切提是支切;又杜奚切媞褆承紙切;又杜奚切堤是支切;又都奚切寔遈湜常職切諸字均從是聲,是,承紙切,禪母字。案從是之字讀爲舌音者甚多,如鞮隄鍉都奚切瑅題騠醍緹趧杜奚切等字是也。

什是執切從十聲,十,是執切,禪母字。案從十者亦讀照母,如汁之入切

---

[1]　文字諧聲上一聲而兼有二音者甚多。

[2]　古音讀如泥母。

[3]　牒,今本作“膘”。

是也。

鄯僐常演、時戰切墡鐥常演切繕膳時戰切諸字從善聲,善,常演切,禪母字。案從善之字亦有讀如照母者,如䚮顐嫸旨善切等字是也。

脀大徐署陵切鞏署陵切;又蒸上聲承署陵切;《説文》從丞省聲諸字從丞聲,丞,署陵切,禪母字。案從丞之字亦讀照母,如烝蒸煮仍切是也。

茞邔植鄰切二字從臣聲,臣,植鄰切,禪母字。案:從臣之字亦有讀照母者,如䀄職雄切拒章刃切是也[1]。

杸市朱切從殳聲,殳,市朱切,禪母字。《説文》殳從几聲,今不從。案從殳之字亦讀舌音,如㱿當侯切投度侯切是也。

諶愖煁瘎氏任切葚大徐常衽切諸字從甚聲,甚,時鴆切,禪母字。案從甚之字亦讀舌音及正齒音照母,如湛媅覘丁含切霅黮徒感切揕知鴆切斟職深切等字是也[2]。

淳鶉醇常倫切孰殊六切,熟塾從此諸字從臺聲,臺,常倫切,禪母字。案從臺之字讀爲舌音者甚多,如敦惇弴瓿都昆切䵎啍焞他昆切錞憝徒對切等字是也。

䯴陲倕是爲切睡是僞切䜅是爲、是僞二切種是僞切;又徒果切諸字從垂聲,《説文》垂從土瓜聲,垂,是爲切,禪母字。案從垂之字讀舌音者甚多,如埵丁果切溎土禾切唾湯臥切錘直垂切腄竹垂切娷諈竹恚切等字是也。

祏鉐祐碩鼫碏常隻切諸字從石聲,石,常隻切,禪母字。案從石之字亦讀舌音及正齒音照母,如拓祏橐他各切跖之石切柘之夜切等字是也。

恀秪是支切芪大徐常支切眂常利切,同視眡承紙切諸字從氏聲,《説文》氏從乀聲,今不從。氏,承旨切,禪母字。案從氏之字亦讀正齒音照母,如紙抵泜諸氏切等字是也[3]。

屬市玉切;又之欲切,蠋襡從此鸀市玉切;又之欲、徒谷二切韣市玉切;又徒谷切襡市玉切;又徒谷、都豆二切鐲市玉切;又直角切欘瓄市玉切諸字從蜀聲,蜀,市玉切,禪母字。案從蜀之字亦讀舌音及正齒音照母穿母,如噣陟救切斀竹角切觸歜尺玉切躅蠋直録切濁鸀直角切獨髑徒谷切趣燭之欲切等字是也。

讎市流切售承呪切從雔聲,雔,市流切,禪母字。案從雔之字亦有讀爲穿母者,如犨字赤周切是也。

噬澨逝時制切從筮聲,筮,時制切,禪母字。

---

① 從臣之字又有讀牙音者,如臤嚚等字皆是。
② 從甚之字又有讀爲牙音者,如戡堪等字皆是,而糂字又讀爲心母。
③ 從氏之字又讀入群母,如衹疧蚳軝皆是。由此略可窺見禪母與群母之關係。

涉_{時攝切}，襌母字。

上_{時掌、時亮切}，襌母字。

由上觀之，此類以本母字爲聲母者，其同一聲母所諧之字，讀爲舌音及正齒音照母穿母者甚多。照母穿母古讀爲舌音塞音一類，則此類襌母字之古音亦當讀爲舌音塞音一類也。照穿古讀爲舌音塞音，固無疑問，但屬於舌尖音抑屬於舌面音，尚無定論。高本漢擬照穿牀爲舌面音 $\hat{t}$ $\hat{t}^{\iota}$ $\hat{d}^{\iota}$，故擬定襌母之古音爲舌面濁音 $\hat{d}$，以與定 d^{ι} 澄 $d^{\iota}j$ 牀 $\hat{d}^{\iota}$ 喻 d 諸母相配（後世 $\hat{d}$ 變爲 $\hat{d}z$，至《切韻》時代復變爲 z）。惟前代反語，如《玉篇》《經典釋文》等書，牀襌爲一母，隋唐韻書則分爲二，但字之歸類亦不一致，此讀牀而彼讀襌[1]。唐末字母則又不分牀襌。至於漢以前古音是否爲一母，尚不易確定，但牀襌均爲濁音塞音似可斷言。

二、由經籍異文以考證襌母古音

由經籍之異文以考證古音，清人應用最廣。由於文字之通假，與聲音相同或相近有關，故欲明古音，自可因其通假之迹以求之。昔錢氏之考定古無輕脣音舌上音，並舉經籍異文爲證。然經籍異文亦往往駁雜不純，時代不齊，文音有異，亦未可一概而論。今論定襌母古音，略依其例，謹就平日讀書疏記所得，取其可信者比輯於後，兼取故書之音訓以爲佐證。蓋古人之爲傳注訓詁者，皆通貫聲韻，今取其音釋，以證古音，亦足與異文之通假相闡發也。

噬，古音近“咥”。《易·履》：“虎尾不咥人，亨。”《文選·潘安仁〈西征賦〉》云：“履虎尾而不噬。”“咥”作“噬”。李善云：“鄭玄注本爲噬。”案《易釋文》咥，直結反。澄母字，古當讀爲定母，“噬”古音蓋與“咥”音近，故“咥”亦作“噬”。“噬”又讀如“逮”，《詩·唐風·有杕之杜》“噬肯適我”，傳云：噬，逮也[2]。噬，《韓詩》作“逝”，《詩·邶風·日月》傳云：“逝，逮也。”與“噬”音近。噬，《爾雅·釋詁》亦作“遾”。

澀，古音近“滯”。雍澀，地名，《左傳·定公四年》：“楚人爲食，吳人及之，奔食而從之，敗諸雍澀，五戰及郢。”《吳越春秋·闔閭內傳》云：“會楚人食，吳因奔而擊破之雍滯，五戰徑至於郢。”“雍滯”即“雍澀”，滯，《廣韻》直例切，澄母字。

誓，古亦作“矢”。《論語·雍也》篇“夫子矢之曰：予所否者，天厭之，天

厭之"。《釋文》孔注云："矢，誓也。"案"矢、誓"聲近，"矢"審母字也，古音讀
爲舌音塞音，如"雉"從矢聲，《廣韻》直几切，屬澄母。《說文》"矢，陳也"。
取聲近爲訓。是其證①。

時，古與"待"音近。《易·蹇》象傳"往蹇來譽，宜待也"，張璠本作"宜
時也"。又《歸妹》象傳"愆期之志，有待而行也"，《釋文》云："一本待作
時。"待，《廣韻》徒亥切。"時"又讀如"代"，《莊子·徐无鬼》篇云："菫也，
桔梗也，雞癕也，豕零也，是時爲帝者也。"《淮南子·說林》篇云："譬若旱
歲之土龍，疾疫之芻狗，是時爲帝者也。"又《齊俗》篇云："見雨則裘不用，
升堂則蓑不御，此代爲帝者也。"三文句例並同，或作"時"，或作"代"，"時、
代"音近耳。

恃，古音近"待"。《呂氏春秋·審時》篇"辟米不得恃定熟，句，從王念孫說。
卬天而死"，高云："恃或作待。"

侍，古與"待"音近。《儀禮·士昏禮》"媵侍於戶外"，鄭注云："今文侍
作待。"又《莊子·田子方》篇"孔子便而待之"，《釋文》云："待或作侍。"《史
記·季布傳》"汝陰侯滕公心知朱家大俠，意季布匿其所，迺許曰：諾。待間，
果言如朱家指"，《漢書》待作"侍"。此皆侍、待音近之證。

受，古讀如"紂"。《書·牧誓·序》"與受戰于牧野"，《說文》坶字下引
作"與紂戰于坶野"。又《泰誓中》"受有億兆夷人"，《左傳·昭公二十四年》
作"紂"。《泰誓下》"予克受""受克予"，《禮記·坊記》均作"紂"。紂，《廣
韻》除柳切，澄母字也。"受"又與"得、待"聲母相近，如《書·嘉禾·序》"周
公既得命禾"，《史記·魯世家》作"周公既受命禾"。《益稷》"以昭受上帝"，
《史記·夏本紀》作"以昭待上帝命"，是其證也。

純，古讀如"屯"。《詩·召南·野有死麕》"白茅純束"，鄭箋"純"讀爲
"屯"。《釋文》曰："純，徒本反，沈云：鄭徒尊反。屯，舊徒本反，沈徒尊反。"
是"純、屯"音近，屯，定母字也。又《左傳·襄公十八年》"執孫蒯于純留"，
《釋文》純，徒溫反。《戰國策·秦策》"當屯留之道"，"屯留"即"純留"。《漢
書·地理志》上黨郡亦作屯留，是"純、屯"音同。"純"乃"屯"之孳乳字也。
又"純"與"敦"聲近通用，《楚辭·九章·惜往日》"心純厖而不泄兮"，王注：
"素性敦厚，慎語言也。"《潛夫論·本訓》篇云："淳粹之氣，生敦厖之民。"

---

① 見拙著《審母古音考》。

"純庬"即"敦庬"。敦,《廣韻》都昆切,"純、敦"聲近,故得通用。

肫,古讀如"忳"。《禮記·中庸》"肫肫其仁",鄭注:"肫肫讀如誨爾忳忳之忳。忳忳懇誠貌也。肫肫或爲純純。"《釋文》:"肫依注音之淳反。"案"誨爾忳忳",今《詩·大雅·抑》作"誨爾諄諄",《釋文》"肫"音之淳反,即讀"肫"如"諄"也。諄,照母字,古讀近端母。

淳,古與"敦"聲近通用。《周禮·内宰》"出其度量淳制",鄭注:"故書淳爲敦。"又《孟子》"薄夫敦",《後漢書·荀淑傳·論》云"薄夫以淳","淳"即"敦"也。又《史記·絳侯世家》"勃爲人木彊敦厚",《漢書·朱邑傳》謂邑"爲人淳厚,篤於故舊","淳厚"亦即"敦厚"。淳字亦作"醇",如《漢書·景帝紀·贊》云:"移風易俗,黎民醇厚。"是也。

醇,古與"惇"聲近通用。《漢書·公孫弘傳》"唯慶謂石慶以惇謹復終相位",顏注:"惇,厚也,音敦。"《史記·萬石君傳》"事不關決於丞相,丞相醇謹而已"。"醇謹"即"惇謹","醇、惇"古聲相近。

尚,古讀如"當"。《史記·灌夫傳》"即宫車晏駕,非大王立當誰哉",《漢書》作"非大王立,尚誰立哉"。又《史記·淮南王安傳》"即宫車一日晏駕,非大王當誰立者",《漢書》作"非王尚誰立者"。是"尚、當"音近通用。尚,古又讀如"長",《漢書·地理志》上黨郡有長子縣,顏注:"長讀曰長短之長。"長,《廣韻》直良切,屬澄母。《竹書紀年》周顯王十年"鄭取屯留尚子","尚子"即"長子",是"尚"與"長"古聲相近也。

常,古讀如"棠"。《詩·常棣》"常棣之華,鄂不韡韡",常棣,古書或作"棠棣",《漢書·杜鄴傳》云:"夫戚而不見殊,孰能無怨? 此《棠棣》《角弓》之詩所爲作也。"又蔡邕《彭城姜伯淮碑》云:"有棠棣之華,萼韡之度。"《文選·曹植〈求通親親表〉》云:"遠慕《鹿鳴》君臣之宴,中詠《棠棣》匪他之誠。"字均作"棠",是"常棣"即"棠棣"。棠,《廣韻》徒郎切,屬定母。又"棠棣"亦作"唐棣",《詩》云"何彼穠矣,唐棣之華",傳曰:"唐棣,栘也。"案《説文》云:"栘,棠棣也。"是"棠、唐"音同,"棠棣"與"唐棣"爲一物也。"唐、棠、常"三字音近,故相通假。常,今讀爲襌母,古當讀近定母也。又《國語·齊語》"管子對曰:以魯爲主,反其侵地棠潜",棠潜,《管子·小匡》篇作"常潜",亦"棠、常"相通之證。常,亦通作"堂",《管子·小稱》篇"臣願君之遠易牙、豎刁、堂巫、公子開方",《吕氏春秋·知接》篇"堂巫"作"常之巫",是也。常,古又與"著"聲近,《周禮·春官》大史曰:"祭之日,執書以次位常。"《國語·周語》曰:

“大夫士日恪位著,以做其官。”“位常”與“位著”同義。《左傳·昭公十一年》云:“朝有著定。”案著者言其所立之位也。著,徐邈音治居反。“著”亦作“宁”,《禮記·曲禮》“天子當宁而立”。《爾雅·釋宫》曰:“中庭之左右謂之位,門屏之間謂之宁。”“著、宁”音同,皆澄母字。

嘗,古讀如“當”。《孟子·萬章》篇云“孔子不悦於魯衛,遭宋桓司馬將要而殺之,微服而過宋,是時孔子當阨”,《説苑·至公》篇“當阨”作“嘗阨”,“當、嘗”聲近,故通用。又《荀子·君子》篇“先祖當賢,後子孫必顯”。“當”即“嘗”也。“嘗試”古亦作“當試”,如《荀子·正名》篇曰:“嘗試深觀其隱而難察者。”《性惡》篇曰:“當試去君上之勢。”“當試”即“嘗試”也。

償,古讀如“當”。《戰國策·秦策》“亡於秦而取償於齊”。《漢書·匈奴傳》:“漢出三千餘騎,爲三道並入匈奴,捕虜得數千人還,匈奴終不敢取當。”顔注曰:“當者報其直。”案“取當”即“取償”,“償、當”聲音相近。

裳,古音與“堂”相近。《詩·小雅·裳裳者華》傳曰:“裳裳猶堂堂。”

辰,古與“夷”聲相近。《左傳》宣公十一年《經》“夏,楚子、陳侯、鄭伯盟于辰陵”,《穀梁》“辰陵”作“夷陵”。夷,喻母字,古音讀近定母。又《説文》:“蚳,蝱子也。從虫氏聲……䗐,古文蚳作從辰、土。”蚳,大徐音直尼切,澄母字也。是辰亦與氏聲相近。氏,《廣韻》都奚切。

脈蜃,古音與“軫”相近。《左傳》成公十七年《經》“公孫嬰卒於貍脈”,貍脈,《穀梁》作“貍蜃”,《公羊》作“貍軫”。軫,《釋文》之忍反,照母字,古讀近端母。“脈蜃”與“軫”古聲相近。

壽,古讀如“疇”。《荀子·大略》篇“堯學於君疇”,君疇,《漢書·古今人表》作“尹壽”。疇,《廣韻》直由切,“壽”古音當讀如“疇”。又《左傳》襄公十二年《經》“吳子乘卒”,傳作“壽夢”[1]。案乘,牀母字,古讀近定母,“壽”古讀如“疇”,與“乘”聲近,故相通假。

是,古與“提”聲近。《公羊傳》僖公十六年《經》“是月六鶂退飛過宋都”,《釋文》云:“是月如字,或一音徒兮反。”盧文弨曰:“是月有作提月者,故一音徒兮反。《初學記》晦日條引此作提月。”

媞,古讀如“提”。《説文》:“媞,諦也。”《爾雅·釋訓》:“媞媞,安也。”《釋文》音徒低反。案《楚辭·九章·怨世》云“西施媞媞而不得見兮”,王

---

[1] 《十年傳》正義引服虔云:“壽夢,發聲。吳,蠻夷,言多發聲,數語共成一言,壽夢一言。”

注:“媞媞,好貌也。《詩》曰好人媞媞。”案今《詩・葛屨》字作“提提”,傳云:“提提,安諦也。”是“媞媞”與“提提”音義並同。《説文》:“一曰江淮之間謂母曰媞。”案《方言》六“南楚瀑洭之間婦妣曰母姼”,郭注:姼,音多。是“媞”與“姼”亦音近。又“媞”古亦假作“緹”,《爾雅・釋草》“蒿侯莎,其實媞”。《夏小正》“正月緹縞”,字作“緹”。緹,《廣韻》杜奚切。由上可證“媞”之古音本讀定母,今《廣韻》音承紙、杜奚二切,承紙一音爲後世之變音耳。

徥,古讀如“提”。《説文》云:“徥徥,行皃。”案《詩・葛屨》“好人提提”,正義引孫炎曰:“提提,行步之安也。”則“徥徥”即“提提”,音義並同。《方言》六:“徥、用,行也。”郭注:“徥,度指反。”[①]是此字古音當讀定母。《廣韻》音承紙、池爾二切,承紙一音,亦後世之變音也。

諟,古讀如“題”。《禮記・大學》“顧諟天之明命”,鄭注:“諟,或爲題。”《釋文》題,徐徒兮反。又《方言》六:“諟譴,諟也。”郭注“諟”音“帝”。

是寔,古與“實”聲近。《左傳・昭公七年》“實爲夏郊”,《説苑・辨物》篇及《水經・淮水》注“實”並引作“是”。《書・仲虺之誥》“寔繁有徒”,《左傳・昭公二十八年》作“實蕃有徒”。“實、寔”相通之例甚多。案實,《廣韻》神質切,牀母三等字,古音讀近定母。“寔、是”二字既與實字通用,則古聲當與實字相近。

禔,古與“祇”聲近義通。《易・復》“无祇悔”,《釋文》“祇”音“支”。王肅本作“禔”。又《坎》“祇既平”,京房本“祇”作“禔”。《説文》同。《史記・韓安國傳》“禔取辱耳”,《漢書》“禔”作“祇”,皆“禔、祇”相通之證。“祇”照母字,古音讀近端母。“禔”古讀近定母,故與祇字聲近相假。又《漢書・司馬相如傳》“中外禔福”,《史記》“禔”作“提”,是“禔提”古爲雙聲。今《廣韻》“禔”有承紙、杜奚二切,杜奚者此字之本音,承紙者此字之變音也。

蒩,古音讀如“知”。案《廣韻》云:“蒩母,即知母草,出《字林》。”是“蒩、知”聲音相近。

單,《廣韻》有端母、禪母兩讀,單父縣及姓均讀禪母,單複義始讀端母。案正齒一音古亦當讀舌音。《史記・鄭世家》“鄭厲公突因櫟人殺其大夫單伯”,單伯,《左傳・桓公十五年》作“檀伯”。《釋文》檀,徒丹反。《史記・仲尼弟子列傳》宓不齊字子賤,“爲單父宰”,單父,《呂氏春秋・具備》篇,《淮

---

① 從錢繹《箋疏》。

南子·道應》篇、《泰族》篇均作"亶"父。亶,《廣韻》多旱切。是其證矣。

蟬,古與"蜩"聲同通用。《禮記·月令》云仲夏之月,"蟬始鳴",《逸周書·時訓解》作"蜩始鳴"。《史記·屈原列傳》云"蟬蛻於濁穢",《春秋繁露·天道施》"蟬"作"蜩"。案《方言》卷十一云:"蟬,楚謂之蜩。"是蟬、蜩一物也。"蟬"之作"蜩",方音之異耳。"蟬、蜩"古聲蓋同,故語有遞變,仍不離其聲。蜩,《廣韻》徒聊切,定母字也。蟬,古又有"提"音,《漢書·地理志》樂浪郡有黏蟬縣,蟬,服虔音多。古書"蟬"又與"單"聲近通假,《爾雅·釋天》"太歲在卯曰單閼",《釋文》"單"音"丹"。案《史記·賈生列傳》索隱云:"單,孫炎本作蟬。"漢《山陽麟鳳瑞象銘》云"青龍起蟬嫣"[1],字亦作"蟬",是"蟬、單"古聲相近也。

僤,古音與"單"相近。僤,見於經傳者皆讀舌音,如《詩·桑柔》傳:"僤,單也。"與"亶"音義並同。又《説文》:"僤,疾也。"引《周禮·廬人》"句兵欲無僤"。僤,今本作"彈",是"僤、彈"音近。彈,徒案切。惟《廣韻》仙韻收此字音市連切,訓憚也,且與"僵"爲一字。案憚也一訓蓋本《莊子》《漢書》。《莊子·田子方》云:"僵僵然不趨。"《釋文》:"李云:舒閑之貌。"《漢書·司馬相如傳》云:"青龍蚴蟉於東箱,象輿婉僤於西清。"顏注:"蚴蟉、婉僤皆行動之貌。"是並與憚也之訓相合。然僵字《莊子釋文》音吐祖反,徐邈音但,是僵字古本讀舌音,《廣韻》"僵"又音徒干切是也。至於《漢書》之婉僤字,《史記·司馬相如傳》作"婉蟬",蟬,古音與"單"相近,則僤字《廣韻》音市連切,乃後世之轉音,非古音如是也。

禪,古與"單"聲近。《國語·魯語》"堯能單均刑法以儀民",《周禮·大司樂》鄭注"單"作"禪",是"禪"與"單"古聲相近。

墠,《廣韻》常演切,屬禪母。案《詩·東門之墠》,《釋文》"墠"作"壇"。壇,《廣韻》徒干切。《山海經·中山經》"青要之山……南望墠渚",郭傳"墠"音"填"。填,《廣韻》徒年切。是墠字古音當讀定母也[2]。"壇、墠"聲音既近,故經籍中每相通假,如《左傳·襄公二十八年》"舍不爲壇",正義云:"服虔本作墠。"《史記·孝文紀》"其廣增諸祀墠場珪幣",墠場,《漢書》作"壇場"皆是。後世語音有變,封土之壇讀爲徒干切,除地之墠乃讀爲常演切矣。

撣,古讀如"僵"。《廣韻》仙韻"撣",市連切,注:"撣援,牽引。"案"撣

① 《隸續》云:永建二年歲在丁卯,故此碑用蟬嫣字。

② 慧琳《一切經音義》卷二十一引《韓詩外傳》曰:"墠猶坦,言平地也。"

援"即"嬋媛"。《楚辭·離騷》"女嬃之嬋媛兮",王逸注:"嬋媛猶牽引也。"又《九章·悲回風》"忽傾寤以嬋媛",注:"嬋媛一作撣援,一作僤佪。"①據此則"撣援、嬋媛"並與"僤佪"聲音相近。蓋"撣嬋"與"僤"古爲雙聲,"援媛"與"佪"古爲雙聲。媛援,《廣韻》雨元切,爲喻母三等字,古音當讀爲匣母。

社,古與"土"聲近。"社"從示土聲,"土、社"古多通假,如《詩·玄鳥》"宅殷土芒芒",《史記·三代世表》作"殷社芒芒"。又《緜》"乃立冢土",傳訓"冢土"爲大社,是也。

輤,古音與"團"相近。《儀禮·既夕禮》"遂匠納車于階閒",鄭注云:"車,載柩車。《周禮》謂之蜃車,《雜記》謂之團,或作輇,或作摶。聲讀皆相附耳,未聞執正。"案今《禮記·雜記》作"輲車","輲"從車耑聲,古音蓋與"團"聲相近。《廣韻》團,度官切。

篅,古讀如"顓"。《説文》:"篅,以判竹圜以盛穀也。"《淮南·精神》篇:"與守其篅笡,有其井,一實也。"高注:"篅讀顓頊之顓也。"顓,《廣韻》職緣切。篅字亦作"圌",《釋名·釋宮室》云:"圌,以草作之,團團然也。"以"團"釋"圌",蓋取雙聲爲訓。

膳,古與"臛"聲近。《儀禮·既夕禮》"載臛",鄭注云:"古文臛爲膳。"案"臛"從亶聲,《釋文》音之然切,古音讀近端母。

成,古與"登"聲近相通。《禮記·月令》"蠶事既登",注云:"登,成也。"《淮南子·覽冥》篇云:"五穀登熟。"《漢書·王莽傳》云:"五穀成熟。"是"登、成"聲近之證。登,《廣韻》都滕切。

誠,古與"亶"聲近。《詩·祈父》傳:"亶,誠也。"誠,又讀若"憚",《大戴禮·文王官人》"鄉黨之間,觀其信憚",《逸周書·官人》作"觀其信誠"。"憚"與"誠"聲相近。

贍,古與"澹"音同。《禮記·大傳》云:"民無不足不贍者。"不贍,古書每作"不澹",《漢書·食貨志》:"流民入關者數十萬人,置養澹官。"顏注云:"澹,古贍字。"②贍字亦作"詹",《吕氏春秋·適音》篇"不充則不詹",高注云:"詹,足也。詹讀如澹然無爲之澹。"《廣韻》澹,徒濫切。

淑,古與"弔"聲近③。《左傳·哀公十六年》"旻天不弔",《周禮·大祝》

---

① 此從朱熹《集注》本,今王逸本作"擅佪"誤。

② 今本此注在"猶未足以澹其欲"下。

③ 《廣韻》弔,多嘯、都歷二切。

注引作"閔天不淑"。案"淑、弔"音近,不弔,古之成語,猶言不善也。金文伯叔字及淑善字均作𠁁,是"淑、弔"古音相近也。

承,古音與"懲"相近。《左傳·哀公四年》"諸大夫恐其又遷也,承",杜注:"承音懲也,蓋楚言。"《釋文》懲,直升反,澄母字。"承"又讀如"繩",《詩·抑》"子孫繩繩",《韓詩外傳》引《詩》作"子孫承承"。繩,牀母字,古音讀近定母。又"承"與"拯"古亦通用,《易·艮》"不拯其隨",《釋文》"拯"作"承"。又《列子·黃帝》篇:"孔子觀於呂梁……一丈夫游之,以爲有苦而欲死者也,使弟子並流而承之。"殷敬順《釋文》云:"承音拯。"案"拯"讀蒸字上聲,古讀近端母,與"承"聲相近,故得相假。

石,古亦有"擿"音[1]。《廣雅·釋詁》云(卷四):"石,擿也。"《新書·連語》篇:"提石之者,猶未肯止。"石,當讀爲"擿"。擿,今通作"擲"。

蜀,古與"獨"音近[2]。《方言》云(卷十二):"一,蜀也。南楚謂之獨。"郭注曰:"蜀猶獨耳。"《爾雅·釋山》:"獨者蜀。""蜀"亦孤獨之意。是"蜀、獨"音近。《管子·形勢》篇云:"上無事,則民自試;抱蜀不言,而廟堂既修。""抱蜀"即"抱獨"也,與《老子》"聖人抱一爲天下式"之義同。又"蜀"與"蠋"當爲一字,《説文》"蜀"下引《詩》曰:"蜎蜎者蜀。"今《詩·東山》"蜀"作"蠋"。蠋,《廣韻》音直録切,澄母字,古讀爲定母,"蜀、蠋"古當同音。又《吳越春秋·闔閭内傳》客有能相劍者名"薛蜀",蜀,《越絶書》作"燭",《淮南子·氾論》篇同。燭,《廣韻》之欲切,照母字,古音讀近端母,與"蜀"音近,故得相通。

屬,古與"逮"聲相近。《書·梓材》"至于屬婦",孔鮒《小爾雅·廣義》云:"妾婦之賤者謂之屬婦。屬,逮也,逮婦之名,言其微也。"

垂,古讀如"甀"。《史記·高祖本紀》"高祖已擊布軍會甀",集解"甀"音直僞反。案《漢書》作"會垂",是"垂"古與"甀"同音。

倕,古讀如"惴"。《淮南子·説山》篇:"人不愛倕之手,而愛己之指。"高注:"倕,讀《詩》惴惴其栗之惴也。"案惴,《廣韻》之睡切。

視,古與"示"同音。《禮記·曲禮上》"幼子常視毋誑",鄭注:"視,今之示字。"示,牀母字,《廣韻》神至切。古讀近定母,"視"音當同"示"。"示、

---

[1]　《廣韻》擿,直炙切。

[2]　獨,《廣韻》徒谷切。

視”古書多通用，如“宣示”亦作“宣視”①，指示，亦作“指視”②，是也。又從示之字韻書有讀入群母者，然古音亦與舌音相通，如：祁，《廣韻》渠脂切，屬群母，《左傳·宣公二年》“其右提彌明知之”，提彌明，《公羊》作“祁彌明”，《史記·晉世家》作“示眯明”。又《爾雅·釋地》“燕有昭余祁”，《釋文》孫炎本“祁”作“底”。《漢書·武帝紀》“取狐父、祁善置”，祁，晉灼音坻。“底、坻”均照母字，古讀近端母。祁字古書中與禪母字相通者甚多。

氏，古與“支”聲相近。《史記·匈奴傳》“後義盧侯難氏等計，與漢吏相距”，《漢書》“氏”作“支”。又《呂氏春秋·當賞》篇：“公子連去入翟，從焉氏塞。”案焉氏，《漢志》安定郡作“烏氏”，《後漢書·郡國志》作“烏枝”。“氏”之作“支”作“枝”，蓋因與“支枝”聲音相近耳③。又從氏之字韻書有讀入群母者，如“祇”《廣韻》音巨支切是也。

邵，古讀如“昭”。《史記·秦始皇本紀》“齊明、周最、陳軫、昭滑、樓緩、翟景、蘇厲、樂毅之徒通其意”，索隱云：“昭滑，楚人。”案《史記·陳涉世家》“昭滑”作“邵滑”，蓋“邵”與“昭”古聲相近。昭，《廣韻》止遙切，屬照母。又《戰國策·楚策》云：“齊明說卓滑以伐秦，滑不聽也。”“卓滑”亦即“昭滑”，卓，知母字，古與“昭”聲近。

紹，古與“綽”音近。《書·無逸》“不寬綽厥心”，綽，魏《三體石經》作“紹”。綽，《廣韻》昌約切，“綽”之作“紹”，由於聲音相近。

韶，古亦作“招”。《左傳·襄公二十九年》“見舞韶濩者”，《釋文》云：“韶，本或作招。”又《論語·述而》篇“子在齊聞韶”，《漢書·禮樂志》作“子適齊聞招”。案“招、韶”古音必相近。

殖，古讀如“食”。《釋名·釋飲食》云：“食，殖也，所以自生殖也。”以“殖”釋“食”，當取雙聲爲訓。《書·吕刑》“農殖嘉穀”，漢《封龍山頌》云“農實嘉穀”，“食實”今屬牀母三等字，古音均讀近定母。

埴，古讀如“戠”。《書·禹貢》“厥土赤埴墳”，《釋文》：“埴，市力反。鄭作戠。”《釋名·釋地》云：“土黄而細密曰埴。埴，膱也，黏泥如脂之膱也。”案“戠膱”《廣韻》並音之翼切，“埴”與“戠膱”古聲必相近，故《釋名》以“膱”訓“埴”，《禹貢》之“埴”鄭本亦作“戠”也。

① 《漢書·王莽傳》云：“宣視海内。”
② 《史記》指示字《漢書》多作“指視”。
③ 支枝，《廣韻》並章移切。

植，古讀如“膱”。《儀禮·鄉射禮》“五膱，祭半膱”“膱長尺二寸”，膱，今文均作“植”。“植、膱”古聲必相近。今《廣韻》“膱”讀之翼切，“植”讀常職切，一屬照母，一屬禪母。

詶，古讀如“疇”。漢《太尉劉寬碑》云：“詶咨儒林。”“詶咨”即《書·堯典》之“疇咨”。疇，澄母字也。

慎，古與“敦”聲相近。《史記·公孫弘傳》“於是天子察其行，敦厚辯論有餘”，敦厚，《漢書》作“慎厚”。是“敦、慎”聲近。“慎”又讀如“繩”，《詩·下武》“繩其祖武”，《後漢書·祭祀志》劉昭注引謝沈書曰東平王蒼上書引《詩》作“慎其祖武”，繩，狀母三等字，“慎、繩”古音聲母必相近。

署，古讀如“堵”。《史記·田單傳》“願無虜掠吾族家妻妾，令安堵”，“安堵”亦作“案署”，《秦始皇本紀》云：“復道甬道相連，帷帳鍾鼓美人充之，各案署不移徙。”是也。“堵”之作“署”，古音聲近耳。堵，《廣韻》當古切。“署”又與“著”聲近，“表署”即“表著”，《國語·魯語》曰：“署，位之表也。”古書“署”又與“乘”聲近通假，《史記·司馬相如傳》“悉徵靈圉而選之兮，部乘眾神於瑤光”，《漢書》“部乘”作“部署”。案“部署”即選置之意，《楚辭·遠游》云“選署眾神以並轂”，是也。《史記》之作“部乘”，“乘”爲狀母三等字，古音讀近定母。

儺，古與“濁”聲近。《史記·孔子世家》：“孔子遂適衛，主於子路妻兄顏濁鄒家。”顏濁鄒，《孟子·萬章上》作“顏讎由”。案“讎由”即“濁鄒”。“讎、濁”聲近，“由、鄒”韻同。濁，《廣韻》直角切。

鋋，古與“達”聲相近。《釋名·釋兵》云：“鋋，延也，達也，去此至彼之言也。”達，定母字也。

由上觀之，經籍異文中，禪母與定母之關係最密，足證前人所謂禪母古音近於定母之説確鑿有據。然其中亦必有少數字讀如端母者（後世變爲照母），則當分別觀之。至於古音之時代究當以何時爲限，尚難斷制，要指兩漢以上而言[1]。然而同一時間内，其方域不同者，其語音亦未必盡同。不可以一概全，如“逝”古音當讀如“逮”，而《詩·桑柔》“逝不以濯”，《墨子·尚賢》引作“鮮不用濯”，鮮，心母字也，與“逮”音不相應。又“蜀”古音當讀如“蠋”，而漢人呼川蜀之蜀爲“叜”[2]，叜，心母字也，與“蠋”聲亦不近。是音兼有時地之異也。至如上

---

[1]　文中所列例證皆取自魏晉以上之書。

[2]　《後漢書·劉焉傳》：“遣叜兵五千助之。”章懷注：“漢世謂蜀爲叜。”

文所證,第舉其大體而已。學者苟能循此以讀古書通古訓,則其所得必有勝於古人者。蓋訓詁之旨,本於聲音。不知古音,又何能發明古義古訓。考漢魏以前文字形體之應用未盡確定,語音亦流動不一,故同一贍字,或作"儋"(見《禮記·大傳》釋文),或作"詹",或作"澹",其音相近,則其字可通。迨後世文字之聲音形體用各有定,則音有所窒,義有所隔,無容通假矣。今人欲讀古書,必先知古音之條貫,然後始可得其會通,不為拘墟之見。觀夫唐宋以來注家之拘牽形體,墨守韻書之音訓者甚多。清人之小學雖盛,若畢沅之校《呂氏春秋》,以爲澹足之"澹"與澹然無爲之"澹"古音不同,陳奐之爲《毛詩傳疏》,墨守成訓,不敢斷常棣棠棣爲同物,皆不知古音之蔽也。今就禪母所關,摘發一二,其他則不詳舉矣。

1941 年 8 月

唐本《毛詩音》撰人考

　　唐寫本《毛詩音》殘卷（伯3383），藏法國巴黎國家圖書館，爲伯希和自我國敦煌石室劫去者。書法極精美，存《大雅·文王之什·旱麓》篇訖《蕩之什·召旻》篇，凡九十八行。原書殘缺之餘，無著者姓氏，或以爲晉徐邈所作。案徐邈東晉人，其《毛詩音》亡佚已久，惟陸德明《毛詩釋文》存其梗概，今乃有徐氏原書出世，誠爲奇祕矣。然以余考之，此卷絕非徐氏之書，迴無疑義。何以言之？

　　一曰《釋文》引徐音與本書不合，一曰《釋文》引徐音本書不備。

　　《釋文》引徐音與本書不合者，如《詩·靈臺》"王在靈囿"，《釋文》：囿，音又，徐于目反。案殘卷"囿"音于救反，與陸音相合，去徐音甚遠。徐作于目反者，取與"麀鹿攸伏"協韻。又"虡業維樅"，《釋文》：樅，徐七凶反，又音衝，沈又音子容反。案殘卷"樅"音促雙反，與《釋文》所引徐音不合，雙，《廣韻》屬江韻，"凶"則鍾韻字也。又"鼉鼓逢逢"，《釋文》：逢，薄紅反，亦作韸，徐音豐。案殘卷"逢"音蒲工反，與陸氏相合。《釋文》云徐音豐，豐，《廣韻》敷戎切，與蒲工反洪細有別。又《文王有聲》"王后維翰"，《釋文》：翰，戶旦反，徐音寒。案殘卷"翰"音恆案反，恆案與陸音合，讀爲去聲；《釋文》引徐音寒，則作平聲讀，與"維豐之垣"相協，"垣"平聲字也。徐書往往存留古音，此特其一例耳。又《卷阿》"伴奐爾游矣"，《釋文》：伴，音判，徐音畔；奐，音喚，徐音換。案殘卷：伴，毛普半，鄭蒲半；奐，毛呼亂，鄭胡亂。分別毛、鄭，而未嘗專主一家。依《釋文》則徐氏原書必不分毛、鄭，而專主鄭讀，是與殘卷有異。又"爾土宇昄章"，《釋文》：昄，徐符版反。案殘卷作彭板反，"符、彭"類隔。又"萧禄爾康矣"，《釋文》：萧，沈云：毛音弗。徐云：鄭音廢，福也。案殘卷云：萧，毛弗，鄭袚，妃勿反。與《釋文》所引徐音迴不相同，妃勿反入聲，廢去聲也。又《民勞》"汔可小愒"，《釋文》：愒，起例反，息也。徐丘麗反。案殘卷"愒"音卿列反，與《釋文》起例及丘麗二音皆不同，卿列入聲，起例、丘麗皆去聲也。又《板》"多將熇熇"，《釋文》：熇，徐許酷反，沈又許各反。案殘卷"熇"音香約、荒哭二反，香約與沈重音許各反相近（《廣韻》"約"在藥韻，"各"在鐸韻），荒哭與徐邈音許酷反相近（《廣韻》"哭"在屋韻，"酷"在沃韻）。依《釋文》則徐氏原書蓋僅

唐寫本《毛詩音》殘卷（一）

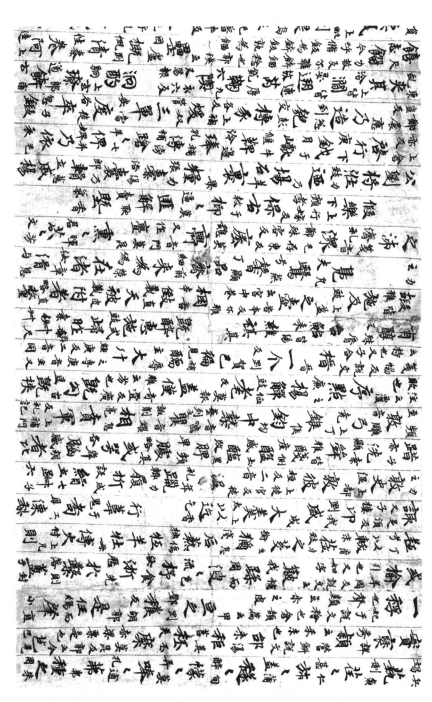

唐寫本《毛詩音》殘卷（二）

唐寫本《毛詩音》殘卷（三）

唐寫本《毛詩音》殘卷（四）

唐寫本《毛詩音》殘卷（五）

出一音，今殘卷兼有徐、沈二讀，是與《釋文》所引徐本不同。又《蕩》"天不湎爾以酒"，《釋文》：湎，面善反，徐莫顯反。案殘卷"湎"音民善反，與《釋文》所引徐音不合。又《抑》"無言不讎"，《釋文》：讎，市由反，徐云：鄭市又反。案殘卷"讎"音市由、市救二反，不分毛、鄭。又《雲漢》"蘊隆蟲蟲"，《釋文》：蟲，直忠反，徐徒冬反。《爾雅》作爞，云熏也。郭又徒冬反。《韓詩》作烔，音徒東反①。案殘卷云：蟲，徒東反，又作爞。與《釋文》所引徐本不同。又"如惔如焚"，《釋文》：惔，音談，徐音炎。案殘卷"惔"音唐甘反，不音炎。又《韓奕》"炰鱉鮮魚"，《釋文》：炰，鄭薄交反，徐甫九反。案殘卷"炰"音彭交反，與鄭讀相同，不作甫九反。又《常武》"闞如虓虎"，《釋文》：闞，呼檻反②，徐火斬反，又火敢反。案殘卷"闞"音孝感反，與陸音、徐音用字均不同，"斬"豏韻字，"敢"敢韻字，"感"則感韻字也③。且《釋文》所引徐書有二音，今殘卷僅出孝感一音而已。以上所舉，皆殘卷與《釋文》所引徐本不合者也。

　　至於《釋文》引徐音而本書不備者，如《詩·旱麓》"以享以祀"，《釋文》：享，許丈反，徐許亮反。案殘卷無享字，與《釋文》所云不合。又《生民》"瓜瓞唪唪"，《釋文》：唪，布孔反，徐又薄孔反。案殘卷"唪"音逋孔反，而無蒲孔一音。又"維穈維芑"，《釋文》：芑，音起，徐又巨已反。案殘卷"芑"音羌已反，與陸音相合，別無巨已一音。又《行葦》"敦弓既堅"，《釋文》：敦，音雕，徐又都雷反。案殘卷云：敦，雕音，丁堯反。無都雷一音。又"黃耇台背"，《釋文》：台，湯來反，徐又音臺。案殘卷"台"僅音湯來反，不音"臺"。又《板》"出話不然"，《釋文》：出，如字，徐尺遂反。案殘卷出字不爲音。又《蕩》"曾是掊克"，《釋文》：掊，蒲侯反，徐又甫垢反。案殘卷"掊"音蒲侯反，與陸音合，無甫垢一音。又《抑》"輯柔爾顏"，《釋文》：輯，徐音集，又七入反。案殘卷不爲輯字作音。又《桑柔》"弗求弗迪"，《釋文》：迪，徐徒歷反。案殘卷無迪字。又《雲漢·序》"百姓見憂，故作是詩也"，《釋文》云：憂，徐於救反。案殘卷不出憂字。又《雲漢》"旱既大甚"，《釋文》：大，音太，徐他佐反，下大甚並同。案殘卷不爲大字作音。又《韓奕》"燕師所完"，《釋文》：燕，於見反，注同，安也。徐云：鄭於顯反。王肅、孫毓並烏賢反，云北燕國。案殘卷不出燕字。又《常武》"徐方繹騷"，《釋文》：騷，如字，徐音蕭。案殘卷不爲騷字作音。又《瞻卬》

---

① 東，通志堂本誤作"冬"。

② 正義作呼減反，非。

③ 殘卷"檻"音下斬反，蓋檻豏爲一韻。《釋文》"檻"音胡覽反，蓋檻敢爲一韻。

“時維婦寺”，《釋文》：寺，徐音侍，亦如字。案殘卷無寺字。以上所舉，皆《釋文》所引徐音而不見於殘卷者也。夫《釋文》自《旱麓》“鳶飛戾天”以迄《召旻》“不云自頻”，所引徐音凡四十三則，其中與殘卷聲韻及體制不合者十六，反切與直音用字不同者九，不見於殘卷者十四，其完全相合者，才四則而已。由是觀之，《釋文》所引徐音，或不見於殘卷，或見於殘卷而音韻又不盡合，則殘卷非徐邈之書，其何疑焉。

此殘卷既非徐氏所作，則可進而推尋其爲何氏之書矣。考《釋文序錄》所舉爲《詩》音者九人：鄭玄、徐邈、蔡氏、孔氏、阮侃、王肅、江惇、干寶、李軌是也。復云：“俗間又有徐爰《詩音》，近吳興沈重亦撰《詩音義》。”今就殘卷所存與《釋文》相勘，陸書所引有王肅、沈重、何胤、徐邈四家，然均與殘卷不符。蔡、孔、阮、江、干、李六家，雖未見稱引，而陸氏既曾寓目，則其音當亦在陸書之中。然殘卷所出之音，與《釋文》不同者多，其反切用字非《釋文》所習用者眾，則此書亦非蔡、孔諸家之作甚明。今從陸氏《釋文》中既不能考其作者，乃不得不求之於《隋書·經籍志》及《舊唐書·經籍志》矣。考《隋志》所著錄爲《詩》音者，有劉芳、魯世達兩家。劉芳，彭城人，仕後魏，卒於宣武帝延昌二年，有《毛詩箋音義證》十卷。魯世達，餘杭人，隋大業元年爲國子助教，有《毛詩並注音》八卷。《舊唐書·經籍志》無劉芳書，僅有魯世達《毛詩音義》二卷。今兩家之書雖皆亡佚，而故書雅記猶有稱引之者。若劉氏之《音義證》雖爲辨識字音之作，實亦兼疏雅訓，與殘卷之僅出字音者不同，如

《文選·東京賦》“林氏之騶虞，擾澤馬與騰黃”，李善注云：“劉芳詩義疏曰：騶虞或作吾。”

《文選·赭白馬賦》題下，李善注云：“劉芳毛詩義證曰：彤白雜毛曰駮，彤，赤也，即赭白也。”

《御覽》卷三五八勒條，劉芳毛詩箋音義證曰：“彎是御者所執者也，不得以彎爲勒。且舊語云馬勒，不云彎。以勒爲彎者，蓋是北人避石勒名也。今南人皆云馬勒，而以鞁爲彎。反覆推之，此爲明證。”

《御覽》卷九四八蜘蛛條，劉芳毛詩義筌曰：“蠨蛸，長崎，音崎嶇之崎。小蜘蛛長腳者，俗呼爲喜子。”

此皆其書不僅言音，且兼疏義訓之證也。夫殘卷與劉芳之書既不同科，則以意推之，此殆即魯世達之書矣。

考世達之治《毛詩》，有名於時。《隋書》卷五十八《許善心傳》云：“大業元

年……奏薦儒者徐文遠爲國子博士,包愷、陸德明、褚徽、魯世達之輩,並加品秩,授爲學官。"《舊唐書》卷一八九《徐文遠傳》且云:"時人稱文遠之《左氏》、褚徽之《禮》、魯達之《詩》、陸德明之《易》,皆爲一時之最。"則其擅名當世,固可知矣。世達《舊唐書》作魯達者,蓋唐人避諱而省爲單名,亦猶徐世勣之名徐勣焉。夫世達之書今雖不傳,而唐人書中尚有稱述之者,如古寫本《文選集注·吳都賦》"榮色雜糅,綢繆緒繡",《音決》引魯達《詩音》"綢"音直留反;又《七啓》"望雲際兮有好仇",《音決》引魯達《詩音》"仇"音逑(逑,原誤作"仇");並是。且由此可知唐代是書頗爲流行,故公孫羅著《文選音決》資爲典據也。至於徐邈《毛詩音》二卷,蓋亡佚已久(見《隋志》),《唐志》且不著目,僅列鄭玄等諸家音十五卷而已。今殘卷雖未題魯達之名,然其既爲唐人寫本,則必爲唐代流行之書無疑。據是,益可證其非徐邈之單書矣。雖然,此固無損於殘卷之可貴也,蓋徐邈之音,原書雖亡,猶存於《釋文》之中,後人已能窺其涯略。魯達之作,則片簡不存,偶於古書中一二見之,學者方恨其少,無以備一家之學,今忽得此逸篇祕籍,豈不彌足珍惜? 正不必强以之爲徐仙民所作,而後始見其可貴也。

余既推斷此殘卷爲魯世達之書矣,或曰:世達既爲隋世碩儒,煬帝時乃與陸德明同時被薦,據《舊唐書·陸德明傳》言,德明又嘗與世達共會門下省駁難,而《釋文》竟未道及世達一字,何也? 意者《釋文》之成書本在德明未入隋之前,德明雖與世達同生南土,同官博士,然因世達之書後出,或先出而未通行,非德明所及見,故《釋文》未能徵引耳。此固不足以其爲德明同時之人所著,《釋文》不曾采録,而辯其非魯世達之書也。

1942 年 6 月 6 日

騫公《楚辭音》之協韻説與楚音

敦煌寫本《楚辭音》殘卷(伯 2494),藏巴黎國家圖書館,王重民定爲隋釋道騫所作。案《隋書·經籍志》云:"《楚辭音》一卷,釋道騫撰。"此殘卷兹字下正有"騫案"云云[①],因知爲騫公之書。往者聞一多先生嘗爲跋,以論殘卷之可貴(見《聞一多全集·古典新義》乙集),而於騫公之身世未及推詳。考道騫之名僅見於《隋志》,佛書史乘雜傳均無記載,豈以其爲雜科者流,故不爲人所重歟?然《日本見在書目》有《楚辭音義》,題釋智騫撰,不云道騫,似有所本。此卷雖有騫名,終不知其爲道騫,抑爲智騫也,王氏第從《隋志》定爲道騫耳。道騫無可考,余頗疑《隋志》之道騫或爲智騫之誤。案智騫見道宣《續高僧傳》卷四十《雜科聲德篇》,附隋東都内慧日道場釋智果傳:

> 時慧日沙門智騫者,江表人也。偏洞字源,精閒通俗,晚以所學,追入道場,白祕書正字讎校著作,言義不通,皆諮騫決。即爲定其今古,出其人世,變體詁訓,明若面焉。每曰:"余字學頗周,而不識字者多矣,無人通決,以爲恨耳。"造《衆經音》及《蒼雅字苑》,宏敍周贍,達者高之。家藏一本,以爲珍璧。晚事導述,變革前綱,既絶文縟,頗程深器。綴本兩卷,陳敍謀猷,學者祕之,故斯文殆絶。京師沙門玄應者,亦以字學之富,皂素所推,通造《經音》,甚有科據矣。

是智騫學識淵博,尤精雅訓,故道宣取與玄應同科。隋世之字學大德,此爲巨擘矣。觀殘卷所出之音義,誠爲"偏洞字源,精閒通俗"者之所爲,如

奄　宜作崦嶮二字,同於炎反。

兹　宜嵫,同咨音……〔《山海經·》〕大荒西經云:"西海陼中有神,人面鳥身,珥兩青虵,踐兩赤虵,名曰弇兹。"騫案:弇兹之神居此山,因以名焉,而加山旁。

澏　苦閣反。王逸曰:"澏,奄也。"案奄並作晻字,於感反。《廣疋》:"晻晻,暗也。"《字詁》云:"亦陪字也。"王逸又詁爲掩,凡作三形也。

---

① 編者注:騫,本文 125 頁作"騫"。

敦煌寫本《楚辭音》殘卷（一）

敦煌寫本《楚辭音》殘卷（二）

敦煌寫本《楚辭音》殘卷（三）

敦煌寫本《楚辭音》殘卷（四）

敦煌寫本《楚辭音》殘卷（五）

敦煌寫本《楚辭音》殘卷（六）

　　貽　又詒,同餘之反。

　　緯　宜作斂,同許韋反。

　　繢　宜作懂,同火麥反。王逸云:"乖戾也。"《廣疋》:"斂懂,乖剌也。"

　　鳩　尤弓反,或雄字也。

　　筳　丈丁反。《淮南子》曰:"柱不可摘齒,筳不可持屋。"許脊曰:"筳,小籈也。"《方言》曰:"筳,管也。"《説文》曰:"維絲管也。"王逸曰:"筳又破竹也。"與許爲叶。《漢書》云:"以筳撞鐘。"文穎曰:"音謂稾筳。"案宜大丁反,謂草莖也,從艸。維管及籈,從竹,音同。

　　篿　之沿、大官二反……案從草非也。

　　珵　除京反……本或作瑶字,非也。郭本止作程字,取同音。

　　蘇　宜作穌,同私胡反。

　　椒　又栜,又茮,同子遥反。

　　糈　依字宜先吕反。《説文》曰:"糈,糧也。"《聲類》曰:"糈,糤也。"案今以祠神米爲糈,音駚吕反。王逸云:"糈,精米,所以享神也。"宜作褐字,駚吕反。《説文》:"祭具也。"見示部。或從貝,《字林》貶字,所音,從貝。

　　矱　宜作矱,又蒦,同紆縛、於虢、居薄三反。《廣疋》曰:"矱,度也。"度,徒各反。《字林》曰:"矱,郭也。"

　　鴂　又鴶,同古惠、古穴、古典三反。

　　亮　宜作諒,諒,信也。同力仗反。

　　蓀　蘇存反。司馬相如賦云"葴蓫若蓀",是也。本或作荃,非也。凡有荃字悉蓀音,而《字詁》:"冀荃,今蓀。"復同,得也。

　　謟　又慆,宜作滔,同他牢反。《書》曰:"象恭滔天,"孔曰:"滔,謾也。"《詩》云:"日月其滔。"毛曰:"滔,過也。"王逸曰:"滔,淫也。"

　　幛　又褘,又緯,同許韋反。

　　聊　了彫反。字從珋,音羊首反。他仿此。

　　麛　又糜,同亡皮反。

　　是所謂宜作某者,皆以《説文》《廣雅》爲宗。於或體通假,尤能明其原委,出其同異,正與骞傳"變體詁訓,明若面焉"一語相合。《見在書目》"楚辭音義"之題名智骞,蓋不誤也。惟殘卷茲下"骞案"之骞,字從鳥,不從馬,是其異耳。案《説文》:"騫,馬腹縶也。"去虔切。"鶱,飛兒。"虚言切。音義有別,後人多不分辨(洪邁《容齋五筆》嘗論之)。智騫又撰《爾雅音決》三卷,《日本見在書目》有之,王應麟《玉海》云:"釋智騫撰《爾雅音義》二卷,景德二年四月丁酉,吳鉉言其多誤,命杜鎬、孫奭詳定。"是宋代猶有其書。又唐慧苑《華嚴經音義》卷四嘗引"騫師方言注"云云,騫師方言注,史志未載,今亦蕩然無存。所謂騫師者,當即智騫。《音義》"風黃淡熱"條云:

> 《文字集略》曰:"淡,謂胸中液也。"騫師注《方言》曰:"淡字又作痰也。"(亦見慧琳書卷三十三。案騫師之《方言注》蓋即《方言音義》之類)

此云"淡字又作痰也",與本卷又某之例相同,二書作者當係一人。然則騫公之學與郭璞之關係殊深,似不容忽視。蓋郭氏所解諸書,彼亦充然有得。《爾雅》《方言》《楚辭》郭氏皆有注,故騫公亦爲音以匹之。惟方外之士,棲心山野,偶有述造,未必行之久遠。而其人其世,惟緇素始能道之。故智騫之書,《隋志》或闕載;其身世,道宣能得其實也。

《隋志》敘錄《楚辭》目下又云:"隋時有釋道騫,善讀之,能爲楚聲,音韻清切,至今傳《楚辭》者,皆祖騫公之音。"此所謂楚聲,即楚俗之言。騫公江表人也,其所以善楚聲者,或曾往來江漢之間,得其仿佛,或嘗從楚人受學,通其音韻。考其遁入禪門,蓋慕智顗之布化,顗固楚人,爲陳隋間天台大師。隋開皇十一年晉王廣曾延至揚州,設千僧會,請授菩薩戒,手度僧徒甚眾[1]。晉王既建慧日道場,盛搜異藝,舉凡慧業超悟、文藻秀發者,莫不預焉。如智脫、智果者流皆被徵召;騫公亦一時之俊彥,故同入慧日,得與智果爲友。智果即師事智顗者[2],當知楚音;騫公與智果同事導述,感契必深。則其能爲楚聲自是易事矣。

然而楚聲究竟如何? 與其他方音有何異同? 騫公之音爲後世所宗者何? 此由殘卷所出之音,略可覷其一二。殘卷注音之字二百八十有奇,見於日本古抄本《文選集注》引公孫羅《文選音決》者尚有四條:

《文選·吳都賦》"岐嶷繼體"	《音決》:"岐,騫音奇,又巨支反。"
《文選·離騷》"願竢時乎吾將刈"	《音決》:"刈,騫上人魚再反。"
又"湯禹嚴而祗敬兮"	《音決》:"嚴,騫上人魚檢反。"(此條見殘卷,云:"嚴,魚儉反。")
《文選·招隱士》"蘋草霏靡"	《音決》:"蘋音頻。案此即《字林》所謂青蘋草者也。蕭、騫等諸音咸以爲蘋音煩非。"

---

① 見唐灌頂《天台智者大師別傳》及《續高僧傳》卷十七顗傳。
② 智果與法論、法琳同學於智顗,見宋志磐《佛祖統紀》卷九。

案蕭即蕭該《文選音》。蘋不音煩,亦見曹憲《博雅音》。

今日所見之騫音盡於此矣。尋繹其音,除協韻外,幾與隋唐間之江都音完全相同(此亦與道宣所云"江表人也"一語相應),如"椉"音時升反(《廣韻》食陵切),"剡"音示檢反(《廣韻》時染切),《廣韻》牀禪二母讀同一類。"在"音詞以反(《廣韻》昨宰切,海韻字,此音同止韻者,協韻也),《廣韻》從邪二母讀同一類,"玆"音咨(《廣韻》玆,子之切。咨,即夷切),"芷"音之視反(《廣韻》諸市切),《廣韻》之脂二韻讀同一類。此並與曹憲《博雅音》、公孫羅《文選音决》相合,是其明證[1]。由此可知騫公之本音,未必爲楚聲。至於"濯"音徒角反(《廣韻》直角切),"長"音徒良反(《廣韻》直良切),"洧"音胡軌反(《廣韻》榮美切),"違"音胡歸反(《廣韻》雨非反),以洪音切細音;"涕"音恥禮反(《廣韻》他禮切),"莫"音亡故反(《廣韻》暮,莫故切),"媒"音亡回反(《廣韻》莫杯切),"沬"音亡蓋反(《廣韻》莫貝切),"懈"音居賣反(《廣韻》古隘切),"覽"音力敢反(《廣韻》盧敢切),以細音切洪音;前代音義之書,每每如此(上舉曹憲、公孫羅之書是例),亦似與楚聲無關。然則楚聲者何?可考者惟殘卷所舉之協韻耳。殘卷注明協韻者,凡七則:

後飛廉使奔屬	屬,協韻作章喻反。
斑陸離其上下	下,協韻作户音。
登閬風而緤馬	馬,協韻作姥(原作嫣)音,亡古反。
周流乎天余乃下	下,協韻作户音。
余焉能忍與此終古	古,協韻作故音。
周流觀乎上下	下,協韻作户音。
歷吉日乎吾將行	行,協胡剛反。

此證之公孫羅《文選音决》,乃知其中必有楚音在。《文選集注·離騷》"周流乎天余乃下"注引《音决》云:"下,楚人音户。"此其確鑿可據者也。同類,"馬"之音姥,當亦是楚聲。進而論之,楚聲與下江之音最不同者,在《廣韻》麻韻字楚人或讀與魚模相近,而下江則否。故《楚辭》中凡以馬韻字與語姥韻字相協者,下江人讀之皆不韻,故騫公取楚音以協之。但句中不韻之字,則仍依本讀。如"下",楚音户。《離騷》"周流乎天余乃下",殘卷云:"下,協韻作户音。"至於"曰勉升降以上下兮",則云"上下依文讀",是"下"音户嫁反矣。以此觀

---

① 見拙著《論〈文選音〉殘卷之作者及其方音》。

之,凡韻字之改讀者,始與楚聲有關。其不韻之字音,反不相涉。故《離騷》之韻字,殘卷不言協韻而取韻爲讀者,或亦有楚音也。如"夕余至乎縣圃","圃"音布;"倚閶闔而望予","予"音與;"求宓妃之所在","在"音詞以反;"又孰能無變化","化"音虎瓜反;此雖不言協韻,《音決》固稱爲協。夫騫公能爲楚聲之讀,其存於音義者,如是而已;而《隋志》所謂後人之傳《楚辭》者皆祖騫公之音,蓋亦指此。然而騫公既善讀之,自異凡響;其聲調之激揚,韻弄之清切,與夫節律之緩急,辭氣之輕重,則薪盡火絶,無由得傳矣。今即以殘卷而論,騫公之讀,當首重協韻。而協韻之方式有二:一曰聲音相協,一曰音調相協。所謂聲音相協者,即音韻不切,轉從方音以取協,如"下"之讀户、"馬"之讀姥,是例。所謂音調相協者,即四聲不和,乃移聲讀之,以求相應,如"古"之讀故、"圃"之讀布,是例。昔劉彦和云:"詩人綜韻,率多清切;楚辭辭楚,故訛韻實繁。"是劉氏已知屈宋之作,雜陳方音,其音多楚,故讀之不協也。然猶不知從楚聲以韻之。及至騫公妙覩此理,善爲楚聲,故風韻所被,士流景慕焉。

　　夫協韻之説,蓋起於梁陳之際。亦由於世人之以時音讀古書,往往鑿枘難合,又不知音有古今之異,故凡今韻不協者,輒以協韻説之。其始,東晉徐邈之音《毛詩》,已取韻爲讀,如《詩》"雖速我訟,亦不女從",徐音反訟爲"才容",因"從"讀平聲,故"訟"亦取平聲以協之。及至梁末,沈重首倡協句之説,如《詩》"之子于歸,遠送于野",沈云:"野,協句宜音時預反。""野"音署,則與下文"泣涕如雨"協矣。爾後協句或曰協韻,如《詩》"窈窕淑女,鐘鼓樂之",陸德明云:"樂,或云:協韻宜五教反。"是也(此上並見《釋文》)。此所謂協句協韻者,皆以爲古今音韻相去不遠,凡今音讀之不協而古人反取以協韻者,乃因古人取韻較寬,或不作本讀,而協作他音耳。然而古人之協韻隨宜變化,毫無準式耶?一時儒素,皆置而不論。及至陳隋之際,江淮間之爲《文選》學者,乃倡古人爲文或取方音爲韻之説以釋之。此見於公孫羅之《文選音決》。騫公之以楚音讀《楚辭》,必與此派有淵源。《文選·離騷》"夕攬洲之宿莽",《音決》云:"莽,協韻亡古反,楚俗言也。凡協韻者:以中國爲本,旁取四方之俗以韻,故謂之協韻。然於其本俗,則是正音,非協也。"又"傷靈脩之數化",《音決》云:"化,協韻呼戈反,楚之南鄙言。"又《招魂》"參目虎首,其身若牛些",《音決》云:"牛,曹合口呼謀(案曹謂曹憲《文選音義》)。齊魯之間言也。《楚辭》用此音者,欲使廣知方俗之言也。"又"湛湛江水兮上有楓,目極千里兮傷春心",《音決》云:"楓,方凡反。心,素含反。案方凡、素含,皆楚本音,非協韻。類皆仿此。而稱協者,以他國之言耳。"此論協韻之義甚明,以爲時人以中華之音讀之不協者,依方音讀之自協。故《文選》中音讀不和者,公孫皆爲協音以通之;且出其方域,以明協韻所本。或曰吳俗言(如"熒"音迴,見《三都賦》集注引,下仿此),或曰蜀俗言(如"葅"在古反,見《三都賦》),或曰秦俗言(如"西"音先,見《三都賦》),或曰楚俗言(如"莽"亡古反,見《離騷》),或曰楚之南鄙言(如"化"呼戈反,見《離騷》),或曰齊魯之俗言(如"牛"合口呼謀,見《招魂》),或曰周晉之俗言(如"槐"音迴,見謝惠連《擣衣》詩),皆以方音説之。公孫羅唐人也,其説楚音必多本之於騫。故唐修《隋志》云:"至今傳《楚辭》者,皆祖騫公之音。"爾後顏師古、李賢注兩漢書,每言合韻叶音,亦源出於此。惟協韻之説終屬一時之權解,且有時而窮。至宋朱晦庵爲《楚辭集注》,推用稍廣,乃有一字數讀,隨處可叶之弊。溯其遠源,固肇自騫公;但騫公原意,本在以方音讀方言文學而已,其識見不爲不高。逮其書佚,其義亡,而後人鮮知其以楚聲説協韻。故晦庵有道騫能爲楚聲之讀,今亦漫不復存,無以考其得失之歎。事同數典忘祖,不知其所注之叶音,即有騫公之楚讀也。此昔人夢寐以求之者,今乃發之於一旦,是聞氏所謂"旦暮之遇"也哉!因於殘卷作者之身世妄有臆測,故申論楚聲與協韻之關係如此;且使學者得知朱注叶音之説,其來尚矣。

1940 年 4 月

論《文選音》殘卷之作者及其方音

　　唐本《文選音》殘卷（伯 2833），法國巴黎國家圖書館所藏，敦煌之故物也。今存《昭明文選》之第二十三卷任彥昇《王文憲集序》之後半以訖第二十五卷干令升《晉紀總論》之前半，凡九十七行。卷中摘字記音，不爲義訓，以故知爲《文選音》。又寫者於“民治”二字均不避諱，惟國字作“圀”，乃武后新定之字，是此本寫於武后之際可知。惜殘闕之餘，首尾不全，無以考見其作者耳。案史志所載，隋唐人之作《選》音者數家，《隋書・經籍志》云：《文選音》三卷，蕭該撰（案《舊唐書・經籍志》《新唐書・藝文志》均云十卷）。《新唐書・藝文志》云：曹憲《文選音》卷亡（《日本國見在書目錄》云十卷）。公孫羅《文選音義》十卷，僧道淹《音義》十卷，許淹《文選音》十卷。日本藤原佐世《見在書目錄》別有李善《文選音義》十卷，又不見史志者也。合之總爲六家。今諸家音均已散佚不存，無以案覈殘篇。但権而爲論，此卷非蕭、曹、公孫、李善之書，則顯然易見。考日本有古抄本《文選集注》一書引《音決》甚多，《見在書目》云：《文選音決》十卷，公孫羅撰。則《音決》即公孫羅之《文選音義》。謂之“音決”者，蓋采摭諸家舊音而審決之也。今金澤文庫所藏《集注》之第九十三、九十四兩卷（全書爲百二十卷），適即《昭明》書之第二十四卷，其中所存《音決》之文，與此殘卷均不相合，則殘卷者非公孫氏之作，固無疑義。王重民《巴黎敦煌殘卷敘録》已先我言之矣，但遂以此爲蕭該之書，猶未盡然。其言曰：

　　　　王子淵《聖主得賢臣頌》“清水淬其鋒”，《集注》引《音決》云：曹七對反，蕭子妹反。曹爲曹憲，蕭爲蕭該。此殘卷作之對、子妹二反與曹憲音不同，又知非曹憲書。李善音間存（於）《選注》，許淹音蓋已無存，而此殘卷所載子妹一音適與《音決》所引蕭該音合，余雖僅得孤證，在未見許淹音以前，無寧假定此殘卷爲蕭該《文選音》也。

余初讀此文，欣然而喜，以爲蕭氏之書猶在人寰。已而案覈殘篇，乃發現此書絕非蕭該所作，王先生之説不可信。觀所舉淬字之音，殘卷爲“之對、子妹二反”，考諸書此字均無“之對”一音，此“之對”者當爲“七對”之譌，蓋寫者不察，乃蒙

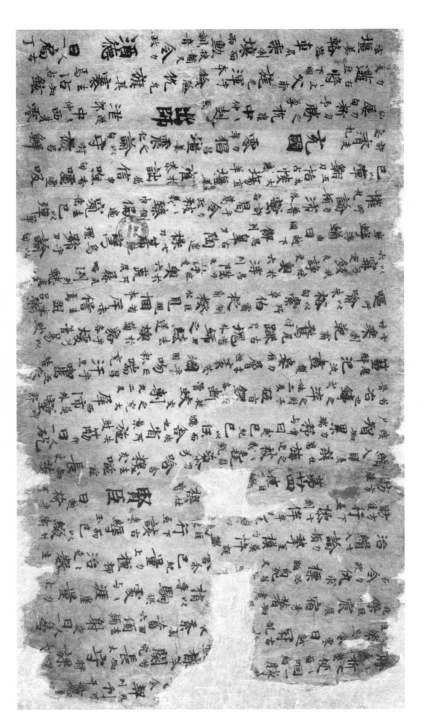

唐寫本《文選音》殘卷（一）

唐寫本《文選音》殘卷（二）

唐寫本《文選音》殘卷（三）

唐寫本《文選音》殘卷（四）

唐寫本《文選音》殘卷（五）

上文鑄字之音“之戌”而誤。至於《音決》云“曹七對反，蕭子妹反”者，乃以“淬”有二音，而蕭、曹各具其一，故萃而録之。今殘卷者兼舉七對、子妹二音，則非蕭、曹之獨具一音者可比；然則其非蕭、曹之書，亦至爲明切矣。不爾，若謂此爲曹憲之書，則憲本蓋無子妹一音，觀《廣雅·釋詁四》“淬寒也”條下，憲亦止有七碎一音可知。若以爲蕭該之作，則《音決》何以止引子妹一反？愚以爲尤不可者，則在王子淵《聖主得賢臣頌》“襲狐貉之煖者”，《集注》引《音決》“煖，奴管反，蕭香遠反”一例。考此殘卷“煖”音乃管反，與《音決》符合；以視蕭音，殊爲不侔。有此確切反證，可知以此爲蕭該之作，終非允洽之論。且《離騷》“路曼曼其修遠兮”，《集注》引《音決》：“曼，音万，蕭武半反。”此殘卷“曼”凡二見，均爲万音，而不作武半反，是與《音決》所引蕭音又不合也。抑猶有可言：殘卷重字三見，均作直工反。案《漢書·揚雄傳上》蕭該《音義》“重”音直龍反，直龍、直工韻殊有別，果此殘卷爲蕭該之書，亦未得與《漢書音義》背戾若是。然則《敘録》之言，豈其然乎？若夫李善之音，其存於《選注》者，亦鮮與殘卷相合，殘卷所出之字，尤與善本歧異，則此書亦非李善之作，又不辯自明矣。

如上所論，此卷既非蕭、曹、公孫之書，究爲何氏之作？今從其體例斷之，篇中有音無義，其許淹之書歟？《舊唐書·曹憲傳》云：

> 曹憲，揚州江都人也……所撰《文選音義》，甚爲當時所重。初，江淮間爲《文選》學者，本之於憲。又有許淹、李善、公孫羅復相繼以《文選》教授，由是其學大興於代。許淹者，潤州句容人也。少出家爲僧，後又還俗。博物洽聞，尤精詁訓，撰《文選音》十卷。（卷一八九上）

觀此乃悉許淹之學與李善、公孫羅者同出於曹憲也。尋究殘卷，凡文中韻字案之今韻不叶者，輒別作叶音以讀之，均與《音決》所論密合。如楊子雲《趙充國頌》“是討是震”，殘卷：震，之仁反。《音決》云：震，叶音真。又“威謀靡亢”，殘卷：亢，音康。《音決》亦云：亢，叶音康。史孝山《出師頌》“功銘鼎鉉”，殘卷：鉉，音玄。《音決》云：鉉，叶韻音玄。又“列壤酬勳”，殘卷云：勳，叶韻又訓音。《音決》云：勳，叶韻許郡反。陸士衡《漢高祖功臣頌》“惟帝攸歎”，殘卷：歎，土干反。《音決》云：歎，叶韻他干反。夏侯孝若《東方朔畫贊》“觸類多能”，殘卷云：能，挾韻乃來反。《音決》云：能，叶韻那來反。袁彦伯《三國名臣序贊》“苟非命世，孰掃雰雺”，殘卷：雺，莫貢反。《音決》云：陽，音蒙，叶韻，宜音夢[1]。是也。若此者其偶然歟，抑師承相同而然歟？是不得而知者矣。然而置此不論，

---

[1] 善注云：武功切，今協韻音夢。

第即殘卷所記之音考之,其音類則太半與曹憲、公孫羅二家之音相合。何以明其然也? 請分論之。

殘卷中字音與《廣韻》之韻類不合者,則有:

平

《文選音》殘卷	《廣韻》
雍 於恭(賢臣、出師兩見)	於容(鍾)
喁 魚恭(美新)	魚容(鍾)
絺 丑之(賢臣)	丑飢(脂)
台 夷(典引)	與之(之)
臻 側巾(賢臣)	側詵(臻)
詵 所巾(三國)	所臻(臻)
榛 仕巾(功臣)	側詵(臻)
鰥 古還(典引)	古頑(山)
皤 步何(功臣)	薄波(戈)
伴 牟(功臣)	莫浮(尤)
繆 牟音又靡由反(功臣、三國兩見)	莫浮(尤)
蓼 牟(典引)	莫浮(尤)
虯 求(三國)	渠幽(幽)
參 七甘(賢臣)各本字作驂	倉含(覃)
參 七甘(功臣、三國兩見)	倉含(覃)
湛 多甘(美新)	丁含(覃)
函 乎甘(美新)	胡男(覃)
炎 矣三(典引)	于廉(鹽)
恬 大占(賢臣)(美新恬大兼)	徒兼(添)

上

《文選音》	《廣韻》
狶 許紀(功臣)	虛豈(尾)
幾 紀(封禪)	居狶(尾)
憛 大感(賢臣)	徒敢(敢)

去

《文選音》	《廣韻》
喜 許既(封禪)	熹許記(志)
毅 五記(三國、典引兩見)	魚既(未)
(毅) 五既(三國)	
(沛) 普外(賢臣)	普蓋(泰)
(沛) 布艾(功臣)	博蓋(泰)
沛 布代(三國兩見,美新一見)	
斾 步代(功臣)	蒲蓋(泰)
塊 苦外(賢臣)	苦對(隊)
豐 許靳(美新)	許覲(震)
諍 莊更(賢臣)	側迸(靜)

入

《文選音》	《廣韻》
迄 許乙(美新)	許訖(迄)
歇 許勿(美新)	許竭(月)
刮 古八(美新)	古頒(鎋)
契 思列(王文憲集序)	先結(屑)
偰 思列(賢臣)	先結(屑)
楔 息列(典引)	先結(屑)
磧 仕白(三國、典引兩見)	士革(麥)
坼 土革(美新)	丑格(陌)
鵲 續(三國)	罵音積(昔)
躡 女牒(美新)	尼輒(葉)

其與《廣韻》聲類不合者,則有:

《文選音》	《廣韻》	《文選音》	《廣韻》
秵 常與(賢臣)	神與(牀三)	毳 昌鋭(賢臣)	楚稅(穿二)

《文選音》	《廣韻》	《文選音》	《廣韻》
縊以蒸(典引)	於賜(影)	蹷古月(功臣)	居月(見三)
俙呼皆(封禪)	俙喜皆(曉三)	毅五既(三國)	魚既(疑三)
壑呼郭(功臣)	呵各(曉三)	孿力丸(封禪)	落官(來一)
嶁力侯(賢臣)	落侯(來一)	軨力丁(美新)	郎丁(來一)
零力年(充國)	落賢(來一)	鸞力丸(美新)	落官(來一)
零力天(出師)	落賢(來一)	倫力頓(賢臣)	盧困(來一)
醪力刀(酒德)	魯刀(來一)	稜力恆(功臣)	魯登(來一)
蠡力果(酒德)	郎果(來一)	賂力故(三國)	洛故(來一)
齡力丁(三國)	郎丁(來一)	挙力角(典引)	吕角(來一)
漂疋遥(美新)	撫招(敷)		

　　綜觀以上所列,論韻:則有"雍喁"二字均以恭字爲切。恭,《切韻》本在冬韻,此以"恭"切鍾韻字,是恭字與容字同爲一類也。又"絺"音丑之,"台"爲夷音,"狶"音許紀,"幾"爲紀音,"喜"音許既,"毅"音五記,是脂之與微韻之牙音開口字合而爲一也[1]。又"臻詵榛"《廣韻》同爲臻韻字,殘卷此三字均以巾字爲切,"巾"爲真韻字,是臻與真無別也[2]。又"釁",《廣韻》在震韻,此音許靳反,"靳"爲焮韻字,是真欣又無別也(舉平以賅上去)。鰥,《廣韻》入山韻,此音古還反,"還"爲删韻字,是"鰥"與"頑"同爲删韻之合口字也(《切韻》"鰥"本在删韻)。又"皤"音步何反,案《廣韻》"何"在歌韻,"皤"在戈韻,此音步何反,是以開口字切脣音合口字也(《切韻》歌戈開合未分爲兩韻)。又"繆"音牟,又麋由反,《廣韻》"牟"在尤韻,音莫浮切,與麋由之音相同;此牟音與麋由反並列,是二者韻不同類。以前代舊音考之,蓋"牟繆"均爲侯韻字也。又"虬"爲求音,"求"本爲尤韻字,是尤幽不分也。又"參"音七甘,"湛"音多甘,"函"音乎甘,"憾"音大感,是覃談一韻也。又反"恬"爲大占,"占"本鹽韻字,是鹽添無別也。又"沛"音布代,"旆"音步代,"塊"音苦外,是泰韻之開合口與代隊不分也。又"諍"音莊更,"更"爲耿韻字,是耕韻與庚韻二等字同爲一類也(舉平以賅上去)。又有"迄"音許乙,"刮"音古八,"契"音思列,"偰"音息列,"賾"音仕白,"圻"音土革,"鶒"爲績音,"躡"音女牒,是質迄、黠鎋、屑薛、陌麥、昔錫、葉怗合

---

[1]　故宮所藏裴務齊本《刊謬補缺切韻》微韻牙音開口字與之韻亦相通。

[2]　吕靜《韻集》,陽休之、杜臺卿《韻略》並同。

而不分也。論聲：則有"秄"音常與反，"常"本禪母字，是乘禪不分也[1]。又"蹶"音古月，"毅"音五既，"俙"音呼皆，"娄"音力侯，"漂"音疋遥，是反語中聲類一、三等字互用不分也。

　　然反觀曹憲、公孫二家之音，亦莫不如是。今曹憲《文選音義》雖亡，而《博雅音》具在，可資參驗；公孫之書，逸而不傳，《集注》撮引其說，梗概猶存。即此而按覈之，則如：

	博雅音	廣韻	音決	廣韻
以恭字切鍾韻字	龏力恭（王念孫校本卷四）	力鍾（鍾）	重直恭反（見褚淵碑文）	直容（鍾）
	喁五恭（卷五）	魚容（鍾）		
	饔於恭（卷八）	於容（鍾）		
	毦而恭（卷八）			
	銎去恭（卷八）	曲恭（鍾）		
	磫足恭（卷八）	即容（鍾）		
	鰫魚恭（卷十）	魚容（鍾）		
脂之微	諸時（卷二）	處脂（脂）	祇音之（離騷、褚淵碑文）	旨夷（脂）
	仳鼻之（卷二）	房脂（脂）	（祇）章夷反（永明九年策秀才文）	
	胵齒之（卷八）	處脂（脂）	砥音之（招魂）	旨夷（脂）
	貳女吏（卷五）	而至（至）	坁音持（謝玄暉和王著作八公山詩）	直尼（脂）
	屎敕吏，又音絺（卷五）	丑利（至）	肌疑居反（東武吟）	居夷（脂）
	屎敕利（卷八）		茨在茲反（聖主得賢臣頌）	疾資（脂）
	台夷（卷二）	與之（之）	兕音似（招魂）	徐姊（旨）
	葘阻師（卷五）	側持（之）	遟音值（謝靈運南樓中望所遲客詩）	直利（至）
	熹晞（卷三）	許其（之）	膩女吏反（招魂）	女利（至）
	歖許記（卷三）	許既（之）	洎音忌或爲暨同（漢高祖功臣頌）	其冀（至）
			圮音夷（修張良廟教）	與之（之）
			餌音二（招魂、七啟）	仍吏（志）
			珥音二（王元長三月三日曲水詩序）	仍吏（志）
			思先自反（王景玄雜詩及沈休文應王中丞思遠詠月詩等篇）	相吏（志）
			思音四（七啟）	相吏（志）

---

[1]　倫敦博物館所藏敦煌唐寫本《歸三十字母例》禪母舉"乘常神諶"四字爲例，乘禪亦不分。

	博雅音	廣韻	音決	廣韻
脂之微			笥音四(謝惠連擣衣詩)	相吏(志)
			惎其器反(漢高祖功臣頌)	渠記(志)
真臻欣	詵史巾(卷二)	所臻(臻)	臻側詵反(七啟)	側詵(臻)
	砏普斤(卷四)	普巾(真)	榛仕巾反(漢高祖功臣頌) 士巾反(七啟)	側詵(臻)
	誾魚斤(卷五)	語巾(真)	詵所巾反或爲莘同(三國名臣序贊)	所臻(臻)
	訔魚斤(卷五)	語巾(真)	莘所巾反或爲侁同(招魂)	所臻(臻)
	憖魚靳(卷二)	魚覲(震)	憖魚靳反(陳仲弓碑文)	魚覲(震)
			釁許靳反(陸士衡答賈長淵 詩、任彥昇奏彈劉整)	許覲(震)
			靳古覲反(漢高祖功臣頌)	居焮(掀)
			(近)其靳反(嵇叔夜與 山巨源絕交書)	巨靳(焮)
鰥字			頑五鰥反(七啟)	
歌戈	嶓布何(卷八) 步何	薄波(戈)		
侔謬二字			侔莫侯反(漢高祖功臣頌招魂)	莫浮(尤)
			繆莫侯反(三國名臣序贊)	莫浮(尤)
			繆亡侯反(七啟)	吳浮(尤)
尤幽	彪必鄒(卷三)	甫烋(幽)	繆亡又反(繆熙伯挽歌)	靡幼(幼)
	怮於柳(卷五) 於流	於蚪切(幽) 於糾切(黝)	猶以幼反(離騷) 又如字	余救(宥)
	黝於糾(卷七) 於久 有黝似有別		謬亡又反(與山巨源絕交書)	靡幼(幼)
覃談	啽烏甘(卷五)	烏含(覃)		
	鏨作甘(卷七)	作含(覃)		
	簪載甘(卷八)	作含(覃)		
	憾乎淡(卷四)	胡紺(勘)		
鹽添	鮎女霑(卷二)	奴兼(添)		
	溓廉(卷二)	勒兼(添)		
清青			馨許征反(七啟)	呼刑(青)
庚耕			莖戶庚反(江文通雜體 詩、王侍中懷德)	戶耕(耕)
			耿古杏反(求自試表)	古幸(耿)
泰代隊	(沛)浦會(卷一)	普蓋(泰)	佩步外反(離騷)	蒲昧(隊)
	沛盃妹(卷九)	博蓋(泰)		

	博雅音	廣韻	音決	廣韻
質櫛迄	仡魚乙(卷二)	魚迄(迄)	櫛側乙反(四子講德論)	阻瑟(櫛)
	頜居乙(卷三)	居乙(迄)		
	气去乞(卷三)	去訖(迄)		
	疙居乙魚乙(卷三)	魚迄(迄)		
	仡魚乙(卷五)	魚迄(迄)		
	圪五乙(卷五)	魚迄(迄)		
黠鎋	刮古滑(卷二)	古頒(鎋)		
	刷所滑(卷八)	數刮(鎋)		
屑薛	㜎篇悦又普列(卷二)	普蔑(屑)	契思列反(漢高祖功臣頌)	先結(屑)
陌麥	怕片麥(卷五)	普伯(陌)	擿竹革(陶淵明讀山海經詩)	陟革(麥)
			擿丁格(江文通雜體詩、陳思王贈友)	
			擿知革(郭景純游仙詩)	
葉怗	疊徒葉(卷二)	徒協(怗)		
乘襌	貰世又常夜(卷五)	神夜(乘)	贖時燭反(陳仲弓碑文)	神蜀(乘)
	抒侍與(卷二)	神與(乘)	射時夜反(東方朔畫贊)	神夜(乘)
	柔常與(卷十)	神與(乘)	射市亦反(苦熱行)	食亦(乘)
			抒時與反(聖主得賢臣頌、修張良廟教)	神與(乘)
			乘時證反(出師頌、東方朔畫贊)	實證(乘)
見一見三			蹶古月反(漢高祖功臣頌)	居月(見三)
疑一疑三			鍔魚各反(聖主得賢臣頌)	五各(疑一)
			齮魚結反(聖主得賢臣頌)	五結(疑一)
曉一曉三	欨呼虞(卷五)	況于(曉三)		
	憰許兮(卷六)	呼雞(曉一)		
來一來三	嫽力高(卷五)	魯刀(來一)	婁力侯反(聖主得賢臣頌)	落侯(來一)
	籠力公(卷八)	盧紅(來一)	零力田反(出師頌)	落賢(來一)
			稜力登反(漢高祖功臣頌)	魯登(來一)
			寮力彫反(東方朔畫贊)	落蕭(來一)
明微	眊亡到反(卷六)	莫報(明一)	謨亡胡反(漢高祖功臣頌)	莫胡(明)
			螟亡丁反(酒德頌)	莫經(明)
			溟亡丁反(三國名臣序贊)	莫經(明)

　　凡此均與殘卷之音契然無閒,詎非異事①! 案《兩唐書》言曹憲、公孫羅均江都人也,許淹者句容人也,江都、句容相去未遠,故語音亦自相近。吾所以謂此殘本《文選音》蓋許淹之書者以此。

　　至如卷中"重"音直工(《功臣》《三國》《東方》《典引》四見),"炎"音矣三(見《典引》。《廣韻》于廉切),則東鍾談添一、三等相亂;"僚"音力交(見《東方》。《廣韻》落蕭切),則肴蕭洪細無別;"歇"音許勿(見《美新》。《廣韻》許竭切),則月物開合相泪;"毳"音昌銳(見《賢臣》。《廣韻》楚稅切),則穿二、穿三無異;"縊"音以豉(見《典引》。《廣韻》於賜切),則影喻清濁不分(《廣韻》縊,於賜切)。如此之儔,並與《廣韻》有異,是否原制如是,抑寫者之更張,皆莫能詳(但卷中實有誤字,余別有校本)。唯曹憲《博雅音》卷二"澰"音落感反,卷三"傑"音巨工反(《廣韻》渠容切。王念孫校作巨恭反),是以一等字切三等字之例也;公孫《音決》"毳"音充芮反(見《聖主得賢臣頌》),或昌芮反(見顏延年《三日曲水詩序》),是穿二、穿三辨析未精者也。事有同類,亦有故焉。原書音之作,每與韻書不同:若《切韻》者流,乃論南北是非古今通塞者也;音義之作,則取便誦習,爲童蒙而設,其方音殊語自與韻書不契。惟其如是,前代之實際語音始託之以傳,後人夷考其實,亦捨此末由矣。

　　然而茲卷之可貴,非止可以考校隋唐之舊音已也,蓋篇中之字關乎《選》學者尤重。考唐代之精於《文選》學者,有李善、公孫羅、陸善經、五臣諸家。公孫、善經之注雖湮滅已久,而《集注》存其遺緒。千載之下,微言舊義,已有可徵②。綜覈四家之書,文字已多歧異;推尋殘卷,復與衆本有別;是唐代《文選》傳本,得此而爲五矣。若論文字,則與今本李善五臣之書相違者竟達七十餘事。其中有與陸善經本合者,如《聖主得賢臣頌》"有游觀廣覽之知","知"作"智";《酒德頌》"奮髯踑踞","踑"作"箕"(《晉書·劉伶傳》同);《漢高祖功臣頌》"韶護錯音","護"作"濩";是也。亦有與公孫《音決》合者,如《聖主得賢臣頌》"離疏釋蹻而享膏粱","蹻"作"屩";"恬淡無爲之場","淡"作"惔";《出師頌》"路車乘黃","路"作"輅";《漢高祖功臣頌》"飛名帝録","録"作"籙";是也。

---

① 曹憲、公孫二家之音,韻類中支與脂之微多相通。又蕭宵爲一類,删山開口爲一類,元先仙爲一類,祭霽廢爲一類。聲母中從邪爲一類,泥娘爲一類等,此殘卷所存字音未見其例。

② 公孫之注,《唐志》凡爲六十卷;《日本國見在書目録》公孫羅《文選鈔》六十九卷,《集注》每引"鈔曰"云云,蓋即公孫羅之書也。善經之書,史志均未著録,惟《玉海》卷五十六謂陸氏嘗於開元二十年與王智明、李元成同修《文選》未就。今古本《集注》引其書者,抑後日獨修之本歟。

其均不合者,則率爲音義相同之字,第字體形聲稍有省易而已,如蜉蝣之"蝣"作"蛕",稷契之"契"作"偰",謙遜之"遜"作"愻",湮没之"湮"作"堙",韞韣之"韣"作"韥",是其例矣。若乃《三國名臣序贊》"初九龍盤","盤"之作"蟠"(《方言》十二"未升天龍謂之蟠龍"),《劇秦美新》"俾前聖之緒布濩流衍而不韞韣","衍"之作"延"(音以戰反,此與《史記·司馬相如傳·封禪文》之"曼衍"殘卷"衍"作"羨",音以戰反同),雖音同字異,而義實不悖。至於字同而音異者,則涇渭不同,朱紫宜分。乃如《封禪文》"軌迹夷易",易循也,夷易字音亦(案夷易者,平易也。善注云:二易並盈豉切);《劇秦美新》"專用己之私",己字音以;乖繆爲甚,實不可從(蓋寫者之誤)。又《漢高祖功臣頌》"曲逆宏達",六臣本舊音:曲,區句反;逆,音遇。殘卷"曲"音區主反,"逆"音五恭反。是並以曲逆爲曲遇矣。曲逆縣在中山(見《漢書·地理志》),曲遇聚在中牟(見《後漢書·郡國志》)。《史記·曹相國世家》"西擊秦將楊熊軍於曲遇",司馬貞索隱

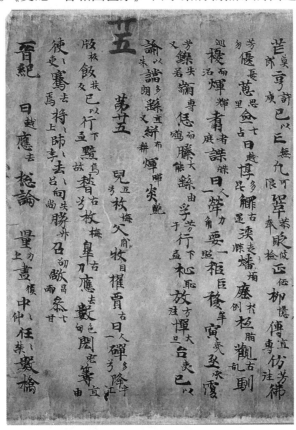

唐寫本《文選音》殘卷(六)

云:"遇,牛凶反。"《漢書·曹參傳》顏師古注云:"遇,音顒。"但漢高之封陳平,本爲中山國之曲逆,《漢書·地理志》云:"曲逆……莽曰順平。"張晏注:"濡水於城北曲而西流,故曰曲逆。章帝醜其名,改曰蒲陰。"據此則曲逆當如字讀(見程大昌《演繁露》、梁章鉅《文選旁證》),其音遇、音五恭反者,誠爲不典也。惟《封禪文》"匪唯偏我,氾布護之","氾"舊音似。案《漢書·司馬相如傳》顏注:"氾,普也。布護,言徧布也。氾音敷劍反。"此殘卷"氾"音芳劍反,意正相得。是又可正舊音之失者已。若夫《酒德頌》"豁爾而醒","醒"作"醒",音呈;《漢高祖功臣頌》"電擊壤東"(壤東見《史記·曹相國世家》),"壤"作"穰",音而羊反;《東方朔畫贊》"清濁效響","響"作"嚮",音向;《三國名臣序贊》"神氣恬然","恬"作"怡",音以之反;《封禪文》"迥闊泳沫","沫"作"沫",音末(當作沫音末,此與上文"邇陜游原"爲對文);《劇秦美新》"專用己之私而能享祐者哉","祐"作"祜",音户;"炎光飛響","炎"作"焱",音必昭反(李善曰:炎光,日景也);《典引》"微胡瑣而不頤","頤"作"蹟",音仕革反[1];"鋪聞遺策","遺"作"匱",音具位反;則字以形近而譌,寫者不審,復從而改作字音,揆諸文義,均有未安。觀唐人寫本古籍,固時有曠世未聞之祕,然亦時陳淺略,令人疑昧。博雅君子幸明辨焉。

1939 年 4 月

---

① 義既背戾,且失其韻。

校讀玄應《一切經音義》後記

　　玄應《一切經音義》，道宣序題名爲“大唐衆經音義”，《大唐内典録》同。據慧立《大慈恩寺三藏法師傳》卷六，玄應原爲長安大總持寺沙門，貞觀十九年從玄奘在弘福寺譯經，二十二年又隨玄奘居於大慈恩寺，所以卷首題爲“大慈恩寺翻經沙門”。

　　玄應事蹟不詳。道宣《大唐内典録》卷五説：“應博學字書，統通林苑，周涉古今，括究儒釋。昔高齊沙門釋道慧爲《一切經音》，不顯名目，但明字類，及至臨機，搜訪多惑。應憤斯事，遂作此音，徵覈本據，務存實録。即萬代之師宗，亦當朝之難偶也。恨敍綴才了，未及覆疏，遂從物故。惜哉！”道宣《内典録》撰於高宗麟德元年（664），玄應之卒當在麟德以前（已詳陳援庵先生《中國佛教史籍概論》）。考玄應書卷二十四爲《阿毗達磨俱舍論音義》，卷二十五爲《阿毗達磨順正理論音義》，據智昇《開元釋教録》卷八所記，這些都是玄奘在永徽五年（654）七月於慈恩寺譯成的，而顯慶以後玄奘所譯諸經不見於《音義》，由此可知《音義》成於永徽末年（655）。道宣説“敍綴才了，未及覆疏，遂從物故”，則玄應不卒於永徽末，即卒於顯慶初。

　　玄應所音經律論共四百四十三部，全書凡二十五卷，一直保存在釋藏内，宋、元、明藏迭有傳刻，不過釋教以外的人很少注意到。清乾隆年間學者發現其中所引古書極多，有不少書是亡佚已久的，所以校勘家、小學家都視爲至寶，爭相采録，與陸德明《經典釋文》、李善《文選注》並重。至乾隆五十一年（1786）武進莊炘據西安大興善寺明南藏本重雕，才開始有單印本。後來道光二十五年（1845）番禺潘仕成又翻刻莊本，收入《海山仙館叢書》，同治八年（1869）杭州曹籀又再據莊本覆刻。單行本既多，學者得之甚易，不必再旁求釋藏了。

　　不過，莊刻本據陳援庵先生考證原出於明南藏本，莊氏和錢坫、孫星衍等人雖略有校正，但仍多錯字。1937 年在南京得見臧庸用宋藏手校本，才知道莊刻須要重加校訂。後以宋磧砂藏本對校，改正錯字甚多。可惜所校原書在抗戰期間失落，可能已毀於戰火。爲便於應用，不得不再事校讎。今莊刻本已難得，海山仙館本和曹刻本都有誤字，而海山仙館本錯誤尤多。姑舉海山仙館本卷一幾條爲例：

四葉下寮觀條云：“《蒼頡篇》寮，小突也。”突，磧砂藏本、曹本均作“空”。

六葉下怙恬條云：“古文怖同，時止反。下胡右反。”怖，磧砂藏本、曹本均作怖。胡右反，曹本同，磧砂藏本作胡古反不誤。

九葉下兩閼條云：“辟去也，理也。”去，曹本同，磧砂藏本作“法”。

十二葉下摩伽羅魚條云：“《風土記》云：海中有鯨魚，長數千里，穴處海底，出則潮上。出入有時，故有上下。”出則潮上，曹本作“出則潮下，入則潮上”，磧砂藏本“出”誤作“步”，餘同曹本。此作“出則潮上”四字有誤。

十三葉上援助條云：“于脊反。”磧砂藏本、曹本均作于眷反不誤。

十三葉下婆條云：“直知反。”案“婆”不得有直知反一音。磧砂藏本“婆”下有跼字，直知反正爲跼字音。曹本亦脫跼字。

十四葉上櫨榰條云：“來都反，下滿麥反。”滿麥反，曹本同，磧砂藏本作蒲麥反是也。

十五葉上确盡條云：“若角反。”若角反，曹本同，磧砂藏本作苦角反不誤。

十六葉下仳必條云：“匹親反。”磧砂藏本作匹視反。曹本“視”亦誤作“親”。

十七葉下掌柱條云：“敕掌、恥孟二反。今謂邪柱爲庚也。”磧砂本作敕庚、恥孟二反。今謂邪柱爲掌也。曹本亦誤。

二十三葉上蜱犁條云：“父犁反。”磧砂本作父黎反是也。曹本不誤。

由此可見曹籀本尚優於海山仙館本。海山仙館本不僅有誤字，而且卷一第十一葉與第十二葉誤倒，即《大方廣佛華嚴經》第五十四卷至第五十八卷音義當爲第十一葉，《大方等大集經》第一卷至第八卷音義當爲第十二葉，前後方能銜接。

曹本因襲莊刻，原有錯字都没能校改，幸有宋磧砂藏本可以比勘。磧砂藏爲蘇州陳湖延聖院所刊，經始於南宋理宗紹定四年，至元武宗至大二年畢功。1935年上海影印宋板藏經會據西安開元、臥龍兩寺藏本影印。磧砂藏中《玄應音義》每卷一語一行，莊刻本則改爲上下連寫。莊氏所據藏本與磧砂本最近，而略有不同。如卷一目錄前磧砂本有“大乘經單本”五字，莊本闕。磧砂本卷一《大集日藏分經》第四卷“姦宄”條下“左傳在内曰姦，在外曰宄。又云亂在内曰宄”，莊本“左傳”二字作“三蒼”。同卷磧砂本《大威德陀羅尼經》第一卷“瞋眼”條下“説文目不相聽也”，莊本“聽”作“視”。磧砂本卷七《佛説阿惟越致

敦煌寫本玄應《一切經音義》殘卷

遮經》下卷“焗煮”條“説文以火乾肉曰脩”，莊本“肉”作“物”。磧砂本卷十七《出曜論》第一卷“呬嗽”條“通俗文含吸曰欶之也”，莊本無“之也”二字。全書中同類的例子還不少。磧砂本刊刻時代早，固勝於莊刻，但其中錯字仍然很多，須與莊刻對校。

唐代佛經傳寫極盛，玄應書一定也流布很廣。斯坦因和伯希和從敦煌劫去的唐本古書中就有《玄應音義》寫本殘卷兩種：

(1)斯坦因 3538 號，存《玄應音義》卷七《等集衆德三昧經》上卷末至《勝思惟梵天所問經》第六卷一部分，共二十餘行。有界欄。每卷一語一行，上下直書，不分大小字。文字與磧砂藏本略有不同，如磧砂藏本“勞來”下云“經文作賜賚之賚”，唐本無“之賚”二字；“邀迭”下云“又作徼繳二形同”，唐本作“又作徼同”；“戰頎”下云“下又作疢同，尤救反”，唐本作有富反。玄應這幾種經音義，《慧琳音義》收在卷三十，除“戰頎”一條外，其餘與此殘本相同。“戰頎”慧琳作“戰痱”，下云“下音又，蒼頡篇云痟痱歐傷也。惠琳謹案經意波旬愁悴，皮膚變黑，如人被歐内傷，其狀如是，玄應言非。又書顀頎，乖經義也。痱音之也”。蒼頡篇云云，此殘本無，或爲慧琳所加。

(2)伯希和 3734 號，存《玄應音義》卷十六《優婆塞五戒威儀經》至《戒消災經》，共二十九行。行款格式與前一種相同。文字與磧砂藏本也略有差異，如磧砂藏本“三括”條下云“古奪反。括，結束也，括猶索縛之也”，此下唐本有“此字應誤，宜作揺，以招反，揺動也”共十三字，慧琳卷六十四所收玄應音相同。又磧砂藏本“若鏟”條下云“廣雅籤謂之鏟”，不見唐本，日本大治三年(1128)古抄本同，而《慧琳音義》卷六十四與磧砂藏本無異。

這兩種殘卷保存的部分雖然不多，但由此可知磧砂藏本和唐本頗有不同，而《慧琳音義》所録與兩殘卷相近。

另外，日本遺有兩種古抄本：一種是奈良正倉院聖語藏的卷子本《一切經音義》，存卷四、卷十七至卷二十二，共七卷，又有卷六一部分殘卷。大體都是唐五代期間的寫本。一種是東京博物館所藏大治三年的寫本，缺卷三至卷八。大治三年當宋高宗建炎二年。此本書注與《新撰字鏡》寫本相同，卷二十一末有覺嚴的署名，與《字鏡》卷五末所署覺嚴當同爲一人。這兩種寫本文字與磧砂本差異較多。聖語藏本不僅文字與磧砂藏本不同，而且文句也往往少於磧砂藏本。舉卷四《菩薩見實三昧經》第二卷兩條爲例：

磧砂藏

門樞　齒榆反。爾雅樞謂之椳。郭璞曰門户郭璞(二字衍)扉樞也。廣雅樞本也。樞機制也。椳音五迴反。

璫渠　都唐反。釋名云穿耳施珠曰璫。埤蒼珠曰璫，充耳也。渠耳渠也。西國王等多用金銀作之，著耳匡中，用以莊飾。經中有作璩，巨於反，玉名也。

聖語藏

門樞　齒榆反。門曰也。謂户扉樞也。廣雅樞本也。樞制動轉之主。

璫渠　都唐反。釋名云穿耳施珠曰璫。埤蒼璫充耳也，渠耳渠也。西國王等多用金銀作之，著耳匡中，用以裝飾也。

這兩種本子差別較大，可能來源不同。大治寫本時代較後，卷首有全書二十五卷目録，經律論共四百四十三部，但末題"大合三百九十一部"，與總數差五十二。其中音義文句也往往少於磧砂藏本，但文字可以改正磧砂藏本的很多。

1932 年日本學者山田孝雄曾經彙集聖語藏本和大治寫本編印在一起，而以大治本爲主，所缺各卷則用高麗藏本補足。他確定玄應書宋元明藏本爲一系統，大治本和麗藏本爲一系統，所以他用麗藏而不用宋藏。大治本與上述第二種唐寫本殘卷(即《玄應音義》卷十六)大都一致，足證大治本來源很古，這是校玄應書極其重要的材料。

麗藏本源出於遼藏，刻工極精，所以錯字較少。最值得注意的是卷五中有二十一種經的音義是宋元明藏本所没有的。據日本大治寫本卷首目録，第五卷《等目菩薩所問經》和《密迹金剛力士經》之間原有《超日明三昧經》至《温室洗浴衆僧經》四十二種經，這四十二種經，宋元明藏本卷五無目，而且也没有音義，麗藏本則保存其中二十一種。山田孝雄因大治寫本闕第五卷，所以就補入麗藏本，雖不足四十二之數，但是在藏本中已經是絶無僅有的了。

《慧琳音義》中兼收《玄應音義》，大治寫本所列的四十二種經有十七種見於慧琳書，其中有九種爲麗藏本所無，但麗藏本所有的二十一種經的音義内又有十三種不爲慧琳所收，麗藏與慧琳書兩相補益，可得三十種。今就大治本所列名目分別注明如下：

《超日明三昧經》上下卷(見麗藏，又見慧琳書卷三十四)

《菩薩訶色欲經》(見慧琳書卷七十五)

《月上女經》上卷(見麗藏，又見慧琳書卷四十四)

《人本欲生經》（闕）

《中陰經》上下卷（見麗藏，又見慧琳書卷四十四）

《不必定入印經》（闕）

《須彌藏經》上下卷（見麗藏）

《魔逆經》（闕。慧琳書卷四十四另有音）

《佛華嚴入如來境界經》下卷（見麗藏）

《濟諸方等學經》（見慧琳書卷三十）

《諸佛要集經》上卷（見麗藏，又見慧琳書卷三十二）

《菩薩行五十緣身經》（闕）

《文殊師利佛土嚴淨經》上下卷（見麗藏，又見慧琳書卷十六）

《彌勒菩薩所問本願經》（闕）

《濡首菩薩無上清淨分衞經》上下卷（見麗藏）

《堅固女經》（闕。慧琳書卷四十四另有音）

《大乘同性經》上下卷（見麗藏）

《演道俗經》（見慧琳書卷三十四）

《阿閦佛國經》上卷（見麗藏。慧琳書卷十六有上下兩卷，目録雖題爲玄應，而内容與麗藏本全不同，當爲慧琳自作）

《寶網經》（見慧琳書卷三十二）

《蓮華面經》下卷（見麗藏）

《百佛名經》（見慧琳書卷三十四）

《迦葉經》上卷（見麗藏）

《觀無量壽經》（闕）

《孔雀王神呪經》上下卷（見麗藏，又見慧琳書卷三十七）

《不空羂索經》（見慧琳書卷三十九）

《發覺淨心經》下卷（見麗藏）

《觀藥王藥上二菩薩經》（闕）

《無上依經》下卷（見麗藏）

《請龍觀音經》（闕）

《移識經》上下卷（見麗藏）

《十一面觀世音經》（見慧琳書卷四十）

《未曾有經》上下卷（見麗藏）

《觀世音菩薩授記經》(闕)

《不思議功德經》下卷(見麗藏,又見慧琳書卷四十三)

《鹿母經》(闕。慧琳書卷四十四另有音)

《大吉義呪經》上下卷(見麗藏)

《鹿子經》(闕。慧琳書卷四十四另有音)

《菩薩夢經》上卷(見麗藏)

《除恐災橫經》(見慧琳書卷三十四)

《文殊問經》上下卷(見麗藏,又見慧琳書卷四十四)

《温室洗浴衆僧經》(見慧琳書卷三十四)

由此可見麗藏本保存玄應原書多於宋元明藏。可惜麗藏原本流傳甚少,他日有暇,當取日本所印縮刷藏本詳校。

《玄應音義》卷五高麗藏本《等目菩薩所問經》下卷後有以下諸經音義:

《超日明三昧經》上卷

懾伏　聲類作儑同止葉齒葉二反説文心服曰懾廣雅懾懼也

綏恤　私唯反爾雅綏安也恤□也

恢弘　又作紘同苦迴反字林恢大也

纖介　家菴反周易悔吝者在乎介韓康伯曰介纖介也劉瓛曰介微也

譎詭　又作憰同公穴反下又作恑同居毀反方言自關而東西或謂詐爲譎恑譎恑亦奇怪也

浮譁　呼瓜反譁譁也蒼頡篇譁言語譊譊也

不挍　古効反挍報也論語犯而不挍是也

五兵　周禮司兵掌五兵鄭玄曰五兵者戈殳戟矛無夷也步卒五兵則無无夷而有弓矢也左傳子惡出五甲五兵

消殄　古文作殄同於計反爾雅殄死也殄煞也亦盡也

弘綽　又作繛同昌若反説文綽緩也綽亦寬也

下卷

淖情　女卓反三蒼昌若反又音徒歷反淖約好皃也

分賦　方句反賦布也爾雅賦班也謂班布與之也

綢繆　直流反下亡侯反詩傳曰綢繆纏綿也

寇害　口候反説文寇暴也廣雅寇抄也尚書寇賊姦宄范甯集解云寇群行攻剽者也字從完從攴剽音匹妙反

躊躇　腸留反下腸誅反廣雅躊躇猶豫也亦躑躅也

貙者　恥俱反似狸而大爾雅今貙虎大於狗文如狸博物志云貙大能化爲虎

苑囿　于救反三蒼養牛馬林木曰苑字林有垣曰苑無垣曰囿囿亦禁苑也

謙沖　説文作盅同除隆反字書沖虚也亦中也

屢聽　力句反爾雅屢亟也數也亟音祛記反

啙量　又作劣同子移反啙亦量也思也説文思稱意也

蹉跌　千何反下徒結反蹉跎也失躡曰跌跌差也

未孚　字體作孵同芳務反禮云无孵往鄭玄注孵疾也廣雅孵行也

一鍼　聲類今作針同支諶反廣雅鍼刺也所以縫衣者也

《月上女經》上卷

脅嚇　方言作赫同呼隔反謂以威力恐人也

呵歠　火曷反廣雅歠怒也廣蒼云歠訶也經文作喝乙芥反嘶喝也

雀垛　徒果反謂城上女牆也經文作墮落之墮非體也

寮窗　力彫反蒼頡篇寮空也亦穿也

藻梲　又作棁同之悦反爾雅其上楹謂之梲注云侏儒柱也蒼頡篇梲檽也

《中陰經》上卷

瘊天　烏合反譯云有光壽天經中有作阿波天同一名也謂二禪初天少光天也

須滯天　除制反道行經作須豐天音徒計丁計二反又作須廝天音帝樓炭經
　　　　作須嘶天音帝皆梵言譌轉也此譯云善觀天即善見天也

瘡疣　字體作肬籀文作默同有流反通俗文體目曰肬經文作痏音位理反蒼
　　　　頡篇痏歐傷也

斗藪　又竺擻同蘇走反方言斗擻舉也周成難字斗擻縠縶也音都縠反下蘇
　　　　縠反經文作抖揀二形音同極(?)策並非字體

下卷

擲線　字詁古文線今作綫同私賤反所以縫紩者也

劍刎　古文歾同亡粉反通俗文自刻曰刎

《須彌藏經》上卷

疕榴 脂履反下由制反　　憩多 去例反　　婢諶 市針反

耶娜 乃可反　　　　　帝弭 彌是反　　迷踦 居蟻反

下卷

輸拒 俱禹反　　安廌 徒賣反　　牟(?)芩 渠金反　　囉諵 奴咸反　　遮鱗 竹皆反

椑伽補弘反　漩梨囚絹反　迦嚂力蹔反

瓂豆　布迷反廣雅瓂豆蹭豆也經文作蜱非也

《佛華嚴入如來不思議境界經》下卷

沙詑　勑嫁反經中或作阿迦尼吒天是也

池濼　匹各反濼陂也山東名爲濼幽州呼爲淀徒見反經文作泊非體也

《諸佛要集經》上卷

墟聚　去餘反廣雅墟居也人之所居曰墟也

嘲囈　又作啁同竹交反蒼頡篇嘲調也下牛世反囈言也

《文殊師利佛土嚴淨經》上卷

相棠　借音丈庚反字宜作樘敞根敞四形同丈衡反謂相觸也

恬惔　徒兼反方言恬静也下宜作淡徒濫反淡安也謂安静也經文從心作惔徒甘反憂心如惔惔憂也惔非此用

億垓　古文作豥奒二形今作姟同古才反數名也風俗通曰十億曰兆十兆曰經十經曰姟姟猶大數也

拜謁　於歇反爾雅謁請也亦白也告也

侜張　陟留反爾雅侜張誑也經文作侏之儒反侏儒短人也

塵埃　烏來反蒼頡篇埃風揚塵也

下卷

交趺　又作跗同府于反三蒼跗足上也謂交足而坐也經文從足作跤非也

至湊　且豆反廣雅湊㝡也湊競進也

景則　羈影反詩云介爾景福傳曰景大也則法也

《濡首菩薩無上清淨分衛經》上卷

底泓　一宏反説文下深大也廣雅泓泓深也

吹嗷　又作謷警二形同古弔反嗷唤也呼也亦鳴也

螫虿　書亦呼各二反説文虫行毒也

躇步　腸於反説文躊躇猶豫也躑躅也

錠燭　殿定二音聲類云有足曰錠無足曰鐙

鹿聚　古文䝣䫀二形今作聚同才句反廣雅聚居也謂人所聚居村邑者也

揪鋤　又作薅揪二形籀文作蓐或作茠同呼豪反説文除田草曰茠經文作蓐茆非也

下卷

慷慨　正作忼慨同口莽反下苦代反忼慨大息也亦士不得志者也

喟然　又作叴同口愧口怪二反三蒼喟歎息也歎聲也

華孚　或作荂説文或作芌同芳俱詡俱二反方言華荂盛也齊楚之間或謂之
　　　華或謂之荂

玓瓅　丁歷反下字書作皪同力的反説文瓅玓明珠色經文作的非體也

暠然　又作杲同古倒反埠蒼白皃也亦明也灼然明白者也經文作曷音古螢
　　　反非也

岐嶷　巨宜反下語棘反詩傳云岐知意也嶷識別也音能匍匐則岐岐然意有
　　　所知也其貌嶷然有所別識也亦言六十歲也經文作奇非體也

《大乘同性經》上卷

瀄然　其錦反寒戰極也經文從心作懍非也

崖隴　力冢反説文天水大坂也

下卷

垂眊　人志反以毛羽爲眊飾若今刀鞘也纖毛曰眊

弓把　百雅反單手爲把説文把握也持也經文作扼近字也

《阿閦佛國經》上卷

提洹竭佛　此譯云錠光又云然燈佛是也

珠璣　居衣反説文珠之不圓者也字書云一曰小珠也

堊之　烏各反白土也亦名白墡也廣雅堊塗也

罷極　今作疲同被羈反廣雅疲猶倦也亦勞也

《蓮華面經》下卷

摩侯事 几反　姤利 奇乙反

《迦葉經》上卷

一㿠　又作盞琖醆三形同側限反方言盞杯也

《孔雀王神呪經》上卷

娑婢 力含反	黳離 烏奚反	祕擔 蒲蓑反	架梨 古我反	賕婆 徒感反	多鱣 知連反
蝤蝥 才尤莫侯反	躓利 知利反	覃婢 徒南反	叟婢 蘇走反	密渧 都麗反	鵋哲 烏諫反
慍摩 於雲反	母芺 所感反	剡埠 以染反	毗荞 測俱反	粖婆 蘇感反	颺哿 以章反
苾頭 步結反	箍醯鏃 祖太反	傖士 行反中州人也		蘱恃 音類	刎闍 无粉反
謌羅 古河反	曝翅 蒲木反	輿翅 居虞許力二反			

下卷

血膋　又作膫同力彫反字書膋脂膏也謂腸間脂也今中國言脂江南言膋

腓腨　扶非反字林脛腨也説文腓腨腸也下蒲米反股外也

癲癇　又作瘨同都賢反廣雅瘨狂風病也下核間反聲類小兒癇也

頷車　公答反方言頷頜也亦云輔車謂頤頜也

腹䯊　又作骱骴二形同口亞反埤蒼腰骨也江南呼髀骨上接腰者曰骱

那姥莫鴉反鴉迂遇反　　湇多所班反　　波跸平患反　　鯨龍巨迎反　　白鷺力故反

天芊土尒反　　　　　塈羅烏奚反　　浡地蒲波反　　蘊摩於粉反

疽癩　且餘反説文久癰也下力蓋反字亦作癘惡疾也

瘻瘤　於井反字林頸瘤也下力洲反説文瘤腫也瘜肉也

羅湜是力反　　蚨螋渠周求俱二反下所俱反　　生藤徒登反　　蔼沙乙例一害二反

博聳私勇反

《發覺淨心經》下卷

莖稈　又作秆同古旱反稈槀也廣雅稻穰謂之稈

籠罩　古文羉篧荮三形今作罩同陟校反捕魚籠也

篝　音捉

財購　古候反説文以財有所求也廣雅購償也

《無上依經》下卷

無胲　按字義宜作解胡賣反解謂縫解也

委佗　又作逶蟡二形同於危反下又作迻同達何反詩云委委佗佗德之美皃也傳曰委佗者行可委曲迹也亦自得之皃也宂邪也

《移識經》上卷

新胹　又作栭同乃困反字苑胹柔脆也通俗文栭再生也經文作嫩近字也

火浣布　周書西域獻火浣布汙則燒之則潔

妖冶　於驕反下以者反周易冶容誨淫劉瓛曰冶妖冶也謂恣態之皃也

早遜　蘇寸反字林愻順也亦謙恭也今作遜

鞋韈　又作鞵同胡皆反下古文作韤今作韈又作䩧䩡二形同無發反足衣也經文從巾作幭音亡別反帊幞也幭非此用

腰䯊　口亞反埤蒼腰骨也經文作跨胳二形非字體也

肪册　府房反下先安反通俗文在腰曰肪在胃曰册廣雅册脂肪也

騗騎　匹面反謂躍上馬也今俗謂不躡隥上馬爲騗

下卷

　　咼戾　口蛙反下力結反謂不正也經文作䋽帛也䋽非字體䋽音力計反亦綠
　　　　色也

　　斑駁　又作辯同補顏反蒼頡篇斑文皃雜色爲斑也

　　頿鬚　又作髭同子移反說文口之須者也字從須

　　豌豆　烏丸反豆名也經文作荳於月反或作宛並非也

《未曾有經》上卷

　　無恙　以尚反爾雅恙憂也孫炎曰恙病之憂也按易傳云上古草居露宿恙噬
　　　　蟲也善食人心凡相勞問無恙乎復因以爲病也

　　頑嚚　吳鰥反下魚巾反廣雅頑鈍也蒼頡篇嚚惡也左傳心不則德義之經爲
　　　　頑口不道忠信之言爲嚚

　　簡閱　又作閱(?)同餘說反說文簡閱也亦校閱也小爾雅撰閱是也

　　乍得　士嫁反廣雅乍蹔也蒼頡篇乍兩詞也

　　慌慌　呼廣反慌忽眼亂也亦迷惑也

下卷

　　先喫　口迹反謂喫噉食飲也經文作㗱非也

　　沛然　普賴反三蒼沛水波流也亦大也經文作霈近字也

《不思議功德經》下卷

　　離臂　字或作臂卑避反

　　懼咤　陟嫁反

《大吉義呪經》上卷

　　鼻吟_{烏禮反}　埋羅_{於仁反}　荼黔_{奇炎反龍名也}　簁尼_{於六反}　橙締_{知利反下徒計反}

　　苫婆_{式鹽反}　摩啅_{勅角反}　佛褅_{徒帝反}　咮羅_{齒朱反}　啁利_{陟交反}

下卷

　　跋羅　又作趀同墟跛致渠支二反跋登也履也

　　崟鼻　魚掩反通俗文騫緩也經文從山作嵃非也

　　聸耳　丁藍反說文耳垂也經文作耽都合反耳大也

　　删地_{所奸反}　珊地_{桑干反}　嘯地_{洛干反}　羅儃_{蒲戒反}　譚髀_{徒南反下蒲米反}

　　渒梨_{普計反}　嗘泥_{呵郅之逸反}

《菩薩夢經》上卷

　　樺皮　胡霸反木名也可以飾弓者也

《文殊問經》上卷

多罤_{彌氏反}　炮字_{父交反}　攞字_{力可反}

下卷

底舸_{古我反山名律主居之}　荔山_{而證而莖二反又作芀律主居之}

舟航　又作杭同何唐反方言自關而東或謂舟爲航航渡也濟渡之舟也

罾網　子恆反罾網之總名也樹四植束水以掛網曰罾

跨上　苦霸反跨蹗也字林跨渡也

犉牛　疾津反字略云牛名也

波柂_{太何反}

（下接《密迹金剛力士經音義》）

吳棫的古韻學

六朝人不知古今音有同有異,遇到古詩中以時音讀之不合的都歸之於"叶音"或"協韻",其説自晉徐邈、梁沈重始。徐邈作《毛詩音》,首先改韻取協,後來沈重作《毛詩集注》也有改音以協句的説法,皆見陸德明《經典釋文》,於是唐宋人讀古代韻文也往往言"合韻"或"叶音"。然而他們都是隨文論音的,不曾作出有系統的説明。直至南宋初吳棫作《毛詩叶韻補音》及《韻補》,才將《毛詩》及古代韻文的叶音作一番整理的工夫。

吳棫,閩人,《韻補》前自題"武夷吳棫"。《四庫全書》"韻補"題要云:

> 棫字才老,武夷徐蒇爲是書序,稱與蒇本同里,而其祖後家同安。王明清《揮麈三録》則以爲舒州人,疑明清誤也。宣和六年第進士,召試館職,不就。紹興中爲太常丞,以爲孟仁仲草表忤秦檜;出爲泉州通判以終。

光緒九年徐幹刊《韻補》,跋云:

> 按蒇與才老同里,序又謂其祖後家同安,而宋王明清《揮麈三録》謂是舒州人,或遂疑明清之誤。考《宋史·地理志》福建路泉州有同安縣,宜致後人之疑。而舒州有同安監,亦見《宋史·食貨志》,才老上世蓋自武夷遷舒之同安耳。《揮麈録》初不誤。

據此,才老的籍貫,或曰閩人,或曰皖人,可能是有的就他的先世來説的,有的是就他本人的里貫來説的,所以有不同。光緒《安徽通志·儒林傳》列吳棫爲舒州同安人。同安即今之潛山。然道光《福建通志》卷一八七《人物·儒林傳》則列吳棫爲建州建安縣人。建安即今之建甌。傳云:

> 棫字才老,舉進士,召試館職,不就。紹興間始除太常寺丞。十二年夏四月朔遣孟忠厚爲迎護梓妻禮儀史,忠厚請禮官偕行,乃命棫往。棫妻忠厚女弟也,棫以貧,故依忠厚以居。忠厚使還,移守紹興府。會以郊赦加恩,令棫爲表,中有"本無時才,出爲世用"語,秦檜以爲譏己;諷言者論忠厚表詞輕侮,詔令分析。忠厚惶恐,上疏自明,赦不問。已而檜物色,知棫

所代,遂罷之。逾年添差通判泉州。泉人傳自得聞棫博通古學,日從之游,往復辨質,序其《論語十説》行於世。棫長髯豐頰,進士閒眼,中和温厚之氣睟然見於面目,學者皆以君子儒稱之。所著《補音》《韻補》諸書,朱子謂近代訓釋之學惟才老及洪慶善爲優云。

此於才老事蹟敍述甚詳,稱其爲建安人,且注云"《建炎以來繫年要録》作舒州人非是"。文當本於舊志。

吳氏《毛詩叶韻補音》十卷,今亡。《福建通志》卷七十六經籍類略載其序曰:

> 《詩》音舊有九家,唐陸德明以己見定爲一家之學,《釋文》是也。所補之音,皆陸氏未叶者;已叶者悉從陸氏。

陳振孫《直齋書録解題》云:

> 其説以爲《詩》韻無不叶者,如"來"之爲"釐"、"慶"之爲"羌"、"馬"之爲"姥"之類。《詩》音舊有九家,唐陸德明始定爲《釋文》,《燕燕》以"南"韻"心",沈重讀"南"作尼心切,德明則謂古人韻緩,不煩改字。《揚之水》以"沃"韻"樂",徐邈讀"沃"鬱縛切,德明亦所不載。顔氏《糾謬正俗》以傅毅《郊祀賦》"穰"作而成切,張衡《東京賦》"激"作吉躍切。今之所作,大略仿此。其援據精博,信而有徵,朱晦庵注《楚辭》亦用棫例,皆叶其韻。

陳氏所説,當即本於吳棫自序。由此看來,《叶韻補音》是補陸氏《釋文》叶音不足的。凡《詩》中以今音讀之不叶的都以叶韻通之,推廣而到全詩,隨韻取叶,無不可讀。其中自不免有臆度之辭,然將前人所説《毛詩》叶音的例子彙集在一起來講明《詩》韻,在當時也正是一種有意義的工作。所以朱晦庵作《詩集傳》,在韻讀上也就采用了吳棫的説法。現在《毛詩叶韻補音》雖亡,我們還可以從《詩集傳》中去考索。

至於《韻補》,凡五卷,則非專爲《詩》作。他取《易》《詩》《書》以下至北宋歐、蘇的文集五十種書以考查古人用韻與韻書分韻不同的地方。凡《集韻》所未載的,都分條列出。其中所收例證極多,可惜漫無友紀,所以《四庫提要》大肆攻擊,以爲"顛倒錯亂,皆亙古所無之臆説"。然而宋人專門討論古音的書流傳下來的不多,這部書仍然值得我們注意。

吳才老由許多例證中看出古人用韻甚寬,韻書相去稍遠的部分,在古代詩

文中往往通用;於是他歸納出一個粗疏的類別來。舉平聲為例:

東		哈	古轉聲通支	蕭		尤	
冬	古通東	真		宵	古通蕭	侯	古通尤
鍾	古通東	諄	古通真	肴	古通蕭	幽	古通尤
江	古通陽 或轉入東	臻	古通真	豪	古通蕭	侵	古通真
支		文	古轉聲通真	歌		覃	古通刪
脂	古通支	殷	古通真	戈	古通歌	談	古通覃
之	古通支	元	古轉聲通真	麻	古轉聲通歌	鹽	古通先
微	古通支	魂	古轉聲通真	陽		沾	古通鹽
魚		痕	古通真	唐	古通陽	咸	古通刪
虞	古通魚	寒	古轉聲通先	庚	古通真或轉入陽	銜	古通刪
模	古通魚	桓	古轉聲通先	耕	古通真或轉入陽	嚴	古通先
齊	古通支	刪	古轉聲通先	清	古通真或轉入陽	凡	古通嚴
佳	古轉聲通支	山	古轉聲通先	青	古通真		
皆	古轉聲通支	先		蒸	古通真		
灰	古通支	仙	古通先	登	古通真		

此所謂"古通某",有時僅僅一部分字如此,或偶見一二,吳氏統稱為通用,未免不合。其中所謂"古轉聲通某",情形雖與上相同,而吳氏認為今音兩類相去稍遠,故曰"轉聲通某"。如佳皆哈與支相通,麻與歌戈相通,並稱轉聲即是。顧炎武《韻補正》云:"轉聲者,改此之聲以就彼之韻,如才老所注佳為堅奚切,來為陵之切之類是也。"此語亦不盡確。

吳氏此書雜舉古人叶韻中的特例,以為《毛詩叶韻補音》之羽翼,它的長處,端在薈萃許多的材料,藉此尋求古音的現象,這正是明清人研究古韻之先聲;它的短處,在於不曾劃分時代,缺乏謹嚴的整理方法,所以不為後人所重視。事實上陳第、顧炎武所用的方法也都如此,不過後者格外精密而已。且《韻補》所定字之古音,有直至段玉裁、江有誥所不廢的,如"裘"音渠之切、"牛"音魚其切、"家"音攻乎切、"淵"音一均切、"儀"音牛何切、"慶"音墟羊切等,皆是。這種開創之功,是不能抹殺的。

同時與吳棫同里的徐蕆,也頗知聲韻。他在《韻補序》上說:"音韻之正,本諸字之諧聲,有不可易者,如'霾'為亡皆切,而當為陵之切者,由其以貍得聲。'浼'為每罪切,而當為美辨切者,由其以免得聲。'有'為云九切,而'賄痏洧鮪'皆以有得聲,則當爲羽軌切矣。'皮'爲蒲糜切,而'波坡頗跛'皆以皮得聲,則當爲蒲禾切矣。"這也是清人從諧聲以分辨古音的濫觴,一定是曾與吳才老相與討論而得的。雖非才老所自道,恐怕當他擬訂古音的時候,也曾以此爲根據。

如此看來,吳棫之講叶音固淵源有自,而由詩文的用韻以推求古韻的系統,在歷史上是別開生面的。清人雖卑視宋人的著作,實際還是受到宋學之啓發。吳棫的書在古韻學史上是承前啓後的著作,《四庫提要》痛加詆毀是不對的。

1945 年

《詩經》韻字表

凡　例

一、此表爲便於理解《詩經》韻部而作。韻部排列次序如下:

1 之部	2 職部
3 幽部	4 覺部
5 宵部	6 藥部
7 侯部	8 屋部
9 魚部	10 鐸部
11 歌部	
12 支部	13 錫部
14 脂部	15 質部
16 微部	17 物部
18 祭部	19 月部
	20 緝部
	21 盍部
22 談部	
23 侵部	
24 蒸部	
25 冬部	
26 東部	
27 陽部	
28 耕部	
29 真部	
30 文部	
31 元部	

陰聲韻和陽聲韻以各部間聲音遠近爲序,入聲韻分別與有關的陰聲韻相承。緝盍兩部沒有陰聲可承,而與質物月三部相關(段玉裁《答江晉三論韻書》

已指出,見《經韻樓集》),所以列於月部之後。陽聲韻本可以和有關的陰聲韻、入聲韻相連排列,如以之職蒸、幽覺冬爲序,但爲便於尋檢,互相比較,所以單獨列出,不與相關的陰聲韻、入聲韻比次爲一組。

二、本表以分部撮録《詩經》韻字爲主,各部在《詩經》韻字之前先列出屬於本部的諧聲字的聲旁和單獨没有諧聲關係的一些字,以便記憶。這一部分與清人所作的《説文》諧聲譜不完全相同。一方面,表内有些《説文》中的諧聲聲旁和古字或體没有收入;另一方面,《説文》中所説某字從某聲或從某省聲與古文字不合的,表内没有完全依照《説文》。這只能做爲瞭解古韻分部的一個諧聲聲旁的綱目,要瞭解《説文》諧聲字的系統,還要看清人的《説文》諧聲譜。

三、諧聲字的歸部是參酌諧聲的系統和《詩經》的押韻來定的。前人所作的諧聲表以及《説文》諧聲譜中有些字的歸部並不一致。表内各部所列諧聲聲旁參考段玉裁《六書音均表》、王念孫《説文諧聲譜》、江有誥《諧聲表》、張惠言《説文諧聲譜》、丁履恆《形聲類編》等書而定。諸家異同,不煩一一列舉,遇有必要,略加附注説明。

四、《詩經》韻字以夏炘《詩古韻表二十二部集説》和王念孫《古韻譜》所舉爲據。同一部的字則依照《廣韻》歸韻的異同分別列出。清人有些論古韻的書只言某部包括《廣韻》某韻某韻,或言某韻之半、某韻三之一,學者是不易理解的。現在這樣做,學者根據這個韻字表參照各部所列的諧聲聲旁,既可瞭解《詩》韻一部之内大體所包都是《廣韻》哪幾韻的字,這些字都是什麼字,而且可以比較《詩》音與《廣韻》音的異同,進而考查古韻的讀音。

五、諧聲聲旁中有些是古字,爲便於認識,都參考《廣韻》注出現代讀音。表内陰聲韻中有些韻字的聲旁不在本部,而在相承的入聲韻内,入聲韻中也有些韻字的聲旁不在本部,而在相承的陰聲韻内,學者宜前後比看。

六、《詩經》字音有聲調的差別是很清楚的,可是每個字的音調並不與後代韻書完全相合。從《詩經》的押韻看,可以瞭解一些情況,如《詩》中"慶"字只與平聲字相押,"舊"字只與上聲字相押,而韻書都歸入去聲。這些似乎可以根據《詩經》的押韻來定其屬類。可是《詩》三百篇中有些字的押韻並不一致,那麼,就很難定其調類。現在僅依《廣韻》四聲分寫,意在便於瞭解和比較。前人所考有比較可信的,也參酌采納。如韻書歸上去,而《詩》音歸平;韻書歸去,而《詩》音歸上,就在字下分別注一"平"字或"上"字,以示區別。這些注大體本於江有誥《唐韻四聲正》,學者可以與《詩經》和江書覆按,不另加説明。

1 之　部

諧聲聲符

來	才(在弋 zāi)	巛 zāi(甾 zī)	臺	采	㠯以 yǐ(矣台枲能)
宰	梓	絲	里(貍)	思	其(欺)	臣 yí
𠂔	而	之(寺時待)	市	事	兹	辭
司	疑	己(忌)	止(齒)	巳	士	耳
史(吏)	喜	子	某	母(每)	負	婦
龜	久	郵	牛	友	丘	舊
裘	又(右有尤)	不(丕否)	啚 bǐ	意	異	佩
再	䚋 bèi(備)	亥	乃	音 pǒu	戒	灰

附注：(1)裘字舊字從段玉裁《六書音均表》列入本部。王念孫《説文諧聲譜》入
　　幽部。
　　(2)乃聲兼入蒸部。
　　(3)音字《集韻》厚韻音普後切。倍字從此。音聲兼入侯部。

《詩經》韻字

哈海代(部分)
　　來萊臺哉偲才能鼒　　　海宰殆怠采在倍改　　　載
灰賄隊(部分)
　　梅媒腜鋂　　　　　　悔　　　　　　　　　　佩誨晦痗背
皆駭怪(部分)
　　霾　　　　　　　　　　　　　　　　　　　　戒
之止志
　　之飴時塒疑思絲期　　　止沚趾恃喜紀以己茞似　　識寺試字異貽
　　淇騏詩僛姬其基箕　　　耔祀汜史使耳里李鯉裏　　事忌熾饎
　　貍熙治蚩兹　　　　　起芑杞屺士仕俟涘子梓
　　　　　　　　　　　　籽齒矣薿恥祉
尤有宥(部分)
　　尤訧郵牛丘裘紑謀　　　有右友久玖婦負　　　　又侑囿疚富舊上
侯厚候(部分)
　　　　　　　　　　　　母畝

脂旨至(部分)

龜駓伾　　　　　否秠洧鮪　　　　　備

附:軫韻　敏

2 職　部

諧聲聲符

息	弋(式)	亟jí	力(勒防)	戠zhì	食	飤sì
畐bì	直	悳dé	棘	匿	北	則(賊)
仄	革	或(彧國)	嗇	色	黑	矢
畟cè	克	麥	塞	敕	伏	服
牧	茍jí	得	陟	皕bì	翼	圣kù
戛						

附注:(1)圣,《説文》讀若兔鹿窟,《廣韻》入没韻,音苦骨切。從段玉裁、江有誥
列於本部。

(2)戛字兼收質部。

《詩經》韻字

德

德得則忒慝克特黑賊塞北偪國

職

職織直力敕飭食息識飾式奭極億色穡棘襋亟弋翼稷螣域緎淢側熾

屋(部分)

服輻福牧彧伏菖匐

麥(部分)

麥緘革

3 幽　部

諧聲聲符

州	求	流	休	舟	九(尻)	憂
汓qiū(游)	攸(條修)	秋	周	幽	劉	丩(收)
酉(猶)	囚	雔chóu	由	孚	牟	矛(楙柔)
蒐	曹	皋	勹bāo(包匋)	牢	髟biāo	㫗chóu(壽)

翏 liù(膠)	舀 yǎo	卯(貿)	丣 yǒu(留摺)	酉	缶	手
守	首(道)	肘	丑(狃)	帚	阜	牡
受	叟(嫂)	韭	早	草	老	丂 kǎo
好	爪	叉 zhǎo(蚤)	㳮 bǎo	保	棗	討
鳥	咎(晷)	篍	冒	牖	臭 xiù	秀
罶 xiù	就	幼	臼	褎 xiù	段 jiù	戉
孝	奧	報	告(造)	昊	彪	
麀 yōu	埽	馗	逵	肅		

附注:奧告肅等聲兼收入聲覺部。肅字韻書只有入聲一讀。

《詩經》韻字

豪晧号(部分)

　　牢謷橐慆慆騷　　　　　　　昊晧老道稻埽禱擣草慅　　　蹈冒報好

　　袍陶綯翿曹漕　　　　　　　蚤棗阜造好寶保鴇考栲

蕭篠嘯(部分)

　　蕭瀟條聊蜩調儵　　　　　　鳥蓼　　　　　　　　　　　歗

肴巧效(部分)

　　膠茅包苞匏炮吚*恔*　　　　飽卯茆昴　　　　　　　　　孝

宵小笑(部分)

　　茭椒

幽黝幼

　　幽　　　　　　　　　　　　糾

尤有宥

　　憂優流旒劉秋由悠滺游猶　　柳罶懰杻狃朽韭首手醜齅　　救究狩臭秀繡褎售

　　酉逎脩抽妯瘳周洲舟鰌醹　　阜缶舅咎誘莠栖受壽酒

　　柔蹂收鳩搜休囚裯求綠獻

　　球銶逑仇浮罩矛輈俅

侯厚候(部分)

　　裒　　　　　　　　　　　　叟牡　　　　　　　　　　　戊茂

脂旨(部分)

　　逵　　　　　　　　　　　　軌簋

　　附:虞韻　孚

*吚恔二字從奴聲,奴在魚部。《詩經》押韻吚恔二字似歸本部,疑未敢定,附

記於此。

4　覺　部

諧聲聲符

六	坴 lù	肅	朮(叔戚)	畜	祝	匊 jú(鞠)
竹(筑)	复(復)	肉	育	佤 sù(宿)夙		逐
目	廖 mù	孰	奧	臼 jú	學	覺
粥	昱 yù	毒	告			

《詩經》韻字

沃(部分)

　毒篤告鵠

覺(部分)

　覺

屋(部分)

　腹復覆六陸軸菿匊菊鞠淑俶育祝菽畜愐蹙懊奧蔥肅夙宿穋穆

錫(部分)

　戚迪

5　宵　部

諧聲聲符

毛	高(蒿)	勞	刀(召昭到)	敖	交(效)	麃 biāo
爻(肴教)	苗	巢	堯	梟	幺	寮 liào(潦)
票	夭(芺)	喬	窰	要	囂	窅 yáo(繇繇)
焱 biào	焦	朝	量	料	岌 tāo	小(肖削稍捎)
了	兆	肇	杳	少	表	受 piǎo
宧 yǎo	皛 yǎo	繼	淼 miǎo	梟 sào(澡)㒸		暴
鬧	弔	盜	号 hào	羔	杲 gǎo	顥
釗						

《詩經》韻字

豪晧号(部分)

　　號勞高膏蒿毛旄刀　　　　鎬潦倒藻懆　　　　盜悼到倒敖芼耄勞懆暴

　　㤅桃敖嗷嚻髦
蕭篠嘯(部分)
　　桃茗僚寮弮曉　　　　　　　皎僚　　　　　　　弔
宵小笑(部分)
　　消逍朝嚻驕譙喬鷮藃遥　　小旐沼少摽　　　　笑照炤曜召燎廟
　　搖謠瑶昭鑣儦麃瀌苗要　　紹蹻悄趙
　　藔夭漂飄嘌翹燎鴞
肴巧效(部分)
　　殽郊巢　　　　　　　　　　　　　　　　敳教罩

6 藥　部

諧聲聲符

　　樂　　　卓　　　龠(籥)　　爵　　雀　　虐　　弱
　　勺(約)　雈 hè　敫 yuè　　翟　　丵 zhuó

《詩經》韻字

鐸(部分)
　　鑿樂
錫(部分)
　　櫟的翟溺
覺(部分)
　　較駁貌濯翯
藥(部分)
　　藥籥躍蹻綽虐削爵謔
沃(部分)
　　襮沃熇

7 侯　部

諧聲聲符

　　侯　　　婁　　　句　　　朱　　　殳 shu　　禺 yú　　尌 zhù(尌 shù)
　　區　　　需　　　須　　　俞　　　芻　　　臾　　　毋 wú
　　兜　　　后　　　後　　　取(聚)　　侮　　　口　　　厚

走　　　奏　　　斗　　　付(府)　　　主　　　乳　　　斁dòu(斲)
豆　　　冓gòu　　寇　　　扇lòu　　　書　　　鬥　　　匬lòu
音pǒu(部)　　具　　　戌　　　救wù　　　瓜yǔ

附注:(1)音聲兼收之部。

　　　(2)救聲段玉裁歸幽部,此從江有誥列於本部。王念孫、《六書音均表》書
　　　　後與江意見相同。

《詩經》韻字

侯厚候(部分)

　　侯婁餱　　　　　　　厚后後牡斗者笱枸　　　　鍭逅豆句媾覯漏寇
　　　　　　　　　　　　藪口奏取趣苟垢

虞麌遇(部分)

　　愚隅芻濡株殳渝榆愉揄　　　侮愈瘉楰主醹數　　　軀樹附裕具孺務馻*
　　驅趨蔞樞姝躕駒咮諏

*馻字從夭聲,夭在宵部。《詩經》"馻"與"豆具孺"押韻。

8 屋 部

諧聲聲符

谷　　　角　　　屋　　　族　　　獄　　　哭　　　足
束(敕sòu)　賣yù　　辱　　　曲　　　玉　　　㱿què　蜀(屬)
木(沐)　　玨jué　　录lù　　粟　　　業pú(僕)　豕chù　卜
局　　　鹿　　　禿　　　岳　　　屚zhù

《詩經》韻字

屋(部分)

　　屋讀獨轂穀楸禄鹿族僕卜木沐霂

燭

　　屬玉獄谷蠋辱束欲緑曲局足續薥粟蜀

覺(部分)

　　角椓濁渥琢

附:遇韻　　屚

9 魚　部

諧聲聲符

魚(穌魯)　居　於　余(除)　于(汙夸雩)　夫　與

車　巫　疋(胥疏)　吳(虞)　虍 hū(虛慮)　盧　壺

麤　烏　圖　乎(虖)　初　無(舞)　巫

舁 yú(輿)　予　女　呂　旅　豦 jù　者(奢諸豬屠)

父(布甫浦尃)　武　五(吾)　午　奴　古(固苦胡辜)

鼓　鹵　土　巨(渠)　去　如(拏)　且(沮祖租虘助)

圉　処　鼠　羽　雨　禹　眴 jù(瞿)

互　戶(雇所)　庶(度)　步　兔　蠱　庫

素　普　股　瓜(孤)　加　牙(邪)　巴

馬　下　叚　襾 xià(賈)　亞　家　寡

夏　羿　社　射　卸(御)　舍　乍

莫　莽

附注：豦乍莫射等聲兼收入聲鐸部。

《詩經》韻字

模姥暮

　蒲胡乎壺狐辜呱徒　　土吐杜魯虜堵鼓瞽罟酤　莫度斁路露吐顧故

　塗圖屠荼帑幠租俎　　鹽股殳五午祖組虎滸許　固愬素怒圃惡呼鷺

　蘇烏都鋪痡膴稌　　　怒苦戶祜岵怙酤扈浦補

魚語御

　魚書舒紓居琚据椐車渠　語圉饗旅紵羜與予渚女　御據去庶著除

　餘輿旟譽畬胥苴砠沮梀　茹暑鼠黍處湑女許虡秬　助茹洳豫譽慮

　廬蘆除且袪虛菹諸　　　所楚阻沮舉筥緒鱮黈

虞麌遇(部分)

　虞娛吁訏盱芋夫膚　　　虖嘷俁羽雨宇甫父脯鱐　賦懼瞿

　　　　　　　　　　　　武舞務父釜輔肙柎訏踽

麻馬禡(部分)

　罝華家葭瓜瑕騢犯牙闍邪　馬者野碬夏下寫舍寡　禡稼罜暇夜射柘

10 鐸 部

諧聲聲符

各（洛路） 席 乍 莫 夕 亦 石
舄 xì 隻 若 虞 jù（遽） 蒦 wò 矍 jué 屰 nì（逆庶朔）
睪 yì（擇） 谷 jué（卻） 郭 戟 乇 zhé（託） 昔
霍 白 炙 尺 赤 赫 鏨
彔 xì 霍 索 孔 jǐ 虢 射

《詩經》韻字

鐸（部分）

度莫瘼落駱雒橐擇作錯閣愬咢惡薄鏨貉酢博諾霍穫濩廓

藥（部分）

若膝

昔（部分）

昔舄蹐繹奕懌斁射尺石碩炙席蓆夕籍

陌

貊白伯柏戟柞綌逆客赫格宅澤

麥（部分）

獲

11 歌 部

諧聲聲符

它 冎 guǎ（咼過） 爲 皮 可 hē（可何阿苛哥奇旖） 离（離）
也（施） 我（義羲） 加（枷） 多（移侈宜） 差 麻（靡） 羅
罰 罷 烝 chuí（垂騹） 匕（化） 吹（炊） 厂（左佐） 沙
瓦 陸 duò（隋） 坐 禾 果 朵 貟
蕊 suò 臥 戈 臝 luǒ（贏） 吟 kuǎ（夥） 虧 叵
莪 科 丽 lì（麗） 那 厄 è 危

附注：（1）皮字《説文》從爲省聲，今不從。

（2）哥奇二字《説文》非諧聲字，今歸入可聲。

（3）陸同墮。

(4)虧字《説文》從亏虘聲,虘聲段氏入魚部。此從王念孫、江有誥、張惠言諸家列於本部。

(5)丽,古文麗。麗聲從江有誥列於本部,段、張諸家皆列支部。

(6)那字從江有誥列於本部。

(7)厄音è,婗字從此聲,王念孫、丁履恆均收此字。

(8)危聲段、王皆歸支部,江有誥歸脂部,今從張惠言列於本部。

《詩經》韻字

歌哿箇

歌磋佐多娑佗紽沱瘥莪俄　　　瑳我可左佗　　　賀佐
羛他羅那何荷河阿儺*

戈果過

過磨吡訛波蘺和　　　禍　　　破平

支紙寘(部分)

爲陂羆錡犧宜儀吹皮　　　掎扡哆侈靡平　　　議平晉
離縭罹施椅猗池馳

麻馬禡(部分)

麻嗟蛇嘉加珈差沙鯊　　　瓦　　　駕平

附:至韻　地

* 儺從難聲,難在元部。《詩經》與本部字押韻。

12 支　部

諧聲聲符

支	知	卑	斯	兮	奚	兒
厄	圭(窐恚)	規	巂 xī	只	是	徙
氏	此(柴)	虒	启(啟)	解	屮 guǎi	叉
買	蠡阝	醯	瑞	系	辰	帝

附注:此聲段玉裁入脂部,今從王念孫、江有誥列於本部。

《詩經》韻字

齊薺霽(部分)

圭攜　　　　　　　帝

佳蟹卦

柴　　　　　　　　　　　　　　解粺

支紙寘(部分)

支枝觿岐伎疧提卑斯知簁祇雌　　氏玭泚訿　　　刺

附:祭韻　掅

13 錫　部

諧聲聲符

益　　　易(剔)　析　　束(責)　　辟　　　　鬲　　　脊

臭 jú(鶪)　厄　　狄　　迹　　　秝 lì(麻歷)　役　　　毄 jí(繫)

冊　　　脈　　畫　　啻 chì(適)　鬩　　　　冖 mì　　　覡 xí

《詩經》韻字

錫(部分)

錫裼晳蹢鷊狄翟剔惕績甓鶂

麥(部分)

簀謫厄

昔(部分)

脊蹐益易蜴適辟璧鬄積

14 脂　部

諧聲聲符

夷　　　　伊　　　師　　　私　　　旨(者)　　眉　　　比(毗坒)

次(咨資恣)　利(秿黎)　几　　　匕(尼泥)　美　　　矢(雉旣)　履

兒　　　　死　　　葵　　　示　　　至(致)　　二(貳)　自

四　　　　棄　　　季　　　尸　　　犀 xī　　　犀　　　皆

齊　　　　妻　　　西　　　稽　　　氏(泜)　　弟　　　豊 lǐ

戾　　　　細　　　計　　　惠　　　米(麋)　　冀　　　爾(彌)

黹 zhǐ　　豸 zhì　　米 zǐ　　執(摯)　　肄　　　隶 dài(肆)　器

繼　　　　屆　　　医 yì(殹)　畀 bì(鼻)　彎　　　夒 bèi　　豕

附注:(1)至戾隶等聲兼收入聲質部。

　　　(2)執聲兼入緝部。江有誥摯字入祭部。

　　　(3)医聲王念孫入祭部。

《詩經》韻字

脂旨至（部分）

脂衹夷姨棟師毗朘資　　　旨指底視美兕几　　　穗棄穉悸伙四駟季

咨飢鴟茨遲坻私尸蓍　　　姊秭匕妣矢死履　　　比畀肆湝肆至致

黎眉湄麋郿屎祁葵騤

皆駭怪（部分）

皆偕喈階湝　　　　　　　　　　　　　　　屆

齊薺霽（部分）

齊蠐妻萋淒棲氏　　　　薺禮醴鱧體涕　　　　穧棣翳惠戾

荑犀躋隮懠迷　　　　　濟沴弟禰泥

支紙寘（部分）

紕　　　　　　　　　　爾邇濔灑砥

15 質 部

諧聲聲符

至	疐 zhì	戾	隶	質	吉（頡）	一
壹	七	日	疾	悉	栗	來 qī
畢	乙	失	穴	肸 yì（屑）	必（宓瑟盜密）	逸
實	匹	血	弼	闋 què	卪（即節）	戜 dié
呈	頁	替	閉	抑	夏	

附注：夏字《說文》讀若棘，王念孫、張惠言兩家收入之部入聲。案《漢書·古今
　　　人表》頡羹侯，應劭音頡為夏擊之夏，夏、頡音同，夏亦可收入本部。

《詩經》韻字

至（部分）

毖閟

霽（部分）

替暳嚏

質

質日實秩一壹七漆匹吉逸栗慄室挃疾室畢毖轄怭密駜

櫛

櫛瑟

術（部分）

恤

屑(部分)

結袺節噎血穴垤耋絰襭

16 微　部

諧聲聲符

衣(依)	希	幾	斤	非(匪)	飛	肥
妃	敳 wēi(微)	𠂤 duī(追歸)	囗 wéi(韋圍)	威	畏	豈
尾	未(味)	胃	尉	卉	鬼(鬼)	旡 jì(既愛)
气(氣)	豙 yì	綏	衰	水	隹(唯維淮崔推)	
貴	夔	位	㒸 suì(隊遂)	毀	火	虫 huǐ
褢 huái	回	靁	畾 léi(壘纍)	類	耒	對
内	罪	枚	磊	崇	委	開
狋 ruí	乖	費	叔 kuài	退	配	卒
孛						

附注:(1)斤聲兼入文部。

(2)胃尉气崇卒孛等聲兼收入聲物部。

(3)内聲兼入緝部。

《詩經》韻字

咍海代(部分)

哀　　　　　　　　　　　　　　　愛僾

灰賄隊(部分)

回枚雷罍隤積崔摧鬼推　　　罪　　　悖妹對退潰内

脂旨至(部分)

維惟遺罋綏悲雒　　　水蕢唯鷮　　位遂隧檖穟醉誶類
　　　　　　　　　　　　　　　　　匱寐萃瘁懟魃涖

皆駭怪(部分)

懷　　　　　　　　　　　　　　　壞

微尾未

微薇圍違霏騑飛腓威　　尾豈菲韡　　畏平
祈畿頎幾晞衣依歸　　　煒葦斐

支(部分)
　萎
附:果韻　火

17　物　部

諧聲聲符

胃　　　尉　　　祟　　　出(屈)　卒　　　勿(忽)　尤 zhú(述)
弗(費)　聿　　　乞　　　率　　　孛 bó　日　　　鬱
兀 wù　喬 yù　歿 mò　突　　　骨　　　帥　　　市 fú

附注:市即韍字,江有誥入祭部入聲,今從王念孫列於本部。

《詩經》韻字

没
　没忽
迄
　仡
質(部分)
　率
術(部分)
　出卒述
物
　物弗拂第鬱芾

18　祭　部

諧聲聲符

祭　　　世(貰)　制　　　曳　　　埶 yì　敝 bì(敝)　篲
歲(薉)　衛　　　毳　　　彗 huì　砅 lì　肖 wèi　大(奎達)
貝　　　帶　　　蓋　　　兌　　　叡 ruì(巤)　外　　　最
會　　　竄 cuàn　夬 guài(抉)　蠆 chài (厲)　介　　　丯 jiè(韧契害刧)
拜　　　乂 yì(艾)　吠　　　叕 zhuì　喙　　　贅　　　丐 gài
泰　　　祋 duì　脆　　　裔　　　芮

附注:(1)本部與入聲月部諧聲多相通,《詩經》押韻去聲單獨相押之例頗多,故與入聲分列,學者當留意兩者相通之關係。

(2)竄字《集韻》有取外切一音。

《詩經》韻字

泰

　艾大害帶斾役藹茷兌翽喊外薈脫駾

夬

　邁敗蠆噲

怪(部分)

　拜瘵

廢

　肺吠喙

祭

　晢昕逝泄厲栵憩愒世歲衞稅帨説蹶

霽(部分)

　蠆嘒

至(部分)

　勩

19　月　部

諧聲聲符

月	粤	欮 jué(厥)	术 bó	罰	發	戉
伐	乎 jué(昏)	剌(賴)	犮 bó	匃 gé(曷葛渴)	末	奪
离 xiè	辥 xiá	峕 niè(辥)	桀 jié	舌	列	折
威 xuè	孑 jié	了 jué	絶	刷	叕 chuò	劣
截	茣 mò(蔑)	殺	刦 jié	臬	櫱 niè	徹
設	八	別	軋 yà			

附注:(1)徹設別八四字王念孫歸入至部入聲(即本表質部),今從江有誥列徹
　　　設別於本部。八字江有誥歸入脂部入聲,與王念孫同。案別字古文
　　　作仈,從八,別字既入本部,則八字亦當列此。《説文》肖穴二字皆作
　　　八聲,不可從。王、江兩家肖穴二字均歸質部,故八與肖穴同部。

　　(2)軋從燕乙之乙,從江有誥列於本部。

《詩經》韻字

曷

　褐怛闥達曷渴葛蘗

末

　秣撥括佸活闊奪撮抒掇芨軷濊

鐥

　藒

黠

　拔

月

　月伐越鉞蕨闕髮發揭竭朅

薛

　烈桀傑舌孼滅子偈威雪說閱惙熱徹設

屑(部分)

　截巇

20　緝　部

諧聲聲符

畠 qì (戢)	及(急)	立	邑	集	入(內)	十(叶)
習	蹋	廿	卒 niè(執)	鬲 è(隰)	合(荅龕)	襲
沓	眔 tà					

附注:(1)執聲兼收質部。

　　　(2)內聲兼收微部。

《詩經》韻字

合

　合軜

洽

　洽

緝

　隰輯集入湆揖及蟄急泣龕濈邑

葉

　楫

21 盍　部

諧聲聲符

枼 yè	涉	疌 jié	妾	巤 liè	聶	劦
孌	曄	耴 zhé	籋 niè	夾	臿 chā	帀
帍 sà	盍	㲋 tà	甲	劫	乏	法
業						

《詩經》韻字

葉
　　葉鞃涉捷
狎
　　甲
業
　　業

22 談　部

諧聲聲符

甘	詹	兼(廉)	占	戋 jiān(韱)	僉(斂)	猒 yàn(厭)
炎(剡)	毚 chán	甜	函	芟	冉	臽 xiàn(閻)
敢(嚴嚴)	斬(漸)	广 yǎn	弇 yǎn	奄	染	夾 shǎn
凵 qiǎn	欠	忝	閃	監	銜	氾
贛 kàn						

附注:此部與侵部,段、王與其他各家歸字頗不一致,今依江有誥。

《詩經》韻字

談敢闞
　　談惔餤甘藍　　　　敢菼　　　　濫
覃感勘
　　涵　　　　菩
銜檻鑑
　　巖監　　　　檻
咸鎌陷
　　讒　　　　斬　　　　監

添忝桥(部分)

　　　　　　　　　　　　　玷

鹽琰豔

　瞻襜詹　　　　　　　　厭貶

23 侵　部

諧聲聲符

　㑴 qīn(侵浸)心　　音　　林(禁)　　呈(淫)　　壬(任)　　品(臨)
　今(金岑㑒欽含㑒念貪)　尤 yín　　亩 lǐn(稟)　　朁　　　突 shēn(深) 琴
　尋　　　森　　　參　　　審　　　甚　　　咸(箴)　　覃
　南　　　三　　　男　　　彡 shān　　凡(風)　　闖 chèn

《詩經》韻字

覃感勘

　騪南男湛耽覃　　　　　髧黮

談(部分)

　三

侵寝沁

　駸鷣林臨琛煁諶深心琴　　寢枕諗甚萁錦飲　　　　　譖
　芩欽歆今金衿音陰壬綅

添忝桥(部分)

　　　　　　　　　　　簟　　　　　　　　　僭

凡范梵

　　　　　　　　　　　　　　　　　　　　　汎

附:東韻　風

24 蒸　部

諧聲聲符

　興　　　升　　　夌(凌)　　丞(承蒸)　　徵　　　兢　　　黽
　仌 bīng (冰馮)　登　　　曾　　　亙(恆)　　雁 yìng　朋(崩)
　乘　　　厷 gōng　冄　　　凭　　　夆 yìng(朕騰)　乃(仍孕)
　肯　　　熊　　　弓　　　瞢(夢)　　轟

附注：(1)畐聲兼收耕部。

　　　(2)羑字當與俗字同音,俗《廣韻》證韻音以證切。

　　　(3)乃聲兼收之部。

《詩經》韻字

登等䳭

　登崩增憎朋弘肱㲈騰滕恆縢　　　　　　　　　　　　　贈

蒸

　蒸烝承懲陵膺馮冰掤繩乘升勝兢興

東(部分)

　弓夢雄

25　冬　部

諧聲聲符

中	宮	躬	冬	農	蟲	戎
宗(崇)	夆 xiáng(降隆)		宋	眾		

《詩經》韻字

冬〇宋

　冬宗　　　　　　　　　　　　　　　　　　　宋

東董送(部分)

　中蟲沖冲忡終螽崇戎躬宮融窮潨襛濃　　　　　仲

江講絳(部分)

　　　　　　　　　　　　　　　　　　　　　降

26　東　部

諧聲聲符

東	重	同	公(翁松)	工(巩空邛項江)	童
丰 fēng(奉夆逢)	封	囪(悤)	茸	充	冡 méng(蒙)
从(從)	凶(匈兇夑)	邕(雝)	豐	舂	叢
容	嵩	雙	尨 máng	用(甬庸)	孔 竦
冢	宂 rǒng	共	送	弄	巷

《詩經》韻字

東董送(部分)

　　東同童僮空公工功攻蒙濛　　幪總哼動　　　　送控
　　厖訌聰恫總樅蓬豐菶充

鍾腫用

　　鐘龍松衝逢罿容庸墉　　　　龍勇廬竦鞏　　　用誦頌
　　鏞備葑凶訩灉癰饔重
　　從縫丰邛恭共樅顒*

江講絳(部分)

　　厖邦能　　　　　　　　　　　　　　　　　　　巷

* 顒從禺聲,禺在侯部。《詩經》與公字押韻。

27　陽　部

諧聲聲符

王	兀	羊(養羔羌)	昜 yáng(湯錫傷)	央	黃(廣橫)
光	皇	坒 huáng(往狂匡)	昌	香	方(旁)
亡(忘㠯)	良	長	量	相	強
畕 jiāng(畺彊)	倉	桑	章	商	畕 néng(襄)
庚(唐康)	皀 xiāng(鄉)	爿 qiáng(壯戕將牆)	卬	京(景)	行
衡	爻 chuāng(梁)	兵	明	兄	彭
亯	慶	羹	永	网(岡)	爽
囧	兩	象	皿(孟益)	並	丙(更)
秉	丈	上	杏	向(尚堂黨嘗)	鬯
竟	競	望	葬	匠	

《詩經》韻字

唐蕩宕

　　唐螗堂狼粻倉蒼岡剛綱桑喪　蕩湯廣　　　　　　藏喪抗平伉平
　　康荒黃簧皇煌遑光洸湯鏜行
　　杭頏芒臧牂囊雱旁傍卬藏

陽養漾

　　陽楊揚錫羊洋痒詳祥翔良　　養兩仰掌爽罔往王享平饗平　向上尚望貺相讓平

梁粱糧涼香鄉商傷湯觴房		
魴防章璋昌羌姜疆長腸場		
張粻穰瀼方襄驤相箱將漿		
亡忘望牀常裳嘗霜爽牆鏘		
將蹌瑲鶬斨筐王央泱狂		

庚梗敬(部分)

庚羹蝱喤祊觥彭英亨	梗怲景永	競泳慶平
京明盟兵兄卿衡珩		

28 耕　部

諧聲聲符

名	平	丁(成亭)	盈	生(星)	正(定)	爭
青	鳴	寧	貞	熒(榮營)	殸 qìng	賏 yīng(嬰)
頃	并(屏)	晶	霝 líng	壬 tǐng(呈廷巠聖輕)		嬴
鼎	井(刑)	耿	省	幸	敬	甹 pīng
冂 jiōng(冋冥)		敻 xiòng	黽 mìng	令		

附注:(1)黽聲兼收蒸部。

(2)令聲兼收真部。

《詩經》韻字

青迴徑

青經涇刑庭霆聲星靈寧聽冥屏	冥	定聽罄

清靜勁

清菁青旌盈楹嬴營楨禎成	聘領	政正姓聘
城程醒聲正征名傾縈縈		

庚梗敬(部分)

平苹鳴驚瑩生甥牲笙	潁	敬

耕耿諍

丁嚶爭

29 真　部

諧聲聲符

秦	人	粦 lìn	頻	寅	丏 miǎn(賓)

屾	身	旬(筍)	信	辛(羍親新)	令	命
因	申(伸)	陳	仁	真	臣	民
匀(均)	津	夷 jìn(盡)	天	田	千(年)	羊 shēn
引	扁	印	晉	疢 chèn	闓 lìn	佞
玄	進	臤 qiān(堅)	卂 xùn	矜		

附注:(1)令聲兼收耕部。

　　　　(2)羊聲江有誥歸耕部,今從王念孫列於此部。

《詩經》韻字

先銑霰(部分)

　　千天堅賢田闐年顛巓淵玄　　　　　　　　電甸

仙(部分)

　　翩

真軫震(部分)

　　姻駰薪臣人仁神親申身信　　　盡引　　　　信儘平

　　賓濱鄰粼麟陳填頻蘋民泯

諄(部分)

　　詢洵旬鈞均

臻(部分)

　　蓁榛溱莘

附:青韻　苓零

　　勁韻　令

　　映韻　命

　　蒸韻　矜

30 文　部

諧聲聲符

先	辰(晨脣)	困 jūn	屯(春)	門	殷	分(霡)
艮	西(垔甄)	昏	孫	奔(賁)	尹	君
員	羇 kūn(鯤) 昆	辜 chún(敦)	云(雲)	存	萬 mán	
巾	侖	堇 qín	文(吝閔)	豩 bīn(豳)	軍	斤(近欣)

昷 wēn（溫緼）　　熏　　　焚　　　豚　　　盾　　舛 chuǎn（舜）

塵　　屍 tún（殿）尊　　　本　　　　允（夋）　飧 sūn 寸

筋　　㐱 zhěn　㥯（隱）　圂 hùn　　奮　　　胤　　糞

困　　刃　　　川　　　閵　　　彬　　　坤　　容 sùn（睿）

巽　　狁 yìn　袞　　　壼 kǔn　　蚰 kūn　　薦　　恩

䵾 mén　典

附注：（1）繭聲王念孫歸入元部，今依江有誥列於此部。

　　　（2）斤聲兼收微部。

《詩經》韻字

痕

　恩

魂混恩

　昆門璊䵾孫飧存錞啍奔敦　　　壼　　　　　遯

殷隱

　殷慇勤芹欣　　　　　　　　近

文吻問

　聞雲云耘員焚群薰君芬雰　　　　　　　　問訓慍

真軫震（部分）

　振禋辰晨塵巾麇困緄瘨貧　　畛忍閔闉　　胤堇

臻（部分）

　詵

諄準稕（部分）

　諄淳犉漘春淪輪鶉純焞　　　　　　　順

先銑（部分）

　先　　　　　　珍　　　　典倩*

山產襇（部分）

　艱鰥　　　　　　　　　盼

仙（部分）

　川

附：微韻　煇旂

　尾韻　䵾

薺韻　洒

＊倩字從青聲，青在耕部。《詩經》"倩"與"盼"押韻。

31 元　部

諧聲聲符

元(完)	叀 zhuān (專袁睘罣)	釆 biàn (喬卷)	番(潘旛)	厂 hǎn (雁屵彥產)	旦(亶)
辛 qiān(言)	泉	半	難(歎漢)	䜌 luán(攣)	官
琹 zhǎn (㦰展)	卵	爰	反	閒(簡)	見
亘 xuān(宣)	連	莧(寬)	丱 guàn(絲)	罄 qiān	夗 wǎn(宛)
〈 quǎn	干(旱岸)	安(晏晏匽)	臥 yǎn (旋軗輪翰乾)	奴 cán	曼(蔓)
柬(闌蘭湅)	吅 xuān(藿)	單	穿	患	兔
肩	弁	毌 guàn(貫)	𠾟 luàn(亂)	閑	廛
丹	焉	然	縣	肙 yuān	山
戔 jiàn(棧)	衍	憲	柀 sàn(散)	栤 fán(樊)	延
虜 yàn(獻)	次 xián(羨)	䋖	尚(段叚)	燕	丸
虔	龤	鮮	爨	半 pān	寒(塞)
姦	面	殳	煩	贊	祘 suàn
算	算	彖 tuàn	㕣 yǎn(鉛)	班	建
原	犬	删	片	雋	扶 bàn
輦	尋	夋 ruǎn	斷	便	冤
絲	宀 mián	耑(前湍)	臱 mián(邊)	全	崔 huán
㬎 xiǎn(顯)	繭	奱 ruǎn	舛 chuǎn	侃	免
羴 biàn	㠭 chàn(孱)	件	㠯 niǎn	曹 qiǎn(遣)	善
扇	宦	萬	囝 juàn(羂)	㣙	幻
盇	看	蠲			

附注：免聲段玉裁歸真部，今從王念孫、江有誥列於此部。

《詩經》韻字

寒旱翰

單安難餐歎嘽檀殘干乾　　亶癉罕熯　　　翰平旦岸衍漢爛粲難

桓緩換

丸完溥愽冠欒寬莞　　管館痯　　　渙貫亂鍛祥泮

删潸諫

關環蠻顔菅還　　　　　板阪僩　　　　　諫澗晏鴈汕訕慢屵

山産襇(部分)

山間蕑閑　　　　　　　簡

元阮願

原嫄園垣援媛燔樊繁袢　遠反婉綣咺巘苑　獻平憲平怨願
番蕃幡藩翻諼狟言軒

仙獮線

僊遷然旃梴廛連漣泉　　衍踐埏幝孌轉卷　展平彦弁羨
宣儇悁虔愆卷鬈焉筵　　選

先銑霰(部分)

肩燕駽　　　　　　　　　　　　　　　宴見霰

附:賄韻　浼

《萬象名義》中之《原本玉篇》音系

一、緒　言

（一）《萬象名義》與《原本玉篇》

《篆隸萬象名義》爲日本沙門空海所作。空海生當中國唐代，生於公元774年（唐代宗大曆九年），卒於公元835年（唐文宗太和九年），深通佛學，兼善詞章，平生著述甚富。《名義》全書三十卷，依據部首編排，始一終亥，凡542部，即據梁代顧野王之《玉篇》而作。

野王字希馮，梁吳郡顧烜之子，史稱性篤好學，博洽多聞，生於梁武帝天監十八年（519），卒於陳宣帝太建十三年（581，即隋文帝開皇元年），梁武帝大同中爲太學博士，奉詔編撰《玉篇》，以《説文》爲本，而收字增多，據封氏《聞見記·文字》篇所記，共16917字。舉凡當時所見蒼雅字書之文字及群書之義訓，殆皆賅備無遺。序云："總會衆篇，校讎群籍，以成一家之製，文字之訓備矣。"足見裒集之富。全書共爲三十卷，實中古一代之巨製。然由於卷軸繁重，難於傳寫，至唐高宗上元間乃有孫强增字減注本（見楊守敬卷子《玉篇跋》）及《玉篇鈔》一類之節本（日本寬平年間當唐光宗時，藤原佐世所著《見在書目》有《玉篇鈔》十三卷，南宋樓鑰《攻媿集》卷七十八亦有跋宇文廷臣所藏吳彩鸞《玉篇鈔》）。北宋之初通行者殆皆孫强本（見李燾《説文五音韻譜·序》），顧氏原本已失其傳。至宋真宗大中祥符六年（1013），陳彭年、丘雍等復就孫本刊益，更名爲《大廣益會玉篇》，收字增多，而列字次第頗有變亂，去原本已遠。至於元明兩代所刻《玉篇》，次第注文變易更甚，則又非宋本之舊矣。今日所見顧氏《玉篇》，爲宋人重修本及元代節注本，孫强本已不可見。幸日本尚存有唐宋間古寫本《原本玉篇零卷》，由此可知顧氏原書之體制面貌。顧氏原作與宋人廣益本大相懸殊，正文次第既有不同，而原書注文中所引經傳與字書及野王所加之案語今本並無。是陳彭年等重修時所據者爲孫强之書，固未嘗得見原本也。

日本所存之《原本玉篇》，計有卷八心部6字（見於《訪書餘録》），卷九言、誩等部753字（此下均見羅振玉所印《原本玉篇殘卷》），卷十八放、丌等部165

字,卷十九水部 144 字,卷二十二山、屾等部 624 字,卷二十四魚部 19 字,卷二十七糸、系等部 423 字,共 2134 字。僅當顧氏原書八分之一。

今空海之書,完整無闕,分部及列字之次第均與上述之殘卷相合。惟每字之注文僅采取顧氏原書之義訓,而不錄其中所引之經傳原文及顧氏之案語爲異耳。全書收字一萬六千有餘,與唐封演所記《玉篇》之字數相若,亦足證此書即出於顧氏《原本玉篇》,未嘗別有新裁。惟正文上所錄篆書,非顧氏原本所有,蓋本之《說文》耳。清末楊守敬訪書日本,曾一再推重此書,以爲其可寶,當出《玉篇零卷》及宋修廣益本之上(見《日本訪書志》)。蓋此書不僅可以訂正《玉篇零卷》及廣益本之譌誤,抑且可以據是以校訂《說文》(詳見拙著《論〈篆隸萬象名義〉》),考證古音,則其有關於文字、聲音、訓詁者匪淺。雖爲原著之略出本,然全部完整無闕,即不啻爲一部顧氏原書矣。本文即以此爲根據,探求《原本玉篇》之音系。

(二)《名義》與《原本玉篇》反切之異同

《原本玉篇殘卷》共存 2134 餘字。《萬象名義》之反切與《原本玉篇》相同者多,不同者少。其不同者有三類:

(1)反切用字有不同。此類約百餘條,例如:

	《原本玉篇》	《名義》
言部	誼,魚寄反	宜寄反
工部	式,詩力反	舒力反
用部	庸,餘鍾反	余鍾反
車部	轐,蒲篤反	菩篤反
水部	㵋,枯郎反	苦郎反(以上反切上字不同)
言部	謙,去兼反	去嫌反
龠部	龠,餘酌反	餘灼反
車部	輒,竹獵反	竹葉反
舟部	俞,翼珠反	翼朱反
水部	沐,莫縠反	莫卜反(以上反切下字不同)

(2)《原本玉篇》作反切,而《名義》作直音。此類僅有兩條:

	《原本玉篇》	《名義》
欠部	欶,所縠反	朔、縮二音
食部	餲,於例、於芥二反	瘞、喝二音

（3）聲韻不同。此類僅有四條：

	《原本玉篇》	《名義》
言部	諻,呼横反（《今本玉篇》同）	胡横反（《集韻》胡肓切）
言部	詅,旅丁反（今本力丁切）	旅政反（《廣韻》郎丁、力政二切）
厂部	厱,來甘反（今本同）	來含反
水部	浴,瑜蜀反（今本余玉切）	瑜屋反（"屋"蓋爲屬字之誤）

除此之外,《原本玉篇》字下反切有二,《名義》多取其一,例如：

	《原本玉篇》	《名義》
言部	餞,似剪反、子踐反	子踐反
音部	韽,於林、於南二反	於林反
欠部	欨,呼娛、呼禹二反	呼娛反
車部	轓,甫遠、甫袁二反	甫袁反
山部	嶨,苦學、胡角二反	胡角反

　　如上所述,《名義》反切除用字與《原本玉篇》不盡相同以外,其聲韻不合者至少,可知《名義》之反切即本於《原本玉篇》矣。

　　又現存《原本玉篇殘卷》字下注出或體者尚有四白七十餘處,據此檢對或體字之見於《名義》者,其字音與現存殘卷本字下所注反切幾乎全同,其不同者才二十條耳,例如《原本玉篇》言部"誖"字音補潰反,注云："或爲悖字,在心部。"今檢《名義》心部"悖"下正音補潰反,與《原本玉篇》言部"誖"下字音相同。又如《原本玉篇》𨸏部"陒"字音居毀反,注云："亦塊字。"今檢《名義》土部"塊"字其反切亦作居毀反,與《原本玉篇》𨸏部"陒"下字音亦合。次就日本釋昌住《新撰字鏡》、丹波康賴《醫心方》及《續群書類從》中《香字鈔》《藥字鈔》諸書所引之顧氏《玉篇》反切考之,《名義》所出反語亦大半與之相合。由此益可證前說之不誤。至於《名義》反切中用字有與今日所見《原本玉篇》小異者,或由於所據顧氏原書傳寫本有不同,或由於抄錄時有所改動,既不影響音類之分合,則無害於據之以考《原本玉篇》之音系。

　　（三）研究《名義》反切之方法

　　古今音韻不同,欲知古音,當考古之韻文與韻書。韻書之興,始於魏晉,下至南北朝,代有述作,如呂靜之《韻集》,李季節（槩）之《音譜》,夏侯該、陽休之、杜臺卿三家之《韻略》皆是。但諸家之書今已亡佚無存,欲考六朝語音,除韻文外,所可資據者,惟字書與音義書耳。現存六朝字音反切最多之書,莫過於陸德明之《經典釋文》。德明爲吳郡人，《釋文》作於陳後主至德元年（583），於群經各家音義囊括無遺，實探求六朝古音之要籍。羅莘田先生曾分家撮録，考覈聲韻。至於顧野王，亦爲吳郡人，其《玉篇》成於梁武帝大同九年（543），收字一萬六千餘，每字皆有反語，亦爲考索六朝吳音之重要資料。今《名義》一書既保存《玉篇》原書之全部字音，正可以據此以求其聲韻類別，庶幾能與德明之音互相參證，以説明梁陳兩代吳音之實際情況。

　　然《名義》一書抄録草率，譌字纍纍，欲研究《名義》之反切，首當正其譌字。有《原本玉篇殘卷》可據者，即取《原本玉篇》訂其譌誤，例如食部“餫”音胡閣反，“閣”當作“問”；車部“輸”音如珠反，“如”當作“始”；广部“庾”音食乳反，“食”當作“餘”；“糸”部“繻”音汝佃反，“佃”當作“俱”。此皆可據《原本玉篇》改正者。

　　但《原本玉篇》僅存字兩千餘，其他不見於《原本玉篇》者，則不得不采用《今本玉篇》。《今本玉篇》雖經唐宋兩代之增改已非原本之舊，但其中反切相因不改者尚多，亦足以刊正《名義》之紕繆，例如《名義》玉部“玲”音力絓反，“絓”當作“經”；土部“毀”音摩詭反，“摩”當作“麾”；田部“畔”音蒲舒反，“舒”當作“舘”；心部“悋”音感口反，當作口感反；門部“闥”音曷他反，當作他曷反。此皆《名義》誤而《今本玉篇》不誤者也（今澤存堂本《玉篇》亦有譌字，如女部陵音充陟反，“陟”當從《名義》作“涉”；糸部“絓”音胡卧反，“卧”當從《原本玉篇》作“卦”是也）。

　　惟《名義》所出之音有與《今本玉篇》不相符合者，未易定其是否有誤，則須參考他書以定其然否，例如邑部“㠱”《名義》音負歸反，《今本玉篇》音步回切；食部“餼”《名義》音苦戴反，《今本玉篇》音許氣切；皆相去甚遠。考之《集韻》，則《集韻》“㠱”音符非切，“餼”音口溉切，與《名義》音同，是《名義》之音並不誤。

　　據《原本玉篇》《今本玉篇》及其他韻書一一比勘之後，反切文字無誤，始可研究其聲韻系統。

　　《名義》收字一萬六千餘，欲探求其聲韻系統，惟有依據反切系聯。反切上字相同者，聲必同類；反切下字相同者，韻必同類；此理之至明者也。類而聚之，則全書所用之反切上下字皆可考索而得。同爲反切上字者，凡同用、互用、遞用者，必爲一類之音；同爲反切下字者，凡同用、互用、遞用者亦然。即取反切上下字之同用、互用、遞用者絲牽而繩引之，以判其類別，復旁與《切韻》一系韻書參證，則全書反切之聲韻系統以明。

　　此法至爲簡易，然必將全部反切分條錄出，始能排比，其事亦極爲繁瑣。況書中反切未必若韻書之精審，其中參差不一者，在所不免。或以輕切重，或以重切輕，或以開切合，或以合切開，令人難辨。系聯之時，乃有本非一類，因一二用字之疏，易混淆爲一者；亦有因反切用字只有同用或互用之例，而無遞用之例，以致音爲同類而不能系聯者；勢必在系聯之外詳審分合，參互比證，以定其類別焉。

　　本文所用比證之法有六：

　　(1)以《原本玉篇》一字之兩切語互證。　《原本玉篇》一字有兩切語者，依例必不同音。其上字聲同者，下字必不同韻；其下字韻同者，上字必不同聲。兩相比證，可以定其聲韻之類別，如“䎙”音五勞、五交二反，豪肴有別；“讙”音虛園、呼丸二反，元寒有別；“磼”音才合、才闔二反，合盍有別；“陯”音力均、力昆二反，真魂有別；“溓”音理兼、理添二反，鹽添有別；“繒”音似陵、似登二反，蒸登有別，由一字二音可以推知。

　　(2)以正文反切與或體反切比證。　《原本玉篇》字下每注“或爲某字、今爲某字、與某字同”，《名義》字下亦時出或體，今一一輯出，取其意義相近而又通用者，比其反切，分別其音類是否相同(例已見上文)。

　　(3)以《名義》每卷卷首部目之反切與卷中部目之反切比證。　《名義》部首之反切，有卷首與卷中不同者，如“見”字卷首音古薦反，卷中作居薦反；“牙”字卷首音午加反，卷中作魚加反；“云”字卷首音於勳反，卷中作胡熏反；“二”字卷首音如至反，卷中作耳冀反；“矢”字卷首音尸耳反，卷中作尸旨反；此類與《廣韻》之互注切語者相似，兩相比證，可以見其音類之是否相同。

　　(4)以《今本玉篇》之反切互相參證。　《今本玉篇》雖經唐宋兩代重修增改，而其中保存原本反切者尚多。《原本玉篇》與《名義》之反切有闕誤者，可參考《今本玉篇》，確定其音類，例如厂部“厏”，《名義》與《原本玉篇》皆作於□反，闕反切下字，《今本玉篇》作於愷切；糸部“纉”，《名義》與《原本玉篇》皆作子□反，闕反切下字，《今本玉篇》作子卯切；广部“庥”，《名義》盧鳩反，《原本玉篇》同，案“盧”當爲“虛”字之誤，《今本玉篇》作許鳩切，“虛、許”聲同類；阜部“阡”，《名義》且因反，《原本玉篇》同，案“因”當爲“田”字之誤，《今本玉篇》作青田切；糸部“繰”，《名義》餘均反，《原本玉篇》同，“均”字誤，《今本玉篇》作“灼”，當據正；又絲部“緈”，《名義》古通反，纞《名義》古環反，《原本玉篇》並同,案二字反切倒置,《今本玉篇》上字音古環切,下字音古通切可證。足見《今本玉篇》可供比勘者甚多,未可忽略。《今本玉篇》聲韻系統與《名義》並非全同,遇有可疑,皆參考《切韻》《廣韻》,斟酌異同。

(5)參考《玉篇》之逸文。 唐代古書中引及《玉篇》者,大半出自顧氏原書。日本古籍中亦頗有引及《玉篇》者,尤與今日所見之《玉篇殘卷》體制相合。日人岡井慎吾輯有《玉篇》逸文,見所著《玉篇の研究》中,尚稱賅備(其中亦有失收者,余別有考)。逸文中凡引及反切者,皆可與《名義》比證。惟岡井所輯亦有出自宋修廣益本者,未容混淆,當分別觀之耳。

(6)參考《廣韻》之聲韻部類。 《玉篇》與《名義》爲字書,而非韻書,今於系聯《名義》反切之後欲比類而次之,定爲系統,則不能不藉韻書以爲審音考校之資。韻書四聲分韻之類例至爲明顯,《名義》之反切有如散沙,系聯之後,類別已分,而審定韻之開合以及四聲之條貫,皆須參照韻書以明其同異。《廣韻》一書乃承陸法言《切韻》而來,《切韻》分聲析韻頗爲精密,且與《玉篇》著作之時代相近,故即以《廣韻》爲參考。

有此六種方法,足可以排除疑難,濟系聯法之窮矣。

(四)反切系聯條例

(1)取《萬象名義》一萬六千餘反切與《原本玉篇殘卷》及《今本玉篇》《廣韻》等勘校,然後依據陳蘭甫系聯《廣韻》反切之法,以反切上字之同用、互用、遞用者系聯之,定其聲類;以反切下字之同用、互用、遞用者系聯之,定其韻類;進而排比其音系。

(2)《原本玉篇殘卷》一字有兩切者,《名義》僅取其一。今一以《名義》反切爲主,《名義》未收者,概不闌入。

(3)《原本玉篇殘卷》所存之反切與《名義》用字不同者,系聯時皆從《名義》。

(4)《名義》之反切上下字有脫誤者,參酌《今本玉篇》(張氏澤存堂本)之反切,審定其音類。

(5)《名義》之反切用字有不見於本書者,則參考《今本玉篇》定其所屬,附於末尾,例如"禹"字《名義》既用爲反切上字,又用爲反切下字,但書中脫落此字,《今本玉篇》音於矩切,系聯時則不得不參照《今本玉篇》定其所屬。

(6)凡《名義》中反切用字之有兩讀者,系聯時一以其所切諸字之音爲準,定其歸類,例如"异"字,《名義》餘之反,《今本玉篇》音余吏、余之二切,《名義》

闕余吏一音,而書中以"异"所切之字皆爲去聲字,今依所切諸字之音列"异"字於去聲。

(7)凡由反切可以系聯者,固當定爲一類,但有時因用字之疏,致本非同類之字而混同者,今據其所切之字是否相合而定。審音不合者,仍分別歸類。

(8)系聯時,有審音爲一類,而反切用字無法繫屬者,則據前節所述比證之法定其類別。

二、聲類考

(一)《名義》反切上字分類

據上述條例系聯《名義》反切之上字,共得用字類別三十有九。今取每類切字最多之反切上字立爲類目,反切用字皆據反切同用、互用、遞用之例系聯於下。字有闕反切者,則取或體字下之反切,以〔　〕號識之。類之排列,以等韻幫端泥精莊章見曉影九組爲次。凡有論證,一併記出。至於聲母類別之考覈,別於下一節討論。

1. 幫組

(1)補類　補遖□反,《今本玉篇》布古切 遖補胡 布補護 伯補格 白補格 北補墨 卜補鹿 保補道 包補叙 博補各 波博何 鄙補鮪 祕鄙 冀畀補支 畢卑蜜 俾北爾 必俾謐 比俾似 匕俾以 筆俾密 彼補靡 陂彼皮 碑彼嬌 逼碑棘

(2)甫類　甫弗禹弗 甫物 方甫芒 非甫微 不甫負 富甫雷 返甫晚 風甫融 夫甫俱 府夫禹 邦方俱 趺〔或跗方俱〕

案"甫"以下十二字與上不相系聯。但書中有通用者,例如:

市字卷首部目甫物反,卷中作補物反。

鯆字甫洛反,譙聲也,蒪字。"蒪"下則作遖洛反。

譜字甫魯反,《原本玉篇》作遖魯反。

姁字方止反,《字鏡》同。《今本玉篇》布美切(《字鏡》爲日本釋昌住撰,昌住生當唐昭宗時,所撰《字鏡》即據《玉篇》《切韻》而作。今取爲參考,以明《名義》反切之與《今本玉篇》不同者未必即誤)。

(3)普類　普怖古 怖〔或悑並(普)布反,《今本玉篇》普布切〕剖普后 鈹普皮 潭普備 配普對 浦配户 叵潭可

匹

案匹字《名義》脱。支部卷首部目音匹角反,卷中作叵角反,是"匹"與"叵"

爲同類。《今本玉篇》匹音普謐切,正相符合。

（4）孚類　　孚撫俱撫孚禹斐孚尾妦孚方訪孚望芳孚王豐孚宮

　　　　　　赴(匹賦)

　　　　　　副(普逼)

案孚類字與普類字不相系聯,然亦有兩類字通用者,例如:

儦字芳妙反,嫖字。"嫖"下作匹妙反。

僻字孚赤反,《字鏡》同,《今本玉篇》匹赤切。

瞥字孚烈反,《字鏡》同,《今本玉篇》匹烈切。

怦字孚耕反,《今本玉篇》普耕切,《字鏡》同。

眥字匹非反,《字鏡》方巾、匹非三反,《今本玉篇》方巾、普微二切,《廣韻》芳非切。

訃字匹付反,《原本玉篇》同,《今本玉篇》芳付切。

副字普逼反,《字鏡》同。"普"屬上一類。《廣韻》此字音芳逼切。"副"所切字屬此類。

又赴字匹賦反,《字鏡》同。"匹"屬上一類。《廣韻》此字音芳遇切。"赴"所切字屬此類。

（5）蒲類　　蒲薄胡薄蒲各捕蒲布稗蒲懈部蒲後並蒲鯁帛蒲格白菩格浦(蒲)格瓶菩經菩〔音蒲〕皮薄奇被皮彼備皮祕平皮兵辨皮莧

　　　　　毗禅時鼻毗至裨毗移頻禅賓辟禅尺避禅豉婢避弭

案菩字《名義》音防誘反,《今本玉篇》又音蒲。此作反切上字者當作蒲音。白字菩格反,卷首部目作浦(蒲之誤)格反,是"菩、蒲"聲同。又餑字蒲突反,《原本玉篇》云:字書亦鬻字也。考《名義》"鬻"音菩突反,亦可證"菩、蒲"同類。又"毗"以下七字與蒲等不相系聯,但聲當同類,例如:

婢字音避弭反,《今本玉篇》作步弭切。

郫字音毗移反,《字鏡》同,《今本玉篇》作薄麋切。

竝字《今本玉篇》部目音蒲茗切,部中作毗茗切。

（6）扶類　　扶(富瑜)《今本玉篇》防無切,又府俞切防扶方附扶付輔扶禹房扶方釜扶甫浮扶尤凡扶嚴服扶福苻輔俱負浮否伏浮腹

案扶字《名義》音富瑜反,"富"見上甫類下,《今本玉篇》"扶"有防無、府俞二切。此扶字所切之字當皆取防無一音。又"扶"以下諸字不與上系聯。但書中亦有以此等字切上一類字者,如"妣"音輔尸反(《今本玉篇》作薄彌切)、

"髀"音輔尺反(《今本玉篇》作蒲益切)是也。但爲數不多耳。

(7)莫類　亡無方忘無方武無禹無无武紂万武願安武光美妄儿彌〔或彊亡支〕弭亡爾民弭中綿〔或緜弭旐〕文亡云邈亡卓茅忘苞莫無各摩莫羅馬莫雅麻莫加薤莫階冥莫庭麥莫革謨莫胡猛莫梗模莫奴漠模各罔〔冈莫往〕芒冈良

2.端組

(8)都類　都旦胡旦多爛當多郎丹多難多怛何怛都達東都公斗都耦典都珍丁都庭妬丹故

(9)竹類　竹豬陸知豬移張豬良智〔或智豬寄〕豬徵居腊徵於忠徵躬筑徵陸貞徵京陟徵棘徵陟陵致徵利中致隆珍張陳

案"竹"以下諸字與前一類不相系聯,但書中頗有通用之例,例如:

短字竹候反,《今本玉篇》作丁候切。

胎字知罪反,《今本玉篇》作都罪切。

嫡字知劇反,《今本玉篇》丁歷切。

戀字都絳反,刻本《醫心方》引《玉篇》同,《今本玉篇》作陟絳切。

琢字都角反,《字鏡》丁角反,《今本玉篇》作陟角切。

倬字都剝反,《字鏡》同,《今本玉篇》作知角切。

吒字都嫁反,《字鏡》同,《今本玉篇》作知加、陟嫁二切。

捄字都角反,《字鏡》同,《今本玉篇》作知朔切。

揨字丁鳩反,《今本玉篇》知鳩切。

懥字丁四反,《今本玉篇》陟利切。

窒字都慄反,《今本玉篇》知栗切。

瓞字丁栗反,《今本玉篇》知栗切。

《今本玉篇》以知字爲切者,《名義》中或以"都"爲切。陸德明《爾雅音義》內"長"音丁丈反,"輟"音丁劣反,"琢"音丁角反,"豬"音丁魚反(見諸字下)亦其例也。

(10)他類　湯他郎吐他古太他賴託他各撻他達泰他賴天泰堅禿吐木他

通(敕東)

案他字《名義》脱,《今本玉篇》音吐何切。又通字所切字均屬此類,通字音敕東反,乃類隔切。

(11)丑類　敕恥力恥癡理癡丑之褚丑旅攄丑於丑敕九暢敕亮抽〔或搊敕流〕

案此類與上一類不相系聯。《原本玉篇殘卷》與《名義》中與上一類頗多相通之例,例如:

體字他禮反，但體字作恥禮反。

湯字他郎反，《原本玉篇》作恥郎反。

託字他各反，《原本玉篇》云：或爲侂字，在人部。《名義》侂字音恥各反。

歎字他旦反，《原本玉篇》云：或爲嘆字。《名義》嘆字音敕旦反。

惄字恥南反，《原本玉篇》云：字書古文貪字也。《名義》貪字音吐含反。

饕字敕高反，《原本玉篇》云：或爲叨字。《名義》叨字音他勞反。

能字敕賚反，或態字。但態字作他戴反。

怵字他出反，《今本玉篇》丑律切。

此外《名義》以此類切上一類字者尚多（詳後）。

（12）徒類　　徒達胡屠達胡待達改大達賴題達奚土達盧殆達改達徒割同徒東杜徒鼓度徒故唐徒當道徒老臺徒來

（13）除類　　除雉居柱雉縷雉除理丈除兩治除理池除知遲除梨紂除柳宅除格陳除珍長除良直除力杖直兩馳直離廚馳俱儲直於腸儲良

　　　　　　　持（達饑）

案“除”以下諸字與上一類不相系聯，但書中仍有通用者，例如：

鼕字除龍反，《原本玉篇》除隆反。“鼕”與“鼜”同，皆訓鼓聲，《名義》鼕字則作徒冬反。

徲字丈奚反，《今本玉篇》大奚切。

重字卷首部目音徒隴反，卷中作除龍反，《今本玉篇》音直隴切，又直龍切。

徥字度指反，《今本玉篇》丈尒切。

喋字大甲反，《今本玉篇》丈甲切。

寀字大加反，《今本玉篇》丈加切。

棌字大加反，《今本玉篇》丈加切。

阜部隚字大加反，《原本玉篇》及《字鏡》同，《今本玉篇》音丈加切。

尸字徒立反，《字鏡》同，《今本玉篇》音直立切。

濯字徒角反，《字鏡》同，《今本玉篇》直角切。

濁字徒角反，《今本玉篇》直角切。

又持字達饑反，《今本玉篇》直之切。此字當在此類。

3. 泥組

（14）女類　　那乃多乃奴改弩奴古怒奴古奴怒胡狃乃久

女 挈 舉 挈女猪 尼女飢 絮女於

案"女"以下四字雖不能與上系聯,但實爲一類。即如"狃、紐"二字同音,"狃"《名義》音乃久反,"紐"則音女九反(《原本玉篇》同),是"女"與"乃"爲一類。《今本玉篇》"狃"音女久切。又如:譊字《名義》狃交反,《原本玉篇》同,《今本玉篇》作女交切;呶字《名義》女交反,怓字《名義》乃交反,《今本玉篇》女交反;譳字《名義》女逅反,《原本玉篇》同,《今本玉篇》作奴豆切。亦可證女字與上同類。

(15)如類　　而如之人如真仁如親如仁餘讓如尚耳如始爾如紙辱如辱ˣ汝如舉儒如俱乳如庾柔如周

案而字卷首部目作如之反,卷中作奴之反,"奴"蓋爲如字之誤,"奴、如"形音相近易誤。但《今本玉篇》以"奴、乃、女"爲切之字,《名義》每以"如、汝"爲切;《今本玉篇》以"如、汝、而"爲切之字,《名義》又每以"女、乃"爲切。是此類切字之應用常與前一類相混,例如:

瓔字如勞反,《今本玉篇》奴刀切。

㚖字《名義》如涉反,部目同,《原本玉篇》女涉反,《今本玉篇》同。

絫字絮(當是如字之誤)胡反,《原本玉篇》同,《字鏡》如胡反,《今本玉篇》作㝖,乃乎切。

疧字如亥反,《今本玉篇》奴亥切。

痲字汝才反,《今本玉篇》女才切,《廣韻》奴來切。

茶字汝結反,《今本玉篇》作奴結切。

笯字如胡反,《今本玉篇》乃胡切。

泥字如鷄反,《字鏡》奴雞反,《今本玉篇》同。

孃字如章、如掌二反,《字鏡》女良反,《今本玉篇》女良、如常二切。

捼字而和反,《今本玉篇》奴和切。

搦字如卓反,《今本玉篇》女卓切。

瘵字如曷反,《今本玉篇》奴曷切。

柅字如禮反,《今本玉篇》奴禮切。

綍字女兗反,《原本玉篇》同,《今本玉篇》作如兗切。

瞁字女兗反,《字鏡》同,《今本玉篇》作汝兗切。

曩字乃章反,《今本玉篇》而章切。

蚭字汝尸反,《今本玉篇》女尼切。

此類情形亦見於《經典釋文》,如《釋文》:

襦字女俱反,《名義》仁瑜反。

内字如銳反,《名義》奴對反。

糅字如救反,《名義》女溜反。

女字而據反,《名義》挐舉反(上聲)。

(16)力類　來力該傈力追盧力胡魯力古李力子良力章梁力將閭力居縷力禹律力出慮力據郎力當理力紀略力灼輪力均陵力升陸力鞠涼力醬力呂職路呂故離呂支吕梁渚旅閭舉里旅擬六旅鞠洛閭各

4. 精組

(17)子類　子咨似咨子辭姿子私貲子離資子夷兹子狸祖子魯走子后作子各績子狄哉子來即子力將子羊尊子昆則子勒嗟則耶左咨可

(18)且類　且千野猜千才千且田措且故取且禹趨且瑜酢且故次且吏此且紫親且鄰漆且栗青且經清且盈倉且郎厝且洛麁且胡七且慄雎七餘錯七各㤙青公雌此移采

案采字《名義》脱,《今本玉篇》且在切。

(19)似類　似嗣理嗣囚吏因辭留隨辭㖟辭似次禍似滋詞似兹祥似陽詳似良秦似津靜〔或瀞似政〕材似來情似盈酋似流徐似居祀徐理敘徐舉坐徐果自徐利遒徐留徂似都祚徂故存徂魂在存改殂在呼齊在奚財在裁才在來前在田昨前各字辭咨聚辭縷疾詞栗廥疾漿慈材兹

頌與恭

案“頌”《今本玉篇》又似用切。

(20)思類　思胥辭須胥瑜司胥蠡心胥林胥思餘昔思亦斯思移三思甘息思力桑思郎悉思慄恤思律先思賢相先亮髓先累綏髓惟私斯梨

蘇素胡素蘇故訴蘇故索蘇各

案“蘇”以下四字與上雖不相聯,實同一類,例證如下:

三字思甘反,但部目作蘇甘反。

悚字思穀反,《原本玉篇》云:或爲愳字。《名義》“愳”音蘇鹿反。

曐字蘇庭反,《原本玉篇》云:今爲星字,在日部。《名義》“星”音思庭反。

5. 莊組

(21)側類　莊阻陽阻側於戴側冀側俎棘壯俎亮俎壯旅

(22)楚類　楚初旅初楚居差楚佳釵楚佳創楚良惻楚力叉側×(惻)加

(23)仕類　仕助理助俎據俎鋤仕吕事仕廁士事几

俟胡×死

雛_(敘趨)

案俟字《名義》反切有誤。《原本玉篇》云：廄，助雉反，字書或俟字也。依助雉反，此字當在此類。雛字音敘趨反，“敘”屬似類。此爲類隔切。《廣韻》仕於切，則此字當屬此類。

（24）所類　所_師旅_師所_飢使_所理_疏疎_{所居}山_{所間}生_{所京}色_{所力}

6. 章組

（25）之類　之_止怡_{止之}視_{支之}移_紙之_是志_{之異}朱_{之瑜}執_{之入}正_{之盛}至_{之異}諸_{至餘}者_諸野_章諸_羊衹_{諸時}

（26）充類　齒_蚩始_蚩充_之昌_{充陽}處_{充與}姝_{充殊}充_{齒戎}尺_{齒之}出_{尺述}亦_{昌亦}

（27）時類　時_是之_市是_止是_時紙_恃時_止視_{時旨}樹_{時注}恃_{時至}上_{時讓}殊_{時珠}承_{殊陵}嘗_{視楊}

（28）舒類　始_舒以_詩舒_之施_{舒移}首_{舒酉}升_{舒丞}傷_{舒楊}式_{舒力}舒_尸諸_尸施_衹舍_{式夜}

7. 見組

（29）古類　姑_故胡_鼓故_戶古_{故戶}故_{古護}公_{古紅}瓜_{古華}光_{古光×(黃)}穀_{古斛}桂_{古惠}戈_{古和}廣_{古晃}偕_{古駭}佳_{古崖}江_{古尨}雞_{古奚}過_{古貨}孤_{古胡}鈎_{古侯}郭_{古穫}功_{古同}葛_{功遏}哿_{公可}告_{公篤}賈_公嫁_{姑暇}

柯_割多_割柯_曷各_{柯洛}加_{柯瑕}格_{柯額}庚_{柯衡}干_{柯寒}皆_{柯諧}

結_(吉姪)

革_(居核)耕_(居萌)

案“柯”以下八字不與上列諸字系聯，但實同一類。柯，《今本玉篇》音哥，哥，《名義》古何反。又柯字所切之諱字，《名義》柯核反，《原本玉篇》云：字書或爲悷字，在心部。考《名義》“悷”音公翮反，由此足證“柯”與古公同類也。又結字以“吉”爲切，“革、耕”二字以“居”爲切，“吉、居”屬下一類。但“結”與“革、耕”二字所切皆屬此類。

（30）居類　吉_居實_癸吉_揆記_{居意}據_{居豫}紀_{居擬}九_{居有}君_{居云}弓_{居雄}京_{居貞}歸_{居暉}畸_{居儀}冀_{居致}己_{居喜}久_{居柳}救_{居宥}踦_{居綺}舉_{居與}居_{舉隆}枳_{居紙}季_{枳悸}

几_羈俟_飢羈_治景_羈影_羈荊_猗荊_{景貞}

嬀_詭爲_詭俱_毀矩〔或_榘俱_禹〕俱_{矩俞}句_{俱遇}

案“吉”以下不與上系聯，自成一類。但“革、耕”二字不用古類字爲切，而用“居”爲切，結字作吉姪反（《原本玉篇殘卷》同），不用“古”，而用“吉”，是古、居兩類相通。又“几”以下五字與“吉”等不相系聯。几，《名義》羈俟反，《今本玉篇》居履切；“羈”《名義》荊猗反，《今本玉篇》居猗切，是“羈”與“居”聲同。

又《名義》"謇"居展反，《原本玉篇》云：或爲蹇字，在足部。《名義》"蹇"音羈璉反，羈璉反即居展反，可證"居、羈"發聲相同。"嫣"以下五字不能與上系聯。"媿"音嫣媚反，《原本玉篇》云：或爲媿字，在女部。《名義》"媿"音居位反，是"居、嫣"聲同一類也。

（31）口類　苦枯魯枯苦胡口苦後可口我空口公揩口皆孔口董楷口駭渴口遏恪〔或窓口咢〕喟口怪

（32）丘類　曲丘玉起丘紀丘去留欺去其卻去略羌去央企去跂區去魚匡區方墟去魚去墟據祛去于慶祛敬綺祛倚

案"曲"以下十四字與"苦"等不相系聯，自成一類。《原本玉篇》及《名義》"嶇"丘隅反，《原本玉篇》云：《説文》爲陬字。檢《原本玉篇》及《名義》"陬"作苦俱反。"嶇、陬"字同音同，反切上字或用"丘"或用"苦"，是"丘"與"苦"相通。又如"鵂"《名義》丘牙反，《今本玉篇》作客牙切；"扣"《名義》祛後反，《今本玉篇》作枯後切；"郰"《名義》揩彤反，《今本玉篇》作輕彤切；"泣"《名義》口立反，《今本玉篇》作去急切；亦足見兩類之通。

（33）渠類　巨渠舉具渠履劬渠俱遽渠庶柜渠舉鉅渠語仇渠牛求渠留臼渠九勤渠巾期渠基祇渠支芰渠智近渠謹其渠基渠其口竭渠烈奇竭知乾奇焉璩矩於懼巨句瞿懼俱戄懼虞局戄録

　　　　距（居旅）

案距字依所切字當在此類。《今本玉篇》渠吕切。《原本玉篇》言部"詎"渠據反，注云：字書或爲距字，在足部。是距字亦讀同此類。

（34）魚類　我吾可五吾鼓仵五故午吾鼓吾誤都誤魯誤牛故吳牛胡牛魚周牙魚加雅魚琨愚魚俱言魚韄御魚據義魚琦月魚厥彦魚箭語魚舉儀語奇魚語居疑魚基娛疑區遇娛句危遇爲虞牛俱獄虞緑

　　　　宜蟻奇蟻〔或螘宜倚〕

案"宜、蟻"二字互切，故不能與以上諸字系聯。宜，《今本玉篇》音魚奇切，誼，《名義》宜寄反，《原本玉篇》作魚寄反，是"宜、魚"聲同一類。

8. 曉組

（35）呼類　呼火胡火呼果虎呼杜焕呼换海呼亥訶呼多呵呼多化呼霸荒呼黄黑部目呼勒霍呼郭

（36）虛類　許虛語興虛凝香虛良然虛謬希虛依嬉虛之欣許斤皶許力義皶奇熙假ˣ（欣）疑喜欣里忻喜闔戲忻義虛（去餘，《今本玉篇》丘居切，又許魚切）

　　　　暉盱飛盱休俱休

吁往於詡呼甫，《原本玉篇》吁雨　況呼放，又詡誑

麾（呼爲）

案“許”以下與上一類不相系聯，但《名義》中有以呼類字切本類者，例如：

邖字黑言反，《今本玉篇》音許斤切。

伮字霍域反，《今本玉篇》音許域切。

曤字呼縛反，《今本玉篇》音許縛切。

唏字呼几反，《今本玉篇》音許几切。

咦字火尸反，《今本玉篇》音喜夷切。

潏字呼違反，《今本玉篇》音許韋切。

由此可見“呼、虛”兩類字相通。又“暉、旴、休”三字因《名義》脫休字故不能系聯。《原本玉篇》广部麻字音盧（“虛”之誤）鳩反，注云：《説文》亦休字也，在木部也。《字鏡》“休”音虛鳩反，《今本玉篇》同。足證“休、虛”同類。吁，《名義》作往於反，《今本玉篇》虛于、往付二切。“吁”當屬此類，例如“咺”《名義》音吁遠反，《今本玉篇》作呼遠反可證。麾字音呼爲反，但所切均爲三等字，故歸入本類。

（37）胡類　胡護徒護胡故戶胡古互胡故扈胡古后胡走侯胡溝黄胡光緩胡管會胡外奚胡題諧胡階核胡改穴胡決衡胡庚紅胡工和胡戈候胡遘厚胡苟後胡狗華胡瓜壚胡鹹獲胡鹹形胡經駭胡騃秸胡雞何何ˣ（胡）可賀何佐遐何加下遐雅行遐庚杏遐梗荷賀河賀柯、戶多乎戶枯悦胡拙尹胡准越胡厥爲胡嫣鮪爲軌榮爲明核爲革解核灑叡解革、械革械

于禹俱迃禹俱竽禹朱往禹冈尤禹由王禹方右禹九曰禹月有于九又有救雄有宫雨有詡禹

案械字《名義》脫，《今本玉篇》亥誡切，《名義》亥，河改反。禹字《名義》脫，《今本玉篇》于矩切。悦字《名義》胡拙反，《今本玉篇》作余拙切，蓋後世之音變。悦字於敦煌出土之唐寫本漢藏對音《千字文》内讀爲喻母三等（見羅莘田先生《唐五代西北方音》第 25 頁），喻母三等字古讀同匣母，《名義》中“尹、越、爲”等字均以胡字爲切是其明證（別見曾運乾《喻母古讀考》），然則“悦”音胡拙反正相符合。又“于”以下十三字不能與上系聯。《名義》“云”音于勳反，部目則作胡熏反；又“寎”《名義》音胡甫反，《原本玉篇》云：古文寓字。寓，《名義》音于甫反，是“胡、于”當同一類。又“尹、越、爲”諸字《今本玉篇》皆用“于”等字爲切，而《名義》均以胡爲切，足證“胡、于”相同，故不分爲兩類。

9. 影組

（38）於類　於憶間、猗居乙猗室英猗京猗於宜烏於胡遏於曷鴉於牙郁於陸屋於鹿鄔於古

焉於連意於記姻於神一於逸阿於何伊於時鳴於胡汙於故央於良安於韓紆於于憶。

案憶字《名義》脱,《今本玉篇》於力切。

(39)餘類　余予諸予翼諸俞翼朱瑜翼珠唯翼誰翼職庚餘乳甬餘種預餘據以餘理夷餘之移餘支羊餘章楊餘章欲餘燭翌餘識遊餘周酉餘尋愈瑜主踰庚俱喻踰句弋夷力餘與居萸與朱諛與珠與餘據

惟役葵役惟辟

説(始悦)

已(徐理)

案“惟、役”互切,故不與以上諸字系聯,然實同一類。惟字《名義》音役葵反,《今本玉篇》作弋佳切;《名義》覆字音惟辟反,又音唯壁反;是其證。説字《名義》始悦反,《今本玉篇》又余輟切。已字《名義》徐理反,《今本玉篇》又弋旨切。今據二字所切之字音列此。

(二)反切上字切字數目

1. 幫組

(1) 補類 24 字

補221　俾33　卑29　彼24　鄙17　碑15　博10　逋8　祕6　比5
百3　北3　布2　伯2　波2　陂2　筆2　保1　卜1　包1
畢1　必1　匕1　逼1

(2) 甫類 12 字

甫101　方58　夫7　弗5　不5　非3　府2　趺2　富1　返1
風1　邠1

(3) 普類 9 字

普111　匹66　叵7　怖2　濞2　鈹2　剖1　配1　浦1

(4) 孚類 9 字

孚72　芳27　妨22　撫15　豐2　副1　斐1　訪1　赴1

(5) 蒲類 22 字

蒲155　薄61　皮49　菩34　裨32　阰11　並7　平6　鼻6　部5
白4　被3　避3　稗2　婢2　捕1　帛1　瓶1　辟1　備1
辨1　頻1

(6) 扶類 12 字

扶199　輔13　附9　浮9　負4　防2　凡2　服2　伏2　房1

釜1　　苻1
　　(7)莫類33字
莫265　亡182　無45　武38　妄32　靡26　彌18　明14　眉10　弭9
美5　　馬5　　麥5　　忘4　　摩4　　模4　　綿3　　萬2　　縻2　　罔2
冥2　　謨2　　邈2　　茅2　　民1　　文1　　縻1　　盲1　　麻1　　蘪1
猛1　　漠1　　芒1
　　2.端組
　　(8)都類11字
都190　丁163　多15　當4　　東4　　丹1　　旦1　　怛1　　斗1　　典1
妬1
　　(9)竹類14字
竹79　　猪38　　知31　徵22　張13　陟8　　致6　　貞4　　中4　　珍4
智2　　腒1　　忠1　　筑1
　　(10)他類10字
他169　吐28　　湯8　　通8　　泰6　　託5　　撻4　　太2　　天2　　禿1
　　(11)丑類8字
丑97　　敕94　　恥51　抽3　　癡1　　褚1　　攄1　　暢1
　　(12)徒類14字
徒435　達139　大44　杜7　　唐6　　同5　　待3　　度3　　臺2　　屠1
土1　　題1　　殆1　　道1
　　(13)除類18字
除107　直48　　雉77　治21　丈20　馳14　儲9　　池3　　長3　　持2
宅2　　廚2　　腸2　　柱1　　遲1　　紵1　　陳1　　杖1
　　3.泥組
　　(14)女類10字
女104　奴81　　乃72　那5　　狃5　　拏3　　尼3　　弩2　　怒2　　絮1
　　(15)如類12字
如174　而24　　仁15　汝12　人9　　讓9　　儒4　　耳3　　乳3　　爾2
辱1　　柔1
　　(16)力類26字
力822　呂44　　來38　閭32　旅26　理18　良11　里7　　梁4　　洛3

路3　　縷3　　陵3　　李2　　略2　　陸2　　僇1　　盧1　　魯1　　慮1

郎1　　輪1　　涼1　　離1　　六1　　律1

4. 精組

（17）子類 17 字

子443　　作21　　咨8　　祖8　　資3　　即2　　左2　　姿1　　貲1　　兹1

走1　　績1　　將1　　尊1　　則1　　嗟1　　哉1

（18）且類 22 字

且193　　千38　　七32　　此15　　青14　　倉9　　怱5　　次4　　采4　　趨3

麁3　　錯3　　措2　　親2　　厝2　　雎2　　雌2　　猜1　　取1　　酢1

漆1　　清1

（19）似類 37 字

似106　　才75　　辭64　　徐64　　在50　　詞13　　囚12　　敘10　　徂10　　祀7

袖7　　存6　　昨6　　字5　　聚5　　慈5　　祥4　　材4　　疾4　　財4

自2　　遒2　　嗣1　　隨1　　祠1　　詳1　　頌1　　巳1　　秦1　　靜1

情1　　坐1　　酋1　　廧1　　殂1　　齊1　　前1

（20）思類 21 字

思213　　先131　　蘇49　　胥39　　桑38　　相25　　息19　　素11　　須5　　斯4

綏3　　索2　　司1　　心1　　昔1　　三1　　悉1　　恤1　　髓1　　私1

訴1

5. 莊組

（21）側類 6 字

側55　　壯33　　俎21　　莊18　　阻6　　戢2

（22）楚類 7 字

楚70　　叉29　　初12　　惻2　　創2　　差1　　釵1

（23）仕類 7 字

仕77　　士14　　助6　　鉏5　　事4　　俟2　　雛1

（24）所類 7 字

所168　　山49　　使5　　疏3　　師2　　生1　　色1

6. 章組

（25）之類 13 字

之287　　諸44　　至14　　止11　　章4　　支3　　朱2　　祇2　　紙1　　志1

執$_1$　　正$_1$　　者$_1$

　　（26）充類9字

充$_{64}$　　齒$_{43}$　　昌$_{20}$　　尺$_7$　　蚩$_3$　　妹$_2$　　處$_1$　　出$_1$　　赤$_1$

　　（27）時類11字

時$_{163}$　　視$_{58}$　　是$_{27}$　　上$_{16}$　　市$_6$　　殊$_6$　　嘗$_2$　　侍$_1$　　恃$_1$　　樹$_1$
承$_1$

　　（28）舒類10字

舒$_{79}$　　尸$_{41}$　　式$_{39}$　　始$_{21}$　　詩$_{17}$　　施$_5$　　傷$_5$　　升$_2$　　首$_1$　　舍$_1$

　　7. 見組

　　（29）古類36字

古$_{442}$　　公$_{230}$　　柯$_{57}$　　故$_{19}$　　姑$_{13}$　　鼓$_6$　　光$_5$　　各$_5$　　加$_4$　　耕$_4$
功$_3$　　革$_3$　　瓜$_2$　　穀$_2$　　鷄$_2$　　孤$_2$　　鉤$_2$　　告$_2$　　格$_2$　　庚$_2$
干$_2$　　結$_2$　　桂$_1$　　戈$_1$　　廣$_1$　　偕$_1$　　佳$_1$　　江$_1$　　過$_1$　　郭$_1$
葛$_1$　　嫁$_1$　　哿$_1$　　賈$_1$　　割$_1$　　皆$_1$

　　（30）居類30字

居$_{333}$　　九$_{44}$　　記$_{30}$　　俱$_{23}$　　羈$_{20}$　　几$_{13}$　　擧$_8$　　紀$_5$　　吉$_4$　　君$_4$
冀$_4$　　荆$_4$　　嬌$_4$　　枳$_3$　　京$_3$　　畸$_3$　　己$_3$　　季$_3$　　飢$_3$　　據$_2$
矩$_2$　　詭$_2$　　弓$_1$　　癸$_1$　　歸$_1$　　久$_1$　　救$_1$　　景$_1$　　句$_1$　　踦$_1$

　　（31）口類11字

口$_{233}$　　苦$_{110}$　　枯$_{28}$　　空$_{13}$　　可$_9$　　恪$_5$　　揩$_4$　　孔$_3$　　楷$_2$　　渴$_1$
喟$_1$

　　（32）丘類14字

丘$_{103}$　　去$_{70}$　　袪$_{14}$　　墟$_5$　　區$_4$　　綺$_4$　　起$_3$　　欺$_2$　　卻$_2$　　企$_2$
匡$_2$　　曲$_1$　　羌$_1$　　慶$_1$

　　（33）渠類25字

渠$_{308}$　　奇$_{39}$　　瞿$_9$　　距$_9$　　衢$_8$　　其$_7$　　巨$_5$　　仇$_5$　　求$_5$　　勤$_4$
具$_3$　　劬$_3$　　鉅$_3$　　近$_3$　　懼$_3$　　臼$_2$　　竭$_2$　　遽$_1$　　秬$_1$　　期$_1$
祇$_1$　　芨$_1$　　乾$_1$　　璩$_1$　　局$_1$

　　（34）魚類28字

魚$_{145}$　　牛$_{121}$　　五$_{113}$　　午$_{35}$　　吾$_{28}$　　語$_{20}$　　宜$_{17}$　　娱$_6$　　吳$_5$　　言$_5$
我$_4$　　遇$_4$　　雅$_3$　　伍$_3$　　誤$_2$　　義$_2$　　彦$_2$　　儀$_2$　　疑$_2$　　牙$_1$

愚 1　　御 1　　仵 1　　月 1　　危 1　　虞 1　　獄 1　　蟻 1

8. 曉組

（35）呼類 11 字

呼 302　火 31　虎 6　霍 6　訶 4　荒 2　煥 1　海 1　呵 1　化 1
黑 1

（36）虛類 21 字

虛 85　許 50　欣 34　詡 20　肝 18　羲 9　吁 5　麾 4　況 4　休 3
喜 3　忻 3　香 2　興 2　戲 2　然 1　希 1　嬉 1　虓 1　暉 1
熙 1

（37）胡類 58 字

胡 680　禹 91　何 54　下 48　爲 42　有 36　于 28　戶 16　尤 14　遐 13
核 9　乎 9　尹 8　侯 7　奚 6　後 6　扈 5　荷 4　迂 4　形 3
解 3　又 3　護 2　互 2　后 2　諧 2　紅 2　厚 2　爐 2　獲 2
覈 2　鮎 2　榮 2　黃 1　緩 1　會 1　核 1　穴 1　衡 1　和 1
候 1　華 1　杏 1　駭 1　秸 1　賀 1　行 1　河 1　械 1　越 1
竿 1　往 1　王 1　右 1　雨 1　曰 1　雄 1　悅 1

9. 影組

（38）於類 22 字

於 578　烏 73　乙 33　猗 28　郁 11　一 10　紆 10　英 2　屋 2　焉 2
阿 2　伊 2　遏 1　鴉 1　鄔 1　意 1　姻 1　嗚 1　汙 1　央 1
安 1　憶 1

（39）餘類 30 字

餘 242　余 81　與 80　翼 33　瑜 23　以 23　弋 20　庚 15　惟 8　俞 6
夷 6　由 5　唯 5　役 3　予 2　移 2　羊 2　説 1　預 1　楊 1
欲 1　翌 1　遊 1　酉 1　愈 1　踰 1　黃 1　諛 1　已 1　甬 1

（三）聲類討論

以上就反切上字之反切據音系聯，得 39 類：

幫組　　補　甫　普　孚　蒲　扶　莫
端組　　都　竹　他　丑　徒　除
泥組　　女　如　力
精組　　子　且　似　思

莊組	側	楚	仕	所		
章組	之	充	時	舒		
見組	古	居	口	丘	渠	魚
曉組	呼	虛	胡			
影組	於	餘				

此 39 類所代表之實際聲類尚須討論。今利用反切系聯所得參照切字實際情況略論如下：

1. 幫組

《廣韻》幫組字等韻家概括爲幫滂並明非敷奉微八母，以幫滂並明爲重脣音，以非敷奉微爲輕脣音。《萬象名義》反切上字共爲七類。補類與甫類、普類與孚類、蒲類與扶類雖各有互用之例（如第一節內所舉），但爲數不多，實當各分爲二。補、普、蒲三類所用反切上字，皆爲等韻家所説重脣音字；甫、孚、扶三類所用反切上字，皆爲等韻家所説輕脣音字；秩然不紊。前三類既爲重脣音，當讀爲 p、pʻ、b。後三類字皆爲三等合口字，既與前三類分用，可證並非單純爲辨類而然，當時此三類語音必已由重脣音分化而讀爲脣齒音矣。但又未必即讀如現代之 f，以其尚有與重脣二類互用之例，據此推測，當時可能讀爲 pf、pfʻ、bv 一類之音。補類之"卑、鄙、彼"等字，《廣韻》以"府"字或"方"字爲切，蒲類之"平、皮、毗"等字，《廣韻》以"符"字或"房"字爲切，皆爲類隔切，實際讀音當同爲重脣，《名義》反切分辨至明，清陳澧系聯《廣韻》反切以此等字皆歸入輕脣，後之考中古音者，又拘牽等韻，定此等字與輕脣音同爲三等 j 化音（如高本漢之《中國音韻學研究》），皆與古不合。

至於莫類，後日已分爲明微兩母，但自《名義》反切觀之，實爲一類，尚未分化。不僅"美、彌、弭、邈、茅、莫"等反切用字以"妄、亡、無"等字爲切，書中以重脣音字切後日之輕脣音字，或以輕脣音字切後日仍讀爲重脣音字者尚多。《今本玉篇》則皆據後日之音有所改動矣，例如：

	《名義》	《今本玉篇》			《名義》	《今本玉篇》
問	莫雲反	武云切		墓	武故反	莫故切
問	莫奮反	亡糞切		旼	亡巾反	莫彬切
吻	莫粉反	武粉切		鄍	亡丁反	莫丁切
汝	莫云反	亡分切		顠	亡丁反	莫丁切
娏	亡江反	莫江切		嫣	亡古反	莫補切

	《名義》	《今本玉篇》			《名義》	《今本玉篇》
墓	武故反	莫故切		嬤	妄勒反	莫勒切
傴	亡亞反	莫亞切		瞖	亡北反	莫北切
㡮	亡八反	莫刮切				

由此可證莫類尚未分化爲二,其音當讀爲 m。

2. 端組

《廣韻》端組字等韻家分爲端透定知徹澄六母。以端透定爲舌頭音,知徹澄爲舌上音。《萬象名義》反切用字亦分爲都竹他丑徒除六類。都他徒三類相當於端透定,竹丑除三類相當於知徹澄。惟都類與竹類、他類與丑類、徒類與除類尚有互切者。互切之例雖多於脣音一組,但分用者數量極大,未可因有少數例外而不辨其界畫也。其中都類與竹類之間,以都類字切竹類字者爲多;徒類與除類之間,情形相同,亦以徒類字切除類字者爲多。例已見前。惟他類與丑類之間,皆以丑類字切他類字,例如:

	《名義》	《今本玉篇》			《名義》	《今本玉篇》
倜	恥激反	他激切		儻	敕朗反	他朗切
惕	恥激反	他激切		嘽	敕丹反	他丹切
太	恥賴反	他大切		噉	敕感反	他感切
䫴	恥見反	他見切		探	敕含反	他含切
鬄	恥歷反	他歷切		恫	敕公反	他東切
討	恥老反《原本玉篇》同	他倒切		悿	敕顯反	他典切
忝	恥簟反	聽簟切		滔	敕高反	土牢切
痛	恥楝反	聽楝切		汀	敕丁反	
健	敕剌反	他達切				

此類被切字皆爲一、四等字,故不見以他類切丑類之例。由都竹、他丑、徒除互切之例觀之,可知竹、丑、除三類即由都、他、徒三類分化而來,其發音方法與發音部位與都、他、徒三類亦必相近。都、他、徒讀爲 t、tʻ、d,竹、丑、除蓋讀爲 t̂、t̂ʻ、d̂。

3. 泥組

宋代等韻泥孃來日四母,"奴、乃、那"等爲泥母字,"尼、女"等爲孃母字,"來、盧、力、郎"等爲來母字,"如、汝、儒、而"等爲日母字。《萬象名義》反切分爲女、如、力三類。女類相當泥孃兩母,如相當日母,力相當來母。惟《今本玉篇》泥母一類字,如"瓔、疕、效、泥、瘥、柅"等字《名義》皆以如字爲切,"痡、茶"等字《名義》皆以"汝"字爲切。而《今本玉篇》則一律以"奴"字爲切。《今本玉篇》孃母一類字,如"孃、搦、蚭"等字以女字爲切者,《名義》則用"如"或用"汝"爲切。《今本玉篇》日母一類字,如"繰、瞁"等字以"如、汝"爲切者,《名義》則又用女字爲切(反切並見前)。是《名義》女、如兩類聲音相近,故有時相混("奴、如、女、汝"四字形體相近,《名義》反切中亦必有傳寫誤亂者,但不能完全委之於字誤)。女、如兩類蓋讀 n、ń(梵文字母 ñ 六朝人以"若"字對譯,"若"爲日母字),力當讀 l。

　　4. 精組

　　《廣韻》精組字等韻家分爲精清從心邪五母,《萬象名義》則分爲子、且、似、思四類。子相當精母,且相當清母,思相當心母,似類則包括從邪二母字。《今本玉篇》從邪有分,而《名義》中以邪母字切從母字者頗多,例如:

	《名義》	《今本玉篇》		《名義》	《今本玉篇》
褿	似勞反	才刀切	情	似盈反	疾盈切
瓇	似瞀反	疾刃切	憕	似冬反	殂冬切
坐	徐果反	疾果、疾臥二切	憨	辭甘反	昨酣切
倢	似蕑反	才見切	怍	辭各反	疾各切
佽	徐慄反	秦慄切	恢	似慄反	秦慄切
就	徐溜反	才救切	請	似盈反	疾盈切
自	徐利反	疾利切	誎	似慄反	自栗切
睉	似戈反	昨戈切	徂	似都反	在胡切
噍	徐笑反	才笑切	疾	訶栗反	才栗反
嚼	徐略反	疾略切	秦	似津反	
阮	似兖反	徂兖切	靜	似政反	
噈	徐歷反	前歷切	聚	辭縷反	
呲	似離反	呲疾離切	騙	辭田反	才田反
捷	徐獦(獵)反	疾葉切	騬	似陵反	才陵反

書中間亦有以從母字切邪母者,如"佯"音在羊反(《今本玉篇》作似羊切),"松"音聚恭反(《今本玉篇》作徐容切),"㷥"音慈醉反(《今本玉篇》作似醉切)等,但爲數不多。由此可知顧野王《原本玉篇》從母、邪母爲一類。陸德明《經典釋文》中亦不乏此例,如:

	《釋文》	《廣韻》		《釋文》	《廣韻》
聚	似主反又俗裕反	慈庾切	蝤	似脩反	自秋切
瘁	似醉反	秦醉切	踐	似淺反	慈演切
樵	似遥反	昨焦切	騬	辭陵反	疾陵切

此類字《廣韻》皆爲從母字,《釋文》亦以邪母字爲切,與《名義》相同。《名義》精組子、且、思三類當讀爲 ts、ts'、s,至於似類,推想不讀爲 dz,即讀爲 z。但《玉篇》與《經典釋文》所注讀音均爲江東音,以《顏氏家訓》所言江南語音考之,則可定爲讀 dz。《家訓·音辭》篇論南北語音之異云:"其謬失輕微者,則南人以錢爲涎,以石爲射,以賤爲羨,以是爲舐。"《廣韻》"錢、賤"爲從母字,"涎、羨"爲邪母字,南人以"錢"爲"涎"、以"賤"爲"羨"者謂讀"涎"爲"錢"、讀"羨"爲"賤",是江東語音邪母讀爲從母,音 dz,不音 z。《家訓·書證》篇云:"或問曰:東宮舊事何以呼鴟尾爲祠尾? 答曰:張敞者,吳人,不甚稽古,隨宜記注,逐鄉俗譌謬,造作書字耳。吳人呼祠祀爲鴟祀,故以祠代鴟字。"案《廣韻》脂韻"鴟"音處脂切,爲穿母三等字,穿母爲塞擦音,顏之推謂吳人呼"祠祀"爲"鴟祀","祠"爲似類字,據此亦可證吳語似類讀爲塞擦音,而非擦音。又精組似類與莊組仕類(即等韻牀母二等)《名義》中亦有互切之例,如甓字音昨江反,"昨"爲似類字,《今本玉篇》音仕江切,"仕"爲仕類字。《廣韻》江韻作士江切,與《今本玉篇》同,《廣韻》江韻有莊組字,而無精組字,《名義》"甓"音昨江反,與《今本玉篇》音仕江切當屬於音系中同一音節。又淙字《名義》音仕宗反,"仕"屬仕類,《今本玉篇》音在宗切,"在"屬似類,《廣韻》冬韻作藏宗切,與《今本玉篇》同,《廣韻》冬韻有精組字,而無莊組字,《名義》"淙"音仕宗反,與《今本玉篇》音在宗切亦當屬於音系中同一音節。《名義》音系中精組似類與莊組仕類有別,"甓"音昨江反,"淙"音仕宗反,爲類隔切,莊組仕類爲塞擦音(詳下文),則精組似類亦爲塞擦音無疑。

　　5. 莊組

　　《廣韻》照穿牀審二等字,即陳澧《切韻考·外篇》莊初牀疏四母,《萬象名義》分爲側、楚、仕、所四類,與《廣韻》分類相同。側相當莊母,楚相當初母,仕相當牀母,所相當疏母。此四類讀音當與精組子、且、似、思四類相近。《名義》中精莊兩組頗有互切之例,例如:

	《名義》	《今本玉篇》	《廣韻》
摣	子加反	仄加切	側加切

	《名義》	《今本玉篇》	《廣韻》
稫	子角反	側角切	側角切
婼	七角反	測角切（測，原誤作"側"）	測角切
觯	仕兀反	在兀切	昨没切
辥	仕滑反	在滑切	昨没切
褶	使旅反	私呂切	私呂切
唆	山戈反	蘇戈切	蘇禾切
郋	素教反	所教切	所教切

由此可見莊組與精組音近。精組爲 ts、ts'、dz、s，莊組必與 ts、ts' 音接近。據六朝所譯佛典中梵文 ṣa 一般皆以"沙"或"灑"對譯觀之，"沙、灑"皆所類字，如所類讀 ṣ，則側、楚、仕三類發音部位當與所類相同，讀爲 tṣ、tṣ'、dẓ。

6. 章組

《廣韻》照穿牀審禪三等字五類，即陳澧《切韻考·外篇》照穿神審禪五母，《萬象名義》分爲之、充、時、舒四類。之相當照母，充相當穿母，舒相當審母，時則包括神（牀三）禪二母。《今本玉篇》神禪有別，而《名義》反切上字只有禪母一類字，而無神母。凡《今本玉篇》及《廣韻》神母字《名義》皆以禪母字爲切，例如：

	《名義》	《今本玉篇》	《廣韻》
示	時志反		神至切
神	視仁反		
食	是力反		
繩	視升反，《原本玉篇》同		食陵切
舌	視列反		食列切
曷	視爾反	神爾切	
船	時專反		食川切
射	時□反		神夜切
脣	視均反	食倫切	
術	時橘反	食聿切	
孰	視鞠反	示六切	
愢	視陵反	食陵切	
贖	時燭反	神蜀切	

據此可知《今本玉篇》及《廣韻》分別神禪，顧氏《原本玉篇》則有禪無神。《經典釋文》亦然，如"抒"音時女反，"諡"音時志反，"贖"音常戍反等皆以禪母字切神母字。

此組之、充、舒三類推測當讀 tś、tś'、ś。梵文字母 c、ch、j、jh 六朝時以"遮、車、闍、饍"四字對譯，"遮"爲照母三等字，"車"爲穿母三等字，"闍、饍"爲禪母字；梵文字母 ś 六朝時以奢字對譯，"奢"爲審母三等字。由此可證之、充、舒當讀爲 tś、tś'、ś。至於時類，根據梵文字母對音當讀爲塞擦音 dz。惟《顏氏家訓·音辭》篇曾謂南人以"石"爲"射"，以"是"爲"舐"，《廣韻》"石、是"爲禪母字，"射、舐"爲牀母三等字，南人讀"射"爲"石"，讀"舐"爲"是"，則牀母三等讀爲禪母。宋人等韻牀母三等爲濁塞擦音，禪母爲濁擦音。依顏之推説，南人禪母字亦必有讀爲 z 者。

7. 見組

等韻見溪群疑四母《名義》分爲古、居、口、丘、渠、魚六類，古、居相當於見，口、丘相當於溪，渠相當於群，魚相當於疑。古類、口類所切爲等韻一、二、四等字，居類、丘類所切爲等韻三等字。古與居兩類及口與丘兩類中雖偶有通用之例，但分用界畫尚嚴。古與居兩類通用之例中以用居類字切一、二、四等字者爲多，如"琨"音居魂反，"蓋"音居泰反，"玒"音居江反，"耕"音居萌反，"革"音居核反，"鄲"音居戾反，"結"音吉姪反之類皆是。口與丘兩類通用之例中亦以用丘類字切一、二、四等字者爲多，如前一節所舉"扣、軻、鄆"等字反切皆是。《名義》音系中古與居不在同一韻中出現，口與丘亦不在同一韻中出現，古、居用字有分，口、丘用字有分，而渠類用字則只一類，是古與居、口與丘只爲反切用字之分，音固不殊。此與幫組之分七類、端組之分六類性質不同。今定古與居爲 k，口與丘爲 k'，渠爲 g，魚爲 ng。

8. 曉組

本組《名義》反切用字包括呼、虛、胡三類。呼、虛兩類屬等韻曉母，胡類則包括等韻匣母與喻母三等字。

呼、虛兩類，呼類所切爲一、二、四等字，虛類所切爲三等字。書中間有以呼類字切虛類字者（主要爲合口字），但爲數不多。其以虛類字切呼類字者極少（如花字音暉瓜反）。《名義》音系中呼、虛兩類不在同一韻中出現，是呼、虛之分僅爲用字之異，而音爲一類，此與古與居、口與丘之分別相同。梵文字母 h，六朝時以"呵"或"訶"對譯，"呵、訶"皆呼類字，《玉篇》音呼、虛之分既類似古與居、口與丘之分，其發音部位蓋與 k、k' 相同，今定爲 x。

《名義》胡類包括等韻匣母與喻母三等字。喻母三等字陳澧《切韻考·外篇》稱之以"爲"，以別於喻母四等字。《今本玉篇》與《廣韻》喻母三等字《名義》以胡類字爲切者甚多。反切用字中"尹、越、爲"三字即均以"胡"字爲切。其他同類之例，如：

《名義》	《今本玉篇》		《名義》	《今本玉篇》
祐	胡救反	于救切	運	胡慍反	于慍切
禜	胡命反	音詠	餫	胡問反	于問切
域	胡眮反	于淢切	違	胡歸反	于威切
喅	胡逼反	于逼切	遠	胡阮反	于阮切
位	胡愧反	于僞切	趏	胡救反	于救切
覶	胡奮反	王問切	曄	胡輒反	于劫切
骱	戶俱反	羽俱切	颹	胡貴反	于貴切
忧	胡救反	于救切	熊	胡弓反	于弓切
云	胡熏反	于君切	漳	胡飛反	音韋

此皆三等字以胡類字爲切者。《名義》中亦有以等韻所謂喻母三等字切胡類字者，例如：

《名義》	《今本玉篇》		《名義》	《今本玉篇》
暖	于但反	胡管切	過	于果反	乎果切
晛	又珍反	乎典切	瘑	于郭反	乎郭切
揎	于盲反	胡盲切			

據以上所舉可知，等韻喻母三等字《玉篇》實與匣母爲一類。音讀當爲 x 之濁音 ɣ。等韻喻三與匣分爲兩類，當爲後日之音變（另詳《陳澧〈切韻考〉辨誤》一文）。

9. 影組

影組包括於、餘兩類。於相當於等韻之影母，餘相當於等韻之喻母四等字。梵文字母中元音六朝時皆以影母字對譯，梵文中 ya 則以喻母四等字對譯（詳見《陳澧〈切韻考〉辨誤》一文），推想《玉篇》音於類代表無輔音聲母一類字（即零聲母），餘類當讀爲 j。

《今本玉篇》喻母四等字，《名義》中或有以胡類字爲切者，例如：

《名義》	《今本玉篇》		《名義》	《今本玉篇》
噊	尤出反	余出切	燏	禹一反	餘律切

	《名義》	《今本玉篇》		《名義》	《今本玉篇》
悅	胡拙反	余拙切	遺	胡葵反	余隹切
⿱	胡鑽反	以鑽切	營	胡瓊反	弋瓊切
營	胡瓊反	余瓊切	馺	胡准反	余準切
朣	胡證反	余證切			

此類字原當爲匣母字,《今本玉篇》改用喻母四等字爲切,乃後世之音變。《名義》均以胡類字爲切,仍保持舊音,非胡、餘爲一類也,不可不辨。

以上九組據反切用字分爲 39 類,而所代表之音位爲 36。今列次如下:

幫　組		端組、泥組		精組、莊組、照組			見組、曉組、影組	
補 p	甫 pf	都 t	竹 t̂	子 ts	側 tṣ	之 tś	古居 k	
普 p‘	孚 pf‘	他 t‘	丑 t̂‘	且 ts‘	楚 tṣ‘	充 tś‘	口丘 k‘	
蒲 b	扶 bv	徒 d	除 d̂	似 dz	仕 dẓ	時 dź	渠 g	
莫 m		女 n	如 ń	思 s	所 ṣ	舒 ś	魚 ng	
		力 l					呼虛 x	於○
							胡 ɣ	餘 j

此與宋人三十六字母比較,明微爲一類,泥娘爲一類,從邪爲一類,牀三與禪爲一類,而照、穿、牀、審二等與三等有別,故總數仍爲 36。其中塞音與塞擦音之濁音今皆擬作不送氣音。梵文字母 b、d、g、bh、dh、gh 等六朝人皆以濁母字對譯,但於 bh、dh、gh 等音則注明“重呼”或“重聲”,可證齊梁之際南方塞音與塞擦音之濁母字皆爲不送氣音。

三、韻部考

(一)《名義》反切下字分韻

系聯《名義》反切下字不同於系聯反切上字。反切上字表聲,類別不多,審定分合較易;而反切下字表韻,類別殊繁,不得不參照《切韻》《廣韻》及韻圖以審辨類別,區分四聲及開合洪細。

《名義》字下大都不出又讀,反切用字之反切有與所切之字韻部或四聲不合者,往往由於反切用字本有兩音,《名義》只具其一,切字時所用者乃另爲一音,故不相應,如此則必就其所切之字參照《今本玉篇》與《切韻》或《廣韻》定其屬類。

其次,《名義》中牙喉音字之反切頗有以開切合之例,必得根據反切上下字審辨字音,參證《韻鏡》《七音略》一類與《切韻》音系最相切近之韻圖定其開合,例如"卦"音古賣反，"宏"音胡萌反，"伇"音惟隻反，依韻圖皆爲合口字，而《名義》以"賣"切"卦"，以"萌"切"宏"，以"隻"切"伇"，"賣、萌、隻"皆開口字也。《名義》"卦、宏、伇"等字之反切，由於上字已具有合口性質，故下字以開口字爲切。如此之類，不得不根據反切上字及下字，參證韻圖，以定其屬類。惟韻圖時代遠後於《玉篇》，但可取爲借鏡，不能一一作爲依據。

《名義》中之脣音字韻圖歸屬於合口一類者，《名義》亦多以開口字爲切，若全依韻圖，列入合口，又未必與原來反切所表示之讀音相合，如是，則不得不以反切爲定，例如《名義》"班"音補姦反，"攀"音普姦反，"蠻"音莫姦反，《七音略》皆列爲合口字，而《名義》以"姦"爲切，只可依反切列爲開口。然《名義》中之脣音字亦有韻圖列之於開口而《名義》反以合口字爲切者，如"鄙"音補鮪反，"麛"音麛(摩?)葦反，"鄙、麛"《七音略》皆列爲開口，而"鮪、葦"皆爲合口字。此類問題，單憑本字之反切不易解決，勢必從以下三種情況考慮：

(1)同韻部(包括平上去入四聲)聲調不同之雙聲字屬開或屬合；

(2)與本字同音諸字之反切；

(3)本字所切之字爲開口字或爲合口字。

推而廣之，反切用字歸類不易定者均可參照以上三種情況確定。

根據以上方法系聯《名義》之反切下字，共得 52 部，178 韻：平聲上聲各 48 韻，去聲 52 韻，入聲 30 韻。今依果、假、遇、蟹、止、效、流、咸、深、山、臻、梗、曾、宕、江、通十六攝之次第排列之(惟第三十八部歸入臻攝，不列於山攝)。每韻則舉反切用字中切字最多者標爲韻目。同一韻部平上去入四聲上下相承。一韻之內有包含兩類三類者，爲求明晰，參考等韻圖(《韻鏡》及《七音略》)分別注明等第與開合。所注開合不同於等韻圖者，皆別有説明。反切用字有闕反切者，則據其或體或同音字補出，以〔　〕爲識。反切用字之反切與所切之字歸韻不合者，則以(　)標出，以免混淆不清。

○果攝

一

何	可	賀	
柯 割多 羅 力多 娥 我多	可 口我 我 吾可 左 咨可	賀 何佐 佐 子賀 餓 魚賀	
訶 呼多 河 戶多 多 怛何		邏 力賀	
阿 於何 歌 古何 珂 枯何			
蛾 午何 何 何×可			

他《名義》闕,《今本玉篇》吐何切 〔開口一等〕 戈古和訛〔譌字五戈〕 和胡戈科口和 〔合口一等〕	〔開口一等〕 果古禍禍胡果火呼果 〔合口一等〕	〔開口一等〕 臥五過貨呼過過古貨 〔合口一等〕	

○假攝

二

加 加柯瑕家柯瑕瑕何加 牙魚加麻莫加遐何加 嘉柯遐迦〔迦字古遐〕	野 假庚馬馬莫雅賈柯雅 碬加雅夏遐暇下遐碬 雅(魚瑕反,《今本玉篇》午下切)	夜 駕各訝亞鴉訝訝魚嫁 妊貞嫁暇何嫁嫁姑暇 罵莫暇稼居暇 詐(《名義》闕,《今本玉篇》之訝切) 霸(普格)	
〔開口二等〕 遮之虵蛇時遮賒始遮 耶〔邪字與遮〕奢舒耶 車齒邪	〔開口二等〕 野餘者者諸野赭之野	〔開口二等〕 夜餘柘柘之夜	
〔開口三等〕 瓜古華華胡瓜花暉瓜 〔合口二等〕	〔開口三等〕 瓦五寡寡古踝踝胡瓦 〔合口二等〕	〔開口三等〕 化呼霸 〔合口二等〕	

(1)"霸"《名義》普格反,《今本玉篇》普白切,又布駕切。案《名義》以"霸"所切之字皆屬本部去聲字,故列於去聲"夜"類。

(2)"化"音呼霸反,《廣韻》同。"霸"爲開口字,"化"當屬合口。《今本玉篇》聲韻類別與《原本玉篇》不盡相同,未可混爲一談。此下所引《今本玉篇》反切皆與《切韻》《廣韻》系統一致,故引以爲證。

○遇攝

三

胡	古	故	
吾誤都 都旦胡 奴怒胡 吳牛胡 孤古胡 姑故胡 徒達胡 胡護徒 枯苦胡 乎户枯 〔合口一等〕	古故户 鼓故户 户胡古 扈胡古 魯力古 伍誤魯 土達扈 覩都扈 杜徒鼓 〔合口一等〕	故古護 固古護 布補護 護胡故 度徒故 路吕故 素蘇故 〔合口一等〕	

四

居	旅	庶	
居舉魚 除雉居 豬徵居 魚語居 閭力居 於憶閭、猗居 餘與居 虛去餘 如仁餘 諸至餘 余予諸 袪(去于) 〔開口三等〕	舉居與 渚之與 與〔同与余舉〕 語魚舉 禦魚舉 鉅 渠舉 侶力舉 汝如舉 旅閭 舉距居 旅吕梁渚 處充與 〔開口三等〕	據居豫 庶詩豫 豫餘據 去墟據 慮力據 絮思據 預餘據 恕尸預 踞記恕 〔開口三等〕	

　　"袪"《名義》去于(原作"于去"誤倒)反,《字鏡》丘魚反,《今本玉篇》丘於切。案袪字所切僅一"衙"字,"衙"音牛袪反。《今本玉篇》魚加切,又牛居、魚舉二切,故列於平聲"居"類。

五

俱	禹	句	
俱矩瑜 襦仁瑜 朱之瑜 趨且瑜 扶富瑜 珠之瑜 瑜翼珠 榆庚珠 殊時珠 臾庚珠 俞翼朱 夫甫俱 隅牛俱 虞牛俱 迂禹俱 于禹俱 廚馳俱 儒如俱 侏諸儒 隃式于 紆於于 駒句虞 諏子須 拘矩娛 娛疑區 區(去魚) 〔合口三等〕	潕無矩 矩〔榘字俱禹〕 縷力禹 柱雉縷 府夫禹 甫弗禹 撫孚禹 輔扶禹 武無禹 詡呼甫 羽侯詡 雨有詡 禹 乳如庚 主之乳 庾餘乳 〔合口三等〕	句俱遇 遇娛句 喻踰句 屢力句 付甫句 務莫句 賦甫務 附扶付 樹時注 注之樹 鑄之樹 具渠屢 屨俱芊 芊禹駐 駐雉具 〔合口三等〕	

（1）平聲區字，《名義》去魚反。案《今本玉篇》去魚、去娛二切，是區字有二音。《名義》以“區”所切僅一娛字，“娛”《今本玉篇》魚俱切，是“娛、區”等當與“俱”同類。

（2）上聲禹字《名義》闕。《今本玉篇》于矩切，《字鏡》同。“乳”以下三字與上同類。如“邪”有乳反，《今本玉篇》作于矩切；“砡”之庾反，《今本玉篇》作之縷切。

（3）去聲“樹”以下三字與上同類，例如“註”之喻反，《原本玉篇》云：今並爲注字。《名義》“注”作之樹反。“具”以下四字與上同類，如“具”《名義》渠屨反，《今本玉篇》作渠句切；“禺”《名義》牛句反，《今本玉篇》作牛具切。

○**蟹攝**

六

來	罪	戴	
來力該開可該該古來荄居來哀烏來臺徒來哉子來才在來材似來裁辭哉財在裁垓柯臺杯〔桮字博該〕	改公亥亥河改在存改乃奴改怠徒改愷空改殆達改宰子殆	愛於戴慨可戴岱徒戴鎧可戴載子戴戴都載劾胡載賚力載代徒賚㮰柯劾每莫戴背補賚	
〔開口一等〕	〔開口一等〕	〔開口一等〕	
迴胡雷罍力回回胡瑰瑰古迴灰呼迴	罪祚隈猥於隈隗牛罪磊力罪	退他潰誨呼潰潰胡對憒公對續胡憒悔呼對内奴對對都内	
〔合口一等〕	〔合口一等〕	〔合口一等〕	

脣音字開合依反切下字不易辨別，根據韻部聲韻配合情況，一、二、四等韻脣音只有一類，並無開合兩類對立之現象，故歸入開口或歸入合口，均無不可。本部平聲杯字雖音博該反，但桮字音補迴反，玫字音莫迴反，“桮、玫”並以合口字爲切，是杯字當爲合口字。去聲“每、背”亦同（《爾雅釋文·釋詁》“背”音博內反）。今但據反切用字系聯，以免混亂（下仿此）。説詳下韻部討論一節。

七

		賴 賴力泰 蓋居泰 貝補蓋 泰他賴 大達賴 太他賴 害何賴 艾五大 帶帶大 〔開口一等〕 外吳會 會胡外 檜古會 鱠 〔合口一等〕	

　　鱠字《名義》脱。案《名義》以"鱠"切"㝀","㝀"爲古會字,"會"音胡外反,是"鱠"與"外"等同類。

八

| 皆
揩口皆 豺仕皆 骸胡皆
皆柯諧 階古諧 諧胡階
痎公豺
〔開口二等〕
乖公懷 懷胡乖
〔合口二等〕 | 駭
楷口駭 駭胡駭 騃牛駭
〔開口二等〕 | 薤
薤〔齄字胡戒〕戒古薤
屆居薤 介居薤 界‧耕薤
瘵側界 拜〔捧字保界〕
〔開口二等〕
壞胡恠 剻〔蔽字苦恠〕
怪古壞
〔合口二等〕 | |

九

		快 芥柯邁 邁莫芥 敗薄芥 〔開口二等〕 快苦夬 夬公快 話胡快 〔合口二等〕	

　　案"芥"《廣韻》收入怪韻,音古拜切,敦煌本王仁昫《切韻》在夬韻,音古邁反,《唐韻》音古喝反,是字此爲開口字。"邁、敗"二字爲脣音字,《七音略》列爲合口,今依反切列爲開口。

一〇

佳 佳古崖崖牛佳涯宜佳 〔開口二等〕 蛙胡媧媧公蛙 〔合口二等〕	解 罷皮解解核灑灑所買 蟹諧買買亡蟹 〔開口二等〕	賣 賣麥懈懈革賣隘〔阸字於賣〕 〔開口二等〕 卦古賣 〔合口二等〕	

一一

		世 制之世誓時世世尸制 曳餘制蔽逋制逝視制 裔餘制祭子裔厲力逝 勢舒曳 滯直例劇居例 際子例例力際 〔開口三等〕 劌几芮歲諸芮銳惟芮 芮而銳贅之銳稅詩銳 綴張衛衛〔為帶〕 歲〔思惠〕 〔合口三等〕	

（1）“滯”以下四字與“制”等同類。例如“滯”字《名義》音直例反，《原本玉篇》作直厲反，是其證。

（2）“衛、歲”二字之切語雖不同以上諸字相聯（“衛”音爲帶反，“帶”疑爲滯字之誤，《字鏡》音爲厲反。“歲”音思惠反，《字鏡》音思衛反），但依所切之字定之，當在此韻，如“轊”侯歲反，《今本玉篇》作于劌切；“劌”几芮反，《今本玉篇》作居衛切，是其例。《廣韻》“歲”與“繐”同音，《名義》“繐”音思銳反，“銳”則爲本部字。

一二

| | | 廢
廢甫吠 吠扶廢
穢於喙 喙詡穢
〔合口三等〕 | |

"穢、喙"與"廢、吠、薉"因反切下字互用不能系聯。案"穢"與"薉"通，"薉"《名義》音紆廢反，是"穢、喙"與"廢"爲一類。

一三

奚	禮	計	
雞古奚啼〔嗁字達奚〕 蹄〔踶字徒奚〕西思奚 題達奚嵇胡題秙胡雞 兮胡雞迷莫雞泥如雞 低丁泥 〔開口四等〕	禮力底底都禮邸都禮 體他禮禰那禮米莫禮 啟口禮弟徒禮醴力體 〔開口四等〕	計居詣詣魚計諦都計 禘徒計戾力計麗郎計 細思計隸力計悌達計 濟子悌第〔第字徒計〕 逮徒計繼公隸 〔開口四等〕	
圭古攜珪古攜攜胡珪 〔合口四等〕		桂古惠惠慧胡桂 〔合口四等〕	

○止攝

一四

之	几	利	
私斯梨梨理私姿子私 咨子辭辭似咨思胥辭 尸諸祇祇諸時伊於時 脂諸時滋子時時是之 詩舒之而奴之釐力之 夷餘之狸狸力之怡翼之 之止怡兹子狸慈材兹 資子夷	旨支視指諸視履力指 視時旨止之視市是止 理力紀起丘紀矣於紀 紀居擬里呂擬擬魚理 雉除理祀徐理以餘理 似嗣理子咨似比俾似 死思似俟胡死几矯俟 美妄几洴壯里喜欣里	地題利恣子利四思利 致徵利覬羈致冀居致 器祛冀廁側冀祕鄙冀 備皮祕利力至侍時至 至之異寐弭異志之異 異餘志示時志貳如志 吏理致嗣因吏次且吏 記居意意於記	

基居期 期渠基 其渠基 疑魚基 箕居疑 熙欣疑 姬居疑 飢羈治 坻直飢 治除飢 悲祕飢 眉莫飢 〔開口三等〕 濛力追 追猪龜 逵奇龜 龜居逵 惟役葵 葵渠惟 佳諸惟 錐之惟 誰是惟 綏髓惟 維翼錐 〔合口三等〕	己居喜 始舒以 耳如始 〔開口三等〕 鄙補鮪 軌詭鮪 鮪爲軌 洧爲軌 誄力水 水尸癸 揆渠癸 癸吉揆 〔合口三等〕	异（餘之） 〔開口三等〕 媿居位 位胡愧 媚靡愧 饋渠愧 愧跨饋 匱渠愧 淚儽悸 季枳悸 悸渠季 類緯×李×（律季）遂辭類 醉子遂 〔合口三等〕	

（1）平聲"咨"以下三字與"私"等同類,例如"餈"徐梨反,《原本玉篇》云:或爲粢字。案"粢"《名義》在咨反,是"咨"與上韻同。"尸"下諸字亦與"私、咨"等同類,例如"馞"許脂反,《原本玉篇》云:或爲吚字,在口部。案《名義》"吚"作許梨反。"基"以下諸字與"尸"等爲一類,例如"姬"居疑反,《今本玉篇》居之切。又"稘"居熙反,《今本玉篇》居之切。"飢"以下諸字與"基"等當是一類,例如"眂"除飢反,《今本玉篇》作除基切;"緇"側飢反,《今本玉篇》作側其切。合口字"惟、葵"等與"濛、追"等不相系聯,所切字亦不相混。《廣韻》亦分爲兩類。説詳韻部討論一節。

（2）上聲"理"以下諸字與"旨、指"等同類。如"旨"支視反,《名義》部目及《原本玉篇》作支耳反;"阯"之視反,《原本玉篇》云:或爲址字。《名義》"址"諸耳反;矢,部目尸耳反,部内作尸旨反。合口"軌、洧"等與"誄、癸"等不相系聯,《廣韻》亦分爲兩類。

（3）去聲"記、意"二字同上爲一類,如"姬"如記反,《今本玉篇》作仍吏切;"轚"相記反,《今本玉篇》作相利切。"异"字《名義》音餘之反,但所切僅一"姄"字,故列於去聲。合口"媿、位"與"淚、季"不相系聯,《廣韻》亦分爲兩類。案"類"《名義》與"季、遂"同類,而"蘱"音閭愧反,《廣韻》"樻、髺"同音丘愧反,而《名義》"樻"音丘匱反,"髺"音丘淚反,是"媿、淚"兩類有時相混。

（4）本部脣音字或以開口字爲切，或以合口字爲切，平上去三聲不能一致，今只能根據反切隨類系聯，不便劃一。

一五

支	爾	豉	
支之移 知豬移 移餘支 離呂支 兒如支 卑補支 彌〔彊字亡支〕祇渠支 馳直離 貲子離 琦渠知 奇羯知 皮薄奇 儀語奇 宜蟻奇 岐〔𡸫字渠宜〕 狷於宜 羈荊狷 〔開口三等〕	紙之是 是時紙 豸直紙 爾如紙 枳居紙 枳丘爾 弭亡爾 紫子爾 此且紫 倚於豸 螔宜倚 綺袪倚 婢避弭 氏都×禮× 〔開口三等〕	議魚寄 髲皮寄 智〔智字 猪寄〕寄羈義 戲折×義 義魚琦 豉時寘 寘之豉 臂補豉 翅升豉 胃力翅 漬似剌 刺且賜 賜思漬 〔開口三等〕	
爲胡嫣 贏力嫣 嫣詭爲 虧去爲 危遇爲 隨辭規 垂時規 陲持規 槼癸支 〔合口三等〕	詭俱毀 毀麋詭 委紆詭 彼補麋 靡麋×（麋）蘤 蘤如蘤 棰諸蘤 縈如棰 累力棰蘤 〔合口三等〕	偽危縋 縋直偽 恚於睡 惴之睡 睡殊惴 〔合口三等〕	

（1）平聲合口"爲、隨"兩組反切不相系聯，似爲兩類。《廣韻》牙音字合口亦分爲兩類。"槼"本是合口字，《名義》以開口字切之，今列於合口。

（2）上聲"氏"字《名義》反切有誤，《今本玉篇》承紙切，《字鏡》同。合口"詭、毀、委"與下不相系聯，似爲兩類。蘤字《名義》闕。案凡《名義》以"蘤"所切之字，《今本玉篇》多以"箠"切之。箠，《名義》時蘤反。

（3）去聲"豉"以下五字與以上諸字不相系聯，似爲兩類。"漬、刺、賜"三字與以上諸字同類，如"刺"之同音字"束"音且豉反，"庛"音千豉反，可證"刺、豉"同類。合口"偽、縋"二字互切與下不相系聯，似爲兩類。

（4）本部脣音字有以合口字爲切者，如"靡"字即是，今依反切系聯，列於合口。

一六

歸	鬼	貴	
幾居祈 依於祈 祈渠依 希虚依、虚衣 機居衣 沂魚衣 衣於機 璣(渠氣) 饑(羈治) 〔開口三等〕	豈去顗 顗牛豈 蟣居顗 〔開口三等〕	氣袪既 既居毅 毅魚既 〔開口三等〕	
揮詡歸 違胡歸 威於歸 微無歸 歸居暉 暉吁飛 飛甫違 非甫微 韋禹非 〔合口三等〕	尾謨鬼 鬼俱尾 匪甫尾 斐孚尾 〔合口三等〕	佛芳未 未無畏 畏於貴 昧莫貴 魏魚貴 貴居謂 謂禹沸 沸不謂 〔合口三等〕	

　　（1）平聲璣字《名義》渠氣反，《尚書釋文》引《玉篇》渠依、居沂二反。《今本玉篇》渠氣、居沂二切，是璣字有平、去兩讀。今依《名義》所切之"趣"字列於平聲。

　　（2）"饑"《名義》羈治反，案"治"乃之韻部字，饑字所切字當爲本部字，故饑字列此。

　　○效攝

一七

高	道	到	
勞力高 桃達高 遨〔敖字五高〕高古豪 豪胡高 刀都高 牢力刀 〔開口一等〕	暠古倒 倒丁老 晧胡老 道徒老 老旅道 草且道 早子道 保補道 抱蒲保 〔開口一等〕	誥古到 號胡到 導徒到 悼徒到 報補到 到(都道) 〔開口一等〕	

　　"到"《名義》都道反，"道"爲"導"字之誤。《今本玉篇》多報切。

一八

交	狡	教	
膠古交 爻胡交 骰胡交 苞博交 庖薄交 肴胡交 郊古肴 交古肴 〔開口二等〕	狡故飽 飽補狡 卯莫狡 巧口卯 絞古卯 〔開口二等〕	孝呼校 挍古效 教居效 效胡教 校 〔開口二等〕	

校字《名義》闕,《今本玉篇》胡教切,又古效切。

一九

驕	紹	照	
鴞爲驕朝陟驕苗靡驕橋	繞如小小思兆兆除矯	燿耀以照妙妄照曜余照	
奇驕驕記娥×(嬌)嬌渠驕	表碑矯趙除矯矯居趙	照之曜詔諸曜	
妖於鴞搖與妖喬居橋	紹時少少尸紹沼之紹	笑先召廟靡召召馳廟	
翹祇燒饒如燒蕘乳燒		肖先醮醮子肖	
要於燒燒舒姚消思姚			
姚與招姚余招招諸遥			
昭諸遥遥與照×(昭)僑渠消			
銷思燋燋(子藥)			
焦			
〔開口三等〕	〔開口三等〕	〔開口三等〕	

(1)平聲"翹"以下十一字與上不能系聯。案《廣韻》"搖、姚、遥"爲同音字,據反切下字則可系聯爲一類。別詳下韻部討論一節。"銷、燋"二字與"翹"等同類。案《廣韻》"銷"與上"消"爲同音字,"消"音思姚反,"銷"音思燋反,是"燋"與"姚"爲一類。焦字《名義》脱反切,《今本玉篇》子姚切。

(2)上聲"紹、少、沼"與上不相系聯。案《廣韻》"擾"與"繞"同音,"擾"音如紹反,"繞"音如小反,據此則"紹"與"小"亦可聯屬。

(3)去聲"笑、廟、召"與上"耀、妙"諸字不相系聯。"肖、醮"二字與上不相系聯。案《廣韻》"笑、肖"同音,是"肖"與"笑"同類。

二〇

堯	鳥	弔	
幺於條梟古條條徒彫	晶胡了了力鳥蓼力鳥	叫古弔弔都叫釣都叫	
聊力彫堯五彫貂都堯	皎公鳥皦公鳥鳥都皦		
彫東堯			
〔開口四等〕	〔開口四等〕	〔開口四等〕	

○流攝

二一

侯	口	候	
投達侯 兜丁侯 鉤古侯	口苦後 垢古後 部蒲後	茂莫遘 候胡遘 逅胡遘	
溝古侯	狗古後 後胡狗	遘古候 姤古候 構古候	
句	苟公后 走子后 后胡走	鬪當候 鏤力鬪 豆徒鬪	
	畞〔晦字莫走〕	陋力豆 漏力豆 媾古豆	
	耦牛斗 斗都耦		
〔開口一等〕	〔開口一等〕	〔開口一等〕	

（1）平聲句字《名義》俱遇反，《今本玉篇》古侯切，又九遇切，是句字有兩讀。案以句字所切之轆字當屬此韻。《今本玉篇》轆字力鉤、力豆二切，故列"句"於此。

（2）上聲"苟"以下諸字與"口、垢"等同類，例如"岣"古後反，《今本玉篇》作古后切；"耦"牛斗反，《今本玉篇》作午后切。

二二

周	九	救	
尤禹由 洲之由 周諸由	九居有 有于九 酒咨有	富甫霤 僦子霤 舊渠霤	
舟之由 由余周 遊餘周	柳閭酒 紂除柳 久居柳	授時霤 霤力救 胄除救	
斿余周 悠翼周 流吕周	缶方久 友于久	又有救 祐胡救 溜力救	
留略周 牛魚周 優郁牛	受時酉 手舒酉 帚之酉	救居宥 究居宥 宥禹究	
劉力牛 鄒側牛 丘去留	酉餘帚 綬時帚 誘餘手	就徐溜 售視祐	
求渠留 輈珍留 憂於尤	負浮否 否〔不字甫負〕	幼伊謬 謬靡幼	
愁仕憂 璆居愁 蚪奇璆	糾居黝 黝於糾		
彪補蚪 稠直流 幽於稠			
修胥遊 攸（余受）			
休虛鳩 杕渠鳩 鳩牛ˣ鶳ˣ			
〔開口三等〕	〔開口三等〕	〔開口三等〕	

（1）平聲"休、杕、鳩"三字與上爲一類。《名義》鳩字反語有誤，《今本玉篇》作九牛切，《廣韻》音居求切。《廣韻》"杕"與"求"亦爲同音字。故知"休、杕、鳩"與上同爲一類。"攸"《名義》音余受反，《字鏡》音餘帚、餘周二反。此字

《廣韻》與"由、遊"等字同音。

（2）上聲"受、手、負、否"等與"九、有"諸字同類，例如"受、壽"《廣韻》同音，《名義》"受"音時西反，而"壽"音視柳反，是"受"與"柳"爲同類。又《廣韻》"缶、否"爲同音字，"否、負"與上"缶"亦當爲一類。"缶"《今本玉篇》音方負切，與《名義》"不"字甫負反相同。"糾、黝"二字互切，不與上相聯。

（3）去聲"幼、謬"二字互切，不與上相聯。

○咸攝

二三

含	感	紺	荅
南奴含貪吐含男奴含耽丁含含户耽函胡耽	感古坎坎苦感禫徒感	闇古紺紺(古感)	帀子荅納奴荅沓徒荅合胡荅荅都合
〔開口一等〕	〔開口一等〕	〔開口一等〕	〔開口一等〕

去聲紺字：《名義》古感（原誤作"咸"，《原本玉篇》作"感"）反，《今本玉篇》古憾切，所切字均爲去聲字。

二四

甘	敢	濫	闞
甘古藍藍力甘談徒甘酣胡甘三思甘	敢古膽膽都敢覽吕敢淡徒敢	闞口蹔濫力蹔蹔徂濫暫才濫啗徒濫	盇胡臘闞胡臘臘來闞榼苦闞
〔開口一等〕	〔開口一等〕	〔開口一等〕	〔開口一等〕

二五

咸	減	陷	洽
咸胡讒讒仕咸嵒牛咸緘古咸	減佳斬斬俎減黯於斬	陷	夾古洽洽胡夾祫衡夾狹
〔開口二等〕	〔開口二等〕	〔開口二等〕	〔開口二等〕

（1）去聲陷字《名義》無反切。

（2）入聲狹字《名義》闕。案"狹"古作"陜"，《名義》"陜"音胡夾反。

二六

衫	檻	儑	甲
銜遐衫、户監監公衫	黰烏檻檻	儑仕鑒鑒古儑監	甲古狎狎胡甲
衫〔襳字所炎〕			
芟所巖巖牛芟			
〔開口二等〕	〔開口二等〕	〔開口二等〕	〔開口二等〕

（1）平聲襳字,《名義》所炎反,《今本玉篇》所銜、所炎二切。"芟、巖"二字與"銜、監"等同類。《廣韻》"芟"與"衫"爲同音字。又"巖"《名義》牛芟反,《今本玉篇》作午衫切;"鬖"《名義》所巖反,《今本玉篇》作所銜切,足證"芟、巖"二字與上爲一類。

（2）上聲檻字《名義》闕。《今本玉篇》下黰切。

（3）去聲監字,古文作礐。礐,《原本玉篇》古儑反(《名義》"儑"作"讒"誤)。

二七

廉	冉	豔	涉
閻餘占廉力占占之鹽	琰餘冉冉而琰	豔余瞻瞻時猒猒於豔	妾且接接子葉涉時葉
詹之鹽鹽余瞻簷〔檐字餘瞻〕	漸似斂斂力儉奄猗儉	驗午豔	攝舒葉輒竹葉獵力葉
瞻諸廉纖思廉	儉渠儉檢居儉儼宜檢		葉餘涉
覘勑廉炎爲覘淹於炎			
〔開口三等〕	〔開口三等〕	〔開口三等〕	〔開口三等〕

上聲"漸"以下與"琰、冉"同類,例如"漸"與"醬"《廣韻》爲同音字,醬字《名義》音昨冉反,是"漸、冉"爲一類。又如《名義》"广"魚冉反,《今本玉篇》作宜檢切;"斂"力儉反,《今本玉篇》作力冉切。

二八

兼	簟	念	頰
恬徒兼沾勑兼兼	簟達玷玷都簟忝恥簟	念奴玷玷都念僭子念	牒徒協協胡牒頰居牒
謙去嫌嫌胡謙	點都簟		篋口頰挾胡頰俠胡頰
〔開口四等〕	〔開口四等〕	〔開口四等〕	〔開口四等〕

平聲兼字《名義》闕。案《今本玉篇》古甜切。《名義》恬,徒兼反。"謙、嫌"二字與上同類。謙,《原本玉篇》去兼反。

二九

嚴	范	劍	劫
嚴魚凡	范	劍居欠　欠丘劍	業魚劫　劫居業　脅虛業
〔開口三等〕		〔開口三等〕	〔開口三等〕
凡扶嚴		泛孚劍	法甫乏　乏扶法
〔合口三等〕	〔合口三等〕	〔合口三等〕	〔合口三等〕

上聲范字《名義》無切語。"軓、犯"並音范,"範"音犯。

○深攝

三〇

林	甚	蔭	立
今居林　心胥林　沁先林	稟補錦　飲於錦　錦羈飲	蔭於鴆　賃女鴆　鴆除禁	執之入　入如立　急居立
諳時林　琴渠林　金居琴	栙所錦	禁(記林)	及渠立　拾時立　習詞立
吟牛金　音猗金　陰於金	審〔寀字詩甚〕枕之甚	浸〔瀶字子衽〕	立力急　汲居及　伋居及
林力金　針〔鍼字之諶〕	甚時稔　稔如枕　荏而枕	任(耳斟)	繁猪及　邑於急
壬如針　斟至壬　愔於斟	飪如甚　衽□飪		
深式箴　箴之深			
〔開口三等〕	〔開口三等〕	〔開口三等〕	〔開口三等〕

(1)平聲"深、箴"二字與以上諸字同類。"箴、針、斟"《廣韻》爲同音字。

(2)上聲"審"以下諸字與"稟、飲"等同類,例如"荏"而枕反,《今本玉篇》作而錦切。

(3)去聲"禁、浸、任"一字所切之字均爲去聲字,同"蔭、賃"等當爲一類。

○山攝

三一

安	但	旦	達
單丁安　安於韓　韓胡丹	但徒亶　亶都但　嬾力但	幹柯旦　汗何旦　爛〔爤字力旦〕	曷何葛　葛功遏　遏於曷
肝公丹　檀達丹　丹多難	坦泰但　誕達旦　旱胡誕	旦多爛　半補旦	割柯曷　達徒割　剌力達
寒何丹　干柯丹　蘭力干	滿莫誕	叛薄旦	秣莫葛　末莫葛　茇浦達
難奴蘭　槃薄肝	伴(蒲旦)	岸(魚韓)	袜(无越)
〔開口一等〕	〔開口一等〕	〔開口一等〕	〔開口一等〕

官古完完和端桓胡端 丸胡端端都丸 〔合口一等〕	管古緩短都緩疑ˣ□緩 緩胡管卵旅管斷徒管 煥 〔合口一等〕	換胡館玩吾館亂力館 館古換瓘古換焕呼換 段徒換漫莫換 〔合口一等〕	括古奪奪徒括活胡括 栝古活闊口活脱吐活 〔合口一等〕

（1）上聲煥字《名義》脱。《今本玉篇》乃管切。"伴"《名義》蒲旦反，所切之親字讀上聲。

（2）去聲岸字，《名義》魚韓反，《今本玉篇》午旦切。《名義》以"岸"所切之字讀去聲。

（3）入聲袜字《名義》无越反，但所切諸字當屬此韻。《經典釋文》"袜"音莫葛反。

三二

姦 姦女蠻蠻莫姦班補姦 顏語班 〔開口二等〕 環胡關關古環 〔合口二等〕	板 板補棚棚下板間下板 棧仕板 〔開口二等〕 綰烏睆睆華綰 〔合口二等〕	諫 諫柯鴈鴈我諫晏於諫 骭逻諫澗古骭慢莫諫 〔開口二等〕 患胡串串胡患 〔合口二等〕	刮 獺他轄轄胡瞎鎋胡瞎 瞎 〔開口二等〕 刮古刖刖五刮 〔合口二等〕

入聲瞎字《名義》目部脱。

三三

間 山所間閑核間間居閑 艱居閑 〔開口二等〕 頑誤鰥鰥古頑 〔合口二等〕	限 産所限簡居限限胡眼 眼五簡 〔開口二等〕	莧 辨皮莧莧解辨綻除莧 〔開口二等〕 幻嬻綻盼普幻 〔合口二等〕	八 戛古札黠骩札煞〔殺 字所黠〕八鄙戛拔蒲八 〔開口二等〕 滑獲八 〔合口二等〕

三四

連 然如仙便婢仙仙司連	善 善是蘭蘭昌善緬弭善	戰 面亡戰繕時戰禪時戰	列 列力泄泄思列桀奇列

纏除連煎子連虔奇連 焉於連乾奇焉連力錢 錢（子踐） 鞭補綿縣弭㳂延餘㳂 㳂之延蟬時㳂	褊卑緬 免靡蹇蹇鄔璉展豬璉 璉力展搴居展 輦力踐詞翦翦子踐 淺此踐 勉靡辯辯皮勉	扇尸戰戰之繕 賤徐箭箭子賤彥魚箭 弁〔兗字皮變〕變彼媛	哲知列舌視列徹直列 別補徹裂力徹 烈力折折止烈嫫胡烈 孼魚烈滅綿折
〔開口三等〕	〔開口三等〕	〔開口三等〕	〔開口三等〕
專之船舩時專捐余專 㳂余專泉聚㳂戀力泉 緣餘泉旋徐㳂全聚㳂 銓且全攣力全宣思緣 椽馳宣川昌捐穿音川 拳渠圓權局圓圓爲拳岸ˣ 員胡拳	奱儒兗兗瑜褊 剸 孿（力官） 選（先絹） 轉知篆篆治轉 卷九勉	眷古媛媛爲眷瑗爲眷 倦渠眷 掾與絹絹居掾	絶似悦雪〔雪字思悦〕 說始悦蓺而悦拙之悅 悅胡拙劣呂拙熱如劣
〔合口三等〕	〔合口三等〕	〔合口三等〕	〔合口三等〕

(1)平聲"錢"《名義》子踐反，但所切諸字皆讀平聲。

(2)上聲"輦"與"璉"《廣韻》爲同音字，"勉"與"免"亦爲同音字。剸字《名義》無，《今本玉篇》徒官、旨兗二切。《名義》以"剸"所切之"阮"字當在此韻。"孿"《名義》力官反，所切諸字當在此韻。《今本玉篇》孿，力兗、力官二切。"選"《名義》先絹反，讀作去聲。案以"選"所切之"抌"字當讀上聲。

三五

堅	砊	見	結
邊補賢賢胡堅妍吾堅 研午堅蓮力堅蠙蒲堅 年奴堅顛多堅田徒堅 堅柯田千且田前在田	典都砊顯虛砊砊	見居薦燕於見晛那見 電達見薦子電遍〔徧通見〕	截似節節子結結吉姪 姪徒結鐵他結蔑亡結 頡紅結桔居頡
〔開口四等〕	〔開口四等〕	〔開口四等〕	〔開口四等〕
淵於玄涓古玄蠲故玄 玄胡蠲	犬枯鉉鉉胡犬泫胡犬	衒〔衒字胡絹〕餇於縣 絢許縣縣懸胡遍	穴胡決決古穴玦居穴
〔合口四等〕	〔合口四等〕	〔合口四等〕	〔合口四等〕

○臻攝

三六

恩	很	恨	紇
恩於根根柯恩	很胡墾墾枯很	恨何艮艮古恨	紇(音齕)
〔開口一等〕	〔開口一等〕	〔開口一等〕	〔開口一等〕

三七

昆	本	困	骨
溫於魂昆孤魂魂胡昆孫息昆論力昆門莫昆尊子昆奔補昆脪徒昆敦都豚	混胡本縄古本衮古本損胥衮本補衮	寸且鈍頓都鈍鈍徒頓悶莫頓遁徒頓困口遁遜先困	忽呼没卒且忽骨故忽兀五骨捽才骨殁莫骨突徒骨没莫突
〔合口一等〕	〔合口一等〕	〔合口一等〕	〔合口一等〕

入聲紇字《名義》音"齕"。案"齕",《名義》形結反,不讀此韻。但《經典釋文》又恨没反,《廣韻》下没、胡結二切,與《釋文》同,是紇字亦可讀作恨没反。今《名義》以"紇"字所切之"扢"當在此韻。

三八

園	偃	萬	越
言魚鞬鞬居言	偃於甗甗魚偃巘魚偃	獻虛建健渠建建居健	謁於歇歇虛竭竭(渠烈)
〔開口三等〕	〔開口三等〕	〔開口三等〕	〔開口三等〕
爰禹元園禹元袁禹元飜孚元元魚園蕃輔園藩甫園源語園璠甫園煩輔園原〔邍字娛煩〕	阮牛遠晚莫遠遠胡阮宛於阮	願牛怨怨於願万萬武願	髮府月月魚厥伐扶厥越胡厥厥居越發甫越墢非發
〔合口三等〕	〔合口三等〕	〔合口三等〕	〔合口三等〕

入聲"竭"《名義》渠烈反,"烈"爲"連"部入聲"列"類字(見下),竭字《廣韻》有其謁、渠列二切。《名義》以"竭"所切之字在此部"越"類。

三九

仁	忍	振	慄
陳除珍珍張陳臻側陳訑使陳彬鄙陳斌〔或彬〕鄙鄰鄰力臣津子鄰親且鄰仁如親真之仁辰是仁臣時仁因於仁神視仁身舒神申舒神民弭申賓鼻民珉靡斌貧皮斌閩亡貧人如真鱗理真秦疾津涇於神銀宜涇巾羈銀矜渠巾旻靡巾闇魚巾斤居闇勤渠斤殷於近ˣ(斤)	軫之忍忍如軫隕爲敏敏〔啟字眉隕〕窘奇隕閔眉隕殞爲閔盡辭引引忍ˣ振ˣ隱於謹謹居隱	振諸胤胤與振訒而振刃如振震之刃仞如震燼〔妻字似進〕進子吝晉子吝吝力鎮陣除鎮鎮知覲覲奇靳靳居堇ˣ覲近(渠謹)	壹於逸一於逸日如逸室舒逸質之逸逸餘質蜜弭質實時質詰去質溢弋質栗力質慄力質銍豬慄暱昵女慄七且慄窒都慄秩除室乙猗室吉居慄實疾詞栗畢卑蜜裘除暱姞渠□必俾謐謐莫橘密靡筆筆俾密㦽乞去訖訖居迄迄呼乞
〔開口三等〕	〔開口三等〕	〔開口三等〕	〔開口三等〕
均居純荀蘇均脣視均純時均旬辭遵遵子倫巡似倫倫力遵綸力旬勻筠鮪旻	尹胡准准準之允允惟蠢蠢	潤如舜閏如舜舜尸潤俊傷子殉殉辭峻峻思駿徇詞駿駿子徇	怵思律律力出聿以出述視聿橘古述出尺述
〔合口三等〕	〔合口三等〕	〔合口三等〕	〔合口三等〕

　　平聲勻字，《名義》脫，《今本玉篇》居旬、弋旬二切。上聲引字，《名義》反切有誤。案手部"拐"，餘忍反，古文引字。蠢字《名義》脫，《今本玉篇》尺尹切。去聲近字《名義》渠謹反，讀作上聲。案以"近"所切諸字並讀去聲。入聲"姞"，《今本玉篇》渠乙切。㦽，《今本玉篇》力日切。

四〇

云	粉	慍	勿
文亡云君居云軍居云	吻莫粉忿孚粉憤扶粉	問莫奮奮甫慍運胡慍	勿無弗拂撫弗弗甫物

云胡熏 熏詡軍 薰吁軍 雲有軍 聞莫雲 墳扶雲 分甫墳	粉甫憤	慍於問	怫扶物 物莫屈 鬱於屈 屈丘勿 詘丘勿 掘渠勿
〔合口三等〕	〔合口三等〕	〔合口三等〕	〔合口三等〕

○梗攝

四一

庚	梗	更	格
庚柯衡 彭菩衡 羹古衡 衡胡庚 行遐庚 盲莫庚	梗柯杏 鯁古杏 杏遐梗 猛莫梗 哽柯猛	孟莫更 更(柯衡)	佰波格 白菩格 帛蒲格 伯補格 宅除格 栢補格 百補格 頟雅格 格柯頟
〔開口二等〕	〔開口二等〕	〔開口二等〕	〔開口二等〕
鬸〔觥字古横〕横			虢鉤百
〔合口二等〕			〔合口二等〕

（1）平聲横字《名義》脱，《今本玉篇》胡觥、胡孟二切。

（2）去聲更字《名義》柯衡反，《今本玉篇》古孟、古衡二切。

四二

盈	井	政	亦
鳴莫京 生所京 迎宜京 貞徴京 京居貞 荆景貞 驚居貞 明靡京 并俾盈 誠是盈 聲舒盈 征之盈 盈余成 成時征 征之成 名弥成 平皮兵 兵彼榮	景羈影 影於景 領離景 整之郢 井子郢 郢以井 騁敕井 餅卑井 炳彼皿 皿明丙 丙碑囧	慶祛敬 映於敬 敬羈竟 竟羈慶 柄碑敬 命靡竟 令力政 姓胥政 盛時政 證祗盛 勁居盛 政之盛 淨似勁 性思靚 靚才性	戟居逆 逆魚戟 劇渠戟 郤去戟 積子亦 亦余石 奕餘石 石時亦 璧俾亦 昔思亦 惜胥亦 跡子亦 迹子亦 益於赤 赤昌亦 席徐亦 尺齒亦 辟裨尺
〔開口三等〕	〔開口三等〕	〔開口三等〕	〔開口三等〕
榮爲明 營胡瓊 求營 甇瞿營	永爲囧 囧俱永 潁役餅	詠爲命	役惟辟
〔合口三等〕	〔合口三等〕	〔合口三等〕	〔合口三等〕

本部開口字分爲兩類，不相系聯。平聲上聲合口字亦分爲兩類。脣音字如

"兵、丙"等以合口字爲切,今列於開口。詳下文韻類討論一節。

四三

耕	幸	迸	革
耕居萌 萌麥耕 筝俎耕 爭俎耕 莖餘耕	幸〔羍〕稺耿 耿皆幸	迸〔彼爭〕	麥莫革 脈莫革 責俎革 謫〔謫字知革〕翮雄革 軛於革 覈斛革 核爲革 戹猗革 革居核 隔
〔開口二等〕	〔開口二等〕	〔開口二等〕	〔開口二等〕
嶸胡萌 宏胡萌 泓烏宏 閎胡泓			獲胡鹹 鹹古獲
〔合口二等〕			〔合口二等〕

(1)去聲"迸"《名義》彼爭反,所切之諍字讀去聲。

(2)入聲隔字《名義》闚反切,《今本玉篇》几戹切。

四四

丁	鼎	定	逴
靈力經 經雞庭 庭徒丁 零靁力丁 刑奚丁 廷達聽 聽(他定) 停	鼎多梃 梃達鼎 挺徒鼎 訂唐鼎 泠力鼎 茗冥鼎 竛蒲茗 頂丁泠	定達聽 聽他定	覣建寂 寂〔宋字徐的〕 敵徒的 迪徒的 錫思的 赦公的 激公的 的都激 歷力的 逴託歷 擊故歷 鷊牛歷 壁補歷 狄徒錫 覓亡狄 甓瓶狄
〔開口四等〕	〔開口四等〕	〔開口四等〕	〔開口四等〕
熒胡駧 駧古熒	迥胡炯 炯孔迥		鶪公壁
〔合口四等〕	〔合口四等〕		〔合口四等〕

平聲聽字《名義》他定反,讀去聲;《今本玉篇》他丁、他定二切。《名義》聽字所切之"廷、鋌"二字皆讀平聲。停字《名義》脱。

○曾攝

四五

登	等	鄧	勒
曾子恆登多恆恆何登 騰杜登滕達登朋薄登 崩補朋滕達曾	等（都怠）	鄧達亘百柯鄧	德多勒則子勒得都勒 勒理得墨莫得北補墨
〔開口一等〕	〔開口一等〕	〔開口一等〕	〔開口一等〕
弘胡肱肱古弘			或胡國國古或
〔合口一等〕			〔合口一等〕

上聲"等"《名義》都怠反，《今本玉篇》都肯、都怠二切。

四六

陵	拯	證	力
蒸章繩繩視升陵力升 升舒丞凌里丞丞侍陵 徵除陵澂〔澄〕置陵 仍如陵澠視陵冰筆陵 承殊陵昇舒承 矜（渠巾） 興虛凝凝魚膺膺於凝	拯	孕餘證證諸孕甑子孕	力吕職職職之力 織之力偪鄙力即子力 測楚力殖時力直除力 食是力識詩力翼餘識 抑於陟棘居陟陟徵棘 逼碑棘 極渠憶憶 嶷（魚其）
〔開口三等〕	〔開口三等〕	〔開口三等〕	〔開口三等〕
			域爲逼洫呼域
			〔合口三等〕

（1）平聲矜字《名義》渠巾反（字同"稂"），《今本玉篇》又居陵切。《名義》以"矜"所切之字大都在本韻（如"稜、稜"音力矜反，"弸"音鄙矜反，"搤"音祕矜反）。

（2）上聲拯字《名義》無反切。

（3）入聲"憶"字《名義》闕。嶷字《名義》魚其反，《今本玉篇》又魚力切。《名義》以"嶷"所切之檍字在本韻。

○宕攝

四七

唐	䑋	浪	各
桑思郎當多郎郎力當	朗〔䑋字力儻〕儻勑朗	盎於浪浪力唐謗補浪	落盧閣閣柯洛各柯洛
堂達當唐徒當旁薄唐	蕩達朗黨丁朗莽無黨		洛盧各薄蒲各諾那各
狼路唐廊力唐康苦廊			雒於ˣ各莫無各惡於各
			咢魚各窓〔恪〕口咢
〔開口一等〕	〔開口一等〕	〔開口一等〕	〔開口一等〕
光古光黃胡光	廣古晃晃〔胱字胡廣〕		穫胡郭鑊胡郭霍呼郭
			郭古穫
〔合口一等〕	〔合口一等〕		〔合口一等〕

四八

羊	兩	亮	灼
央於良張豬良芒冈良	掌諸養仰魚掌養餘掌	醬子匠匠疾亮悵勑亮	約於略腳記略雀資略
良力章陽餘章彊渠章	壤如掌兩力掌丈除兩	向許亮尚時亮亮力尚	略力灼若如灼躍餘灼
章諸羊強渠章將子羊	想胥兩鞅於兩繦居兩	餉式尚讓如尚障之讓	藥與灼灼之藥弱如藥
羊餘章楊餘章裳時楊	鏹	釀如悵	酌之若
漿子楊涼力漿姜居陽			謔虛虐虐魚謔
量力姜疆居量梁力將			
〔開口三等〕	〔開口三等〕	〔開口三等〕	〔開口三等〕
王禹方防扶方匡區方	冈莫往往禹冈枉紆往	況詡誆誑俱放放甫望	戄居縛蠼矍於攫攫九縛
忘無方亡無方狂瞿方		舫甫望望無放	縛扶矍矍許縛
方甫芒			籰
〔合口三等〕	〔合口三等〕	〔合口三等〕	〔合口三等〕

(1)上聲"鏹",《名義》闕此字。

(2)入聲籰字《名義》胡碧反,《今本玉篇》作"灖",王縛切,是"籰"字之又讀。《名義》以"籰"字所切之字當在此韻。

○江攝
四九

江	項	巷	角
江古尨尨莫江雙所江	講古項項胡講	降鼓巷巷胡降 絳(古贛)	角古岳岳牛角樂吾角 剥補角捉俎角卓猪角 啄丁角握於角學爲角 較古學
〔開口二等〕	〔開口二等〕	〔開口二等〕	〔開口二等〕

　　去聲絳字《名義》古贛反，與"降、巷"不能系聯；疑"贛"或爲"戀"字之誤。案"衖"即"巷"字，"衖"音胡絳反，是"巷、絳"韻同一類也。

○通攝
五〇

公	孔	棟	陸
功古同同徒東東都公 忽青公空口公洪胡公 公古紅紅胡工工古紅 攻古鴻鴻厚攻	動徒董孔口董董東捻 捻子孔	贛古送送蘇貢貢古洞 洞達貢湅都貢 棟都弄弄梁棟	族敘鹿讀徒鹿屋於鹿 目莫鹿鹿力木穀胡木 觳公木谷古木木莫穀 斛胡穀禄旅穀穀古禄 牧莫禄卜補禄
〔開口一等〕	〔開口一等〕	〔開口一等〕	〔開口一等〕
沖直中中致隆崇仕隆 隆力弓弓居雄雄有宮 宮居雄躬居雄忠徵躬 戎如終終之戎融余終 風甫融		鳳浮諷諷不鳳仲廚諷	服扶福福甫伏伏浮腹 腹弗鞠六旅鞠陸力鞠 鞠居陸淑時六叔舒陸 竹猪陸筑徵陸菊〔蘜 記陸〕 育餘祝祝之育
〔開口三等〕		〔開口三等〕	〔開口三等〕

　　(1)平聲"攻、鴻"與"功"同等不能系聯，實爲一類，如"攻"《名義》古鴻反，《今本玉篇》作古洪切。"戎、終"以下四字與"沖、中"等爲一類。如《名義》"彤"餘終反，《今本玉篇》作余弓切；"崧"思隆反，《今本玉篇》作思融切。
　　(2)去聲"棟、弄"二字與"贛、送"等同類，即如棟字《名義》都弄反，《今本玉篇》作都貢切。

（3）入聲"育、祝"二字與"服、福"等爲一類，例如"柷"《名義》齒育反，《今本玉篇》作昌六切；"祝"《名義》之育反，《今本玉篇》作之六切。

五一

冬 冬都農農奴冬 宗子彤彤徒宗 〔合口一等〕		綜 綜子宋宋胥綜 〔合口一等〕	篤 沃〔茨於告〕酷口告 督都告竺都告篤都 告公篤毒徒篤 〔合口一等〕

平聲"宗、彤"與"冬、農"爲一類，如彤字《名義》徒宗反，《今本玉篇》即作徒冬切。

五二

恭 鍾之容容瑜鍾庸余鍾 恭居庸邛渠恭凶盱恭 匈盱恭龍閭恭封甫龍 顒牛匈 〔合口三等〕	勇 腫之勇種之勇勇瑜種 奉扶拱拱記冢冢徽壟 鞏居龍×（壟）隴力鞏 悚〔慫字先隴〕壠力悚 〔合口三等〕	用 用俞共共渠用縱子用 〔合口三等〕	足 欲餘燭蜀時燭燭朱欲 足子欲屬時欲録力屬 玉魚録局衢録緑力足 〔合口三等〕

上聲"奉"以下七字與"腫、種、勇"一類，如《名義》"鞏"居奉反，《今本玉篇》作居勇切，是其例。

（二）韻部討論

1. 果攝

《廣韻》歌戈兩韻系[1]，等韻圖歌爲開口，戈爲合口。《切韻》歌戈爲一韻。《名義》韻部第一部（何）平上去亦各分開合兩類。《廣韻》歌韻有靴字音許戈反；《切三》無反切，《王一》音火戈反[2]，《名義》音盱戈反，是靴字韻母當別爲一類。

---

① 舉平聲韻目兼括上去，簡稱爲"韻系"。
② 《切三》爲王國維摹本《切韻》第三種，《王一》爲敦煌掇瑣本王仁昫《刊謬補缺切韻》。

2. 假攝

《名義》第二部（加）與《切韻》麻韻系相當，平上去各包括三類：開口二等一類，合口二等一類，開口三等一類。

3. 遇攝

《名義》第三部（胡）相當《切韻》模韻系，第四部（居）相當魚韻系，第五部（俱）相當虞韻系，反切用字分別不紊[1]。齊梁時期南北方音中魚、虞有讀爲一韻者，《顏氏家訓·音辭》篇曾謂"北人以庶爲戍，以如爲儒"，是河北與江南語音不同。顧野王爲吳郡人，魚虞有別，當爲江南音。

4. 蟹攝

《名義》第六部（來）相當《切韻》哈灰兩韻系，第七部（賴）相當去聲泰韻，第八部（皆）相當皆韻系，第九部（快）相當去聲夬韻，第十部（佳）相當佳韻系，第十一部（世）相當去聲祭韻，第十二部（廢）相當去聲廢韻，第十三部（奚）相當齊韻系。除灰哈爲一部外，其他與《切韻》分韻相同。

《切韻》歸於灰韻之脣音字《名義》中多以哈韻字爲切，如"媒、腜、煤"音莫來反，"栘"音博該反，"脢"音莫開反，"每、妹、脄"音莫戴反，"佩、邶"音蒲賚反，"背"音補賚反皆是。《切韻》灰韻"玫、枚、媒"等字同音莫杯反（見《切三》），《名義》"玫"音莫迴反，"枚"音武來反，"媒"音莫來反；《切韻》灰韻去聲隊韻"佩、孛"同音薄背反（見《王一》），《名義》"佩"音蒲賚反，"孛"音蒲對反；《名義》反切下字或用開口字，或用合口字，足證開合兩類實爲一部。其中脣音字雖多以開口字爲切，但仍不乏以合口字爲切者，如：

俖補迴反	裴蒲迴反	韎薄瑰反	玫莫迴反	潤莫罪反
悖補潰反	誖補潰反	馞薄內反	孛蒲對反	

由此可知脣音字當屬合口一類。

第七部（賴）、第九部（快）、第十一部（世）、第十二部（廢）只有去聲。七、九、十一幾部各有開合兩類，十二部（廢）反切用字僅有合口而無開口。案《廣韻》廢韻有"刈、乂、怂"等字音魚肺切，刈字《韻鏡》《七音略》列爲開口，《名義》"刈、乂、怂"三字反切不同。"刈"音魚闕反，"闕"爲世部（《切韻》祭韻）字。"乂"音魚載反，"載"爲來部字。"怂"音魚廢反，"廢"爲本部合口字。因本部別無開口字，故怂字借用本部合口"廢"字爲切，刈字反切則用世部開口闕字爲切，乂字反切則又

---

① 切字有與《今本玉篇》及《廣韻》不合者（如"仆"音普庶反，《今本玉篇》音芳遇切，《廣韻》"仆"在遇韻，與《今本玉篇》音同），但爲數至少。

用來部開口載字爲切,是本部除合口字外,尚有開口一類。

第八部(皆)、第十部(佳)、第十三部(奚)具有平上去三聲,平去二聲各有開合兩類。合口一類中只有牙音與喉音字。第八部與第十部之脣音字依反切似皆爲開口,如:

皆部　　排薄階反　　俳皮皆反　　霾武階反

　　　　拜保界反　　湃普拜反　　憊蒲戒反

佳部　　牌扶佳反　　矋明佳反

　　　　庍普懈反　　紪普賣反　　粺菩懈反　　稗薄懈反

《七音略》"拜、湃、憊"與"派、粺"等字皆列合口。

5. 止攝

《名義》第十四部(之)相當《切韻》脂之兩韻系,第十五部(支)相當《切韻》支韻系,第十六部(歸)相當《切韻》微韻系。

《切韻》脂之兩韻系《名義》爲一部,反切表現極爲明顯。脂之兩韻系不分,爲 6、7 世紀南方字書之共同現象,例如陸德明《經典釋文·爾雅·釋詁》"彞"音以而反,"耆"音巨伊反,又音巨之反。"彞、耆"在《切韻》爲脂韻字,以"而"切"彞",以"之"切"耆",是脂之不分。

《廣韻》脂韻系牙音脣音皆有重紐字[1]:

平 聲		上 聲		去 聲	
○		○		器去冀	棄詰利
龜居追		軌居洧	癸居誄	媿俱位	季居悸
逵渠追	葵渠佳(《切三》)	郎暨軌	揆求癸	匱求位	悸其季
悲府眉		鄙方美	匕卑履	祕兵媚	痹必至
丕敷悲	紕匹夷	嚭匹鄙		濞匹備	屁匹寐
邳符悲	毗房脂	否符鄙	牝扶履	備平祕	鼻毗至
眉武悲		美無鄙		郿明祕	寐彌二

此類重紐字上一列等韻圖如《韻鏡》《七音略》等皆列爲三等,下一列皆列爲四等[2],《名義》亦秩然不紊。今列其各紐同音字及有關同類字之反切如下:

---

[1]　此處所以舉《廣韻》而不舉《切韻》者,因《廣韻》即因承《切韻》而來,唐人寫本陸氏《切韻》完整者少,故采用《廣韻》。

[2]　上一列、下一列,原作"上一行、下一行",因改爲橫排,故改。

○平聲三等字①　　　　　　　○平聲四等字②

飢羈治

龜居逵

䞳丘追

逵歸奇龜 夅跻䏶戔鍨渠追 俙瞿龜　　葵揆郊渠惟

追猪龜

椎直龜

　　　　　　　　　　　　　　　　倠許維

帷爲龜

悲祕飢

丕普坯 伾普悲 駓普眉　　　　　　紕(扶規)《原本玉篇》補寐、扶規二反，又匹毗反(紕謬)

邳駍蒲悲 坯薄悲 鉟皮眉 髬並悲　　妣裨時 妣輔尸

眉莫飢 麋莫悲 徽明飢 楣靡飢 湄莫龜

瑂明帷 䚕矏妄悲 麋糜飢

○上聲三等字　　　　　　　　○上聲四等字

几羈俟

軌詭鮪 洍居洧 晷居鮪　　　　　　癸吉揆

洧鮪爲軌

　　　　　　　　　　　　　　　　揆渠癸 俟祇癸 孆瞿癸

　　　　　　　　　　　　　　　　水尸癸

鄙補鮪 啚匶几　　　　　　　　　　匕比俾 似妣俾癸

㾖普鄙 秠披鄙

否蒲鄙 痞平几　　　　　　　　　　牝神死

美媄妄几

○去聲三等字　　　　　　　　○去聲四等字

冀居致 覬羈致

器袪冀　　　　　　　　　　　　　弃去異

媿居位 愧跽 饋爴媚　　　　　　　　季枳悸

---

① ②　此處所謂三等或四等乃利用韻圖所列等第以便稱謂，非强以《名義》與後之等韻勉强牽合，更非指三等韻與四等韻而言。

○去聲三等字

匱饋渠愧

祕閟鄙冀鉍彼冀

濞普備嚊普利嫓普祕

備楠犕皷奰皮祕牖蒲祕

郿眉冀媚靡愧嬍美祕媐妄祕、妄鬼

致徵利

利力至

○去聲四等字

悸渠季瘁畢季

痺秕俾利髀俾寐紕《原本玉篇》補寐反

（糵孚謂）

鼻毗至禰毗二

寐彌異

由上列各組反切見之，三、四兩類有分，與《廣韻》系統相同。《名義》中脣音三等字有以合口字爲切者，如"湄"音莫龜反，"鄙"音補鮪反，"媚"音靡愧反，而四等字此類情況極爲少見，只有"妣"音俾癸反一例。又三等字反切上字除用"補、普、蒲、薄、莫、妄"一類字爲切以外，餘則用"鄙、彼、披、皮、靡"等字爲切，而四等字多用"俾、裨、毗、彌"一類字爲切。"鄙、彼"等爲第十五部（支）三等字，"俾、裨"等爲同部四等字，兩者不同。本部四等字之反切下字屬於《廣韻》之韻系字者亦多。

《名義》第十五部（支）與《廣韻》支韻系相同。《廣韻》支韻系牙音、脣音、喉音皆有重紐字，依類分列如下：

平聲				上聲				去聲			
羈居宜		嫣居爲	槻①居隨	掎居綺		枳居紙	詭過委	寄居義	馶居企	賜詭僞	睨規恚
攲去奇		虧去爲	闚去隨	綺墟彼		企丘弭		齮卿義	企去智	觖窺瑞	
奇渠羈	衹巨支			技渠綺		跪去委	跠丘弭	芰奇寄			
宜魚羈		危魚爲		螘魚倚		跪求累		議宜寄		僞危睡	
陂彼爲	卑府移			彼甫委	俾并弭	硊魚毀		賁彼義	臂卑義		
鈹敷羈	跛匹支			破匹靡	諀匹婢			帔披義	譬匹賜		
皮符羈	陴符支			被皮彼	婢便俾			髪平義	避毗義		
糜靡爲	彌武移			靡文彼	弭綿婢						
漪於離		逶於爲		倚於綺		委於詭		倚於義	縊於賜	餧於僞	恚於避
犧許羈	訑香支	麾許爲	隓許規	禰興倚		毀許委		戲香義		毀況僞	孈呼恚

---

① 槻字據《切三》改。

　　此類重紐字,左一行《韻鏡》及《七音略》皆列於三等,右一行皆列於四等,《名義》兩類亦不相混。今與上列《廣韻》各紐比照列表如下:

○平聲三等字

羇荆猗

奇竭知琦騎渠知岐渠宜　　　　　　祇渠支

宜蟻奇

嬀詭爲　　　　　　規癸支鬹居隨

虧去爲　　　　　　闚丘規窺丘垂

陂鑼彼皮羆鄙宜碑彼嬀鑒方皮襬彼爲　　卑補支鞞俾彌

鈹陂旇翍普皮皺澼皮菠叵皮

皮薄奇疲被羇羆蒲馳?　　　　　　陴避支焷毗支埤避移脾裨毗移魮蚍神之紕扶規

麋明皮縻靡知糜亡皮䌕亡皮䕥爲䕣美皮麞義×　彌鼜亡支瓕亡支瓕規芈亡彌攔莫規
(美)爲

　　　　　　支之移

爲胡嬀　　　　　　移餘支

麾呼爲　　　　　　隳許規

　　　　　　隨辭規

　　　　　　垂時規

○上聲三等字　　　　　　○上聲四等字

掎居綺剞掎居蟻　　　　　　枳居紙

綺袪倚﨑丘蟻

詭俱毀庪塏攱居毀脆舭嬀彼

　　　　　　跬羌箠

跪渠委

彼補靡柀碑詭　　　　　　俾北尓髀補尓蓖補侈

破孚彼　　　　　　諀訛匹尓庀平婢疕芳枳仳匹視

被皮彼　　　　　　婢避弭庳裨弭

靡靡×(麋)葦俙靡彼蘪亡彼　　　弭亡爾洔妄紙瀰莫尓攺武婢芈忘此

　　　　　　紙之是

　　　　　　爾如紙

○去聲三等字　　　　　　　　　　　　　○去聲四等字

寄羈義㝔居義　　　　　　　　　　　　　趌居跂

　　　　　　　　　　　　　　　　　　　企去跂跂墟跂

　　　　　　　　　　　　　　　　　　　睨己志×(恚)

賁彼奇×(寄)佊陂髲詖彼寄𧶠方髮跛碑寄　　　臂補跂槩卑翅

帔毈×議𥬠止×皮　　　　　　　　　　　譬匹臂

髲鞁皮寄𢔌皮偽　　　　　　　　　　　避神跂

餒《原本玉篇》奴很反又於偽反　　　　　恚於睡

　　　　　　　　　　　　　　　　　　　翅升跂

上表三、四兩類分別秩然,與《廣韻》相同。三等之脣音字反切下字有爲合口字者,如"襬"音彼爲反,"𪎭"音靡爲反,"靡"音縻䣈反,"柀"音碑詭反,"𢔌"音皮偽反,而四等之脣音字反切下字亦有爲合口字者,如"紕"音扶規反,"𦫼"音弭規反,"攡"音莫規反皆是。惟三等字(包括牙喉脣)之聲符主要爲"奇、爲、虘、皮、危、麻"等字("碑、岐"爲例外),而四等字之聲符主要爲"氏、支、是、卑、匕、比、爾、弭、彌、辟、圭、規"等字。前一類多爲古韻歌部字,後一類多爲古韻支部字,兩者來源不同。讀音會當有異。《顏氏家訓·音辭》篇云:"岐山當音爲奇,江南皆呼爲神祇之祇。"顧氏讀"岐"爲"奇"與顏説合,由此亦可知"奇、祇"兩類音有不同。

6. 效攝

《名義》第十七部(高)與《切韻》豪韻系相當,第十八部(交)與《切韻》肴韻系相當,第十九部(驕)與《切韻》宵韻系相當,第二十部(堯)與《切韻》蕭韻系相當。

《廣韻》宵韻系牙音、脣音、喉音有重紐字:

平　聲		上　聲		去　聲	
驕舉喬		矯居夭			
趬起囂	蹻去遥				
喬巨嬌	翹渠遥	驕巨夭		嶠渠廟	翹巨要
钁甫驕	飆甫遥	表陂矯		裱方廟	
	票撫招	麃旁表	縹敷沼		剽匹妙
	飄符霄	藨平表	摽符少		
苗武瀌	蜱彌遥		眇亡沼	廟眉召	妙彌笑
妖於喬	要於霄	夭於兆			要於笑

　　《韻鏡》及《七音略》中左一行字皆列於三等,右一行字皆列於四等。《名義》第十九部(驕)反切亦有不同。今參照《廣韻》列次如下:

○平聲三等字　　　　　　　　　　　○平聲四等字

驕記娥ˣ(嬌)喬居橋憍居僑蕎居妖簥冀姚①

幨口驕橇丘驕　　　　　　　　　　　繑近遥嶠丘遥蟂去消

橋鐈奇驕嬌嵩渠驕轎奇朝僑渠消　　翹祇燒攷渠燒

钀彼驕　　　　　　　　　　　　　　猋標俾饒瘭補燒膘俾消飄補遥

　　　　　　　　　　　　　　　　　票翲匹姚

　　　　　　　　　　　　　　　　　瓢裨燒

苗靡驕貓莫朝　　　　　　　　　　　妙亡消

夭猗驕妖於鴉　　　　　　　　　　　要於燒葽郁燒

　　　　　　　　　　　　　　　　　燒舒姚

　　　　　　　　　　　　　　　　　消思姚

　　　　　　　　　　　　　　　　　姚與招遥與昭媱搖與妖

○上聲三等字　　　　　　　　　　　○上聲四等字

矯居趙譑鱎居小敽居表撟几小蟜居兆

鱎奇兆狢渠表

表碑矯

　　　　　　　　　　　　　　　　　縹匹繞

藨受平表㹇並表②　　　　　　　　　芟裨繞

　　　　　　　　　　　　　　　　　眇淼篎彌紹杪彌繞秒亡紹

兆除矯

妖猗兆

○去聲三等字　　　　　　　　　　　○去聲四等字

　　　　　　　　　　　　　　　　　趬丘照

飆匹召　　　　　　　　　　　　　　剽孚妙嫖瞟匹妙僄漂芳妙標嘌芳照瞟孚照

廟靡召　　　　　　　　　　　　　　妙妄照

　　　　　　　　　　　　　　　　　䃅於照

---

① 　依《廣韻》列此,依反切下字則在四等。

② 　《廣韻》與四等縹字同音。依諧聲系統此字當歸三等。

　　由以上所列平上去三聲字反切可知三、四兩類大體不混。三等字聲符爲
“喬、麃、苗、夭、表、朝”等字,四等字爲“堯、焱、票、要、少”等字。三等字反切上
字與四等字反切上字亦不相同,如三等字用“奇、彼、碑、靡”等字,而四等字則
用“衹、俾、裨、彌”等字。前者爲第十五部(支)中三等字,後者爲同韻部之四等
字,三、四兩類正相應。

　　7. 流攝

　　《名義》第二十一部(侯)與《切韻》侯韻系相當,第二十二部(周)與《切韻》
尤幽兩韻系相當。

　　等韻圖如《韻鏡》《七音略》中尤韻系列爲三等韻,幽韻系列爲四等韻,但依
反切聲母用字系統觀之,幽韻系實爲三等韻。

　　《名義》中屬於幽韻系諸字之反切如下:

　　　平　　樛居愁　丩芇居稠　虯觓璆奇樛聲魚幽　彪補虯　飍風幽　淲被彪、扶彪　鼀子幽　𢇛幽於稠
　　　　　　蝣於攸　怮於流　飍香幽　烋虛樛　鏐蟉力幽

　　　上　　糾起居黝　渺於糾

　　　去　　謬丘幼虯渠幼　謬靡幼　椆之幼　瘶壯幼幼伊謬

其中平聲字如“樛、丩、幽、蝣”等字皆以尤韻系字爲切,是平聲尤幽兩韻《玉篇》
辨析未精。惟上去二聲似與尤韻系不混。《廣韻》“椆、瘶”二字均收去聲宥韻,
“椆”音職救切,“瘶”音側救反,《名義》“椆”音之幼反,“瘶”音壯幼反,則尤幽
兩韻去聲亦有相混之例。

　　又《廣韻》尤韻有“謀、牟、矛、蛑、眸、鴾、麰、繆”等音莫浮切[1],《名義》此類
字均音莫侯反,則均爲侯韻字。但《廣韻》宥韻有“莓”字,即“謀”之去聲,音亡
救切,《名義》反切相同。依平聲“謀”等字音“莓”似當同入侯韻系。《名義》糸
部“繆”字音阿侯反(《原本玉篇》同),《廣韻》“繆”在尤韻,音於求反,“繆”字蓋
有兩種不同讀音,非尤韻系影母字《名義》皆入侯部也。

　　8. 咸攝

　　《名義》第二十三部(含)與《切韻》覃韻系相當,第二十四部(甘)與談韻系
相當,第二十五部(咸)與咸韻系相當,第二十六部(衫)與銜韻系相當,第二十
七部(廉)與鹽韻系相當,第二十八部(兼)與添韻系相當,第二十九部(嚴)與嚴
凡兩韻系相當。

---

[1]　《切三》音莫侯反。《王一》作莫浮反。

　　《切韻》嚴凡分爲兩韻系，嚴韻系無上去二聲，凡韻系上聲“范”字無反語，取“凡”之上聲。《名義》第二十九部嚴凡爲一部，只有牙音、脣音、喉音三類字，上聲只有脣音，“范、範、犯、軋”等字皆無反切，《切韻》與《玉篇》相同。

　　9. 深攝

　　《名義》第三十部（林）與《切韻》侵韻系相當。

　　10. 山攝

　　《名義》第三十一部（安）與《切韻》寒韻系相當，第三十二部（姦）與删韻系相當，第三十三部（間）與山韻系相當，第三十四部（連）與仙韻系相當，第三十五部（堅）與先韻系相當。惟有少數字收韻不同，如棧字《切韻》在山韻系上聲產韻，音士限反（見《切三》），《名義》音仕版反，則爲删韻系上聲潸韻字。又如幭字《切韻》在先韻系入聲屑韻，音莫結反（見《切三》），《名義》音亡別反，則爲仙韻系入聲薛韻字。此類少數字歸韻不同與韻類並無影響。

　　第三十一部（安）平上去入四聲脣音字，《廣韻》皆屬合口桓韻一系，《名義》反切雖大都以開口字爲切，但亦有以合口字爲切者，如：

　　平聲：盤薄蘭槃薄肝鬆蒲桓懑莫蘭饅莫桓髝亡肝

　　上聲：滿莫誕

　　去聲：半補旦胖普半伴蒲旦叛薄旦幔亡旦鏝莫案敻莫爛墁莫旦漫莫換

　　入聲：撥鏺筏補達茇浦達胈蒲末菝蒲秣秫末莫葛袜襪亡達

其中“鬆、饅、漫”三字反切下字均爲合口字，是此類脣音字仍屬於合口一類。

　　第三十二部（姦）之平上去三聲字晉宋間詩文押韻，多與第三十一部（安）之平上去三聲字相押，而入聲字如“黠、殺”等則與第三十四部（連）及三十五部（堅）之入聲字相押。第三十三部間之平上去三聲字晉宋間詩文押韻多與第三十四（連）、三十五（堅）兩部之平上去三聲字相押，而入聲字如“鎋、刮”等則與第三十一部（安）之入聲字相押。自平入相對之關係觀察，《切韻》删韻之入聲“黠”當屬山韻，山韻之入聲“鎋”當屬删韻，即當以鎋韻承删韻，以黠韻承山韻，故上節系聯表中第三十二、三十三兩部之入聲與《切韻》黠鎋之次第不同。

　　第三十三部（間）入聲“八、拔”一類脣音字《七音略》皆列爲合口。由《名義》下列諸字反切觀之，“八、拔”爲開口，匣母字則爲合口。

　　八鄙戛拔蒲八筏亡八揳古八樺公八䯰牛八揠烏拔

　　塈胡八鶷胡八滑獲八欻禹八

匣母字能以開口字切合口字者，因上字"胡、獲"等已具有合口性質，此乃《名義》反切之慣例，不得據此誤以八字爲合口。

　　第三十四部(連)與《廣韻》仙韻系相當。《廣韻》仙韻系牙音、脣音、喉音均有重紐。以脣音爲例：

平　聲	上　聲		去　聲	
鞭_{卑連}	辡_{方免}	褊_{方緬}	變_{彼眷}	
篇_{芳連}	鶣_{披免}			
便_{房連}	辯_{符蹇}	楩_{符善}	卞_{皮變}	便_{婢面}
緜_{武延}	免_{亡辨}	緬_{彌兗}	面_{彌箭}	

左一行字《韻鏡》《七音略》列爲三等，右一行字則列爲四等。《名義》兩類字反切亦不相同。

○平聲三等字(無)	○平聲四等字
○	鞭_{裨綿}
○	篇止[×](匹)_鞭
○	便_{婢仙}　楩_{鼻綿}
○	緜_{弭旆}　蝒_{彌鞭}
○上聲三等字	○上聲四等字
	褊_{卑緬}辡_{頻褊}
鶣_{匹□}	
辨_{皮覓}辯_{皮勉}	
免_{靡蹇}勉_{靡辯}冕_{靡璉}	緬_{弭善}愐_{彌褊}沔_{彌善}湎_{弭兗}酾_{彌兗}
○去聲三等字	○去聲四等字
變_{彼媛}	
卞昪閞_{皮變}箯_{蒲變}	
	面_{亡戰}

　　上表所列三、四兩類字反切用字不同，與《廣韻》相似。

　　11. 臻攝

　　《名義》第三十六部(恩)與《切韻》痕韻系相當，第三十七部(昆)與《切韻》魂韻系相當，第三十八部(園)與《切韻》元韻系相當，第三十九部(仁)與《切韻》真臻殷三韻系相當，第四十部(云)與《切韻》文韻系相當。

　　《切韻》痕韻系不立入聲，但"麧、齕、紇"等字音下沒反(見《切三》)，收入魂韻系入聲没韻。《名義》"軟"音"絞"，"絞"音"齔"，未立反切，今歸入第三十六部（《廣雅·釋蟲》"齔"下曹憲音亦云痕之入）。《切韻》元韻系與魂痕兩韻系相次，齊梁間韻文押韻元魂痕三韻系亦大都通押，故列於第三十六部、三十七部之後，不列入山攝。

　　《切韻》真臻殷文分爲四系，今但分爲兩部，第三十九部（仁）包括《切韻》真臻殷三韻系，第四十部（云）相當文韻系。第三十九部中屬於《切韻》臻韻系之字幾乎皆以《切韻》真韻系之字爲切，如：

　　　　臻_{側陳}莘_{側鄰}榛_{側銀}溱_{戴銀}樺_{所銀}抓_{所鄰}阰_{所陳}

　　　　莘_燊瘁_駪牲_鮮_{所巾}瑟_飋_{所眤}蟴_{所密}

由此足證《切韻》臻與真兩系《名義》不分。《切韻》不僅臻韻獨立，而殷韻系亦與真韻系有別。但《名義》"誾"音魚巾反，"斤"音居誾反，"筋"音居銀反，"忻"音喜誾反，"誾、銀"《切韻》屬真韻，"斤、筋、忻"均屬殷韻，是真殷兩韻牙喉音字反切有混。又去聲"覲"字《名義》音奇靳反，"覲"《切韻》爲震韻字，"靳"則爲焮韻字；入聲赹字《名義》音奇暱反，"赹"《切韻》爲迄韻字，"暱"則爲質韻字。此類相混之例雖不多，然由此亦可見殷與真兩系分割不清。今據反切定真臻殷爲一部。稍後，曹憲《廣雅音》真臻殷亦爲一部，如"誾"音魚斤反（見《釋訓》），"詵"音史巾反，"抓"音所斤反，"砏"音普斤反，"乞"音去乙反，"欨"音居乙反，"仡"音魚乙反，"汔"音許乞反（並見《釋詁》），並是其證。

　　《廣韻》真韻系喉音、脣音皆有重紐字。舉平入兩類字爲例：

平　聲		入　聲	
蘦_{於巾}	因_{於鄰}	乙_{於筆}	一_{於悉}
		肊_{羲乙}	欯_{許吉}
彬_{府巾}	賓_{必鄰}	筆_{鄙密}	必_{卑吉}
	繽_{匹賓}		
貧_{符巾}	頻_{符真}	弼_{房密}	邲_{毗必}
珉_{武巾}	民_{彌鄰}	密_{美筆}	蜜_{彌畢}

　　平入二聲左一行字《韻鏡》列於三等，右一行字列於四等。《名義》中此兩類字之反切亦不相同。

○平聲三等字

蠙於巾

彬鄘陳斌彼鄰、鄙鄰圝鄙珉邠補珉

砏普巾

貧皮斌㟏皮彬

珉麋斌旻鍇麋巾瘑忞武巾眠紙亡巾鵑眉巾鷗莫均

○入聲三等字

乙猗室

肸羲秩

筆俾密泌鄘栗㴉補蜜柲彼密

弼皮蜜駜皮筆

密蔤麋筆宓明筆

○平聲四等字

因於仁姻於神駰郁身

賓鼻民濱補民檳卑民

繽翩頻匹仁閩匹賓

嬪額神仁顰神賓槃毗民貧神身

民弭申

○入聲四等字

一壹於逸

欯火一

必俾謐畢卑蜜筆補質邲俾蜜

邲蒲必

蜜弭質蚍亡質醯亡一謐莫橘

上列諸字除入聲"㴉、弼"二字用蜜字爲切以外（"蜜"或爲"密"字之誤），其他與《廣韻》分類皆同。《爾雅·釋畜》陸德明《釋文》爲駰字作音云："《字林》乙巾反，郭（璞）央珍反，今人多作因音。"乙巾反即蠙字音，與"因"正相對。陸云"今人多作因音"，是"因"與乙巾反陸音尚爲兩類。以平聲而言，三等一類爲古韻文部字，四等一類爲古韻真部字，來源不同。

12. 梗攝

《名義》第四十一部（庚）、第四十二部（盈）兩部與《切韻》庚清兩韻系相當，第四十三部（耕）與《切韻》耕韻系相當，第四十四部（丁）與《切韻》青韻系相當。

《切韻》庚韻系包括二等開口字、合口字及三等開口字、合口字。三等字僅有牙音、喉音、脣音、正齒音莊類幾種字。《切韻》清韻系僅爲三等字，具有牙音、喉音、脣音、舌上音、齒頭音、正齒音照類（莊類字僅上聲出一㴫字，音初井反）以及來母等幾類字。《名義》反切中屬於《切韻》庚韻系之二等字獨爲一類，而屬於《切韻》庚韻系之三等字則與《切韻》清韻系之字頗有牽涉。庚韻系三等字與清韻系字互相牽涉者有下列諸字：

　　《切韻》庚韻系字：京居貞荆景貞驚居敬麖竟戟戟居逆

　　《切韻》清韻系字：貞徹京楨知京禎忠平滇隉徹京

　　　　　　　　　桱敕鳴輕恥荆泟恥京偵恥敬盯恥敬訂恥敬

　　　　　　　　　呈馳京珵除荆程除荆酲陳驚裎除貞鄭馳敬躑馳戟

　　　　　　　　　碧彼戟

令力貞、力政

其中清韻系字以庚韻系字爲切者頗多,而且皆爲舌上音(等韻知徹澄三母)字。但清韻系舌上音字亦有不以庚韻系字爲切者,如上聲"逞"音丑井反,"騁"音勑井反,並以"井"爲切,"井"爲清韻系字。因此姑且定庚韻三等與清韻字爲一部。説詳下一節梗攝。曹憲《廣雅音》"偵"音勑鷩反,"肷"音恥敬反(並見《釋詁》),"經"音恥京反(見《釋器》),"蕩"音直戟反(見《釋草》),"檉"音恥京反(見《釋木》),與《名義》音相同。

　　第四十二部(盈)屬於《切韻》庚韻之脣音字爲開口,抑爲合口,似不易確定。如"明、朙"爲一字,"明"音靡京反,"朙"音武榮反,"京"爲開口字,"榮"爲合口字。又"丙、柄"同音,"丙"音碑囧反,"柄"音鄙景反,"囧"爲合口字,"景"爲開口字。其他與"丙"同音之字,如"秉"音布景反,"昺"音碑景反,"炳"音彼皿反,"怲"音陂詠反,"鈵"音彼詠反,"芮"音祕永反,反切下字之開合亦不一致。前節韻類表一律列爲開口者,因"平、明、命"等字均爲開口字,如"禎"音忠平反,"莘"音皮明反,"泙"音帛明反,"命"音靡竟反,是其證。至於"榮、瑩"音爲明反,"詠、咏、泳"音爲命反,"祭"音胡命反,因上字已具合口性質,故以開切合,此爲喉音字反切之通例,不得據此而定"明、命"二字爲合口也。

　　13. 曾攝

　　《名義》第四十五部(登)與《切韻》登韻系相當。平聲與入聲各有開合兩類,上去二聲僅有開口。《名義》第四十六部(陵)與《切韻》蒸韻系相當。其入聲有開合兩類。"域"音爲逼反,"減"音呼逼反,雖以開口字"逼"爲切,然反切上字已屬合口,"域、減"仍爲合口字。

　　14. 宕攝

　　《名義》第四十七部(唐)與《切韻》唐韻系相當,四聲各有開合兩類。去聲曠字音枯謗反,"曠"屬合口。《名義》第四十八部(羊)與《切韻》陽韻系相當,四聲亦各有開合兩類。

　　15. 江攝

　　《名義》第四十九部(江)與《切韻》江韻系相當。

　　16. 通攝

　　《名義》第五十部(公)與《切韻》東韻系相當。除上聲外各具兩類。《名義》第五十一部(冬)與《切韻》冬韻系相當。王仁昫《刊謬補缺切韻》鍾韻上聲腫韻有湩字,音都隴反(宋濂跋本),謂爲冬韻上聲,《名義》"湩"音都洞反,屬第五十部(公)去聲(《廣韻》送韻多貢切亦收有潼字),是五十一部無上聲,與陸法言《切韻》同。《陸韻》攻字兼收東冬兩韻,《名義》"攻"音古鴻反,顧野王原書"攻"下有無又音不可知。古鴻一音屬第五十部。

　　《名義》第五十二部(恭)與《切韻》鍾韻系相當。惟恭字《切韻》收入冬韻("蜙、樅"等字亦然),音駒冬反,《名義》"恭"音居庸反,屬本部,與《切韻》不同。

　　(三)韻部讀音

　　《名義》之韻部,根據反切下字系聯之結果,粗略定爲 52 部,合平上去入四聲各韻計之,共爲 178 部,與《切韻》分韻系統大體一致。《切韻》灰咍、脂之、尤幽平上去各分爲兩系,《名義》皆爲一部;《切韻》嚴韻一系有平入兩韻,《名義》與凡韻一系爲一部;《切韻》真殷分爲兩系,臻韻平入兩韻又別爲一系,《名義》此三系爲一部,故韻數少於《切韻》16 韻。《切韻》共 193 韻,去 16,當得 177,但《切韻》痕韻系不立入聲,今以"紇、麧"等爲痕之入,則增出一部,故總數爲 178。《切韻》庚韻兼有二等、三等兩類字,今依反切以庚韻三等與清韻合爲一部,與《切韻》亦略有不同。今就《名義》各部列其類別,並擬其讀音如下。每部兼注《切韻》韻目,以資比較異同。

　　果攝

　　　　　　　　┌開一　　α
　　1. 何 ┤合一　　uα　　　　(歌)
　　　　　　　　└合三　　iuα

　　假攝

　　　　　　　　┌開二　　a
　　2. 加 ┤合二　　ua　　　　(麻)
　　　　　　　　└開三　　ia

　　遇攝

　　3. 胡　合一　　u(o)　　(模)
　　4. 居　開三　　io(iɔ)　(魚)
　　5. 俱　合三　　iu(io)　(虞)

　　《七音略》及《韻鏡》模虞兩韻爲一圖,標爲合口,魚韻爲一圖,標爲開口。魏晉宋時期韻文押韻魚虞模三韻大都通押,齊梁時期韻文押韻虞模兩韻大都通押,而魚與虞模通押者較少,由此可知齊梁時期模與虞音近,而與魚差異稍大。

今擬模虞韻母主要元音爲 u，作爲同一韻位，魚韻主要元音擬爲 o，另爲一韻位。晉宋佛典譯音中多以模韻字對譯梵文 o，齊梁以前模虞蓋讀爲 o、io，魚讀爲 iɔ。齊梁之際與晉宋是否相同未可知。惟《玉篇》中牙喉音字反切下字以開口字切合口字者，反切上字多爲模韻一系之字，如"卦"音古賣反，"宏"音胡萌反，"䯖"音胡八反，"謍"音胡命反等皆是。模韻或已由 o 變爲 u。

蟹攝

6. 來 { 開一　　ɒi / 合一　　uɒi }　（灰、咍）

7. 賴 { 開一　　ɑi / 合一　　uɑi }　（泰）

8. 皆 { 開二　　æi① / 合二　　uæi }　（皆）

9. 夬 { 開二　　ai / 合二　　uai }　（夬）

10. 佳 { 開二　　æ / 合二　　uæ }　（佳）

11. 世 { 開三　　iɛi / 合三　　iuɛi }　（祭）

12. 廢 { 開三　　iɐi / 合三　　iuɐi }　（廢）

13. 奚 { 開四　　iei / 合四　　iuei }　（齊）

蟹攝包括八部，除《切韻》灰咍兩韻爲一部外，其他皆與《切韻》相應。《名義》中屬於《切韻》灰韻系之字或以屬於《切韻》咍韻系之字爲切，故定灰咍兩韻系爲一部，灰韻一系之字當爲咍韻一系之合口。此八部於等韻圖中咍泰同屬一等，皆、夬、佳同屬二等，祭、廢同屬三等，齊爲四等。欲擬測諸韻之讀音，必得參證齊梁間詩文押韻與較古之語音系統。劉宋時期支與佳通押，齊與皆通押，祭與霽通押，泰與夬、廢、怪通押②。至齊梁時期支、佳、齊、皆、夬諸韻皆趨向於獨用，而祭與霽，廢與泰、代仍相通押。祭、泰、夬、廢、怪諸韻自諧聲及古韻系統

---

① 南北朝時詩文押韻皆與齊通押者多，是皆與齊音近，故皆擬作 æi，不作 ɐi。
② 所舉皆爲一般現象。

觀之,泰與曷、夬與鎋、怪與黠、廢與月、祭與薛等各類去入之間關係甚密。又《切韻》音系曷爲寒之入,鎋爲删之入[1],黠爲山之入,月爲元之入,薛爲仙之入,今比次各韻擬音如下:

咍代 ɒi			(一等)
泰 ɑi	曷 ɑt	寒 ɑn	(一等)
夬 ai	鎋 at	删 an	(二等)
皆怪 æi	黠[2] æt	山 æn	(二等)
廢 iɐi	月 iɐt	元 iɐn	(三等)
祭 iɛi	薛 iɛt	仙 iɛn	(三等)
齊霽 iei[3]	屑[4] iet	先 ien	(四等)

此既不背於較古之語音系統,而又與齊梁間詩文押韻之基本情況相合。惟佳韻與諸韻略有不同。佳韻晉宋之間與支韻同部,則佳韻讀音當近於支。齊梁時期佳韻趨向獨立,則音必去支稍遠。依諧聲系統,佳韻系與麥韻關係較密,《切韻》音系麥韻爲耕韻之入聲,《切韻》耕麥之元音學者多擬測爲 æ,據此則佳韻之元音似亦相同:

佳卦 æ　　麥 æk　　耕 æng

止攝

14. 之 { 開三　a、b　i　　(脂之)
 合三　a、b　ui

15. 支 { 開三　a、b　ie　　(支)
 合三　a、b　iue

16. 歸 { 開三　iəi　　(微)
 合三　iuəi

止攝之、支兩部開合各有兩類,a 類指舌音、齒音(齒頭與正齒三音)與韻圖列於四等之脣牙喉音字而言,b 類指韻圖列於三等之脣牙喉音字及正齒二等字而言。兩類字之反切下字分列不混。韻母讀音蓋有不同,確切分別,尚不能定。

---

[1] 《切韻》平聲删山之入聲爲黠鎋,據近人考訂鎋當承删,黠當承山。

[2] 諧聲系統夬與鎋相承,皆與黠相承,董同龢《上古音韻表稿》已有考證。

[3] 四等韻元音前古音無 i 介音。齊梁時期韻文同轉三、四等韻皆通押,不僅由於元音趨於接近,而且四等元音前可能已產生 i 介音。夏侯該《韻略》三、四同爲一韻,《切韻序》先仙並舉,亦可爲證。

[4] 沈約《四聲譜》以黎禮麗揀、笄竹計結爲四聲一紐字(見空海《文鏡祕府論》引),可證齊梁時期齊與屑相承。

效攝

17. 高　開一　　ɑu　　　　　（豪）

18. 交　開二　　au　　　　　（肴）

19. 驕　開三　　a,b　iɛu　　（宵）

20. 堯　開四　　ieu　　　　　（蕭）

驕部有 a、b 兩類,a 類諧聲從堯、焱、票、要、少,b 類諧聲從喬、廌、苗、夭、表、朝。兩類讀音之分別不能確定。

流攝

21. 侯　開一　　əu　　　　　（侯）

22. 周　開三　　a、b　iəu　　（尤幽）

《切韻》尤幽分爲兩韻,《名義》尤幽平聲近於一類,上去二聲似仍有分。曹憲《廣雅音》黝字兩見:一音於糾、於久二反(見《釋宮》),一音於糾、於柳二反(見《釋器》),足見尤幽兩韻上聲非一類。今音尤幽兩韻字相同,惟幽韻脣音不變讀輕脣。疑六朝時幽讀爲 iěu。p/ieu 不變輕脣猶真韻 p/iěn 不變輕脣;尤韻 p/iəu 變爲輕脣猶微韻 p/iəi 變爲輕脣。

咸攝

23. 含　開一　　ɒm,ɒp　　　（覃）

24. 甘　開一　　ɑm, ɑp　　　（談）

25. 咸　開二　　æm,æp　　　（咸）

26. 衫　開二　　am, ap　　　（銜）

27. 廉　開三①　　iɛm, iɛp　（鹽）

28. 兼　開四　　iem, iep　　（添）

29. 嚴　{ 開三　iɐm,iɐp　}　（嚴凡）
　　　　{ 合三　iuɐm,iuɐp }

此攝包括七部,除《切韻》嚴凡兩韻爲一部外,其他皆與《切韻》相應。此七部韻圖覃談同爲一等,咸銜同爲二等,鹽與嚴凡同爲三等,添爲四等。此與蟹攝相似。覃談兩韻晉宋以上不同部,就韻文押韻言,咸近於覃,銜近於談。惟《切韻》以前之韻書咸與銜、鹽與添有不分者(如李季節《音譜》咸銜不分,夏侯該《韻略》鹽添不分),《玉篇》雖各分爲二,讀音當相去不遠。

---

① 《切韻》音鹽韻系影母有重紐,《名義》是否亦分爲兩類,由反切系聯中無由判斷,故不具論。

深攝

30. 林　開三① 　　iěm, iěp　　（侵）

《切韻》侵韻系與真蒸兩系於音系中地位相同,脣音字不變爲輕脣音,故擬作-iěm。

山攝

31. 安 { 開一　合一　an, uan, ɑt, uɑt　　（寒）

32. 姦 { 開二　合二　an, uan, at, uat　　（删）

33. 間 { 開二　合二　æn, uæn, æt, uæt　　（山）

34. 連 { 開三 a、b　合三 a、b　iɛn, iuɛn, iɛt, iuɛt（仙）

35. 堅 { 開四　合四　ien, iuen, iet, iuet　　（先）

連部開合各有兩類,兩類之分别,今不易確定。劉宋時期詩文押韻删與寒通押,鎋與曷通押,山與仙先通押,黠與薛屑通押,故删系擬作 an,山系擬作 æn。

臻攝

36. 恩　開一 ən, ət　　（痕）

37. 昆　合一 uən, uət　　（魂）

38. 園 { 開三　合三　iɐn, iuɐn, iɐt, iuɐt　　（元）

39. 仁 { 開三 a、b　iěn, iět　合三　iuěn, iuět　　（真臻殷）

40. 云　合三 iuən, iuət　　（文）

恩昆兩部一屬開口,一屬合口,今參照《切韻》分爲兩部。園部相當《切韻》元韻系,《切韻》以真臻文殷元魂痕爲次,元韻當與魂痕音近,齊梁時期之韻文亦以魂痕與元通押,魂痕主要元音爲 ə,元韻主要元音亦當爲央元音,故擬爲 ɐ。

第三十九部(仁)包括《切韻》真臻殷三韻字,真臻兩韻《名義》爲一類,毫無

---

① 《切韻》音侵韻系影母有重紐,《名義》是否亦分爲兩類,由反切系聯中無由判斷,故不具論。

問題,而《切韻》真韻牙喉脣音字有兩類,一類韻圖列於四等(即 a 類)一類韻圖列於三等(即 b 類),《名義》中 b 類字與殷韻字相通。真韻 a 類若讀爲 iěn,b 類主要元音似當偏後偏低。日譯吳音殷韻"斤、近"等字與真韻"巾、銀"等字皆讀-on,真韻舌音齒音之類則讀-in。現代福州方言真韻"巾、銀"與殷韻字皆讀-yng,而真韻舌齒音之類皆讀-ing,與吳音相似。由此推測,《名義》仁部 b 類或讀爲-iən。推而廣之,《切韻》三等韻牙喉脣三類有重紐者,其牙喉音字韻圖列於三等者(即 b 類字),元音蓋皆偏後偏低,甚至爲央元音。

　　《切韻》殷文分爲兩韻,文即殷之合口。《名義》云部與《切韻》文韻相當,故擬爲-iuən。

梗攝

41. 庚 ｛開二 合二 ang, uang, ak, uak （庚二）

42. 盈 ｛開三 a、b 合三 a、b iɛng, iuɛng, iɛk, iuɛk （庚三清）

43. 耕 ｛開二 合二 æng, uæng, æk, uæk （耕）

44. 丁 ｛開四 合四 ieng, iueng, iek, iuek （青）

　　《切韻》庚耕爲二等重韻,《名義》亦分爲兩部。古音庚與陽唐音近,耕與清音近,與佳爲對轉,故擬庚爲-ang,耕爲-æng。庚耕之分猶刪之與山:

庚 ang　　唐 ɑng　　　　　刪 an　　寒 ɑn
耕 æng　　清 iɛng　　　　　山 æn　　仙 iɛn

　　《切韻》庚韻三等"平、明"一類字不與清同韻,而《名義》兩者則合爲一部。沈約調《四聲譜》以"平、伻、病、別"爲四聲一紐字[1],"別"爲仙韻入聲,韻讀爲-iɛt,由此以推,"平"當音-iɛng。庚韻三等字與清韻似亦爲一韻。庚三與清合爲一韻,則與三、四等合韻之仙系相等[2]。庚三僅有牙喉脣三類字,相當於仙系 b 類,清韻正相當於仙系 a 類(舌上音除外)。清韻舌上音與庚三相牽涉,適爲此類與庚三之牙喉脣音字同爲 b 類之佐證。《名義》盈部即庚三與清合成一部,其 a 類若讀爲-iɛng,其 b 類元音當稍低,讀爲-iang。

---

① 見《文鏡祕府論》引。
② 此種事實,陸志韋先生《古音說略》首先指出。見《古音說略》44—46 頁。

曾攝

45. 登 { 開一 / 合一 }　　əng, uəng, ək, uək　　（登）

46. 陵 { 開三 / 合三(入聲) }　iěng, iěk, iuěk　　（蒸）

古韻蒸部有《切韻》蒸登兩韻字,但自魏晉起蒸登兩韻即分爲兩部,是蒸登兩部元音略有不同。今比合真侵之例,蒸擬爲-iěng。

宕攝

47. 唐 { 開一 / 合一 }　　ang, uang, ak, uak　　（唐）

48. 羊 { 開三 / 合三 }　　iang, iuang, iak, iuak　　（陽）

羊部脣音變輕脣,其元音當較 a、ɛ 之類爲後,故擬爲-iang。

江攝

49. 江　開二　　ɔng, ɔk　　（江）

通攝

50. 公 { 開一 / 開三 }　　ung, iung, uk, iuk　　（東）

51. 冬　合一　　uong, uok　　（冬）

52. 恭　合三　　iuong, iuok　　（鍾）

冬恭兩部與《切韻》冬鍾兩韻系相應,《七音略》皆列爲合口。齊梁時期韻文押韻東系多獨用,冬鍾兩韻系多同用。冬鍾兩韻系音當相近,故擬爲-uong、-iuong。

這篇論文是 1936 年承導師羅莘田先生指導所寫成的一篇專題研究報告。1937 年日本發動侵略戰爭,先生播遷各地,八年之間,於艱危困頓之中,始終以此稿置於行篋,辛勤愛護,使之得以免於戰火。這是令人感謝不盡的。革命勝利之後,先生在整理藏書的時候檢出這篇論文,一直希望我能稍加整理把它印出來,可是因爲原來的一萬五千多張卡片和有關的資料置於南京,在抗戰期間全爲日人所毀,片紙不存,原文所闕反切下字切字數目之統計及四聲音字表等都無暇增補,所以也就擱置下來。原稿在聲母分類上因受反切系聯的限制還略有不妥處,當時也未及修訂。先生在稿末評語中曾指出:“我的意見以爲各類的合併最好應有系聯的直證，否則，除非審音確爲一類，而且絕對没有分析的條件可尋的，與其過而合之，勿寧過而分之。"這些話正中其病。現在重理舊稿，略爲辨析，並重訂韻部讀音一節，使稍稍完備，都是本着先生這些話來做的。可惜先生逝世，不能重獲教益！回憶二十餘年前，先生之愷切啟牖，不禁愴然傷懷。此文誠無足輕重，可是先生這些話不可無記，因贅數語，以誌感念之意。

《顏氏家訓·音辭》篇注補

《顏氏家訓》，舊有趙曦明注，其中疏漏甚多。及經盧文弨爲之增補，始臻完密。惟《音辭》一篇，盧氏有不能詮解者，頗賴段玉裁爲之參定。而段氏者又精於考古，疏於審音，故箋校雖多，猶未盡善。考《家訓》此篇專爲辨析聲韻而作，斟酌古今，掎摭利病，具有精義，實乃研求古音者所當深究，舊注之闕誤者，未可存而不論也。今謹就所知，略加綴輯，發其隱奧，疏其滯疑，以爲談音韻者之一助。至如論內言外言之義，《説文》讀若之旨，皆有憑藉，非逞玄想。故不嫌冗贅，並著於篇。

1943 年 7 月

　　大九州之人，言語不同，生民已來，固常然矣。自《春秋》標齊言之傳，《離騷》目《楚詞》之經，此蓋其較明之初也。後有揚雄著《方言》，其言大備。然皆考名物之同異，不顯聲讀之是非。逮鄭玄注六經，高誘解《呂覽》《淮南》，許慎造《説文》，劉熹製《釋名》，始有譬況假借以證音字耳。而古語與今殊別，其間輕重清濁，猶未可曉；加以內言外言急言徐言讀若之類，益使人疑。

　　〔盧注〕《釋名》，《直齋書録解題》稱漢徵士北海劉熙成國撰，此書作劉熹，《文選注》引李登《聲類》，“熹”與“熙”同。舊注之精當者摘要載之，其繁冗譌謬者不録。

　　〔補〕案內言外言急言徐言，前人多不能解。今依音理推之，其義亦可得而説。考古人音字，言內言外言者，凡有四事：《公羊傳·宣公八年》“曷爲或言而，或言乃？”何休注：“言乃者內而深，言而者外而淺。”此其一。《漢書·王子侯表上》襄嚵侯建，晉灼“嚵”音內言毚兔（各本譌作“嚵莬”，今正），此其二。猇節侯起，晉灼“猇”音內言鴞，此其三。《爾雅釋文·釋獸》，“貜”晉灼音內言玃，此其四。據此四例推之，所謂內外者，蓋指韻之洪細而言。言內者洪音，言外者細音。何以知言內者爲洪音？案“嚵”唐王仁昫《切韻》在琰韻，音自染反（敦煌本、故宮本同）。《篆隸萬象名義》《新撰字鏡》並音才冉反，與《王韻》同。惟顏師古此字作士咸反（《今本玉篇》同），則在咸韻也。如是可知嚵字本有二音:一音自染反,一音士咸反。自染即漸字之音,"漸"三等字也。士咸即巉字之音,"巉"二等字也。二等、三等元音之洪細不同。且三等有 i 介音,二等無 i 介音。二等爲洪音字,三等爲細音字。晉灼音"噈"爲巉兔之巉,是作洪音讀,不作細音讀也。顔注士咸反,正與之合。蓋音之侈者,口腔共鳴之間隙大;音之斂者,口腔共鳴之間隙小。大則其音若發自口内,小則其音若發自口杪。故曰"噈"音内言巉兔。是内外之義,即指音之洪細而言無疑也。依此求之,猇節侯之"猇",晉灼音内言鴞,"鴞"唐寫本《切韻》在宵韻,音于驕反(王國維抄本第三種。以下言《切韻》者並同,凡引用第二種者,始分别標明)。考《漢書·地理志》濟南郡有猇縣,應劭音筊,蘇林音爻。"爻"《切韻》胡茅反,在肴韻,匣母二等字也。"鴞"則爲喻母三等字。喻母三等,古歸匣母,是"鴞、爻"聲同,而韻有弇侈之異。今晉灼"猇"音内言鴞,正讀爲爻,與蘇林音同(《切韻》此字亦音胡茅反)。此藉"内言"二字可以推知其義矣。復次,《爾雅·釋獸》:"貘貐,類貙,虎爪,食人,迅走。"《釋文》云:"貘,字亦作貜,諸詮之烏八反,韋昭烏繼反,服虔音隙,晉灼音内言飽。案《字書》飽音噎。"今案"噎"《切韻》烏結反,在屑韻,四等字,"飽"曹憲《博雅音》作於結反(見《釋言》),與字書音噎同。考《淮南子·本經》篇"貘貐鑿齒",高誘云:"貘讀車軋履人之軋。""軋"《切韻》音烏黠反,在黠韻,二等。今晉灼此字音内言飽,正作軋音,與高誘注若合符節(《切韻》"貘"音烏黠反,即本高誘、晉灼也)。然則内言之義,指音之洪者而言,已明確如示諸掌矣。至如外言所指,由何休《公羊傳注》可得其確解,何休云:"言乃者内而深,言而者外而淺。""乃"《切韻》音奴亥反,在海韻,一等字也。"而"如之反,在之韻,三等字也。"乃"屬泥母,"而"屬日母。"乃、而"古爲雙聲,惟韻有弇侈之殊。"乃"既爲一等字,則其音侈;"而"既爲三等字,則其音弇。"乃"無 i 介音,"而"有 i 介音。故曰言"乃"者内而深,言"而"者外而淺。是外言者,正謂其音幽細,若發自口杪也。夫内外之義既明,可進而推論急言徐言之義矣。考急言徐言之説,見於高誘之解《吕覽》《淮南》。其言急氣者,如《淮南子·俶真》篇"牛蹄之涔,無尺之鯉",注:"涔讀延祜曷問(此四字當有誤),急氣閉口言也。"《墜形》篇"其地宜黍,多旄犀",注:"旄讀近綢繆之繆,急氣言乃得之。"《氾論》篇"太祖軵其肘",注:"軵,擠也,讀近茸,急察言之。"《説山》篇"牛車絶轔",注:"轔,讀近藺,急舌言之乃得也。"《説林》篇"亡馬不發户轔",注:"轔,户限也。楚人謂之轔。轔讀似鄰,急氣言乃得之也。"《修務》篇"媵脞哆嗞",注:"膡,讀權衡之權,急氣言之。"[1]此皆言急氣者也。其稱緩氣者,如《淮南子·原道》篇"蛟龍水居",注:"蛟讀人情性交易之交,緩氣言乃得耳。"《本經》篇"飛蛩滿野",注:"蛩,一曰蝗也,沇州謂之螣。螣,讀近殆,緩氣言之。"[2]《修務》篇"胡人有知利者,而人謂之駤",注:"駤,讀似質,緩氣言之者,在舌頭乃得。"《吕覽·慎行》篇"相與私鬨",注:"鬨,讀近鴻,緩氣言之。"此皆言緩氣者也。即此諸例觀之,急氣緩氣之説,可有兩解:一解指聲調不同,一解指韻母洪細不同。蓋凡言急氣者,均為平聲字;凡言緩氣者,除蛟字外均為仄聲字。此一解也。别有一解即指韻母之洪細而言,如"涔"故宫本王仁昫《切韻》鋤簪反,在侵韻,案"涔"三等字也。"庥"讀近綢繆之繆(《切韻》"庥"莫袍反),"繆"《切韻》武彪反,在幽韻,四等字也。"輈"讀近茸(《説文》亦云"輈讀若茸"。《廣韻》而容、而隴二切),"茸"《切韻》(王摹本第二種)而容反,在鍾韻,三等字也。"轔"讀近藺若鄰(《切韻》"轔"力珍反),藺,《廣韻》良刃切,在震韻。鄰,《切韻》力珍反,在真韻。"鄰藺"皆三等字也。"膡"讀權衡之權(敦煌本王仁昫《切韻》及《廣韻》字作"臞",音巨員反),"權"《切韻》巨員反,在仙韻,三等字也。以上諸例,或言急氣言之,或言急察言之,字皆在三、四等。至如"蛟"讀人情性交易之交("蛟"《切韻》古肴反),"交"《切韻》古肴反,在肴韻,二等字也。"螣"讀近殆,"螣"《廣韻》徒得切,在德韻,"殆"徒亥切,在海韻,"螣、殆"雙聲,皆一等字也[3]。"鬨"讀近鴻(《廣韻》"鬨"胡貢切),"鴻"《切韻》(王摹本第二種)音胡龍反,在東韻,一等字也。以上諸例,同稱緩氣,而字皆在一、二等。夫一、二等為洪音,三、四等為細音,故曰凡言急氣者皆細音字,凡言緩氣者皆洪音字。惟上述之駤字,高云讀似質,緩氣言之,適與此説相反。蓋"駤"《廣韻》音陟利切,在至韻,與交質之質同音("質"又音之日切),"駤、質"皆三等字也。三等為細音,而今言緩氣,是為不合。然緩字殆為急字之誤無疑也。如是則急言緩言之義已明。然而何以細音則謂之急,洪音則謂之緩?嘗尋繹之,蓋細音字均為三等字,皆有 i 介音,洪音字為一、二等字,皆無 i 介音。有 i 介音者,因 i 為高元音,且為聲母與元音間之過渡音,而非主要元音,故讀此字時,口腔之氣道,必先窄而後寬,而筋肉之伸縮,亦必先緊而後鬆。無 i 介音者,則聲母之後即為主要元音,

---

① 膡,正文及注,刻本均誤作"嗞",今正。
② 《吕覽·仲夏紀》"百螣時起"注"螣讀近殆,兗州人謂蝗為螣",與此同。
③ 《吕覽·任地》篇高注:"兗州謂蝛為螣,音相近也。"蝛,《廣韻》音或與螣同,在德韻。《廣韻》"螣"音徒得切,與高注相合。

故讀之輕而易舉,筋肉之伸縮,亦極自然。是有 i 介音者,其音急促造作,故高氏謂之急言。無 i 介音者,其音舒緩自然,故高氏謂之緩言。急言緩言之義,如是而已。此亦與何休、晉灼所稱之内言外言相似(晉灼,晉尚書郎,其音字稱内言某,内言之名當即本於何休)。蓋當東漢之末,學者已精於審音。論發音之部位,則有横口在舌之法。論韻之洪細,則有内言外言急言緩言之目。論韻之開合,則有跋口籠口之名。論韻尾之開閉,則有開脣合脣閉口之説(横口跋口開脣合脣並見劉熙《釋名》。)論聲調之長短,則有長言短言之別(見《公羊傳·莊公二十八年》何休注)。剖析毫氂,分別黍累,斯可謂通聲音之理奥,而能精研極詣者矣。惜其學不傳,其書多亡,後人難以窺其用心耳。嘗試論之,中國審音之學,遠自漢始。迄今已千有餘年。於此期間,學者審辨字音,代有創獲。舉其大者,凡有七事:一漢末反切未興以前經師之審辨字音,二南朝文士讀外典知五音之分類,三齊梁人士之辨別四聲,四唐末沙門之創製字母,五唐末沙門之分韻爲四等,六宋人之編製韻圖,七明人之辨析四呼。此七事者,治聲韻學史者固不可不知也。

　　孫叔言創《爾雅音義》,是漢末人獨知反語。

　　〔趙注〕隋唐《經籍志》:《爾雅音義》八卷,孫炎撰。

　　〔補〕案反切之興,前人多謂創自孫炎。然反切之事,決非一人所能獨創,其淵源必有所自。章太炎《國故論衡·音理論》,即謂造反語者非始於孫叔然,其言曰:"案《經典釋文》序例,謂漢人不作音,而王肅《周易音》,則《序例》無疑辭,所録肅音用反語者十餘條。尋《魏志·肅傳》云:'肅不好鄭氏,時樂安孫叔然授學鄭玄之門人,肅集《聖證論》以譏短玄,叔然駁而釋之。'假令反語始於叔然,子雍豈肯承用其術乎? 又尋《漢地理志》廣漢郡梓潼下,應劭注:'潼水所出,南入墊江,墊音徒浹反。'遼東郡沓氏下,應劭注:'沓,水也,音長答反。'是應劭時已有反語,則起於漢末也。"由是可知反語之用,實不始於孫炎。顏師古《漢書注》中所録劭音,章氏亦未盡舉,而應劭音外復有服虔音數則,如"惴"音章瑞反,"鮅"音七垢反,"臑"音奴溝反(《廣韻》人朱切),"痏"音於鬼反(《廣韻》榮美切),"踢"音石臬反(《廣韻》他歷切),是也。故唐人亦謂反切肇自服虔,如慧琳《一切經音義》景審《序》云:"古來反音,多以傍紐而爲雙聲,始自服虔,原無定旨。"唐代日本沙門安然《悉曇藏》引唐武玄之《韻詮》反音例,亦云(大正新修《大藏經》二七〇二,382 頁):"服虔始作反音,亦不詰定。"是皆謂反切始自服虔也。

服應爲漢靈帝、獻帝間人，是反切之興，時當漢末，固無疑矣。然而諸書所以謂始自孫炎者，蓋服、應之時，直音盛行，反切偶一用之，猶未普徧。及至孫炎著《爾雅音義》，承襲舊法，推而廣之，故世以孫炎爲創製反切之祖。至若反切之所以興於漢末者，當與佛教東來有關。清人乃謂反切之語，自漢以上即已有之，近人又謂鄭玄以前已有反語，皆不足信也。孫炎，《三國志·王肅傳》作孫叔然，注云與晉武帝同名。案炎與叔然名字義訓相應，此作叔言恐誤。

至於魏世，此事大行。高貴鄉公不解反語，以爲怪異。自茲厥後，音韻鋒出，各有土風，遞相非笑，指馬之喻，未知孰是。共以帝王都邑，參校方俗，考覈古今，爲之折衷。權而量之，獨金陵與洛下耳。

〔盧注〕指馬之喻，《莊子·齊物論》："以指喻指之非指，不若以非指喻指之非指也。以馬喻馬之非馬，不若以非馬喻馬之非馬也。天地一指也，萬物一馬也。"

〔補〕案《經典釋文·敘錄》，魏高貴鄉公有《左傳音》三卷。此云高貴鄉公不解反語，以爲怪異，事無可考。《釋文》所錄高貴鄉公反音一條，或本爲比況之音，而後人改作者也。金陵即建康，爲南朝之都城。洛下即洛陽。《世說新語·雅量》篇稱謝安作"洛生詠"，劉注引宋明帝《文章志》云："安能作洛下書生詠。"是俗稱洛陽爲洛下（盧注云：洛下，今之河南開封府。非也）。洛陽爲魏晉後魏之都城。蓋韻書之作，北人多以洛陽音爲主，南人則以建康音爲主，故曰權而量之，獨金陵與洛下耳。

南方水土和柔，其音清舉而切詣，失在浮淺，其辭多鄙俗。北方山川深厚，其音沈濁而鈋鈍，得其質直，其辭多古語。

〔盧注〕《淮南·地形訓》："清水音小，濁水音大。"陸法言《切韻·序》："吳楚則時傷輕淺，燕趙則多涉重濁，秦隴則去聲爲入，梁益則平聲似去。"

〔補〕案《經典釋文·敘錄》云："方言差別，固自不同，河北江南，最爲鉅異。或失在浮清，或滯於重濁。"與顏說相同。顏謂南人之音辭多鄙俗者，以其去中原雅音較遠，而言辭俗俚，於古無徵故也。

然冠冕君子，南方爲優；閭里小人，北方爲愈。易服而與之談，南方士庶，數言可辨。隔垣而聽其語，北方朝野，終日難分。而南染吳越，北雜夷虜，皆有深弊，不可具論。

〔補〕此論南北士庶之語言各有優劣。蓋自五胡亂華以後,中原舊族多僑居江左,故南朝士大夫所言,仍以北音爲主。而庶族所言,則多爲吳語。故曰"易服而與之談,南方士庶,數言可辨"。而北方華夏舊區,士庶語音無異,故曰"隔垣而聽其語,北方朝野,終日難分"。惟北人多雜外族之音,語多不正,反不若南方士大夫音辭之彬雅耳。至於閭巷之人,則南人之音鄙俗,不若北人之音爲切正矣①。

其謬失輕微者,則南人以錢爲涎,以石爲射,以賤爲羨,以是爲舓。

〔補〕此論南人語音,聲多不切。案"錢"《切韻》昨仙反,"涎"敘連反,同在仙韻,而"錢"屬從母,"涎"屬邪母,發聲不同。"賤"《唐韻》(唐寫本,下同)才線反,"羨"似面反,同在線韻,而"賤"屬從母,"羨"屬邪母,發聲亦不相同。南人讀"錢"爲"涎",讀"賤"爲"羨",是不分從邪也。"石"《切韻》常尺反,"射"食亦反,同在昔韻,而"石"屬禪母,"射"屬牀母三等。"是"《切韻》承紙反,"舓"食氏反,同在紙韻,而"是"屬禪母,"食"屬牀母三等。南人讀"石"爲"射",讀"是"爲"舓",是牀母三等與禪母無分也。

北人以庶爲戍,以如爲儒,以紫爲姊,以洽爲狎。如此之例,兩失甚多。

〔補〕此論北人語音,分韻之寬,不若南人之密。案"庶、戍"同爲審母字,《廣韻》"庶"在御韻,"戍"在遇韻,音有不同。"庶"開口,"戍"合口。"如、儒"同屬日母,"如"在魚韻,"儒"在虞韻,韻亦有開合之分,北人讀"庶"爲"戍",讀"如"爲"儒",是魚虞不分也。又"紫、姊"同屬精母,而"紫"在紙韻,"姊"在旨韻,北人讀"紫"爲"姊",是支脂無別矣。又"洽狎"同爲匣母字,《切韻》分爲兩韻,北人讀"洽"爲"狎",是洽狎不分也。由此足見北人分韻之寬。

以上所論爲南北語音之大較。然亦有之推所未及論者,如南人以匣于爲一類,北人以審母二、三等爲一類,是也。南人不分匣于者,如《原本玉篇》"云"作胡勳反,"寓"作胡甫反,《經典釋文·論語·爲政》章"尤"切爲"下求",唐寫本《尚書釋文》殘卷"猾"反爲"于八"皆是。北人審二、審三不分者,如《北史·魏收傳》博陵崔巖以雙聲語嘲收曰:"愚魏衰收。"《洛陽伽藍記》李元謙嘲郭文遠婢曰:"凡婢雙聲。"皆是。蓋"衰、雙"爲審母二等,"收、聲"爲審母三等,今以"衰收、雙聲"爲體語,是審母二、三等無別也。且魏收答崔巖曰:"顏巖腥瘦。"

---

① 參陳寅恪先生《東晉南朝之吳語》一文。

“腥”屬心母，“瘦”屬審母二等，魏以“腥瘦”爲雙聲，是心審二母更有相溷者矣。至於韻部，則北音鍾江不分，删寒不分，燭覺不分，均可由北朝人士詩文之協韻考覈而知，與南朝蕭梁之語音迥别，此皆顔氏之所未及論，故特表而出之。

　　至鄴已來，唯見崔子約崔瞻叔姪、李祖仁李蔚兄弟，頗事言詞，少爲切正。

　　〔趙注〕《北齊書・崔㥄》傳：子瞻，字彦通，聰朗强學，所與周旋皆一時名望。叔子約，司空祭酒。

　　〔補〕案之推入鄴當在齊天保八年，《觀我生賦》自注云：“至鄴便值陳興。”是也。崔瞻，《北史》卷二十四作崔瞻，瞻與彦通義相應，當不誤。若作瞻則不合矣。瞻，㥄子，清河東武城人。《北史》云瞻：“潔白善容止，神采嶷然，言不妄發……大寧元年除衛尉少卿……〔使〕陳還……遷吏部郎中……天統末卒。”崔子約見同卷《崔儦傳》，傳云子約：“長八尺餘，姿神儁異……武定中爲平原公開府祭酒。與兄子瞻俱詣晉陽，寄居佛寺。瞻長於子約二歲，每退朝久立，子約馮几對之，儀望俱華，儼然相映。諸沙門竊窺之，以爲二天人也。”齊廢帝乾明中爲考功郎病卒。李祖仁、李蔚見《北史》卷四十三《李諧傳》。諧頓丘人，仕魏終祕書監。史稱：諧長子岳，字祖仁，官中散大夫。岳弟庶，方雅好學，甚有家風。庶弟蔚，少清秀，有襟期倫理，涉觀史傳，兼屬文辭，甚有時譽。仕齊，卒於祕書丞。弟若，即與劉臻、顔之推同詣陸法言門宿，共論音韻者也。見法言《切韻・序》。

　　李季節著《音韻決疑》，時有錯失。

　　〔趙注〕《隋書・經籍志》一：《修續音韻決疑》十四卷，李槩撰。又《音譜》四卷。

　　〔補〕案李季節見《北史》卷三十三《李公緒傳》。公緒，趙郡平棘人。史云（《北史・李公緒傳》）：“公緒弟槩，字季節，少好學，然性倨傲……爲齊文襄大將軍府行參軍……後爲太子舍人，爲副使聘於江南……後卒於并州功曹參軍。撰《戰國春秋》及《音譜》並行於世。”槩平生與清河崔瞻爲莫逆之友，槩將束還，瞻遺之書曰（見《北史・崔瞻傳》）：“仗氣使酒，我之常弊，詆訶指切，在卿尤甚。足下告歸，吾於何聞過也。”足見相款之密。其所著《音韻決疑》及《音譜》皆亡。《音譜》之分韻，敦煌本王仁昫《切韻》猶記其梗概，如佳皆不分，先仙不分，蕭宵不分，庚耕青不分，尤侯不分，咸銜不分，均與《切韻》不合。《音韻決疑》，《文鏡祕府論》所録劉善經《四聲論》中，嘗引其序云：“案《周禮》：凡樂，圜鍾爲宫，黄鍾爲角，太蔟爲徵，姑洗爲羽。商不合律，蓋與宫同聲也。五行則火土同位，五音則宫商同律,闇與理合,不其然乎。吕靜之撰《韻集》,分取無方,王微之製《鴻寶》,詠歌少驗。平上去入,出行間里。沈約取以和聲之律吕相合。竊謂宫商徵羽角即四聲也,羽讀如括羽之羽,以之和同,以位群音,無所不盡。豈其藏理萬古,而未改於先悟者乎?"此論五音與四聲相面之次第,爲後人之所宗,故附著之。

陽休之造《切韻》,殊爲疏野。吾家兒女,雖在孩稚,便漸督正之。一言謬替,以爲己罪矣。云爲品物,未考書記者,不敢輒名,汝曹所知也。

〔趙注〕《隋書·經籍志》:《韻略》一卷,陽休之撰。

〔補〕《北齊書》卷四十二陽休之傳云:"陽休之,字子烈,右北平無終人也。父固,魏洛陽令……休之儁爽有風概,少勤學,愛文藻。"仕齊爲尚書右僕射。"周武平齊……除開府儀同……隋開皇二年,罷任,終於洛陽。"其所著《韻略》已亡。劉善經《四聲論》云:"齊僕射陽休之,當世之文匠也。乃以音有楚夏,韻有謬切,辭人代用,今古不同,遂辨其尤相涉者五十六韻,科以四聲,名曰《韻略》。制作之士,咸取則焉。後生晚學,所賴多矣。"據此可知其書體例之大概。王仁昫《切韻》亦記其分韻之部類,如冬鍾江不分,元魂痕不分,山先仙不分,蕭宵肴不分,皆與《切韻》不合。其分韻之寬,尤甚於李季節《音譜》,此顏氏之所以譏其疏野也。

古今言語,時俗不同;著述之人,楚夏各異。《蒼頡訓詁》,反稗爲逋賣,反娃爲於乖。

〔段云〕案《廣韻》"稗"傍卦切,與逋賣音異。"娃"於佳切,在十三佳,以於乖切之,則在十四皆。

〔補〕《蒼頡訓詁》,後漢杜林撰,見《舊唐書·經籍志》。此音不知何人所加。"稗"爲逋賣反,"逋"爲幫母字,《廣韻》作傍卦切,則在並母,清濁有異。顏氏以爲此字當讀傍卦切,故不以《蒼頡訓詁》之音爲然。又"娃"《切韻》於佳反,在佳韻,今反爲於乖,是讀入皆韻矣,亦與《切韻》不合。

《戰國策》音刎爲免。

〔段云〕《國策》音當在高誘注内,今缺佚不完,無以取證。

〔補〕案"刎"《切韻》音武粉反,在吻韻,"免"音亡辨反,在獮韻。二音相去較遠,故顏氏不得其解。考"刎"之音免,殆爲漢代北方之方音,如《釋名·釋形體》云:"吻,免也,入之則碎,出則免也。""吻、刎"同音,劉成國以免訓"吻",取其音近,與高誘音"刎"爲免正同。又《儀禮·士喪禮》"衆主人免于房",注云:

"今文免皆作絻。"《釋文》"免"音問。《禮記·內則》"紛帨免薨",《釋文》"免"亦音問。是"免"有問音也。"刉、問"又同爲一音,惟四聲小異。高誘之音"刉"爲免,正古今方俗語音之異耳,又何疑焉。顏氏固不知此,即清儒錢大昕、段玉裁諸家,亦所不寤,審音之事,誠非易易也。

《穆天子傳》音諫爲間。

〔趙注〕《穆天子傳》三"道里悠遠,山川間之",郭注:間,音諫。

〔段云〕案顏語,知本作"山川諫之",郭讀"諫"爲間,用漢人易字之例,而後義可通也。後人援注以改正文,又援正文以改注,而"諫音間"之云,乃成乖詭矣。

〔補〕案段氏之言是也。《詩·大雅·板》"是用大諫",《左傳·成公八年》引作"簡","簡"即"間"之上聲,是"諫、間"古韻相同。《唐韻》"諫"古晏反,在諫韻,"間"古莧反(去聲),在襇韻,"諫、間"韻不同類,故顏氏以郭注爲非。然不知刪山兩韻(舉平以賅上去入),郭氏固讀同一類也,如《切韻》"菅"音古顏反,在刪韻,"間"音古閑反,在山韻,而《山海經·北山經》"條菅之水出焉",郭傳:菅,音間。是其證矣。

《說文》音戞爲棘,讀皿爲猛。

〔補〕案《唐韻》"戞"音古黠反,在黠韻,"棘"音紀力反,在職韻。二音韻部相去甚遠,故顏氏深斥其非。今考《說文》音戞爲棘,自有其故。蓋"戞"《說文》訓"戟也"。又"戟"訓有枝兵也,讀若棘。是"戞、戟"同音。"戟"之讀棘,由於音近義通。《詩·斯干》"如矢斯棘",《左氏傳·隱公十一年》"子都拔棘以逐之",《禮記·明堂位》"越棘大弓",箋注並訓"棘"爲戟,是棘戟一物也。棘本謂木叢生有刺,而戟亦謂之棘者,蓋以形旁出兩刃,如木之有刺,故亦曰棘。今"戞"既與"戟棘"同義,故亦讀若棘矣。考《說文》之讀若,不盡擬其字音,亦有兼明假借者,如此之例是也。雖"戞、棘、戟"三字於古音之屬類不同,而同爲一語,皆爲見母字,故得通假。段注《說文》戞字下云:"棘在一部(案即古韻之部),相去甚遠,疑本作'讀若子'而誤。"是不明《說文》讀若之例也。然顏氏亦習於故常,僅知戞字音古黠反,而不知戞字本有二音。二者之訓釋亦不相同。《書·益稷》"戞擊鳴球",《釋文》:馬融:戞,櫟也。居八反。此一音也。張衡《西京賦》"立戈迤戞",《說文》云:戞,戟也,讀若棘。此又一音也。漢人音字,固嘗分別言之,如《漢書·王子侯表》"羹頡侯信",服虔云頡:"一音戞擊之戞。"其云"戞擊之戞",正所以別於戈戞之戞也。若"戞"古僅有古黠反一音,服虔當直音"頡"爲戛矣,何爲詞費,而云"戛擊之戛"乎？足證戛字古有二音。後世韻書只作古黠反,而紀力一音乃湮晦無聞矣。幸《説文》存之矣,而顏氏又從而非之,此古音古義之所以日見廢替也。至於《説文》讀"皿"爲猛,與"囧"讀若獷同例。《切韻》"皿"武永反,"猛"莫杏反,"囧"舉永反,"獷"古猛反,同在梗韻,而"猛、獷"爲二等字,"皿、囧"爲三等字,音之洪細有別。故之推以"皿"音猛爲非。案"猛"從孟聲,"孟"從皿聲,"猛、孟、皿"三字音皆相近。"孟"古音讀若芒,《史記》"芒卯",《淮南子》作"孟卯"是也。猛字揚雄《太玄經·彊測》與"傷、強"協韻,則亦在陽部。《説文》"皿、盇"均云讀若猛,蓋謂"皿、盇"當與"猛"同韻,顧炎武《唐韻正》卷九云:"皿古音武養反。"是也。《説文》讀"皿"爲猛當爲汝南方音。

《字林》音看爲口甘反,音伸爲辛。

〔段云〕"看"當爲口干反,而作口甘,則入談韻,非其倫矣。今韻以"邯"入寒韻,徐鉉所引《唐韻》已如此,其誤正同。

〔補〕"看"《切韻》音苦寒反,在寒韻。《字林》音口甘反,讀入談韻,與《切韻》音相去甚遠。考任大椿《字林考逸》所録寒韻字,無讀入談韻者,疑甘字有誤。若否,則當爲晉世方音之異。如"忝"從天聲,《切韻》音他玷反,"天"從干聲,《廣韻》音徒甘、直廉二切(《廣韻》引《字林》云小熱也),是其比矣。至如段氏所舉之邯字,《漢書·高紀》"章邯",蘇林音酒酤之酤,"酤"故宮本王仁昫《切韻》音胡甘反,在談韻,此即"邯"之本音。惟"邯鄲"之邯,《切韻》所以收入寒韻,音胡安反者,蓋受鄲字之同化(assimilation)而音有變,與《漢書·揚雄傳》"彌彊"之彊,蘇林音"宏"相同。段氏以此與"看"音口甘相比,非其類也。後世韻書"邯"僅作胡安反,其本音則無人知之矣。"伸"《切韻》音書鄰反,"辛"音息鄰反,"伸"爲審母三等,"辛"爲心母,審、心同爲摩擦音,故方言中心、審往往相亂。《字林》音"伸"爲辛,是審母讀爲心母也。此與漢人讀"蜀"爲髮相似。錢大昕《十駕齋養新録》卷五翻切古今不同條,釋此文謂古無心審之別非是。蓋此僅爲方音之歧異,非古心審即爲一類也。

《韻集》以成仍宏登合成兩韻,爲奇益石分作四章。

〔段云〕今《廣韻》本於《唐韻》,《唐韻》本於陸法言《切韻》,法言《切韻》,顏之推同撰集,然則顏氏所執略同今《廣韻》。今《廣韻》"成"在十四清,"仍"在十六蒸,別爲二韻。"宏"在十三耕,"登"在十七登,亦別爲二韻。而吕靜《韻集》“成、仍”爲一韻，“宏、登”爲一韻，故曰合成兩韻。今《廣韻》“爲、奇”同在五支，“益、石”同在二十二昔，而《韻集》“爲、奇”別爲二韻，“益、石”別爲二韻，故曰分作四章。皆與顏説不合，故以爲不可依信。

〔補〕案爲奇異石分作四章者，蓋《韻集》“爲、奇”不同一韻，“益、石”不同一韻也。王仁昫《切韻》所注吕氏分韻之部類，與《切韻》不合者甚多，如脂與微相亂，真臻文，元魂痕，董腫，語麌，吻隱，旱潸，巧皓，敢檻，養蕩，耿靜迥，箇禡，宥候，豔梵，質櫛，錫昔麥，葉怗洽，藥鐸，諸韻無分，是也。

李登《聲類》以系音羿。

〔補〕案“系”《唐韻》胡計反，“羿”五計反，二字同在霽韻，而“系”屬匣母，“羿”屬疑母。李登以“系”音“羿”，牙喉音相溷矣。

劉昌宗《周官音》讀乘若承。此例甚廣，必須考校。

〔段云〕《廣韻》“乘”食陵切，音同繩，“承”署陵切，音同丞。今江浙人語多與劉昌宗音合。

〔補〕案《經典釋文·敘録》：劉昌宗《周官音》一卷。《周禮·夏官》“王行洗乘石”，《釋文》云：劉音常烝反。常烝即承字音。“乘”爲牀母三等，“承”爲禪母。顏氏以爲二者有分，不宜混同，故論其非。考牀禪不分，實爲古音，如《詩·抑》“子孫繩繩”，《韓詩外傳》作“子孫承承”，“繩”牀母，“承”禪母也。《詩·下武》“繩其祖武”，《後漢書·祭祀志》劉昭注引謝沈書曰東平王蒼上言作“慎其祖武”，“繩”牀母，“慎”禪母也。又《釋名·釋飲食》：“食，殖也，所以自生殖也。”以“殖”訓“食”，“食”牀母，“殖”禪母也。此類皆是。下至晉宋，以迄梁陳，吳語牀、禪亦讀同一類，如“嗜”《廣韻》常例切，《玉篇》音食利切是也。

前世反語，又多不切：徐仙民《毛詩音》反驟爲在遘，《左傳音》切椽爲徒緣，不可依信，亦爲衆矣。今之學士，語亦不正；古獨何人，必應隨其譌僻乎？

〔趙注〕《隋書·經籍志》：《毛詩音》二卷，《春秋左傳音》三卷，並徐邈撰。

〔段云〕驟字今《廣韻》在四十九宥，鋤祐切。依仙民在遘反，則當入五十候，與陸、顏不合。《廣韻》“椽”直攣切，仙民音亦與陸、顏不合。

〔補〕徐仙民反驟爲在遘，“驟”爲宥韻字，“遘”爲候韻字，以“遘”切“驟”，韻之洪細有殊。故顏氏深斥其非。而在遘與鋤祐聲亦不同，“鋤”牀母，“在”從母。牀、從不同類。疑今本“在”爲“仕”字之誤，“仕、在”形近而譌。“鋤、仕”

皆牀母字也。《詩·四牡》"載驟駸駸",《釋文》:"驟"助救反,又仕救反。《玉篇》"驟"亦音仕救切。足證"在"爲譌字。此云《毛詩音》反驟爲仕遘,《左傳音》切椽爲徒緣,上論韻,下論聲,若作在遘,則聲韻均有不合,於辭例不順,故知"在"必有誤。"椽"徐反爲徒緣者,考《左傳·桓公十四年》"以大宮之椽,歸爲盧門之椽",《釋文》"椽"音直專反,直專與徒緣本爲一音,但直專爲音和切,徒緣爲類隔切,顏氏病其疏緩,故曰不可依信。

《通俗文》曰:"入室求曰搜。"反爲兄侯。然則兄當音所榮反。今北俗通行此音,亦古語之不可用者。

〔段云〕"搜"所鳩反,"兄"許榮反,服虔以兄切搜,則"兄"當爲所榮反,而不諧協。顏時北俗兄字所榮反,南俗呼許榮反,顏謂所榮雖傳自古語,而不可用也。一説"此音"指兄侯也。顏氏譏兄侯之非,而以所鳩爲是也。

〔補〕"此音"當指兄侯反而言,顏云"兄"當音所榮反者,假設之辭。其意謂"搜"以作所鳩反爲是,若作兄侯,則"兄"當反爲所榮矣,豈不乖謬。服音雖古,亦不可承用,故曰今北俗通行此音,亦古語之不可用者。段氏不得其解(錢馥亦同此説)。

璵璠,魯之寶玉,當音餘煩,江南皆音藩屏之藩。岐山當音爲奇,江南皆呼爲神祇之祇。江陵陷没,此音被於關中,不知二者何所承案。以吾淺學,未之前聞也。

〔補〕《切韻》"煩"附袁反,"藩"甫煩反,二字同在元韻,而"煩"爲奉母,"藩"爲非母,清濁有異。《切韻》"璠"作附袁反,與顏説正合。惟《左傳·定公五年》季平子卒,"陽虎將以璵璠斂",《釋文》:璠,音煩,又方煩反。空海《篆隸萬象名義》本顏野王《玉篇》而作,"璠"音甫園反。方煩、甫園,即爲藩音。是江南有此一讀。《切韻》"奇"渠羈反,"祇"巨支反,二字同在支韻,皆群母字,而等第有差。"奇"三等,"祇"四等。《切韻》岐山之岐,音巨支、渠羈二反(見王抄《切韻》第二種,故宮本王仁昫《切韻》同,《易》升卦"象曰:王用亨於岐山",《釋文》云:岐,其宜反,或祁支反。亦有二音。祁支即巨支,其宜即渠羈也。顏云河北江南所讀不同,亦言其大略耳。考《原本玉篇》"岐"即作渠宜反,是江南亦有讀"奇"者也。

北人之音,多以舉莒爲矩,唯李季節云:"齊桓公與管仲於臺上謀伐莒,東郭牙望桓公口開而不閉,故知所言者莒也。然則莒矩必不同呼。"此爲知音矣。

〔補〕齊桓與管仲謀伐莒,事見《管子·小問》篇、《吕覽·重言》篇。此引李季節之言,當見《音韻決疑》。"舉莒"《切韻》音居許反,在語韻,"矩"音俱羽反,在麌韻。顏氏舉此以見魚虞二韻,北人多不能分,與古不合。李氏舉桓公謀伐莒事,以證"莒、矩"音呼不同,其言是矣。蓋"莒"爲開口,"矩"爲合口。故東郭牙望桓公口開而不閉,知其所言者莒也。

夫物體自有精麤,精麤謂之好惡。人心有所去取,去取謂之好惡(原注上呼號反,下烏故反)。此音見於葛洪、徐邈。而河北學士讀《尚書》云好(原注呼號反)生惡(原注於谷反)殺,是爲一論物體,一就人情,殊不通矣。

〔補〕案以四聲區別字義,始於漢末。"好惡"之有二音,當非葛洪、徐邈所創,其說必有所本(詳見拙著《四聲別義釋例》)。葛有《要用字苑》一卷,見《兩唐志》。徐有《毛詩左傳音》,見《經典釋文·敘錄》。

甫者,男子之美稱,古書多假借爲父字。北人遂無一人呼爲甫者,亦所未喻。唯管仲、范增之號,須依字讀耳(原注管仲號仲父,范增號亞父)。

〔補〕"甫、父"二字不同音。《切韻》"甫"方主反,"父"扶雨反,皆麌韻字,而"甫"非母,"父"奉母。北人不知"父"爲"甫"之假借,輒依字而讀,故顏氏譏之。

案諸字書焉者鳥名,或云語詞,皆音於愆反。自葛洪《要用字苑》分焉字音訓。若訓何訓安,當音於愆反,"於焉逍遥""於焉嘉客""焉用佞""焉得仁"之類是也。若送句及助詞,當音矣愆反,"故稱龍焉""故稱血焉""有民人焉""有社稷焉""託始焉爾""晉鄭焉依"之類是也。江南至今行此分別,昭然易曉。而河北混同一音,雖依古讀,不可行於今也。

〔趙注〕"於焉逍遥""於焉嘉客",見《詩·小雅·白駒》。"焉用佞""焉得仁""有民人焉""有社稷焉",見《論語》。"故稱龍焉""故稱血焉",見《易·坤》文言。"託始焉爾",爲隱二年《公羊傳》文,"晉鄭焉依",爲隱六年《左傳》文。

〔補〕案"焉"音於愆反,用爲副詞,即安惡一聲之轉。"安(烏寒切)、惡(哀都切)"皆影母字也。"焉"音矣愆反,用爲助詞,即矣也一聲之轉。"矣(于紀切)、也(羊者切)"皆喻母字也。焉"(於愆切)、焉(矣愆切)"之分,陸氏《經典釋文》區別甚嚴。凡訓何者,並音於虔反。語已辭,則云如字,如《左傳·隱公六年》"我周之東遷,晉鄭焉依"①,《釋文》:焉,如字,或於虔反,非。又《論語》

_____

① "晉鄭焉依"即晉鄭是依之意。

“子曰：十室之邑，必有忠信如丘者焉，不如丘之好學也”，《釋文》：“焉如字，衞瓘於虔反，爲下句首。”[1]是也。惟《公羊傳·桓公二年》“殤公知孔父死，已必死，趨而救之，皆死焉”，《釋文》“焉”音於虔反，殆誤。

邪者（原注音耶），未定之詞，《左傳》曰：“不知天之棄魯耶？抑魯君有罪於鬼神邪？”《莊子》云：“天邪？地邪？”《漢書》云：“是邪，非邪？”之類是也。而北人即呼爲也，亦爲誤矣。難者曰：“《繫辭》云：‘乾坤《易》之門户邪？’此又爲未定詞乎？”答曰：“何爲不爾，上先標問，下方列德以折之耳。”

〔趙注〕《左傳》云云，見《左》昭二十六年《傳》，第二句不作邪。《漢書》云云，見《外戚傳》。《繫辭》云云，本文乃乾坤其《易》之門邪。

〔盧注〕《莊子》云天邪地邪，當作父邪母邪，見《大宗師》篇。又案也字可通邪，如《論語》“子張問十世可知也”，《荀子·正名》篇“其求物也，養生也？粥壽也？”皆作邪字用。當由互讀，故得相通。

〔補〕案盧説是也。“邪、也”古多通用。惟後世音韻有異，《切韻》“邪”以遮反，在麻韻，“也”以者反，在馬韻。“邪”平聲，“也”爲上聲。

江南學士讀《左傳》，口相傳述，自爲凡例。軍自敗曰敗，打破人軍曰敗（原注補敗反）。諸記傳未見補敗反，徐仙民讀《左傳》唯一處有此音，又不言自敗敗人之别，此其穿鑿耳。

〔盧注〕《左氏》哀元年《傳》“夫先自敗也已，安能敗我”。案《釋文》無音，知本不異讀也。

〔補〕案自敗、敗人之音有不同，實起於漢魏以後之經師。漢魏以前，當無此分别。徐仙民《左傳音》亡佚已久，惟陸氏《釋文》存其梗概。《釋文》於自敗、敗他之分，辨析甚詳。《敘録》云：“夫質有精麤，謂之好惡，並如字。心有愛憎，稱爲好惡，上呼報反，下烏路反。當體即云名譽，音預。論情則曰毁譽，音餘。及夫自敗、蒲邁反。敗他補敗反（補原誤作蒲，今正），之殊，自壞、呼怪反。壞撤音怪。之異，此等或近代始分，或古已爲别，相仍積習，有自來矣。余承師説，皆辨析之。”云云。考《左傳·隱公元年》“敗宋師于黄”，《釋文》云：“敗，必邁反，敗他也，後仿此。”斯即陸氏分别自敗、敗他之例。他如“敗國、必敗、敗類、所敗、侵敗”等敗字，皆音必邁反。必邁、補敗音同。是必江南學士所口相傳述者也。爾後韻書乃兼作二音，《唐

韻》夬韻自破曰敗，薄邁反；破他曰敗，北邁反。即承《釋文》而來。北邁與必
邁、補敗同屬幫母，薄邁與蒲邁同屬並母，清濁有異。盧氏引《左傳·哀公元
年》自敗敗我《釋文》無音一例，以證本不異讀非是。蓋此或《釋文》偶有遺漏，
卷首固已發凡起例矣。

　　古人云膏粱難整，以其爲驕奢自足，不能剋勵也。吾見王侯外戚語多不正，
亦由内染賤保傅，外無良師友故耳。梁世有一侯嘗對元帝飲謔，自陳“癡鈍”乃
成“颸段”，元帝答之云：“颸異涼風，段非干木。”謂“郢州”爲“永州”，元帝啓報
簡文，簡文云：“庚辰吳入，遂成司隸。”如此之類，舉口皆然。元帝手教諸子侍
讀，以此爲誡。

　　〔趙注〕《説文》：颸，涼風也。段干木，魏文侯時人，《廣韻》引《風俗通》以
段爲氏。庚辰吳入者，《春秋·定四年》冬十有一月庚午，蔡侯以吳子及楚人戰
於柏舉，楚師敗績，楚囊瓦出奔鄭。庚辰吳入郢。

　　〔盧注〕《晉語》七：悼公曰：“夫膏粱之性難正也，故使惇惠者教之，使文敏
者道之，使果敢者諗之，使鎮靖者修之。”

　　〔補〕案梁侯自陳“癡鈍”而成“颸段”，上字聲誤，下字韻誤。蓋“癡”《切
韻》丑之反，“颸”楚治反，二字同在之韻，而“癡”爲徹母，“颸”爲穿母二等，舌
齒部位有殊。“鈍”王仁昫《切韻》徒困反，在恩韻，“段”徒玩反，在翰韻，同屬定
母，而韻類有別。故元帝短之。至如謂“郢州”爲“永州”，則聲韻皆非矣。“郢”
《切韻》以整反，在靜韻，“永”榮昞反，在梗韻。梗靜韻有洪殺，“以、榮”聲有等
差，豈可混同？其音不正，是不學之過也。簡文所云“庚辰吳入”云者，曾運乾
《喻母古讀考》云：“《後漢書》：鮑永字君長，建武十一年徵爲司隸校尉，永辟扶
風鮑恢爲都從事，帝嘗曰：貴戚且宜斂手以避二鮑。又鮑永三世爲司隸校尉，永
父宣哀帝時爲司隸校尉，永子昱中元時拜司隸校尉，帝嘗曰：吾固欲天下知忠臣
之子復爲司隸也。簡文答語，舉《春秋》吳入楚都爲‘郢’之歇後語，舉《後漢》抗
直不阿之司隸爲‘永’之歇後語，齊梁之際多通聲韻，故剖判入微如此云。”

　　河北切攻字爲古琮，與工公功三字不同，殊爲僻也。比世有人名暹，自稱爲
纖。名琨，自稱爲袞。名洸，自稱爲汪。名籥（原注音藥），自稱爲獨（原注音
爍）。非唯音韻舛錯，亦使其兒孫避諱紛紜矣。

　　〔盧注〕《廣韻》“暹”與“纖”皆息廉切，不知顏讀何音。
　　〔補〕案此雜論當時語音之不正。攻字《切韻》（王寫本第二種）有二音：一

訓擊,在東韻,與"工公功"同紐,音古紅反;一訓伐,在冬韻,音古冬反。二者聲
同韻異。此云河北切爲古琮,即與古冬一音相合。顔氏以爲攻當作古紅反,河
北之音,恐未爲得。"暹、纖"《切韻》並音息廉反,在鹽韻,顔讀當與《切韻》相
同。疑此纖字或爲"殲、瀸"等字之誤。"殲瀸"《切韻》子廉反,亦鹽韻字,而聲
有異。"暹"心母,"殲"精母也。"琨"《切韻》古渾反,在魂韻,"袞"古本反,在
混韻,一爲平聲,一爲上聲,讀"琨"爲袞,則四聲有誤。"洸"《切韻》古皇反,
"汪"烏光反,二字同在唐韻,而"洸"爲見母,"汪"爲影母。讀"洸"爲汪,牙喉
音相亂。"礿"音藥,《切韻》以灼反,"猇"音爍,書灼反。"礿"爲喻母,"猇"爲
審母。讀"礿"爲猇,亦舛錯之甚者。揆顔氏此論,無不與《切韻》相合。陸氏
《切韻序》嘗稱"欲更捃選精切,除削疏緩,顔外史、蕭國子多所決定",由此可知
《切韻》之分聲析韻多本乎顔氏矣。

後　記

本文寫於抗戰期間,於 1945 年之秋曾以印本遠郵四川白沙請教於魏建功
先生,先生時任教於白沙女子師範學院。11 月中乃得惠書,於"内言、外言、急
言、徐言"之義頗多闡發,擘析精微,足袪宿疑。比者整理書篋,竟獲得原信,發
緘讀之,喜出望外。事隔十七年,適與先生言及,先生已全不省記矣。函中就少
量之材料反復推敲,實具有充分運用知識以辨析問題之方法在焉。今重印舊
著,謹録所示如下,讀者幸勿以其僅爲專論一二名詞之事而忽之也。

1962 年 11 月記於北京

原　函

大著《音辭篇注補》讀過,西南無此結撰……功自囿"中外古今"夾縫中,則
不免"蠻斫三斧",有所討論,用作獻替。

一、尊説内外急徐,根據音理,合以例證,至當不易。惟内外急徐,何以有此
兩種系統,未見解釋。蓋言"内、外"者爲何休、晉灼,而言"急、徐"者爲高誘,不
識此中有無關係?

二、内外是洪細,急徐如亦爲洪細,除求諸高誘地理時間條件,似無以説其
所以不同。按言内外者語較肯定,而言急徐者益顯委宛曲折;取晉、高相較,如
獥字晉稱内言,高直以讀若言之,不復譬況,是其所有加注急緩者,皆於讀若以

外曲盡描寫也。然苟急徐仍在洪細一事之分辨,晉灼本之何休而不用高誘者,又當有故。疑高之不加譬況者,既與何言內外之例相類,而言急徐,縱與內外部分相同,要必有若干其他因素包括在內。自來"輕重清濁",多由混指數事,漸變爲專言一點,鄙見"內外"之於"急徐"內涵必稍有別。

三、高注諸例,去其譌文及模棱者,則言急氣者有——

（1）旄,讀近綢繆之繆；

（2）轢,讀近藺若鄰；

（3）腃,讀權衡之權。浶字例有譌文,輲字例模棱。

言緩氣者有——

（1）蛟,讀人情性交易之交；

（2）臘,讀近殆；

（3）駤,讀似質；

（4）閧,讀近鴻。

今取《切韻》音追言之,似必歸於等列問題。若注意其所以取爲讀若之字而又加譬況之故,當察其異而捨其同,高注七例條列如次:

旄莫報 莫袍 太平二類		繆武彪 平			
轢力珍 平		藺良忍 去		鄰力珍 平	
腃巨員 平		權巨員 平			
蛟古肴 平		交古肴 平			
臘徒得 徒登 入平二類		殆徒亥 上			
駤陟利 去		質陟利 之日 去入二類			
閧胡貢 胡降 去		鴻胡籠 平			

鄙見內外不必與急徐全異,而亦不可必其不異,論證內外捨洪細無可言者,而急徐例字言洪細則有"駤質"不能周納,故上列七例聲類等列皆不足以解釋。其中"腃蛟"於音讀幾不可見其異,而"旄繆、臘殆、駤質、閧鴻"則自聲調之異得其解矣!功自閧字發其端,是高涿郡"鴻"讀平調,緩之以況近"閧"之去調也;而兄三等細音不得用緩氣狀之"駤質",可知高本取入調之"質",緩之以況近"駤"之去調,交質之"質"音當晚出;臘字尤可見漢人陰陽入互用,故以"殆"音臘平入兩讀,而取"殆"上調,緩之以況近平若入調之"臘";綜之,平入調似相類（音素有別）,平之於去,入之於去,猶上之於平入,皆以緩氣讀而近之。舊歌括之"去聲分明哀遠道",於此緩字可以相發明也。上>平>去（急>緩）,執是以觀,

“旄”之讀繆,知當指去聲莫報切一音,武彪切“繆”爲平聲,急之以況近“旄”(莫報);莫袍切一音則與“繆”爲音素相異一點爲主(唐人韻書中僅存莫袍切,而《廣韻》兩音俱收);如謂皆屬平聲,或即以緩急別幽豪韻邪? 於是足下急細緩洪之説可以符合。

四、“膲、蛟”二例,細按當各以求其不同之點爲歸。“蛟”讀人情性交易之交,則與常訓之古肴切應有不同,正如“旄”讀近綢繆之繆音隨義異也。惟“情性交易”爲高引漢代成語,其音不能知矣。“膲”讀權衡之權,亦與所以諧聲聲母音異有關。“旄”從毛,“毛”平聲,讀繆而爲去;“蛟”從交,“交”屬平聲,而情性交易之交必非平聲,故緩之而況近“蛟”之平聲,疑巧韻古巧切下有從交之“狡”即其解也;“膲”從卷,“卷”上聲,原即“卷”去聲,讀權衡之權平聲,自卷言之,正急氣而況近平聲。

五、轔字一例,今韻書中兼有平去二聲,而注中讀近藺鄰,亦去平二聲兼備,依去急氣爲平正合;而鄰字一注則無可考見其異矣,疑“鄰”爲他去聲字之譌。按《廣韻》震韻有“轠轔”,又有“粦燐”,均同有平聲真韻又音,鄰字僅一平聲。

六、“軵”讀近茸。“茸”平聲。“付”去聲,方遇切。“軵”則平、去二音,而容切、而隴切。“耳”日母,“付”非母,聲類正如今讀ş(審禪合併,禪日相等)合口字爲 f 也(“水”如匪,“叔書”如父夫,“手”如否,“蜀”如黍①),韻屬對轉,陰陽互用。去聲急氣言之爲平聲,亦正與鄙説合。

七、假令聲調相同,如“膲權、蛟交”,而以急徐言其洪細,是洪細本已相聯及之,不必蛇足。今於“去急爲平”原則下觀所有平聲似皆爲濁母陽調,“上急爲平”者則爲清母陰調,“上緩爲平”者則爲陽聲韻陽調,“上緩爲入”者則亦爲陽調。然則急徐於聲類韻調相互牽涉關係又若有可説者矣。且以急指細音,所言音理,恐不及論聲調變化之爲近。功往嘗以爲《説文》諧聲字有讀若者,中多漢代已有聲調之徵,於兄啟發急徐之説,益加信心,頗欲因此作“漢代聲調考”也。

八、黄門原文上云“輕重清濁”,下言“内言外言急言徐言讀若”,如用口遊反音頌“屬上屬下”之説,則“輕重清濁”爲聲讀情況,而“内外急徐”爲韻調,“讀若”爲音之各部分,次序秩然。内外急徐,又先言韻而後言調也。此雖不足斷言爲可信,或亦不失爲觀點之一耳。

---

① 編者注:黍,疑爲”斧“誤,不敢擅改。

九、鄙見如可成立，何休内外言以外之長短言實與高誘急緩言相當矣。按長言爲去，短言爲入，正與入緩爲去、去急爲入之例合。就此觀之，何氏内外果即高氏急緩相同邪？

十、尊補論南北語音大較，之推亦有未及者，舉匣于、審二三等二事，前者屬南人不分，後者爲北人不分。按匣于不分似不限南人，庾子山在周，所爲雙聲詩必爲北人所喻，即匣于不分也。

　　　　　　　　　　　　　　建功手上
　　　　　　　　　　　卅四年十一月七日白沙

《切韻》的性質和它的音系基礎

一

　　陸法言的《切韻》是研究漢語中古時期(公元 3 世紀至 6 世紀)語音的重要資料,以前已經有很多人利用它來考察中古音的語音系統,但是《切韻》是怎樣性質的一部書,它的音系的基礎是什麼,它代表什麼時代、什麼地方的語音,它能不能作爲我們論定中古音的依據,學者的意見還不一致。

　　對這些問題要理解透徹,惟有從各方面有關的材料進行探討。首先我們要從《切韻序》研究起。陸法言的序文很簡短,但是關於他作《切韻》的緣由、旨趣和著作的精神都已有所説明。《切韻序》説:

> 　　昔開皇初,有劉儀同臻、顏外史之推、盧武陽思道、李常侍若、蕭國子該、辛諮議德源、薛吏部道衡、魏著作彦淵等八人同詣法言門宿。夜永酒闌,論及音韻。以古今聲調,既自有別,諸家取舍,亦復不同。吳楚則時傷輕淺,燕趙則多涉重濁,秦隴則去聲爲入,梁益則平聲似去。又支脂魚虞,共爲一韻;先仙尤侯,俱論是切。欲廣文路,自可清濁皆通;若賞知音,即須輕重有異。呂靜《韻集》、夏侯該《韻略》(該或作詠)、陽休之《韻略》、李季節《音譜》、杜臺卿《韻略》等各有乖互。江東取韻,與河北復殊。因論南北是非,古今通塞,欲更捃選精切,除削疏緩,顏外史、蕭國子多所決定。魏著作謂法言曰:向來論難,疑處悉盡,何爲不隨口記之? 我輩數人,定則定矣。法言即燭下握筆,略記綱紀。後博問英辯,殆得精華。於是更涉餘學,兼從薄宦,十數年間,不遑修集。今返初服,私訓諸弟子,凡有文藻,即須明聲韻……遂取諸家音韻、古今字書,以前所記者,定之爲《切韻》五卷。剖析毫釐,分別黍累……非是小子專輒,乃述群賢遺意……於時歲次辛酉大隋仁壽元年也。

從序文我們可以瞭解以下幾點:

(1)當時各處方言語音不同。

《切韻序》云:“吳楚則時傷輕淺,燕趙則多涉重濁。”此指韻而言。陸德明

《經典釋文·敘録》説:"方言差別,固自不同,河北江南,最爲鉅異。或失在浮清,或滯於沈濁。"是南北的方言差異很大。《顏氏家訓·音辭》篇説:"南方水土和柔,其音清舉而切詣,失在浮淺,其辭多鄙俗;北方山川深厚,其音沈濁而鈋鈍,得其質直,其辭多古語。"與法言序文所述相同。此所謂輕淺、重濁,意義不很清楚,可能是從韻母元音的洪細、前後、開合幾方面來説的。日本沙門了尊《悉曇輪略圖鈔》卷一弄紐事一條引《元和新聲韻譜》云:"傍紐、正紐皆謂雙聲,正在一紐之中,傍出四聲之外,傍正之目,自此有分,清濁之流,因兹別派。口(?)賦云:欲求直義,必也正名。五韻(音?)譜此,九弄斯成。籠脣,言音盡濁,開齒,則語氣俱輕。常(當?)以濁還濁,將清而成清。"①了尊書作於元世祖至元二十四年(1287),所引《元和新聲韻譜》爲唐人所作(今所傳元本《玉篇》神珙《四聲五音九弄反紐圖》即節取此書),其中"籠脣、開齒"之説,指聲指韻,含義不明,但對於理解"輕淺、重濁"的意義不無幫助。至於法言序文所説"秦隴則去聲爲入,梁益則平聲似去",這是當時方言中聲調差異最明顯的。秦隴去聲爲入,除聲調不同以外,韻尾一定也有不同。關於這一方面的例證不多,我們現在所發現的例子,都屬於陰聲韻字,而且主要是去聲祭泰夬廢和入聲曷没黠鎋屑薛之間的關係,例如晉赫連屈子亦作屈丐,北周宇文泰,原名黑獺,狨獝唐關中言狨刮(此條見玄應《一切經音義》卷十八,趙振鐸同志《從切韻序論切韻》一文已引及)之類皆是。

(2)《切韻》以前諸家韻書分韻不同,各有乖互。

序文説:"古今聲調,既自有別,諸家取舍,亦復不同。"又説:"吕静《韻集》、夏侯該《韻略》、陽休之《韻略》、李季節《音譜》、杜臺卿《韻略》等各有乖互。江東取韻,與河北復殊。"此五家書都已亡佚不存,分韻情況只有在唐代王仁昫《刊謬補缺切韻》四聲韻目小注中略有一些記載,由此我們還可以看出其中的異同。五人之中,吕静是晉代任城人,任城在今山東曲阜。陽休之,右北平無終人,北魏洛陽令陽固子,仕於北齊、北周。無終在今河北薊縣。李季節,名槩,李公緒弟,姊爲邢邵妻,趙郡平棘人,仕於北齊。平棘在今河北趙縣。杜臺卿,北齊杜弼子,博陵曲陽人,仕於北齊,後又仕於隋。曲陽在今河北定縣。這四個人,吕静時代較早,陽、李、杜三人都仕於北齊,時代先後很近,而且都是當時所謂"河北"地方(即北齊所領疆域)的人。至於夏侯該,則不見史傳,唐李涪《刊

---

① 見大正新修《大藏經》二七〇九,659 頁。

誤》云："梁夏侯該撰《四聲韻略》十二卷(《隋書·經籍志》作十三卷)。"是夏侯該仕於梁。《顏氏家訓·書證》篇説他和謝炅都是讀數千卷書的人,足見也是博聞之士。魏晉至齊梁,夏侯氏大都爲譙郡人,譙郡在今安徽亳縣。夏侯該既仕於梁,可能是北人南渡之後而定居於江南的。這五家書是陸法言編纂《切韻》的主要參考資料。其中《韻集》時代較早,北魏江式《上〈古今文字〉表》説吕忱仿故左校令李登《聲類》之法,作《韻集》五卷(《隋書·經籍志》作六卷),宮商角徵羽各爲一篇(見《魏書·江式傳》),隋潘徽《韻纂序》也説:"末有李登《聲類》、吕靜《韻集》,始判清濁,才分宮羽"(見《隋書·潘徽傳》)。由此推想《韻集》可能只有韻的大的分類,而没有立出四聲的韻目(顏之推《家訓》和陸德明《經典釋文》也可以證明這一點)。其他陽、李、杜幾家書都與陸法言時代接近。《隋書·經籍志》:陽休之《韻略》一卷,李槩《音譜》四卷。杜臺卿書則不著目。隋劉善經《四聲論》裏曾提到陽休之的《韻略》,他説:"齊僕射陽休之,當世之文匠也。乃以音有楚夏,韻有謡切,辭人代用,今古不同,遂辨其尤相涉者五十六韻,科以四聲,名曰《韻略》。制作之士,咸取則焉。後生晚學,所賴多矣。"[1]從劉善經的話我們可以知道陽休之的《韻略》是辨析音韻的書,書僅一卷,可能只舉相關的五十六韻加以辨析,而分別四聲,此與陸氏《切韻》分爲一百九十餘韻的一類韻書恐有不同。

　　南北朝期間,韻書很多,而分韻頗不一致。基本的原因是由於所根據的方音有不同。《顏氏家訓·音辭》篇説:"各有土風,遞相非笑,指馬之喻,未知孰是。共以帝王都邑,參校方俗,考覈古今,爲之折衷。權而量之,獨金陵與洛下耳。"顏之推,世居金陵,先仕於梁,梁末歸齊,在鄴爲官二十餘年,所以對南北的人物、語言和書籍都很熟悉。夏侯該是梁代博學知名之士,本爲顏之推所知。陽休之、李季節、杜臺卿等人都仕於北齊,顏之推與他們同朝共事,對於他們的書當然知道得很清楚。所以《音辭》篇所説最爲可信。根據上面一段話,可知當時的韻書各有土風,作者以帝王都邑的語音又參酌自己的方音,加以折衷,而編定成書。語其大較,南北有殊。北人以洛陽音爲主,南人以金陵音爲主。所以《切韻序》也説:"江東取韻,與河北復殊。"足見南北韻書因語音有異而頗有不同。可惜這些韻書都已亡佚無存了。

　　各家韻書分韻所以不同,不僅由於語音地有南北,時有古今,而且也與各家

---

① 見日本釋空海《文鏡祕府論》引,《隋志》劉善經《四聲指歸》一卷,即此書。

審音分韻的標準有關,例如《顏氏家訓·音辭》篇説:"《韻集》以成仍宏登合成兩韻,爲奇益石分作四章。""成、仍、宏、登"四字《切韻》分在清、蒸、耕、登四韻,而《韻集》則合爲兩韻。可能是耕、清合而爲一,蒸、登合而爲一(《家訓》原文"仍、宏"二字疑倒)。耕、清之合,猶如吕静兄吕忱所著《字林》"甍"音亡成反(見任大椿所輯《字林考逸》),《切韻》則音莫耕反(見《切三》),字在耕韻。"爲、奇"二字《切韻》同在支韻,"益、石"二字《切韻》同在昔韻。《韻集》把"爲、奇"分別開,可能由於二字韻母開合有不同。《韻集》把"益、石"分別開,可能由於二字韻母内的元音洪細有不同。"益、石"上古音是不同部的,"益"爲支部之入,"石"爲魚部之入。晉代"石"爲鐸部字,"益"爲錫部字,仍非一部(詳《漢魏晉南北朝韻部演變研究》第二分册内)。"益"與"嗌"《切韻》爲同音字,隋杜臺卿《玉燭寶典》卷六引《字林》音"一鬲反","鬲"《切韻》屬錫韻,推考《韻集》益字可能與鬲字爲韻,不與石字爲韻,與齊梁以後音不同。顏之推根據當時的語音來論《韻集》,所以以爲不妥。顏之推是不瞭解古音的。由此可見所根據的語音不同,所持的審音分韻的標準不同,諸家韻書也就不能不各有乖互。持有不同見解的人,自然各有所是,各有所非,如陽休之的《韻略》,劉善經説:"制作之士,咸取則焉。後生晚學,所賴多矣。"認爲很切合實用。而顏之推在《家訓·音辭》篇裏説:"陽休之造《切韻》,殊爲疏野。"則認爲失於粗俗,不够典切。足見制作不同與作者個人的要求和見解有關。

(3)《切韻》爲辨析聲韻而作,參校古今,折衷南北,目的在於正音,要求在於切合實際。

法言編韻,根據劉臻、顏之推等人所論,以爲諸家音韻取捨不同,審音還不够精細。支與脂、魚與虞固不以爲一韻(陽、李、杜、夏侯四家並同),這是對的,而先與仙、尤與侯則混而不分(李、杜、夏侯同),未爲切當。他們的主張是"欲廣文路,自可清濁皆通;若賞知音,即須輕重有異"。因此辨音分韻,不能不細。這是《切韻》一書的基本精神。

要考校音韻,自然要涉及到南北古今之異同。所以《切韻序》言劉、顏諸人"因論南北是非,古今通塞"。而且"欲更捃選精切,除削疏緩,顏外史、蕭國子多所決定"。由此可見諸人論難,斟酌古今,考究南北,取其精切,去其疏緩,顯然有一個正音的觀念在内。這都可以從《切韻序》中看出。

當時討論音韻的八個人都是當世知名的學者和文人。劉臻、顏之推、蕭該三人是南人,幼年可能都居於金陵(詳見陳寅恪先生《從史實論〈切韻〉》一文),

而且都曾仕於梁。劉臻是劉顯子，顯最精於《漢書》，蕭該是梁武帝的從孫，精於《文選》和《漢書》，著有《文選音義》和《漢書音義》。其他五人則爲北人。五人之中，只有盧思道生於范陽（今河北省涿縣），其餘大都生長於鄴城（今河北省臨漳縣，舊屬河南省），不過盧思道在十五歲時就到了鄴下（以卒年推考，當爲武定五年，公元 547），他在《孤鴻賦·序》說（見《北史》卷三十）：“余志學之歲，自鄉里游京師，便見識知音。”鄴下是東魏的都城，後來高齊也建都於此。魏彥淵（即魏澹），史稱鉅鹿下曲陽人（今河北省石家莊東晉深縣），魏季景子。季景父鸞，仕魏，卒於洛陽。季景少孤，博學有文才，弱冠有名京師（洛陽），與族侄魏收相亞。魏天平初（534）遷居鄴下，歷大司農卿、魏郡尹卒。時澹年十五（見《北史》卷五十六）。由此可知魏澹不生於洛陽，即生於鄴城，鉅鹿不過是他的郡望。李若，史稱頓丘人（今河南省內黃東清豐縣，舊屬河北省），李平孫，李諧子。世居於鄴（見《北史》卷四十三）。辛德源，辛術族子，史稱隴西狄道人（今甘肅省蘭州南臨洮縣），但他的族人都仕於北齊（見《北史》卷五十），他很可能也生長於鄴，隴西僅僅是他的郡望罷了。薛道衡，史稱河東臨汾人（今山西省萬榮西榮河鎮），薛孝通子。孝通仕於魏，興和二年（540）卒於鄴，時薛道衡年僅六歲（見《北史》卷三十六），是道衡當亦生於鄴城。這五個人居於鄴下都有三四十年之久。由此可見當時論韻的人，三人代表金陵，五人代表鄴下（陸法言是陸爽子，也是生於鄴城的。爽爲鮮卑步陸孤族之後，史云魏郡臨漳人，天保以後即仕於北齊，直至齊亡，入關。見《隋書》卷五十八。臨漳即鄴城）。如果我們認爲他們是代表八個不同地點方言的人，那就錯了。這一點很重要。因爲大家引史書，引來引去，只談他們的郡望，而不注意他們生長的地點，就不能明白陸序所說“因論南北是非”的“南北”主要指的是哪些地方，或者還會由此產生很多錯誤的見解。陸序所謂“南北”實際指的就是“江東”與“河北”（上文已明言“江東取韻，與河北復殊”），而江東以金陵爲主，河北以鄴下爲主，從諸人的生長的地方可以斷定。

　　這些人論韻在隋開皇之初（581）。八人之中，除劉臻、蕭該入關較早以外，其餘都是在周武帝平齊（577）之後才到長安的（見《北齊書》卷四十《陽休之傳》），入關不過二三年，所以因其素習，揚榷南北，自然會以江東、河北爲主。當時諸人討論，往復論難，最後陸法言把他們所決定的要旨撮記下來，這就是後來仁壽元年（601）法言撰集《切韻》時所根據的準則。這在《切韻序》裏說得很明白。

　　在開皇初年,劉、顏等人在討論"南北是非、古今通塞"時所持的見解和取捨的標準在《切韻序》中都没有説明,可是我們還可以從《顏氏家訓·音辭》篇裏看到顏之推的見解,《音辭》篇説:

　　　　南方水土和柔,其音清舉而切詣,失在浮淺,其辭多鄙俗。北方山川深厚,其音沈濁而鈋鈍,得其質直,其辭多古語。然冠冕君子,南方爲優;閭里小人,北方爲愈。易服而與之談,南方士庶,數言可辨;隔垣而聽其語,北方朝野,終日難分。而南染吴越,北雜夷虜,皆有深弊,不可具論。

　　這是就"音"與"辭"合起來説的。南人語音清切,北人語音濁鈍,南人語多俚俗,北人語多典正。所謂"多鄙俗"者,指多方言俚語而言,所謂"多古語"者,指多爲書記相承應用的語詞而言。這是就一般情況來説的。從士庶兩個階級來説,北方是一致的,南方則區别很大。南方庶族所操爲吴音,士族所操多爲北語(詳見陳寅恪先生《東晉南朝之吴語》一文)。如果就南北士族的音辭而論,則南優於北。顏之推所以這樣説,當與言辭是否"清雅"、語音是否"切正"有關係。《梁書》卷四十八《盧廣傳》説:"廣少明經,有儒術。天監中歸國……時北來人儒學者有崔靈恩、孫詳、蔣顯,並聚徒講説,而音辭鄙拙;唯廣言論清雅,不類北人。"之推《音辭》篇説:"至鄴已來,唯見崔子約崔贍叔侄、李祖仁李蔚兄弟,頗事言詞,少爲切正。"可見北人多半雜有鄉音,不如南方士族之注意聲韻。顏之推在《音辭》篇裏也指出了南北音的異同。他説:

　　　　其謬失輕微者,則南人以錢爲涎,以石爲射,以賤爲羨,以是爲舐。北人以庶爲戍,以如爲儒,以紫爲姊,以洽爲狎。如此之例,兩失甚多。

　　這裏明白指出在聲母方面,南人從與邪、乘與禪不分;在韻母方面,北人魚與虞、支與脂、洽與狎不分。顏之推認爲各有所失。法言作《切韻》在分聲析韻方面都與顏之推的主張是一致的,從邪、乘禪不混,支脂、魚虞、洽狎有分。足見《切韻》既不專主南,亦不專主北。陳寅恪先生説:"是此書之語音系統並非當時某一地行用之方言可知。"這話是合乎當時的記載的。

　　其次再看關於"古今通塞"的問題。《家訓·音辭》篇也有論述,《音辭》篇説:

　　　　古今言語,時俗不同;著述之人,楚夏各異。《蒼頡訓詁》,反稗爲逋賣,反娃爲於乖。《戰國策》音刎爲免。《穆天子傳》音諫爲間。《説文》音戛爲棘，讀皿爲猛。《字林》音看爲口甘反，音伸爲辛。《韻集》以成仍宏登合成兩韻，爲奇益石分作四章。李登《聲類》以系音羿。劉昌宗《周官音》讀乘若承。此例甚廣，必須考校。

前世反語，又多不切：徐仙民《毛詩音》反驟爲在遘（"在"疑當作仕），《左傳音》切椽爲徒緣，不可依信，亦爲衆矣。今之學士，語亦不正；古獨何人，必應隨其謬僻乎？《通俗文》曰："入室求曰搜。"反爲兄侯，然則兄當音所榮反。今北俗通行此音，亦古語之不可用者。

璵璠，魯之寶玉，當音餘煩，江南皆音藩屏之藩。岐山當音爲奇，江南皆呼爲神祇之祇。江陵陷没（案在梁承聖三年，公元 554），此音被於關中，不知二者何所承案。以吾淺學，未之前聞也。

北人之音，多以舉莒爲矩。唯李季節云："齊桓公與管仲於臺上謀伐莒，東郭牙望桓公口開而不閉，故知所言者莒也。然則莒矩必不同呼。"此爲知音矣。

河北切攻字爲古琮，與工公功三字不同，殊爲僻也。

從這些話我們可以瞭解顏之推對於古今音的看法。他認爲古今時俗不同，書音作者有南有北，前代書中的音讀反語，有謬僻而不切於今者，則不宜用。"古獨何人，必應隨其謬僻乎？"正是説明這種精神。他並没有尚古的思想。其次語詞有兩讀的，以相沿的讀法爲正，不論南北，例如"璵璠"當音餘煩，"岐山"當音爲奇，"攻"當與"工、公、功"等字音同，雖江南音"璠"爲"藩"，音"岐"爲"祇"，河北反"攻"爲"古琮"，以無所承案，皆所不取。這與陸德明的《經典釋文》所載的讀音也是一致的。陸德明在《經典釋文・敘錄》中説："文字音訓，今古不同，前儒作音，多不依注，注者自讀，亦未兼通。今之所撰，微加斟酌。若典籍常用，會理合時，便即遵承，標之於首。其音堪互用，義可並行，或字有多音，衆家別讀，苟有所取，靡不畢書，各題氏姓，以相甄識……其或音、一音者，蓋出於淺近，示傳聞見，覽者察其衷焉。"在《釋文》中，"璠音煩，又方煩反"，"岐音其宜反，或祁支反"，標之於首的音與《家訓》所定完全相合（參看拙著《〈顏氏家訓・音辭〉篇注補》）。《釋文・敘錄》中論及讀音，又説："又以登升共爲一韻，攻公分作兩音，如此之儔，恐非爲得。"這與顏之推不以"攻"音"古琮"爲然也是一致的。

由此看來，顏之推是重今而不重古的，他所重視的是在當時行用的相承的讀書音和實際存在於語言中的語音分類，而不是晉宋以上的古音。就前代的書音而論,古通而今不通的,從今(如"稗"不音"逋賣","娃"不音"於乖","諫"不音"間","乘"不音"承");今音南北讀音不同的,則以相承的讀書音爲定(如"璵蹯"當音"餘煩","攻"當音"工"之類)。在《音辭》篇裏,他曾説:"吾家兒女,雖在孩稚,便漸督正之。一言譌替,以爲己罪矣。云爲品物,未考書記者,不敢輒名,汝曹所知也。"足見他是重視書音的。重視書音,並不等於事必依古。他的宗旨與陸德明所要求的"會理合時"是相似的。他在《家訓·書證》篇裏論到文字的書寫時曾説:

> 世間小學者,不通古今,必依小篆,是正書記。凡《爾雅》《三蒼》《説文》,豈能悉得蒼頡本指哉? 亦是隨代損益,各有同異。西晉已往字書,何可全非? 但令體例成就不爲專輒耳。考校是非,特須消息……
>
> 吾昔初看《説文》,嗤薄世字。從正,則懼人不識;隨俗,則意嫌其非,略是不得下筆也。所見漸廣,更知通變,救前之執,將欲半焉。若文章著述,猶擇微相影響者行之,官曹文書,世間尺牘,幸不違俗也。

深知通變,不爲專輒,這與他論音的態度也是一致的。因此,如果認爲陸法言序文所説"因論南北是非、古今通塞"就是在以古正今,或有意識地要保存古音,或者有的地方捨今從古,有的地方又捨古從今,漫無標準,這恐怕都是不對的。據顏之推在《音辭》篇中所説可知他們是以當時的語音爲準。前代音書分聲析韻不合於今者,固然不取(如《韻集》),就是反切用字所表現的聲韻類別有不切當的,也在擯棄之列,如徐邈反"驟"爲仕遘,切"椽"爲徒緣之類,必須考校。《切韻序》所説"欲更捃選精切,除削疏緩,顏外史、蕭國子多所決定",這正是要求切合實際的表現。《切韻》的分韻注音無不與顏之推所論相合,足見顏之推的見解已在《切韻》中完全表現出來了。要瞭解《切韻》的性質,自不能不注意顏之推所説的話。至於蕭該的見解,可能與顏之推相同。他的《漢書音義》亡佚已久,清人雖有輯本,所存無多,可以不論。

根據上文所論,關於《切韻》的性質,我們可以認識得比較清楚了。總起來説,《切韻》是根據劉臻、顏之推等八人論難的決定,並參考前代諸家音韻、古今字書編定而成的一部有正音意義的韻書,它的語音系統是就金陵、鄴下的雅言,參酌行用的讀書音而定的。既不專主南,亦不專主北,所以並不能認爲就是一個地點的方音的記録。以前有人認爲《切韻》的語音系統代表隋代的長安音,那是錯誤的。這一點在陳寅恪先生的文章裏已經分辨得很清楚。

二

不過,《切韻》對於南北音的取捨和對於序中所説五家韻書斟酌損益的情形還須要探索。

我們可以先從五家韻書來研究起。五家韻書固然早已亡佚,但是我們還可以從王仁昫《刊謬補缺切韻》四聲韻目小注中約略瞭解這些書一些分韻的情況。在我們所見到的幾十種唐五代寫本刻本韻書中只有王仁昫《切韻》韻目下有這種小注(詳拙著《唐五代韻書集存》),陸法言書的傳本,長孫訥言和孫愐書的傳本都没有。因此有人以爲這種小注是王仁昫加的,不是陸法言原書所有。但也有人認爲這本是陸法言原有的東西。如王仁昫書説陸云"冬無上聲",即見王書小注中。關於這個問題,還不易確定。因爲若説非陸書原有,在陸書久已盛行而五家書逐漸凌替之際,王仁昫於唐中宗時(705—709)刊正陸書,有什麽需要一定要補加這些小注呢? 若説原爲陸書所有,何以陸書、長孫書的傳本中都絲毫不見呢? 當然,我們也可以説這些傳本書寫的時間一般都比較晚,間有書寫時間比較早的又闕韻目,無由得見。不過既難確斷,不妨闕疑。我們只看材料是否重要,其價值並不因人而異。肯定地説,這些韻目下的小注是非常有用的(黄淬伯先生《關於〈切韻〉音系基礎的問題》已指出)。它不僅可以幫助我們瞭解《切韻》與以前諸家韻書的關係,而且可以使我們略知晉以後齊梁時代南北語音的情況,當然,這是更重要的一面。

現在所見唐本王仁昫《切韻》韻目下有小注的有三種寫本(書寫時間有早晚):

(1)明項元汴跋唐本王仁昫撰定《刊謬補缺切韻》,題長孫訥言箋注,裴務齊正字。

(2)敦煌出唐本王仁昫新撰定《刊謬補缺切韻》,見《敦煌掇瑣》内。

(3)明宋濂跋唐本王仁昫新撰定《刊謬補缺切韻》。

第一種只有平聲一部分韻目下有注,第二種缺平聲注,惟第三種最完備。不過第三種書寫略有脱誤,可以據第二種校補。現在就三種寫本參校,列表如下:

平 聲	上 聲	去 聲	入 聲
1 東	1 董 呂與腫同,夏侯別,今依夏侯	1 送	1 屋 (韻目排列與原次不盡同)
2 冬 無上聲。陽與鍾江同韻,呂、夏侯別,今依呂、夏侯		2 宋 陽與用絳同,夏侯別,今依夏侯	2 沃 陽與燭同,呂、夏侯別,今依呂、夏侯
3 鍾	2 腫	3 用	3 燭

平　聲	上　聲	去　聲	入　聲
4 江	3 講	4 絳	4 覺
5 支	4 紙	5 寘	
6 脂　呂、夏侯與之微大亂，陽、李、杜別，今依陽、李、杜	5 旨　夏侯與止為疑，呂、陽、李、杜別，今依呂、陽、李、杜	6 至　夏侯與志同，陽、李、杜別，今依陽、李、杜	
7 之	6 止	7 志	
8 微	7 尾	8 未	
9 魚	8 語　呂與麌同，夏侯、陽、李、杜別，今依夏侯、陽、李、杜	9 御	
10 虞	9 麌	10 遇	
11 模	10 姥	11 暮	
		12 泰　無平上聲。	
12 齊	11 薺	13 霽　李、杜與祭同，呂別，今依呂	
		14 祭　無平上聲。	
13 佳	12 蟹　李與駭同，夏侯別，今依夏侯	15 卦	
14 皆　呂、陽與齊同，夏侯、杜別，今依夏侯、杜	13 駭	16 怪（夏侯與泰同，杜別，今依杜）	
		17 夬　無平上聲。李與怪同，呂別與會同，夏侯別，今依夏侯	
15 灰　夏侯、陽、杜與咍同，呂別，今依呂	14 賄　李與海同，夏侯為疑，呂別，今依呂	18 隊　李與代同，夏侯為疑，呂別，今依呂	
16 咍	15 海	19 代	
		20 廢　無平上聲。夏侯與隊同，呂別，今依呂	
17 真　呂與文同，夏侯、陽、杜今依夏侯、陽、杜	16 軫	21 震	5 質
18 臻　無上聲。呂、陽、杜與真同，夏侯別，今依夏侯			7 櫛　呂、夏侯與質同，今別
19 文	17 吻	22 問	6 物
20 殷　陽、杜與文同，夏侯與臻同，今並別	18 隱　呂與吻同，夏侯別，今依夏侯	23 焮	8 迄　夏侯與質同，呂別，今依呂
21 元　陽、夏侯、杜與魂同，呂別，今依呂	19 阮　夏侯、陽、杜與混很同，呂別，今依呂	24 願　夏侯與恩別，與恨同，今並別	9 月　夏侯與沒同，呂別，今依呂
22 魂　呂、陽、夏侯與痕同，今別	20 混	25 恩　呂、李與恨同，今並別	10 沒
23 痕	21 很	26 恨	

平　聲	上　聲	去　聲	入　聲
24 寒	22 旱	27 翰	11 末
25 删 李與山同,呂、夏侯、陽別,今依呂,夏侯、陽	23 産 呂與旱同。夏侯別,今依夏侯	28 諫 李與襇同,夏侯別,今依夏侯	12 黠
26 山 陽與先仙同,夏侯、杜別,今依夏侯、杜	24 潸 陽與銑獮同,夏侯別,今依夏侯	29 襇	13 鎋
27 先 夏侯、陽、杜與仙同,呂別,今依呂	25 銑 夏侯、陽、杜與獮同,呂別,今依呂	30 霰 夏侯、陽、杜與線同,呂別,今依呂	14 屑 李、夏侯與薛同,呂別,今依呂
28 仙	26 獮	31 線	15 薛
29 蕭	27 篠 李、夏侯與小同,呂、杜別,今依呂、杜	32 嘯（陽、李、夏侯與笑同,夏侯[?]與効同,呂、杜並別,今依呂、杜）	
30 宵	28 小	33 笑	
31 肴 陽與蕭宵同,夏侯、杜別,今依夏侯、杜	29 巧 呂與晧同,陽與篠小同,夏侯並別,今依夏侯	34 効（陽與嘯笑同,夏侯、杜別,今依夏侯、杜）	
32 豪	30 晧	35 号	
33 歌	31 哿	36 箇 呂與禡同,夏侯別,今依夏侯	
34 麻	32 馬	37 禡	
35 覃	33 感	38 勘	20 合
36 談 呂與銜同,陽、夏侯別,今依陽、夏侯	34 敢 呂與檻同,夏侯別,今依夏侯	39 闞	21 盍（□□□同,夏侯□□□夏侯）
37 陽 呂、杜與唐同,夏侯別,今依夏侯	35 養 夏侯在平聲陽唐、入聲藥鐸並別,上聲養蕩爲疑,呂與蕩同,今別	40 漾 夏侯在平聲陽唐、入聲藥鐸並別,去聲漾宕爲疑,呂與宕同,今並別	27 藥（呂、杜與鐸同,夏侯別,今依夏侯）
38 唐	36 蕩	41 宕	28 鐸
39 庚	37 梗 夏侯與靜同,呂別,今依呂	42 敬 呂與靜勁徑同,夏侯與勁同,與靜徑別,今並別	19 陌
40 耕	38 耿 李、杜與梗迥同,呂與靜迥同,與梗別,夏侯與梗靜迥並別,今依夏侯	43 静	18 麥
41 清	39 靜 呂與迥同,夏侯別,今依夏侯	44 勁	17 昔【注殘損不可辨】
42 青	40 迥	45 徑	16 錫 李與昔同,夏侯與陌同,呂與昔同,與麥同,今並別
43 尤 夏侯、杜與侯同,呂別,今依呂	41 有 李與厚同。夏侯爲疑,呂別,今依呂	46 宥 呂、李與候同,夏侯爲疑,今別	
44 侯	42 厚	47 候	
45 幽	43 黝	48 幼 杜與宥同,呂、夏侯別,今依呂、夏侯	
46 侵	44 寢	49 沁	26 緝

平　聲	上　聲	去　聲	入　聲
47 鹽	45 琰（呂與忝范豏同，夏侯與范豏別，與忝同。今並別）	50 豔（呂與梵同，夏侯與㮇同，今並別）	24 葉（呂與怗洽同，今別）
48 添	46 忝	51 㮇	25 怗
49 蒸	47 拯（無韻，取蒸之上聲）	52 證	29 職
50 登	48 等	53 嶝	30 德
51 咸（李與銜同，夏侯別，今依夏侯）	49 豏（李與檻同，夏侯別，今依夏侯）	54 陷（李與鑑同，夏侯別，今依夏侯）	22 洽（李與狎同，呂、夏侯別，今依呂、夏侯）
52 銜	50 檻	55 鑑	23 狎
53 嚴	51 广（陸無此韻目，失）	56 嚴（陸無此韻目，失）	31 業
54 凡	52 范（陸無反，取凡之上聲，失）	57 梵	32 乏（呂與業同，夏侯與合（?）同，今並別）

附注：（1）韻目全依王仁昫書第二種、第三種寫本。

（2）入聲韻目取其與平上去相應，排列次序與原來次序不盡相同，可參看韻目上數字。

（3）注文加（　）號的表示只見於第二種寫本。

這些韻目下的小注當然還不是很精細完備的。因爲每韻之下並非把各家一一論列，有些韻的分合還說得不夠明確（如庚、耕、清、青的四聲韻目），有些韻也沒有提到（如豪、覃、蒸、登之類）。另外，前人韻書的韻目和收字的範圍未必完全相同，小注但從《切韻》本身的分韻略與以前各家比較，恐怕也不盡密合。這個表只能做爲一個粗疏的綱目來看待。

五家書中，《韻集》一書最難理解。從《王韻》小注中所説來看，呂書東冬鍾江似乎有別，脂與之微又大亂雜，這都與宋齊以後的現象相近（詳後），而顏之推所説"成仍宏登合成兩韻"並不見於《王韻》小注，小注所記與其兄呂忱《字林》音也相去較遠，姜亮夫先生曾經懷疑《陸韻》所據《韻集》不似晉人之作（見《瀛涯敦煌韻輯》），這話不無道理。古人同名姓的固然常見，前代一部書經過後人增益改訂仍題原作姓氏的也很多，所以《王韻》所注是否就是晉代的《韻集》，很可懷疑。不過，《顏氏家訓》中《韻集》與《字林》常常並舉，顏所引《韻集》如爲晉呂靜之書，則陸法言所稱應當與顏之推所説爲一書。時代遼遠，殊難確定。如果《王韻》小注就指的是晉呂靜之作，那麼，韻目小注中所稱呂某與某同、某與某別只能看做是借《切韻》所定的韻目來加以説明而已。因爲呂靜原書未必有韻目，即使有韻目，也未必與《切韻》完全相同。

　　根據上列韻目下的一些小注來比較《切韻》與五家書分韻的異同，可以看出：

　　（1）利用等韻學的名詞來說，同攝之內，一等韻與三等韻的韻字在吕靜書中一般是分爲兩韻的。惟陽唐不別，歌麻去聲箇禡同韻。在夏侯書中一、三等韻也多分立，惟元與魂同，尤與侯同。陽、李、杜三家參差較多。《切韻》都從分不從合。

　　（2）同攝之內，三等韻與四等韻在吕靜書中大都分爲兩韻，如齊韻去聲霽與祭別，先與仙別，蕭與宵別，尤幽去聲宥與幼別，惟鹽添上聲琰與忝同韻，清青上聲靜與迥同韻，不完全一致。其他四家，則三、四等韻大體都不分，惟有杜臺卿書蕭與宵不同韻。《切韻》並別。

　　（3）同攝之內，《切韻》所分的二等相重的韻，如蟹攝的佳與皆、山攝的刪與山、咸攝的咸與銜，在夏侯書中都分立爲兩韻，別家嚴格獨立分開的很少，惟有《韻集》刪與山別，咸與銜別，陽休之《韻略》刪與山別而已。杜臺卿書不詳。《切韻》皆從夏侯。

　　（4）《切韻》中的獨立二等韻，如江、夬、臻、肴、耕等，在夏侯書中都獨立爲一韻，別家或分或否，《切韻》皆從夏侯。

　　（5）《切韻》的灰咍兩韻、痕魂兩韻都分立。《韻集》灰與咍別，魂與痕同。其餘四家灰與咍、痕與魂都合而不分。《切韻》痕與魂分爲兩韻，似前無所承。

　　（6）《切韻》真、文、殷幾韻，吕靜真與文同，殷韻上聲隱韻與文韻上聲吻韻同，而殷韻入聲迄韻又與真韻入聲質韻有別。陽、杜兩家真與文別，而殷同於文。夏侯真與文別，殷亦不同於文，而與臻同韻，入聲則櫛與迄並同於質。《切韻》則真、臻、文、殷、質、櫛、迄、物都分立爲部。

　　（7）《切韻》陽唐兩韻，惟夏侯該分立，其餘四家都合爲一韻。《切韻》與夏侯該同。

　　（8）《切韻》去聲泰韻，《韻集》與夬韻爲一韻，夏侯泰怪同韻，杜臺卿怪與泰別。又去聲廢韻，《韻集》不與別韻同，夏侯同隊，其他三家不詳。《切韻》都分別不混。

　　（9）《韻集》鹽添咸凡上聲琰忝豏范同韻，夏侯琰與豏、范別，則平聲鹽、咸、凡不混。《韻集》談與銜同，夏侯亦不混。《切韻》並別。

　　就以上所舉可知《切韻》分韻以吕靜等五家書爲資據而又加以整齊，所以分韻多於以前各家。且四聲相承，頗有倫序，大勝於前。五家之中，吕靜與夏侯該兩家分韻都比較細。夏侯書最大的特點在於二等韻都獨立爲部，吕靜書最大的特點在於一攝之内三、四等韻大半分立（惟清與青、鹽與添合）。這是比陽、李、杜三家較細的地方。陽、李、杜三家脂、之、微三韻有別，而吕、夏侯兩家則脂與之、微相亂。陽、李、杜三人都仕於北齊，而分韻所以不一致，當與分韻的原則和審音的精粗大有關係。三家之中，陽休之分韻最寬，如冬與鍾江同，山與先仙同，肴與蕭宵同，都與李、杜不同。所以顔之推譏其疏野。李、杜兩家分合相近，如灰咍同韻，殷文同韻，先仙同韻，霽祭同韻之類都是。兩家之中，杜分韻似比李稍細，如李蕭與宵同，而杜有別。有些二等韻，陽休之與三、四等同韻者，杜皆有分，如山不與先仙同，肴不與蕭宵同，皆不與齊同，都類似夏侯。夏侯泰怪一韻，吕靜會（泰）夬一韻，而杜泰韻獨爲一部，與吕、夏侯不同。足見陽、李、杜三家中，李、杜分韻又比陽略密。小注所舉雖不甚全，但兩家書分韻的大類與《切韻》並不遠。另外，五家書分韻固然各有不同，而各家的類例也不一致。吕靜、夏侯該一等與三等韻或分或合，不完全相同，四聲韻目的分合也不完全相應。這是很顯著的。陽、李兩家分韻雖寬，但内部大體一致。《切韻》除采用吕靜、夏侯兩家以外，又參酌於陽、李、杜。凡各家立有成規，審音細密，開合洪細之間條理清楚的，《切韻》都一一承用。遇到諸家辨析不甚明晰的，又分別異同，並使四聲都能相應（惟入聲排列尚不够整齊），如分痕魂爲兩韻，定真、臻、殷、文爲四韻，其入聲質、櫛、迄、物四韻也分別與真、臻、殷、文相承。有因有革，系統分明，所以唐代長孫訥言箋注序説："陸生此製，酌古沿今，無以加也。"

　　從《切韻》與五家書韻目的比較上，我們可以瞭解《切韻》分韻兼取諸家之長，而自有它的類例。其不同於諸家的主要有兩點：

　　（1）審音精密，重分而不重合。一攝之内，一、三等有分，三、四等有分，二等完全獨立，體例嚴整，秩然不紊。以前諸家都不曾辨析如此精細。這就是序文所説"剖析毫釐，分別黍累"的具體事實。

　　（2）分韻辨音，折衷南北，不單純采用北方音。前代諸家韻書隨南北方音而異，陸法言生於河北，而采用夏侯書的地方獨多（見前），這與以前諸家僅以一方方音爲準者大不相同。法言所熟悉的是北方音，而這樣重視夏侯書，當與《切韻序》所説顔之推、蕭該多所決定有關係。

　　這兩點也可以説就是《切韻》的特點。這與前面所論《切韻》的性質完全相符。陸法言撰集《切韻》所以要審音精密，折衷南北，目的固在於正音，同時也便於南北通用。南北語音不同,或分或合,用的人完全可以根據自已的方音與韻書比合同異,按音檢字,所以分韻不妨精密。

這種辦法,當然不無缺點。主要缺點在於不是單純一地語音的記錄。但是從歷史的條件來看,當時這些學者要想編定一部韻書,既要保持語音中細緻的區別,又要使南北人都能應用,也不得不如此。當時南北韻書分辨聲韻雖有疏密之分,而大類相去不遠。在一大類之中,區別同異,取其分而不取其合,對整個語音系統不會有根本的改變,因此,這樣做也完全是可以行得通的,並且也符合客觀的情況和實際的需要。在韻書的發展上具有一定的歷史意義。

有人認爲《切韻》的語音系統是顏之推、蕭該、陸法言等人主觀地、人爲地隨意拼湊而成的,這是由於缺乏深入研究、徒騰口説所産生的誤解。首先,這種分辨音韻的做法並非雜拼雜湊,它本身原具有嚴整的辨類的系統性。"拼湊"一詞根本用不上。其次,從顏之推所説南北語音的異同來看,《切韻》的分韻辨音是有實際語音的根據的,所以也不能説就是主觀的、人爲的拼合。我們要根據《切韻》編寫的精神和體制與各方面的材料相比較才能獲得正確的理解。

三

《切韻》與實際語音究竟有多少距離,它所憑藉的語音基礎究竟如何,是一個重要的問題。

要解決這個問題,我們應當先看一看隋以前齊梁陳之間詩文押韻的情況。這個時期一共 110 年(479—589),南方是齊、梁、陳,北方就是北魏、北齊、北周。齊、梁、陳詩文押韻的部類前後大體是接近的。北朝的北魏近於劉宋,北齊、北周則近於梁,前後略有不同。僅就梁陳時期即 6 世紀而論,南北詩文押韻的部類是很接近的。現在將齊、梁、陳之間韻文押韻的部類依《切韻》韻目簡單列表如下(詳見《漢魏晉南北朝韻部演變研究》第三分册):

陽聲韻(舉平以賅上去)	**入聲韻**	**陰聲韻**(舉平以賅上去)
1 東	1 屋	1 支
2 {冬 鍾	2 {沃 燭	2 {脂 之
3 江	3 覺	3 微 《切韻》脂韻"追衰誰緌蕤推"等字大都與此部押韻

陽聲韻（舉平以賅上去）	入聲韻	陰聲韻（舉平以賅上去）
4 { 真 臻 殷	4 { 質 櫛 迄	4 魚
5 文	5 物	5 { 虞 模
6 { 元 魂 痕	6 { 月 没	6 { 泰 廢（去）
		7 齊（平上）
		8 { 霽 祭（去）
7 寒	7 曷	9 佳
8 删	8 （鎋）當承删	10 皆
		11 夬（去）
9 （山）庚信分用	9 黠 當承山	12 { 灰 咍
10 { 先 仙	10 { 屑 薛	13 { 蕭 宵
11 覃	11 合	14 肴
12 談	12 （盍）	15 豪
13 { 陽 唐	13 { 藥 鐸	16 歌
14 { 庚 耕 清 青	14 { 陌 麥 昔 錫	17 麻
15 侵	15 緝	18 { 尤 侯 幽
16 { 鹽 添	16 { 葉 怗	

陽聲韻(舉平以賅上去)	入聲韻	陰聲韻(舉平以賅上去)
17 蒸	17 職	
18 登	18 德	
19 （咸）	19 （洽）	
20 （銜）	20 （狎）	
21 ｛（嚴）（凡）	21 ｛業乏	

這個簡單的韻部表是根據一般押韻的情況來定的。其中陽聲韻與入聲韻是相應的。《切韻》的分韻大部分與梁陳時期南北詩文押韻的部類相合。顏之推、盧思道等人的詩文用韻也大致與上表相同。舉顏之推《觀我生賦》韻字爲例：

1 茫疆王亡祥囊荒翔章鄉忘芳梁狼牆航張吭羊光康芒湘方傷漳艎陽（陽唐）

2 及立邑粒集襲入泣及（緝）

3 群軍□雲（文）

4 雪汭列説説（薛）

5 衡聲名生城兵（庚清）

6 腦道掃草保昊老（豪上）

7 鳶天年旋塵懸烟焉絃連虔宣（先仙）

8 伐窣窟闕没忽月（月没）

9 讓望謗唱量王壯暢帳抗煬喪狀掠狀葬悢上愴（陽唐去）

10 顏關搴還（删仙）

11 路度故慕（模去）

12 壤想曩網朗賞（陽唐上）

13 侵潯金臨琴心林尋岑沈深陰吟（侵）

14 芑市已峙仕裏齒己恃水止始使祉起（之脂上）

15 速竹□覆木逐宿穀福谷哭（屋）

16 津鄰賓親臣人屯辛鱗身真仁申秦巡人身貧塵臻麟（真臻）

這些大體都與上列韻表相符。總的來説，韻文的押韻一般都比《切韻》的韻部稍寬。《切韻》把韻文經常相押的各韻比次在一起，如冬鍾、脂之、虞模、灰咍、元魂痕、先仙、蕭宵之類，與韻文押韻的大類是相合的。但韻文押韻在求音調協和，《切韻》分韻則旨在審音，所以分韻不得不細。不過不同的作家因方音不同或講求音韻協和的精細程度不同，分韻也不完全一樣。有人在作品中有時相近的兩部通押,有人就分別得很嚴。在韻部表中一部包括《切韻》幾韻的,固然多數人通押無別,但也有人辨析較精,不相通用。舉例如下:

(1)《切韻》庚耕清青四韻在魏晉宋時期的作家一般都是通用的(通用當然不等於整個韻母完全相同),只有宋代的謝莊青韻獨用,不與庚清兩韻相混。齊、梁、陳之間,庚耕清青四韻大多數的作家通用不分,但是王儉、謝朓、江淹、沈約、陶宏景、蕭洽、徐君倩、何遜、蕭子雲、劉孝威、徐陵、王褒、庾信等人青韻多獨用(王褒,梁王規子;庾信,庾肩吾子。二人原仕於梁,後入北周)。其中用韻最嚴的是劉孝威、徐陵、王褒三人。劉孝威《妾薄命》篇連用七個青韻字(庭、陘、屏、垌、亭、冥、形),王褒《從軍行》連用十一個青韻字(經、亭、陘、涇、形、星、青、邢、銘、庭、屏),這絕不是偶然的現象。這正表明青韻和庚耕清三韻不同。

庚清兩韻在齊、梁、陳之間同用的例子很多。耕韻字少,一般也都與庚清合在一起押韻,獨用的僅見江總《梅花落》一詩("甍、罌"相押)。但是耕韻相對的入聲麥韻,梁王僧孺《何生姬人有怨》以"隔、脈"爲韻,王筠《昭明太子哀策文》以"蹟、畫、册、核"爲韻,都不與陌、昔兩韻相押。這對於我們瞭解夏侯該《韻略》耕韻不與庚韻合爲一韻不無幫助。

(2)《切韻》脂之兩韻字在劉宋時期一般是分用的,從謝靈運起,脂之兩韻已經有遞押的現象,到齊梁時期,在南方作品中便逐漸成爲普徧的情形。可是謝朓、沈約二人絕不混用,如謝朓詩《在郡臥病》以"茲、時、蓄、辭、颸、持、絲、期、嗤"九字爲韻,《始之宣城郡》以"理、史、子、祀、士、齒、恥、里、涘、市、裏、趾、始"十三字爲韻,都是之韻字。沈約詩《和竟陵王抄書》以"期、茲、詩、疑、滋、詞、輜、芝、嗤"九字爲韻,《郊居賦》以"怡、基、芝、柟、持、嬉、茲、時"八字爲韻,都是之韻字,不雜一個脂韻字。而沈約《彌勒贊》以"二、地、轡、器、位、墜、至、貳、媚、祕、邃、備、懿"十三字爲韻,又都是脂韻字,不雜一個之韻字(沈約脂韻偶有與支韻字相押的)。足見分別之嚴。

(3)《切韻》魚、虞、模三韻在齊、梁、陳時期大多數作家魚韻獨用,間或有魚虞兩韻通押的。至於虞模兩韻,一般通用不分。不過也有分別很細的,例如沈約、吳均、何遜、張纘等人都分別得很清楚。其中沈約分別最爲嚴格。現在舉沈約、何遜兩家爲例:

沈約《賢首山》:徒孤都胡塗烏逋酺吳(模韻)

《宿東園》:路步互故露顧兔素暮度(模韻上聲)

《少年新婚》:嶇朱軀珠凫膚敷隅駒趨夫(虞韻)

　　《郊居賦》：區株娛朱隅衢跗（虞韻）；武主宇縷膴豎（虞韻上聲）

　　何遜《宿南洲浦》：苦浦五鼓莽土（模韻上聲）

　　《秋夕歎白髮》：扶殊隅珠軀須廡隅愉樞株梟嵎（虞韻）

由此可見兩家分別虞模，秩然不紊。

　　（4）《切韻》尤幽兩韻齊、梁、陳時期同用。梁劉勰《文心雕龍·諸子》篇贊以"秀、宙、授、囿"爲韻，四字都是尤韻去聲字；《封禪》篇贊以"休、彪、幽、虯"爲韻（"休"與"烋"音義同），四字都是幽韻字；尤幽不混。

　　以上幾點表明《切韻》分韻雖密，但與實際語音確有聯繫。同時我們也看到文人用韻有寬有嚴，而謝朓、沈約都是用韻較嚴的，這正是從齊永明起文人精於審辨音韻的表現。《南史》卷四十八《陸厥傳》説："時盛爲文章，吳興沈約、陳郡謝朓、琅邪王融以氣類相推轂，汝南周顒善識音韻。約等文皆用宮商……五字之中，輕重悉異，兩句之內，角徵不同，不可增減，世呼爲永明體。"梁鍾嶸《詩品》下説："三賢咸貴公子孫，幼有文辨，於是士流景慕，務爲精密。"足見用韻精細是當時的風尚。沈、謝所以能用韻細，也正是語音有別的表現。韻文押韻既然如此，那麼，編韻書的人在分韻上也就不能不趨於精細了。

　　梁代正是沈約擅名文場的時期，流風所被，一時文士大都精辨音韻。《南史》卷二十二《王筠傳》云：

　　　　沈約每見筠文咨嗟，嘗謂曰："昔蔡伯喈見王仲宣，稱曰：王公之孫，吾家書籍，悉當相與。僕雖不敏，請附斯言。自謝朓諸賢零落，平生意好殆絕，不謂疲暮，復逢於君。"……約製《郊居賦》，構思積時，猶未都畢，示筠草。筠讀至"雌霓（五的反）連蜷"，約撫掌欣抃曰："僕常恐人呼爲霓（五兮反）。"次至"墜石磓星"及"冰懸坅而帶垠"，筠皆擊節稱贊。約曰："知音者希，真賞殆絕，所以相要，政在此數句耳。"筠又嘗爲詩呈約，約即報書歎詠，以爲後進擅美。筠又能用强韻，每公宴並作，辭必妍靡。約嘗啟上，言晚來名家無先筠者。

　　王筠所以爲沈約所稱賞，文辭之外，與精於音韻不無關係。筠又能用"强韻"，更是很好的證明。

　　另外，劉勰也是沈約所賞識的人。勰爲東莞莒人，世居京口（今江蘇鎮江東）。所著《文心雕龍》列有《聲律》一篇，與沈約所提倡的完全符合，如桴鼓之相應。《文心雕龍》五十篇，篇篇有贊，而且用韻很嚴格。其中尤以仄聲韻爲

多。從劉勰的押韻可以使我們對《切韻》的分韻瞭解得更清楚。現在把五十篇贊的韻字摘記如下,並注出《切韻》韻目:

（1）原道：教孝貌傚（肴去）　　（2）徵聖：宰采海在（咍上）

（3）宗經：古五府祖（模虞上）　　（4）正緯：緯貴沸蔚（微去）

（5）辨騷：騷高勞毫（豪）　　　　（6）明詩：含南參耽（覃）

（7）樂府：體陛啟禮（齊上）　　　（8）詮賦：派畫隘稗（佳去）

（9）頌讚：讚爛旦翫（寒去）　　　（10）祝盟：談甘藍惉（談）

（11）銘箴：軌水履美（脂上）　　　（12）誄碑：立集泣戢（緝）

（13）哀弔：弄慟控送（東去）　　　（14）雜文：飽巧昴攪（肴上）

（15）諧讔：懝剗誠壞（皆去）　　　（16）史傳：孔總動董（東上）

（17）諸子：秀宙授囿（尤去）　　　（18）論說：論寸遯勸（元魂去）

（19）詔策：誥好蹈號（豪去）　　　（20）檄移：話敗蠆邁（夬）

（21）封禪：休彪幽虯（幽）　　　　（22）章表：展偉尾斐（微上）

（23）奏啟：禁酖浸任（侵）酖字疑誤　（24）議對：課懦和播（歌去）

（25）書記：札訥拔察（黠）　　　　（26）神思：孕應興勝（蒸去）

（27）體性：詭髓紫靡（支上）　　　（28）風骨：並騁鯁炳（庚清青上）

（29）通變：業乏怯法（業乏）　　　（30）定勢：承繩凝陵（蒸）

（31）情采：驗贍豓厭（鹽去）　　　（32）鎔裁：瞰濫淡擔（談去）

（33）聲律：近吻槿隱（殷文上）　　（34）章句：恆朋騰能（登）

（35）麗辭：配載態佩（灰咍去）　　（36）比興：覽膽敢渙（談寒上）

（37）夸飾：檢漸琰玷（鹽上）　　　（38）事類：亙鄧贈懵（登去）

（39）練字：訓分運奮（文去）　　　（40）隱秀：包爻交匏（肴）

（41）指瑕：駕謝化亞（麻去）　　　（42）養氣：想養朗爽（陽唐上）

（43）附會：疊葉接協（葉怗）　　　（44）總術：門源繁存（元魂）

（45）時序：變倦選面（仙去）　　　（46）物色：合納颯答（合）

（47）才略：稟錦甚品（侵上）　　　（48）知音：定訂聽徑（青去）

（49）程器：德北則國（德）　　　　（50）序志：智易義寄（支去）

這些例子雖然不多,但很重要。其中支脂微分用,齊佳分用,夬怪分用,歌麻分用,豪肴分用,尤幽分用,蒸登分用,侵覃談分用,東韻、寒韻、德韻、黠韻、緝韻、合韻獨用,都與《切韻》分韻相同。特別是二等韻佳、皆、夬、肴、黠等分別很清,夏侯該《韻略》也正是如此,足見夏侯書所代表的是江東語音（我們不能說劉勰是按照夏侯書押韻,因爲上列五十例中尚有與夏侯書不符合的)。夏侯書佳與皆、删與山有別,在梁代詩文押韻中也同樣可以找到例證(北周庾信佳與皆、删與山也很少同用)。《切韻》因承夏侯,二等韻一一分立,由此可以證明《切韻》分韻絕不是主觀的、人爲的,其中所分多與齊、梁、陳之間江東音相合。

四

以上是就隋以前齊梁陳之間詩文押韻的情況來看的。不過,詩文的押韻,問題很複雜,有些韻一般通用不分的,如冬鍾、先仙、陽唐、尤侯之類,也難以定其區別。因此,我們最好能利用具有反切的字書來與《切韻》相比較。

現存與《切韻》時代最接近而且收字最多、反切最完備的字書是梁代顧野王所著的《玉篇》。顧野王生於梁天監十八年(519),卒於陳太建十三年(581),吳郡吳人(今江蘇蘇州)。他在梁大同年間爲太學博士,奉詔編撰《玉篇》。全書共收16917字(見《封氏聞見記・文字》篇)。現在原書雖然只存八分之一強(日本所存殘卷約二千一百餘字),可是日本空海的《萬象名義》還保存了原書的全部反切。根據《萬象名義》和現存的《原本玉篇殘卷》來考查,我們知道《玉篇》的韻類與《切韻》非常接近。主要的差別是《切韻》的脂與之、灰與咍、真與臻、尤與幽、嚴與凡諸韻從《玉篇》的反切來看都是一部。殷與真、庚與清部分相亂。《切韻》其他各韻如東、冬、鍾、江、支、微、魚、虞、模、齊、佳、皆、泰、祭、夬、廢、文、元、魂、痕、寒、删、山、先、仙、蕭、宵、肴、豪、歌、麻、覃、談、陽、唐、耕、青、侯、侵、鹽、添、蒸、登、咸、銜等(包括上、去、入),《玉篇》都分別不混(詳見拙著《〈萬象名義〉中之〈原本玉篇〉音系》)。由此可見《切韻》分韻不僅與齊、梁、陳之間(包括北齊、北周)詩文押韻的情況基本一致,而且與梁代吳郡顧野王《玉篇》的韻類幾乎全部相同。特別值得注意的是一攝之內三等韻與四等韻之分與《玉篇》完全吻合。

這種事實更清楚地表明了《切韻》在韻的方面所采用的分類大都本之於南方的韻書(夏侯該《韻略》)與字書(顧野王《玉篇》)。回到前面所說,《切韻》的分韻主要是顏之推、蕭該二人所決定的。顏之推論南北語言曾說:"冠冕君子,南方爲優;閭里小人,北方爲愈。"他既然認爲士大夫階級通用的語言南優於北,而他本人又原是南方士大夫階級中的人物,他所推重的自然是南方士大夫的語音。《切韻》分韻既合於南朝夏侯該、顧野王之作,而二人都是梁朝士流,夏侯該曾讀數千卷書,顧野王又爲梁太學博士,他們所根據的必然是當時承用的書音和官於金陵的士大夫通用的語音。這與顏之推所提倡的也正相符合。然則《切韻》的語音系統也就是這種雅言和書音的系統無疑。

《切韻》完全采用北方音的地方究竟有多少,因爲材料缺乏,不易考索。從《顏氏家訓・音辭》篇我們知道在聲母方面北人從邪、乘禪是有分別的,而南人相混,《玉篇》和《經典釋文》都是如此。《切韻》從邪、乘禪有別,那一定是根據北方語音來定的。在韻類方面,北人與南人也頗有不同。顏之推曾指出北人支與脂、魚與虞、洽與狎多不分,但北人脂與之有別,脂亦不與微相亂,如北齊陸卬、魏收、祖珽等人的詩文中之、微都是獨用的,不雜一個脂韻字。《切韻》分脂、之、微爲三韻,與北音一致。陽休之、李季節、杜臺卿三家韻書這三韻也是有分別的。但就現存的材料從總的方面來看,《切韻》分韻還是從南者多。唐代人多指稱《陸韻》爲吳音,那未必就是無根之談(另詳拙著《〈切韻〉與吳音》一文。至於唐代有人誤以爲法言爲吳郡陸氏,那又是另外一回事)。

根據以上所説的一些材料來推斷,《切韻》音系的基礎,應當是公元 6 世紀南北士人通用的雅言。至於審音方面細微的分別,主要根據的是南方承用的書音,除此之外,過多的推度,就未必妥當了。

五

王顯同志認爲陸法言《切韻》是以洛陽音爲基礎,而兼采古音、方音的(見《〈切韻〉的命名和〈切韻〉的性質》,《中國語文》1961 年 4 月號)。以事理而論,陸爲北人,編製韻書,固應以河洛語音爲準,不過法言定韻,"乃述群賢(顏、蕭諸人)遺意",語其大別,從陽、李、杜三家韻書和北人詩文押韻情形來看,與洛陽、鄴下之音當相去不遠;言其細別,則與顏之推所舉的南音、顧野王《玉篇》的分韻、梁代文人的押韻大半相同(與陸德明《經典釋文》的反切也多相合,因《玉篇》成書在前,故本文不再舉《釋文》爲例)。所謂洛陽音,由於文獻不足,我們知道得很少,空談無益。即以北齊的民間歌謠和文人的詩文押韻而論,與《切韻》的分韻還有很多不同。北齊的邢劭和魏收都是幼年生長於洛陽的,盧思道和薛道衡同與顏、蕭等人論韻,是久居於鄴下的,他們的詩文用韻就與《切韻》不盡相合。邢劭元或與先押韻,咍或與皆押韻;魏收宵與豪同押;盧思道删或與山爲韻;薛道衡支或與脂同用。這固然與文人用韻所要求的精密程度如何有關(南朝齊梁人的詩文用韻也同樣有這種現象),但是我們要説《切韻》音系的基礎是洛陽音,那只能是就分韻的大類來説,《切韻》韻類的細微區別實際上是依據南方士大夫承用的讀書音而定的。至於北齊鄴下或洛陽的讀書音與南方相去多少，還無法説明。就顏之推所説而論，除崔子約、李祖仁等少數人以外，語音切正者不多，足見辨音分韻不如南方精切。

陳寅恪先生曾説東晉以後南朝士族所説都是洛陽舊音（見《東晉南朝之吳語》），又説《切韻》的語音系統不是當時某一地行用的方言，《切韻》所懸之標準音是東晉南渡以前洛陽京畿舊音之系統（見《從史實論〈切韻〉》）。這裏面包括兩方面的事情：從南朝與東晉南渡以前北方文化的關係來説，東晉南渡以後，士族仍保持有北方舊日的讀書音，南方士族也浸染而操北語，這是歷史事實。《切韻》音系與東晉南渡以前洛陽音有聯繫，這也與語言發展的事實相合。洛陽在東漢、魏、晉是全國政治文化的中心，東晉南渡以後的金陵在學術文化方面承接洛陽之舊，來南的高門大姓，風範、語言累世相傳，不墜故常，這也是完全可能的。這是一方面的事情。另一方面的事情是《切韻》的語音系統是不是就是東晉南渡以前的洛陽音，這要看《切韻》中聲韻兩方面實際的類別與西晉洛都音是否完全一致而定。但根據各方面的材料，我們看到西晉時代的語音並不與《切韻》相同，例如東中（東）不同部，邦降（江）不同部，奚婪（齊）不同部，梅回（灰）不同部，木六（屋）不同部，石易（昔）不同部，並與《切韻》有異。如果説《切韻》音就是東晉南渡以前的洛陽舊音，與歷史事實不合。南朝士族仍操北音，未必就是西晉洛京之舊，其中必然有同有異；顏之推所重的音，是會理合時、相承應用的書音，古今之間，有通有變，而不是空懸鵠的，追摹前代。因此，我們不能單從文化歷史一方面來看，就認爲《切韻》所懸的標準音就是東晉以前的洛陽音。具體的事物要從具體的情況出發來進行探討，時間、地域種種條件不同，頂好不勉強牽合。

總之，《切韻》是一部極有系統而且審音從嚴的韻書，它的音系不是單純以某一地行用的方言爲準，而是根據南方士大夫如顏、蕭等人所承用的雅言、書音，折衷南北的異同而定的。雅言與書音總是合乎傳統讀音的居多，《切韻》分韻定音既然從嚴，此一類字與彼一類字就不會相混，其中自然也就保存了前代古音中所有的一部分的分別，並非顏、蕭等人有意這裏取方音，那裏取古音。《切韻》的音系是嚴整的，是有實際的雅言和字書的音讀做依據的。顏之推、蕭該二人必然都能分辨，其他諸人也一定都同意這些類別。《切韻序》説："魏著作謂法言曰：向來論難，疑處悉盡，何爲不隨口記之？我輩數人，定則定矣。"足見當時諸賢反復論難，剖別同異，而最後定這樣一個系統出來。這個系統既然是由南北儒學文藝之士共同討論而得，必定與南北的語言都能相應。這個音系可以説就是 6 世紀文學語言的語音系統。所以研究漢語語音的發展，以《切韻》作爲 6 世紀音的代表，是完全可以的。

《切韻》與吳音

唐代盛行詩賦，當時流行最廣的韻書是陸法言的《切韻》。但是陸書分韻較細，爲便於作詩押韻起見，唐初考試允許一些窄韻可以合用。《封氏聞見記》卷二聲韻條說：

> 隋朝陸法言與顏、魏諸公定南北音，撰爲《切韻》，凡一萬二千一百五十八字，以爲文楷式。而先仙刪山之類，分爲別韻，屬文之士共苦其苛細。國初，許敬宗等詳議，以其韻窄，奏合而用之。法言所謂欲廣文路，自可清濁皆通者也。

許敬宗在高宗時爲禮部尚書，封演所說奏《切韻》韻窄事可能就是在他掌禮部的時候。封演爲代宗時人，他說《切韻》先仙刪山有分，文士苦其苛細，這正反映唐代很多地方的語音與《切韻》不盡相同。許敬宗所奏請合用的都包括哪些韻固不可知，以先仙刪山之例推之，佳皆、祭霽、清青、咸銜之類或者也在內。孫光憲《北夢瑣言》卷九云："廣明以前（880），《切韻》多用吳音，而清青之字不必分用。"清青與先仙例正相同。

唐代各地的語音當然也不一樣，而與《切韻》音相差較多的可能是北方音。因此就有《切韻》是吳音的說法，李涪《刊誤》說：

> 自周隋已降，師資道廢，既號傳授，遂憑精音。切韻始於後魏，校書令李登撰《聲類》十卷，梁夏侯詠撰《四聲韻略》十二卷，撰集非一，不可具載。至陸法言采諸家纂述，而爲己有。原其著述之初，士人尚多專業，經史精練，罕有不述之文，故《切韻》未爲時人之所急。後代學問日淺，尤少專經，或捨四聲，則秉筆多礙，自爾已後，乃爲要切之具。然吳音乖舛，不亦甚乎？上聲爲去，去聲爲上。又有字同一聲，分爲兩韻。且國家誠未得術，又於聲律求人，一何乖闊？然有司以一詩一賦而定否臧，音匪本音，韻非中律，於此考覈，以定去留，以是法言之爲，行於當代。法言平聲以東農非韻，以東崇爲切；上聲以董勇非韻，以董動爲切；去聲以送種非韻，以送衆爲切；入聲以屋燭非韻，以屋宿爲切。又恨怨之恨則在去聲，很戾之很則在上聲；又

言辯之辯則在上聲，冠弁之弁則在去聲；又舅甥之舅則在上聲，故舊之舊則在去聲；又皓白之皓則在上聲，號令之號則在去聲。又以恐字恨字俱去聲：今士君子於上聲呼恨，去聲呼恐，得不爲有知之所笑乎？又《尚書》曰嘉謀嘉猷，法言曰嘉予嘉猷；《詩》曰載沉載浮，法言曰載沉載浮（伏予反）。夫吳民之言，如病瘖風而噤，每啟其口，則語戾喝吶，隨筆作聲，下筆竟不自悟。凡中華音切莫過東都，蓋居天地之中，稟氣特正。予嘗以其音證之，必大哂而異焉。且《國風·杕杜》篇云："有杕之杜，其葉湑湑，獨行踽踽。豈無他人，不如我同姓。"又《雅·大東》篇曰："周道如砥，其直如矢。君子所履，小人所視。"此則不切聲律，足爲驗矣。何須東冬中終妄別聲律。詩頌以聲韻流靡，貴其易熟人口，能遵古韻，足以詠歌。如法言之非，疑其怪矣。予今別白去上，各歸本音；詳較重輕，以符古義。理盡於此，豈無知音？其間乖舛既多，載述難盡，申之後序，尚愧周詳。

李涪據孫光憲《北夢瑣言》卷九說是隴西李福之子。李福，《舊唐書》卷一七二附兄李石傳。福於文宗太和七年登進士第，曾爲商鄭汝潁四州刺史，戶部尚書，僖宗乾符間爲宰相。史書稱爲隴西人，可能是原來的郡望，未必生於隴西。李涪這一段話很重要，他用晚唐洛陽音和《切韻》音比較，力斥《切韻》與中州音不合，而且指明陸法言《切韻》是吳音。這說明當時北方人對《切韻》並不滿意。

說《切韻》是吳音，據唐人記載，這與誤以爲陸法言是吳郡陸氏有關係。趙璘《因話錄》卷五說：

> 又有人檢陸法言《切韻》，見其音字，遂云：此吳兒真是翻字太僻！不知法言是河南陸，非吳郡也。

趙璘的先世是穰人（今河南鄧縣），他是關中貴族柳澹的外孫，他在開成三年及進士第，在武宗宣宗時爲官。趙璘以後，僖宗昭宗間陝西武功人蘇鶚所著《蘇氏演義》也指出法言不是吳人，《蘇氏演義》說：

> 陸法言著《切韻》，時俗不曉其韻之清濁，皆以法言爲吳人而爲吳音也。且《唐韻序》云：隋開皇初，儀同劉臻等八人詣法言論音韻，曰：吳楚則多傷輕淺，燕趙則多傷重濁，秦隴則去聲爲入，梁益則平聲似去。此蓋研窮正聲，削去紕繆也，豈獨取方言鄉音而已哉？洎孫愐等論音韻者二十餘家，皆以法言爲首出，薛道衡，隋朝之碩儒，與法言同時，嘗與論音韻，則豈吳越

之音而能服四方之名人乎？蓋陸氏者，本江南之大姓，時人皆以法言爲士龍、士衡之族，此大誤也。法言本代北人，代爲部落大人，號步陸孤氏，後魏孝文帝改爲陸氏。及遷都洛陽，乃下令曰：從我入洛陽，皆以河南洛陽爲望也。當北朝號四姓，穆、奚、于皆位極三公，比漢朝金、張、許、史，兼賀、婁、蔚，謂之八族。後魏征西將軍東平王陸俟生頹、歸、馼驎、馥，皆相繼爲黄門侍郎。馼驎孫爽，隋中書舍人，生法言、正言。正言，隋朝承務郎。

蘇鶚與李涪同時，持論正與李涪相反。他指出法言本代北鮮卑人子孫，並非吳郡陸，這是很對的。關於法言是陸俟的後人的一段話與《元和姓纂》河南陸氏條大致相同。《北史》卷二十八《陸俟傳》也説俟爲代人，俟季子馼驎，馼驎子孟遠，孟遠子槩之，槩之子爽，爽子法言。《魏書》卷四十《陸俟傳》孟遠作順宗，可能就是一個人。法言祖名槩之，所以《切韻序》稱李季節而不稱李槩。馼驎，則是法言的高祖。蘇鶚説陸爽爲馼驎孫，世代有誤。陸爽，《隋書》卷五十八有傳。《陸爽傳》説爽爲魏郡臨漳人，祖順宗，父槩之，子法言，郡望與《北史》不同。陳援庵先生於 1936 年曾著《切韻與鮮卑》一文（見 1936 年 8 月 6 日《大公報》圖書副刊），在據《元和姓纂》《北史》等書考證陸法言先代世次之外，並指出：

> 至於郡望，《魏書》於鮮卑例稱代人，遷洛以後，則稱河南洛陽人。今《隋書·爽傳》不稱河南洛陽人，而稱魏郡臨漳人，蓋爽父仕北齊，此從北齊遷鄴以後之稱，非郡望有異也。

這些都可以證明法言爲河南陸，而非吳郡陸。《隋書·陸爽傳》不稱爲河南洛陽人，而稱爲魏郡臨漳人，所以很少有人知道法言爲鮮卑人之後。趙璘、蘇鶚所言與《北史》完全相合。李涪雖然没有説陸法言就是吳人，但從他對吳人之言妄加譏笑一段話來看，可能正如蘇鶚所説誤以法言爲吳人而爲吳音。李涪曾爲國子祭酒，對陸法言尚且有這種誤解，當時持同樣見解的人一定很多，所以趙璘、蘇鶚才提出來加以駁正。

陸法言不是吳郡陸而是河南陸已無疑問，而當時人所以指稱《切韻》爲吳音還要從兩方面來看：一方面固然與誤以爲陸法言爲吳人有關，但另外一方面一定也由於陸法言書有不少地方是接近於吳音的。二者正相輔相成。可惜有關這一方面的記載不多。除李涪《刊誤》所記以外，還有一些論到吳音的材料，如：

(1)唐試太常寺奉禮郎景審在《慧琳一切經音義序》云：

　　古來音反多以傍紐而爲雙聲，始自服虔，元無定旨。吳音與秦音莫辨，清韻與濁韻難明。至如"武"與"綿"爲雙聲，"企"以"智"爲疊韻，若斯之類，蓋所不取。近有元庭堅《韻英》及張戩《考聲切韻》，今之所音，取則如此。

(2)又開成五年顧齊之《序》云：

　　又音雖南北，義無差別。秦人去聲似上，吳人上聲似去，其間失於輕剽，傷於重濁。

(3)《慧琳音義》卷一《大唐三藏聖教序》"覆載"條下云：

　　上敷務反，見《韻英》，秦音也；諸字書音爲敷救反，吳楚之音也。

(4)《慧琳音義》卷四《大般若波羅蜜多經》卷三六三"茂盛"條下云：

　　上莫候反，吳楚之音也。《韻英》音爲摸布反。

(5)《慧琳音義》卷十二《大寶積經》卷二十七"堆阜"條下云：

　　下扶久反，吳楚之音也。《韻英》云音扶武反。

(6)日本釋中算《法華經釋文》卷上序品母字下引麻杲云：

　　美詰反，古《切韻》用吳音，作莫厚反。

　　慧琳，疏勒國人，唐大興善寺僧。《音義》作於德宗時（建中末年創始），到憲宗元和二年才完成。景審《序》説慧琳音字取自元庭堅《韻英》和張戩《考聲切韻》。宋錢易《南部新書》卷五（戊）説："天寶時翰林學士陳王友元庭堅撰《韻英》十卷，未施行，而西京陷胡，庭堅卒。"據此可知元庭堅《韻英》作於玄宗天寶年間。元庭堅的里貫已無可考。唐代元氏郡望大都爲河南，即洛陽，如元結、元積等都是。張戩，王國維説（見《觀堂集林》卷八考韻英一條）："其人見《唐書·宰相世系表》，官至泗州刺史。其弟錫，相武后、温王，則戩亦偽周時人。"案張錫爲山東武城人，《唐書》有傳。由此可知張戩也是北方人。所作《考聲切韻》字音與《韻英》當極接近，否則，慧琳書就不會與《韻英》同時采用。

　　釋中算《法華經釋文》引麻杲，麻杲無考，所作有《切韻》五卷，見《日本見在書目》。日本源順《倭名類聚鈔》和信瑞《淨土三部經音義集》也都引到麻杲書。

　　《慧琳音義》説《韻英》的音是秦音，所舉的覆字、阜字都是《切韻》尤韻系的字。《切韻》覆字在宥韻，阜字在有韻，慧琳説“覆”音敷救反、“阜”音扶久反都是吳楚之音，正指《切韻》音而言。《韻英》“覆”音敷務反，“務”《切韻》爲遇韻字，“阜”音扶武反，“武”《切韻》爲麌韻字，這都表明《切韻》尤韻系輕脣音字《韻英》都讀同虞韻系。再看李涪《刊誤》所説“《尚書》曰嘉謀嘉猷，法言曰嘉予嘉猷；《詩》曰載沉載浮，法言曰載沉載浮（伏予反）”，也是同樣的問題。《刊誤》今本兩予字均爲矛字之誤（宋刻《百川學海》本已如此）。《切韻》“矛、謀”同音，都在尤韻，浮字即阜字平聲，也在尤韻，所以李涪説法言“嘉謀”音“嘉矛”，“載浮”的“浮”音“伏矛反”。李涪的意思是陸法言既然“謀”與“矛”同音，而“浮”字不當作伏予反。這表明李涪所説的洛陽音“謀、浮”二字不同韻。浮字一定也同《韻英》的“覆、阜”二字音一樣歸入虞韻。至於“謀、矛”二字爲重脣音，李涪如何讀不可知。推想不讀入侯韻（王國維摹本《切韻》第三種音莫侯反），即讀入模韻（與模同音）。考《慧琳音義》卷十四《大寶積經》卷六十八“矛稍”條下云：“上莫侯反，《韻英》音暮蒲反。”莫侯反依上文所引慧琳文例也應當説吳楚之音，而《韻英》“矛”音暮蒲反，正讀同模韻。今本《刊誤》兩矛字錯爲予字，所以學者多不得其解。王國維未加深考，而以爲李涪的意思是在論魚模不須分別（見《觀堂集林》卷八第二十六葉），那是錯誤的。因爲《切韻》一系韻書“謀、予”絕不同音。根據慧琳所引《韻英》的讀音就可以瞭解李涪所説的實際意義了。

至於麻杲《切韻》母字音美詁反，詁字陸法言《切韻》在模韻上聲姥韻，母字則在侯韻上聲厚韻，麻杲以莫厚反爲吳音，改用美詁反，是母字讀入模韻系。《慧琳音義》引《韻英》茂字音摸布反也正與麻杲音“母”爲美詁反相同。“茂”《切韻》爲侯韻去聲候韻字，“布”爲模韻去聲暮韻字。《韻英》“茂”音摸布反，則讀入暮韻，與暮字同音。《慧琳音義》卷六十《根本説一切有部毗奈耶律》卷二十八“聳茂”條“茂”即音暮，那就是根據《韻英》一類的書來注的。由此可見《切韻》侯韻系的脣音字《韻英》已歸入模韻系，而麻杲《切韻》與《韻英》也正相同。這兩種書都應是根據唐代北方音來作的。證之李涪《刊誤》，《切韻》尤侯兩系脣音字讀入虞模兩系，關中音與洛陽音完全相同。元和十一年白居易作《琵琶行》以“住、部、妒、數、污、度、故、婦、去”等字爲韻也正是同樣的現象。

又景審《一切經音義序》説：“至如‘武’與‘綿’爲雙聲，‘企’以‘智’爲疊韻，若斯之類，蓋所不取。”這都指不取《切韻》音而言。《切韻》一系書仙韻“綿”音武連反，去聲寘韻“企”音去智反，與景審所説正相合。“武、綿”《切韻》

是雙聲，所以用"武"切"綿"，景審説慧琳不取，可證武字已不讀重脣。"企、智"二字《切韻》一系書同收支韻去聲寘韻，而且以"智"切"企"（《廣韻》"企"又見上聲紙韻，音丘弭反，非陸書之舊。王寫本《切三》紙韻中尚無企字）。但《慧琳音義》卷一百《肇論》上卷"企懷"條"企"音詰以反，與"企"同音的跂字，或音詰氏反（見卷四十五"足跂"條），或音詰以反（見卷五十三"跂跂"條和卷七十九"跂行"條），或音詰紙反（見卷九十八"烏跂"條）。"企、跂"都讀上聲，不讀去聲。"氏、紙"二字《切韻》都是支韻上聲紙韻字，"以"則在之韻上聲止韻。慧琳在"跂"下引《考聲》云翹足也，"跂"作上聲讀當出自張戩書。《慧琳音義》卷八十六"跂鳳"條"跂"音"企"，足證企字音詰以反不誤。如此説，企字不僅不讀去聲，而且可以與上聲止韻同韻，所以景審指出《切韻》"企"以"智"爲疊韻，今所不取。玄應書則"企"仍作去聲讀。

　　景審以吳音與秦音對舉，慧琳書以吳楚音與秦音對稱，足見當時北方音不同於江南音。慧琳爲疏勒人，來至長安，可能止習熟關中話，所以就以秦音與吳楚音對言。王國維説（見上舉一文）："《陸韻》者，六朝之音也。《韻英》與《考聲切韻》者，唐音也。六朝舊音多存於江左，故唐人謂之吳音，而以關中之音爲秦音。故由唐人言之，則《陸韻》者，吳音也，《韻英》一派，秦音也。"李涪以爲《切韻》完全就是吳音，那是不對的。因爲《切韻》音的基礎是公元 6 世紀南北通用的雅言，分韻辨音是采取以前南北諸家韻書之長，而不是以一方方言爲準。封演説："陸法言與顏、魏諸公定南北音，撰爲《切韻》。"蘇鶚説："此蓋研窮正聲，削去紕繆也，豈獨取方言鄉音而已哉？"這些話都是正確的。不過《切韻》在審辨聲韻方面受顏之推等人的影響承襲南方讀書音的地方比較多，到了唐代，北方語音又有了新的發展（如上聲全濁聲母字變去聲），所以有很多人把《陸韻》的音稱爲吳音。如果認爲僅僅是由於誤以爲陸法言爲吳郡人因而説《陸韻》爲吳音，那還不是完全正確的解釋。

王仁昫《切韻》著作年代釋疑

唐本王仁昫《刊謬補缺切韻》流傳到現在的有兩種寫本：一種是故宮博物院所藏的葉子本，魚鱗裝，全書五卷，完整無缺，題爲"朝議郎行衢州信安縣尉王仁昫字德温新撰定"，卷首有王仁昫序和陸法言《切韻序》。共二十四葉，除第一葉只寫一面以外，其他都兩面書寫。書末有明初宋濂跋語，一般稱爲"宋跋本《王韻》"。有1947年故宮博物院影印本。另外一種，出自敦煌石室，爲法國伯希和盜去，藏於巴黎國家圖書館，編號爲伯2011。劉復《敦煌掇瑣》和姜亮夫《瀛涯敦煌韻輯》都有傳錄。此本共存四十二面，原來可能也是葉子本。全書五卷，每卷都有殘缺破損。卷一缺序文和韻目，平聲只從支韻起，支韻以前東冬鍾江四韻並缺。上聲、去聲、入聲三卷卷首全有"朝議郎行衢州信安縣尉王仁昫字德温新撰定"一行，内容與宋跋本大都一致。此本一般稱爲"敦煌本《王韻》"。

這兩種寫本，前一種筆畫工整秀麗，通俗字體頗少，與一般唐寫本不同。後一種完全是唐代一般的書寫體，通俗的寫法觸目皆是。但是抄寫的時代都很難確定。大體來説，都是晚唐五代間的寫本。

除此以外，故宮博物院還有一本《刊謬補缺切韻》，也就是王國維在《觀堂集林》卷八所稱的"内府本刊謬補缺切韻"。這個本子也是一個册葉本，書法儁秀，類似宋跋本。全書五卷，前三卷都有殘缺，只有四、五兩卷（去聲和入聲）是完整的。卷首書名"刊謬補缺切韻"下題"朝議郎行衢州信安縣尉王仁昫撰"，次行題"前德州司户參軍長孫訥言注""承奉郎行江夏縣主簿裴務齊正字"。再下爲四聲五卷大小韻總數和全書字數，再後爲王仁昫序和長孫序。長孫序後又有字樣一段。這個本子王國維認爲是王仁昫以長孫訥言和裴務齊兩家書爲底本編成的，實際上是不對的。因爲從上面所説的兩種王仁昫書來看，卷首只題王仁昫撰，並無長孫訥言和裴務齊的名字。其次，這個本子兩篇序文的第一行上面分別標明"王仁昫序""長孫序"，這也不像是王仁昫原書的面目。宋跋本《王韻》只有王仁昫自序和陸法言《切韻序》，並没有長孫訥言序。敦煌所出《大乘密嚴經》寫本的背面録有王仁昫《切韻》的序文（伯希和編號2129），也是如此。由是可知王仁昫纂修《切韻》，但據陸氏《切韻》刊謬補缺，並非以長孫書爲底本。王國維因爲不曾看到上述兩種《王韻》寫本,所以立論有誤。書中的韻目和韻次都與《王韻》大不相同,根據書的題名和内容來看,可能是後來裴務齊之流參合長孫和王仁昫兩家書纂修而成的,不能與《王韻》混爲一談,只能視爲《刊謬補缺切韻》系統中另一種韻書。但是從本書卷首長孫訥言名字上所題"前德州司户參軍"一語來看,長孫時代很可能比王仁昫早,所以特别冠以"前"字。不過這只是一種簡單的推測,究竟如何,還要進一步證明。

長孫箋注作於唐高宗儀鳳二年(677),去陸法言撰《切韻》時(601)已有七十餘年。王仁昫書究竟作於何時,一直是個疑問。這是必須考察的問題,否則對唐本韻書的發展不易有透徹的瞭解。

關於《王韻》著作的年代,以前曾經有三種説法:

第一種説法認爲王仁昫書作於唐太宗貞觀年間。這種説法見於厲鼎煃《讀故宫本王仁昫〈刊謬補缺切韻〉書後》和蔣經邦《敦煌本王仁昫〈刊謬補缺切韻〉跋》(見1934年《北京大學國學季刊》第四卷)。他們的主要根據是裴本《切韻》去聲祭韻世字下注云"今國也";書中從"民"的字也缺末筆;可是高宗名治,書中志韻"治"字並不缺筆。因此他們推斷王仁昫書作於太宗時。

第二種説法認爲《王韻》編纂的時代較晚,大概是唐武后時代的書。這種説法見於陸志韋先生的《唐五代韻書跋》(見1939年《燕京學報》第二十六期),他説:"信安縣於武德四至六年隸衢州,垂拱二年之後又屬衢州。按照書的内容和諱例,斷不能是武德年間的作品。垂拱二年之後是可能的。"又説:"垂拱以後的名字不稱'某諱',也不改筆畫。可見《王韻》原本大概是武后時代的書。"

第三種説法認爲《王韻》作於唐中宗神龍二年(706)。這種説法見於故宫博物院所影印的宋跋本《王韻》後唐蘭先生的跋語,唐先生説:"今按此本三十五銑顯字下注'今上諱',是王氏必爲中宗時人。又其官階爲行衢州信安縣尉,按天寶元年改衢州爲信安郡,此必在天寶以前也。序云:'大唐龍興,廉問寅縣。有江東道巡察黜陟大使侍御史平侯嗣先者',按武后末年,傳位中宗,神龍元年,始復國號曰唐,此所謂大唐龍興也。二年,選左右臺及内外五品以上官二十人爲十道巡察使,委之察吏撫人,薦賢直獄,二年一代,考其功罪而進退之,即所謂巡察黜陟大使也。然則此書之作,當即在神龍二年矣。"

以上三種説法究竟哪一種是對的,研究韻書的人始終没有明確的論斷。所以還須要再做一番詳細的考察。

以前關於本書著作年代的考證,主要根據書中的避諱例字和著者自序來推斷。這兩者是相關的。現在先從避諱字談起。唐代帝王名號在宋跋本《王韻》注解中有説明的有五處：

（一）先韻淵字　武帝諱。　（武帝即高祖李淵）

（二）真韻民字　文帝諱。　（文帝即太宗李世民）

（三）之韻治字　大帝諱。　（大帝即高宗李治。大帝之名，唐人書中屢見，如張鷟《朝野僉載》）

（四）志韻治字　大帝諱。

（五）銑韻顯字（顯字缺末筆）　今上諱。　（此指中宗李顯）

這五處最晚只到中宗，且“顯”下言“今上諱”，而中宗以後各帝名號，如“旦、亨、适”等都不注，所以唐蘭先生説王仁昫是中宗時人。立論很對。不過這些言諱的例子是否就是王仁昫的原文呢？會不會是後來傳寫時添上去的呢？也還是一個疑問。如果説這些注文都是原書所有的，那就應當有更强有力的證據來加以説明。可惜唐先生没有詳細指出。

現在我們另從避諱改字一方面來考察，就發現上述兩種《王韻》寫本裏治字和顯字都是避忌很嚴的。我們可以用英國斯坦因由敦煌劫去的四種唐本韻書與《王韻》相比較。第一種是斯坦因編號 2683 號《切韻》殘卷（即王國維所摹《切韻》殘卷第一種）。這一種可能就是陸法言的《切韻》傳本。第二種是斯 2055《切韻》（即王國維摹本第二種）。第三種是斯 2071《切韻》（即王國維所摹《切韻》殘卷的第三種）。另外一種是斯 6176《切韻》殘卷（存去聲廢韻至翰韻、嘯韻至漾韻）。後三種都是接近於陸法言書的增字本《切韻》（詳細考證見拙著《唐五代韻書集存》）。根據這四種材料，可以發現這些材料裏凡是注文有治字和顯字的，《王韻》一律改换爲别的字。這一點比單看文字的缺筆要重要得多。現在條舉如下：

（一）改“治”字例：

鍾韻“重”，斯 2055“治容反”，《王韻》作“直容反”。

之韻“輜”，斯 2055“楚治反”，《王韻》作“楚持反”。

仙韻“邅”，斯 2071“又直連治戰二反”，《王韻》作“又直連持戰二反”。

獮韻“篆”，斯 2071“治兖反”，《王韻》作“持兖反”。

小韻“肇”，斯 2071“治小反”，《王韻》作“直小反”。

用韻“重”，裴本《刊謬補缺切韻》“治用反”，《王韻》作“持用反”。

御韻“筯”，裴本《刊謬補缺切韻》“治據反”，《王韻》作“直據反”。

混韻“穩”,斯 2683 和 2071 訓“治穀聚”,《王韻》作“蹂穀聚”。

翰韻“亂”,斯 6176“治也”,《王韻》作“理”。

笑韻“療”,斯 6176“治病”,《王韻》作“救療”。

效韻“鞄”,斯 6176“治皮”,《王韻》作“刮皮”。

(二)改顯字例:

齊韻“匪”,斯 2071 注“匾,方顯反”。《王韻》作“匾字方典反”。

先韻“編”,斯 2071“又甫連方顯反”。宋跋本《王韻》作“又甫連步繭反”,敦煌本《王韻》作“又甫連方繭反”。

仙韻“編”,斯 2071“又布千方顯反”。《王韻》作“又布千反,又方繭反”。

薺韻“洗”,斯 2071“又蘇顯反”,《王韻》作“又蘇典反”。

銑韻“典”,斯 2683 和 2071“多顯反”,《王韻》作“多繭反”。

銑韻“殄”,斯 2071“徒顯反”,《王韻》作“徒典反”。

銑韻“辮”,斯 2071“薄泫反”,《王韻》作“薄典反”。

銑韻“編”,斯 2071“方顯反”,《王韻》作“方繭反”。

銑韻“銑”,斯 2683 和 2071“蘇顯反”,《王韻》作“蘇典反”。

銑韻“峴”,斯 2071“胡顯反”,《王韻》作“胡典反”。

以上所舉共 21 條,避治字的有 11 條(實際不止此數,這裏只是就有可以比較的材料來寫的,例如《王韻》止韻“理”訓“直”,未韻“尉”訓“理”,也是避治字例),避顯字的有 10 條。中宗爲高宗子,所以書中既避顯字,又避治字。唐自憲宗以後,高宗中宗已祧,不諱。宋跋本和敦煌本《王韻》書寫時代都比較晚,理應可以不避治字顯字,而兩本避改如此嚴格,而且都到中宗爲止,可證這二十餘條絕對不是後人改作的,一定是王仁昫原書的本來面目。顯字下所注“今上諱”也必定是原來就有的,不會是後人所加(另外還有序文可證,詳下文)。由此可知王仁昫書既不是作於貞觀年間,也不是作於武后時,而是作於中宗即位之後。這又是從避諱改字方面所得到的啟示。

但是更重要的證據還是王仁昫自己的序文。序文説:

大唐龍興,廉問寓縣。有江東道巡察黜陟大使侍御史平侯嗣先者,燕國鼎族,京兆冠蓋,博識多才,智周鑒遠,觀風察俗,政肅令清。即持斧埋輪,而鶚逐隼擊,古雖銓異,今也何殊。爰居衢州,精加采訪。昫祇務守職,絕私奉公,每因以退食餘閒,莫不以修書自悦……蒙索書看,曲垂幽旨。遂顧謂昫曰:陸法言《切韻》,時俗共重,以爲典規,然苦字少,復闕字義,可爲

《刊謬補缺切韻》……

這些話把作書的緣由説得很清楚,同時也把作書的年代指出來了。唐先生説:"武后末年,傳位中宗,神龍元年,始復國號曰唐,此所謂大唐龍興也。二年,選左右臺及内外五品以上官二十人爲十道巡察使,委之察吏撫人……即所謂巡察黜陟大使也。"這些話都是對的。中宗神龍二年遣十道巡察使,事見《新唐書》卷四《中宗紀》。杜佑《通典》卷三十二《職官典》也説:"大唐武德元年,罷郡置州,改太守爲刺史,而雍州置牧。至神龍二年二月,分天下爲十道,置巡察使二十人(原注"一道二人"),以左右臺及内外官五品以下堅明清勁者爲之。兼按郡縣,再期而代。至景雲二年,改置按察使,道各一人。"足見唐先生所説是有根據的。王仁昫稱平嗣先爲侍御史,侍御史官從六品下,見《新唐書》卷四十八《百官志》,與《通典》所説正相應。唐先生所説"五品以上官"自當依《通典》作"五品以下"才對。

不過,御史巡按州縣,本創於武后時。《新唐書》卷四十八《百官志》御史臺注文説:"武后文明元年,改御史臺曰肅政臺。光宅元年,分左右臺:左臺知百司,監軍旅;右臺察州縣,省風俗。尋命左臺兼察州縣。兩臺歲再發使八人,春曰風俗,秋曰廉察,以四十八條察州縣。"《册府元龜》卷四七四臺省部奏議五記唐李嶠在則天朝爲鳳閣舍人,時初置右御史臺巡按天下,嶠上疏陳其得失,疏云:"陛下創置右臺,分巡天下,察吏人善惡,觀風俗得失,期(?)政途之綱紀,禮法之準繩,無以加也……竊見垂拱二年,諸道巡察使所奏科目凡四十有四件,至於別準格敕令察訪者,又有三十餘條。而巡察使率是三月已後出都,十一月終奏事,時限迫促,簿書填委,晝夜奔逐,以赴限期。而每道所察文武官多至二千餘人,少者一千已下,皆須品量材行,褒貶得失,欲令曲盡行能,則皆不暇,此非敢惰於職而慢於官也,實才有限而力不及耳……請大小相兼,率十州置御史一人,以周年爲限,使其親至屬縣,或入閭里,督察姦訛,觀采風俗,然後可以求其實效,課其成功。"由此可知遣十道巡察使巡按吏治是從武后開始的。當時所定巡察時限太短,到中宗神龍二年時每道改設二人,時限也延長了,這與李嶠的建議不無關係。依王仁昫序,平嗣先在爲封建統治者效力之餘,還能從容與王仁昫評論法言《切韻》,這絶不是武后時巡察使所能顧及得到的。由此也可以證明平嗣先巡按衢州,事在中宗神龍二年,而不能在此以前。如果認爲王仁昫書作於貞觀或作於武后時,對這些事實都很難解釋。

序文中明白標明年代的是"大唐龍興"四字。"大唐龍興"字樣不見於中宗以前的著作。中宗復國，才有這種説法。我們可以舉唐玄宗時沙門智昇《開元釋教録》來看，《釋教録》卷九（宋磧砂藏第四五六册）在實叉難陀、義淨、菩提流志幾個人的傳記中都提到中宗。

　　　　沙門實叉難陀傳云："至長安四年，實叉緣母年老，請歸覲省，表書再上，方蒙允許。敕御史霍嗣光送至于闐。後和帝龍興，重暉佛日，敕再徵召，方屆帝城，以景龍二年達於兹土。"

　　　　沙門義淨傳云："暨和帝龍興，神龍元年乙巳於東都内道場譯《孔雀王經》。又於大福先寺譯《勝光天子》《香王菩薩呪》《一切功德莊嚴王》等經。上四部六卷。沙門盤度讀梵文，沙門玄傘筆受，沙門大儀證文，沙門勝莊、利貞等證義，兵部侍郎崔湜、給事盧粲等潤文正字，祕書大監駙馬都尉觀國公楊慎交監護。和帝心崇釋典，製序襃揚，號爲《大唐龍興三藏聖教序》。"

　　　　沙門菩提流志傳云："後至和帝龍興，神龍二年景（丙）午隨駕歸京，敕於西崇福寺安置。"

這幾處所説的和帝就是中宗，和帝龍興就是中宗復國。中宗爲釋典作序而稱爲"大唐龍興三藏聖教序"，是爲了和太宗、高宗所作《大唐三藏聖教序》相區別，所以加"龍興"二字來標識年代。由此看來，"大唐龍興"只能有一個解釋，不能有第二個解釋。那麼，王仁昫編韻的年代肯定是在中宗復國以後無疑了。書中顯字下注云"今上諱"也正是原書所有，而非後人所加，也得到確切的證明。

　　中宗在武周後復國，理應用"中興"一詞來説，爲什麼唐人書中不説"中興"，而説"龍興"呢？存疑已久，終不得其解。近讀《册府元龜》才瞭解了這個問題。《册府元龜》卷四八〇臺省部姦邪二（中華書局印本5724頁）有下面一段記載：

　　　　張景源，中宗時爲補闕。神龍中，武三思用事，景源希三思，上疏曰："陛下以仁孝理國，以名教齊人，徽號之聞，宜超夐古。理有未便，冒觸天慈。伏見天下諸州各置一大唐中興寺觀者，故以式標昌運，光贊洪名，聖圖遠著，無得而稱焉。竊有未廣，敢進芻言。至如永昌、登封，創之爲縣名者，是先聖受圖勒石之所，陛下思而奉之，不令改易；今聖善報慈，題之爲寺閣者，陛下申恩竭力之致，故崇而仰之，獨昭其號。伏惟應天皇帝陛下深仁至孝之德，古先帝代，未之前聞也。況唐運自隆，周親撫政；母成子業，周贊唐興。雖有紹三朝，而化牟一統。既承顧復，非謂中興。夫言中興者，中有阻間，不承統歷。既奉成周之業，實揚先聖之資。君親臨之，後莫重之，中興立號，未益前規。以臣愚見，所置大唐中興寺觀及圖史並出制誥，咸請除中興字，直以唐龍興爲名。庶望前後君親，俱承正統，周唐寶歷，共協神聰。"帝納之，因降敕曰："朕承天宰物，光宅中區，嗣祖宗之丕基，承聖善之洪業。嚮明負扆，實奏成規。往自永淳，至於天授，奸臣稱亂，鼎運不安，則天大聖皇后思顧託之隆，審變通之數，忘己濟物，從權御宇，四海縣其率順，萬姓所以咸寧。唐周之號暫殊，社稷之祚斯永。天保定爾，實繇於茲。朕所以撫璇璣，握金鏡，事惟繼體，義即纘戎，其若文叔之起舂陵，少康之因陶正。中興之號，理異於茲。宜革前非，以歸事實。自今已後，更不得言中興。其天下大唐中興寺觀，宜改爲龍興寺觀。諸如此例，並即令改。"遂授景源朝散大夫。未幾，又擢拜起居舍人。

從這一段記載可知中宗復國後本來是稱"中興"的，天下諸州也都立有大唐中興寺，後來聽了張景源的一些鬼話才改"中興"爲"龍興"。一切書籍制誥也不得再言"中興"。《新唐書》卷三十八《地理志》，汝州有龍興縣，注云："本湍陽，武德四年置，貞觀元年省。證聖元年析郟城、魯山復置，曰武興。神龍元年更名中興，尋又更名。"武興爲武則天所置，所以名爲武興，中宗神龍初更名中興，不久又改名龍興，與上面所引《册府元龜》的一段記載正相發明。王仁昫序文稱"大唐龍興"而不說"大唐中興"的疑問因此也就迎刃而解。

從以上所說的幾方面來看，王仁昫書著作的年代當在中宗之世可以說毫無疑問了。王仁昫書不僅收字多，而且每字都有訓解，尤詳於字體，在唐代韻書中占有很重要的地位，所以不能不確定它的年代。這樣詳細考察一下，對研究《王韻》與唐代其他韻書的關係上也將會有更進一步的理解。

至於序文中所說的侍御史平嗣先，一直沒有看到有關他的記載。《魏書》卷八十四《儒林傳》有平恆字繼叔，燕國薊人。《北齊書》卷二十六有平鑒字明達，燕郡薊人。薊縣即古燕國之所都。王仁昫說"平侯嗣先者，燕國鼎族，京兆冠蓋，博識多才，智周鑒遠"，可知此人一定是薊縣人。因官於京師，所以說"京兆冠蓋"。推測他與北齊平鑒郡望相同，但不會是平鑒的後人，否則王仁昫序文中就不能不避去鑒字了。

關於唐代方言中四聲讀法的一些資料

《切韻》一系的韻書都是按照平上去入四聲來編排的。漢字的讀音有平上去入四聲的分別是從很古就有的,四聲的名稱和四聲類別的確定則從宋齊時代開始。從文獻上我們知道宋洛陽人王斌曾著有《五格四聲論》,到梁代吳興沈約又著有《四聲譜》,後來編纂韻書的人就以四聲來分韻了[①],如梁夏侯該《四聲韻略》、北齊陽休之《韻略》都是如此。到了隋初陸法言編纂《切韻》也就采用了這種辦法。

《切韻》在字的聲調的分別上跟晉宋以迄隋初許多韻文的押韻基本上是相合的,足見《切韻》在這一點上是有根據的。但是古四聲究竟是怎樣讀的始終是難以確定的一個問題。

從現代漢語的方言來看,各處方言的調類跟《切韻》一系韻書中四聲的分合有很大的不同。現代的方言平聲都分爲兩類:一類是陰平,一類是陽平,陰平都是古清聲母字,陽平都是古濁聲母字。上去兩聲有些方言也隨着聲母的清濁各分爲兩類,即陰上、陽上、陰去、陽去。但大多數的方言上聲全濁聲母字都讀爲去聲(次濁聲母字不如此)。入聲有些方言保留,有些方言讀爲平聲或去聲;保留入聲的又有的跟平聲一樣分爲陰入、陽入兩類,有的則不分。因爲調類的分合不同,各處方言調類的數目也就不同了。少的有四個調、五個調,多的有六個調、七個調,更多的有八個調、九個調,例如北方話系統內很多方言只有四個調,南京話有五個調,客家話有六個調,福州話、廈門話有七個調,吳語系統的方言一般都有八個調,廣州話有九個調。古今調類的分合如此不同,要考研古四聲的讀法就更加困難了。

但是從現代方言的調類分別和古四聲的類別比較來看,同屬於古四聲的一類而現代方言分爲兩類都與聲母的清濁有關,這是一件很明顯的事實。就平聲來看就很清楚。那麽,古四聲在陸法言的時候是否同一調類之中已經就有了這種區別了呢?我們還沒有材料能够説明這一點。但因聲母清濁不同而聲調的

---

① 詳見日本空海《文鏡祕府論》所引劉善經《四聲論》。

讀音有異,從唐代的一些文獻裏已經可以看出一些端緒來。

首先我們看到唐代有些方言的上聲全濁聲母字已經不讀上聲而讀去聲。

白居易《琵琶行》:"自言本是京城女,家在蝦蟆陵下住。十三學得琵琶成,名屬教坊第一部。曲罷曾教善才伏,妝成每被秋孃妒。五陵年少爭纏頭,一曲紅綃不知數。鈿頭銀篦擊節碎,血色羅裙翻酒污。今年歡笑復明年,秋月春風等閒度。弟走從軍阿姨死,暮去朝來顏色故。門前冷落鞍馬稀,老大嫁作商人婦。"這裏面"部、婦"兩個字都是上聲全濁聲母字,其他的幾個韻腳如"住、妒、數、污、度、故"等都是去聲字,足見在白居易的口裏"部、婦"兩個字已經讀同去聲[1]。白居易生長於河南,後遷居陝西渭南縣。這首《琵琶行》是在唐憲宗元和十一年(816)作的。

昭宗時李涪《刊誤》中曾經批評《切韻》說:"吳音乖舛,不亦甚乎?上聲爲去,去聲爲上……恨怨之恨則在去聲,很戾之很則在上聲;又言辯之辯則在上聲,冠弁之弁則在去聲;又舅甥之舅則在上聲,故舊之舊則在去聲;又皓白之皓則在上聲,號令之號則在去聲。又以恐字恨字俱去聲:今士君子於上聲呼恨,去聲呼恐,得不爲有知之所笑乎?"這裏所舉的"很、辯、舅、皓"等字都是上聲全濁聲母字,"恨、弁、舊、號"等字都是去聲全濁聲母字。李氏又說:"凡中華音切莫過東都,蓋居天地之中,稟氣特正。予嘗以其音證之,必大哂而異焉。"李氏既然不同意《切韻》的分法,可知當時洛陽音上聲全濁與去聲全濁已經讀得一樣。

這些事實可以初步說明聲調的分化從唐代已經開始,而且聲調的分化與聲母的清濁有關係。

至於四聲一類之中而分別爲兩個不同的聲調,我們也看到了一些資料。日本大正新修《大藏經》內沙門安然的《悉曇藏》卷五中定異音條有這樣一段話(卷八十四,414頁):

　　　諸翻音中所注平上去入,據檢古今,難可以爲軌模。何者?如陸法言《切韻序》云:古今聲調既自有別,諸家取捨亦復不同。吳楚則時傷輕淺,燕趙則多涉重濁,秦隴則平聲爲入,梁益則平聲似去。若爾風音難定,孰爲楷式?我日本國元傳二音:表則平聲直低,有輕有重;上聲直昂,有輕無重;

---

[1]　在《廣韻》裏"部"是厚韻字,"婦"是有韻字,從《琵琶行》的押韻來看,"部、婦"的韻母也有了改變。

去聲稍引，無輕無重；入聲徑止，無內無外。平中怒聲與重無別[1]，上中重音與去不分。金則聲勢低昂與表不殊，但以上聲之重稍似相合，平聲輕重，始重終輕，呼之爲異。脣舌之間亦有差異。

　　承和之末，正法師來，初習洛陽，中聽太原，終學長安，聲勢大奇。四聲之中，各有輕重。平有輕重，輕亦輕重，輕之重者，金怒聲也。上有輕重，輕似相合，金聲平輕，上輕始平終上呼之，重似金聲上重，不突呼之。去有輕重，重長輕短。入有輕重，重低輕昂。元慶之初，聰法師來，久住長安，委搜進士，亦游南北，熟知風音。四聲皆有輕重。著力平入輕重同正和上。上聲之輕似正和上上聲之重，上聲之重似正和上平輕之重。平輕之重，金怒聲也，但呼著力爲今別也。去之輕重，似自上重，但以角引爲去聲也。音響之終，妙有輕重，直止爲輕，稍昂爲重。此中著力，亦怒聲也。

這一段話裏内容很豐富。雖然有些話我們還不能完全理解，但對於我們瞭解古四聲的讀法有很大的幫助。

安然《悉曇藏》作於日本元慶四年（880），相當唐代僖宗廣明元年。承和之末就是唐宣宗大中元年（847，白居易就是這一年死的）。安然這一段話裏所説的語言的事實都是公元9世紀以前的事情。

文中所説的表金兩家，指的是表信公和金禮信。日本淨嚴《悉曇三密鈔》卷上説：“我日本國元傳吳漢二音。初金禮信來留對馬國，傳於吳音，舉國學之，因名曰對馬音。次表信公來筑博多，傳於漢音，是曰唐音。”[2]表信公傳到日本的漢字讀音是“漢音”，金禮信所傳的是“吳音”。依安然所説，表、金兩家所傳漢字讀音的聲調略有不同。

安然説：“表則平聲直低，有輕有重；上聲直昂，有輕無重；去聲稍引，無輕無重；入聲徑止，無内無外。”又説：“平中怒聲與重無別，上中重音與去不分。”所謂輕重，就是兩種不同的聲調。根據其他的材料，我們可以知道輕重的分別跟聲母的清濁是有聯繫的，例如日本空海的《文鏡祕府論》裏以“莊”字爲全輕，以“牀”字爲全重就是一個例子[3]。“莊”是照母字，“牀”是牀母字，清濁不同，所以説“莊”爲輕，“牀”爲重。又如日本古寫本《漢書·揚雄傳》殘卷“夒”字旁引

---

① “怒聲”即指濁聲母。
② 《悉曇三密鈔》作於日本貞享年間（1684—1687），當清康熙間。此段引文見《大藏經》卷八十四，731頁。“表信公”本居宣長以爲“表”是“袁”字之誤。見《漢字三音考》（公元1784）。
③ 見《文鏡祕府論》卷一調聲下。

《切韻》"葵癸反"下稱"上聲重"。"癸"是羣母字,也是濁聲母,所以稱爲重。由此來看,平聲有輕有重,就是平聲清聲母字和濁聲母字聲調不同。這跟後世四聲同一類中又分爲陰陽兩類是一樣的。

依安然所説,表信公所傳漢字的讀音,平聲分爲兩種聲調,上去入三聲都是一種聲調,而上聲全濁讀入去聲。所謂"平聲直低""上聲直昂""去聲稍引""入聲徑止"就是文中所説的聲勢低昂。這種四聲高低的情況跟唐代的《元和韻譜》所説"平聲者哀而安,上聲者厲而舉,去聲者清而遠,入聲者直而促"非常相近[①]。至於平聲之中又分輕重,輕重的高低如何,安然没有説。

安然還提到承和末(847)正法師和元慶初(877)聰法師傳到日本的漢字讀音。這兩家跟表、金兩家不同,四聲各有輕重。這是值得注意的。

四聲各有輕重,那就成爲八個聲調了。這跟現代吳語系統一些方言中四聲各有陰陽兩類很相似。這兩家所傳都是9世紀唐代北方的讀音,可是四聲輕重的讀法並不一致。安然所説,有些我們還不能完全理解。安然講到正法師的讀音,四聲各有輕重,平聲上聲的輕重是怎樣的分別,安然説的還不够明顯。至於去聲入聲,安然説:"去有輕重,重長輕短。入有輕重,重低輕昂。"這就比較容易懂了。

關於四聲輕重的讀法,在日本沙門了尊的《悉曇輪略圖鈔》裏有一段記載,他説:"私頌　云:平聲重初後俱低,平聲輕初昂後低;上聲重初低後昂,上聲輕初後俱昂;去聲重初低後偃,去聲輕初昂後偃;入聲重初後俱低,入聲輕初後俱昂。"[②]了尊的《悉曇輪略圖鈔》作於日本弘安十年(1287),當元世祖至元二十四年。從他記載的一段話來看,所謂輕重就是低昂的分別,重低輕昂。了尊的時代要比安然晚得多了,他對於四聲輕重的解釋跟安然所説9世紀正法師所傳的漢字讀音未必完全相合,但一定也是一種相傳的舊説。

姑不論了尊所記跟安然的話是否相合,根據安然的一些話,我們可以知道至少在唐代的時候方言中的四聲讀音已經有了因聲母清濁之不同而讀法也不相同的現象。他所説的輕重跟元代周德清的《中原音韻》所説的陰陽應當是相近的。

從以上所舉的材料來看,儘管我們對於陸法言時代的四聲讀法還不够瞭

①　見元刻本《玉篇》前神珙《四聲五音九弄反紐圖序》引。
②　見大正新修《大藏經》卷八十四,657頁八聲事一條。這一段話在羅常培先生《漢語音韻學導論》80頁也引到。

解,可是對於唐代方言中的讀法可以知道一些。概括來説,有以下幾點:

(1)平上去入四聲在唐代已經因爲聲母清濁之不同而有了不同的讀法,調類的數目也有增加。

(2)唐代大多數的方言中平聲已經分爲兩個調類。安然説表、金兩家和正法師、聰法師兩家平聲都分別輕重就是一個證明。

(3)唐代有些方言中的聲調因聲母清濁之不同有了分化。可能比較普通的是上聲全濁字與去聲全濁字讀成一調。白居易和李涪的音就是如此。

(4)唐代有些方言四聲各有輕重,跟現代吳語粵語四聲各分陰陽相似。

1958 年

讀《守温韻學殘卷》後記

　　唐寫本《守温韻學殘卷》出於敦煌石室，爲法國伯希和劫去，現藏巴黎國家圖書館。劉復曾抄録刻入《敦煌掇瑣》，但抄刻不够仔細，略有闕誤。

　　原卷僅存三截，字迹極拙劣，似爲唐末五代寫本。卷首闕書名，首行題“南梁漢比丘守温述”。守温是相傳創製字母的人，《宋史·藝文志》有守温《清濁韻鈐》一卷，不知與此書是否相同。鄭樵《通志·藝文略》和王應麟《玉海》又都著録有僧守温《三十六字母圖》一卷，可是此書所列字母只有三十，不是三十六，鄭樵等所見可能是與守温書有關係的另一種書。

　　守温事蹟不可考。此題“南梁漢比丘”，南梁當是地名，漢比丘則是區別於外國沙門（見羅常培先生《敦煌寫本守温韻學殘卷跋》），不過，南梁究竟是什麽地方，説法不一。唐蘭先生曾引《太平廣記》卷一九〇温造條爲證，認爲南梁應當是興元，即現在陝西的南鄭縣。這種説法是比較可信的。唐文宗太和四年（830）興元軍殺節度使李絳，京兆尹温造至興元濫殺兵士數千人，這是非常殘暴的一件事（見《新唐書·温造傳》）。《太平廣記》温造條所載取自王仁裕《見聞録》，但誤記爲憲宗時事。王仁裕書稱興元爲“南梁”，稱興元人爲“梁人”，或曰“南梁人”。末云：“余二十年前職於斯，故老尚歷歷而記之矣。”王仁裕在後唐莊宗時曾在興元爲官（見《五代史》卷五十七本傳），親至其地，則所稱“南梁”就是興元無疑。興元本稱梁州，也就是漢魏時所稱的漢中。地在秦嶺之南，屬山南道，所以有“南梁”的名稱。德宗時雖改稱興元府，但“南梁”的名稱仍舊應用。如憲宗末李紳（公垂）辟山南觀察府時（見《新唐書》卷一八一本傳），曾作有《南梁行》長詩（見《全唐詩》卷十八），即是一證。下至後唐時王仁裕仍稱興元爲“南梁”。這説明“南梁”是唐人習用的名稱，絕不是一個很少有人知道的偏僻的地名，所以守温題稱“南梁漢比丘”。

　　守温的時代不可知。從書中“四等重輕例”中有“宣、選”兩韻（即從仙韻平聲和上聲分出的合口）來看，他所根據的韻書一定是比較晚的。這與宋夏竦《古文四聲韻》所據的唐《切韻》相同。殘卷所舉的例字當中也有一些不見於唐本韻書而僅見於《廣韻》的字，如“四等重輕例”中侯韻的“嗨”字、職韻的“窨”

字和"辨聲韻相似歸處不同"中的"腠、釩"二字(《廣韻》收在范韻)都是。這些字在《廣韻》裏都放於一韻之末。由此可以進一步知道他所根據的韻書不僅分韻細,而且收字多。從唐代韻書的發展來看,這種韻書的時代是相當晚的。又殘卷中"辨宮商角徵羽例"所云"宮,舌居中;商,口開張;徵,舌拄齒;羽,撮口聚;角,舌縮卻"等都與神珙《四聲五音九弄反紐圖》相同。神珙爲憲宗元和以後的人,反紐圖中尚無字母、四等的名稱,則守溫的時代當晚於神珙,推想可能是晚唐時代的人。

唐代僧人長於文字音韻的人很多。沙門清澈、弘演、智猷等都編有韻書,守溫有關審音的書影響更大。這個寫本可惜不全。就所存的三截來看,文字固不多,但內容非常重要。現在分項説明如下:

(1)字母　字母相傳爲守溫所創造。但根據英國斯坦因從敦煌劫去的唐寫本《歸三十字母例》來觀察,字母名目的創造似在守溫以前。《歸三十字母例》闕書名,所列三十字母如下:

端透定泥	審穿禪日	心邪照
精清從喻	見溪群疑	曉匣影
知徹澄來	不芳並明	

此三十字母名稱和守溫書完全相同。可是,守溫書依脣舌牙齒喉五音排列,而且舌音又分舌頭、舌上,齒音又分齒頭、正齒。照母、日母、喻母的歸處也不相同。守溫以照母與審穿禪同列,日母與知徹澄同列,喻母則改歸喉音。這些都勝於《歸三十字母例》。前修未密,後學轉精,這正是一個發展的過程。守溫書不會早於《歸三十字母例》。守溫列正齒音以審穿禪照爲次,而不列爲照穿審禪,這也與《歸三十字母例》所列審穿禪日的次第有關。所以説字母的創製非始自守溫。

守溫排列字母較有倫序,其中值得注意的有三點:第一,五音以脣舌牙齒喉爲次,正是宋代《韻鏡》一類書所本;第二,日母與知徹澄爲一組,同爲舌上音,則知徹澄日當讀 t t' ɖ ń(濁音是否吐氣不可知);第三,審穿禪照的次第與脣舌牙各類的音序不同,這一組的讀音可能就是 ç tç' dʑ tç。至於寫本中來母寫在牙音群母下面,心邪二母寫在喉音曉母上面,那都是抄寫上的錯誤,不必多論。因爲來母在《歸三十字母例》中與知徹澄同列,守溫自然不會移入牙音;本書下一段文字裏把精清從心邪合在一起説,心邪也不可能是喉音。書中影母列爲喉中音濁,後日等韻圖列爲喉中音清,也小有不同。

　　唐代脣音聲母已逐漸分化爲兩類，即重脣和輕脣，本書辨類隔切一段也表現得很清楚。可是字母名目中只有不芳並明四母，宋代韻圖則發展爲幫滂並明、非敷奉微八母。正齒音在三十字母中只有審穿禪照四母，但在宋代韻圖中有照穿牀審禪五母，而照穿牀審依照韻書的反切又各有兩類，加上禪母一類，那就是九類了。在殘卷第三截有"兩字同一韻憑切定端的例"，曾舉出下列一些字做比較：

諸（章魚反）　辰（常鄰反）　禪（市連反）　朱（章俱反）　承（署陵反）　賞（書兩反）

菹（側魚反）　神（食鄰反）　潺（士連反）　傸（莊俱反）　繩（食陵反）　爽（疏兩反）

這表明依照反切"諸菹、辰神"等字讀音不同，而字母不能完全包括，所以別立一條加以說明。在殘卷第二截有一段話說："重輕□□□□精清從心邪審穿禪照九字中字只有兩等重輕聲。歸精清從心邪中字與歸審穿禪照兩等字中第一字不和。若將歸精清從心邪中（字）爲切，將歸審穿禪照中第一字爲韻，定無字可切。尊生反。舉一例諸也。又審穿禪照中字卻與歸精清從心邪兩等字中第一字不和。若將審穿禪照中字爲切，將歸精清從心邪中第一字爲韻，定無字可切。生尊反。舉一例諸也。"由這段話可以知道守溫書把精清從心邪和審穿禪照都各分爲兩等。所謂審穿禪照第一等字即宋代等韻圖中照母二等一類，第二等字當即照母三等一類。推想守溫是能夠區別照二照三兩類讀音的。

　　（2）四等　把讀音相近的幾韻分爲四等，也是從唐代開始的。此卷"四等重輕例"所列各韻字的等第已經與宋代相傳的《韻鏡》完全相同，很像是根據一種已有的韻圖錄下來似的。其中以"丹䥽邅顛""㐌坼敕惕""特宅直狄"各分列爲四等，一、四等爲端母，二、三等爲知母，《韻鏡》列圖也是如此。又例字中以幽韻的"鏐繆滤㳠"、獮韻的"緬"、琰韻的"魘"、昔韻的"益"列爲四等字，也與《韻鏡》相同。由此可見《韻鏡》一類書的規模在唐代已經完全具備。其中不同於《韻鏡》的是"免緬"二字《韻鏡》歸開口，此與"滿巒"相配歸合口。又《韻鏡》陌麥昔錫四韻與職德二韻分爲兩圖，此以職德與陌麥錫同列，略有不同。

　　（3）類隔切　殘卷云："夫類隔切字有數般，須細辨輕重，方乃明之。"所舉類隔切有三類：

　　（a）舌頭舌上隔　都教切罩　他孟切牚　徒幸切瑒

　　（b）切輕韻重隔　方美切鄙　芳逼切堛　符巾切貧　武悲切眉

　　（c）切重韻輕隔　丒問切忿　鋤里切士

由後二類例字可知守溫時脣音已有重輕之分。以輕切重，以重切輕，同爲類隔。

所謂切輕韻重,切指聲母而言,韻則指被切字的字音而言。至於"鋤里切士"一例,"鋤、士"韻書同屬牀母二等,本非類隔,此處指明爲切重韻輕隔,則"鋤、士"聲母讀音已不同。"鋤"爲平聲字,"士"爲上聲字,"鋤"今爲塞擦音,"士"爲擦音,守温時可能已經如此。所以把"鋤里切士"也列爲類隔。依此而推,去聲事字一定也與鋤字聲母不同。這是一條很寶貴的材料。

(4)不芳兩母字　從殘卷辨類隔切一段已知守温時脣音已經分化,在"辨聲韻相似歸處不同"一段内又分舉不芳兩母字,兩兩相對,秩然不紊。現在僅就其中的平聲字對列如下,上去入三聲從略。

不母	芳母
風楓佩方戎反	豐灃豐僼敷融反
封葑崶犎葑府容反	峰鏠蜂烽敷容反
飛扉緋非斐甫微反	霏妃菲芳非反
跗膚夫趺鳺鈇甫無反	敷敷孚鄜俘芳無反
分粉坌饙府文反	芬芬氛撫文反
覂方勇反	

不芳兩母,也就是宋人三十六字母的非敷兩母。這一段把不芳兩類字對列,其目的顯然是要使人瞭解這兩類字不屬於一母。但由此也正透露出當時語音不芳兩母已然有混同的趨勢,否則作者就不會如此不厭其詳地舉例辨别了。

總之,這個殘卷是非常可貴的。從這個殘卷我們既可以理解到唐代字母等韻學的内容和宋代等韻圖的來源,同時還可以窺探出一些唐代語音的實際情况。可惜殘缺,不能見其全豹。其中所言重輕一語意義也極爲渾籠,於所不知,只可存而不論。

宋人等韻圖中"轉"字的來源

宋人等韻圖與《廣韻》音最相符合的是《韻鏡》及《七音略》兩部書,它們的內容極其相似,應當是同從一個更早的韻圖演變下來的。書中共分四十三轉圖,而轉圖中又有"內轉"和"外轉"的分別。內外轉的意義,羅莘田先生作《釋內外轉》一文已有詳解;對於"轉"字的意義一並有解説。這雖是一詞一字之微,但以前尚不曾有人解釋過。他的文章"附釋轉字義"云:

> 案河野通清《韻鏡古義標注》云:"轉者,圓轉流利爲義。"井上文雄《磨光韻鏡·索隱》云:"《廣韻》轉,陟兖切,旋也。"余謂:前義差勝於後,然"轉"雖與"囀"同,而非即圓轉流利……[轉]於此應訓唱誦。等韻之學傳自沙門,其義當本於六朝經師之"轉讀"。慧皎《高僧傳》第十三,論曰:"天竺方俗,凡歌詠法言,皆稱爲唄。至於此土,詠經則稱爲轉讀,歌讚則號爲梵唄。"……《智宗傳》云:"若乃八關之夕,中宵之後,四衆低昂,睡眠交至。宗則升坐一轉,梵響干雲;莫不開神暢體,豁然醒悟。"……蓋皆以唱誦經文,宏宣教義,殆即所謂"此方真教體,清淨在音聞,我昔三摩提,盡從聞中入"者也……至於以聲經韻緯,縱橫成叶之圖爲一轉者,則源出梵音之"悉曇章"。日本入唐求法僧空海所撰《悉曇字母並釋義》於所列五十根本字後,更舉迦(a)迦(ā)祈(i)雞(ī)句(u)句(ū)計(e)蓋(ai)句(o)晧(au)欠(am)迦入(aḥ)十二摩多,並謂:"此十二字者,一箇迦字之一轉也。"……《七音略》及《韻鏡》之四十三轉圖,當即模仿悉曇型式而歸納《切韻》音類以演成者:其所謂"轉",固應指唱誦言也。

此解等韻轉圖是模仿梵文《悉曇章》而來是極正確的。不過,我以爲等韻圖中轉字的來源,也是出自講悉曇字母諸書的。而它最初得名的原義,乃是"乘轉"之意。唐義淨《南海寄歸內法傳》三十四西方學法云:

> 五天俗書,總名毗何羯喇拏,大數有五,同神州之五經也。一則創學《悉曇章》,亦名《悉地羅卒覩》(Siddhiras-tu),斯乃小學標章之稱,俱以成就吉祥爲目。本有四十九字,共相乘轉,成一十八章。總有一萬餘字,合三百餘頌。

宋惟淨《景祐天竺字源》云:

夫欲善明天竺文字者,先學十二轉聲,三十四字母,識辯五音。

又云:

其次便用十二轉聲裝戴逐番字母,調習輕重,一審的呼之,乃名生字。其生字者,且如第一番字母,第一箇葛字,先將十二轉聲裝成生字一十二箇,明辯輕重,呼轉精熟,即向下一十一番生字。例上可明。

由此觀之,"轉"者,即以一個字母與諸母音展轉輪流相拼的意思,所以説"共相乘轉"。一個母音謂之一轉聲,十二個母音(即遏、阿引、壹、翳引、嗢、污引、伊、愛引、鄔、奧引、暗、惡,十二音),故曰十二轉聲。以一個字母與十二個母音相轉,就叫做"一轉"。如日本沙門空海《梵字悉曇字母並釋義》云(《大正新藏》二七〇一號):

迦 ka①　　迦 kā　　祈 ki　　鷄 kī　　句 ku　　句 kū　　計 ke　　蓋 kai　　句 ko
晧 kau　　欠 kam　　迦入 kaḥ

右十二字者,一箇迦字之一轉也。

又日本沙門安然《悉曇十二例》(《大正新藏》二七〇三號)十六轉韻有無例亦引義淨《三藏傳》云:

"阿"等十六韻字用呼"迦"等三十三字母,都有三十三箇十六之轉,是名初章。合十八章。(按舊日傳悉曇字母者,母音有十六、十二之分,所以有十六轉韻、十二轉聲的不同的説法。)

這裏所説的"一箇迦字之一轉"與"三十三箇十六之轉","轉"都是以聲對韻依次調呼的意思。以一個字母拼完十二個母音之後,再以一個字母拼十二個母音,周而復始,回轉不已,直至三十三個字母都與各母音拼完爲止,所以説有三十三箇"一轉"。這正與唐智廣《悉曇字記》所云"用迦字之聲對阿伊甌等十二韻呼之,則生得迦機鈎等十二字;次用佉字之聲,則生得佉欺丘等十二字"的意義完全相當。因此輪流的拼也就叫做"轉"。在講悉曇的書裏往往有"轉聲調韻"一類的話,"轉"者即是"調",如安然《悉曇藏》(《大正新藏》二七〇二號)所説"諸二合中,上字猶存本音,下字與韻相轉",及日本沙門淨嚴《三密鈔》所説"合字轉聲者,以麽多合體文,生字轉聲,軌轍千殊",都是這種意義。同時因爲母音是拼音的基礎,所以也名之曰"轉韻"或"轉聲"。

---

① 原書所舉爲梵字,今改寫爲標音。

　　現在來看宋人等韻圖所謂之"轉"，亦即由此而來。每圖以一個或兩個以上的韻母與三十六字母一一相拼，所得諸音字皆列爲一圖，與《悉曇章》的"轉聲調韻"完全相同，所以亦名之曰"轉"，其圖則名之曰"轉圖"。宋張麟之《韻鏡序作》引鄭樵《七音略·序》云[①]：

　　　　於是作七音編而爲略，欲使學者盡得其傳……又作諧聲圖，以明古人制字通七音之妙；作内外十六轉圖，以明胡僧立韻得經緯之全。

　　所云"十六轉圖"，正是由梵書"十六轉韻"而來，但今《通志·七音略·序》作"又述内外轉圖"，無"十六"二字，一個很好的例證，反而失掉了。推其故，也許後人因爲全書共四十三圖，與十六之數不合，所以才改的。

　　由上可以證明羅先生的話確有根據，惟語有未盡，所以不揣簡陋，來作一個補充的説明。

1948 年

---

①　編者注：與今本文字有出入。

鄒漢勛《五均論》辨惑

　　清代通聲韻之學,且以等韻名家者,有二人:曰江永,曰陳澧。江氏之《音學辨微》,陳氏之《切韻考·外篇》,皆言等韻者也。惟江氏墨守宋人字母之説,而不能明其得失;陳氏能明其得失,而不能與韻書參合融貫,是所短也。然二人之成就,固已卓犖可觀。今鄒氏此書,又遠不逮二氏之淹通閎博矣。其中怚於方音,不考本末,迷亂古今之論,至多。書分上下二卷,上卷論五音、二十音,下卷論八呼、十五類。其論五音也,與四聲混爲一事,以謂五音者,陰陽上去入也。陰陽爲商角,去入爲徵羽,上爲宮。《漢書》曰,聲上宮,宮最尊上,而綱維四聲,故能自下上上,而曰上也(見論四聲本具五音條)。此與北齊李季節《音韻決疑》以宮商爲平,徵爲上,羽爲去,角爲入(見日本空海《文鏡祕府論》中劉善經《四聲論》引)。強以古人律吕之名,與語音之四聲相配,同爲不根之談。夫古人字音有聲調之分,而無平上去入之名,故以宮商角徵羽五音稱之,本屬借用,陳蘭甫《切韻考》之言是也,不可強爲牽合,而鄒氏復變亂舊説,穿鑿附會,則別生歧誤矣。案五音四聲,本爲二事,昔沈約《答魏定州刺史甄思伯書》固嘗言之矣。其言曰(《四聲論》引):"經典史籍惟有五聲,而無四聲,然則四聲之用,何傷五聲也? 五聲者,宮商角徵羽,上下相應,則□(樂)聲□(和)矣,君臣民事物五者相得,則國家治矣。作五言詩者,善用四聲,則諷詠而流靡,能達八體,則陸離而華潔。各有所施,不相妨廢。"斯爲達言。且字音之分陰陽,古無是説。陰陽調別,清濁母別,殊非一事。中古音有清濁,而無陰陽。今音自吳楚方言而外,有陰陽,而無清濁。清初人以陰陽爲清濁實誤。陰陽之名,乃元人曲韻家所創。陰陽本無意義可指。元代北音聲紐不分清濁,而平聲字有兩種聲調,凡字之聲紐爲清聲者,其所讀之音調,即謂之陰調;聲紐原爲濁聲者,其所讀之音調,即謂之陽調。陰陽之名猶言甲乙而已。近代方言中上去入三聲字亦有各分陰陽兩調者。今鄒氏以平聲之陰陽與商角相配,則上去入之陰陽復將何如? 是不明聲紐清濁與聲調相關之理。乃以其新化方音上去無陰陽之分,遂又謂上去無濁音,此所謂怚習方音,不考本末之論也。甚且譏彈前人,妄言是非,只見其陋而已。

　　至於二十音之目,乃鄒氏删併字母之説。彼以爲宋人字母重出者多,因併曉於匣,併群於溪,併定於透,併泥於來,併喻於影,併知於照,併徹澄牀於穿,併娘日禪於審,併從於清,併邪於心,併並於滂,併奉於敷,三十六母併其十六,故爲二十。然此皆鄒氏一己之方音,奚可持此以議古人!至謂古音審群當併於曉,邪當併於許,許疑二母古又當讀輕脣,則尤爲悠謬不經矣。若乃論及脣舌牙齒喉五聲,則謂牙本無聲,其聲即喉舌齒脣諸聲,前人所言五聲中,所以有牙聲者,乃總括之名,非主一官也。此蓋又爲《廣韻》末《辨字五音法》及《玉篇》末《五音聲論》所誤。《辨字五音法》以"迦佉"爲牙聲,"綱各"爲喉聲。"迦"爲見母,"綱各"亦爲見母,惟等第不同。《五音聲論》以"何我剛諤謌可康各"爲喉聲,皆一等字;"更硬牙格行幸亨客"爲牙聲,皆二等字。其中"何"爲匣母,"行幸"亦爲匣母;"我諤"爲疑母,"硬牙"亦爲疑母;"剛謌各"爲見母,"更格"亦爲見母;"康"爲溪母,"客"亦爲溪母;是牙喉二聲,依等韻字母觀之,似無界畔可尋,故鄒氏謂牙聲爲空名也。案脣舌牙齒喉之爲五音,乃出自梵文《悉曇章》。梵文之體文(vyañjana)大别分爲兩類,曰毗聲(sparça),曰超聲(antaḥsthā)。毗聲者,即氣呼觸口所發之音(contacts or mutes)。超聲者,亦稱和會聲,或徧口聲,即半元音及摩擦音之類(semi-vowel and spirant)。毗聲依口部發音地位之不同,而分爲五類,即所謂五聲是也。其第一類爲舌根音(k、k'、g、g'、ng,gutturals),即中土見溪群疑一類音。此類發音之部位,梵文文法家所見頗不一致,Prātiçakhyas 謂之爲舌根聲(或譯爲舌本聲或牙聲),Pānini 則謂之爲喉聲(或譯爲喉中聲),而自六朝以迄隋唐之世,梵僧之來中土者,或爲中天竺人,或爲南天竺人,其語音互有不同,而傳習悉曇者之派别亦異,是以五音之命名,家自爲説。如宗叡《悉曇林記》傳中天之音(見日本安然《悉曇藏》),稱此類爲喉聲;智廣《悉曇字記》傳南天之音,則稱之爲牙聲是也。《廣韻》末《辨字五音法》蓋糅合兩派之説而成,故既以見溪群疑之字爲喉聲,又謂之爲牙聲。牙聲者,即舌根聲,以音觸牡牙而出,故亦稱之爲牙聲。至於《五音聲論》以匣母之何字爲喉聲,又以匣母之"行幸"爲牙聲者,則由於悉曇超聲之第八音ह[h],爲喉部摩擦者,與曉匣二母相近,Pānini 曾謂此與[k][k']等音爲一類(與以अ[a]爲[k][k']一類之音相同),故傳梵學者即以此與見溪群疑同論。見溪群疑或屬之喉,或屬之牙,則匣母亦如是耳。今以音理言之,梵文之[k][k'][g][g'][ng],Prātiçakhyas 謂之爲舌根聲(jihvāmūliya)是也,Pānini 以爲音發自喉者(kaṇtha)非也。梵文之[h]與[ɑ],同爲喉音,Pānini 歸之[k][k']一類非也(參看 Whitney's *Sanskrit Grammar*)。而中華之字音,見溪即相當梵文之[k][k'],曉匣即相當梵文之[h]，唐人字母以見溪爲牙音，曉匣爲喉中音是矣（見《敦煌掇瑣》一〇〇）。惟《辨字五音法》及《五音聲論》爲未造字母以前之審音學，大都本於梵文《悉曇章》。今日所見論悉曇之書有三：一爲《涅槃經悉曇章》，一爲《悉曇字記》，一爲《景祐天竺字源》（即羅振玉所印之《悉曇三書》）。其五音之命名，均爲牙齒舌喉脣五類。雖喉聲所指爲[t][t‘]一類音而言，然《辨字五音法》及《五音聲論》所舉五聲之名目，與之正同。由此可知五聲中之具牙喉二聲，實有所本，名目固因襲悉曇，所舉之字例則不盡合乎悉曇矣。蓋梵漢語隔，音聲有備與不備，移彼就此，故鑿枘難合。然其因承之迹，固已如示諸掌。鄒氏既不明牙聲之意義，又不明牙喉二聲相混之故，是以所言皆憑虛懸想之辭，不可不辨也。

至其所謂八呼、十五類者，皆指韻讀而言。八呼之名，出於自創；十五類之説，本於東原戴氏。所稱八呼者，謂韻有粗細之分，粗四等，細四等，是八呼也。案韻之分爲四等，即洪細之別，非洪音可分四類，細音又可分四類也。且呼與等非一事，宋人所謂等，指音近諸韻之洪細而言，一等洪大，二等次大，三、四細，而四尤細（江氏《音學辨微》語）。如寒桓爲一等，刪山爲二等，仙元爲三等，先爲四等，是也。至於所謂呼，則包含開合二呼，與等第有別。鄒氏不明此義，乃有斯誤。其所稱十五類者，固本於戴氏，戴氏《聲韻考》謂《切韻》之分韻，實有類別可言，《切韻》雖亡，即《廣韻》二百六韻之次第考之，亦不甚遠。東冬鍾一類也，江則古音同東冬一類，今音同陽唐一類。支佳一類也。脂微及祭泰夬廢一類也。之哈一類也。齊韻半屬脂微，半屬支佳，而皆灰二韻，則半屬脂微，半屬之哈。魚虞模一類也。真諄臻文殷元魂痕寒桓刪山一類也。蕭宵肴豪一類也。歌戈一類也。麻一類也，古音半同歌戈一類，半同魚虞一類。元已來麻韻又歧而二。陽唐一類也。庚耕清青一類也。蒸登一類也。尤侯幽一類也。侵覃談鹽添咸銜嚴凡一類也。古音蓋十有三類，今音十五類，上去入統乎此。其説大體不誤。惟支佳一類之説，之哈一類之説，真諄寒桓一類之説，以言漢魏以上則可，以言隋唐以下則非。鄒氏第守其藩籬，而不知古今音韻之流變，聊爲附和之言耳。且其論內言、外言、輕重、清濁之義，亦非確論。蓋彼以古之所稱內言者爲開口，外言者爲合口（戴氏《聲韻考》亦曾有是説）；《廣韻》辨四聲輕清重濁法所稱輕清重濁者，一、三爲重，二、四爲輕；開口爲清，合口爲濁；皆齟齬而難安。實則內言者，蓋指一、二等洪音而言；外言者，指三、四等細音而言（見拙著《〈顏氏家訓·音辭〉篇注補》）。與開合一無關涉。輕重清濁者，則並指聲母而言。蓋聲母之清聲爲輕，濁聲爲重，又清聲不送氣者爲輕，送氣者爲重（詳見日本空海《文鏡祕府論》）。此自宋齊以至隋唐審音之舊法，前人多不能了。惟《元和新聲韻譜》云"籠脣則言音盡濁，開齒則語氣俱清"（見《大藏經》二七〇九日本了尊《悉曇輪略圖鈔》卷一。清原作輕，誤，今正），及鄭樵《通志·七音略》標輕重之目以代開合，重爲開口，輕爲合口。始指韻讀而言。然此並與四聲輕清重濁法不合。鄒氏之説，殆失於詳考。若其論開口九韻，不知收聲與真文有異，而牽涉開合大細爲説，左縶右絆，尤無足取，兹不具辯云。要之，鄒氏此書，立論雖繁，精義甚尠，比之江、陳二家之書，誠非可及。以其足以迷誤後來，故揚搉而陳之，非敢詆訶前人也。

1944 年 7 月

本文寫成後向陸志韋先生請益，先生曾籤注三點意見。事隔十八年，幸原稿尚存，特將先生所提示者錄出，並致謝意。

一、古音但有四聲之分，即不當借用五音之名。古實有五聲，沈約自不知耳。

二、按悉曇家言喉或言牙，梵音喉牙不並存，而有方言之別。《玉篇》《辨字五音法》係中土音，喉爲一等，牙爲二等，明爲 guttural 與 velar 之別。至等韻以見溪群疑爲牙，曉匣影喻爲喉，則安矣。鄒氏亦非無見，乃謂牙爲總括之音，則失之。

三、内外言與内外轉似並與洪細不同一事。

1962 年 11 月補記

陳澧《切韻考》辨誤

隋陸法言精研音韻，嘗與顏之推、蕭該等共論南北是非，古今通塞。及造《切韻》，乃取前代諸家音韻而折衷之，捃選精切，除削疏緩，以成一家之作，故世之言音韻者推爲大宗。唐代陸書盛行，士人競相傳寫，而風會所趨，好爲增補，閒亦正其疏失，分韻定音，務求精審。如長孫訥言、王仁昫、孫愐諸家並有述造，是其儔也。然諸家所制參互不一，訓釋各有詳略；傳之日久，譌漏亦甚。至宋真宗時乃詔陳彭年、丘雍等因法言《韻》，就爲刊益，纂集諸家增字，以爲一書。景德四年雍上《校定切韻》五卷，明年改元大中祥符，復定名爲《大宋重修廣韻》。《廣韻》行，而唐本音韻寖微，日久且廢隳無聞。清陳澧欲考定隋唐聲韻，乃不得不取諸《廣韻》矣。蓋《廣韻》卷首猶題曰陸法言撰本，故陳氏以爲法言之書即在《廣韻》之中，以此相求，自不甚遠。其《切韻考》一書即發明反切系聯之法，以爲考定《廣韻》聲韻部類之準繩。於審音方法中，別闢蹊徑。因據切語上字定聲類爲四十，據下字定韻類爲三百一十一。乃知唐末以來相傳之三十六字母，與古實不盡合；論《廣韻》之分韻，雖爲二百有六，似爲苛細矣，而一韻之內又未必盡爲一類二類也。以言音韻，辨析毫髮，淖入肌理，若婺源江氏之長於審音，休寧戴氏之精於考辨，猶未深慮及此。而陳氏生當清季，未覩《切韻》之舊本，其所論則時與古本闇合，此亦習久漸漬之效也已。今日所見唐寫本韻書已多，取與陳氏之書相較，則覺陳氏之説猶有未妥者。一則陳氏未見陸書，無由洞徹陸生之舊法；一則陳氏專以考據爲準，不以口耳爲憑，審音不足，故動多拘執也。若能參審音理，博考舊本，固未嘗不可理其惑而辨其誤焉。因就所見，揭其類例，略而論之。

一、《聲類考》辨誤

陳氏系聯《廣韻》聲韻部類之法，爲例有二：切語上字主聲，下字主韻，凡切語上字之同用互用遞用者聲必同類，凡切語下字之同用互用遞用者韻必同類。以其同用互用遞用之例而牽引系聯之，聲韻之類別自見，此正例也。然亦有實同類而不能系聯者，以其兩兩互用使然。凡切語上字，則據《廣韻》一字二音之互注切語者考之。蓋其同屬一音之兩切語,上二字聲必同類也。至於切語下字,則以平上去入相承之四韻分類與否爲定。蓋四韻相承者其每韻之分類亦往往相承也。如是切語上下字之不能系聯者,得據以定其歸類矣。此變例也。

陳氏據正變二例以考《廣韻》之切語上字,離析分合,定爲四十聲類。四十類者:三十六母之明微二母合爲一類,照穿牀審喻五母又各分之爲二也。去一增五,總爲四十。然就其所定者案覈之,實與《廣韻》之音系不合。非其例不善也,端在用之不得其分際耳。蓋據其正例以分之,則爲類當多於四十;據其變例以合之,爲類當不及四十。今就其所合者而言:如陳氏所定古與居、康與去、呼與香、盧與力,據正例判然爲二者也,陳氏則均從變例以定其合。次就其所分者而言:又未嘗不能證其合。如多與張、徒與除、奴與尼、方與邊、敷與滂、房與蒲等十二類亦可以據互注切語之字併之爲六(羅莘田先生《中國音韻沿革》論列綦詳)。如此之儔,陳氏又不一一合之,是分合之例不能劃一也。蓋陳氏於其所欲合者則據變例以證其合,於其所不欲合者則據正例以定其分。雖皆有憑據,而意自己出,未能權其輕重。案變例之設固可補正例之不足,證明同類之切語上字兩兩互用而不能系聯者本爲同類,然《廣韻》之又音至爲凌雜,不能與小韻之反語齊觀,以其中往往有類隔切(又音切語下字蹐駁尤多。近日陸志韋先生有《證〈廣韻〉五十一聲類》一文云:其參差綜雜之處與正反之體例嚴整適相對比。甚或同一韻中前後相隔數行,而正反切已不同類。且或不互注又切。又云:意者又切所保存之聲韻未必與正切同一系統,且每一又切各自有其來歷,亦不必自成系統。唐五代殘韻早已具此規模,而《廣韻》實仍孫愐韻之舊耳)。唐代《切韻》一系之韻書類隔切屢見不尠,如《廣韻》:

支韻鈹《切二》普羈反《廣韻》敷羈切,《王二)同)略名據《十韻彙編》,下仿此

脂韻丕《切二》普悲反(《廣》敷悲切,《切三》《王二》同)

脂韻邳《切二》蒲悲反(《廣》符悲切,《切三》《王二》同)

齊韻豍《切三》方口反,《王一》方奚反(《刊》必迷反(《廣》邊兮切)

文韻雲《切三》户分反(《廣》王分切)

桓韻瞞《切三》《王一》武安反(《廣》母官切)

耕韻繃《切三》甫萌反,《王二》逋萌反(《廣》北萌切)

耕韻輣《切三》《王二》扶萌反(《廣》薄萌切)

尤韻浮《切三》《王一》薄謀反(《廣》縛謀切)

侯韻羺《切三》《王二》女溝反(《廣》奴溝切)

幽韻彪《王二》補烋反(《廣》甫烋切,《切三》同)

董韻琫《切三》《王二》方孔反(《廣》邊孔切)

旨韻鄙《王二》八美反(《廣》方美切,《切三》《王一》同)

篠韻曉《切三》《王一》呼鳥反(《廣》鏡馨晶切)

養韻長《王二》丁丈反(《廣》知丈切)　　　　　降韻戇《王二》丁降反(《廣》陟降切)

御韻女《王二》乃據反(《廣》尼據切,《唐韻》同)　　　泰韻眜《王一》忘艾反(《廣》莫貝切,《唐韻》同)

裯韻袒《王二》大莧反(《廣》丈莧切,《唐韻》同)　　　禡韻墶《王一》徒嫁反(《廣》蛇除駕切,《唐韻》同)

禡韻帊《王一》《王二》芳霸反(《廣》普駕切,《唐韻》同)　　陷韻鮎《王一》《王二》《唐韻》都陷反(《廣》陟陷切)

燭韻樸《唐韻》旁玉反(《廣》房玉切)　　　覺韻斲《切三》《王一》《王二》丁角反(《廣》竹角切)

月韻越《切三》户伐反(《廣》王伐切)　　　錫韻鼊《王二》蒲歷反(《廣》扶歷切,《切三》《王一》《唐韻》同)

德韻蔔《王二》傍北反(《廣》蒲北切,《唐韻》同)　　德韻墨《刊》亡得反(《廣》莫北切,《王二》《唐韻》同)

此其例也。據此可知《切韻》等書於端知幫非匣于之洪細猶未深辨。至於又音之切語,類隔切亦多,如:

先韻䢷《切三》蒲田反,又防丁反　　　青韻䢷《切三》薄經反

旨韻嬀《王一》以水反,又尤卦反　　　卦韻嬀《王一》胡卦反

卦韻觿《王一》胡卦反,又尤恚反　　　寘韻觿《王一》以睡反

祭韻綴《王二》陟衞反,又丁劣反　　　薛韻綴《王二》陟劣反

線韻傳《王二》《唐韻》直戀反,又丁戀反　　　線韻傳《王二》《唐韻》知戀反

候韻噣《王一》丁豆反,又丁救反　　　宥韻噣《王一》陟救反

若此者不煩殫記。《廣韻》乃纂輯唐代韻書而成,其類隔切多已改作時音,以求和協。若以今日所見唐本韻書與《廣韻》校,則知《廣韻》之類隔切已少於唐本。至如又音反語,則因循不改,以存其舊,是不能與小韻之正切相比也。然則陳氏持此以與正切勘定《廣韻》之聲類,安得不多歧亡羊乎? 故曰變例之用,當有分際焉。苟以變例爲主,即以又切互通之例系聯《廣韻》聲類,則嚮時分爲二類者,可以合而爲一。其可以分者,才三十二類而已(借宋人字母爲喻:端透定泥與知徹澄娘爲一類,幫滂並與非敷奉爲一類,匣于爲一類,四十類去八爲三十二)。陳氏固不取此,但又不能盡從正例求其分合,直見其左右錯迕,不得其要。揆其意實亦執著於等韻三十六字母之説,不敢過逾其軌範耳。匪特此也,《廣韻》中本有一類以輕音切重音之例,亦是類隔(以輕切重爲類隔,見《敦煌掇瑣·守温韻學殘卷》聲韻不和無字可切門)。若據之爲正,則易以非同類者而爲同類矣。惟當以例外視之。陳氏不能得其條例,洞其癥結,反而因其疏失,拘

於系聯,每使兩類之經界混淆莫辨,斯亦誤矣。即如疑母之魚疑爲一類,五吾爲一類,兩類用字分畫秩然,但《廣韻》五字作疑古切,此其疏也(《切三》《王二》作吾古反)。陳氏據此單例,遂定"魚、五"爲一類,是以小同而害大異! 又如幫滂並與非敷奉陳氏皆分爲二類,惟明微合爲一類,殊爲不倖。其《切韻考·外篇》後論云:

> 《廣韻》切語上字四十類,字母家分併爲三十六,有得有失。明微二母當分者也,切語上字不分者,乃古音之遺,今則分別甚明,不必泥古也。(粵音則不分,微讀如眉,無讀如謨,與古音同。)

> 知徹澄三母字古音讀如端透定三母,非敷奉三母字古音讀如幫滂並三母,《養新錄》考之最詳確矣。《廣韻》切語上字此十二類雖分,然知徹澄三母字其切語上字仍多用端透定三母字,非敷奉三母字其切語上字仍多用幫滂並三母字,乃古音之遺也。字母家分析之,不泥於古音也。

以此觀之,陳氏於明微則從切語上字併爲一類,於幫滂並非敷奉則否,自亂其例,寧不知之? 然亦有所不得已也。蓋凡以重音切輕音者,古稱類隔切,如《廣韻》中非敷奉三母字其切語上字用幫滂並者,陳氏均以類隔切視之矣,故不因此而定輕重兩類爲一類。惟書中微母字切明母字者至多(即三等字切一、二、四等),是以輕切重之例。以輕切重者,亦爲類隔,陳氏則不知之矣。且《廣韻》中以微母切明母者固多,而以明母切微母者絕少(僅尤韻"謀"、東韻"瞢"、送韻"夢"、屋韻"目"數字而已,此別有説),是兩類亦有界畫可言。陳氏既不知以輕切重者亦爲類隔,第見其相通者多,故併之爲一類耳(或謂陳氏囿於方音使然,猶未盡是)。以此爲論,則陳氏之系聯《廣韻》之切語上字,或以變例亂正例,或以類隔淆音和,義例不明,故勞而少功。所定四十聲類宜爲後人所不取。

二、論《廣韻》之聲類

晚近學者既洞悉陳氏據反切及又音系聯聲類之不盡可信,乃別創統計法、審音法以辨析之。以統計法定其分類者,白滌洲《〈廣韻〉聲紐韻類之統計》是也。以審音法定其分類者,曾運乾《〈切韻〉五聲五十一紐考》是也。所謂統計法者,即藉統計切語上字於四等韻中出現次數之多寡,以覘其分類之趨勢也。由統計之數字而知凡一字切一、二、四等韻者往往不切三等韻,凡切三等韻者亦多不切一、二、四等韻，偶有例外，其數終不若切三等者之多。故諸字之切一、二、四等者當爲一類，切三等者當爲一類。陳氏之據變例以合之者實當因其自然之勢分之爲二。由統計所得，白氏乃定《廣韻》之聲類爲四十七。四十七類者，析陳氏所定古與居、康與去、五與疑、莫與文、烏與於、呼與香、盧與力，各爲二類，新增七類，故爲四十七。此與瑞典學者高本漢據《廣韻》中三千餘字之切語上字分別系聯擬定之聲類相合（陸氏《證〈廣韻〉五十一聲類》文中謂高氏之分四十七類以字母等呼出發，而終於字母等呼，初未嘗以《廣韻》而整理《廣韻》，亦究不能説明系聯所得明非四十七類而何以必作此數之故）。至於曾氏審音之法，乃根據隋唐反切用字之方法，就音侈聲鴻音弇聲細之例，以辨其類別焉。其言曰：

> 蓋聲音之理，音侈者聲鴻，音弇者聲細。《廣韻》切語侈音例爲鴻聲，弇音例爲細聲。反之，鴻聲例用侈音，細聲例用弇音。此其例即見於法言之《自序》云：支（章移切）脂（旨夷切）魚（語居切）虞（遇俱切），共爲一韻，先（蘇前切）仙（相然切）尤（于求切）侯（胡溝切），俱論是切。上四字“移夷居俱”明韻之易於淆惑者，下四字“蘇相于胡”明切之易於淆惑者。故支脂魚虞皆舉音和雙聲以明分別韻部之意，先仙尤侯皆舉類隔雙聲以明分別紐類之意。如“先”蘇前切，“蘇、相”不能互易者，“先”爲真韻之侈音，“蘇”在模韻亦侈音也，例音侈者聲鴻，故“先”爲蘇前切也。“仙”相然切，“相、蘇”不能互易者，“仙”爲寒韻之弇音，“相”在陽韻，亦弇音也，例音弇者聲細，故“仙”相然切也……是故法言切語之法：以上字定聲之鴻細，而音之弇侈寓焉；以下字定音之弇侈，而聲之鴻細亦寓焉。見切語上字其聲鴻者，知其下字必爲侈音；其聲細者，知其下字必爲弇音矣。見切語下字其音侈者，知其上字必爲鴻聲：其音弇者，知其上字必爲細聲矣。

此由法言序中“先仙尤侯，俱論是切”一語尋得前代反語上下字弇侈之關係，誠爲有見。據此以定《廣韻》之聲類，循其條理，得五十一紐。於陳氏之四十類，加入微影二見二溪二曉二疑二來二精二清二從二心二十一母。其分微見溪疑影曉來諸母各爲二類，與高本漢之説完全相同。又別於高氏四十七類外，復分精清從心四母各爲二類，並以喻母三等于類爲匣母之細聲，更爲精密矣。然近人多主四十七類之説，不以曾説爲然，良由曾氏洪細之辨，徒騰口説，不能示人以必然；

且於例外又屛而不論也。比者陸志韋《證〈廣韻〉五十一聲類》一文,別從形式上爲之證明,其説已有憑藉矣。今更宣豁其意,兼論讀音。

曾氏之析精清從心爲二,時人不重其説者亦自有故。據其所定論之,其文曰:

　　　精一(洪聲侈音)則(子德切,德,德韻,侈音而用細聲,亦類隔切,又子字通用一、二等)臧(則郎切,唐)祖(則古切,姥)作(則落切,鐸)共四字,遞用相聯繫(江氏《切韻表》亦分爲一等)。

　　　精二(細聲弇音)子(即里切,止)即(子力切,職)借(子夜切,麻二)兹(子之切,之)資(即夷切,脂)將(即良切,陽)醉(將遂切,至)姊(將几切,旨)遵(將論切,諄)共九字,“子、即”互用,諸字遞用相聯繫(江氏《切韻表》亦分爲四等)。

　　　清一(洪聲侈音)倉蒼(七岡切,唐韻,侈音而用細聲,亦類隔切,又七字通用一、二等)采(倉宰切,海)醋(倉故切,暮)麤麁(倉胡切,模)千(倉先切,先)青(倉經切,青)共八字,遞用相聯繫(江氏《切韻表》亦分爲一等,唯千字隸四等誤)。

　　　清二(細聲弇音)七(親吉切,質)親(七人切,真)取(七庾切,麌)遷(七然切,仙)此(雌氏切,紙)雌(此移切,支)共六字,上四字“親、七”互用,下二字“此、雌”互用,不相聯繫,依音弇聲細例求之知爲一類(江氏《切韻表》亦分爲四等)。

此所謂精一精二者,以洪細分。換言之,洪聲即一、二、四等字,細聲即三等字(四等之分主乎韻,不主乎聲。宋人等韻圖齒音精母列於一、四等,照穿列於二、三等,二十三行之圖式立法本未精善,學者不喻,遂有精母只有一、四等而無二、三等之説,實則不然。蓋等韻之學有得有失,明其得失而善用之,始爲有本之學)。其分別猶如見一之與見二。惟文中謂子字七字通用一、二等,則近於以洪聲爲一、二等,以細聲爲三、四等矣。其所謂類隔切者,即以細音切洪音之例。既舉“子七”二字爲説,細考之實不僅此。更別有以洪音切細音者,曾氏均未表出,案《廣韻》中以細音切洪音者爲“子將兹姊借七此漸思私息”諸字:

精母　　子 62:21(全書子字凡 62 見,其中以細音切洪音者 21 見,下仿此。

蔰子紅濟子禮霽子計摧子罪晬子對焌子寸攢子算節子結湫子了皁子皓倳子過駔子朗增子鄧則子德纜子候走子苟薤子幽昝子感帀子荅僭子念浹子協)將 7:1(俶將毒)

　　　　兹 4:1(鄑兹損)姊 3:1(鬢姊末)借 1:1(鑕借官)

　　清母　七 61:16(妻七稽砌七計雎七畢倅七内餐七安攃七曷竄七亂操七刀操七到蹉七何

　　　　蓮七戈倉七岡城七則慘七感謲七紬趁七含)此 4:1(村此尊)

　　從母　漸 1:1(暫漸念)

　　心母　思 7:2(孫思渾癠思贈)私 8:2(鬆私宗傂私盍)息 30:1(桑息郎)

其以洪音切細音者,爲"千倉醋才昨在徂先"諸字:

　　清母　千 11:2(趙千仲趚千水)倉 24:1(焌倉聿)醋 1:1(脞醋伽)

　　從母　才 12:6(歡才六惢才捶堅才句賤才線噍才笑查才邪)昨 28:4(錢昨仙樵昨焦鮺

　　　　昨淫潛昨鹽)在 10:3(牆在良矒在爵湫在九)徂 9:2(畢徂鼉雋徂兗)

　　心母　先 3:1(毅先立)

以此觀之,兩類相通之例亦多,似難定其蹊畔,今日得見之《切韻》殘卷已然,宜乎論者於曾氏之説雅所不愜。然細審其音,音和切遠多於類隔切,精一精二分用之迹猶可概見。曾氏尋其脈理,嚴爲之別,亦審音之道矣。至於法言《切韻序》中既標二者輕重之可相別異,而其書內之切字猶未畫然爲二者,是又何説?意者精一精二之分,亦惟隋唐時精於音韻者始能道之。隋唐以前之爲反音者,未必明辨於此。陸氏之書皆本於前代舊音,惟掄選精切摘削疏緩而已,又未必一一改作也。《廣韻》之音切自《切韻》一系韻書而來,參錯之處亦不能免。然《廣韻》中影母一二兩類相亂者固多,主四十七類之説既判別爲二,於精清從心則以爲不可,殊爲拘泥。精一精二之分,亦猶古之與居、呼之與許耳。

　　精一　ts　　ts‘　　dz‘　　s

　　精二　ts(i)　ts‘(i)　dz‘(i)　s(i)　z(i)

精一用以切洪音字,精二用以切細音字(邪母爲細音)。界畫分明,區以別矣。學者可以不必因其通而昧其分矣。

　　曾氏既定精清從心當各分之爲二,又定喻母三等于類爲匣母之細聲,此論可與其《喻母古讀考》喻三歸匣之説互證。《喻母古讀考》既舉匣于二類古書中異文音訓相通之例,復申論之曰:

　　　　按法言《切韻自序》首述全書之大例云:支(章移切)脂(旨夷切)魚(語居切)虞(遇俱切),共爲一韻,先(蘇前切)仙(相然切)尤(于求切)侯(胡溝切),俱論是切。

　　　　上四字舉音和雙聲以明分別部居之意……下四字舉類隔雙聲以明分別等第之意("先蘇"心母一等字,"仙相"心母二等字,"侯胡"匣母一等字，"尤于"匣母二等字）。所謂欲廣文路自可清濁皆通，若賞知音即須輕重有異者也。若如今等韻，則"侯"在匣母一等，"尤"在喻母三等，"尤侯"兩字分隸兩類，與上支脂魚虞先仙之各爲雙聲者不侔矣。此徵之法言自序，而知匣于在當時同隸一紐者也。

　　《顏氏家訓·音辭》篇載梁世有一侯謂郢州爲永州，元帝啟報簡文，簡文云："庚辰吳入，遂成司隸。"考《廣韻》"永"于憬切，于母；"郢"以整切，喻母；截然兩類，本不相涵。"郢、永"無分，其誤與今等韻家喻于一母正同，故元帝、簡文並譏之也……齊梁之際多通聲韻，故剖判入微如此。若如今等韻喻于同等，彼小侯亦當反脣相譏矣。

　　此徵之同定《切韻》之顏介，而知喻于在當時確爲二類也。

此文參覈古今，其言甚辯，可以爲定讞矣。比年師友考校前代反音，猶有可以佐證曾說者二事：一隋以前古音匣于本爲雙聲，二隋唐音書有匣于互切者。

　　隋以前匣于本爲雙聲者，自《經典釋文》及《原本玉篇》《篆隸萬象名義》諸書之反音得其確證。由《經典釋文》之反切考之，如：

　　猾　于八反，又云戶八反。（《尚書釋文》猾，戶八反，敦煌唐寫本作于八反）

　　皇　于況反，又云胡光反。

　　尤　有牛反，又云下求反。

　　鴞　于驕反，又云于嬌反、于苗反、戶驕反。

　　滑　胡八反，又云乎八反、于八反。（以上據羅莘田先生《經典釋文音彙》）

據是匣于之爲一類，信而有徵矣。前此顧野王之《原本玉篇》，云作胡勳反（見《古逸叢書·玉篇零卷》及日人景印卷子本），亦是一證。唐時日本沙門空海撰《篆隸萬象名義》取材顧書，其中匣于二類溷用幾不可分（詳見拙著《〈萬象名義〉中之〈原本玉篇〉音系》），如：

佑胡救反（《今本玉篇》于救切。下仿此）　　禜胡命反（音詠爲命切）　域胡洫反（于洫切）

位胡愧反（于偏切）　償禹貴反（胡對切）　畞胡逼反（于逼切）

哯又弥反（乎典切）　揎于盲反（胡盲切）　暖于但反（胡管切）　覗胡奮反（王問切）

骱戶俱反（羽俱切）　忱胡救反（于救切）　爲胡嫣反（于嫣切）　尹胡准反（于準切）

違胡歸反（于威切）　遠胡阮反（于阮切）　云胡熏反（于君切）　運胡愠反（于愠切）

瘦于郭反（乎郭切）　曄胡輒反（于劫切）　過于果反（乎果切）　趙胡救反（于救切）

熊胡弓反（于弓切）　潷胡飛反（音韋）　颽胡貴反（于貴切）　越胡厥反（于厥切）

　　又齊王融有《園蘅眩紅蕆》一詩，北周庾信有《問疾封中錄形骸違學宦》一詩,字取雙聲而匣于間用,是音書之外猶有見於詩章者。由此可知宋齊以至梁陳之季,匣于爲雙聲,固無疑也。

泊乎隋世陸法言等深察明辨,知匣于二聲,音雖相近,輕重有異,故《切韻序》嘗論當世之言音韻者,以支脂魚虞共爲一韻,先仙尤侯俱論是切之不當。惟敦煌本《切韻》殘卷中猶有匣于爲類隔者,如《切三》"雲"户分反,"越"户伐反,"于"胡俱反(胡原作明,葛毅卿《喻三入匣再證》以爲當作胡),此見於正切之例;《王一》旨韻"嬬"以水反又于卦反,卦韻"嬬"胡卦反,此見於又音之例也。又敦煌殘本隋釋道騫《楚辭音》中"洧"音胡軌反,"違"音胡歸反,"洧違"皆細音字,"胡"則洪音字,以"胡"切"洧違",是類隔也。又日本釋空海《文鏡祕府論》多引唐人詩格詩式之作,其論賦體對中有句尾雙聲對一例,文云:

　　　　妾意逐行雲　　　君身入暮門

案"暮門"雙聲,"行雲"雙聲,故曰句尾雙聲對。《廣韻》"雲"王分切,"行"户庚切,此以"行雲"爲雙聲,是唐代詩文匣于相通之證矣(唐人律詩中對句匣于爲雙聲者亦多,如杜甫詩:秋覺追隨盡,來因孝友偏。王侯第宅皆新主,文武衣冠異昔時。韓愈詩:旗穿曉日雲霞雜,山倚秋空劍戟明。孝友、王侯、雲霞,爲雙聲,是其例。今不據引者,以其非嚴格論音者也。且杜詩中于與喻亦有並用者,如"雲移雉尾開宫扇,日繞龍鱗識聖顔"是也)。

以此二事與曾説參比,徵驗良多。羅莘田先生之《〈經典釋文〉和〈原本玉篇〉反切中的匣于兩紐》一文,嘗就曾説引而申之,以《釋文》《名義》二書爲佐證,定于母爲匣母之細音,並擬定匣爲[ɣ],于爲[ɣj]。以爲[ɣ][ɣj]音近而有別,故《廣韻》之反切秩然不紊;以其爲同一音位,故古人得用之以爲雙聲也。上下條貫統序,斯於考證與音理並得矣。

至於喻母"以羊與弋"諸字,宋人列於四等,實則所切之字均爲三等細音字,《廣韻》中惟海韻之膿與改切、佁夷在切,曷韻之藹予割切,三字爲洪音,然皆不見於唐本殘韻,會當有誤。若論定其讀音,喻母四等字當讀爲[j]。高本漢以爲喻四本爲無輔音之一類[o],反覺不恰。由華梵對音考之,梵文《悉曇章》字母ㄐ[j],六朝以至隋唐向以"耶"字譯之,"耶"喻母字也。唐人佛典譯名中梵語之以y[j]爲輔音者,亦皆以喻母字譯之,如:

　　Sañjayavāiraṭṭi-putra　　删闍夜毗羅胝子　　見《維摩經》注三

　　Yaṣṭi-vana　　洩瑟知林、洩悉知林　　見《西域記》九

Anathapiṇḍadasya-āiāma　阿那他賓荼馱寫耶阿藍磨　見《玄應音義》三

Vaiḍūrya　鞞稠利夜　見《慧苑音義》上

Nārāyaṇa　那羅野拏　見嘉祥《法華義疏》十二

那羅延那　見《玄應音義》二十四

Pūrṇamaitrāyaṇi-putra　補剌拏梅呾麗衍尼弗呾羅　見《西域記》四

Vyākaraṇa　毗耶羯剌諵　見《慈恩三藏法師傳》三

Puṇyayaśas　富那夜奢　見《付法藏傳》五

　　華梵對音中此例甚多,所見用者如"夜洩耶野延衍夷演葉臾鹽欲曳庾踰由遊聿瑜藥琰預逸也孕炎"諸字無一非喻母字,而于母字絕不見用;即此,足以啟示吾人喻母古讀爲[j]矣(蕃藏對音中尤有明證,見羅莘田先生《唐五代西北方音》)。不惟如是,若依高氏之說以喻爲[o],尤難解釋何以古人每以匣于二母字切喻母字,或以喻母字切匣于二母字。換言之,即以有摩擦音聲母之字切無聲母之字,或以無聲母之字切有摩擦音聲母之字也,如:

《萬象名義》　型餘經反(《今本玉篇》户經切)　谷胡爨反(以爨切)　跈胡殼反(餘殼切)

腫胡證反(余證切)　悅胡拙反(余拙切)　瑩胡瓊反(余瓊切)

梡胡准反(余準切)　遺胡葵反(余隹切)　瑩胡瓊反(弋瓊切)

馱胡准反(余準切)　瑈有葵反(弋隹切)　頒有准反(余準切)

噛尤出反(余出切)　湦又井反(涅弋井切)　燏禹一反(餘律切)

敦煌本《王韻》　卦韻 繣 胡卦反,又尤恚反　寘韻 繣 以睡反,又胡卦反

卦韻 孈 胡卦反,又尤尒反　旨韻 孈 以水反,又尤卦反,

《廣韻》　　　　　　　　　　　　紙韻"嫷"移爾切

《廣韻》　營 清韻余傾切,青韻户扃切　蠵 支韻悅吹切,齊韻户圭切

睢 屋韻余六切,鐸韻下各切

由此觀之,依高說定喻爲[o],滯礙猶多。反之若定喻爲[j],匣于爲[ɣ],[ɣj]則迎刃而解,怡然理順。蓋[ɣ][ɣj]發音部位相同,[ɣ][ɣj][j]發音方法相同,以[ɣ]切[j],猶之以[ɣj]切[j];以[j]切[ɣ],即猶之以[ɣj]切[ɣ]也。前者"悅"音胡拙是例,後者"型"音餘經是例。證之反切參互之迹一無不合,求之對音及《廣韻》聲與韻之關係亦密切無間,然則喻母隋唐時期讀爲[j]音,可爲定論矣。若言古今音變:隋唐時喻于之分經界甚明,唐末以後于母蓋與喻母同音。故宋代等韻家言字母以喻于爲一類也。今論《廣韻》之聲類,依反切上字分組,當爲五十一。以音位而論,當爲三十六。今列於後,覽者詳焉。

幫一	滂一	並一	明一		
幫二	滂二	並二	明二		
端	透	定	泥	來一	
知	徹	澄	娘	來二	
精一	清一	從一	心一		
精二	清二	從二	心二	邪	
莊	初	牀	山		
照	穿	神	審	禪	日
見一	溪一		疑一		
見二	溪二	群	疑二		
曉一					
曉二					
匣一					
匣二					
喻					
影一					
影二					

三、《韻類考》辨誤

《廣韻》之分韻凡二百有六，較《切韻》固爲精細矣，然一韻之內，猶有兼括開合洪細爲二類三類或四類者，陳氏乃就其反切之可連屬者系聯之，以辨其類。或有本爲同類而不能系聯者，則依平上去入四韻相承之類別如何以定之。舉凡切語下字不能系聯而其相承之韻又分類者，則據以定其分；否則雖不系聯，亦同類也。陳氏據此，條分縷析，定《廣韻》之韻類爲三百一十一，並分別聲韻，編排爲表，欲使縱橫交貫，雜而不越，《廣韻》之音系乃瞭如指掌矣。惟陳氏專就《廣韻》之反切定其分合，而忽略從審音入手以辨其疑似，故執其所定之例，以求《廣韻》之韻類，其每韻之只具一類者，或兼有開合洪細二類或三類而四韻相承又皆分畫秩然者，循其軌轍，固無錯失。至若一韻之內兼有開合二類，而兩類之反切用字偶相牽涉，本非一類者，陳氏並定爲同類矣。或則某字之反切偶爾以不同類之字爲韻，遂又併他類之字爲此類之字矣。是皆與古音不合。當其拘牽反切之時，甚或表中上下違異，左右錯亂，迷罔而不喻，其失至大！所謂上下違異者，開合之分，四韻相承不能一致也。所謂左右錯亂者，聲母同組之字，分附兩類，驂列乖互也，例如耕韻去聲靜韻之轟字，音呼迸切，陳氏依反切下字與"褸鷖迸切、迸北靜切、靜側迸切、伻蒲迸切、鞕五靜切"列爲一類矣。案"褸迸"等字開口字也，轟字合口字也，二者絕非同類。平聲耕韻亦有轟字，音呼宏切，其爲合口無疑。《韻鏡》《七音略》同屬合口，《廣韻》以"迸"切"轟"者，以"轟"無同類之字故也。依四聲相承之例觀之：

耕韻		耿韻	靜韻	麥韻	
甖烏莖	泓烏宏			戹於革	
	轟呼宏		褸鷖迸		剨呼麥
			轟呼迸		
莖戶耕	宏戶萌	幸胡耿		覈下革	獲胡麥

是轟字不與褸字開口字爲一類至明。陳氏拘牽反切，故有此失。又如蒸韻入聲職韻之域字音雨逼切，淢字音況逼切，並以逼字爲韻，"逼"音彼側切，"側"音阻力切，陳氏據反切系聯例定"域淢逼側"等同爲開口一類。然前代等韻圖"域淢"二字均爲合口，是不同類也。然"逼"爲開口字，何以切合口字？蓋"域淢"爲匣曉三等字，其所用切語之上字已具有合口之成分，故切語下字即取開口字爲韻亦可。如"域淢"是其例也。

域（ɣjiuək）　《廣韻》雨逼切　　雨音（ɣjiu）　逼音（pjiək）　榮音（ɣjiuəŋ）
　　　　　　《王二》《唐韻》榮逼反

淢（xjiuək）　《廣韻》況逼切　　況音（xjiuaŋ）　逼音（pjiek）
　　　　　　《王二》《唐韻》同

案反切之法，上字主乎聲，下字主乎韻，而韻之開合皆從下字定之。惟自梁陳以迄隋唐，制音纂韻諸家每以脣音之開口字切牙喉音之合口字，似爲慣例，如《經典釋文》"軌"媿美反（《周禮音義》下），"宏"戶萌反（《爾雅音義》下），"滑"乎八反（《爾雅音義》下），"虢"寡白反（《尚書音義·禹貢》），敦煌本王仁昫《切韻》"卦"古賣反，"胍"古駕反，"化"霍霸反，《切三》《唐韻》"嚇"乙白反，"嚄"胡伯反是也。陳氏之書雖考證精審，然於此等處未嘗深辨。若蒸拯證平上去皆有開無合，惟入聲職韻有開合二類，江慎修《四聲切韻表》已言之，而陳氏囿於反切之系聯及平上去入分類相承之理，强以自定之例區畫古人之音韻，故間有不能通者矣。又如寘韻"恚"於避切，"避"毗義切，"避、恚"非一類也，"恚"爲合口字，"避"爲開口字，以"避"切"恚"合於上述之例，陳氏不明乃以"恚、避"同爲合口一類，非是（《萬象名義》"避"裨豉反，"恚"於睡反）。又如陽韻及漾韻之脣音字同爲合口一類，陳氏囿於反切系聯，表中兩韻之脣音字屬類不同：

陽韻		漾韻	
方府良切			放甫妄切
芳敷方切			
房符方切			防符況切
亡武方切			妄巫放切
薑居良切		彊居亮切	誑居況切
羌去羊切	匡去王切	唴丘亮切	
強巨良切	狂巨王切	弶其亮切	狂渠放切
	王雨方切		迋于放切
良呂張切		亮力讓切	
張陟良切		帳知亮切	

此以“方芳房亡”爲開口，“放防妄”爲合口，與四聲相承之例又不合矣。

以上所舉皆可由等韻圖訂其闕失。然亦有等韻圖牽就韻書而分析未清者，如凡范梵乏四韻宋代等韻書如《韻鏡》《七音略》二書均爲合口一類：

凡	范	梵	乏
	腰府犯		法方乏
芝匹凡	釩峰犯	汎浮梵	砝乎法
凡符芝(《廣韻》符咸切,此從《王一》《王二》,《切三》扶芝反)	范防泛	梵扶泛	乏房法
	鋄亡范	(菱)亡泛(《廣韻》此字入釅韻,音亡劍切,此從《王一》列入)	
		劍居欠	
欲丘凡(《廣韻》誤入匹凡切下,此從《原本王篇殘卷》)	凵丘犯	欠去劍	猲起法
		俺於劍	
	儠丑犯		瓱丑法
			㺀女法

依陳氏反切系聯法觀之，梵韻之“劍欠俺”三字切語下字互用與“汎梵菱”不相聯繫，陳氏依四聲相承分類法定爲一類矣。然則果爲一類乎？案“劍欠俺”三字敦煌本《王韻》及孫愐《唐韻》均在梵韻，惟故宮本《王韻》三字均入嚴韻之去聲釅韻：

《廣韻》釅韻	《王一》嚴韻	《王二》嚴韻
		劍覺欠
欠丘釅	欠丘釅	欠去劍
釅魚欠	嚴魚淹	嚴魚欠
	淹於釅	俺於欠,淹音同
菱亡劍	（菱入梵韻,妄泛反）	

是可證“劍欠俺”三字皆爲開口字也。今觀《廣韻》釅韻“釅”作魚欠切，“菱”作亡劍切，“欠劍”二字均在梵韻，釅梵二韻切語用字溷淆，是其韻類之有關涉可知。若依故宮本《王韻》“欠劍”並在去聲嚴韻，則秩然不紊矣。俺字亦正可與嚴韻之“醶”（於嚴切）、儼韻之“埯”（於广切）、業韻之“腌”（於業切）四聲相承。由此可證“劍欠俺”諸字與汎梵未必爲同類也。然抑有進者：即宋修《集韻》梵韻“𡾋”有脣音字而“欠劍”牙音一類字並在驗韻（即嚴之去聲），是與故宮本《王韻》同爲前説之佐證。故自音理論之，凡范梵乏四韻之牙舌音字實爲開口（現代方音“欠劍淹”均讀開口），不得與脣音合口字同列。進而言之，此等字當歸入嚴儼釅業四韻，《廣韻》所以分析不清者，蓋與韻書之沿革有關。陸法言《切韻》嚴韻未有上去，凡范二韻只有脣音字（見《切三》），而“欠劍”等字或即附於梵韻（《切韻》殘本闕去聲，無法證明）。至唐人制韻，嚴韻乃增上去广嚴二韻，而梵韻之字仍依陸氏之舊，如敦煌本《王韻》、孫愐《唐韻》是也。惟唐代別有從時音刊正陸書者，則梵韻之牙音字皆移入嚴韻之去聲矣，如故宮本《王韻》是也（故宮本《王韻》雖承襲《陸韻》而來，然刊正陸書之處甚多，別爲革新一派，與敦煌本《王韻》、孫愐《唐韻》非一系統。即如韻目之次第：陽唐列於江後，登列於斤後，佳列於歌麻之間，與讀音關係至鉅。又書中《廣韻》微韻“蟣豈㞅”開口字均入止韻，有韻“缶婦”等字均入厚韻，琰韻險“檢奄貶㾿”諸紐均入广韻，皆從時音刊正陸書者也）。此種情形，殆非偶然。必作者鑒於“欠劍”等字與梵韻之脣音字非同一類而後出此也。《廣韻》從《唐韻》一系韻書而來，故不與故宮本《王韻》相合。然釅韻之“釅”以欠字切之，猶可見“釅欠”之當爲一類耳（高本漢亦以爲嚴凡之分除一開一合外，其他分別不能確定）。

　　綜觀上述數例，可知陳氏所定分辨韻類之條例猶有未備。蓋據其所定二例，只可因其自然以定其合；其間兩類相亂者，則不能定其分矣。若除據反切之系聯及四聲相承二法外，尤當參比音理，精辨同異，勿因反切之相亂而泯其經界，勿以切語用字之偶疏而昧於通變，斯乃得之。

四、論切語用字偶疏説、切語借用字説、韻末增加字説

《廣韻》之切語自唐本韻書而來,其中乖歧僻誤者多矣。陳氏乃創通三例說明之:一曰切語用字偶疏例,二曰切語借用字例,三曰韻末增加字例。所謂切語用字有疏略者,即一韻之內開合兩類字分用甚明,其間偶有一二以開切合,或以合切開者,陳氏以爲此乃用字之疏,不因其相通而定爲一類,例如支韻"爲"薳支切,爲,合口字;支,開口字,以"支"切"爲"者,用字偶疏也。所謂借用例者,即《廣韻》中有以他韻字切本韻字者,有一韻中韻類不同而以別類字切本類字者,是借用也,例如脂韻"逵"渠追切,"葵"亦渠追切,陳氏云:"葵字不當又渠追切。《玉篇》《類篇》《集韻》'逵葵'皆不同音,則非傳寫誤分,實以葵字無同類之韻,故切語借用不同類之追字耳。"又凡韻"凡"符咸切,"咸"本咸韻字,陳氏以爲此韻字少,故借用咸字也。所謂增加字者,即《廣韻》中同音之字必不分立兩切語,而一韻之內有兩條切語同爲一音者,於例不合。細考之其在韻末者字多隱僻難識,或已重見他韻而此爲又讀,蓋非陸書之舊而爲後人增加者焉。凡增加之字陳氏皆摒棄不録,如獮韻之"撰"士免切,"棧"亦士免切,二者音同,"棧"已見產韻,此增加字也。又如有韻之"秿"芳婦切與"恆"芳否切音同,"秿"又已見脂旨二韻,此增加字也。陳氏準此三例以定一字之歸類,與夫一韻內同音兩切語之取捨,得者固闇與理合,失者則齟齬難安矣。今具辨之。

(a) 用字偶疏例

陳氏所稱用字偶疏者二十餘則,約略觀之,可分二類:其中有本爲古人爲音之慣例者,有韻類本同,陳氏誤以爲異而稱爲用字偶疏者。所謂古人爲音之慣例者,即曉匣二母合口字每以開口字切之,或牙喉音之開口字而以脣音合口字切之,是也。即如支韻"爲"薳支切,養韻"往"于兩切,庚韻"橫"戶盲切,昔韻"役"營隻切,此以開切合之例也。如願韻"建"居萬切,此以合切開之例也。案古人於脣音字開合口之性質分辨不甚精微,開合之分雖在 u(或 w)介音之有無,然脣音合口 u 介音受脣音聲母之影響,其合口之性質即不若牙音舌音者之顯著矣。古人以脣音合口切牙喉音開口,或以脣音開口切牙喉音合口,雖不合反切之理,然於實際語音相差蓋不甚遠。且牙喉音之合口字或以開口字切之者,其反切上字必爲合口字無疑,故下字得取開口字也,如:

爲 ɣjwie　　薳紙韻合口 ɣjwie 支切

往　ɣjiwaŋ　　于虞韻合口 ɣjiu 兩切

此皆誠如陳氏所言用字之疏者也。至如韻類相同，陳氏以爲不同，因謂其爲用字之疏者，則陳氏之過矣，如陽韻“王”雨方切，陳氏云：

> 此韻狂字巨王切，强字巨良切，則“王”與“良”韻不同類。方字府良切，“王”既與“良”韻不同類，則亦與“方”韻不同類，王字切語用方字，此其疏也。

案“王”雨方切，切王《王一》《王二》同，“王、方”本同類也。陽韻兼有開合二類，“王方”爲合口一類，陳氏《切韻考》所列殊誤：

陽韻		漾韻	
方府良		放甫妄	
芳敷方			
房符方		防符況	
亡武方		妄巫放	
强巨良	狂巨王	弶其亮	狂渠放
良呂張		亮力讓	
張陟良		帳知亮	
王雨方		迀于放	

陳氏云“狂”巨王切“强”巨良切則“王”與“良”韻不同類是也，“王”合口，“良”開口也。若謂“王、方”韻不同類，則誤矣。依反切系聯法“方芳房亡王匡狂”同爲合口一類，惟“方”作府良切，“方”合口，“良”開口，是顯然不合，其以“良”切“方”者，爲脣音合口字以開口字爲切語之例。古者脣音字開合辨析未精，故脣音合口字之切語其上字爲合口矣，則下字間亦取開口字爲之。陳氏不能辨“方、良”之韻不同類，及“方”作府良切爲用字之疏，反謂“王、方”韻不相同，而定“方芳房亡”四字與“强良張”等同爲開口一類，實爲不合！且依四聲相承之例觀之，陳氏以“方芳房亡”爲開口，其去聲相承之“放防妄”諸字則爲合口，上下乖異，其誤不辯自明。

又鐸韻“博”補各切。陳氏云：

> 此韻各字古落切，郭字古博切，則“博”與“落”韻不同類，即與“各”韻不同類。博字切語用各字，亦其疏也。

案“博”補各切，《王二》《唐韻》同，“博、各”本同類也。

鐸韻	博補各切	
	頗匹各切	
	泊傍各切	
	莫慕各切	
	各古落切	郭古博切
	恪苦各切	廓苦郭切
	咢五各切	瓁五郭切
	涸下各切	穫胡郭切
	落盧各切	硦盧穫切

此依反切觀之，開合兩類分別秩然："博頗泊莫各落"開口也，"郭廓瓁穫硦"合口也。惟郭字作古博切，是牙喉音之合口字以脣音開口字爲切語之例也。陳氏據兩切語上字同聲下字必不同韻之例以定"各博"之非一類，殊不知兩切語之上字雖同聲，而下字亦有誤用一類之字者。陳氏不能定"郭"音古博切之疏失，而據之與各字古落切對比，定落字各字與博字不同一類，因而表中即以"博"屬合口一類，而同屬脣音一組之"頗泊莫"三字，反與"各恪咢落"等字同爲開口一類，左右錯午，乖戾殊甚。

　　由是言之如寘韻"避"毗義切，"恚"於避切，"縊"於賜切，"賜"斯義切，陳氏據"恚縊"二字切語定"避賜"不同一類，而賜字斯義切，復謂"避"與"義"不同一類，以爲避字切語用"義"爲疏略，其誤正與"博各"之例相同。又如漾韻"況"許訪切，"訪"敷亮切，"誑"居況切，"彊"居亮切，陳氏據"誑彊"二字切語定"況亮"韻不同類，又以"訪"音敷亮故謂"況、訪"韻不同類，以"訪"切"況"亦爲疏略，其誤又正與"王方"之例相同。殊不知"況訪"正爲同類，而"況"與"亮"則非一類，訪字亦然。"況"音許訪，《唐韻》亦同，《王二》作許放反，足證"訪放"同爲一類矣。

　　至如梗韻之"影"於丙切，"丙"兵永切。案"影丙"同爲開口，而"丙"以合口之永字爲切語者，是脣音之開口字以牙喉音合口字爲切語之例也。陳氏據反切定"丙永"同爲合口一類，故以爲影字切語用丙是其疏略耳，實則不然。宋人等韻圖如《韻鏡》《七音略》"影丙"同爲開口，是其明證。然則脣音三等字之開合專依反切之用字殊難斷制，今當以輕重音爲定。凡今讀爲輕脣音者，古必爲合口；今讀爲重脣音者，古必爲開口。苟以此爲準，則脣音三等字之開合不難分辨。凡《韻鏡》中脣音之開口三等字，《廣韻》中以合口字爲切語者，均當以例外視之，如"陂"彼爲切，"縻"靡爲切，"彼"甫委切，"丙"兵永切，"皿"武永切，"碧"彼役切是也。

(b) 借用字例

凡以不同類或不同韻之字爲切語下字者，陳氏每每稱爲借用。其所以借用者，陳氏以爲同韻同類無字可用耳。然《廣韻》中未必無同類之字，第古人以脣音開口切牙喉音之合口，或以脣音合口切牙喉音之開口，固爲慣例。雖有同類之字，其冷僻不常用者，亦不用也。陳氏不明乎此，既定借用一例，更謂《廣韻》雖有同類之字，皆爲後人所增益，《切韻》本無，陸氏故借用不同類之字也，其說有誤，後當論之。今就《切韻考》內所云借用一類有本爲同韻同類之字不可謂之借用者，摘發如下：即如潸韻"僩"音下赧切，陳氏以"潸版矮赧虥"諸字均爲合口，故云："僩字無同類之韻，故借用赧字。"案"僩赧"實爲同類，《韻鏡》以潸韻之"赧齴酄矮虥潸僩"爲開口一類，以"版眅阪矕綰睆撰"爲合口一類，分畫至明。若依反切而論，則兩類幾無法分辨矣。

赧奴版	《切一》同《刊》女板 《切三》《王一》怒板		版(板)	布《切一》《切三》同 綰《刊》布阪	
齴五板	《切一》《切三》《王一》同		眅普板		
酄側板	《切一》《切三》《王一》同		阪扶板	《切一》《切三》《王一》《刊》同	
矮初板	《切一》《王一》同		矕武板	《切一》《切三》《王一》《刊》同	
虥士板	《切一》《王一》同 《切三》作初板誤		撰雛鯇		
潸數板	《切一》《切三》同		綰烏板	《切一》《切三》《刊》同	
僩下赧	《切三》同，《切一》下板反 《王一》古板反		睆戶板	《切一》《切三》《刊》同	

惟由兩讀字及四聲相承之關係推求之，開合之分亦可得而説：如"潸"數板切，又音删。删，所姦切，平聲删韻開口字也。"僩"又音簡，"簡"古限切，山韻開口字也。"虥"士板切，"棧"音同，"棧"又見去聲諫韻，音士諫切，開口字也。又"撰"雛鯇切，與"虥"士板切聲同而韻不同，"虥"開口，"撰"合口也，陳氏既誤以虥字爲合口，遂不錄撰字。蓋"虥撰"爲牀母開合兩類，猶之乎"僩睆"爲匣母之開合兩類也。《韻鏡》以"赧齴酄矮虥潸僩"諸字爲開口一類，殆非憑虛。陳氏謂"僩"無同類之字，故借用赧字切之，非是。又如勁韻"夐"休正切，"欽䤼"二字許令切（"欽"《廣韻》含笑也。案《説文》字本作"欥"，"欥"從今聲，不得有許令一音，此蓋因形謁而音亦謁），陳氏云：

> "欽䤼"二字許令切與夐字休正切音同，增加字也。今不録。《集》音夐欽分兩音，蓋增加者以欽無同類字借用令字。

案“欤”許令切，《王二》《唐韻》並同，“欤”與“夐”音本不同，“夐”合口，“欤”開口也。“欤”作許令切，“令”開口字，音正相得。“夐”合口作休正切，“正”開口字，以“夐”無同類之字故用正字也。陳氏不辨“夐、欤”之分，乃謂“欤”字無同類之字而借用令字，誤矣。

　　至於切語下字用不同韻之字者，則與《廣韻》所本唐人韻書之沿革有關，如山韻“鰥”古頑切，頑字《廣韻》在刪韻，似爲借用，若依《切三》則在本韻（音吳鰥反）。又釅韻“醶”魚欠切，“脅”許欠切，欠字《廣韻》在梵韻，似爲借用，若依《王二》則在本韻（音去劍反）。如是一類，乃《廣韻》因襲抄録之疏失，非本有借用他韻字以切本韻字之例也。

（c）增加字例

　　《廣韻》中一韻内有兩切語同爲一音者，陳氏謂其一必爲增加字，此確乎不易之論也。蓋唐人韻書至多，寫者隨手增字綴於韻末，以致一韻之内兩切重出而同屬一音，如：

　　《王二》佳韻“崽”山佳反，韻末“諰”所柴反音同，《刊》《廣韻》“諰”歸入崽紐

　　《切三》《王二》幽韻“飍”香幽反，韻末“烋”許彪反音同，《廣韻》“烋”歸入飍紐

　　《切三》獮韻“蹇”居輦反，韻末“撎”基善反音同，《廣韻》“撎”歸入蹇紐

　　《王二》遇韻“務”武遇反，韻末“𢃇”武付反音同，《王一》《廣韻》“𢃇”歸入務紐

　　《王二》界韻“譮”許界反，韻末“喊”許戒反音同，《廣韻》怪韻“喊”歸入譮紐

　　《王二》震韻“朮”撫刃反，韻末“覼”匹刃反音同，《廣韻》“覼”歸入朮紐

　　《王二》覽韻“覽”子鑑反，韻末“譾”子鑑反音同，《唐韻》《廣韻》鑑韻“譾”歸入覽紐

　　《王二》燭韻“楝”丑録反，韻末“亅”敕録反音同，《王一》《唐韻》《廣韻》“亅”歸入楝紐

　　《王二》物韻“亥”九勿反，韻末“菋趣刷”恭屈反音同，《廣韻》“趣刷”歸入亥紐

　　《王二》紇韻“竎”普没反，韻末“朏”普没反音同，《廣韻》没韻“朏”歸入竎紐

　　《唐韻》没韻“骨”古忽反，韻末“扢”亘没反音同，《廣韻》“扢”入骨紐

　　《王一》黠韻“軋”烏黠反，韻末“𤮩”乙八反音同，《王二》《廣韻》“𤮩”歸入軋紐

　　《王一》錫韻“檄”胡逖反，韻末“顠”胡狄反音同，《廣韻》“顠”歸入檄紐

　　《王二》職韻“憶”於力反，韻末“抑”於棘反音同，《廣韻》“抑”歸入憶紐

據此可證韻末者多爲增加字無疑。《廣韻》率已合併。然亦有因仍其舊者，故書中一韻内兩切語同音者尚多。陳氏皆一一辨識之，不列於表（無害本書之例者，仍録之），今不具論。然其有本非增加字而誤以爲增加者，則不可不辨。綜合言之，約有三類，有本非同音之字，陳氏誤以爲同音，遂以其一爲增加字

者,如:

支韻"騒"子垂切　陳氏云:"與劑字遵爲切音同,增加字也。今不録。"案"騒"子垂切,亦見《切二》《切三》《王二》,此與"劑"非同類,"劑"《切韻》《王韻》均作觜隨反,與"隨"爲一類,《廣韻》作遵爲切,致與騒字子垂切相溷。"爲、垂"一類也。"劑"《經典釋文·爾雅》即隨反,《周禮》《莊子》子隨反,亦可證"劑、隨"當同一類。"劑"與"隨"爲同類,"騒"與"垂"爲同類,是"劑、騒"韻不同類,"騒"又見唐本《切韻》,非增加字也。

皆韻"崴"乙皆切　陳氏云:"此與捱字乙諧切音同,增加字也。今不録。《玉篇》《類篇》《集韻》'崴'烏乖切,實與'捱'不同音。此乙皆切又增加者之疏也。"案"崴捱"實不同音,"崴"《切三》《王一》、五代刻本韻書均作乙乖反,是"崴"爲合口字。《萬象名義》"崴"烏懷反,亦是確證。陳氏既知"崴"實與"捱"不同音,而不能據《玉篇》等訂正《廣韻》之疏失,反謂"崴"爲增加字,殊爲不合。

末韻"纃"子括切　陳氏云:"此與鬖字姊末切音同,雖不在韻末亦增加字也。今不録。"案"纃"子括切,亦見《切三》《王一》《王二》《唐韻》,此與鬖字音實不同,"鬖"開口,"纃"合口也。何以言之? "鬖"當入曷韻,與旱韻"鬖"作旱切相承。《集韻》"鬖"在曷韻,不在末韻也。《七音略》《切韻指南》亦收入曷韻。唐代韻書殘本《切三》《王一》《王二》曷末爲一韻,《切三》《王一》"鬖纃"同在末韻,"鬖"姊末反。《王二》"鬖纃"同在曷韻,"鬖"子末反。並以合口末字爲切下字。至《唐韻》曷末分爲二韻,"鬖纃"同入末韻,"鬖"即作姊末反,《廣韻》遂承其誤。陳氏不詳"鬖纃"音本不同,而謂"纃"爲增加字,非也。

職韻"胁"許極切　陳氏云:"此韻有'胁盡黷赩懐'五字許極切,與洫字況逼切音同,此五字惟'盡'見《尚書》,餘皆隱僻,雖不在韻末亦增加字也。今不録。"案"胁"亦見《王二》《唐韻》,並作許力反,"胁、洫"實不同音,"洫"合口,"胁"開口也。《經典釋文》盡,《書·酒誥》許力反;洫,《詩·噫嘻》況域反,《論語》呼域反。《博雅音》胁,虛力反。《萬象名義》胁,許力反,"洫"呼域反,《集韻》"胁"迄力切,"洫"況域切,均其證。"胁、洫"音既不同,陳氏謂"胁"爲增加字,誤矣。

即此數例可知陳氏之疏於審覈矣。

次則有本非增加者,因陳氏過信大徐《説文》及小徐《韻譜》之反切,往往據二徐以論《廣韻》,如《廣韻》之反切與二徐不合,二徐借他類字切本類字,《廣韻》別用本類字切本類字,則陳氏以爲二徐所本之《切韻》《唐韻》必無此等同類字,故不取用;而《廣韻》之同類字皆爾後增加者也。然徵之唐本殘韻,實不足據信,如夬韻之"薑"丑犗切,"喝"於犗切,"犗"古喝切,"𠮦"所犗切,"講"火犗切,本爲一類之字。陳氏因薑字小徐作丑介切,大徐作丑芥切,均不以犗字及其同類之字爲切語,故以爲《切韻》《唐韻》本無"犗喝"等字,因"薑"無同類之韻,故借用怪韻之"介芥"耳。今《廣韻》增犗字,故薑字改作丑犗切。陳氏不知《廣韻》所據爲諸家切韻,不必與二徐所本之《切韻》《唐韻》一致也,今觀唐本音韻如《王一》《王二》《唐韻》均有"薑喝犗講"諸字("𠮦"見《王二》),芥字且在本韻,是"喝犗"非增加字矣。

再次則《廣韻》中一韻之有二類三類者,偶有某字不以本類字而以他類字作切者,陳氏即以爲此字之同類字亦增加字也,斯亦不然,如禡韻"化"呼霸切,陳氏云:

> 化,呼霸切,與嚇字呼訝切音同。然"化"非增加字,以"化"無同類之韻,故借用霸字耳。此韻有"抓昅畢華樺繣欚"七字胡化切,韻末有"諗傻"二字所化切,瓦字五化切,"攨窊踝三字烏昅切,皆與"化"韻同類,而化字切語用霸字,不用此諸字……皆增加字也,今不録。

案"化"作呼霸切,即牙喉音合口字以脣音開口字爲切語之例。其同類之字"抓諗"並見《王一》《王二》《唐韻》,"窊"見《王一》,是《切韻》一系韻書本有此等字也。又如陌韻"虢"古伯切,陳氏云:

> 虢,古伯切,與格字古伯切同。然"虢"非增加字,以其無同類之韻,故借用伯字耳。此韻末有"攫澅𩰚矆嚄"五字一虢切,"躑劇"二字丘攫切,皆與虢字韻同類,而虢字切語不用,皆增加字也。今不録。

案虢字作古伯切,亦與化字之例相同(《王二》《唐韻》亦作古伯反)。其同類之攫字並見《切三》《王二》《唐韻》音一虢反,是《切韻》一系韻書本有此字也。如是一類陳氏皆誤以非增加字爲增加字矣。陳氏書中有所謂增加字無害於本書之例者仍録於表,如支韻之"齜"(士宜切)、佳韻之"鼃"(户媧切)皆是,而上述"抓諗攫躑"等字亦無害於本書之例者也,何爲不録?陳氏又闕而不論矣[1]。

---

[1] 蟹韻不録"夥䉡",夬韻不録"喝犗𠮦講",山韻不録"嬽奄𪊨爐湲",襉韻不録"扮",戈韻不録"胜侳",敬韻不録"宏榜",昔韻不録膜字(許役切,《切三》《王一》《王二》同),緝韻不録扢字(昌汁切,《唐韻》同),皆是。

五、論《廣韻》之韻類

《廣韻》之韻類陳氏定爲三百一十一類,已爲精密矣,然詳參韻圖,別考前代舊音以審定之,猶有當分而未分者,如廢韻之"刈"音魚肺切,"肺"合口,"刈"開口也,"刈"當別爲開口一類。靜韻"轟"呼迸切,"迸"開口,"轟"合口也,"轟"當別爲合口一類。勁韻"夐"休正切(《唐韻》同,《王二》虛政反),"正"開口,"夐"合口也,"夐"當別爲合口一類。徑韻"鎣"烏定切(《王一》《王二》《唐韻》同),"定"開口,"鎣"合口也,"鎣"當別爲合口一類,職韻"域"雨逼切,"洫"況逼切,"逼"開口,"域洫"皆合口也,"域洫"當別爲合口一類。凡韻"欦"丘凡切(從《原本玉篇》),范韻"凵"丘犯切,"儳"丑犯切,梵韻"劍"居欠切,"欠"去劍切,"俺"於劍切,乏韻"猲"起法切,"譀"丑法切,"㚎"女法切,皆開口字也,與凡范梵乏合口字不同,當別爲一類。是者陳氏皆疏於考究,不知其分矣。然而猶有宜加研討者,即三等韻中何以脣音牙音及喉音曉影二母兩兩重出也(即三、四等同韻一類)。問題之所在,即支脂真仙宵侵鹽(舉平賅上去入)。諸韻内脣音牙音或曉影二紐字何以分立兩切語,夫上字聲同,下字當非一類,然從音理推求之,其讀音似乎無別,現代方音亦讀同一類,而《切韻》以來所以分之爲二者,其義云何? 往者黄季剛曾申其故曰:

> 緣陸氏以前已有《聲類》《韻集》諸書,切語用字未能畫一。《切韻》哀集舊切,於音同而切語用字有異者,仍其異而不改,而合爲一韻,所以表其同音。精於審音者,驗諸脣吻,本可了然,徒以切異字異,易致迷悶,幸其中尚有一字一音而分二切者,今即據此得以證其音本同類。

是黄氏以爲兩切本爲同音,纂韻者未合爲一類耳。其證宵韻"飆、鑣"二類云:鑣類有"趫"起嚻切,"喬"下亦有趫字,云:又去遥切,去遥切在飆類,今去遥切下無趫字,則云又去遥切者,即起嚻切之音也。此"飆、鑣"同類之證。其證鹽韻"懕、淹"二類云:"懕"一鹽切,是"懕"與"鹽"同類。"淹"央炎切,"炎"于廉切,"廉"力鹽切,則"淹炎廉"與"鹽"亦同類,故知"懕"與"淹"同類也。本此以求,則同韻類同紐之兩切語可以合併爲一類者二十餘則(高本漢所定之二百九十類即合而爲一),然而黄氏之説終屬疑信參半。信者,言之成理;疑者,不能持之有故。蓋既爲同音之兩切語,以陸氏之知音何爲不併之爲一紐? 唐代諸家音韻又何以因襲而不改? 抑亦不能定其同異乎? 惟上考前代舊音反語,實有別焉:

例　字	經典釋文	博雅音	萬象名義	小徐韻譜馮本	大徐説文音
陂爲彼	彼宜(書・禹貢)(周禮上) 彼皮(詩・株林)		彼皮	被爲	彼爲
卑府移	必彌(易・繫辭) 音婢(禮記四)		補支	府移	補移
鈹敷羈	普皮(左氏六)	音披	普皮	敷羈	敷羈
跂匹支			匹之		
皮符羈			蒲奇	符羈	符羈
陴符支	婢支(周禮下)		避支	符支	符支
糜靡爲	亡皮(周禮下)		糜亡皮	靡爲	靡爲
彌武移	面支(詩・生民)		亡支		
奇渠羈	紀宜(易・繫辭)(周禮下) 居宜(詩・南山)		竭知	渠羈	渠羈
祇巨支	巨支(書・胤征) 祁支(易・習巽) 旨夷(爾雅中)		渠支	巨支	巨支
犧許羈	許皮(書序) 許宜(易・繫辭)		戲宜	許羈	許羈
詑香支			戈ˣ支		
嫣居爲	居危(書・堯典) 九危(左氏五)		詭爲	居僞	居爲
規居隨	紀睡(莊子中,李徐音)		癸支	居隨	奂居隨
虧去爲	曲爲(書・旅獒) 去危(左氏六) 即隨(爾雅上)		去爲	去爲	去爲
闚去隨	苦規(易・觀來) 　　(禮記)	窺苦垂	丘規	去陸	去奂
摩許爲	麾許危(書・牧誓) 毀危(詩・宛丘) 毀皮(詩・無羊)		麾呼爲	許爲	許爲
陸許規	許規(禮記)	許規	許規	翻規	許規

續表

例字		經典釋文	博雅音	萬象名義	小徐韻譜馮本	大徐説文音
紙韻	彼甫委,(王二卑被)			補靡	補委	補委
	俾并弭	必爾(書・堯典)(禮記四) 甫婢(書・湯誥,徐音) 必以(詩・天保)		比爾	并弭	并弭
	破匹靡			孚彼		
	諀匹婢		匹爾	匹爾		
	被(皮彼)	(皮寄)(易・繫辭)		皮被×	皮彼	(平義)
	婢便俾			避弭	便俾	便俾
	靡文彼	亡彼(易・中孚) 亡皮(禮記二)			文彼	文彼
	渳弭綿婢	亡婢(爾雅中) 面爾(儀禮) 彌氏(詩・采薇)		亡爾	名俾	緜婢
寘韻	檹卿義			居義		
	企去智	丘豉(孝經) 跂丘豉(莊子上)	跂去豉	去豉	去智	去智
	賁卑義	彼義(詩・白駒) (爾雅下)	今彼寄	彼寄	彼義	彼義
	臂卑義	如字(周禮上)		補豉	卑義	卑義
	倚於義	於綺(易・説卦)(書序同) 舊於蟻(詩・采薇)	於綺			於綺
	縊於賜	一臂(周禮下) 一賜(爾雅下)		於豉	於賜	於賜
	餧於僞	於僞(禮記) 奴罪(詩・白華)	奴罪	奴猥	於僞	(奴罪)
	恚於避	於季(詩・鴟鴞) 一瑞(禮記)		於睡	於避	於避

續表

例　字		經典釋文	博雅音	萬象名義	小徐韻譜馮本	大徐說文音
寘韻	毀況僞	況僞（周禮下）			麾詭	
	媐呼恚			尤爾、尤卦二反	山垂	式吹
脂韻	丕敷悲	普悲（書·大禹謨）		普扺	敷悲	敷悲
	紕匹夷	匹毗（周禮上）	布寐、扶規二反，又符夷反	扶規	匹夷	（卑履）
	邳符悲	被悲（禮記）皮悲（左傳四）		蒲悲	符悲	敷悲
	毗房脂	房脂（書·微子之命）	邳夷	裨時	房脂	房脂
	逵渠追	求追（爾雅中）求龜（詩·兔罝）		奇龜	渠追	渠追
	葵渠追（切二作渠惟）	求維（爾雅中）其維（詩·采菽）		渠惟	渠追	渠惟
旨韻	鄙方美			補鮪	方美	兵美
	匕卑履	必履（詩·大東）必以（易·震卦）		俾以	卑履	畢履（標目作卑履）
	否符鄙	皮鄙（易·坤卦）		蒲鄙	符鄙	（方久）
	牝扶履	徐扶死（易·離卦）（詩·虞駉同）		裨死		毗忍
	軌居洧	舊龜美（詩·匏有苦葉）媿美（周禮下）		該鮪	居洧	居洧
	癸居誄			吉撰	居累	居誄
	郐暨軌			渠詭		
	揆求癸（切三葵癸）	葵癸（易·屯卦）巨癸（爾雅中）	媺音揆，具癸、聚惟二反	渠癸	求癸	求癸

例　字		經典釋文	博雅音	萬象名義	小徐韻譜馮本	大徐説文音
	祕兵媚			鄙冀	兵媚	兵媚
	痹必至	方二(周禮下) 庇必利反,又彼備反(詩·隰桑) 庇必二,又音秘(周禮下)		俾利	痺必至	痺必至
	濞匹備			普備	匹備	匹備
	屁匹寐					
	備平祕			皮祕	平祕	平祕
	鼻毗至			毗至	毗至	八二(標目作必二)
至韻	郿明祕	亡悲又亡冀(詩·崧高)		眉冀	(武悲)	(武悲)
	寐彌二	莫利(詩·關雎) 面利(孝經)		弭異	蜜二	蜜二
	器去冀			祛冀	去冀	去冀
	棄詰利	丘異(爾雅)		企至	詰利	詰利
	媿俱位	九位(詩·何人斯) 俱位(詩·抑)		居位	俱位	俱位
	季居悸			枳悸	居悸	居悸
	匱求位	求位(詩·谷風) 其位(周禮上) (禮記同)	巨位	渠愧	求位	求位
	悸其季	其季(詩·竹竿)		渠季	其季	其季
獮韻	楩符善	音纏又婢善反(書·禹貢) 鼻綿又婢衍(爾雅下)		鼻綿		
	辯符蹇	皮勉(儀禮)		皮勉	符蹇	符蹇
	卷居倦	俱倦(書·大禹謨)		古媛		居倦
	絹吉掾	吉犬(周禮下)		居掾		吉掾

例　字		經典釋文	博雅音	萬象名義	小徐韻譜馮本	大徐説文音
獮韻	蜎狂兖	巨兖(周禮下) 郭狂兖(爾雅下)	烏泫		狂兖	狂沇
	圈渠篆	求阮(周禮下)		瞿免		渠篆
宵韻	趫起囂		去遥	綺驕		去囂
	蹻去遥	郭巨夭(爾雅中) 其略(詩·板)	巨略 虛虐	渠略		居勺
	喬巨嬌	其驕(詩·伐木) 音橋(詩·時邁)	音橋	居橋	巨驕	巨嬌
	翹渠遥	祁遥(詩·漢廣)		祇燒	渠揺	渠遥
	鑣甫嬌	表驕(詩·碩人) 彼苗(詩·蓼蕭)	不袄	彼驕	甫嬌	補嬌
	猋甫遥	猋必遥(爾雅下)	必昭	卑姚	必揺	甫遥
	苗武瀌			麾驕	武瀌	武瀌
	蜱彌遥			毗口		
	妖於喬	於驕(禮記四)	倚嬌 娱於苗	袄於驕	袄於喬	
	要於宵(切 三於宵)	於宵(書·康誥) 一遥(易·繫辭,爾雅下)		於燒	於宵	於消
小韻	摽符少	符小(詩·柏舟) 婢小(詩·摽有梅)	孚堯 怖交	孚堯	符少	符少
	藨平表	蒲苗(爾雅下) 皮表(儀禮)	布苗	白交	平表	平表
鹽韻	淹央炎	英鉗(詩·信南山)		於炎	英廉	英廉
	懕一鹽	於鹽(禮記二) 於占(爾雅中)	一占	於詹	於閻	於鹽
	箝巨淹	鉗李巨炎(莊子中)	鉗奇炎	渠廉	巨淹	巨淹
	鍼巨鹽	其廉(詩·黃鳥)		之諶		(職深)

由上表觀之，可知《廣韻》中三、四等同韻之邦見二組及影曉二紐字重出者，其反切用字之不同，皆有所承。然而前代之反語僅爲用字之異乎，抑音類有別乎？依高本漢所定韻類之讀法似無可分。有分即僅在 i 介音之長短，三等短，四等長而已，斯則未必盡然。《顏氏家訓·音辭》篇云：

> 璵璠，魯之寶玉，當音餘煩，江南皆音藩屏之藩。岐山當音爲奇，江南皆呼爲神祇之祇。江陵陷没，此音被於關中，不知二者何所承案。以吾淺學，未之前聞也。

又陸德明《莊子音義》"岐"其宜反或祁支反，又日本古抄本《文選集注·吳都賦》"岐嶷繼體"下引公孫羅《音決》云："岐，騫音奇，又巨支反。"並與顏説"岐"有奇、祇二音合。案《廣韻》支韻"奇"渠羈切，"祇"巨支切，"渠、巨"聲同一類，是渠羈與巨支之分非用字之異，實音類有別耳。至於分別之所在，猶疑莫能明。陳氏《切韻考》一以反切定其分類，如上述各韻重出之切語皆分之爲二，誠爲審慎。今不取高本漢之二百九十類，而就陳氏所定，參訂如次：

東二類	董一類	送二類	屋二類
冬一類	(湩)一類①	宋一類	沃一類
鍾一類	腫一類	用一類	燭一類
江一類	講一類	絳一類	覺一類
支四類②	紙四類	寘四類	
脂四類	旨四類	至四類③	
之一類	止一類	志一類	
微二類	尾二類	未二類	
魚一類	語一類	御一類	
虞一類	麌一類	遇一類	
模一類	姥一類	暮一類	
齊二類	薺一類	霽二類	
		祭二類④	

---

① 《廣韻》腫韻"湩"都鵬切，注云：此是冬字上聲。案《王二》腫韻亦有此字，云冬恭反，此冬之上聲。陳氏由腫韻分出，今從之。

② 支紙寘三韻高本漢各定爲二類，今從反切定爲四類，開合各二。

③ 脂旨至三韻，陳氏各分爲三類，今作四類者，以平上去三聲之脣音字各分爲二類而同爲開口也。又至韻"棄"詰利切，"器"去冀切，同爲開口，陳氏以"棄"爲合口非是。

④ 祭韻末"犮"丘吠切，"瘀"呼吠切，"吠"在廢韻，今從《集韻》"犮瘀"入廢韻，不別立一類。

		泰二類	
佳二類	蟹二類	卦二類	
皆二類	駭一類	怪二類	
		夬二類	
灰一類	賄一類	隊一類	
咍一類	海一類	代一類	
		廢二類①	
真二類	軫二類	震一類	質二類②

---

① 廢韻“刈”魚肺切,《王二》魚廢反,《韻鏡》此字列爲開口,今從之。分廢韻爲開合二類。又祭韻“猰猰”二字入此爲合口字。

② 陳氏分真韻爲因贇贇三類,案真韻“囷”去倫切,《切三》同,“倫”《廣韻》在諄韻,《切韻》真諄爲一韻,自《唐韻》始分之爲二,此囷字當爲分析未盡者,今移入諄韻。又“贇”於倫切(《切三》同),“筠”爲贇切,“麕”居筠切,並同。“麕”入諄韻與諄韻“均”居勻切同音。“囷贇筠”三字爲溪影喻三組合口,正諄韻之所闕,今移入諄韻正合。至於本韻開口分爲兩類者,蓋音有不同,若“巾銀”等字與殷韻音讀相近也。又諄韻之“趣”渠人切,移入此韻,與“鄰仁”爲一類。○軫韻陳氏亦分爲二類,惟此與陳氏之分不同。陳氏以“緊牝泯盡軫忍”爲開口一類,“窘愍(敏音同)殞”爲合口一類。今開口“緊泯”等一類與陳氏同。至於“窘殞”二字則移入準韻。案“窘殞”爲合口字,實與準韻尹字爲一類。《廣韻》準韻殞字“麇”(原誤作“麚”)丘尹切,《王一》作丘隕反,《王二》作丘殞反,是“尹殞”同韻之證。《切韻》《王韻》軫準未分,孫愐《唐韻》始分別爲二,此“窘殞”二字又分析未盡者也。至於愍字雖音眉殞切(“敏”同音),實與“殞窘”二字不同一類。“殞敏”合口,“愍”則開口也,等韻圖如《韻鏡》《七音略》均列爲開口,現代方音亦讀開口。且此字與真韻第二類開口字“珉”,質韻第二類開口字“密”,四聲相承。反之若移此字入準韻則齟齬難安。以諄韻之四聲均無脣音字也(《廣韻》諄韻之“砏”普巾切,當移入真韻),今故列爲本韻開口字之第二類,與武盡切之“泯”爲兩類。軫韻第二類亦僅此一字。上觀唐本音韻《王一》《王二》並有巾字,音飢緊反,當與此同類,又《廣韻》準韻之“螼”丘忍切,“賑”興腎切,“盡”組紖切,“辰”珍忍切,移入此韻,與緊字爲一類。○震韻有昀字九峻切,“峻”在稕韻,此亦分析未盡者,今歸入稕韻。○質韻陳氏分爲一乙率三類,今定爲一乙二類。一乙之分,在乙與迄韻音讀相近也。陳氏所舉率字一類,今入術韻。蓋“率”所律切,“律”在術韻,合口字也。又《廣韻》本韻有“茁颲猾”三字,亦當移入術韻,以其均爲合口一類耳。若依《廣韻》之反切觀之,似乎不然,苟詳審字音,則確乎不可移易也。《廣韻》“茁”徵筆切,“筆”爲開口第二類字,以“筆”切“茁”是以開切合矣。《王二》“茁”作尤律反(尤字蓋爲誤字),是與“率”所律切同爲一類。“率”所律切,《切三》《王二》《唐韻》並同,《王一》作師茁反,音同,《王一》以“茁”切“率”,是亦“茁、率”同類之證也。《七音略》“茁”即列爲合口,不誤。《廣韻》“茁”又讀鄒滑切、側劣切,均合口也,然則此字當入術韻無疑。又“颲”《廣韻》于筆切,《切三》《王一》《王二》《唐韻》並同。案“颲”從日聲,當爲合口字。依四聲相承之例,“颲”與真韻之“筠”、軫韻之“殞”,〔《王一》《王二》震韻之“韻”〕相承。同讀匣母三等合口字。“筠殞”入諄準,此字當入術。《切韻》以“筆”切之者,喉音字每以脣音開口字爲切語之例也,亦與“殞”于敏切同例也。又“猾”《廣韻》況必切,案《王一》《唐韻》音其聿反,《唐韻》入術韻,此韻無。《韻鏡》此字入合口,今從之。質韻合口一類字均入術韻,故所餘爲一乙二類也。○《廣韻》中因唐本韻書分韻之沿革有變遷,反切與歸韻錯午淆亂兩不相應者,莫此爲甚,非參酌審音,考案舊本,不能得其條理,故具論之。

諄一類	準一類	稕一類	術一類①
臻一類	(鵉)一類②	(齔)一類	櫛一類
文一類	吻一類	問一類	物一類
殷一類	隱一類	㶇一類	迄一類
元二類	阮二類	願二類	月二類
魂一類	混一類	慁一類	没一類③
痕一類	佷一類	恨一類	(麧)一類④
塞一類	旱一類	翰一類	曷一類⑤
桓一類	緩一類	換一類	末一類⑥
删二類	潸二類	諫二類	黠二類
山二類	産一類⑦	襇二類	鎋二類
先二類	銑二類	霰二類⑧	屑二類
仙三類	獮三類	線四類⑨	薛四類
蕭一類	篠一類	嘯一類	
宵二類	小二類	笑二類	
肴一類	巧一類	效一類	
豪一類	晧一類	号一類	

① 諄韻"砏"普巾切，"巾"在真韻，此字當入真韻第二類。又"趣"渠人切，"人"在真韻，此字當入真韻第一類。二字均爲真韻字，蓋《唐韻》以下之韻書歸韻有誤也。又真韻之"囷贇筠麕"移入此韻。○準韻"蠢"丘忍切，"脪"興腎切，"澠"組紖切，"屒"珍忍切，"忍腎紖"均在軫韻，此四字當入準韻第一類。又軫韻之"稕殯"移入此韻。○震韻"抣"九峻切移入稕韻。○質韻"率茁颰獝"四字移入術韻。

② 《廣韻》隱韻"鵉"仄謹切，"齔"初謹切，戴震《聲韻考》定爲臻韻上聲。又隱韻"齔"下云：又初靳切。"靳"爲㶇韻字，㶇韻無"齔"，戴氏據《廣韻》又音定齔字爲臻韻去聲字。今從戴説參照等韻圖上去列鵉齔二類。

③ 没韻"麧"下没切與"搰"户骨切音同，等韻圖以"麧"爲痕韻入聲。

④ 痕韻無入聲，等韻圖没韻之"麧"當之。

⑤ 寒韻"濡"乃官切，"官"在桓韻，《切韻》寒桓爲一韻，自《唐韻》以降始分爲二。此蓋分析未盡者。今入桓韻。○緩韻之"攤"移入旱韻。○末韻之"鬢"移入曷韻。

⑥ 寒韻"濡"移入桓韻。○緩韻"攤"奴但切，但在旱韻，"攤"移入旱韻。○末韻"鬢"姝末切，《切三》《王一》《唐韻》同。案此爲開口字，當從《集韻》入曷韻。《切韻》《王韻》曷末爲一韻，故此字以合口末字爲切下字。《唐韻》曷末分爲二韻，而"鬢"誤入於末，《廣韻》承其誤也。

⑦ 産韻陳氏分爲剗憃二類。案"憃"《廣韻》初綰切，唐本殘韻並無，"綰"在潸韻，"憃"《萬象名義》音又産反，《玉篇》又限切，是此與"剗"爲同音之字。今合併爲一類。

⑧ 《廣韻》線韻"徧"方見切，移入霰韻。

⑨ 線韻"徧"方見切，《王一》《王二》《唐韻》均入霰韻。

歌一類	哿一類	箇一類	
戈三類	果一類	過一類①	
麻三類	馬三類	禡三類	
陽二類	養二類	漾二類	藥二類
唐二類	蕩二類	宕二類	鐸二類
庚四類	梗四類	映四類	陌三類
耕二類	耿一類	諍二類②	麥二類
清二類	靜二類	勁二類③	昔二類
青二類	迥二類	徑二類④	錫二類
蒸一類	拯一類	證一類	職二類⑤
登二類	等一類	嶝一類	德二類
尤一類	有一類	宥一類	
侯一類	厚一類	候一類	
幽一類	黝一類	幼一類	
侵二類	寢二類	沁一類	緝二類
覃一類	感一類	勘一類	合一類
談一類	敢一類	闞一類	盍一類
鹽二類	琰二類	豔二類	葉二類
添一類	忝一類	㮇一類	怗一類
咸一類	豏一類	陷一類	洽一類
銜一類	檻一類	鑑一類	狎一類
嚴一類	儼一類	釅一類	業一類⑥

① 戈韻陳氏分爲遌脞兩類，案當分爲三類。戈韻"䶢"許肥切，陳氏從明本改作許戈切，故以"戈䶢"爲一類矣。"䶢"《切三》云無反語，是與戈類音不同。《王一》作火戈反，《王二》希波反，以無同類之字故取"戈波"切之也。今以"䶢瘸"別爲一類。又"腁"《廣韻》醋伽切，與"迦佉"爲一類。案"迦"《切韻》云：無反語，㖛之平聲，"㖛"藥韻開口字也，即云"㖛"之平聲，是與"戈䶢"均不同類，故定戈韻爲三類。論其讀音，蓋戈讀爲ua，迦讀爲ia，䶢讀爲iua。○果韻"硰"作可切，"可"在哿韻，此當移入哿韻。○過韻"磋"七過切，《王一》作七箇切，"箇"乃箇韻字。此當移入箇韻。

② 諍韻陳氏定爲一類。案"轟"呼迸切，"鞞迸"不同類，"鞞迸"開口，"轟"合口也。今以轟字自爲一類。

③ 勁韻陳氏定爲一類。案"夐"休正切與"政盛"非一類，"政"開口，"夐"合口也，今以夐字自爲一類。

④ 徑韻陳氏定爲一類。案"鎣"烏定切，與"徑定"非一類，"定"開口，"鎣"合口也，今以鎣字自爲一類。

⑤ 職韻陳氏定爲一類。案"域"雨逼切，"洫"況逼切，二字與"直逼"非一類，"逼"開口，"域洫"合口也，今分"域洫"別爲合口一類。

⑥ 凡范梵乏四韻開口字宜入此。釅韻"萎"亡劍切，案《王一》此字在梵韻，音妄泛反。

　　凡一類　　　　范一類　　　　梵一類　　　　乏一類^①

以上所列凡 324 類,較陳氏所定多 13 類,然支脂仙宵侵鹽諸韻(舉平賅上去入)之分類,皆以《廣韻》之切語爲定,古人之讀音究竟如何分辨,不能盡詳矣(若定支脂仙各有開合二類,宵侵鹽各有開口一類,則 324 爲 296)。

六、餘　論

　　陳氏《切韻考》疏謬之處,辨析已明。惟《廣韻》之反切於聲紐韻類不合者多,陳氏猶有未及訂正者,今補疏於後:

　　一曰切語下字與韻類不合者:案《廣韻》中切語下字與韻類不合者,陳氏多據大徐《説文》、小徐《説文韻譜》刊正之矣。惟支韻"厜"姊宜切,《切二》《切三》《王一》《王二》均作姊規反,與《爾雅釋文》《原本玉篇》合。案"規、宜"韻不同類,"宜"開口,"規"合口也。"厜"從垂聲,當讀合口,是姊宜切當從《切韻》作姊規切也。又皆韻"崴"乙皆切,《切三》《王一》均作乙乖反,《萬象名義》作烏懷反。案"乖、皆"韻不同類,"皆"開口,"乖"合口也,"崴"從威聲,當讀合口,是乙皆切當從《切韻》作乙乖切也。又盍韻"囃"倉雜切,案"雜"爲合韻字,《王一》作倉臘反,是也。此作倉雜,"雜"當爲誤字。《玉篇》音七盍切可證。陳氏以爲此乃合韻之增加字而誤入此韻者,非是。又如線韻"徧"方見切,陳氏云:"見字在三十二霰,誤也。"案《王一》《王二》《唐韻》此字均入霰韻,《王韻》作博見反,《唐韻》作博燕反,是《廣韻》此字入線韻誤矣。

　　二曰切語上字有與聲類不合者:如真韻"真"側鄰切,案真軫震質四聲相承爲一紐,"軫"章忍切,"震"章刃切,"質"之日切,上字均爲照母三等字,"真"作側鄰切,則爲照母二等字矣。《切三》作職鄰反是也,當據正。又線韻"衍"于線切,案"衍"又見獮韻,音以淺切,"于、以"聲類不合。《唐韻》線韻"衍"作予線反,正合。當據正。又梗韻"𤖤",澤存堂本作呼瞢切,誤。北宋本、黎本作乎瞢切,是也。𤖤,《周禮·地官》劉昌宗音侯猛反,《集韻》音胡猛切,本紐濛字《玉篇》音户猛切,"侯胡户乎"聲同一類,可證"呼"當作"乎"無疑。

　　以上陳氏均未深考,不辨其誤。雖然,前輩之書終不可厚非,蓋創始之功難,補苴之事易也。彼能發明義例,闡啟閭奧,固非淺學寡見者可比,第考古之功多,審音之功尠,故瑜不掩瑕耳。

---

^①　凡范梵乏四韻脣音字爲合口一類,考辨見上。○釅韻"菱"移入梵韻。

若論審音之法,要不外四種:一曰反切,二曰等韻,三曰諧聲音系,四曰現代方音。四者缺一不可。由反切以考古音,固爲不易之法,然而反切偶有疏舛處,則不得不借助等韻矣。等韻之學本在説明反切,宋人等韻圖如《韻鏡》《七音略》等即以《廣韻》爲本,分析音素,嚴辨開合,列爲轉圖,以盡括所有之音切。凡由反切不能明其究竟者,則往往於等韻圖上得其指歸。以洪細而論:凡《廣韻》一韻内兼具二類三類者反切字每每糾繆不得其解。如東韻有一、三兩類,反切用字分判甚清,惟去聲送韻脣音三等字之反切與一等字通用,《切韻考》均以反切爲定,則誤以三等字與一等字同列矣。

送韻一等	送韻三等
貢古送切 《王一》《王二》同	
送蘇弄切 《王一》《王二》同	
弄盧貢切 《王一》《王二》同	
	諷方鳳切 《王二》同
	賵撫鳳切 《王二》撫鳳反
	鳳馮貢切 《王一》《王二》同
幪莫弄切 《王二》同	夢莫鳳切 《王一》同,又莫中反 《王二》莫諷反

觀上所列鳳字以貢字爲切,自唐人已然。惟於反切之理不合。宋人等韻圖列"諷賵"等字爲三等,可知與一等字韻非同類也。陳氏精於等韻之學,若《七音略》《四聲等子》《切韻指掌圖》《切韻指南》,無所不窺,深知等韻之弊(見《外篇·後論》);然等韻之爲用,及其與韻書相得益彰之妙,則未曾觸類引申,恢弘其道也。宋人等韻圖以《韻鏡》《七音略》爲古,《韻鏡》陳氏未及見之,《七音略》則已寓目。至如送韻"幪夢"二字據《七音略》韻非一類,"幪"爲一等,"夢"爲三等,確然可以憑依者,陳氏皆疏於考究,猥以"幪、夢"音同,列"夢"爲一等,而幪字不録,爲謬亦甚!案東韻"蒙"莫紅切,"曹"莫中切,"蒙、曹"洪細有別;此送韻之"幪、夢"正與東韻之"蒙、曹"相承。"蒙幪"爲一等字,"曹夢"爲三等字。依平去二聲互注又音以考之,則相承之迹尤顯然無疑義也。

東　韻	送　韻
○蒙莫紅切	
幪又莫弄切	○幪莫弄切
朦又武用切	朦又音蒙
雺霿上同	霿

東　韻	送　韻
○㚯莫中切 夢又武仲切	○㝱莫鳳切 夢上同，又亡中切 霿

如此可知考定韻類之洪細，以等韻與反切互相參比，實爲必要。若再以開合而論：則等韻圖較韻書之反切尤可憑藉。蓋韻書反切往往開合用字有不分者。至於韻圖則開合分爲二圖，何者爲開，何者爲合，至賾而不可亂。等韻之學專主審音，宋人爲等韻圖者即寓口舌脣吻之經驗，以實際之語音表現於圖內。故以此參覈韻書之反切，庶可得古音之真象也。如上文所舉職韻"域淢"二字，陳氏依反切下字與職韻之開口係爲一類矣，若以等韻圖正之，則"域淢"爲合口字也。又如紙韻：

企丘弭切　又去智切　　　　　　跂丘弭切　　赽上同

二者反切均作丘弭切，是當爲一音無疑矣，然依等韻圖則"企"爲開口，"跂"爲合口，二者迥異。《切韻考》一以反切爲準，"企、跂"反切既同，陳氏乃不録企字，《外篇》爲等韻而設，亦未顧及，是陳氏不能善用等韻圖明矣。

　　如上所論，一字之反切依其下字有不能定其開合洪細者，藉等韻圖固能稍稍辨明矣。然宋人之等韻圖雖多與實際語音相合，而語言中不常用之字爲韻圖者則未必深考其本末原由，惟據韻書之反切分別入圖而已。等韻本在説明韻書之反切，於此等處既一一與韻書相合，誠無間言。然精明於審音者，尤在能知反切與等韻之誤也。間嘗尋繹之，以爲反切等韻之所不能解者，由諧聲音系有可以得其涯略者，如質韻颭字于筆切，依反切下字定其開合，則"筆"開口字也，"颭"亦當爲開口字，復考之等韻圖，則《韻鏡》此字亦列爲開口（外轉第十七開口類，據寬永本），《七音略》開合並收其字（據元至治通志本），似爲疑莫能明者。然則此字爲開乎，爲合乎？今從諧聲音系證之，"颭"《説文》大小徐本均作曰聲，段氏改爲曰聲，是也，案凡從曰聲之字皆爲合口字，如：

曰王伐切（于月）　合口　　　　颭于筆切（于質）　　冃于筆切　汩于筆切

汩古忽切（見没）　合口　　　　吷夷質切（喻質）

吷餘律切（喻術）　合口　　　　搰户骨切（匣没）　合口

準此，颭字必讀爲合口無疑。又晉庾闡《海賦》云："回颭泱溙，礐散穹隆。""回、颭"雙聲，同爲合口字，是從聯綿詞之讀法上亦可推知其聲類等呼也。然則陳氏以此字與"乙筆密"諸字列爲開口一類，誤矣。又如薛韻"焆"於列切（《王一》

同），依反切及韻圖均爲開口字，若從諧聲證之，則從肙之字尠有讀爲開口者。

肙烏縣切(霰)	餶同音	涓古玄切(先)	睊菁鵑焆鞙同音
痌烏玄切(先)	弲削蜎同音	鋗火玄切(先)	駽圓裪同音
娟於緣切(仙)	悁蜎峭同音	圓似宣切(仙)	
捐與專切(仙)		弲許緣切(仙)	
埍姑泫切(銑)	罥同音	琄胡畎切(銑)	埍鞙䏓同音
蜎狂兖切(獼)		䮋古縣切(霰)	瓹䤡狷罥同音
駽許縣切(霰)		捐吉掾切(線)	狷同音
焆於決切(屑)		焆於列切(薛)	

由此觀之，“焆”之讀爲合口已無疑義。且此字又音於決切、古玄切，亦合口也。大徐《説文》作因悅切，亦是一證。以上二者皆從諧聲音系以證字音之例，確爲審音之別一蹊徑。

至於憑藉現代方音以推證古音，爲近代印歐語言學家最常用之方法。故欲求審音精密，不可不與口語相驗也，例如陽韻脣音字“方芳房亡”《韻鏡》《七音略》均爲開口，《切韻考》據反切系聯亦爲開口。然現代方音多讀爲輕脣音 f（汕頭、福州讀 hu，文水讀 xu）。可知古人當讀同合口一類也（脣音聲母於三等合口前變輕脣）。等韻圖及《切韻考》之列爲開口，其誤昭然可辨。

即此四法，交相爲用，以定一字之音，雖不中亦不遠矣。因論陳氏之書，故表而出之，審音之士儻不以爲謬乎。

1940 年 2 月 1 日

*《廣韻》中支脂真仙宵鹽等韻之重紐與上古音有關，近人已有文專門討論此問題。見 1945 年所印《六同別錄》。

宋代汴洛語音考

一、序　言

　　夫語音有方俗之異，自古而然。未有韻書之前，固無論矣，即有韻書之後，字有定音，而四方之人，語音各異，其間輕重清濁，亦不能與之盡合。蓋自韻書之興，遠自魏晉，下至齊梁，作者不絕，其始則以方音爲本，及至隋陸法言修《切韻》，尚論古今通塞，南北是非，乃獨成一家之製，而非一時一地之音矣。第其書精審博贍，遠越前人，故至唐宋獨爲科令所宗，莫或廢替。然而語音隨時轉移，迭有更變，文人抒寫情性，發爲歌詠，無庸與韻書盡合，故研究唐宋兩代語音，不可只談韻書而忽略實際語言材料。近代馬伯樂（H. Maspero）取域外方音及梵漢對音以考唐代長安方言，羅莘田先生取藏漢譯音及《開蒙要訓》以求唐五代西北方音，皆別闢蹊徑，而能有所建樹者，職是故也。若乃論及宋代，則迄今尚無撰述見稱於世。比者讀邵雍《皇極經世書聲音倡和圖》，頗怪其分聲析韻與《廣韻》大相徑庭，及取其《擊壤集》讀之，觀其詩文之協韻，無不與圖相合，方知此書實爲特出，原不以韻書自拘。其分辨聲母雖未脫宋人三十六母之窠臼，而能以時音爲重，迥非當時之等韻圖所可比擬。由是乃悟欲考宋代語音，所資雖多，此其選矣。至其語音之方域，史稱雍之先世本籍范陽，幼從父徙共城，晚遷河南，高蹈不仕，居伊洛間垂三十年，是其音即洛邑之方音矣。然猶未敢自信也。洎以河南人氏如二程、尹洙、陳與義四家之詩考之，果皆若合符節，因而覃精極思，以《擊壤集》及諸家之作與等韻音理相參，爲《聲音倡和圖解》一卷，以詮發其要。於是洛邑之音始有可考。比思宋之汴梁去洛未遠，車軌交錯，冠蓋頻繁，則其語音亦必相近。及取汴京畿輔人士之詩文證之，韻類果無以異。即是而推，則邵氏之書不僅爲洛邑之方音，亦即當時中州之恆言矣。爰又以《圖解》與諸家詩韻比證，廣爲是篇，曲衍旁通，而詳爲之説，俾世之言宋代語音史者有以考焉。

二、《皇極經世書聲音圖》解

　　邵雍《皇極經世書》，本言數理之學。全書凡十二卷，一至六爲《元會運世》,七至十爲《律吕聲音》,十一十二則爲《觀物篇》(本其子伯温説及祝泌《觀物篇解》)。其《律吕聲音》之部共爲四卷,每卷四篇,四卷凡十六篇(《觀物篇解》之第三十五至第五十)。一篇之中,上列聲圖,下列音圖。全書共三十二圖。其所謂聲者,韻類也;音者,字母也。聲之大類有十,音之大類有十二。而同屬一聲者,又有闢翕與平上去入之分。同屬一音者,又有清濁與開發收閉之異。有其音而無其字者,則以方(□)足之;有其聲而無其字者,則以圓(○)足之;無其聲其音者,則以實點及墨方(●■)分識之。每篇上所以列聲下所以列音者,蓋又以上下分天地焉。上爲天之用聲,下爲地之用音,以天倡地,以地和天,則聲音之數無窮。故其書每篇之後復列音和律聲倡吕二圖,以分辨清濁,合會衆音。其所謂律者聲也,吕者音也。律爲倡,吕爲和,律吕相倡和,即等韻圖聲韻相切之法。是爲邵氏立圖之本旨。若夫取天之四象日月星辰以配平上去入四聲,取地之四象水火土石以配開發收閉四等,則事涉理數,無關體要。今但舉其聲例音例於後:

聲　例

　　　日日聲平闢　　　多良千刀妻宫心●●●
　　　日月聲平翕　　　禾光元毛衰龍○●●●
　　　日星聲平闢　　　開丁臣牛○魚男●●●
　　　日辰聲平翕　　　回兄君○龜烏○●●●
　　　月日聲上闢　　　可兩典早子孔審●●●
　　　月月聲上翕　　　火廣犬寶○甬○●●●
　　　月星聲上闢　　　宰井引斗○鼠坎●●●
　　　月辰聲上翕　　　每永允○水虎○●●●
　　　星日聲去闢　　　个向旦孝四象禁●●●
　　　星月聲去翕　　　化況半報帥用○●●●
　　　星星聲去闢　　　愛亘艮奏○去欠●●●
　　　星辰聲去翕　　　退瑩巽○貴兔○●●●
　　　辰日聲入闢　　　舌○○岳日○○○
　　　辰月聲入翕　　　八○○霍骨○十●●●
　　　辰星聲入闢　　　○○○六德○○●●●
　　　辰辰聲入翕　　　○○○玉北○妾●●●

音　例

```
水水音開清    古黑安夫卜東乃走思■■■
水火音開濁    □黃□父步兌内自寺■■■
水土音開清    坤五母武普土老草□■■■
水石音開濁    □吾目文旁同鹿曹□■■■
火水音發清    甲花亞法百丹妳哉三山莊卓
火火音發濁    □華爻凡白大南在□士乍宅
火土音發清    巧瓦馬晚朴貪冷采□□叉圻
火石音發濁    □牙兒萬排覃挲才□□崇茶
土水音收清    九香乙□丙帝女足星手震中
土火音收濁    近雄王□葡弟年匠象石□直
土土音收清    丘仰美□品天呂七□耳赤丑
土石音收濁    乾月眉□平田離全□二辰呈
石水音閉清    癸血一飛必■■■■■■■
石火音閉濁    揆賢寅吷鼻■■■■■■
石土音閉清    弃□米尾匹■■■■■■
石石音閉濁    蚋堯民未瓶■■■■■■
```

　　以上但就每篇小圖而言。然今本《經世書》三十二圖之前復有正聲正音總圖，乃騶括全書而作。此雖非邵氏原文，實爲諸圖之起例，蓋宋蔡季通輩所爲由博反約者也（本清王植《皇極經世解》之說。熊士伯《等切元聲》以爲卷首之起例爲邵氏原文殆誤）。同時祝泌《觀物篇解》卷四日日聲平闢後亦列有一百五十二音圖及一百一十二聲圖，與《經世》卷首所列者並同，其爲全書之錧鍵可知。故欲通邵氏之說者當自此始。今即敷暢其義，略論聲韻之大別，以明當時語音之真相。至如前代之解此書者固衆，如明袁子讓《字學元元》，清熊士伯《等切元聲》、李光地《等韻辨疑》、江永《音學辨微》，皆能有所闡發。然而拘沈起滯，審韻定音，足以觀其會通者，實不多覯。故融貫全書，折衷群言，別爲之解。舊說之有闕失者，間亦爲之補正。惟祝泌、黃畿者流（黃畿明香山人，有《皇極經世書解》），解此書喜以聲起數，以數合卦，則蕪雜支蔓，玄而不根，無足取焉。

（1）正音圖解

邵氏總括十二音圖 開發收閉 水火土石		明袁子讓《字學元元》所分三十六母及其清濁	清熊士伯《等切元聲》所列三十六字母及通攝例字	李光地《等韻辨疑》所注字母	讀音	
					《切韻》聲類	宋代汴洛語音
音一	清古甲九癸	見之清	見公	見之清	k……	……k
	濁□□近揆	群之濁疑亦作見	見公	南音群之濁	g'……	g…k
	清坤巧丘弃	溪之清	溪空	溪之清	k'……	……k'
	濁□□乾虯	群之濁	群頄	北音群之濁	g'……	……k'
音二	清黑花香血	曉之清	曉烘	曉之清	x……	……x
	濁黃華雄賢	匣之濁	匣紅	匣之濁	ɣ……	ɣ…x
	清五瓦仰□	疑之半清	疑嶷	疑之清	ng……	o、ɣ
	濁吾牙月堯	疑之半濁	疑嶷	疑之濁	ng……	……ng
音三	清安亞乙一	影之清	影翁	影之清	ʔ……	……o
	濁□爻王寅	喻之濁爻借匣	喻○ 以上十音喉	喻之濁	j……	……o
	清母馬美米	明之半清	明蒙	明之清	m……	…m(mb)
	濁目兒眉民	明之半濁	明蒙	明之濁	m……	……m
音四	清夫法□飛	非敷之清	非風敷同非	非之清	pf pf'……	……f
	濁父凡□吠	奉之濁	奉馮	奉之濁	bv'……	v…f
	清武晚□尾	微之半清	微○	敷之清	ɱ……	……o、v
	濁文萬□未	微之半濁	微○	微之濁	ɱ……	……ɱ
音五	清卜百丙必	幫之清	幫○	幫之清	p……	……p
	濁步白備鼻	並之濁疑亦作幫	幫○	南音並之濁	b'……	b…p
	清普扑品匹	滂之清	滂逢	滂之清	p'……	……p'
	濁旁排平瓶	並之濁	並蓬以上十音唇	北音並之濁	b'……	……p'
音六	清東丹帝■	端之清	端東	端之清	t……	……t
	濁兌大弟■	定之濁疑亦作端	端東	南音定之濁	d'……	d…t
	清土貪天■	透之清	透通	透之清	t'……	……t'
	濁同覃田■	定之濁	定同	北音定之濁	d'……	……t'
音七	清乃妳女■	孃之清	泥孃孃同泥	泥之清	n……	……n
	濁内南年■	泥之濁	泥孃	泥之清	n……	……n
	清老冷吕■	來之半清	來籠	來之清	l……	……l
	清鹿犖離■	來之半濁	來籠以上八音舌	來之濁	l……	……l

續表

邵氏總括十二音圖 開發收閉 水火土石	明袁子讓《字學元元》所分三十六母及其清濁	清熊士伯《等切元聲》所列三十六字母及通攝例字	李光地《等韻辨疑》所注字母	讀音	
				《切韻》聲類	宋代汴洛語音
音八 清走哉足■	精之濁	精葼	精之清	ts……	……ts
音八 濁自在匠■	從之濁疑亦作精	(精)(叜)	南音從之濁	dz'……	dz……ts
音八 清草采七■	清之清	清恩	清之清	ts'……	……ts'
音八 濁曹才全■	從之濁	從叢	北音從之濁	dz'……	……ts'
音九 清思三星■	心之清	心檅	心之清	s……	……s
音九 濁寺□象■	邪之濁	邪○	邪之濁	z……	……s
音九 清□□□■		○○	此行係清聲而無字蓋日字輕齒之清聲		當爲鼻音n之一類
音九 濁□□□■		○○以上八音牙	此行係濁聲而無字蓋日字輕齒之濁聲		當爲鼻音n之一類
音十 清■山手■	審之清	審春	審之清	ś、ṣ……	……ṣ
音十 濁■士石■	禪之濁士借牀	禪鱸	禪之濁	ź、dẓ'……	……ṣ
音十 清■□耳■	日之半清	(日)(戎)	日之清	ńź……	……o、ẓ
音十 濁■□二■	日之半濁	日戎	日之濁	ńź……	……ń
音十一 清■莊震■	照之清	照鍾	照之清	tś、tṣ……	……tṣ
音十一 濁■乍□■	牀之濁疑亦作照	(照)(鍾)	南音牀之濁	dź、dẓ……	dẓ……tṣ
音十一 清■叉赤■	穿之清	穿衝	穿之清	tś、tṣ……	……tṣ'
音十一 濁■崇辰■	牀之濁辰借禪	牀崇以上八音齒	北音牀之濁	dź、dẓ……	……tṣ'
音十二 清■卓中■	知之清	知中	知之清	t̂……	……tṣ
音十二 濁■宅直■	澄之濁疑亦作知	(知)(中)	南音澄之濁	d̂'……	dẓ……tṣ
音十二 清■坼丑■	徹之清	徹踵	徹之清	t̂'……	……tṣ'
音十二 濁■茶呈■	澄之濁	澄重	北音澄之濁	d̂'……	……tṣ'

　　上圖十二音,每音四位,全圖共四十八位,等韻字母爲數三十有六,而此多十二。其中聲音之排列,皆各以類從。論部位,則一至十爲牙喉音,十一至二十爲脣音,二十一至二十八爲舌音,二十九至三十六爲齒頭音,三十七至四十爲正齒音,四十一至四十八爲舌上音。論方法,則音之一、五、六、八、十一、十二皆爲塞聲及塞擦音,而一音之中,其第一位皆爲清音,第三位爲次清,第二第四兩位統爲全濁。音之二、四、九、十則爲摩擦音及鼻音,而一音之中,其第一位爲次清,二、三、四爲次濁。至於音三則爲破裂音、摩擦音及鼻音,其第一位爲清音,二、三、四爲次濁。音七則爲鼻音及邊音,而四位均爲次濁。總之,論其聲音連

屬之次第,五音之部位甚爲分明。然其所分十二音中每音所攝之聲紐,則不盡屬於同一部位,如音三以影喻與明母同列是也。蓋邵氏言數理之學,每音必分四片,其塞聲及塞擦聲清濁相配,固秩然有序(如音之一、五、八、十一、十二是也),而摩擦音則大半與鼻音相次,義例如是,且爲四片之數所拘,故審音稍有未當。若與宋人三十六母相較,則非敷合而爲一,泥娘合而爲一,皆其特異者也。次則全濁聲母皆分之爲二,一與相對之清音相配,一與相對之次清音相配;而次濁之鼻音邊音諸母亦各分爲二類,一類爲上聲字,歸之於清,一類爲平去入三聲之字,歸之於濁;此並與字母家之説不同。然其間皆有微意存焉。今依次推闡之。

音一"古甲九癸"爲等韻之見母,"坤巧丘弃"爲等韻之溪母,一爲全清,一爲次清,此極易辨者也。至於"近揆"二字與"乾虯"二字皆屬全濁群母一類,今邵氏以仄聲之"近揆"與見母相配,以平聲之"乾虯"與溪母相配,蓋全濁之仄聲已讀同全清,全濁之平聲已讀同次清矣。此與今日北方語音正合。明袁子讓謂"近揆"疑亦作見,清熊士伯謂群去同見並是。惟邵氏仍墨守字母家之舊説,故仍列爲濁音耳。江氏《音學辨微》"榕村《等韻辨疑》正誤"論《皇極經世》韻云:"按群母一耳,近揆與乾虯同是一位之音,今乃分爲二聲,此愚所謂溺於習俗,呼仄聲最重者反轉爲輕,遂干最清音之虛位者也。明者知此理,矯其輕者重呼之則得矣,豈可歧爲二聲?《經世》分之,遂有四十八聲之圖,不可爲典要也。"此所謂溺於習俗,正邵氏之方言也。江氏習於等韻字母之説,以爲"三十六母如天造地設,不可移易",故不以邵氏之圖爲然,殊不知其與等韻本不同物,未可强此就彼。至若李榕村謂"近揆"即等韻南音群字之濁聲,"乾虯"即等韻北音群字之濁聲,以音之南北論,其誤江氏固已辨之矣,兹不贅云。

音二爲曉匣疑三母,曉匣二母,高本漢所擬《切韻》讀音爲舌根摩擦音 x、ɣ,今開封音一等均讀爲 x,三、四等均讀爲 ɕ,已不分清濁矣。依邵氏圖例觀之,邪母之仄聲當讀爲心,禪母之仄聲當讀爲審,是摩擦音之濁聲皆已變爲清聲,然則匣母亦將由濁變清,而與曉同科,今故擬爲清音。又雄字《廣韻》羽弓切,《集韻》胡弓切,此與《集韻》合。若夫疑母本爲次濁鼻音,今圖中分爲兩類,以"五瓦仰囗"爲清音,"吾牙月堯"爲濁音,與等韻不同。江永云:"疑字無清聲,不當分二聲。"案邵氏所列"五瓦仰"皆爲上聲字,蓋 ng 已漸由鼻音變爲口音,由口音而失去聲母,故獨成一類。高本漢《中國音韻學研究》曾謂鼻音疑母之失落,其始必先變爲同部位之摩擦音 ɣ,ɣ 在方言中往往失落,故後世讀與喻母相混

（見《中國音韻學研究》譯本 261 頁）。考宋代洛陽語音其上聲字必已逐漸演變爲口音 ɣ，甚至失去聲母，而其他三聲字則未全變，故邵氏分疑母爲兩類，一爲清，一爲濁，清音既與曉匣相同，故亦合爲一音。今開封疑母開口一等字猶讀爲 ɣ，即鼻音變爲口音之遺迹也。

音三爲影喻明三母，"安亞乙一"爲影母，"口爻王寅"爲喻母，"母馬美米目兒眉民"爲明母。江永云："喉音脣音不當合爲一類。爻，何交切，匣母，非喻母。明字無清，不當分二聲。"案江云喉脣二音不當合爲一類是也，此蓋影喻無其他鼻音可配，故不得已而以明母足之。影喻二母之讀音，以現代方音推之，當爲無聲母之一類。今日開封影母一等開口讀 ɣ，與疑母相同，蓋爲類推之變化（analogic change）。圖中喻母一類之爻字《廣韻》何交切，屬匣母，邵氏列入喻母與今日北方讀爻如遙正同。喻母三等之王字本爲匣母之細音，與四等之寅字 j 有別，至唐代漸讀爲一類，沿及宋代皆變爲無聲母之一類矣。惟今開封音止攝合口喻母四等讀 vi，三等讀 ui，似猶有界畫可言。推原其故，蓋喻三由匣母細音而讀爲無聲母一類，皆由 ɣ 音之失落所致。喻四之讀爲 v，則由於 j 與 u 相連而演成者也。若乃明母之分爲清濁兩類，正與疑母相似。其清聲均爲上聲字，濁聲則兼括平去入三聲。濁聲古讀爲 m 固無疑義，而清聲之音，蓋濁音成分較少，或因聲調之關係，讀如西北音之 mb。今日之河南音，"母馬美米"仍與明母無異。

音四爲等韻非敷奉微四母。敷母雖未出字，實與非母相同。袁子讓、熊士伯之說是也。考非敷之讀同一類，原不自宋始，唐五代之際已然（見羅莘田先生《唐五代西北方音》17—18、163 頁）。至其讀音，或擬爲 pfʻ，或擬爲 f，均無不可，然以前後圖例考之，當已讀爲摩擦音 f。若夫奉母本爲濁音，今邵氏取"父凡吠"三字不分平仄而與非母相配，其讀音蓋亦與非母無異矣。非敷奉之後，則爲微母兩類。"武晚尾"爲上聲字屬清，"文萬未"爲平去二聲字屬濁（李光地謂"武晚未"爲敷之清非是）。論其音值，後一類當讀爲脣齒音 ɱ，與《切韻》音無異；前一類則殆已由鼻音 ɱ 變爲口部摩擦音 v。其合口字或又並摩擦音而失之矣。此與疑母之演變相同。又邵氏於一音之中皆分開發收閉四類，前人謂此即等韻圖之四等。今細考之，其相合者固多，其不合者，亦屢見不鮮。如此音所列皆三等字，不屬收而分屬開發閉三類是也。推論其故，蓋因"夫父武"之韻母讀爲 u，故列爲開，"法凡晚"之韻母讀爲 ap、am、an，故列爲發，而"飛吠尾"之韻母讀爲 uei，故列爲閉。此皆從時音而不從等韻者也。

音五爲幫滂並三母。並母之仄聲與平聲分爲兩類,依音一見溪群之例觀之,其仄聲一類當讀同幫母;其平聲一類當讀同滂母。

音六爲端透定三母。定母之仄聲與平聲分爲兩類,依音一、音五之例推之,濁母之仄聲當讀同全清,濁母之平聲當讀同次清。又此音所舉發音一類"丹大貪覃"諸字,等韻均屬一等,其收音一類"帝弟天田"諸字均屬四等,邵氏不從等韻者,蓋當時一等韻與二等韻讀爲一類(元音爲 a),三等韻與四等韻讀爲一類(具有 i 介音),故圖中一等字可列爲發,四等字可列爲收也。

音七爲泥來二母。江永云:"泥來無清,不當分二聲。又乃妳二字泥母舌頭音,女字孃母舌上音,不當混孃於泥,四十八聲又闕孃母。"案"乃妳女"三字均爲上聲,然《廣韻》"乃"奴亥切,"妳"奴蟹切,"女"尼呂切,三字不同類。今合而不分,蓋宋代洛陽泥母上聲已與孃母讀爲一類矣。邵氏泥母分爲兩類者,蓋泥上聲字濁音成分少,平去入三聲字濁音成分多,故分之爲二。至如來母之兩類,其清聲"老冷吕"諸字亦均爲上聲,與泥母之分爲兩類性質相同。圖中來母與端透定泥相次,與發音原理最合,李光地謂《經世》併來於舌,併日於齒,此二處高於等韻,是矣。又冷字本爲四等字,今列爲發一類,是冷字讀-əng 而不讀-ing。

音八爲精清從三母。從母之仄聲當讀如精母,其平聲當讀如清母。又自字爲四等字,今列爲一等,與等韻不同,蓋精組之字,其韻已讀爲 ɿ,故等次亦變,此與《切韻指掌圖》合。下音九之"思、寺"並同。

音九爲心邪二母。邪母字"寺象"均爲仄聲,當讀同心母。其平聲依現代開封音推之,當讀同清母。又本音三、四兩位有音無字,李光地所云近似。然江氏《音學辨微》云:"輕齒,齒頭也,齒音惟日字爲半齒,若齒頭心邪之後不得復有餘音,既無其字,亦無其聲,徒贅此兩位耳。"

音十爲審禪日三母。其第一位"山手"二字爲審母,"山"爲二等字,"手"爲三等字,考審母古音二、三等有別,今歸爲一類,是讀音無異也。本音第二位爲"士石"二字,"石"爲禪母字,"士"則牀母二等字。今牀母二等仄聲開口字與禪母同列,是二者音爲一類矣。若論審禪二母之音值,依現代方音推之,審母與禪母仄聲當讀爲 ʂ,禪母平聲則當讀爲 tʂʻ。至於日母之分爲清濁兩類,與疑微二母之例相同。"耳"爲上聲,殆已由鼻音變爲口音,故獨成一類。即由 ńʐ 變而爲 ź,ź 硬化之後乃讀爲 ʐ,故圖中與 ʂ 相配。後世 ʐ 又變爲 œ,則爲今日開封、洛陽之方音矣(參看《中國音韻學研究》譯本 341 頁)。日母之其他一類仍讀爲鼻音,故歸之於濁耳。

音十一爲照穿牀三母。照穿二母兩等同列，當讀同一音。此自唐五代已然。今擬爲齒上音 tṣ、tṣʻ。牀母二等仄聲則讀同全清，故與照母相配。牀母二等之平聲則讀同次清，故與穿母相配。至於牀母平聲一類所舉之辰字本爲禪母字，今與崇字同列，是禪母之平聲與牀母平聲讀音相同，其仄聲讀同審母，而平聲除止攝外則讀同穿母矣。牀母三等未列字，當與二等平聲字讀音相同。

音十二爲知徹澄三母。澄母復分爲兩類，其仄聲讀同全清，故與知母相配；其平聲讀同次清，故與徹母相配。考本組與照穿牀相次，而不與端透定相次，其讀音或已與照母相混。清修《性理精義》云：“知徹澄娘等韻本爲舌音，不知何時變入齒音。等韻次於舌音之後，《經世》次於齒音之後，則疑邵子之時此音已變也。”如是則《經世》之併知徹澄於照穿牀已啟後世刪併字母之漸矣（如元陳晉翁《切韻指掌圖節要》之三十二母，有知徹澄而無照穿牀是也）。

綜上觀之，十二音之音讀大體均有可考，惟三等字是否因腭化而與一、二等字之讀音有異，尚不能定。若以現代方音推之，宋代必已肇其端，惜在圖中無由考見之耳。

（2）正聲圖解

邵氏所分十聲(下注《廣韻》韻目) 平　上　去　入 日　月　星　辰		袁子讓所分韻攝及開合	熊士伯所分韻攝及開合	讀　音	
				平上去三聲	入聲(促音)
聲一	闢 多歌可哿个箇舌薛	果之開	果假 開合	a　ia	
	翕 禾戈火果化禡八黠	果假之合		ua	a　ia
	闢 開咍宰海愛代〇	蟹之開	蟹 開合	ai	ua　ya
	翕 回灰每賄退隊〇	蟹之合		uai	
聲二	闢 良陽兩養向漾〇	宕之開	宕江 開合	ang iang	
	翕 光唐廣蕩況漾〇	宕之合		uang	
	闢 丁青井靜亘嶝〇	曾梗之開	梗曾 開合	əng ing	
	翕 兄庚永梗瑩徑〇	曾梗之合		uəng yəng	
聲三	闢 千先典銑旦翰〇	山之開	山 開合	an ian	
	翕 元元犬銑半換〇	山之合		uan yan	
	闢 臣真引軫艮恨〇	臻之開	臻 開合	ən in	
	翕 君文允準巽恩〇	臻之合		uən yən	

邵氏所分十聲(下注《廣韻》韻目) 平　上　去　入 日　月　星　辰		袁子讓所分 韻攝及開合	熊士伯所分 韻攝及開合	讀音	
				平上去三聲	入聲(促音)
聲四	闢 刀豪早皓孝效岳覺	效之開	效獨	au iɑu（uau）	ɔ iɔ yɔ
	翕 毛豪寶皓報號霍鐸	效之合			uɔ
	闢 牛尤斗厚奏候六屋	流之開	流獨	ou iou u 非	u
	翕 ○ ○ ○ 玉燭	流之合			y
聲五	闢 妻齊子止四至日質	止蟹之開	止蟹開合	ɿ精 ʅ知	ei ɿ ʅ iə
	翕 衰脂○ 帥至骨没	止蟹之合		ui	uə yə
	闢 ○ ○ ○ 德德	止蟹之開	止開合	ei	ei
	翕 龜脂水旨貴未北德	止蟹之合		uei	uei
聲六	闢 宮東孔董衆送○	通之開	通獨	ung	
	翕 龍鍾甬腫用用○	通之合		yng	
	闢 魚魚鼠語去御○	遇之開	遇獨	y	
	翕 烏模虎姥兔暮○	遇之合		u	
聲七	闢 心侵審寢禁沁○	深之開	深獨	im	ip（iup）（入字）
	翕 ○ ○ ○ 十緝	深之合			
	闢 大覃坎感欠梵○	咸之開	咸開合	am iam	ap iap（uap）（乏字）
	翕 ○ ○ ○ 妾葉	咸之合			
聲八	闢● ● ● ●				
	翕● ● ● ●				
	闢● ● ● ●				
	翕● ● ● ●				
聲九	闢● ● ● ●				
	翕● ● ● ●				
	闢● ● ● ●				
	翕● ● ● ●				
聲十	闢● ● ● ●				
	翕● ● ● ●				
	闢● ● ● ●				
	翕● ● ● ●				

　　上圖十聲,除八、九、十三聲無字並不成聲外,所餘僅七聲。其排列之次第,自果假以迄深咸,即由大闢以至大翕,立意甚精。而每聲又分四位,一、二爲洪音,三、四爲細音。同爲洪音細音,又自分闢翕,亦即等韻之分辨開合也。每位復標舉四字,分別平上去入。其有音無字者,則以圓(○)識之。惟《廣韻》有入者並闕,無入者多以入承之。其中每一聲往往兼括兩攝或三攝,與《四聲等子》十六攝相勘,則果假合爲一類,宕江合爲一類,梗曾合爲一類,蟹攝之細音復與止攝合爲一類,此與《等子》及《切韻指掌圖》並合。今既據現代方言擬出其讀音,進而疏解之如次。

　　聲一第一、二兩位兼括果假兩攝歌戈麻三韻字,入聲則兼括曷末點鎋屑薛月諸韻。《廣韻》歌爲開口,戈爲合口,今皆分辨秩如。惟由禡韻化字之與戈果二韻字並列及以點韻八字相承一事觀之,可知北宋洛陽歌戈二韻仍讀a、ua,與《切韻》相同。及至《等子》與元劉鑑《切韻指南》以鐸韻爲歌韻之入聲,其音始變(即讀爲o、uo二音)。又圖中一等韻既多與二等韻並列,可知一、二等已無分野,而麻韻三等字當亦攝於開口音內矣。同時佳韻之牙音字如"佳崖"之類亦讀同麻韻,此由邵氏詩章之用韻可知。至於入聲字,《廣韻》本不與陰聲韻相承,今圖中於陰聲韻下皆配以入聲,是入聲字之收尾久已失去,以其元音與所配之陰聲相近或相同,故列爲一貫耳。然其聲調當較短較促,自與平上去不同。進而論之,入聲之承陰聲,不兼承陽聲者,正元明以降入派三聲之漸。其入聲翕音之八字,《廣韻》博拔切,本屬開口,今列爲合口,與《切韻指掌圖》合。蓋讀脣音聲母時,脣部稍圓即與合口無異。熊士伯云:"以脣音開合略同,屬合較穩。"其説是也。本圖聲四之"毛寶報",聲五之"北",皆然。聲一第三、第四兩位爲蟹攝洪音字,兼括佳皆灰咍泰夬諸韻。又本攝未列入聲字,《等子》及《指掌圖》以曷末配灰咍泰,點鎋配佳皆夬,則其讀音當與第一、第二兩位相同。

　　聲二第一、第二兩位皆宕攝陽唐兩韻字。然聲四以"岳"(覺韻)、"霍"(鐸韻)分開合,則江韻當亦併入宕攝矣。今《等子》及《指掌圖》皆以江陽同列,亦其證也。聲二第三、第四兩位兼括梗曾兩攝庚耕清青蒸登諸韻字,梗曾相通始於宋代,《等子》《指掌圖》並同。

　　聲三第一、第二兩位兼括山攝寒桓刪山先仙元諸韻字。《等子》云刪併入山,先併入仙,仙元相助,皆諸韻讀爲一類之證,惟稍有洪細之分而已。舊韻元韻與魂痕爲一類,今依圖當在山攝無疑。劉氏《切韻指南》云:"元韻當與仙韻通押,不當合入魂韻。"今由圖觀之,元之入仙自北宋已然矣。聲三第三、第四兩

位兼括臻攝真諄臻文欣魂痕諸韻字，論音當有開齊合撮四類，即 ən、in、uən、yən
是也。

聲四第一、第二兩位兼括效攝蕭宵肴豪四韻字。今雖未列蕭宵二韻，當亦
在其中矣。論音則豪肴二韻爲洪音一類，宵蕭二韻爲細音一類。其入聲配以藥
鐸覺三韻，與《等子》《指掌圖》相同。惟合口一類所出"毛寶報"三字本爲開口，
今列爲合口者，以其爲脣音字故也。聲四第三位兼括尤侯幽三韻字，其音當與
今音無異，且非組字當亦受聲母同化作用（assimilation）之影響而讀爲 u。其第
四位合口一類有音無字，僅入聲出玉字與開口之入聲六字相配，論音，"六"當
讀爲 u，"玉"當讀爲 y。

聲五四位兼括止攝支脂之微及蟹攝齊祭廢諸韻字。考蟹攝之細音與止攝
相合實自宋始。其第一、第三兩位爲開，第二、第四兩位爲合。此雖分四位，而
音實相近也。又圖中止攝精組字皆列爲一等，其韻母必由 i 變而爲 ɿ，同時知組
字亦必變而爲 ʅ，故今擬爲 i、ɿ、ʅ 三類。至若入聲則兼括質術櫛物迄没陌麥昔
錫職德諸韻字，此雖僅列質没德三韻，而其餘諸韻亦統攝其内矣。

聲六第一、第三兩位兼括通攝東冬鍾三韻字，第三、第四兩位兼括遇攝魚虞
模三韻字。第一、第三爲開，第二、第四爲合。《等切元聲》云："通攝以宮爲闢
平，必音略近江乃合，孔衆可類推。遇攝以魚鼠去爲闢者，本攝三等當侷脣合
呼，此獨侷脣開呼，較他攝之闢另一例。"案依熊説本聲之元音當爲 o，即第一位
爲 ong，第二位爲 uong、yong，第三位爲 io，第四位爲 uo，然由侯韻尤韻之脣音字
與魚虞模三韻協韻一事觀之，似以擬爲 ung、yng、y、u 較妥。又遇攝爲陰聲韻，
圖中未列入聲字，依《等子》及《指掌圖》以屋沃燭三韻相承，亦可證魚模二韻擬
爲 y、u 殆爲可信。

聲七第一、第二兩位爲深攝侵韻字。侵韻《切韻》讀-im，後世方音多變爲
-in，而北宋洛陽語音蓋猶未變，故邵氏爲圖獨爲一聲。其《觀物篇》亦云："韻法
闢翕者律天，清濁者吕地。先閉後開者，春也；純開者，夏也；先開後閉者，秋也；
冬則閉而無聲。東爲春聲，陽爲夏聲，此見作韻者亦有所至也。銜凡冬聲也。"
由此可知深咸二攝皆讀閉口音也。惟南宋汴人史達祖《梅溪詞·杏花天》以
"霎見淺點"爲韻，"院點顫片"爲韻，"遠減淺見"爲韻（四印齋本葉七），《漢春
宫》以"緣壇間凡"爲韻（葉十九），則閉口諸韻皆讀爲抵腭一類矣。此蓋受南方
語音之影響。其相對之入聲，雍丘宋庠《登大明寺塔》詩曾與山臻兩攝入聲字
相協（見《宋元憲集》二），其尾音-p 蓋亦逐漸失落，惟此例甚少，未敢確定耳。

又第二位合口一類有音無字,雖入聲出十字,"十"亦開口字也。案緝韻本無合口一類,今音讀爲合口者,惟入字而已。聲七第三、第四兩位兼括覃談鹽添咸銜嚴凡八韻字。論其讀音,蓋分洪細二類;而合口有音無字,雖入聲出姜字,"姜"亦開口字也。依圖例咸攝爲合口者惟"乏法"一類脣音字而已。

三、汴洛文士詩詞分韻

《經世聲音圖》所分之韻類及其讀音,前既論之矣。然據圖證音,終不免失之簡陋,故復取汴洛文人詩文之用韻考之。夫有宋一代,洛陽文教最盛,風流儒雅,並世而有。其有篇什歌詠流傳後世者,有邵雍、程顥、程頤、尹洙、陳與義五家,故欲考當地之語音甚易。惟汴京人士所作,流傳甚希,可考者,史達祖一人而已。然達祖南宋人也,去邵氏較遠,不足與圖相證,故不得已而思其次,乃旁及汴京左近之文士,因得韓維、宋庠、宋祁三家。韓維,雍丘人也,雍丘即今河南之杞縣,地與開封坒近,其音自同。而韓氏又時與邵子詩文往還,其篇什之用韻亦足與《經世》相闡發矣。至於二宋,則史稱爲安州安陸人,安陸即今湖北之安陸,似不當與韓維相提並論。惟宋氏之先世,久居雍丘,爲開封望族,其父玘嘗宦游江漢間,二人非生於雍丘者,故史稱爲安陸人。惟天禧初二人即移居都下,是時年甫弱冠,後遂定居京畿,雖謂之爲雍丘人殆無不可。考其詩文之用韻,則並與韓維相同,故取以爲次焉。今依《四聲等子》十六攝之目,擇記諸家用韻於後,以與圖解相徵驗。

(1)果假二攝

隨行笠與簑_戈,未始散天和_戈。暖戲荒城側,寒偎古冢阿_歌。
數聲牛背笛,一曲隴頭歌_歌。應是無心問,朝廷事若何_歌。

(邵雍《擊壤集》三《牧童》,《四部叢刊》本)

飽食豐衣不易過_戈,日長時節奈愁何_歌。
求名少日投宣聖,怕死老年親釋迦_{戈三}。
妄欲斷緣緣愈重,微求去病病還多_歌。
長江一片常如練,幸自無風又起波_戈。

(《擊壤集》十四《學佛吟》)

仁義場圃,聞見無涯_佳。里巷相切,親朋相過_戈。
人疑日馭,我謂星查_麻。或游金谷,或泛月波_戈。
或經履道,或過銅駝_歌。進退雲水,舒卷煙霞_麻。

揄揚風月，擅帖鶯花麻。性喜飲酒，飲喜微酡歌。

飲未微酡，口先吟哦歌。吟哦不足，遂及浩歌歌。

浩歌不足，無可奈何歌。

（又《小車吟》）

昨日炙手，今日張羅歌。人間常事，何詫何嗟麻。

（《擊壤集》十八《詫嗟吟》）

七孔穿針可得過戈，冰甌映日吐寒波戈。

練飛空詠徐凝水，帶斷凝分潢帝河歌。

川后不愁微步襪，鮫人暗動卷綃梭戈。

才高下視玄虛賦，對此區區轉患多歌。

（陳與義《簡齋集》七《次韻家弟碧線泉》，《四部叢刊》本）

塵起一月憂無禾戈，瓦鳴三日憂雨多歌。

書生重口輕肝腎，不如牆角蚯蚓方長哦歌。

少昊行秋龍灑道，風作萬木皆商歌歌。

病夫強起開戶立，萬箇銀竹驚森羅歌。

人間偉觀如此少，倚杖不覺泥及靴戈。

菊叢欹倒未足道，老境知奈梧桐何歌。

是事且置當務本，菜圃已添三萬科戈。

（《簡齋集》十《秋雨》）

　　果攝歌戈二韻通用，與《廣韻》同。惟假攝麻韻字《廣韻》獨爲一類，今則合用不分，與唐代語音相同，如唐河南元積《廟之神》以“車阿涯譁何歌耶”爲韻，即歌麻不分者也。麻韻《切韻》時代讀 a 讀 ia，歌戈兩韻讀 ɑ 讀 uɑ，北宋當與《切韻》相同。陳簡齋詩歌戈兩韻不與麻韻相協，語音或已轉變爲 o、uo 矣。

洛城春色浩無涯佳，春色城東又復嘉麻。

風力緩摇千樹柳，水光輕蕩半川花麻。

煙晴翡翠飛平岸，日暖鴛鴦下淺沙麻。

不見君王西幸久，游人但感鬢空華麻。

（《擊壤集》二《春游》）

青蕉葉披敷，碧蘆枝偃亞禡。風雨蕭蕭天，更漏沉沉夜禡。

彼物固無嫌，此情又何訝禡。但念征路人，天涯尚留掛卦。

（《擊壤集》三《秋懷》）

飽霜梨多紅，久雨榴自蘀_禡。此果世稱珍，厥味是可詫_禡。
地有百物備，天無一言掛_卦。我患尚有言，不得同造化_禡。

（又《秋懷》）

數朝從款走煙霞_麻，縱意凭欄看物華_麻。
百尺樓臺通鳥道，一川煙水屬僧家_麻。
直須心逸方爲樂，始信官榮未足誇_麻。
此景得游無事日，也宜知幸福無涯_佳。

（《擊壤集》五《龍門石樓看伊川》）

多情潘佑羨楊花_麻，出入千家復萬家_麻。
少日壯心都失去，老年新事不知他_歌
詩中罪過人多恕，酒裏功勞我自誇_麻。
猶有一般牢落處，交親太半在天涯_佳。

（《擊壤集》十《暮春吟》）

堯夫自處道如何_歌，滿洛陽城都似家_麻。
不德於人焉敢異，至誠從物更無他_歌
眼前只見羅天爵，頭上誰知換歲華_麻。
何止春歸與春在，胸中長有四時花_麻。

（《擊壤集》十九《自處吟》）

詐者固疑人，天下盡行詐_禡。不信天下人，其間無真話_夬。

（又《詐者吟》）

亭下花光春正好，亭頭山色晚尤佳_佳
欲知剩占春風處，思順街東第一家_麻。

（程顥《明道文集》三十八《和王安之晚暉亭》）

一官不辦作生涯_佳，幾見秋風捲岸沙_麻。
宋玉有文悲落木，陶潛無酒對黃花_麻。
天機袞袞山新瘦，世事悠悠日自斜_麻。
誤矣載書三十乘，東門何地不宜瓜_麻。

（《簡齋集》一《次韻周教授秋懷》）

都門氣象雨餘佳_佳，壓盡風塵見草芽_麻。
日薄風和近郊路，朱紅粉白遠林花_麻。
堤間獨去婆珊女，柳下相逢輕輭車_麻。

絲鬢未催樽酒在,不須辛苦問年華_麻。

（韓維《南陽集·寒食出郊》,《宋詩鈔》本）

河外輕寒氣未佳_佳,春襟愁目徧天涯_佳。

濃雲破綻翻無雨,落日因循便作霞_麻。

麥隴寸苗思雊雉,柳灘新葉欲藏鴉_麻。

如膏且冀均農惠,莫枉層陰挫物華_麻。

（宋庠《宋元憲集》十三《春陰復霽》,聚珍本）

同住西山下_馬。是天地中間,愛酒能詩之社_馬。船向少陵佳處放,塵世
必無知者_馬。暑不到,雪宮風榭_禡。楚竹忽然呼月上,被東西幾葉雲縈惹
_馬。雲散去,笑聲罷_蟹。

（史達祖《梅溪詞》葉十四《賀新郎》上闋,四印齋刻本）

假攝麻韻《廣韻》與歌戈不同類,而唐宋之際以其讀音相近故通用不分。
惟《廣韻》佳韻字本與皆韻爲一類,然自唐代佳韻之牙音"佳涯崖"等字即已與
麻韻相合,如故宮所藏王仁昫《刊謬補缺切韻》佳與歌麻同次,即是一證;而洛
陽元結《宿丹崖翁宅》以"崖家車"爲韻（見《元次山文集》四）,亦其類也。宋代
語音佳韻去聲卦韻之牙音字亦讀同麻韻去聲,夬韻匣母之話字亦然,與今音並
同。考"話"之入禡,蓋五代時即已如是,宋大梁劉道醇《五代名畫記》述洛陽人
嘲跋異事云:"異汧善畫佛像,梁龍德中洛陽廣愛寺僧邀之畫三門兩壁,時有張
將軍圖尤善丹青,異方用枵,圖長揖而進,搦筆倏忽而成右堵。異賭迹驚讓,聽
其成之。洛陽人因爲謠嘲異云:赫赫洛下,唯説異話,張氏出頭,跋異無價。"此
以"話價"爲韻,即其證也。今音麻韻三等字見精二組讀 iɛ,照組讀 ə,宋代尚未
見其端倪。

(2)止蟹二攝

人有精游藝,予嘗觀弈棊_之。算餘知造化,著外見幾微_微。

好勝心無已,爭先意不低_齊。當人盡賓主,對面如蠻夷_脂。

財利激于衷,喜怒見于頤_脂。生殺在于手,與奪指于頤_之。

戾不殊冰炭,和不侔塤箎_支。義不及明友,情不通夫妻_齊。

（《擊壤集》一《觀棊大吟》）

二月方當爛漫時_之,翠華未幸春無依_微。

綠楊陰裏尋芳遍,紅杏香中帶醉歸_微。

數片落花蝴蝶趂，一竿斜日流鶯啼齊。

清樽有酒慈親樂，猶得堦前戲綵衣微。

（《擊壤集》二《春游》）

域中有五嶽，國家謹時祀止。華嶽居其一，作鎮雄西裔祭。

唐號金天王，今封順聖帝霽。吁咈哉若神，僭竊同天地至。

（《擊壤集》二《題華山》）

晴窗日初曛，幽庭雨乍洗薺。紅蘭靜自披，綠竹閑相倚紙。

榮利若浮雲，情懷淡如水旨。身非天外人，意從天外起止。

（《擊壤集》三《秋懷》）

卿相一歲俸，寒儒一生費未。人爵固不同，天爵何嘗匱至。

不有霜與雪，安知松與桂霽。雖無官自高，豈無道自貴未。

（《擊壤集》四《答人書》）

自古大聖人，猶以爲難事志。而況後世人，豈復便能至至。

求之不勝難，得之至容易寘。千人萬人心，一人之心是紙。

（《擊壤集》九《自古吟》）

君子小人正相反，上智下愚誠不移支。

野葛根非連靈芝，奈何生與天地齊齊。

（《擊壤集》十《感事吟》）

安樂先生，不顯姓氏紙。垂三十年，居洛之涘止。

風月情懷，江湖性氣未。色斯其舉，翔而後至至。

無賤無貧，無富無貴未。無將無迎，無拘無忌志。

窮未嘗憂，飲不至醉至。收天下春，歸之肝肺廢。

盆池資吟，瓮牗薦睡寘。小車賞心，大筆快志志。

或戴接籬，或著半臂寘。或坐林間，或行水際祭。

樂見善人，樂聞善事志。樂道善言，樂行善意志。

（《擊壤集》十四《安樂吟》）

曹劉孫三人，興國體相似祭。雖然小有才，何復語命世祭。

（《擊壤集》十五《興亡吟》）

君子與義，小人與利至。與義日興，與利日廢微。

（《擊壤集》十六《君子吟》）

前有億萬年，後有億萬世祭。中間有壽人，未過百來歲祭。

出口無善言，行身無善事祭。徒有人之身，殊無人之貴未。

（《擊壤集》十七《感事吟》）

人盛必有衰，物生須有死旨。既見身前人，乃知身後事志。
身前人能興，身後事豈廢廢。興廢先言人，然後語天地至。

（《擊壤集》十八《人物吟》）

生于太平世，長于太平世。老于太平世，死于太平世。
客問年幾何，六十有七歲祭。俯仰天地間，浩然無所愧至。

（《擊壤集》十九《病亟吟》）

身勞無補公家事，心宂空令學業衰脂。
世路嶮巇功業遠，未能歸去不男兒支。

（《明道文集》三十八《馬上偶成》）

漢水橋邊鴨子陂支，樓臺只在郡城西齊。
煙波乍見心先快，島嶼將尋路欲迷齊。
盡日無風橫舴艋，有時經雨飲虹霓齊。
知何咫尺塵埃地，能使游人意不齊齊。

（又《西湖》）

雲靜好風吹支，清光溢四垂支。金行方盛日，陰魄正中時之。
仿佛窺瑤闕，分明露桂枝支。遴英同醉賞，誰復歎官羈支。

（又《中秋月》）

辭華奔競至道離支，茫茫學者爭驅馳支。
先生獨奮孟軻舌，扶持聖教增光輝微。
志期《周禮》制外內（一作：區夏），人稱孔子生關西齊。
當塗聞者交薦牘，蒼生無福徒爾爲支。
道大不爲當世用，著書當期來者知支。
今朝有客關內至，聞從大幕征南陲支。

（程頤《伊川文集》四十三《聞侯舅應辟南征詩》）

克己復禮齋，久而誠矣止。

（又《視箴》）

傷易則誕，傷煩則支支。己肆物忤，出悖來違微。
非法不道，欽哉訓辭之。

（又《言箴》）

帝告庶邦，式是典彝_脂。元侯顯父，戚臣宗支_支。

正乃封圻，予一人是毗_脂。凡曰附城，罔爾俾之_之。

畜兵厚賦，靡爾得私_脂。毋凶而國，作福作威_微。

天子有命，疇敢不祗_支。子孫承承，唯萬世規_支。

（尹洙《尹河南文集》一《皇雅·憲古》）

帝賚高年，式宴且喜_止。種種黃髮，族立而議_寘。

我生艱難，暴亂以繼_霽。耳狃金鼓，目狎戎器_至。

皇其我圖，親講農事_志。有子有孫，力田孝悌_霽。

鼓舞至仁，薰焉如醉_至。

（又《帝籍》）

仲冬良日，二客過予，請觀魚於寶氏之陂_支。

攝衣而興，從客往嬉_之。日澹寒郊，木影陸離_支。

顧道傍之洫，異於他日，浩如潮之方滋_之。

客曰：是殆水師不仁，將平地以盡魚，空其池而寓之斯_之也

（《簡齋集》一《放魚賦》）

絲色隨染異，擇交士所貴_未。竹林固皆賢，山王以官累_寘。

（《簡齋集》二《八音歌》）

革華雖可候，不敢踐危地_至。水奴會足飽，寬作十年計_霽。

（同上）

兩翁觀光今幾時_之，賦歸有約時已稽_齊。

未暇藏身北山北，且須覓地西枝西_齊。

（《簡齋集》九《述懷呈十七家叔》）

小草浪出山，大隱乃居市_止。功名一畫餅，甚矣癡兒計_霽。

傾身犯火宅，顧自以爲戲_寘。

（又《同叔易于觀我齋分韻得自字》）

客中日食三斗塵，北去南來了今歲_祭。

暫時亭中一盃酒，與兄同宗復同味_未。

（《簡齋集》十六《方城陪諸兄坐心遠亭》）

兩眉軒然，意像無寄_寘。而服如此，又不離世_祭。

鑑中壁上，處處皆是紙_紙。簡齋雖傳，文殊無二_至。

（《簡齋集》二十七《題像》）

酒闌明月轉城西齊。照見紗巾藜杖帶香歸微。

　　　　　　　　　　　　　　　　　（陳與義《無住詞·虞美人》）

黃衫相倚紙，翠葆層層底薺。八月江南風日美旨，弄影山腰水尾尾。

　　　　　　　　　　　　　　　　　　　　（又《清平樂·木犀》）

公堂日多暇，薄暮游清池支。孤雲從西來，若與飛蓋期之。

急雨亂荷芰，紅綠左右披支。沙禽帶涅起，簇簇守前坻脂。

煙樹晦空曲，蟬聲寂無遺脂。殘炎一洗濯，霽景開林西齊。

　　　　　　　　　　　（《南陽集·和晏相公湖上遇雨》）

晨冰結車轍，朔野風正厲祭。君行良亦勤，正與苦寒值志。

超然出門去，曾不顧我議寘。譬如雲飛鴻，勢不受維繫《廣韻》收緝韻,此讀
爲至韻。

開籠恣其往，萬里在展翅寘。場功十月畢，田家足幽事志。

兒童樵牧歸，荊扉寂已閉薺。

　　　　　　　　　　　　　　　　　　　　（又《送寧極還山》）

翰林文章伯，好古名一世祭。家無金璧儲，所寶書與器至。

北堂冬日明，有朋聯騎至至。新樽布几案，二鼎屹先置志。

大鼎葛所銘，小鼎澤而粹至。坐恐至神物，光怪發非次至。

群賢刻金石，墨本來四裔祭。紛穰羅卷軸，指摘辨分隸薺。

　　　　　　　　　　（又《和永叔小飲懷同州江十學士》）

天官選初筮祭，黃綬聊藏器至。三釜樂及親，尺檄甘爲吏志。

邇來預冬集，再調鬱奇意志。群公亟爲言，力命乃相戾薺。

奏牘輒報聞，官書責勤菭至。簿領百里佐，風煙六朝地至。

銷魂南浦行，挂頰西山氣未。君子永來譽，勝襟無累欷未。

　　　　　　　　（《宋元憲集》二《送上元勾簿吳昌卿》）

昔年封蘗栽，生意頗柔脆祭。今兹見丹實，落落如星麗薺。

斯果號難成，常踰豫章歲祭。孤根何爲者，尚記吾廬地至。

蒂蔕詎因棠，連蜷乃同桂薺。厥包千里遥，守舍重緹惠薺。

金顆照病眸，霜津益痟肺廢。

　　　　　　　　　　　　　　　　　　　（又《兒自安陸饋丹橘》）

積雨暗長夜，山行經險巇支。悲風撼林木，崖谷蔽參差支。

遠聞豺虎號，鬼燐弄光輝微。十步九失足，中心秖自持之。

所適既迢遞，黽勉焉可爲支。道旁見明燭，抵宿依茅茨脂。

（又《壬子歲四月甲申夜紀夢》）

一水縈紆蕩夕霏微，樵風上下燕參差支。

斜陽無限滄洲景，可惜山陰興盡歸微。

（《宋元憲集》十五《暮歸舟中》）

涉園憩何處，道左蔭華榱脂。幽尋乏朋往，勝晤徒自知支。

文禽弄不歇，惠風至無期之。含情重徙倚，物色到霞霏微。

（宋祁《景文集》五《壽州十詠·春暉亭》）

望郎東南秀，夤然悟真理止。身雖宰官身，子即諸佛子止。

畫諾閣鈴下，塵慮未嘗滓止。成金不復礦，見月詎存指旨。

東道整朝珂，西亭摻離襼祭。無用樂山林，山林即朝市止。

（又《庫部閔員外還都》）

之子被尉薦，走馬赴關西齊。西人待賢相，撫育庶有宜支。

羌氈汙右鄙，秦隴含創痍脂。

（《景文集》六《送平陸知縣尹象先》）

似紅如白含芳意志，錦宫外，煙輕雨細霽。燕子不知愁，驚墮黄昏淚至。

（《梅溪詞》葉二《海棠春令》）

二月東風吹客袂祭，蘇小門前，楊柳如腰細霽。

胡蝶識人游冶地至，舊曾來處花開未未。

（又葉十八《蝶戀花》）

止攝支脂之微四韻通用，自唐代已然，如元稹《有鳥》"鴟衰飛枝兒"爲韻（《元氏長慶集》二十五），元結《寄源休》"事累吏易帥貳智畏"爲韻（《元次山文集》三），是也。北宋除支脂之微通用外，齊韻平上去三聲及去聲之祭韻廢韻亦均與以上四韻合用不分，與今日汴洛語音最爲相近，且以邵氏《聲音圖》推之，支脂之三韻之精組知組蓋亦變爲ɿ、ʅ矣。

高竹如碧幢，翠柳若低蓋泰。幽人有軒榻，日夜與之對隊。

宇靜覺神開，景閑喜真會泰。與其喪吾真，孰若從吾愛代。

（《擊壤集》一《高竹》）

五嶺梅花迎臘開咍，三川正月賞寒梅灰。

相去萬里先一月，始知春色從南來咍。

何人妙曲傳羌笛，盡日清香落酒杯灰。

料得天涯未歸客，也應臨此重徘徊灰。

（《擊壤集》二《春游》）

《周詩》云娶妻，《周易》云歸妹隊。七夕世俗情，乞巧兒女態代。

日暮雲雨過，人謂牛女會泰。雲雨本無蹤，牛女豈相配隊

（《擊壤集》三《秋懷》）

山橫暮靄中，鳥逝孤煙外泰。殘菊憂霜摧，幽蘭懼風敗夬。

患難人不喜，富貴人所愛代。我心曰不有，愛憎豈能賣卦。

（又《秋懷》）

生平與人交，未始有甘壞怪。己亦無負人，人亦無我害泰

（《擊壤集》八《生平與人交》）

安樂窩中好打乖皆，打乖年紀合挨排皆。

重寒盛暑多閉戶，輕暖初涼時出街佳。

風月煎催親筆硯，鶯花引惹傍樽罍灰。

問君何故能如此，祗被才能養不才咍。

（《擊壤集》九《安樂窩中好打乖吟》）

貪人之惡，其過莫大泰。貪人之善，是亦爲罪賄。

（《擊壤集》十五《貪義吟》）

先生高蹈隱西街佳，風月猶牽賦詠才咍。

暫到鄰家賞池館，便將佳句寫瓊瑰灰。

壯圖已讓心失快，劇韻仍降字占捱灰。

只有一條誇大甚，水邊曾未兩三盃灰。

（《明道文集》三十八《和堯夫西街之什》）

制之於外泰，以安其內隊。

（《伊川文集》四十三《視箴》）

於穆聖考，德無與偕皆。匪勤于兵，北人遂來咍。

逮是三紀，遠俗以懷皆。生民休息，嗚呼仁哉咍。

（《尹河南文集》一《皇雅·帝制》）

衆客忻然，三遶而退隊。歸泚我筆，以記斯會泰。

庶幾竇氏子聞之，爲來歲之戒怪。

（《簡齋集》一《放魚賦》）

千里空攜一影來_咍，白頭更著亂蟬催_咍。

書生身世今如此，倚徧周家十二槐_皆。

(《簡齋集》十五《鄧州西軒書事》)

青溪宜曉日，曲處千丈晦_隊。 天開蒼石屏，影落西村外_泰。

虛無元氣立，明滅河漢對_隊。 人行崢嶸下，鳥急浩蕩內_隊。

向來千萬峰，瑣細等蓬塊_隊。 老夫倚杖久，三歎造物大_泰。

惜哉太史公，意短遺此快_夬。 更欲訪野人，窮探視其背_隊。

(《簡齋集》十八《詠青溪石壁》)

晴霜落波底，斗柄插堤外_泰。 扁舟燈火明，樽酒夜相對_隊。

臨歡意暫遣，念離心已痗_隊。 篙師喜冰坼，理楫事晨邁_夬。

(《南陽集·舟中夜坐》)

歡常以飲合，歡意則非外_泰。 今吾三二子，共此西軒會_泰。

主人吾儒秀，言與二雅配_隊。 酒行倡大論，文字略瑣碎_隊。

上言評人物，要當本諸內_隊。 下言譏爲學，不以滿自概_代。

唐之衆詩人，區別各異派_卦。 一經君子評，斂鑿棄秕糠_至。

予曰吾聖俞，名足通後代_代。 答我文如韓，尚有六經在_海。

況吾何所立，聞譽若抱蕫_夬。 聖俞善誘掖，斯語不無戒_怪。

(又《飲聖俞西軒》)

東方昔借車，尼父嘗假蓋_泰。 一馬茲不全，夷涂出如闋_代。

人無託乘寵，朝罕均茵載_代。 策足本乏謀，臨風嗟有待_海。

京洛富華廄，權奇出青海_海。 翩翩陌上郎，滅没爭星邁_夬。

(《宋元憲集》二《嘗假馬于親舊不獲》)

弟兄冷相對_隊，因著柏酒醉_至。 酹餘欲拈筆，狀乃爾狼狽_泰。

(又《京師故僚以余退居近畿數賜存問因敘懷自感》)

新結禪庵當小齋_皆，見山何必上高臺_咍。

嵩巖更似知音賞，雨罷先供翠色來_咍。

(《宋元憲集》十五《過紫嵩庵》)

蟹攝《廣韻》齊韻獨用，佳皆同用，灰咍同用，去聲祭霽同用，泰獨用，卦怪夬同用，隊代同用，廢獨用，今宋人詩韻除齊祭廢與止攝字合爲一類外，其餘諸韻皆通用無別，惟佳韻之"佳崖涯"三字及夬韻之話字讀入假攝而已。以今音推之，宋代蟹攝字當讀 ai、uai 兩類。其去聲字有與止攝合口字相協者，則由於止攝去聲合口受聲調之影響，元音與本攝相近，故得合用，如北京"歸"讀 kuei，而“貴”讀 kuɛi 是也。然其界畫仍可推尋而得，終不泯也。

(3) 遇攝

我今行年四十五_姥，生男方始爲人父_虞。
鞠育教誨誠在我，壽夭賢愚繫於汝_語。
我若壽命七十歲，眼前見汝二十五_模。
我欲願汝成大賢，未知天意肯從否_有。
(《擊壤集》一《生男吟》)

塞鴻猶未來，梁燕已辭去_御。雲山千萬重，相逢在何處_御。
岌岌都城門，繚遠長亭路_暮。風土敗人衣，才新又成故_暮。
(《擊壤集》三《秋懷》)

無學又無謀_模，胸中一向虛_魚。枯腸忻飲酒，病眼怕看書_魚。
洛浦輕風裏，天津小雨餘_魚。故人千里隔，相望意何如_魚。
(《擊壤集》七《代書寄長安慕張文通》)

犁牛生騂角，老蚌産明珠_虞。人雖欲勿用，山川其捨諸_魚。
事固不可知，物亦難其拘_虞。一歸于臆度，義失乎精粗_模。
(《擊壤集》九《不可知吟》)

此情人不知，亦嘗歎遲暮_暮。雖則歎遲暮，奈何難分付_遇。
(《擊壤集》十八《歲暮吟》)

帝曰孟侯，受封于楚_語。淑斾珛戈，備物異數_虞。
俾爾族姻，及乃文武_虞。服在王庭，靡不有序_語。
(《尹河南文集》一《皇雅·西師》)

帝咨庶工，疇其輔予_魚。俊乂以登，厥勞乃圖_模。
匪忘舊勳，非賢勿俞_虞。巍巍袞台，盛德以居_魚。
(又《皇雅·庶工》)

居士再至，問以此故_暮。復寄答於一笑，持畫疾去_御。
(《簡齋集》一《覺心畫山水賦》)

花房小如許，銅剪黃金塗_模。中有萬斛香，與君細細輸_虞。
(《簡齋集》八《蠟梅》)

君不見銅雀臺邊多事土_姥，走上觚稜蔭歌舞_虞。
餘香分盡垢不除，卻寄書林汗縑楮_語。
(又《錢東之惠澤州呂道人硯》)

人間睡聲起，幽子方獨步暮。倚杖看白雲，亭亭水中度暮。

十月鴈背高，三更河流去御。物生各擾擾，念此煎百慮御。

聊將憂世心，數徧橋西樹遇。

（《簡齋集》十四《夜步堤上》）

陰風吹沙走長衢虞，方駕往過君之廬魚。

主人好事樂閑尚，揖我謂我非俗儒虞。

欣然開館掃塵榻，語論清簡發不虛魚。

投冠釋帶聊自放，安用俗禮空囚拘虞。

分朋四座鬭巧弈，聊以勝負爲歡娛虞。

呼兒稍稍出珍玩，瘦器礴砢承枯株虞。

持竿拂壁似有重，最後乃挂雙海圖模。

（《南陽集·答崔象之見謝》）

送客西郭門，適與佳賞遇遇。雜花被原野，南盡遠目注遇。

樸樸亂朱紛，濛濛疑白霧遇。林下風正柔，繁香不飛去御。

日長人意閑，歸騎款不遽御。陶然行且歌，良愜靜者素暮。

卻念陌上人，春愁紛似絮御。

（又《送謝師直歸馬上作》）

急雨橫塘晚，蕭蕭逼坐隅虞。斜津添竹淚，繁點溢荷珠虞。

泥重聊休燕，波翻尚浴鳧虞。風霆河外惡，橋卒弗傳呼模。

（《宋元憲集》五《池上觀雨》）

日日開門避寵呼模，舞驂飛蓋共虛除（一作：徐）魚。

昔人枉解痊秦痔，只得君王五乘車魚。

（《宋元憲集》十四《漫成》）

本攝魚虞模三韻《廣韻》魚獨用，虞模同用。然自唐代洛陽音三韻即通用不分，如元結《游潓泉示泉上學者》以“拘舒除隅蔬居殊符”爲韻，是其例也。宋代汴洛之間魚虞模合爲一類與唐代相同。論其音值，則模韻當讀爲-u。考《元次山集》三《新樂府·農臣怨》“畝”與“主雨苦吐取”爲韻，《擊壤集》一《生男吟》“否”與“五父汝五”爲韻，《簡齋集》二十八《喜雨》詩“畝”與“舉雨語武嫵吐宇許”爲韻，《宋元憲集》二《獻臣學士與余通書因成感詠》“部”與“府譜魯語聚補苦伍舉午拒宇怒瞽”爲韻，“否”爲有韻字，“畝部”皆厚韻字，今汴洛尤侯二韻（舉平以賅上去）脣音字皆讀爲-u，與見端精三組音讀不同，則上推唐宋蓋已如是。"畝否部"既讀爲-u 而與本攝模韻相協,是模韻讀-u 無疑也。至於魚虞二韻,則當讀-y、-u 二類,換言之,即知照非三組讀-u,餘讀爲-y。

(4) 流攝

高竹臨清溝侯,軒小亦且幽幽。光陰雖屬夏,風露已驚秋尤。
月色林間出,泉聲砌下流尤。誰知此夜情,邈矣不能收尤。

(《擊壤集》一《高竹》)

疏雨滴高梧,微風挼弱柳有。此景歲歲同,世人自白首有。
俗慮易縈仍,塵襟難抖擻厚。浮生已夢中,其間強爲有有。

(《擊壤集》三《秋懷》)

行年五十二,老去復何憂尤。事貴照至底,話難言到頭侯。
上有明天子,下有賢諸侯侯。飽食高眠外,自餘無所求尤。

(《擊壤集》四《弄筆》)

農家種穀時,種禾不種莠有。奈何禾未榮,而見莠先茂侯。
莠若不誅鋤,禾亦未成就宥。又況雨霈時,霑及恩一溜宥。

(《擊壤集》九《種穀吟》)

胸中風雨吼厚,筆下龍蛇走厚。前後落人間,三千有餘首有。

(《擊壤集》十七《失詩吟》)

寥寥天氣已高秋尤更倚凌虛百尺樓侯。
世上利名群蟻蠓,古來興廢幾浮漚侯。
退居陋巷顏回樂,不見長安李白愁尤。
兩事到頭須有得,我心處處自優游尤。

(《明道文集》三十八《秋日偶成》)

三間瓦屋亦易求尤,著子東頭我西頭侯。
中間共作老萊戲,世上樂復有此不尤。
問夢膏肓應已瘳,歸來歸來無久留尤。
竹林步兵非俗流,爲道此意思同游尤。

(《簡齋集》六《寄若拙弟》)

雨歇澹春曉,雲氣山腰流尤。高崖落絳葉,恍如人世秋尤。
避地時忽忽,出山意悠悠尤。溪急竹陰動,谷虛禽響幽幽。
同行得快士,勝處頻淹留尤。乘除了身世,未恨落房州尤。

(《簡齋集》十八《出山道中》)

抱疾伏田里,晨昏結煩憂尤。如彼衣上垢,歲久不可漱侯。
忽聞車馬音,來過吾廬幽幽。

(《南陽集·送王氏兄弟》)

行徧洛川南北岸,自憐探賞頗窮幽幽。
不知物外清閑境,只在韓王水磑頭侯。

(又《陪晏相公游韓王水磑園》)

本攝尤侯幽三韻通用與《廣韻》合。唐元結《閔荒詩》"幽謀游舟伻溝流浮頭樓"等字爲韻(見《文集》三),獨孤及(河南人)《同徐侍郎五雲溪新庭重陽宴作》以"流秋幽留酬舟愁游"爲韻(見《毗陵集》三),皆尤侯幽三韻合用之例。今音尤侯二韻非組讀-u,侯韻其他各組及尤韻知組均讀爲-ou,尤韻見精二組及泥紐與幽韻見幫兩組均讀爲-iu,宋代當亦相近。

(5) 效攝

八月炎涼均,氣味亦自好皓。臨虛喬木低,遠望行人小小。
有迹事皆妄,無心物都了篠。何須更問辛,願君自食蓼篠。

(《擊壤集》三《秋懷》)

行年六十一,筋骸未甚老皓。已爲兩世人,便化豈爲夭小。
況且粗康强,又復無憂撓巧。如何不喜歡,佳辰自不少小。

(《擊壤集》八《歡喜吟》)

人不善賞花,只愛花之貌效。人或善賞花,只愛花之妙笑。
花貌在顏色,顏色人可效效。花妙在精神,精神人莫造號。

(《擊壤集》十一《善賞花吟》)

土木偶人,慎無相笑笑。天將大雨,止可相弔嘯。

(《擊壤集》十三《土木偶人》)

鶺鴒分寄一枝巢肴,不信甘言便易驕宵。
當力尚難超北海,去威何足動鴻毛豪。

(《擊壤集》十五《屬事吟》)

矧是樞機,興戎出好號。吉凶榮辱,惟其所召笑。

(《伊川文集》四十三《言箴》)

帝謀公卿,列侯庶校巧。咸曰彼心,暴戾陰狡巧。
既擾我疆,復利吾寶皓。無若勵兵,襲其還道皓。

(《尹河南集》一《皇雅·帝制》)

塵中別多會日少小，世事欲談何可了篠。

　　　　　　　　　　　（《簡齋集》九《述懷呈十七家叔》）

幽窗報夕霽蕭，微月在屋橑蕭。手中白羽扇，共此夜寥寥蕭。
六月天正碧，三更樹微摇宵。

　　　　　　　　　　　　　　（《簡齋集》十二《夏夜》）

燕語聞多日，蠶眠過幾宵宵。花深不辨蝶，柳暗欲迷橋宵。
便面金環重，障泥玉勒驕宵。黄公酒壚上，誰覓阮孚貂蕭。

　　　　　　　　　　　　　　　　（《南陽集·春朝》）

五月陰盛暑不效效，飛雲日夕起嵩少笑。
回風颯颯吹暮寒，翠竹黄蕉雨聲鬧效。
北軒孤坐默有念，人生會合那可料嘯。
昔與子美比里間，是月秋近足霖潦號。

　　　　　　　　　　　　　　（又《對雨思蘇子美》）

補吏唐資淺，游方漢牒遥宵。貪榮親及禄，詎悔俊沈僚蕭。
葛詠同根庇，松期晚歲凋蕭。曾孫柔俗美，前識齭箚銷宵。

　　　　　　　（《宋元憲集》三《送宗弟祕校壬赴建州理掾》）

澤莽鬱蕭條蕭，憑高不自聊蕭。
水寒陂鴈集，城廢冢狐妖宵。

　　　　　　　　　　　　（《宋元憲集》五《城外秋晚》）

　　本攝蕭宵肴豪四韻合用，《廣韻》蕭宵同用，肴獨用，豪獨用。然自唐代此四韻即已通用不分。如元稹《五弦彈》“調峭嘯妙鞘掉廟召少詔要釣邵徼曜燎”爲韻（見《長慶集》二十四），元結《抔湖銘》“小道”爲韻（見《文集》六），即其證也。宋代雖多通用，惟陳簡齋豪韻獨用，宋元憲肴韻獨用，與諸家小異，此蓋依附舊韻，未肯脱略宿習耳。今音豪韻及肴宵二韻知母字均讀爲-au，宵肴見系精系非組及蕭韻均讀爲iau，上推宋代當亦然也。

(6) 宕江二攝

人間佳節唯寒食，天下名園重洛陽陽。
金谷暖横宫殿碧，銅駝晴合綺羅光唐。

　　　　　　　　　　　　　　　（《擊壤集》二《春游》）

鬢毛不患漸成霜陽，有託琴書子一雙江。

　　　　　　　　　　　　　　（《擊壤集》四《答人見寄》）

天下更無雙江，無知無所長陽。年顏李文爽，風度賀知章陽。

靜坐多茶飲，閑行或道裝陽。傍人休用笑，安樂是吾鄉陽。

(《擊壤集》十三《自詠》)

銅雀或常聞，未嘗聞金雀藥。始愧林下人，識物不甚博鐸。

金雀出何所，必出自靈嶽覺。

(《擊壤集》十四《謝王勝之惠文房四寶》)

昔人乘車是常陽，今見乘車倉皇唐。

既有前車戒慎，豈無覆轍競莊陽。

將出必用茶飲，欲登先須道裝陽。

軫邊更掛詩帙，轅畔仍懸酒缸江。

輪緩爲移芳草，蓋低因礙垂楊陽。

(又《小車六言吟》)

空堂洒寒水，碧楸涼漠漠鐸。高眠得珍簟，委棄巾與屩藥。

(《南陽集·同陳太丞游龍興寺經藏院》)

濟濟高燕會，眾賓且喜樂鐸。方冬氣常溫，是日寒始若藥。

愁雲際平林，垂見雪花落鐸。四座喜相顧，有引必虛爵藥。

中堂豈非佳，東圃羅帟幄覺。

(又《和子華兄晏王道損公宇》)

心情雖頓弱藥，也要人摶搦覺。

(《梅溪詞》葉十三《菩薩蠻》)

宕攝陽唐二韻與江韻通用始於唐代，如故宮所藏王仁昫《刊謬補缺切韻》，江與陽唐相次，元稹《有酒》以“江”與“長茫良黃昂狂藏荒”協韻(《長慶集》二十五)，即其證也。且陽唐之入聲亦與江韻之入聲相合，如元稹《法曲》以“角”與“鶴閣薄作粕著落錯洛樂索泊”協韻(《長慶集》二十四)，《有鳥》以“啄覺”與“鶴惡閣”協韻(《長慶集》二十五)，是也。今邵氏《擊壤集》江與陽唐讀爲一類，與唐人相同。惟陳簡齋江韻獨用，蓋猶沿韻書之舊，未肯與陽唐相亂耳。

(7) 梗曾二攝

先秋顥氣已潛生庚，洛邑方知節候平庚。

庭院乍涼人共喜，園林經雨氣尤清_清。

（《擊壤集》二《秋游》）

清湍文鴛鴦，寒潭繡鸂鶒_職。長天淨如水，不廢秋江碧_昔。
男子一寸心，壯士萬夫敵_錫。菡萏香風中，扁舟會相憶_職。

（《擊壤集》三《秋懷》）

閑坐更已深，就寢夜尚永_梗。展轉不成寐，卻把前事省_靜。
冥枕時昏昏，擁衾還耿耿_耿。西窗明月中，數葉芭蕉影_梗。

（《擊壤集》四《不寢》）

一百年來號太平_庚，當初仍患不丁寧_青。

（《擊壤集》五《秋日登崇德閣》）

君子與人交，未始無驚惕_錫。小人與人交，未始無差忒_德。
祗此真歡喜，也宜重愛惜_昔。他年雲水疏，亦恐難尋覓_錫。

（《擊壤集》七《君子與人交》）

久旱幾逾冬，川守祈未得_德。鴈行聯鑣來，佳雪遽盈尺_昔。
酒面生紅光，客心喜何極_職。上夜離天津，天津陡岑寂_錫。

（《擊壤集》八《謝城南張氏四兄弟冒雪載餚酒見過》）

天能生而不能養，地能養而不能生_庚。
火能烹而不能沃，水能沃而不能烹_庚。
天地尚猶無全功，水火何由有全能_登。
得用二者交相養，反爲二者交相凌_蒸。

（《擊壤集》十六《治亂吟》）

百病起於情_清，情輕病亦輕_清。可能無系累，卻是有依憑_蒸。
秋月千山靜，春華萬木榮_庚。若論真事業，人力莫經營_清。

（《擊壤集》十七《百病吟》）

天津多亂石_昔，石裏閑尋覓_錫。金玉固難求，似玉亦難得_德。
徒有碌碌青，亦有磷磷白_陌。奈無清越聲，更無溫潤色_職。

（又《亂石吟》）

時之來兮，其勢可乘_蒸。時之去兮，其勢遂生_庚。
前日之事兮，今日不行_庚。今日之事兮，後來必更_庚。

（《擊壤集》十八《時事吟》）

繫自我者，可以力行_庚。繫自人者，難乎力爭_耕。

貴爲萬乘,亦莫之矜_蒸。賤爲匹夫,亦莫之凌_蒸。

(《擊壤集》十九《貴賤吟》)

聞説獼猴性頗靈_青,相車來便滿山迎_庚。

鞭贏到此何曾見,始覺毛蟲更世情_清。

(《明道文集》三十八《游鄂山詩·獼猴》)

大都博弈皆戲劇,象戲翻能學用兵_庚。

車馬尚存周戰法,偏裨兼備漢官名_庚。

中軍八面將軍重,河外尖斜步卒輕_清。

卻凭紋楸聊自笑,雄如劉項亦閑爭_耕。

(又《象戲》)

心兮本虛,應物無迹_昔。操之有要,視爲之則_德。

(《伊川文集》四十三《視箴》)

人有秉彝,本乎天性_勁。知誘物化,遂亡其正_勁。

卓彼先覺,知止有定_徑。閑邪存誠,非禮勿聽_徑。

(又《聽箴》)

前世理官,倚法以刻_德。匪彼爲仇,蓋曰任職_職。

今之蔽獄,務正其辟_昔。鑒於前人,繄我仁德_德。

(《尹河南集》一《皇雅·皇治》)

蜀民呼歌,天子威靈_青。保我者封,暴我者刑_青。

匪功是私,匪弱是陵_蒸。天子惠民,疇敢不承_德。

(又《皇雅·西師》)

帝嗟汙邦,久罹于兵_庚。或暴下以征_清,或數虐以刑_青。

予命中典,協于國經_青。民服德音,室家以寧_青。

(又《皇雅·耆武》)

須臾變没,所見惟壁_錫。有木上座,夢中侍側_職。

問上座以何見,口不能於嘖嘖_陌。

豈彼口之真無悟前境之非實_質,管城子在傍代對以臆_職。

忽風雨之驟過,怳向來之所歷_錫。

此其畫耶則草木禽鳥皆似相識_職,抑猶夢耶則已見囿於筆墨之迹_昔矣。

(《簡齋集》一《覺心畫山水賦》)

君家蒼石三峰樣,磅礴乾坤氣象橫_庚。

賤子與山曾半面,小窗如夢慰平生庚。

爐煙巧作公超霧,書冊尚避秦皇城清。

病眼朝來欲開懶,借君巖岫障新晴清。

（《簡齋集》七《趙虛中有石名小華山以詩借之》）

君哦新詩我聽瑩,句裏無塵春色靜靜。

人人索笑那得禁,獨爲君詩起君病映。

（又《次韻傅季申梅花》）

清池不受暑,幽討起予病映。長安車轍邊,有此荷萬柄映。

是身雖可懶,共寄無盡興證。魚游水底涼,鳥宿林間靜靜。

談餘日亭午,樹影一時正勁。清風不負客,意重百金贈證。

聊將兩鬢蓬,起照千丈鏡映。微波喜搖人,小立待其定徑。

梁王今何許,柳色幾衰盛勁……

邂逅一樽酒,它年五君詠映。重期踏月來,夜半嘯煙艇迥。

（《簡齋集》十《夏日集葆真池賦詩》）

脫履坐明窗,偶至晴更適昔。池上風忽來,斜雨滿高壁錫。

深松含歲暮,幽鳥立晝寂錫。世故方未闌,焚香破今夕昔。

（《簡齋集》十四《八關僧房遇雨》）

樊侯種梓用莫竭月,丈人向來亦種德德。

挽同萬事入繩牀,花竹相看有佳色職。

（《簡齋集》十五《難老堂周元公家》）

弱歲抱衰病,好讀《神農經》青。雜然衆藥品,粗識性與形青。

商餘巖谷間,厥産芝木菁清。山家乘冬采,氣烈味亦并清。

常思負籠往,斸此地氣靈青。近聞山旁縣,移本來公庭青。

石泉尚含潤,溪風有餘清清。想象春叢敷,燁燁揚華英庚。

駢羅良可佳,疲苶宜見矜蒸。安得畦畹餘,種食羽翼生庚。

（《南陽集·從道損舅乞移山藥》）

蒼碑剝龍螭,突兀古殿側職。世變文字異,歲久苔蘚蝕職。

諒非好事者,塵土未嘗拭職。我來仰首看,百過不自息職。

曩者魏方盛,帝丕託威德德。馳驅百萬衆,南指斗牛域職。

誓將殄氛祲,飲馬長江邑緝。

（又《遺吳沖卿大饗碑文》）

端月戒熙陽，望舒秀圓極_職。洗心乘佳節，瞻像洗慈德_德。
穆穆屋漏尊，虛堂與神寂_錫。
　　　　　(《宋元憲集》二《正月望夕供養大阿羅漢畫像作》)
稍傍夕樓明_庚，娟娟底有情_清。
　　　　　　　　　(《宋元憲集》三《新月》)
水華煙態壓回汀_青，客至無情亦有情_清。
芳草不須緣短夢，一番新綠滿塘生_庚。
　　　　　　(《宋元憲集》十五《新歲雪霽到西湖作》)
雙駕處月天津近_焮，歸後嫩情常剩_證。燈市一年愁凝_證，心共梅花冷_迥。網塵洞戶春沈靜_靜，衰盡冶游情性_勁。羞見素娥嬌影_梗，明似愁鸞鏡_映。
　　　　　　(《梅溪詞》葉十二《桃源憶故人》)

漢江側_職，月弄仙人佩色_職，含情久，搖曳楚衣，天水空濛染嬌碧_昔，文漪篆影織_職，涼骨時將粉飾_職，誰曾見，羅襪去時，點點波間冷雲積_昔，相思舊飛鷁_錫，謾想像風裳，追恨瑤席_昔，涉江幾度和愁摘_錫，記雪映雙腕，刺縈絲縷，分開綠蓋素袂溼_緝，放新句吹入_緝，寂寂_錫，意猶昔_昔，念淨社因緣，天許相覓_錫，飄蕭羽扇搖團白_陌，屢側臥尋夢，倚闌無力_職，風標公子，欲下處，似認得_德。

　　　　　　　(《梅溪詞》葉十九《蘭陵王》)

　　梗攝庚耕清青四韻，《廣韻》庚耕清同用，青獨用。然宋代除陳簡齋、宋元憲守此藩籬外，其餘諸家皆通用不分。考唐元稹、元結之作已復如是(如元稹之《華原磬》、元結之《登白雲亭》)，可證陳、宋之作，格律較諸家爲嚴，而當時語音固讀同一類也。惟曾攝蒸登兩韻轉入梗攝，此爲宋以後之變音，與《四聲等子》《切韻指掌圖》合。至於兩攝之入聲字，則亦合用無別，而韓維、史達祖更摻入臻攝深攝字，是當時入聲字之收尾已漸失落矣。

　　(8)通攝
洛川多好山，伊川多美竹_屋。游既各有時，雖頻無倦目_屋。
貪清非傷廉，瀆幽不爲辱_燭。麋鹿不害人，心無害麋鹿_屋。
　　　　　　　　　(《擊壤集》三《游山》)
以酒戰花穠，花穠酒更濃_鍾。花能十日盡，酒未百壺空_東。
尚喜裝衣袂，猶憐墜酒鍾_鍾。多情唯粉蝶，薄倖是游蜂_鍾。

減卻牆頭豔,添爲徑畔紅東。飄零深院宇,點綴靜簾櫳東。
又恐隨流水,仍憂嫁遠風東。水流猶委曲,風遠便西東東。
狼藉殘春後,離披晚照中東。亭臺雖有主,軒騎斷無蹤鍾。

　　　　　　　　　　（《擊壤集》六《落花長吟》）

五伯之時正似冬冬,雖然三代莫同風東。
當初管晏權輕重,父子君臣尚且宗冬。

　　　　　　　　　　（《擊壤集》十三《五伯》）

居暗觀明,居靜觀動董。居簡觀繁,居輕觀重用。
所居者寡,所觀者眾送。匪居匪觀,眾寡何用用。

　　　　　　　　　　（《擊壤集》十八《觀物吟》）

閑來無事不從容鍾,睡覺東窗日已紅東。
萬物靜觀皆自得,四時佳興與人同東。
道通天地有形外,思入風雲變態中東。
富貴不淫貧賤樂,男兒到此是豪雄東。

　　　　　　　　　　（《明道文集》三十八《秋日偶成》）

帝曰將臣,予嘉乃庸鍾。廢命毒民,爾弗有終冬。
邦典用疑,惟罪惟功東。靡殛而削,協于厥中東。

　　　　　　　　　　（《尹河南集》一《皇雅·西師》）

神驥渴死追無蹤鍾,離婁眩目迷虛空東。
九衢懽游尚故處,一日忽在終南峰鍾。
附勢趨權徒擾擾,生歌死哭何匆匆東。
人間萬事既能了,莫教聲譽過關東東。

　　　　　　　　　　（又《隨州聞劉易入終南山》）

僮奴笑曰:美則美矣,抑此賜不終東。
夫巢梁之禽,智困深叢東。
草秀巖下,出山不豐東。
是魚安樂於止水之淵久矣,一旦投之衝沙走石之流,亦鱗敗鰭折未十
里而取窮東耳。

　　　　　　　　　　（《簡齋集》一《放魚賦》）

竹固不如肉屋,飛鶬莫辭速屋。飽竹且勿喧,聽我歌此曲燭。
土花玩四時,未覺有榮辱燭。

　　　　　　　　　　（《簡齋集》二《八音歌》）

紛紛騎馬塵及腹屋，名利之窟爭馳逐屋。
眼明見此山中吏，怪底吾廬有林谷屋。
雌雄相對目炯炯，意閑不受榮與辱燭。
掇皮皆真豈自知，坐令貓犬羞奴僕沃。
我不是李衞公，欺爾無魂規爾肉屋。
又不是曹將軍，數肋射爾不遺鏃屋。

（又《題易元吉畫麞》）

君家阿莘如白玉燭，呼出燈前語録續燭。
可憐郎罷窮一生，只今有汝照茅屋屋。

（《簡齋集》十四《贈黄家阿莘》）

欄干納清曉，拄杖追黄鵠沃。燕公不相待，使我立於獨屋。
霧收天落川，日動春浮木屋。舉手謝時人，微風吹野服屋。

（《簡齋集》二十《晚登燕公樓》）

夙昔誦佳句，跂予慕高風東。何意憂艱餘，邂逅此相逢鍾。
君初應府辟，捧檄來自東東。引車窮箐下，睠然顧微躬東。
姿表穆以秀，純德信内充東。乃知文章作，中與性情通東。
煌煌新詩章，垂光照昏蒙東。啟櫝挹荆璞，引筵撞景鐘鍾。
高篇屢云閟，遠思殊未終冬。

（《南陽集・覽梅聖俞詩編》）

先生樂道者，於世淡無欲燭。高風自絕人，正行不違俗燭。
揭來城闕游，不受塵事觸燭。日久望林壑，駕言反幽築屋。
家臨湍水陽，路轉春山曲燭。

（又《送孔先生還山》）

出郭屏僕從，取徑問樵牧屋。短松新被岡，青嶂遠遮屋屋。
雞犬無四鄰，日月自兩轂屋。阿師厭機緣，脱迹謝塵俗燭。
是心大圓明，一室了具足燭。

（《宋元憲集》二《過曹氏墳庵》）

江海多年滯軾熊東，書林諫靁得儒宗冬。
寬條一劄仙泥熟，慈宴千觴湛露濃鍾。
迎舸蔽川交畫鷁，隊笳横浦細吟龍鍾。
輕揚俗改方圖舊，兩馬行催詔傳封鍾。

（《宋元憲集》十二《送盛諫議出牧維揚》）

通攝東冬鍾三韻，《廣韻》東獨用，冬鍾同用，然唐代洛陽東冬已讀同一類，觀李涪《刊誤》深譏《切韻》分東冬爲二韻之失可知，元稹《酬鄭從事四年九月宴望海亭》（《文集》二十六），東冬鍾三韻同用亦是一證。其入聲亦然。宋代東冬鍾三韻通協，與唐人語音無異。

(9) 山攝

欲有一瓢樂，曾無二頃田_先。丹誠未貫日，白髮已華顛_先。
雲意寒尤淡，松心老益堅_先。年來疏懶甚，時憶舊林泉_仙。
（《擊壤集》一《閒吟》）

驅車入洛周，下馬弄飛泉_仙。乍有雲山樂，殊無朝市喧_元。
非唯快心志，自可忘形言_元。借問塵中有，誰爲得手先_先。
（《擊壤集》三《宿延秋莊》）

西南有高山_山，山在杳冥間_山。神仙不可見，滿目空雲煙_先。
千年女几祠，門臨洛水邊_先。但聞霓裳曲，世人猶或傳_仙。
（又《女几祠》）

明月生海心，涼風起天末_末。物象自呈露，襟懷驟披豁_末。
悟盡周孔道，解開仁義結_屑。禮法本防姦，豈爲吾曹設_薛。
（又《秋懷》）

秋色日漸深，老心日益懶_旱。倦即下堦行，閒來弄書卷_獮。
廣陌多風塵，見說難開眼_産。侯門已是深，帝闥又復遠_阮。
（同上）

九月氣乍肅，衰柳猶有蟬_仙。露外疏鐘斷，風餘清籟傳_仙。
千山亂遠月，一鶚摩高天_先。自非出世人，而敢危行言_元。
（同上）

萬里晴天外，一片霜上月_月。長松挺青葱，群卉入消歇_月。
有齒日益衰，有髮日益脱_末。獲罪固已多，此公難屑屑_屑。
（同上）

細算人間千萬事，皆輸花底共開顔_刪。
芳菲大率一春內，爛漫都無十日間_山。
亦恐憂愁爲齟齬，更防風雨作艱難_寒。
莫教此後成遺恨，把火罇前尚可攀_刪。
（《擊壤集》四《惜芳菲》）

誰將天柱峰，快刀割一半_換。泉漱痕微清，雲抱色猶見_霰。

權門不能移，富室不能轉_線。則予何人哉，當閻君之獻_願。

(《擊壤集》九《謝人惠石笋》)

狼毒野葛_曷，鴆鴆蛇蝎_曷。此類之人，鮮有不孽_薛。

(《擊壤集》十《偶書》)

重謝諸公爲買園_元，買園城裏占林泉_仙。

七千來步平流水，二十餘家爭出錢_仙。

嘉祐卜居終是僦，熙寧受券遂能專_仙。

鳳凰樓下新聞客，道德坊中舊散仙_仙。

洛浦清風朝滿袖，嵩岑皓月夜盈軒_元。

接籬倒戴芰荷畔，談塵輕搖楊柳邊_先。

(《擊壤集》十三《天津敝居蒙諸公共爲成買作詩以謝》)

冬非不欲出，欲出苦日短_緩。年老恐話長，天寒怕歸晚_阮。

山翁頭有風，鄉友情非淺_獮。必欲相招延，春光況不遠_阮。

(《擊壤集》十四《冬不出吟》)

君子好生，小人好殺_黠。好生道行，好殺道絶_薛。

(《擊壤集》十六《君子吟》)

堯夫吟，天下拙_薛。來無時，去無節_屑。

如山川，行不徹_薛。如江河，流不竭_月。

如芝蘭，香不歇_月。如簫韶，聲不絶_薛。

也有花，也有雪_薛。也有風，也有月_月。

又温柔，又峻烈_薛。又風流，又激切_屑。

(《擊壤集》十八《堯夫吟》)

天之與人，相去不遠_阮。不知者多，知之者鮮_獮。

(又《天人吟》)

行盡重雲幾曲山_山，回頭方見碧峰寒_寒。

天將仙掌都遮斷，元恐塵中俗眼看_寒。

(《明道文集》三十八《長嘯洞北回望大頂》)

人生百年永，光景我逾半_換。中間幾悲歡，況復多聚散_翰。

青陽變晚春，弱柳成老幹_翰。不爲時節驚，把酒欲誰勸_願。

(又《晚春》)

陰曀消除六幕寬_桓，嬉游何事我心閒_山。

鳥聲人意融和候，草色花芳杳藹間_山。

水底斷霞光出岸，雲頭斜日影銜山_山。

綠情若論詩家興，卻恐騷人合厚顏_刪。

（又《新晴野步》）

帝懷永圖，治古是憲_願。四方守臣，惟屏惟翰_翰。

在昔艱難，弗惠訓典_銑。跨都連城，高牙以建_願。

有土有民，肆乃征繕_線。以息以容，終焉叛換_換。

凡今帥臣，狃厥聞見_霰。匪革亂原，曷清多難_翰。

（《尹河南文集》一《皇雅·憲古》）

天寧堂中，黃面老禪_仙。四海無人，碧眼視天_先。

有一居士，山澤之儒_仙。結三生之習氣，口不停乎說山_山。

聊寄答於一笑，夜乃夢乎其間_山。

（《簡齋集》一《覺心畫山水賦》）

亂晦明於俄頃，存十二之峰巒_桓。

有木偃蹇，樵斤所難_寒。

飽千霜與百霆兮，根不動而意安_寒。

澹山椒之落日，送萬古以無言_元。

彼飛鳥其何知，方相急而破煙_先。

（同上）

不辭花前醉倒臥經月_月，是酒是香君試別_薛。

（《簡齋集》二《蠟梅》）

去年中秋端正月_月，照我霑襟萬條血_屑。

姮娥留笑待今年，淨洗金觥對銀闕_月。

（《簡齋集》十《中秋不見月》）

旋買青芒鞋，去踏沙頭月_月。爭教冠蓋地，著此影突兀_沒。

樹寒棲鳥動，風轉孤管發_月。月色夜夜佳，人生事如髮_月。

夢中續清游，濃露浥銀闕_月。

（《簡齋集》十四《夜步堤上》）

兩鴻同一天，羽翼不相及_緝。偶然一識面，別意已超忽_沒。

去程秋光好，萬里無斷絕_薛。雖無仁人言，贈子以明月_月。

（《簡齋集》十七《夢中送僧覺》）

堂堂一年長，渺渺三秋闊末。恍然衡山前，相遇各白髮月。

歲窮窗欲霰，人老情難竭月。君有杯中物，我有肝肺熱薛。

飲盡不能起，交深忘事拙薛。乾坤日多虞，游子屢驚骨没。

（《簡齋集》二十四《別大光》）

柳條一何長，我髮一何短緩。餘日會有幾，經春臥荒疃緩。

曳杖陂西去，悠然寄蕭散旱。田壠粲高低，白水一時滿緩。

農夫暮猶作，愧我讀書懶旱。且復棄今兹，前峰青巉嵽產。

（《簡齋集》二十五《曳杖》）

朔風吹驚鴻，行列失後先去霰。蒼蒼雪壓船，齒齒冰著岸翰。

離馬聲正悲，別臉淚猶泫銑。卻望攜手處，危牆映林見霰。

（《南陽集·別後》）

仙經著靈藥，兹品上不刊寒。服之歲月久，衰羸反童顏刪。

巖居有幽子，乘時斸蒼山山。溪泉濯之潔，秋陽暴而乾寒。

九蒸達晨夜，候火不敢安寒。持之落城市，誰復著眼看寒。

富貴異所嗜，口腹窮甘酸桓。

（又《答象之謝惠黃精》）

君誠巖壑徒，出宰亦山縣霰。尚喜終南峰，蒼翠不去眼產。

春風吹征車，千里度灞滻產。到日勝事繁，花光老秦甸霰。

（又《送李寺丞宰藍田》）

苦宇切郊寰刪，荊扉度歲關刪。賓蒸秋蘇合，童唱暮薪還刪。

石上春梁苦，牆東避世難寒。庋廎猶可爨，誰訪陋居顏刪。

（《宋元憲集》四《杜門》）

日稷城陰生，塵露稍云歇月。密樹抱煙沈，高禽映天没没。

外物既不擾，清機亦徐發月。何意羲皇風，吹我襟袖末末。

少駐北堂睡，娟娟待明月月。

（《景文集》五《省舍晚景》）

仲春告言歸，道次古長葛曷。水窮既舍舟，僕具始脂轄鎋。

南登高原望，天宇莽庨豁末。漇漠澹無波，苿驦森相軋黠。

春鳩日夜鳴，陽膏淺深達曷。田畯挈壺漿，稚子勤襪襪末。

驅牛洒先秸，趣車載輪秸黠。郊栢色欣欣，梢溝流活活末。

（《長葛道中作》）

解龜淮陽區，浮鷁暮春月月。 州民擁前道，重爲使君別薛。

尊酒卻略跪，絲管參差發月。 共謂君此行，寵命煥朝節屑。

進伏丹泥陛，勉之奮芳烈薛。 使君慚且嗟，處躬素衷拙薛。

雖爾荷賜環，安敢冀榮轍薛。 頓首謝上畢，行當避時傑薛。

願移邦人愛，孤根保勿伐月。

（又《去郡作》）

驚風吹客夢，西落劍南天先。 自問何爲爾，官牒見嬰纏仙。

遽傳非久舍，黎明徒御喧元。 俯輪千仞底，仰彎百尋巔先。

憑高一以眺，野氣正蒼然仙。 崖奔仆僵樹，湍躁啼荒泉仙。

羇禽易去木，奔麕不擇阡先。 撫物重增歎，去邦邈以綿仙。

何爲久行役，坐使歡心捐仙。

（《景文集》六《次陝郊》）

兩袖梅風，謝橋邊，岸痕猶帶陰雪薛。過了匆匆燈市，草根青發月。燕子春愁未醒，誤幾處，芳音遼絕薛。煙溪上，采綠人歸，定應愁沁花骨沒。非干厚情易歇月。奈燕臺句老，難道離別薛。小徑吹衣，曾記故里風物物。多少驚心舊事，第一是，侵階羅襪月。如今但，柳髮晞春，夜來和露梳月月。

（《梅溪詞》葉四《萬年歡》）

古城官道花如霰霰。便恰限，花間再見霰。雙眉最現愁深淺獮。隔雨春山兩點忝。

（又葉七《杏花天》）

細風微月垂楊院線。記年少，春愁一點忝。棲鶯未覺花梢顫線。踏損殘紅幾片霰。長安共，日邊近遠阮。況老去，芳情漸減賺。屏山幾夜春寒淺獮。卻將因而夢見霰。

（同上）

唐昌觀裏東風頓緩，齊王宮外芳名遠阮。

（又葉十三《菩薩蠻》）

西子相思切屑。委蕭蕭，風裳水佩，照人清越月。山染蛾眉波曼睩，聊可與之娛悅薛。便莫賦，湘妃羅襪月。怕見綠荷相倚恨，恨白鷗，占了涼波闊末。揀涼處，放船歇月。道人不是塵埃物物。縱狂吟魂魄，吹亂一巾涼髮月。不覺引杯澆肺渴，正要清歌駭發月。更坐上，其人冰雪薛。截取斷虹堪作釣,待玉匜,今夜來時節_屑。也勝釣,石城月_月。

(又葉十五《賀新郎》)

唐昌故宮何許,頓翦霞裁霧,擺落塵緣_仙。一聲步虛,婉婉雲駐天壇_寒。淒涼故里,想香車,不到人間_山。羞再見,東陽帶眼,教人依舊思凡_凡。

(又葉十九《漢宮春》)

犀紋隱隱鶯黃嫩,籬落翠深偷見_霰。細雨重移,新霜試摘,佳處一年秋晚_阮。荊江未遠_阮。想橘友荒涼,木奴嗟怨_願。就說風流,草泥來趁蟹螯健_願。并刀寒映素手,醉魂沈夜飲,曾倩排遣_獮。沆瀣含酸,金罌裹玉,籔籔吳鹽輕點_忝。瑤姬齒輭_緩。待惜取團圓,莫教分散_旱。入手溫存,帕羅香自滿_緩。

(葉二十四《齊天樂》)

山攝諸韻《廣韻》寒桓同用,刪山同用,先仙同用,元與魂痕同用。今以上各家於刪山寒桓先仙諸韻皆通用無別,與《廣韻》不同。蓋宋代語音寒桓刪山先仙元音皆相近,故通合無礙,惟略分洪細而已。然其通用亦自唐代始,如元稹有“滿漫亂電轉旋見變戰見羨”爲韻(見《長慶集》二十五),元結《宿丹崖翁宅》“難歡泉間前”爲韻(見《元次山文集》四),即其證矣。至於元韻,《切韻》本與魂痕爲一類,宋人詩中多讀同先仙,與魏晉以來之讀音迥異。其轉入先仙,當亦肇於唐代(見馬伯樂《唐代長安方音考》及羅莘田先生《唐五代西北方音》二書),如元結《退谷銘》以“源焉”爲韻(《文集》六),是也。及至宋代元與先仙乃多合用,間有與魂痕相協者,則固守舊韻耳。至如本攝之入聲,《廣韻》月沒同用,曷末同用,黠鎋同用,屑薛同用,而宋人詩韻曷末黠鎋屑薛皆通用不分,漫無界畔,與平聲正同。唐元稹《有酒》“雪歇月”爲韻,獨孤及《海上寄蕭立》“結節碣髮越別末月滅渴”爲韻,是其漸也。然宋陳簡齋、史邦卿物沒二韻亦有與本部通協者,以同爲入聲,音又相近,故偶越繩墨之外,不以爲嫌。

(10) 臻攝

漢皇傲物終難屈_物,太子卑辭方肯出_術。
雖老猶能成大功,至今高義如星日_質。

(《擊壤集》二《題四皓廟》)

惟南有美橘_術,惟北有美栗_質。厥包或頗同,厥味信不一_質。
天地豈無情,草木皆有實_質。物本不負人,人自負於物_物。

(《擊壤集》三《秋懷》)

耳目所聞見，且言三十春_諄。才更十次閏，已換一番人_真。
圯族綺紈故，朱門車馬新_真。從來皆偶爾，何者謂功勳_文。
(《擊壤集》四《與人話舊》)

風吹木葉不吹根_痕，慎勿將根苦自陳_真。
天子舊都閑好住，聖人餘事宂休論_魂。
長年國裏神仙侶，安樂窩中富貴人_真。
萬水千山行已徧，歸來認得自家身_真。
(《擊壤集》七《風吹木葉吟》)

衆人之所樂，所樂唯囂塵_真。吾友之所樂，所樂唯清芬_文。
清芬無鼓吹，直與太古鄰_真。太古者靡他，和氣常絪緼_文。
里閈舊情好，有才復有文_文。過從一日樂，十月生陽春_諄。
洛陽古神州，周公嘗縷陳_真。四時寒暑正，四方道里均_諄……
商於六百里，黃金四萬斤_欣。不能買茲樂，自餘惡足論_魂。
接籬倒載時，蟾蜍生海垠_痕。小車倒載時，山翁歸天津_真。
(《擊壤集》八《履道會飲》)

人生所貴有精神_真，既有精神卻不淳_諄。
弄假象真終是假，將勤補拙總輸勤_欣。
因飢得飽飽猶病，爲病求安安未真_真。
人誤聖人人不少，聖人無誤世間人_真。
(《擊壤集》九《弄筆吟》)

東海有大魚，罔罟無能近_焮。碭然一失水，螻蟻得而困_慁。
(《擊壤集》十三《東海有大魚》)

有客無知，爲性太質_質。不忮不求，無固無必_質。
足躡天根，手探月窟_沒。所得之懷，盡賦於筆_質。
意遠情融，氣和神逸_質。酒放微醺，綃鋪半匹_質。
如風之卒，如雲之勃_沒。如電之欸，如雨之密_質。
或往或還，或沒或出_術。滌蕩氛埃，廓開天日_質。
鸞鳳翺翔，龍蛇盤屈_物。
(《擊壤集》十四《大筆吟》)

天道無長春_諄，地道無常珍_真。須稟中和氣，方生粹美人_真。
良田多黍稌，薄地足荊榛_臻。樗櫟蓬蒿類，止能充惡薪_真。
(《擊壤集》十六《歲暮自貽吟》)

事無巨細，人有得失_質。得之小心，失之費力_職。

（《擊壤集》十九《費力吟》）

矯矯虎士，載摧其壁_錫。于嗟孟侯，亦果其策_麥。

迎師而降，靡抗鋒鏑_錫。豈獨身謀，完是宗國_德。

蜀都既平，將臣失律_術。此衆悍驕，彼民危慄_質。

當塗叫呶，合萬爲一_質。匪懷則威，帝心是恤_術。

（《尹河南文集》一《皇雅·西師》）

杜門十日疾，因得觀妄/妄身_真。勿云千金軀，今視如埃塵_真。

平生老赤腳，每見生怒嗔_真。揮汗煮我藥，見此愧其勤_欣。

（《簡齋集》二《雜書示陳國佐胡元茂》）

平生詩作祟，腸肚困蔾食_職。使我忘隱憂，亦自得詩力_職。

絕知是餘蔽，且復永今日_質。不如付杯酒，一笑萬事畢_質。

毛穎僅升堂，麴生真入室_質。

（《簡齋集》三《書懷示友》）

珠函繡帙芝蘭室_質，護持金剛竦神物_物。

枯葵應感不足論，毛穎陶泓俱見佛_物。

（《簡齋集》七《聞葛工部寫〈華嚴經〉成隨喜賦詩》）

西家撲滿本弟昆_魂，趣尚清濁何年分_文。

一朝墮地真瓦礫，莫望韓公無瘞文_文。

（《簡齋集》八《錢東之惠澤州呂道人硯》）

建康九醖美，侑以八品珍_真。除瘴去熱惱，與茶不相親_真。

滿月墮九天，紫面光磷磷_真。平生酪奴謗，脉脉氣未申_真。

定論得公詩，雅號知凝神_真。執持甘露椀，未覺有等倫_諄。

破睡及四坐，愧我非嘉賓_真。危樓與世隔，萬事不及脣_諄。

成公方坐嘯，賞此玉花勻_諄。收盃未要忙，再試晴天雲_文。

（又《陪諸公登南樓次韻》）

陰巖不知晴，路轉見朝日_質。獨行修竹盡，石崖千丈碧_昔。

（《簡齋集》十八《出山》）

幽臥不知晴，檣梢見斜日_質。披衣起四望，天際山爭出_術。

光輝渚蒲淨，意氣沙鷗逸_質。避盜半九圍，兩腳不遺力_職。

川陵各異態，艱險常一律_術。胡爲作弧矢，前聖意莫詰_質。

豈知百代後，反使姦宄密質。腐儒徒歎嗟，救弊知無術術。
人生如歸雲，空行雜徐疾質。薄暮俱到山，各不見蹤迹昔。
念此百年內，可復受憂戚錫。林水方翳然，放懷陶茲夕昔。

　　　　　　　　　　　　　(《簡齋集》二十二《晚晴》)

百年佳月幾今夕昔，憂樂相尋老來疾質。
瓊瑤滿地我影橫，添酒賦詩何可失質。

　　　　　　　　　　　　　(《簡齋集》二十九《秋夜獨酌》)

許公讀書地，塵像一來拂物。門掩僧不歸，簷低燕飛出術。
高人不可見，石塔鎮寒骨沒。

　　　　　　　　　　　　　(《南陽集·利涉塔院》)

病客臥窮里，衡扉掩殘春諄。隮官道家藏，竄迹農塵民真……
蹀躞千餘騎，雍容兩朱輪諄……物色認平素，載言接殷勤欣……
自爾一暌刺，中年嬰世紛文……登瀛識褚馬，頌漢希淵雲文……
奚爲遠問俗，惜此徒傷神真。宣室懋清問，華光欽寶鄰真。
行行愛玉體，趨節竚來臻臻。

　　　　　　　　　　　　　(《宋元憲集》二《御史王君道出舍下》)

虺蔓相結蟠，虯梢互回屈物。紛若未契繩，繁如已綸綷物。
峭格外團陰，尤堪庇炎日質。

　　　　　　　　　　　　　(《景文集》五《草木雜詠·藤》)

香入夢，粉成塵真，情多多斷魂魂。夫容孔雀夜温温魂①。愁痕即淚痕痕。

　　　　　　　　　　　　　(《梅溪詞》葉五《阮郎歸》)

冷截龍腰，偷拏鸞爪，楚山長鎖秋雲文。梅華未落，年年怨入江城清。千嶂碧，一聲清清。杜人間，兒女簫笙庚。共淒涼處，琵琶溢浦，長嘯蘇門魂。當時低度西鄰真。天澹闌干欲莫，曾賦高情清。子期老矣，不堪帶酒重聽青。纖手靜，七星明庚。有新聲，應更魂驚庚。夢回人世，寥寥夜月，空照天津真。

　　　　　　　　　　　　　(《梅溪詞》葉十五《夜合花》)

　　本攝諸韻，《廣韻》真臻諄同用，文欣同用，魂痕與元同用。今痕魂與真臻諄欣文皆通用不分，而入聲没質櫛術迄物諸韻亦一致相混，此自唐代已然。如

----

① 編者注：夫容，今通行本作"芙蓉"。

元結《忝官引》(《文集》三)、獨孤及《壬辰歲過舊居》(《毗陵集》一),即其例也。然宋代語音尚有與唐人不同者,即本攝入聲與梗曾入聲合用一事。其所以合用者,由於入聲韻尾之失落。梗曾之入聲本收-k,臻之入聲本收-t,原非一類,迨-k、-t失落以後,則元音相近者自相通協矣。《梅溪詞》中本攝平聲字亦間與梗攝合用,是宋代方音中梗攝之-ng已有變爲收-n者矣。惟邵氏《圖》中分判甚清,今亦不敢強合爲一類也。

(11) 咸攝

居洛八九載,投心唯二三談_談。相逢各白首,共坐多清談_談。
人事已默定,世情曾久諳_單。酒行勿相逼,徐得奉醺酣_談。

　　　　　　　　　　　　　　(《擊壤集》一《閒吟》)

高竹逾冬青,四月方易葉_葉。抽萌如止戈,解籜若脫甲_狎。
修靜信可愛,遠行不知匝_合。嗟哉凡草木,徒自費鉏鍤_葉。

　　　　　　　　　　　　　　　　(又《高竹》)

山似捼藍波似染_琰,游心一向難拘檢_琰。
仍攜二友所分茶,每到煙嵐深處點_忝。

　　　　　　　(《擊壤集》五《錦幈山下謝城中張孫二君惠茶》)

年年此際走煙嵐_單,人亦何嘗謂我貪_單。
歸見交親話清勝,且無防患在三緘_咸。

　　　　　　　　　　　　　　(又《到城中見交舊》)

年老逢春春莫厭,春工慎勿致猜嫌_添。
紅芳若得眼前過,白髮任從頭上添_添。
雨後豔花零淚顆,風餘新月露眉尖_鹽。
輕醇酒面斟來凸,舉盞長憂不易拈_添。

　　　　　　　　　　　　　(《擊壤集》十《年老逢春》)

把酒囑兒男_單,吾今六十三談_談。處身雖未至,講道固無慚_談。
世上榮都謝,林間樂尚貪_單。語其貪一也,且免世猜嫌_添。

　　　　　　　　　　　　　　　　(又《把酒》)

王公大人,天下具瞻_鹽。輕流傳習,重損威嚴_嚴。
此尚未了,彼安能兼_添。非唯失道,又復起貪_單。

　　　　　　　　　　　　(《擊壤集》十七《王公吟》)

一夜威霜特地嚴_嚴,朝來寒氣入書簾_鹽。

乍須火暖親爐獸，初覺冰澌結硯蟾鹽。

敗葉捲風輕簌簌，遠峰經曉靜尖尖鹽。

出門未要貂狐燠，且著輕裘次第添添。

　　　　　　　　　(《明道文集》三十八《早寒》)

世間真僞非兩法乏，映日細看真是蠟盍。

　　　　　　　　　(《簡齋集》二《蠟梅》)

庭樹日日疏，稍覺夜月添添。推愁了此段，捲我三間簾鹽。

黃花牆陰遠，白髮露氣嚴嚴。平生六尺影，隨我送涼炎鹽。

踏破千憂地，投老乃自嫌添。尚想采石江，宮錦映霜蟾鹽。

夜半賦詩成，起舞魚龍兼添。辦此詎難事，取快端宜廉鹽。

　　　　　　　　　(《簡齋集》十四《秋夜詠月》)

篙舟入華容，白水滿城堞怗。夾津列茂樹，倒影青相接葉。

遠色分村塢，微涼動蘆葉葉。天地困腐儒，江湖託孤楫葉。

　　　　　　　　　(《簡齋集》二十二《舟抵華容縣》)

群峰羅立青巉巉銜，中有佛廟名香嚴嚴。

飛泉洶涌出峰後，四時激射喧蒼巖銜。

跳珠噴雪幾百丈，下注坎險鍾爲三談。

援蘿頻瞰石底淨，明鏡光溢青瑤函覃。

淙流四走渠與竇，左右吞噛何其饞咸。

緣源散討不知極，但見洞穴爭嵌嵌銜。

攀藤直上出雲背，巖户閉邃疑神緘咸。

仰窺陰洞看懸乳，白龍垂鬚正鬖鬖談。

或凝如蓋覆宛宛，或散如指長摻摻咸。

有臺高下且十數，如以勢位相臨監銜。

平鋪老蘚柔可坐，誰藉綠氈遺不拈添。

北山之石何瑣碎，形制一一如鑴鑱銜。

叩之清越諸谷應，不意此地聞韶咸咸。

已霜桂樹垂凍壁，未臘梅蕊輝晴嵐覃。

浮屠曰仙好事者，奄有勝迹窮搜探覃。

書之遠寄龍山下，云此僅止存都凡(凡)。

(《南陽集·孔先生見約同游》)

抱痾積閑縱，世味頗能淡(闞)。惟於山水娛，自謂老不厭(豔)。
況茲伊洛間，久畜游賞念(桥)。幽扉深隱竹，小彴度平塹(豔)。
解鞍庇清陰，拂席見殘豔(豔)。長溪自南流，小閣忽東瞰(闞)。
游人坐兀兀，鳴鳥來泛泛(梵)。蟹潛石穴幽，魚泳柳根暗(勘)。

(又《答公懿》)

仲冬景氣佳，曠然思遠涉(葉)。晨遵大堤去，寒日在馬鬣(葉)。
浮屠紅塵外，樓殿煥層疊(怗)。地退景幽閑，瑶碧秀林葉(葉)。
清香時出箔，餘經尚委笈(葉)。躋閣眺遠陂，浮陽來曄曄(葉)。
花枝亦已柔，行見春露浥(葉)。

(又《同勝之明叔游東郊》)

　　咸攝覃談鹽添咸銜嚴凡八韻，《廣韻》覃談合用，鹽添合用，咸銜合用，嚴凡合用。然自唐以來鹽凡已有合用者，如元結《招孟武昌》"厭泛"協韻是也。及至北宋則八韻皆通協不分，略有洪細之別而已。

(12) 深攝

山高水復深，無計奈而今侵(侵)。地盡一時事，天開萬古心(侵)。
輕煙籠曉閣，微雨散青林(侵)。此景雖平淡，人間何處尋(侵)。

(《擊壤集》三《晨起》)

身上有黃金侵(侵)，人無走陸沉(侵)。求時未必見，得處不因尋(侵)。
辯捷非通物，涵容是了心(侵)。會彈無弦琴，然後能知音(侵)。

(《擊壤集》十七《黃金吟》)

追古念今侵(侵)，有惻其心(侵)。良價善諭，發帑出金侵(侵)。
巷治以闢，井漠而深侵(侵)。清泉澤物，佳木成陰侵(侵)。

(《明道文集》三十八《顏樂亭》)

聊解我衣，救爾戢戢(緝)。爰得數斗，護以微溼(緝)。
豈不指動，義生相急(緝)。將逸爾於隋溝，資淮海以共給(緝)。
已趣湯而幸見赦，同伏質而偶不及(緝)。
其亦知遇我之不可常，而教魴鱮以慎出入(緝)也。

(《簡齋集》一《放魚賦》)

遙瞻南嶂深復深_侵，雙崖與天藏太陰_侵。

青鞋濟勝不能懶，踏破積雪窮崎嶔_侵。

空中朽樹抱孤篠，無竅蒼壁生橫林_侵。

孤禽三叫危石裂，欲返未返神蕭森_侵。

（《簡齋集》十八《游南嶂同孫信道》）

浮沈閭里間，放志謝維縶_緝。行貪月色靜，歸犯霜華溼_緝。

寒鼓出城重，飛星過樓急_緝。卻想竹庭下，主人猶獨立_緝。

（《南陽集·晚過象之葆光亭》）

昔日白接籬，時時詣諸習_緝。累榭今已頹，清池尚堪挹_緝。

遙源乳竇響，敗防流沙急_緝。況復蘭蕙時，幽香遠相襲_緝。

（《宋元憲集》二《游山簡習池》）

本攝僅侵韻一韻，各家皆獨用，不與咸攝相混。入聲亦然。

四、宋代汴洛語音與今音之比較

聲類

（a）宋代汴洛語音

雙 脣 音	p	p'	m			（mb）
脣 齒 音			ɱ		f	v
舌尖前音				ts ts' s		
舌尖中音	t	t'	n	l		
舌尖後音				ṭṣ ṭṣ' ṣ ẓ		
舌面前音			ń			
舌面後音	k	k'	ng		x	ɣ
無 聲 母	∅					

（b）與《廣韻》及現代開封音之比較

《廣韻》聲類	開封音	宋代汴洛語音
幫[p]	p	p
滂[p']	p'	p'
並[b']平 仄	p' p	p' p

《廣韻》聲類	開封音	宋代汴洛語音
明[m]	m	平去入 m 上 mb?
非[pf]	f	f
敷[pf']	f	f
奉[bv']	f	f
微[ɱ]	Ø　止攝讀 v,其餘各攝以 u 爲起音	平去入 ɱ 上 v、Ø
端[t]	t	t
透[t']	t'	t'
定[d']平仄	t' t	t' t
泥[n]	n	n
知[t̂]	tṣ	tṣ
徹[t̂']	tṣ'	tṣ'
澄[d̂']平仄	tṣ' tṣ	tṣ' tṣ
娘[ń]	二等 n 三等 ń	ń
見[k]	一等及二等合口 k 二、三、四等開口 tś 三、四等合口 k(止、蟹、宕、通、四攝)tś	k
溪[k']	一等及二等合口 k' 二、三、四等開口 tś 三、四等合口 k'(止、蟹、宕、通、四攝)tś	k'
群[g']平仄	tś'(止、蟹、宕、通四攝合口 k') tś(止、蟹、宕、通四攝合口 k)	k' k
疑[ng]	Ø ɣ(一等開口及二等開口梗攝字)	平去入 ng 上 ɣ、Ø
精[ts]	ts	ts
清[ts']	ts'	ts'
從[dz']平仄	ts' ts	ts' ts

續表

《廣韻》聲類	開封音	宋代汴洛語音
心[s]	s	s
邪[z] 開平仄合	tsʻ(辭字)s sʻ s	tsʻ sʻ s
照二[tṣ] 三[tś]	tṣ	tṣ
穿二[tṣʻ] 三[tśʻ]	tṣʻ	tṣʻ
牀二[dẓʻ] 平開合 仄開合	tṣʻ ṣ(止攝)tṣʻ tṣ	tṣʻ ṣ
牀三[dźʻ] 平開合 仄開合	tṣʻ(乘字)ṣ ṣ	tṣʻ ṣ
審二[ṣ] 三[ś]	ṣ	ṣ ṣ
禪[ẓ] 平開合 仄開合	ṣ(止攝)tṣʻ tṣʻ(殊字)ṣ ṣ	tṣʻ ṣ
曉[x]	一等及二等合口 x 二、三、四等開合口 ś 三、四等合口 x(止、蟹、宕、通四攝)ʅ	x
匣[ɣ]	一等及二等合口 x 二、四等開口 ś 四等合口 x(蟹攝)、ś	x
影[ʔ]	Ø ɣ(一等開口)	Ø
喻三[j] 四[j]	Ø v(止攝)	Ø
來[l]	l	平去入 l
日[nź] 開合	ẓ(止攝) ẓ	平去入 ń 上 ẓ　Ø

韻類

(a)宋代汴洛語音

```
              陰聲韻                              入聲韻(促音)

a       ia    ua                    a              ia   ua   ya
ɿ   ʅ   i     ui                ə   ɿ   ʅ          iə   uə   yə
              uei                 ei                    uei
              u          y                             u    y
ai            uai
au      iau   (uau)                 ɔ              iɔ   uɔ   yɔ
ou      iou

                         陽聲韻
ang     iang  uang
əng     ing   uəng   yəng
              ung    yng
an      ian   uan    yan
ən      in    uən    yən
am      iam                         ap       iap       (uap)
        im                          ip       (iup)
```

(b)宋代汴洛語音與《廣韻》及現代開封音之比較

《廣韻》韻類		開封音 (據高本漢《方言字彙》)	宋代汴洛語音
韻目	開合 等第		
東	一	ung、əng(非組)	ung
	三	ung(見組、知組,來)yng(溪、喻)əng(非組)	yng
支脂之	開合	i、ɿ(精組)ʅ(知組)	i、ɿ、ʅ
齊祭	合	ui、ɛi (非組)	ui、uei
微	開	i	
廢	合	ui、i(非組)	
魚　虞		i	
		y、u(知組、非組)	y、u(知組、非組)
模		u	u

續表

《廣韻》韻類		開封音 （據高本漢《方言字彙》）	宋代汴洛語音
韻目	開合 等第		
佳 皆 夬 泰 咍 灰	開 合	ai、iɛ（"街蟹"等字） ua、ai（非組）	ai uai
	開 合	ai（照二、非組）iɛ（見組） ai（非組）uɛi（見組）	
	合 開 合	uai（溪）ua（匣）ai（非組） ai、ɛi（非組） uɛi、ui（端組、匣）	
		ai	
		ui、ɛi（非組、泥）	
真 諄 臻 欣 文 痕 魂		in、ən（知組）	ən　in
		yən、uən（知組、來）	
		ən	
			uən　yən
		in	
		yən、ən（非組）	
		ən	
		uən、ən（非組）	
寒 桓 刪山 元 先 仙		an	an　ian
		uan、an（非組）	
	開 合	iɛn（見組）an（知組、非組） uan（見組、照二）an（非）	uan　yan
	開 合	iɛn yan（見組）an（非組）	
	開 合	iɛn yan（匣）iɛn（非1組）	
	開 合	iɛn、an（非組） yan、uan（知組）	
蕭 宵　肴 豪		iau	au　iau
		iau、au（知組）	
		au	

《廣韻》韻類		開封音 （據高本漢《方言字彙》）	宋代汴洛語音
韻目	開合 等第		
歌 戈 麻	一開 一合 三開	ɯ、o（端組） uo（見組）o（端組、非組） ia（見組）a ua iɛ、ɔ（照）	a　ia ua
陽 唐 江	開合 開合 開合	iang、ang（知組、照三） uang、ang（非組） ang uang、ang（非） iang、uang（知組）ang（非組）	ang　iang uang
庚 耕 庚 清 青 蒸 登	一開 一合 三開 三合 開	əng、ing（匣） ung ing yng（曉）ing（非） ing、əng（知組） yng（溪） ing ing、əng（知組） əng	əng　ing uəng　yəng
尤 侯 幽		（見組）ou（知組、照組）u（非組） ou、u（非組） iu	ou　iou u（非組）
侵		in、ən（知組）	im
覃　談 鹽 添 咸　銜 巖 凡		an iɛn、an（知組） iɛn iɛn（見組）an（知組） iɛn an	am iam

續表

《廣韻》韻類		開封音（據高本漢《方言字彙》）	宋代汴洛語音
韻目	開合等第		
屋沃燭	一三	u y、u(知組、非組、來) u y、u(照三、清、來、日)	u y
質術迄物櫛沒		i、ɿ(知組) y、u(照三) iə y、u(非組) ɛ u、o(幫組)	ə　iə　ʅ　ɿ uə　yə
曷末黠（鎋）月屑薛	開合 開合 開 開合 合	ɯ、a(端組、來) uo、o(端組、非組、來) ia、a(照二) ua、a(非組) iɛ yɛ、a(非組) iɛ、ə(知組)ɛ(來) yɛ、uo(審)	a ua ia ya
藥鐸覺	開合 開合 合	yo、o(照三、日) u(非組) o uo yo、o(知組、非組)	ɔ　iɔ uɔ　yɔ
陌麥昔錫職	二三開 合 開合 開合	ɛ i ɛ uɛi、ɛ(明) i、ɿ(知組) i i、ʅ(知組) y	ə　iə　ʅ　ɿ uə　yə
德	開 合	ɛ uo(見組)uɛi(匣)	ei　uei
緝		i、ɛ(審二)ʅ(照三)u(日)	ip(iup)

續表

《廣韻》韻類		開封音 （據高本漢《方言字彙》）	宋代汴洛語音
韻目	開合 等第		
合　　盍 葉 怗 業 洽　　狎 乏		ɯ、a（端組、泥組）	ap
		iɛ、ə（照三）ɛ（來）	iap
		iɛ	
		iɛ	
		ia（見組）a（知組）	
		a（非組）	（uap）

　　由上所考可知宋代汴洛方音與《廣韻》大異。要言之：論聲則與《中原音韻》之二十母相近（參考羅莘田先生《中原音韻聲類考》）。論韻則同攝之一、二等讀爲一類，三、四等讀爲一類，其讀音蓋不出開齊合撮四呼，與元明以降之音相近。論聲調則上聲濁母已讀爲去，如“是”，《廣韻》承紙切，上聲紙韻禪母字，而《擊壤集》卷九《自古吟》與“事至易”爲韻，卷十八《師資吟》與“異”爲韻，《簡齋集》卷二十七《題像》與“寄世二”爲韻，“事至”等皆去聲字也。又“動”，《廣韻》徒揔切，上聲董韻定母字，而《擊壤集》卷十八《觀物吟》“動”與“重衆用”爲韻，“衆用”等皆去聲字也。餘如：士（止韻床母）市（止韻禪母）祀似（止韻邪母）靜（靜韻從母）莠（有韻喻母）泫（銑韻匣母）弟（薺韻定母），一類濁音上聲字亦皆變爲去聲矣。考濁上之變去，不自宋始，唐末洛陽即已轉變。昭宗時李涪《刊誤》云：“〔《切韻》〕吳音乖舛，不亦甚乎？上聲爲去，去聲爲上……恨怨之恨則在去聲，很戾之很則在上聲；又言辯之辯則在上聲，冠弁之弁則在去聲；又舅甥之舅則在上聲，故舊之舊則在去聲；又皓白之皓則在上聲，號令之號則在去聲；又以恐字恨字俱去聲：今士君子於上聲呼恨，去聲呼恐，得不爲有知之所笑乎……凡中華音切莫過東都，蓋居天地之中，稟氣特正。予嘗以其音證之，必大哂而異焉……予今別白上去，各歸本音；詳較重輕，以符古義。理盡於此，豈無知音？”此所謂東都即洛陽也，李涪讀“很皓辯舅”諸字爲去聲，是上聲濁音之變去，由來久矣。此皆就宋代汴洛兩地而言，至於當時與汴洛語音相近之區域且必甚廣，今雖不能細考，然此足爲北音一系之代表，當無疑義也。

1942 年 4 月

宋代方音

宋人筆記中有論及當時四方語音者，惜皆零散不備，而所指方域亦不甚明確，但由是可略知當時方音與今日方言之異同。因錄出數則，略加詮釋。

黄鑑《楊文公談苑》云："今之姓肖、姓雍者皆平聲。春秋肖臣、漢雍齒、唐雍陶皆是也。蜀中作上聲、去聲呼之。蓋蜀人率以平爲去。"

案此謂蜀人音肖姓作上聲，音雍姓作去聲。《廣韻》肖姓只有平聲一讀，雍則平去二音，宋邵思《姓解》卷三"雍"亦有於容、於用二切。蜀人以平爲去，前代載記中不多見。隋陸法言《切韻·序》曾云："秦隴則去聲爲入，梁益則平聲似去。"益即巴蜀之地。楊億謂蜀人率以平爲去，惜未能多舉例證。

劉攽《貢父詩話》云："司馬温公論九旗之名，旗與旂相近，《詩》曰，言觀其旂，《左傳》龍尾伏辰、取虢之旂，然則此旂當爲芹音。周人語轉，亦如關中以中爲蒸，蟲爲塵，丹青之青爲萋也。五方語異，閩以高爲歌，荆楚以南爲難，荆爲斤。昔閩士作《清明象天》破題云：'天道如何，仰之罙高。'會考官同里，遂中選。荆楚士題雪用先字，後曰十二峰巒旋旋添，讀添爲天字也。向敏中鎮長安，土人不敢賣蒸餅，恐觸中字諱也。"①

案劉貢父引司馬光言謂"旂"本音"芹"，引《小雅》"晨旂"押韻與《左傳》"辰旂"押韻爲證是也。此節所記關中言"青"爲"萋"，"青"爲《廣韻》青韻字，"萋"爲齊韻字，青韻有尾音-ng，而齊韻無韻尾輔音，謂"青"爲"萋"，則青韻讀似齊韻。唐五代之間西北方音即已如此。羅常培先生《唐五代西北方音》第37頁所載藏漢對音《千字文》寫本青韻字與齊韻字韻母皆作 ye 是也。今陝西西陲及甘肅平涼等地讀音，"青"等字亦無韻尾-ng。至於以"中"爲"蒸"，以"蟲"爲"塵"，"中蟲"皆爲東韻字，"蒸"爲蒸韻字，"塵"爲真韻字，"中"若音"蒸"，則"蟲"當音"澄"，不知何以不同。長安人恐觸向敏中諱而不敢賣蒸餅，是"中、

---

① 《皇朝類苑》卷六十二引此文文字頗有不同。其中有"關中人言清濁之清則不改"一語，今傳本《貢父詩話》未舉。

蒸”音近無疑。“中”爲知母字，“蒸”爲照母字，“中”爲“蒸”音，不僅韻母相混，而且知組與照組亦合爲一類。

閩人以“高”爲“歌”音，亦見陸游《老學庵筆記》（見下）。《廣韻》“高”爲豪韻字，高字音“歌”，則豪韻與歌韻無別，故閩士即以“高”與“何”押韻。今福州語豪、歌兩韻元音同讀）[ɔ]，“高”音[kɔ]，歌亦音[kɔ]，與貢父所記閩音情況相同。

荆楚人以“南”爲“難”，以“荆”爲“斤”，韻尾均與韻書音韻系統不同。“南”爲覃韻字，韻尾爲-m，“難”爲寒韻字，韻尾爲-n，以“南”爲“難”，是-m尾已變爲-n尾。故荆南舉子吟雪詩以添字入先字韻。

荆字韻尾爲-ng，斤字韻尾爲-n，以“荆”爲“斤”音，不僅元音有變，韻尾亦由-ng變-n。今湖北、湖南、四川等地“荆”等字亦多有收-n者。

> 張師正《倦游雜録》云：“關右人或有作京師語音，俗謂之獠語，雖士大夫亦然。有太常博士楊獻民，河東人。是時鄜州修城，差望青斫木，作詩寄郡中寮友，破題曰：‘縣官伐木入煙蘿，匠石須材盡日忙。’蓋以鄉音呼忙爲磨方能叶韻。士人而徇俗不典，亦可笑也。”[①]

案關右謂函谷關以西。河東在今山西永濟。“忙”爲唐韻字，“磨”爲戈韻字。呼“忙”爲“磨”，則忙字無韻尾-ng。

> 沈括《夢溪補筆談》卷一云：“經典釋文，如熊安生輩，本河朔人，反切多用北人音；陸德明，吳人，多從吳音；鄭康成，齊人，多從東音。如‘璧有肉好’，肉音揉者，北人音也。‘金作贖刑’，贖音樹者，亦北人音也。至今河朔人謂肉爲揉，謂贖爲樹。如打字音丁梗反，罷字音部買反，皆吳音也。如瘍醫‘祝藥劀殺之齊’，祝音呪，鄭康成改爲注，此齊魯人音也。至今齊謂注爲呪。官名中尚書，本秦官，尚音上，謂之常書者，秦人音也，至今秦人謂尚爲常。”

案沈括爲杭州人，生於宋仁宗天聖九年（1031），卒於哲宗紹聖二年（1095）。神宗時爲史館檢討、集賢校理，又曾爲河北西路察訪使，鄜延路經略使，故熟悉河朔音及秦音。

熊安生，《周書》卷四十五有傳，爲長樂阜城人，通五經，長於三禮，北齊時

---

① 據《皇朝事實類苑》卷六十七。

爲國子博士,後又入周。有《周禮義疏》二十卷,今亡。阜城在今河北阜城縣。
陸德明所著《經典釋文》無熊安生音。沈括所謂經典釋文即經典音義之意。
《爾雅·釋器》"肉倍好謂之璧",陸書爲肉字作音云:如字,又如授反。如授反
即揉字音。《書·舜典》"金作贖刑",《釋文》"贖"音石欲反,徐音樹。徐爲徐
邈。《廣韻》"肉"爲屋韻字,"贖"爲燭韻字,音"肉"爲"揉",音"贖"爲"樹",是
入聲讀爲去聲。又"贖"《廣韻》音神蜀切,爲牀母三等字,"樹"音常句切,爲禪
母字。《釋文》"贖"音石欲反,"石"屬禪母,則與"樹"爲雙聲。沈括謂宋代河
朔人謂"肉"爲"揉",謂"贖"爲"樹",與今日北方音相似。

　"打"音丁梗反,陸氏《釋文》以前無此音。《切韻》始有德冷反,同沈音。罷
字,《左傳·襄公三十年》"皆自朝布路而罷",《釋文》"罷"音皮買反。《論語·
子罕》"欲罷不能",《釋文》音皮買反,又皮巴反,又音皮。皮買反即《切韻》薄
解反。案沈括謂"打"音丁梗反、"罷"音部買反爲吳音,是北宋時大部分地區讀
音已與《切韻》不同。歐陽修《歸田録》云:"徧檢字書,乃無此'打'字音丁雅
者,其義主考擊之打,自音謫耿。以字學言之,打字從手從丁,丁又擊物之聲,故
音謫耿爲是,不知因何轉爲丁雅也。"今蘇州言"打"音 dang,與沈括所説正同。
罷字義爲休止,音薄解反,《切韻》歸入蟹韻。

　宋辛棄疾《稼軒詞·水龍吟》"稼軒何必長貧"下闋以"下、馬、罷、啞"諸字
爲韻,"下、馬、啞"等皆爲上聲馬韻字。又史達祖《梅溪詞·賀新郎》"同住西山
下"上闋以"下、社、者、榭、惹、罷"諸字押韻,其中除榭字爲去聲禡韻字外,"下、
社、者、惹"四字皆爲上聲馬韻字。由是可知罷字已由 bai 變爲 ba,與現代方言
相同。北音去聲;吳音上聲,讀作 ba,濁聲母,是沈括音也。

　《周禮·天官》"瘍醫掌腫瘍、潰瘍、金瘍、折瘍之祝藥劀殺之齊",鄭玄注
云:"祝當爲注,讀如注病之注,聲之誤也。注謂附著藥。"陸氏《釋文》云:"祝,
之樹反,出注。"案"祝"《廣韻》有之六、職救二切,一在屋韻,一在宥韻,注字則
在遇韻,音之戍切。鄭玄以祝字義爲巫祝及祭者祝辭之意,故以"祝"爲誤字,
當改作"注",故《釋文》依鄭説音之樹反。沈括謂"祝"音"呪",與鄭注不合。
沈云:"至今齊謂注爲呪。"二字音近。

　官名尚書之"尚",《周禮·天官冢宰》釋文音"常",《廣韻》平聲陽韻音市
羊切,與《釋文》同。"常、尚"聲調不同,沈以平聲讀爲秦音。

　　陸游《老學庵筆記》卷六云:"四方之音有謌者,則一韻盡謌。如閩人
謌高字,則謂'高'爲'歌',謂'勞'爲'羅'。秦人謌青字,則謂'青'爲

‘葽’，謂‘經’爲‘稽’。蜀人謂登字，則一韻皆合口。吳人謂魚字，則一韻皆開口。他仿此。中原惟洛陽得天地之中，語音最正。然謂‘弦’爲‘玄’、謂‘玄’爲‘弦’、謂‘犬’爲‘遣’、謂‘遣’爲‘犬’之類，亦自不少。”

案陸游爲山陰人（今浙江紹興），此條論四方有謂音，則一韻盡謂，蓋以韻書讀音爲準。合於韻書者爲正，不合於韻書者爲謂。閩人謂“高”爲“歌”，謂“勞”爲“羅”，秦人謂“青”爲“葽”，謂“經”爲“稽”，與前引《貢父詩話》所言相同。

陸稱登字蜀人讀爲合口，魚字吳人讀爲開口，揆陸意，當時方言登字一韻大都讀爲開口，魚字一韻大都讀爲合口，惟蜀人、吳人讀音開合不同。洛陽音謂“弦”爲“玄”，謂“玄”爲“弦”，謂“犬”爲“遣”，謂“遣”爲“犬”，亦屬開合問題。《廣韻》“玄、犬”皆合口字，“弦、遣”皆開口字。洛陽音與《廣韻》音正相反。

陸游生於宋徽宗宣和七年（1125），卒於寧宗嘉定三年（1210），曾爲福州寧德主簿（今福建寧德），通判夔州（今四川奉節），又隨王炎至秦隴，戍守大散關（在今陝西寶雞西南，地近甘肅），文中所言閩人、蜀人、秦人語音蓋即聞之於上述各地。

又《老學庵筆記》卷十云：“世多言白樂天用相字多從俗語作思必切，如‘爲問長安月，如何不相離’是也。然北人大抵以相字作入聲，至今猶然，不獨樂天。老杜云：‘恰似春風相欺得，夜來吹折數枝花。’亦從入聲讀，乃不失律。俗謂南人入京師，效北語，過相藍，輒讀其榜曰‘大廂國寺’，傳以爲笑。”

案“相”與“廂”雙聲，同爲心母字。口語音與韻書所載之文字讀音未必完全相合。“相”《廣韻》但音息良切，無思必切一音。廂字《廣韻》亦只收平聲支韻，音息移切，訓爲廂養、役使。至於相共之義與讀音，韻書並闕而不錄。唐人詩中“相”有“廂”音，而字仍作“相”，宋人詞曲，則有徑寫爲“廂”者，如歐陽修《漁家傲》：“蓮子與人長廂類，無好意，年年苦在中心裏。”廂類即相類也。又同調：“天與多情絲一把，誰廂惹，千條萬縷縈心下。”廂惹即相惹也。由此可知“廂”當爲仄聲（孫奕《履齋示兒編》卷二十三引《古今詩話》云：“廂字唐人作斯音，五代時作入聲。陶穀詩云‘尖簪帽子卑凡廝，〔短勒靴兒末厥兵’〕是也。”）。謂“相”爲“廂”，或不限於北方，歐陽永叔乃廬陵人（今江西吉安），則大江以南亦有言廂者。

趙彦衞《雲麓漫鈔》卷十四云："且四方之音不同，國墨北惑字，北人呼作榖木卜斛，南方則小轉爲脣音。北人近於俗，南人近於雅。"

案趙彦衞字景安，浚儀人（今河南開封），於南宋孝宗隆興元年（1163）及進士第（見錢大昕《潛研堂金石文跋尾》續第五）。《雲麓漫鈔》有開禧二年自序，署爲新安郡守，新安郡即徽州。宋寧宗開禧二年爲公元 1206 年，是時景安蓋年逾六十矣。或云生於北宋，恐誤。"國墨北惑"爲《廣韻》德韻牙脣喉三類字，《七音略》"國惑"二字爲合口，"墨北"二字爲開口。此云"國墨北惑"四字"北人呼作榖木卜斛，南方則小轉爲脣音"，似此四字開合讀同一類。《廣韻》"國墨北惑"爲德韻字，"榖木卜斛"爲屋韻字，兩者相去較遠。北人呼"國墨北惑"爲"榖木卜斛"，爲他書所未載。羅常培先生《唐五代西北方音》所録四種藏漢對音材料中"國惑默北"等字與屋韻字韻母相同，與趙彦衞所言宋代北音情況相似。今山西晉城、太原等地"國"與"榖"音亦相同。至於趙謂"南方則小轉爲脣音"，所指者何，尚難確定。

由此數則已可略知宋代南北東西方音中之一二特點，材料雖少，但其中可供研究古今音變之參考者尚多，考音論史者不可以其零散而忽之也。

射字法與音韻

宋趙與時《賓退錄》卷一云："俗間有擊鼓射字之伎，莫知所始。蓋全用切韻之法，該以兩詩，詩皆七言。一篇六句，四十二字，以代三十六字母，而全用五支至十二齊韻，取其聲相近，便於誦習。一篇七句，四十九字，以該平聲五十七韻，而無側聲。如一字[字]（原脫）母在第三句、第四句，則鼓節前三後四，叶韻亦如之。又以一、二、三、四爲平、上、去、入之別。亦有不擊鼓而揮扇之類，其實一也。詩曰：

'西希低之機詩資，非卑妻欺癡梯歸，披皮肥其辭移題，攜持齊時依眉微，離爲兒儀伊鋤尼，醯雞箆溪批毗迷。'此字母也。

'羅家瓜藍斜凌倫，思戈交勞皆來論，留連王郎龍南關，盧甘林巒雷聊鄰，簾櫳嬴婁參辰闌，楞根彎離驢寒間，懷橫榮鞋庚光顏。'此叶韻也。"

這兩首詩，第一首表聲母，第二首表韻母。第一首四十二字，所表聲母，既非四十二母，也不是三十六母，大體可以歸併如下：

幫卑箆	端低		照之	精資	見機雞歸 來離
滂披批	透梯	徹癡		清妻	溪欺溪 日兒
並皮毗	定題	澄持		從齊	群其
明眉迷		娘尼	審詩	心西	疑儀
非非			禪時	邪辭	曉希醯
					匣攜
奉肥					影依伊
微微					喻爲移

這四十多字取自《廣韻》支脂之微齊幾韻，惟有鋤字是魚韻字，與其餘不合，鋤字可能是錯字。從上表可以看出輕重脣音有分，舌上與正齒互補，當已併爲一類，濁音聲母都全部不缺，而重脣音和牙音見溪兩母與喉音曉影喻三母字都有重複。輕脣音獨缺敷母字。舌音、齒音和來日二母具足。根據這幾點來看，這首詩所表現的聲母實際只有三十一母。南宋陳晉翁《切韻指掌圖節要》列字母爲

三十二,即見溪郡疑、端透定泥、邦滂並明、非敷奉微、精清從心邪、知徹澄審禪、曉匣影喻、來日三十二母(見清李汝珍《音鑑》引)。其中有知徹澄,而無照穿牀,有泥而無娘,與上一首詩很相似(上一首詩"尼"實際所代表的是泥母)。陳爲江西樂安人。趙與時爲宋太祖七世孫,理宗寶慶間進士。以《賓退錄》所記的這首詩和陳晉翁所定的字母相證,不難推知南宋時南方字音的聲母類別。

　　第二首詩七句,共四十九字,但所表韻母也不足四十九。今與《廣韻》相比較,列表如下:

東欈	真鄰辰	蕭聊	尤留
鍾龍	諄倫	肴交	侯婁
支離贏	痕根	豪勞	侵林
	魂論	歌羅	覃南參
之思	寒寒闌	戈戈	談藍甘
模盧	桓孿	麻家瓜斜	鹽簾
魚驢	删顏關彎	陽王	
佳鞋	山間	唐郎光	
皆皆懷	仙連	庚庚橫榮	
灰雷		蒸凌	
哈來		登楞	

這裏只包括《廣韻》平聲中三十六韻的字,《廣韻》平聲冬江脂微虞齊臻殷文元先宵耕清青幽添咸銜嚴凡等韻字未見,無疑問,在實際語音中有些韻已經合併。例如前一首詩都是支脂之微齊幾韻的字,可證支脂之微齊的韻母已經讀得很相近,可以成爲一組。在這一首詩裏不見齊韻字,齊韻一定併於"離贏"兩母。其他也可以類推。例如江韻字併於陽唐韻之內,殷文韻字併於真諄韻之內,元先韻字併於仙韻之內,清青韻字併於庚蒸韻之內,可能與《切韻指掌圖》歸韻相似。但這首詩所表現的韻母與實際語音當更爲接近。其中值得注意的是東鍾、支之、佳皆、删山、肴豪、覃談有分。而"寒闌、關彎、南參、藍甘"幾類字所表現的韻母讀音似乎沒有什麼分別,可能是重複的。

　　射字法是民間流行的一種猜字的游戲。耐得翁《都城紀勝》"瓦舍衆伎"條曾記載有"字謎"一目。射字也許是屬於"字謎"一類的。趙與時所記的這兩首射字詩已經對我們瞭解當時的語音情況有了不少的幫助,而元陶宗儀《輟耕錄》卷十九也有射字法的記載。不過,陶宗儀所記的詩又與《賓退錄》不同,所表聲母韻母的類別也頗有出入。

《輟耕錄》射字法云："其法七字詩，十二句，逐句排寫，前四句括定字母，後八句括定叶韻。詩曰：

輕輕牽兵兵邊平平便明明眠逢○○興興掀征征煎，
經經堅迎迎年娉娉偏停停田應應煙成成涎聲聲氊，
清清千澄澄纏星星鮮晴晴涎丁丁顛檠檠虔盈盈延，
能能○稱稱千非○○精精煎零零連汀汀天綴橙纏。

東蒙鍾江支茲爲，
微魚胡模齊乖佳，
灰咍真諄臻匡虧，
元魂痕寒歡關山，
先森蕭宵爻豪歌，
戈麻陽唐耕斜榮，
青蒸登尤侯車侵，
潭譚鹽添橫光凡。

如欲切春字，清諄，清清千春，清字在第三行第一字，諄字在第七行第四字，拊掌則前三後一，少歇，又前七後四。夏字平聲爲霞，盈麻，盈盈延霞，盈字在第三行第七字，麻字在第十行第二字，拊掌則前三後七，少歇，又前十後二，少歇，又三。蓋夏字去聲，所以又三也。若入聲，則四矣。餘仿此。但字母不離二十八字，而叶韻莫逃五十六字，此爲至要。"

此節所記射字法與《賓退錄》所説相同，不過，以拊掌代擊皷而已。前四行共二十八字，每字下另出助紐字兩個，而逢字、非字下闕助紐字，能字下助紐字也闕而不全。單就二十八個字來看，雖包括重脣音、輕脣音、舌音、正齒音、齒音、牙音、喉音幾類，而遠少於三十六母。簡單列表如下：

幫兵	端丁	照征	精精	見經	來零
滂娉	透汀	穿稱	清清	溪輕	
並平	定停	（澄）澄橙	從晴	群檠	
明明	泥能	審聲	心星	疑迎	
非非		禪成		曉興	
奉逢				影應	
				喻盈	

其中以澄母字當牀母,而"澄橙"二字音又重複。敷母、微母、知母、徹母、娘母、邪母、匣母、日母等並闕。推想敷母歸非,微母歸明或歸逢,娘母、日母歸能,知母、徹母歸征稱,邪母歸晴。至於匣母何所歸,不易確定。但從陶宗儀所舉夏字切音一例來看,夏字平聲霞字切爲盈麻,"盈"乃喻母字,而"夏霞"均屬匣母,是匣喻有關。陶爲黃巖人(今浙江黃巖),今黃巖喻母字仍有讀爲[ɦ]的,與匣母音相同。民間所傳七字詩原來對匣母的安排是否如此不可知。

再從陶所録前四句字下的助紐字來看,其中征與精、稱與清、成與晴相同,那麼,照穿與精清又合而爲一,禪與從也合而爲一,陶宗儀文中以清諄切春字,也可證明穿清爲一類。惟"澄橙"二字與聲字(審母)應當與何紐爲一組則不可知。今日黃巖音知照精三組讀音不出[tɕ][ts]兩類。原來二十八字中有照精兩組,知組合於照組,照組可能讀[tɕ],而精組讀[ts]。陶所録助紐字可能是後人加上去的,加注人依照自己的方音而把照精兩組混合爲一。原來所括定的聲母大約有二十六七類,若照助紐字所表現的情況來論,恐怕只有二十二三類了。比《賓退録》所記又少了好幾母。

《輟耕録》所載射字法的後八句所表韻母與《賓退録》也頗有不同。在五十六字之中"爲虧"二字同屬《廣韻》支韻合口,"斜車"二字同屬《廣韻》麻韻三等,"潭譚"二字同屬《廣韻》覃韻,這些都是重複的字。除此以外,可能還有。與《廣韻》平聲韻比較,冬脂虞皆殷文仙清幽談咸銜嚴諸韻字未見,可知韻母當中已有併合。值得注意的是:(1)東與蒙、胡與模分別爲二,"蒙模"都是明母字,韻母的元音或與東胡不同;(2)江與陽唐分立;(3)支兹爲微分別爲四,[ʅ]一類的元音可能已出現;(4)乖佳不同於灰哈,寒歡不同於關山;(5)有先無仙,有青無清,而蕭之外有宵,鹽之外有添;(6)麻之外有"斜車"二字,可能類似《中原音韻》有車遮一類的韻母;(7)收-m的閉口韻仍然存在。

《輟耕録》的記載比《賓退録》晚,《賓退録》所記的射字詩大概是南宋時在臨安一帶流行的,《輟耕録》所記大概是元末在天台一帶流行的,相差至少有一百多年。兩者時地不同,所以聲母和韻母的類別都不一樣。但是即異求同,從中也可以看出宋元之間浙東語音系統的面貌。如全濁聲母與閉口韻仍然保留,知照兩類合而爲一,豪肴不混,寒山有分,可以説都是一些特點。這兩種射字詩在當時只是供游戲之用,在今天看來對我們考索宋元南方語音的情況就很有用處了。故合併録出,以誌知者。

許慎及其《説文解字》

　　漢代是中國文化史上一個光輝燦爛的時代。從公元前 2 世紀到公元後 2 世紀四百年之間出了很多傑出的文學家、史學家、哲學家、經籍文獻學家、科學家。文學家有枚乘、司馬相如、揚雄、張衡、蔡邕;史學家有司馬遷、班固、荀悦;哲學家有桓譚、王充;經籍文獻學家有劉向、劉歆、賈逵、馬融、鄭玄;科學家有張蒼(數學家)、張衡(文學家,又是天文學家)、張機(即張仲景,醫學家)、華佗(醫學家)。這些都是著名的人物。他們不僅繼承了春秋戰國以來的文化遺産,而且更發揚光大,給中國的文學、史學以及其他方面奠立了一個富厚的基礎,對於中國文化的發展貢獻極大。他們的著作包容的方面極廣,是我們研究中國文化史極其寶貴的資料。

　　這裏所要提出來説的一個人是許慎,他是漢代最著名的一個文字學家、詞彙學家。他是中國文字學的開山祖師,在中國語言學史上所占的地位非常重要。他的著作《説文解字》從東漢一直到現在一千八百多年始終爲人所重視,是一部不朽的著作。我們要研究漢以前的古典著作,或研究漢語史和古文字,對於《説文解字》不能一無所知。就這種意義來説,不知道許慎的《説文解字》跟研究文學和史學的人不知道司馬遷的《史記》同樣是一種缺點。

　　許慎,字叔重,生於東漢,是汝南郡召陵(shàolíng)人。召陵,在現在河南的郾城縣東邊四十五里的地方。相傳郾城縣還有許慎的墓。

　　關於許慎的生平事蹟,在范曄《後漢書》卷一〇九下《儒林傳》裏有簡單的叙述。如果參照許慎自己寫的《説文解字後叙》和他的兒子許沖的《上〈説文解字〉表》,我們可以知道得更詳細一些。

　　根據史傳所記,許慎是一個性情篤實而純厚的人,他在年少的時候就博通五經,所以當時的人就用“五經無雙許叔重”一句韻語來稱讚他,馬融對他也非常推崇。

　　漢代傳習的經書,有今文經和古文經的分別。今文經是秦漢之間博士弟子口耳相傳下來的,在漢代都是用通行的隸書來寫的,所以稱爲今文經。古文經大部分都是漢武帝時魯恭王拆毁孔子住宅,從牆壁中取出來的,這種書都是用戰國時通行的古文字來寫的,所以稱爲古文經。古文經跟今文經不僅文字的寫法不同,就是内容也不盡相同。西漢時代古文經没有發現之前,傳習的都是今文經,等到古文經發現以後,才有人研究古文經。到了東漢時代,古文經開始盛行起來。當時傳授古文經的第一個大師就是賈逵(30—101)。

賈逵既通今文經,又精於古文經。許慎就是他的學生[1]。賈逵在章帝建初四年(79)曾與班固、傅毅、博士議郎及諸生諸儒在北宫白虎觀講論五經同異,建初八年(83)又奉詔在黄門署爲弟子門生講授《春秋左氏傳》《榖梁傳》《古文尚書》和《毛詩》。許慎最初在汝南郡做功曹,後來被推舉爲孝廉,到洛陽之後就做了太尉府的祭酒。祭酒是太尉府曹屬之中的主要人物,他住在京師,所以能够從賈逵問業。賈逵到和帝永元十三年(101)才死,而許慎也一直在太尉府。他作《説文解字》,跟從賈逵受古文經有很大的關係[2]。

《説文解字》的《後敘》作於永元十二年(100)[3],就是賈逵死的前一年。許慎在安帝永初四年(110)又曾與馬融、劉珍及博士議郎五十餘人在東觀校五經、諸子和史傳。到建光元年(121),病居於家,才叫他的兒子許冲上《説文》,距離寫《後敘》的時候已經有二十二年。

許慎的生年和卒年已無可考。清人根據賈逵的生年——光武帝建武六年(30)來推斷,認爲許慎可能生於明帝永平之初(永平元年,公元58年)。至於卒年,則又根據《後漢書・西南夷・夜郎傳》所説“桓帝時郡人尹珍自以生於荒裔,未知禮義,乃從汝南許慎、應奉受經書圖緯”的話,推斷許慎可能卒於桓帝初年(桓帝建和元年,公元147年)。這樣説起來,許慎的歲數總在八十以上了。

許慎的著作除了《説文解字》以外,還有《五經異義》和《淮南子注》,不過都已亡逸不存,只有清人的輯本。

許慎著《説文解字》的時候,正是古文經盛行的時代。古文經是用戰國時代的古文字來寫的,跟當時通行的隸書很不相同。自從古文經出現以後,今文經家就大相非毁,排斥古文,稱秦時隸書是古帝先王之書,父子相傳,不得改易。並且隨意解説文字,牽强附會,毫無條理。許慎既博通經籍,而又從賈逵學習古文經,對於今文經家的這種向壁虚造的巧説邪辭深惡痛絶,所以搜羅篆文和古

---

① 許冲《上表》稱:“臣父故太尉南閣祭酒慎本從逵受古學。”

② 許冲《上表》裏説:“慎博問通人,考之於逵,作《説文解字》。”

③ 許慎《説文解字後敘》説:“粤在永元,困頓之年,孟陬之月,朔日甲申。”根據這一句話定爲永元十二年。

文及籀文编成一部字書①。一方面把經傳群書的訓詁寫下來,一方面還説明字體的結構和字的讀音,使人們知道相傳的古文字是怎樣寫的,每一個字從字形上和語義上應當如何講解。這部書把漢代能够看到的古文字,儘量記載下來,實在是中國古代文獻中極其重要的著作。

許慎對於文字在文化發展上的作用看得很清楚,他曾經説:"文字者,經藝之本,王政之始,前人所以垂後,後人所以識古。"②我們要讀古代的書籍,要瞭解古代的文化,不懂得古代的文字是不行的。許慎這部書是極可寶貴的遺產。我們有了他這一部書才能認識秦漢時代的許多篆書的石刻和器物的銘文,才能認識商代的甲骨文字和商周兩代的銅器文字以及戰國時代的古文。没有《説文解字》,我們就很難通曉秦漢以前的古文字,商周文物上所記載的事實也就很難索解了。

許慎這部書的偉大的貢獻不僅在保存了上古時代的古文字,更重要的是他創通文字構造的條例,用了多少年的功夫創造性地編出一部具有系統的字書,給後世編纂字典的人立下一個規範。因此我們更應重視這部書,瞭解它在中國語言學史上的地位,瞭解怎樣運用這部書去進行漢語史的研究工作。

這部書題名爲"説文解字","文"指的是獨體的象形表意的字,"字"指的是合體的表意字和形聲字,因此題稱説文解字,後世一般簡稱爲《説文》。

中國古代的字書,主要有三類:一類是通俗的教童蒙識字的"雜字"書,一類是按部首來編排的有系統的字書,一類是按聲韻來編排的韻書。《説文》就屬於第二類,而且是其中最早的一部書。

在《説文》以前從秦代起就有了"雜字"書。最知名的是《倉頡篇》③,相傳爲李斯所作。另外還有趙高的《爰歷》和胡毋敬的《博學》。這都是以開頭兩個字來題篇名的。到了漢代,把三個書合在一起,稱爲《倉頡篇》,以六十字爲一章,一共有五十五章。後來揚雄又續《倉頡》作《訓纂篇》,東漢郎中賈魴又作《滂喜篇》。後人合稱爲《三倉》。這種書都是四字一句,而且是韻語④。西漢時司馬相如又曾作《凡將篇》,是七言韻語,東漢元帝時史游作《急就篇》則有七

---

① "籀文"是出自《史籀篇》的大篆。

② 見許慎《説文解字敘》。

③ 文字本來是勞動人民所創造的,古人傳説是黄帝史官倉頡所造。《倉頡篇》開頭一句話是"倉頡作書",所以稱爲《倉頡篇》。

④ 羅振玉、王國維所編的《流沙墜簡》和勞幹的《居延漢簡考釋》中都有這一類書的逸文。

言、三言和四言。《急就篇》在魏晉六朝的時候很流行,所以現在我們還能够看到全書,其他都亡逸無存了[①]。

這種"雜字"書即便都保存下來,除了可以考見漢代的詞彙以外,在文字學史上並没有什麽價值。許慎的《説文》則不然了。他看出這樣的字書是没有什麽用處的,他根據當時對於文字的構造和意義聲音的關係的理解,即六書的分類來分析篆文[②],把所有的字按照形體的構造來加以區分,凡形旁相同的就類聚在一起,以共同有的形旁作部首,其他同從一個形旁所構成的字都系屬其下。許多部首又按照篆書形體的相近與否來編排先後的次序。這樣就把極其紛繁的成千上萬的漢字都編排在一起了。這種辦法是前所未有的,是許慎的創見。他看到了漢字的特點,不如此,很難編出一部便於應用而又有系統的字典來。這在過去語音很分歧、漢字寫法還没有完全打亂的時候,的確是一種極其寶貴的經驗。所以段玉裁稱讚這部書説:"此前古未有之書,許君之所獨創,若網在綱,如裘挈領,討原以納流,執要以説詳,與《史籀篇》《倉頡篇》《凡將篇》亂雜無章之體例,不可以道里計。"[③]

《説文》一共十五卷,一至十四是本書,最後一卷是敍目。全書一共有五百四十部。根據許慎原敍所説,全書收字 9353 文,重文 1163,解説的字數是133441 字[④]。

五百四十部的次序是始"一"終"亥"。始"一"終"亥"是有意義的,因爲漢代陰陽五行家言萬物生於"一",畢終於"亥"。其他部首則主要是據形系聯。凡部首絶大多數都是形旁,只有少數幾部的部首是聲旁(如丩部、句部)。一部之内的字一般都是把意義相近的放在一起,例如言部"詩、讖、諷、誦"列在一起,"訕、譏、誣、誹、謗"列在一起,肉部"肓、腎、肺、脾、肝、胆、胃、脬、腸"列在一起,"胯、股、腳、脛、腓、腨"列在一起,這都是意義相近或事物相類的,所以以類相從,不相雜越。

至於每一個字的寫法則一以篆文爲主,如古文、籀文跟篆文有不同,則先列篆文,而列古文或籀文於篆文解説之下,一一加以説明。有時一字兼有"或體",也同樣列於正文解説之下。

---

① 清代馬國翰《玉函山房輯佚書》和近代人龍璋的《小學蒐佚》中都有《三倉》輯本。

② 六書,按照許慎所説即指事、象形、形聲、會意、轉注、假借。

③ 見許慎《説文解字敍》段注。

④ 現在的大徐本字數增多將近二百,解説則少於原書一萬七千多字,可見現在的傳本經過傳寫已有增損,跟許氏原書所記字數不合。

　　每一字的解説,一定是先解説字義,然後説明形體的構造。説明形體的構造時,凡象形字,則言"象某某之形",凡指事字,則曰"指事",凡會意字,則曰"从某从某",或曰"从某某",凡形聲字則曰"从某,某聲"。如果是會意而又是形聲字的,則曰"从某从某,某亦聲",例如:

气　雲气也,象形。

齒　口齗骨也。象口齒之形,止聲。

毛　眉髮之屬及獸毛也。象形。

丄　高也。此古文上,指事也。

多　重也。从重夕,夕者相繹也,故爲多。

男　丈夫也。从田从力,言男用力於田也。

放　逐也。从攴,方聲。

奢　張也。从大,者聲。

舒　伸也。从舍从予,予亦聲。

由此可見《説文》對於字形的結構和造字的含義特別重視。有時在解説中也指出讀音,則曰"讀若某",例如"瑂讀若眉""逝讀若誓""㑳讀若塗""刱讀若創"。"讀若某"之中,有的是注音,有的兼明通用,但注音是主要的。

　　許氏在解説中,有時引用經傳來説明字義或字音。除少數用今文經外(如《儀禮》用今文經,《詩》間用《韓詩》),一般都用古文經。在解説中也常常引到其他人的説法,全書有一百一十餘條,這就是《敘》文所説"博采通人,至於小大,信而有證"的實例。解説中涉及訓詁的,有的出於《爾雅》,有的出於揚雄的《方言》,有的出於前人的經傳訓釋、《倉頡解詁》。由此可見許慎著《説文解字》不僅從賈逵問業,而且囊括了許多前人的經説和字説,可以説是集兩漢字學之大成了。

　　《説文》既然是這樣一部書,所以在東漢末年就爲人所重視。鄭玄注《儀禮》《周禮》《禮記》都曾經引用《説文》的解説。由魏晉以至隋唐一直有人傳習。雖然《説文》並沒有把兩漢時代應用的文字都搜羅無遺[1],有些解説也偏於株守字形,不免牽強附會之嫌,可是這樣編排文字的體例,已經成爲後來編纂字書所共同遵守的方法了。

　　首先我們要提到的是晉吕忱的《字林》[2]。吕忱事蹟無可考,《魏書·江式

---

[1]　《説文》解説中的字就有没有收入正文的。大徐校定本增補四百多字,列在每部之後,稱爲"新附"。事實經傳裏面還有很多的字不見於《説文》的。

[2]　《字林》卷數,前字(人?)所説多寡不同,有五卷、六卷、七卷三種説法。

傳》所載江式《上〈古今文字〉表》裏稱吕忱爲任城人（今山東濟寧），作晉義陽王典祠令。《隋書·經籍志》則題爲“弦令”。唐張懷瓘《書斷》又稱吕忱字伯雍。關於他的事蹟我們只知道這麽多。

吕忱的《字林》是根據《説文》來作的。在唐以前《説文》和《字林》總是相提並論。《字林》收字比《説文》多。唐封演《聞見記》説[1]：

> 晉有吕忱，更按群典，搜求異字，復撰《字林》七卷，亦五百四十部，凡一萬二千八百二十四字。諸部皆依《説文》，《説文》所無者皆吕忱所益。

吕忱《字林》自南宋以後失傳，清任大椿有輯本，名《字林考逸》。

《字林》之外，按照《説文》來編的字書，還有梁顧野王的《玉篇》。顧野王（519—581），《陳書》有傳，他是吳郡吳人，陳宣帝太建十三年（581）卒。《玉篇》是在梁武帝大同九年（543）編纂成的。這部書共有三十卷，體例跟《説文》相同。所不同者在於《説文》是五百四十部，而《玉篇》删併“哭、延、教、眉、自、𦣻、歙、后、六、弦”十部，別增“父、云、桌、尤、處、兆、磬、索、牀、弋、單、丈”十二部，一共是五百四十二部。又“書”字《説文》在“聿”部，《玉篇》則改爲部首，把《説文》的畫部歸併在一起[2]。其次是部次的安排也與《説文》不盡相同。《説文》的部次是據形系聯的，即便有時把意義相近的排列在一起，也還是形體相近的。《玉篇》雖然大部分跟《説文》相合，可是有時就專取其意義相近的比次在一起，例如“人、兒、父、臣、男、民、夫、予、我、身、兄、弟、女”相連，次序就跟《説文》完全不同[3]。

《玉篇》原書收字 16917[4]，比《字林》又多四千餘字。每字之下，先出反切，後引經傳和群書訓詁，注文非常詳細。現在我們所看到的《玉篇》注文比較簡單，已不是顧氏《玉篇》原來的面貌了[5]。

從《字林》和《玉篇》的編制都可以看出《説文》對後世字書影響之大。《隋書·經籍志》有《古今字書》十卷，北魏楊承慶《字統》二十一卷，書雖亡逸，根據佚文，還可以知道也都是按照《説文》的體制來分部的。以部首編排字書可以説是從《説文》以後一直沿用的辦法。宋人編纂的《類篇》，明張自烈的《正字通》，以及清人所編的《康熙字典》都是按照偏旁部首來編排的，只是分部有不同而已。

《説文》這部書在中國語言學史上的地位很高。清人非常重視這部書不無

---

[1][4]　見《封氏聞見記》卷二文字。

[2]　見清錢大昕《十駕齋養新錄》卷十三“玉篇”一條。

[3]　《説文》的字體是篆文，《玉篇》的字體是隸書，不必强同。

[5]　顧野王《原本玉篇》有唐寫本，見羅振玉影印《原本玉篇殘卷》及黎庶昌《古逸叢書》。

道理。許慎看到形聲字是漢字裏最多的一部分,所以特別注重形聲字的分析。書中指出某字從某某聲,一方面是分析字形,一方面也就是指出字的聲音。凡從某聲得聲的字,它的讀音必然跟某聲切近。因此清人從《説文》中悟出根據諧聲字可以參照《詩經》的韻腳考定古韻的分部。同時《説文》中引經與現在的經文往往不同,因而清人又體會到古人以文字記錄語言,時有假借。清人瞭解了古韻的分部,又瞭解了古人用字有假借,所以有很多古書中向來難解的句子,他們都能從聲音訓詁和文字通假上理解到它的原意。

許慎著《説文》,在解釋字義上還特別注重造字的本義。説法不一定都對,可是清人從這一點認識到字義有本義,有引申義,有假借義[①],在語義學上有了新的發展。

這些都是《説文》對於後來研究漢語聲音、訓詁所起的一些影響。

在今天來看,《説文》仍然有它的價值。我們要研究古文字,要知道漢字的發展和變遷固然離不開這部書,就是要研究漢語詞彙發展的歷史和詞義的演變以及古音的系統,也須要應用這部書。我們應當從中吸取各種有用的東西。

現在我們所看到的《説文》的本子,時代比較早的是唐寫本和宋刻本。唐寫本有兩個本子:一個是木部殘本,存 188 字,將近全書的五十分之一;一個是口部殘簡,存 12 字。前一種是中唐人寫本,原爲清人莫友芝所藏,現爲日本人所有;後一種是唐宋間日本的摹本,爲日本人所藏。

唐本跟六朝所傳《説文》是比較接近的,但可惜只有殘本。今天我們能看到的全本,是南唐徐鍇的《説文解字繫傳》和宋徐鉉的校定本《説文解字》。徐鍇是徐鉉的弟弟,前人稱徐鉉爲"大徐",徐鍇爲"小徐"。小徐本有注釋,大徐本則主要是校定原書,没有注釋。小徐本有影抄宋本,大徐本有北宋刻本。清人翻刻的本子都很多。小徐書以祁寯藻刻本爲最好,大徐書以孫星衍《平津館叢書》本爲最好。

小徐書著述的目的在於注釋原書,其中許氏原文跟唐寫本相同的地方較多(只就木部而言)。大徐書是用許多本子來校定的,很多地方跟唐寫本不同。所以清代段玉裁注《説文》,很重視小徐本。

《説文》原本是没有反切注音的。現在我們所看到的唐寫本已有注音。唐寫本的注音跟隋唐間流行的韻書不同,而跟相傳的《字林》音相合[②]。現在我們所看到的二徐本又跟唐寫本不同。大徐本的反切是根據唐代的孫愐《唐韻》加

① 見段玉裁《經韻樓集》卷十一"言響"二字釋例。
② 詳見後《唐本〈説文〉與〈説文〉舊音》一文。

上去的,小徐本的反切是南唐朱翱所加的。讀音也不完全相同。現在我們一般應用的本子都是大徐本《説文》。

　　《説文》是很不容易讀的一部書,因爲古字古義很多,必須有注解才能理解得透徹。談到《説文》的注本,徐鍇的《繫傳》是最早的一種注本了。徐鍇對於《説文》用力很勤,徐鉉稱他弟弟作《繫傳》的意義在於"考先賢之微言,暢許氏之玄旨,正陽冰之新義①,折流俗之異端"②。徐鍇作《繫傳》參考的古書不下一百多種。他一方面疏證許説,一方面又進一步從聲音上來講解字義,創見很多。不過有時徵引古書過於繁冗,解説字義不很精當,所以還不是最好的注本。

　　清代《説文》之學盛行,注《説文》的有好幾家。最重要的一部書就是段玉裁的《説文解字注》。段玉裁是戴震的學生,他作《説文解字注》用了三十多年的功夫,先寫爲長編,然後簡括成書,是一部體大思精的著作。他首先根據許慎原書的體例和《玉篇》《集韻》的訓釋以及宋代以前的古書引到《説文》的字句來校訂二徐本的是非,其次再根據經傳子史和其他古書來解説許書的訓解。除此之外,並説明一個字的多方面的意義以及意義的引申和變化。他最大的貢獻在於創通條例,以許書證許書,以聲音爲關鍵,説明訓詁。清人研究《説文》的莫不受其影響。不過他好談本字本義,有時流於武斷。他改動篆文 90 字,增加篆文 24 字,删去篆文 21 字,有些地方未免過於魯莽。

　　同時注《説文》的,還有桂馥、王筠。桂馥有《説文解字義證》,王筠有《説文句讀》。桂氏《義證》,目的在於徵引古書,找出許慎解説的根源,故不摻雜己見;王氏《句讀》則采掇段、桂兩家之書,删繁舉要,以便初學。桂、王兩家都儘量根據二徐原本而不輕易亂改,態度非常審慎,段氏在這一點上是遠不如桂、王兩家了。三家之書,各有所長,都是研究《説文》的必備的參考書。

　　清人研究《説文》的書有一百多種,1928 年丁福保按類彙編在一起,名爲《説文解字詁林》。我們要檢查一個字,各家的原注都依次分別列出,這當然是最便於參考尋檢的一部書了。

1956 年 8 月

---

① 　唐大曆中李陽冰曾刊定《説文》,臆説頗多。

② 　見徐鉉所作《説文韻譜序》。

唐本《説文》與《説文》舊音

一、序　言

今日所見之唐寫本《説文》有二：一爲木部殘本，一爲口部殘簡。木部殘本爲清同治二年莫友芝得自安徽黟縣令張仁法者，共六紙，存 188 字，將近全書的五十分之一。兩紙合縫處有紹興小印，卷末有米友仁鑒定跋語，以篆法及内容觀之，確爲唐本無疑。或疑其爲贋品，非也。莫氏得此書之翌年即依原本摹寫，鋟之於木，並著《箋異》一卷，以與二徐本比較同異。原物後歸端方，爾後流入日本，今爲日人内藤虎氏所得。口部殘簡有二：一爲日人平子尚氏所藏，存四字，未見；一爲日人某氏藏，存六行，12 字，見於日本京都《東方學報》第十册第一分"《説文》展觀餘録"中，雖爲唐代日人之摹本，亦可寶也。

木部殘本每行二篆。口部殘簡則每行三篆，惟每行之第三字皆斷缺無存。二本同作烏絲欄，每字注文分爲三行書於篆文之下，由此尚可見唐本之舊式。然木部殘本每字之音列於篆文及注文之間，獨居一欄；而口部殘簡則別以朱筆書於注解之末；小有不同耳。論其體制之流變，則以朱筆箋記於注末者在前，以音切獨居一欄者在後。木部之書法至精，篆書作懸針體，與唐元次山《峿臺銘》甚相似，必爲名手所書無疑。蓋唐代普通之墓志篆額，筆法莫不拙劣，甚且與六書不合，其能如是之遒勁雋逸者殊少，故絶非普通書手所能爲也。其中"栝恆桓"三字皆缺末筆，"栝"避德宗嫌名，"恆"避穆宗諱，是以莫氏定爲中唐人所書。劉毓崧以爲"案"字反切之"旦"字作旦，定爲穆宗長慶初之寫本，實則原本"旦"字殘剥，未可定其然否。至於口部之篆法，則類似唐人墓志，去前本高下有間矣。然此雖爲日人之摹本，而楷法尚早，與晚唐以後之人所寫有異，其爲唐本，固無可疑。

夫《説文》一書，近世流傳者皆爲宋初徐鉉之刊定本。徐氏校定之時所取之異本必多，惜皆不傳。今日所可取證者，惟其弟徐鍇之《説文繫傳》而已。鍇書成於南唐，亦經宋人所改竄，已非其舊。不有唐本，終難定二徐之精麤美惡也。是以清代之治《説文》者，除校定二徐本外，猶必上考之於唐宋類書及各書音義箋注等，以求唐本之舊，意即在此。今木部之流傳已逾八十年，然自莫氏

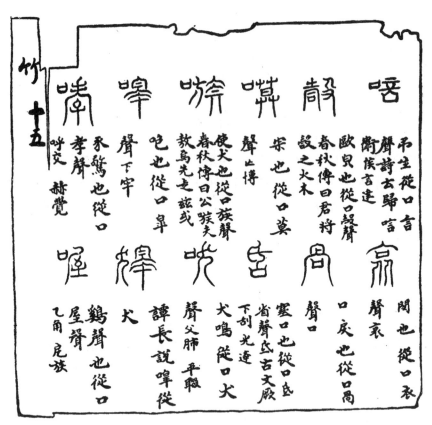

日人某氏藏《説文》口部殘簡（摹本）

唐元結《峿臺銘》

《篆異》之後，終亦無人辨其源流，重加考證，爲可異耳。且前人於《説文舊音》雖盡以爲出於《説文音隱》，而此本之音是否與唐以前人稱引之音同出一書，莫氏亦不能明，此又其疏略而宜考證者也。故謹揭發數事，以與學者共商榷焉。至於日人某氏所藏口部殘簡雖存字無多，亦有可説，故並論之。

二、今之唐本與李陽冰之刊定本

《説文》傳至唐代，大曆中李陽冰曾修正筆法，重加刊定，學者師之，傳習不絶，直至宋代徐鉉校定本出，其書始微，今已亡佚無存。幸鉉本及《繫傳・袪妄》篇略引其説，庶可知其梗概。今之唐本木部既爲中唐人所書，宜爲李氏之本矣，然其中全無李氏案語，如大徐"牀、臬"二字下並引其説，今則並無，是非李氏之本也。且觀其筆法，亦與李氏之篆書不盡相合，即如：

福，作𥛛，從畐，而李書"福"作福（見三墳記）

櫓，作𣒲，從魯，而李書"魯"作魯（見庾公德政頌）

桶，作𣚜，從甬，而李書"通"作通（見臺滑新驛記）

柲，作𣓪，從必，而李書"祕"作祕（見三墳記）

橺，作𣗥，從鬲，而李書"獻"作獻（見摛先塋記）

樴，作𣘠，從戠，而李書"識"作識（同上）

根，作𣓦，從長，而李書"長"作長（同上）

椱，作𣖔，從复，而李書"復"作復（見李氏三墳記）

槌，作𣗶，從追，而李書"追"作追（見李氏摛先塋記）

椴，作𣗙，從役，而李書"役"作役（見臺滑新驛記）

此皆與李氏書所不合。而口部斷簡中：

哀，作𠔋，而李書從衣之字皆作𧘇

亦復有別。是二者皆非李氏刊定之本也。

又李氏平生所作篆書皆爲玉箸體，唐本木部則作懸針體，此必爲李氏以前《説文》之舊式。考懸針一體，唐玄度十體書稱"後漢章帝建初中秘書郎曹喜所造"（見《墨池編》），此蓋本衛恆《四體書勢》。《四體書勢》云：

> 秦時李斯號爲工篆，諸山及銅人銘皆斯書也。漢建初中，扶風曹喜少異於斯，而亦稱善。邯鄲淳師焉，略究其妙；韋誕師淳而不及也……漢末又

有蔡邕采斯、喜之法爲古今雜形,然精密閑理不如淳也。

據是可知自後漢以迄魏晉懸針一體最爲通行。曹喜書今固不傳,而魏《三體石經》即邯鄲淳所書(見北魏江式《上〈古今文字〉表》),其中小篆之筆法,均有如針之懸芒,斯即所謂懸針體也。今木部之篆文,極似淳書,用筆之法全無二致,當爲前代一脈相傳之法;與少温之異軍突起,直承李斯玉箸篆之衣鉢者不同:是亦非少温刊定本之一佐證也。

三、唐本木部與二徐本之形體及字次

唐本木部與二徐本之異同,已見莫氏《箋異》。就其形體而論,有諧聲不同者,有書寫體勢不同者。其諧聲不同者,有"相椎"二字。"相"今本從木㠯聲,而唐本從木已聲。"椎"今本從木隹聲,而唐本從木隼聲。"杞榫"當即"相椎"之别體,莫氏已言之。其書寫體勢不同者,如杷字今本作[illegible],而唐本作[illegible],巴之作[illegible],李陽冰本《説文》及郭忠恕《汗簡》所集古文並同;斯蓋唐代一貫之寫法,二徐作[illegible],當别有所本也。餘如"槩槖"二字今本則作"檄槽",此爲結體之異,固無足多怪。

至於部中之字次,則唐本與二徐本不同者至多,互有短長,未可一體而論。如唐本:柤,木閑也。楗,歫門也。又械,桎梏也。杽,械也。桎,足械也。梏,手械也。櫪,櫪撕柙指也。撕,櫪撕也。槍,歫也。閑,止也。

諸字次序犁然不紊。然槍字今本次於"柤、楗"之間則誤。案槍者爲歫人之械,故次"械杽桎梏櫪撕"之下;若次於"柤、楗"之間,則義非同類矣。《玉篇》槍字亦在"櫪撕"之下,當是《説文》之舊次。

又唐本:椵,種椵也。一曰燒麥柃椵。此下今本有柃字,云:"木也,從木令聲。"王筠《説文句讀》云:"《玉篇》:柃,木名,可染。其列字也,則柃在桔下柞上,蓋讀《説文》者不知其義而迻之此,以與上文柃椵相屬也。"案王説是也,今唐本"椵"下不出柃字,是其明證。

又唐本:杠,牀前横也。桯,牀前几也。牀,安身之坐也。又櫑,龜目酒罇,刻木爲雲雷,象施不窮。桱,桱桯也,東方謂之蕩("蕩"當作"簜")。椑,圜榼也。榼,酒器也。

然今本桱字乃在"桯、牀"之間。段玉裁云:"桱蕩皆牀前几之殊語也,而《方言》不載。"王筠則曰:"《玉篇》桱字之上爲案杓杵三字,其下爲櫑榼二字,説曰:'桯也,又木名。'其次距桯字甚遠,蓋非桯又名桱也。《類篇》:'桱,經絲

唐寫本《説文》木部殘本（一）

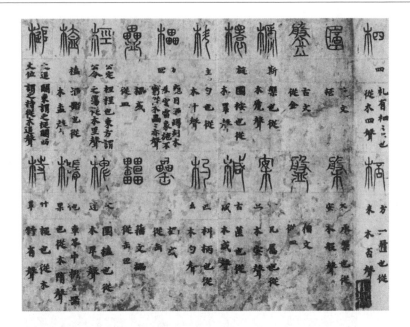

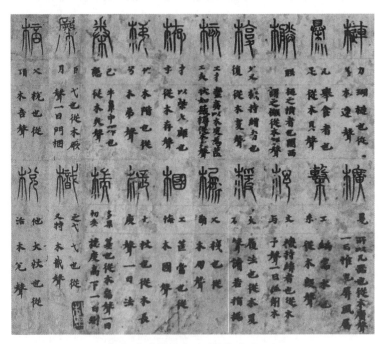

唐寫本《説文》木部殘本（二）

唐寫本《説文》木部殘本（三）

唐寫本《説文》木部殘本（四）

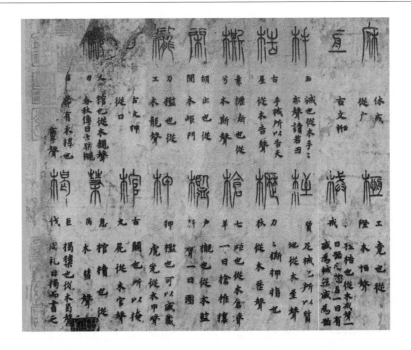

唐寫本《説文》木部殘本（五）

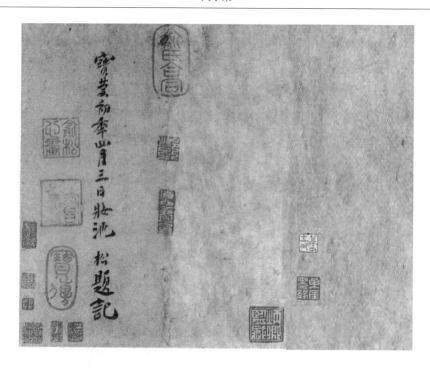

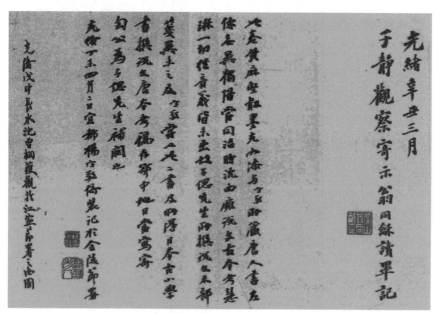

唐寫本《説文》木部殘本（六）

唐寫本《説文》木部殘本（七）

具.'則當與機杼字爲伍矣。然《玉篇》次第亦相遠。吾恐此器本連桱桯二字爲名,而其訓義則失之,皮傅者輒迻之與桯相近耳。"案今唐本桱字不列"桯"下,王氏之説與之暗合,可謂讀書得間。惟桱之字義王氏尚未審諦,故以爲其訓義已失。今考《萬象名義》桱字亦不列"桯"下,而次於榍字之下、"槤桙"二字之上。《萬象名義》多本於顧野王《玉篇》,而《玉篇》又多依《説文》之字次排列,足證《説文》古本桱字確與"桙槤"爲一類;而"桱"之義訓,蓋亦酒器也。桂馥《説文義證》於"桙"下云:"案桙亦以竹作。《廣志》:'漢竹大者一節受一斛,小者數升爲桙槤。'"是古人盛酒之器或以木作,或以竹作也。許氏所謂"東方謂之䈴"者,即以竹所作酒器之名。䈴,唐本今本均作"蕩",《萬象名義》作"䈴"是也。䈴,《説文》云:"大竹筩也。"《玉篇》云:"䈴,竹器也,可以盛酒。"玄應《一切經音義》卷十四云:"䈴,以木若瓦爲之,短闊于桶。"據是則䈴爲酒器,桱亦爲酒器矣。酒器之所以名爲桱者,以其徑直而長,與圓槤之桙不同,故名。其所以又名爲䈴者,䈴與蕩同,蕩者大竹也,竹闊節者曰蕩(見《爾雅》孫炎注),故斷闊節大竹所爲之酒器亦名之曰蕩。蕩,言其大;桱,言其長。如是言之,桱字次於"桙槤"二字之前,其義類甚明。惟注"桱桯也"之"桯",段氏謂當爲複舉字之未删者,其言是也。考《萬象名義》及《玉篇》均云"桯也",不作"桱桯也",是其證。然此注文"桯"字,當又爲"槤"字之誤。《萬象名義》及《玉篇》"桱桙槤"三字之次第作"桱槤桙","槤"在"桱、桙"之間,則云:桱,槤也。槤,酒器也。桙,圓槤也。次第正得;是必爲《説文》之舊次。然則"桱"之訓"槤",殆無疑義。乃自六朝以來即傳寫誤爲桯字,後人以其訓桯,遂迻於桯下耳。段氏竟謂"桱蕩"皆牀兀之殊語,可謂大謬也已。

又唐本:棚,棧也。栫,以柴木雍也。又柭,行馬也。椑,椑柭也。棧,棚也,竹木之車曰棧(《玉篇》竹字上有"一曰"二字)。极,驢上負也(當從《玉篇》作"驢上負版也")。諸字之次第如是,而今本則棧字廁於"棚、栫"之間。案棧字之義,許謂馬棧也。《莊子·馬蹄》篇云"連之以羈馽,編之以皁棧",《釋文》云:"司馬彪云:編木作櫪似牀曰棧,以禦溼也。崔譔云:棧,木棚也。"又《國策·齊策》云"埋之馬棧之下",高注云:"馬棧,牀也。"是知棧者爲以木平施於地之名。故朱駿聲《説文通訓定聲》云:"柵者豎編之,棚者橫編之。隴蜀之間山路窄而不平者,往往施版以度,名曰棧道,亦其義也。"然此與"棚"既同爲橫編木之名,而不與"棚"爲次者,是許意側重馬棧之義,故與止馬之"椑柭"同列耳。後人不察,乃移"棧"於"柵"下,則與許意不合,張文虎《舒藝室隨筆》竟謂唐本爲誤,豈其然歟?

又唐本："樴梧梲杖椎柯柄"諸字，《萬象名義》椎字次於"梧、梲"之間，餘悉與唐本相同；而今本則以"樴杖枚梧椎柯梲柄"爲次。案許云："梧，梲也。""梲，大杖也。"義類既同，自當比次，今本移"梲"於"柯"下，非其倫矣。段氏注本改次於"梧"下是也。

即此數事而論，唐本誠大勝於二徐本矣。然亦有二徐本優於唐本者，如：

《萬象名義》"櫨桱槤椑"之下爲"櫎橢㮲槃槌㭘棷櫺機縢杼榎"諸字，《玉篇》亦然，字義最有倫序。蓋椑桱槤櫨爲酒器，櫎橢㮲爲庋物之器。許云："櫎，所以几器。""㮲，舉食者。"惟"橢"訓"車笭中橢橢器也"，義似不類，案《史記索隱》引《三蒼》云："橢，盛鹽豉器。"《字鏡》云："鹽豉器也。"是"橢"與"櫎㮲"皆同類之物矣。此下"槃槌㭘棷"爲甕具，"櫺機縢杼榎"則爲織具；如此敘列，必爲許氏之舊。然唐本以"櫨桱椑槤橢槌㭘棷櫎㮲槃櫺杼榎"爲序，今本則以"櫨椑槤橢槌㭘棷棷櫎㮲槃櫺機縢杼榎"爲序。二者"櫎㮲"之上皆多一棷字，棷者瑚棷也，黍稷之器也，《萬象名義》及《玉篇》皆不列此，以意推之，似與"櫎橢"爲一類，許氏原次，已不可知。惟唐本與今本"櫎㮲"均列於甕具與織具之間實誤。然而唐本既脱"櫺機縢"三字，乃以棷字次於杼字之上，與"槌㭘"二字相隔甚遠，則尤誤矣。蓋棷者亦槌㭘一類之物也。殊不若今本之有序。莫氏友芝乃謂唐本無"櫺機縢"三篆，蓋已次之於前，簡爛無可爲證，則不免爲唐本曲護，實未考之《玉篇》耳。

又今本"樂柎枹桛梶"諸字爲樂具一類，與《萬象名義》次第合。然唐本以"樂桛柎枹梶"爲次，"桛"列於"柎"上，義實不類。莫氏但言與今本有異，竟不肯言其有誤，蓋亦信古之過也。如是言之，今本之字次，又有勝於唐本者矣。

然而唐本與今本亦有並誤者，如前所舉"櫎㮲"二字即是一例。又如《萬象名義》及《玉篇》"椸橦杠桯牀枕械栖櫝櫛梳"諸字爲次。"椸"至"械"皆爲臥具，自爲一類；栖，劍柙也；櫝，匱也，又一類；櫛，梳比之總名也；梳，理髮者也，則又爲一類；其次第至順。然唐本與今本栖字並次"梳"下，失其序矣。又唐本：杵，舂柄也（《萬象名義》同，《玉篇》及今本作"舂杵"非）。次於"枾枷"農具之下，意義雖無大謬，然《萬象名義》及《玉篇》均列於"枓"下，枓者斗柄也，一爲斗柄，一爲舂柄，宜其相次也。不有《玉篇》，則幾不知其有誤矣。

總之，唐本與二徐本之字次，各有是非，書經傳寫未有不誤者，固在讀者善於抉擇耳。然復有進者，夫二徐皆精於《説文》之學者，何爲字次之誤甚多？推其故，蓋據李陽冰本而然。陽冰雖精於篆法，足以振衰起弊，然字學頗劣，其書必有妄更舊次者，是故二徐亦因之而誤。果爾，則益可證今之唐本木部非李陽冰之書矣。

四、唐本之訓釋及二徐本之優劣

唐本之字次固不盡優於二徐本，然每字之訓釋則遠勝之矣。莫氏《箋異》既博舉而詳說之，故不多論。惟考之《萬象名義》《玉篇》及《文選注》《玄應音義》等書，唐本仍有譌誤，是以理而董之，疏記於下，且參校二徐，以明《說文》傳寫之源流云。

楗，□門也。　莫氏謂"門"上一字爛存止旁，蓋距字。距，二徐作"限"，《文選·南都賦》注引作"距"。案唐本"門"上已片字不存，莫氏初得時有無不可知，惟李善引作"距"，《字鏡》亦訓距門也，是古本作"距"無疑。段注已改爲"距"。

柵，編豎木也，從木刪省聲。　從木刪省聲，小徐作"從木冊聲"，大徐作"從木從冊，冊亦聲"。案《釋名》云："柵，蹟也，以木作之，上平蹟然也。""柵、蹟"疊韻，是當云"從木冊聲"；作刪省聲者，必後人妄改。小徐所據當係舊本也。大徐改作"從冊冊亦聲"亦非。

杝，落也，從木、也，聲讀若池。　讀若池，小徐作"讀又若他"，大徐作"讀若他"，《五音韻譜》作"讀若陁"。案玄應《一切經音義》十四"杝"與"籬"同，引《通俗文》云："柴垣曰杝，木垣曰柵。"今《說文》"杝"列"柵"下，是"杝"音"籬"，唐本音力支反是也。"杝"下當作"讀又若池"。此猶謻字《字林》音力支反（見《晉書音義·載記》卷三下引），《廣韻》則音池也。《五音韻譜》作"讀若陁"，雖相傳有此音，然非古本之舊矣。

橾，夜行所擊木也。　二徐作"夜行所擊者"。《御覽》卷三三八引作"行夜所擊木也"，是古本作"行夜"。

杠，牀前橫也。　《萬象名義》《玉篇》同。案二徐作"牀前橫木也"，《五經文字》引同，是也。

牀，安身之坐也。　大徐作"安身之坐者"，小徐作"安身之几坐也"。案《萬象名義》《玉篇》並作"身所安也"，慧琳《一切經音義》卷七引同，蓋古本如是。《初學記》《御覽》引作"身之安也"亦誤。

櫝，匱也，從木賣聲。一曰木櫝木名，或曰櫝木枕。　"一曰"下大徐本作"一曰木名，又曰大梡也"。小徐本作"一曰木名，又曰櫝木枕也"。案《玉篇》云：“匱也，亦木名，又小棺也。”蓋古本如是。

椴，種椴也。　大徐作“種樓也”，小徐作“種椴也”。案《萬象名義》作“樓”，樓即樓字，作“種椴”非是。

槷，㭉升斛也。　升，二徐作“斗”是也。玄應《一切經音義》九引《蒼頡篇》云：平斗斛曰槷。而《字林》亦云：平斗斛者（見任大椿《字林考逸》），是注當作“平斗斛者”，方合。

楷，讀若驪駕。　小徐本無此語。大徐本有之，云：驪駕未詳。案此當爲“枷”下説解。

梧，一匰也。　注“一”字衍，二徐本不誤。

杓，枓柄也，從木勺聲。　枓，當依《五經文字》《説文解字篆韻譜》及《萬象名義》《字鏡》等作“斗”。從木勺聲，小徐同，大徐改作“從木從勺”非。

槌，關東謂之槌，關西謂之㭰。　案《方言》卷五云：“槌，宋魏陳楚江淮之間謂之植，自關而西謂之槌，齊謂之样。其横，關西曰㭰，齊部謂之㭰。”郭注云：“槌，懸蠶薄柱也。”《玉篇》及《字鏡》云：“槌，蠶槌也。”今《説文》與《方言》文異，蓋傳寫有誤。且注文脱去訓解，宜據郭注補。

横，所以几器。一曰帷也，屏風屬。　《玉篇》“几”作“支”，“帷也”作“帷横”，當本《説文》，宜據正。

核，蠻夷以木皮爲篋，狀如籔樽。　樽，小徐同，大徐作“尊”。案孫詒讓《籀膏述林》云：“尊，疑當作簽，簽竹器也。”其言是也。

棖，杖也。　注“杖也”二徐本同。桂馥云：“杖當爲枝，謂定持也。《僮約》：棖門柱户。《靈光殿賦》枝掌杈枒而斜據，張注：掌或作棖。”案桂氏之説是也。《文選·祭古冢文》云：“以物棖撥之，應手灰滅。”“棖”即樘柱之義也。李善云：“《説文》曰：棖，杖也，宅庚切。以物觸物爲棖也。”此杖字當亦爲枝字之誤，故李云以物觸物爲“棖”。《字鏡》：棖，柱也，觸也。又樘，柱也，枝也，棖也，觸也。是“樘、棖”字通，均有枝柱之義。《説文》“樘”訓爲柱，列於“楹楷”之間者，以楹柱爲本義；“棖”訓爲枝，列於“梯”下者，以枝柱爲本義，意有不同。若“棖”訓爲杖，則當與杖字相次矣。

臬，射準的也，從木自聲。　射準的，《文選·東京賦》注引作“射埻的”，《萬象名義》同。案土部埻字云：射臬，讀若準。是此處“準”當作“埻”也。又從木自聲，小徐同，大徐改作“從木從自”。

桶，木方器也，受十六升。　注二徐本作“木方，受六升”。《萬象名義》

作"方木器,受十六斗"。案《廣雅·釋器》云:"方斛謂之桶,受六斗。"則此注當作方木器也,受六斗。

　　桼,車歷録束交也。　　"束交"二字《萬象名義》作"交束",當據正。《字鏡》云:車歷録也,歷録交束也。亦作"交束"。

　　极,驢上負也。　　注《字鏡》及《玉篇》並作"驢上負版/板也",是"負"下當有板字。

　　枊,馬柱也。　　注《萬象名義》《字鏡》《玉篇》並作"繫馬柱也",此脱繫字,當補。

　　以上所舉皆顯而易見者,可證唐本頗有脱誤矣。又小徐本之訓解與唐本相同者多,大徐本則不然,非由唐本則無以證明。前所舉檻字説解即是一例。又如"櫑"唐本云:"龜目酒罇,刻木爲雲雷,象施不窮。從木畾,畾亦聲。"小徐同。然大徐本作"櫑,龜目酒尊,刻木作雲雷象,象施不窮也。從木畾聲",則與原意不合。又唐本"㖕,塞口也,從口乔省聲,乔古文厥"。小徐亦同。然大徐本作"乔音厥",乔爲古文厥字遂不可知。再則"枓"從木斗聲,"杓"從木勺聲,小徐並同,大徐作"從木從斗""從木從勺",殊乖造字之恉。然則二徐之優劣,不辯自明。段氏之注《説文》往往取小徐而屏棄大徐,非無故也。

五、《説文舊音》之系統

　　許氏《説文》原無反切注音,其有音,蓋自劉宋始。考謝靈運《山居賦》注曾稱引《説文》《字林》之音,如"鰻"音優,"鱧"音禮,"鮒"音附,"鱮"音敍,"鱒"音寸袞反,"鯿"音毖仙反,"鱖"音居綴反,"鱨"音上羊反之類,謂皆爲《説文》《字林》之音:是劉宋時《説文》已有注音矣。爾後陸德明《經典釋文》及唐代之書亦每每稱道《説文字音》。惟此音究係何人所作,已不可知。清畢沅嘗輯之爲一書,名曰《説文舊音》,且謂"《隋書·經籍志》有《説文音隱》,疑即是也"。自是以後,段玉裁之《説文注》,王筠之《説文句讀》,采掇尤廣,時有軼出畢氏之外者。然皆以爲唐以前所引《説文》之音同出《音隱》,則無異辭。下至近代,胡玉搢復爲《説文舊音補注》三卷,亦本於畢氏而又增廣之,搜羅甚富,終亦無所發明。

　　今就胡氏所録者紬繹之,乃知前人所引《説文》之音實不盡同。蓋《釋文》與《玄應音義》所引爲一系,李善《文選注》、《初學記》《後漢書注》所引又爲一系,前者多與《字林》音相近,後者多與顧氏《原本玉篇》音相合。此其截然不同者也。今試爲比較之,以明其同異。

(A)

釋文	字林	萬象名義	宋本玉篇
《毛詩·葛屨》攕,山廉反	彡,山廉反	所咸反	所咸切
《毛詩·駉鐵》獫,力劍反	力劍反	力贍反	力贍切
《毛詩·駉鐵》猲,火遏反	火遏反	虚謁反	許謁切
《毛詩·白華》烘,巨凶、甘凶二反	具凶、甘凶二反	許公反	許公切
《毛詩·泮水》萁,時審反	時審反	視枕反	市枕切
《易·暌》鬝,之世反	之世反	之世反	之勢切
《爾雅·釋詁》罄,口地反	口地反	口詣反	口計切
《爾雅·釋鳥》鳭,音河^("河"蓋柯字之誤)	音柯	格牙反	古俄切
《爾雅·釋鳥》鷚,力幼反	力幼反	莫侯反	莫彪、巨幽二切

(B)

玄應音義	字林	萬象名義	宋本玉篇
卷二隈,一畏反		於迴反	烏回切
又一由反(卷十四)	一由反		
卷三哆,殆可反	丑加、丑亞二反	處紙反	處紙、尺寫二切
卷六玫,莫回反	莫回反	莫迴反	莫杯切
瑰,胡魁反	胡魁反	古回反	古回切,又音回
逯,力足反		力屬反	力谷、力屬二切
剚,楚乙反		楚乙反	楚乙切
賈,柯雅反		柯雅反	公户切,又古雅切
黮,土感反		他感反	敕感、都甚二切
濡,人于反	臑,人于反		音儒
嬈,乃了反	乃了反	奴紹反	奴了切
衒,古縣反		胡餶反	胡絹切
跣,千典反		蘇殄反	蘇殄切
劈,披厄反		匹責反	普辟切
橖,剌庚反		達庚反	達郎、丑庚二切

(C)

初學記	萬象名義	宋本玉篇	附記
卷二　皚,五哀反	牛哀反	牛哀切	《文選·北征賦》李善注引作牛哀反

李善文選注	萬象名義	宋本玉篇	附記
卷十三䘏,子内反	同	子内切	
祂,俾利反	同	必利切	
卷廿九䋄,古郎反	同	同	
㟎,而純反	同	同	
㨪,力拙反	同	同	
軯,匹耕反	同	普耕切	
牭,思貳反	同	思二切	
捈,達胡反	同	達乎切	
挑,雉矯反		同	同
豤,楷間反	同	同	
猣,子公反	同	同	
瓅,於麗反	同	於計切	
縠,許卜反	同	同	

(D)

李善文選注	萬象名義	宋本玉篇	附記
《東都賦》彗,蘇纇反	同	祥歲切	《字林》囚芮反
《西京賦》葩,普華反	同	同	
《吳都賦》呷,呼甲反	同	同	
崒,材律反	同	財律切	
韅,所解反	同	所綺、所解二切	
睒,式冉反	同	同	
《魏都賦》貤,弋豉反	餘豉反	余豉切	《字林》弋豉反
《子虛賦》齵,五口反 又五俱反	牛口反	牛口切	《字林》五口反
《上林賦》听,魚隱反	同	同	
《西征賦》芮,而銳反	同	同	
葴,阻留反	同	同	
《魯靈光殿賦》跟,奇几反	同	同	
踒,壯欒反	同	莊欒切	
《江賦》珧,力計反	同	力智、力計二切	
《風賦》齰,士白反	仕白反	仕革切	

李善文選注	萬象名義	宋本玉篇	附記
《秋興賦》話,胡快反	同	胡卦切	
《別賦》躅,馳錄反	同	同	
《文賦》瞤,尸閏反	尸潤反	式閏切	
《洞簫賦》吮,徂兖反	同	食允、徂兖二切	
喙,許穢反	翃穢反	翃穢切	
《舞賦》哇,於佳反	同	於佳、居攜二切	
《琴賦》蕤,汝誰反	同	同	
皛,徒合反	徒答反	徒答切	
《神女賦》瑩,烏明反	同	烏定、爲明二切	
《七命》皦,胡狡反	同	五狡切	

（E）

後漢書注	萬象名義	宋本玉篇	附記
《光武紀》下詿,古賣反	公賣反	古賣切	
《桓帝紀》愙,工夬反	公緩反	古桓切,又公玩、公緩二切	
《伏皇后紀》委,仁蔭反	如蔭反		《文選·王命論》注引如蔭反
《寇榮傳》确,胡角反	同	同	
《鄭興傳》詁,古度反	同	姑五切	
《班固傳》蔓,許縛反	同	許縛、居縛二切	
裛,於業反	同	於曄切	
扡,徒可反	同	託何切	《文選·西都賦》注引同
棱,力登反		力增切	《字鏡》魯登反,唐本《說文》六曾反
掎,居綺反	居蟻反	居蟻切	《文選·西都賦》注引居蟻反
鋋,市延反	時㫟反	市然切	
歊,火驕反	呼朝反	呼驕切	《文選·東都賦》注引呼朝反
《陳寵傳》鉆,其炎反	奇覘反	其沾切,又敕淹切	
鑈,陟葉反	女輒反	女輒切	
《班超傳》媺,京媿反	同	京媚切	
《崔寔傳》傿,一建反	於建反	於建切	
駘,達來反	同	大來切,又大宰切	
《張衡傳》悁,於緣反	於川反	於緣切	

後漢書注	萬象名義	宋本玉篇	附記
《蔡邕傳》綖,它丁反	達丁反	大丁切	
《董卓傳》戇,都降反	同	陟絳切	
《東夷傳》坋,蒲頓反	同	坒,蒲頓切; 坋,扶粉切	
《南蠻傳》喙,公亞反	同	同	

　　就以上所列觀之,《釋文》所引《說文》音與《字林》音最近,而李善《文選注》所引無不與顧野王《原本玉篇》相合,此皎然易辨者也。其《初學記》及《後漢書注》所引亦大體與《玉篇》相同。惟玄應所引或與《字林》音合,或與《玉篇》音合,是否爲玄應取材之不同,則不可知,要多與《釋文》爲一系也。

　　然而《釋文》所引是否即《說文音隱》殊不可知,蓋前人明引《音隱》者至少,無由比證也。至若李善、徐堅、李賢諸人所引何爲與顧氏《玉篇》相合,是否直錄《玉篇》,亦無所曉。案宋徐鉉《進說文表》云:"《說文》之時未有反切,後人附益,互有異同。"是唐代《說文》傳本之注音固非一類也;崇賢等所據之本,其音或即取自《玉篇》者歟? 此事書缺有間,姑置弗論。惟既考明前人所引《說文》舊音之系統不同,則已足矯正清人一貫之謬誤。而此叢殘之舊文,行且由蕪雜爲變清晰,由無用而變爲有用矣。即校勘《文選》者亦可知注中凡引《說文》之音與《萬象名義》不合者,即爲崇賢所加。胡氏《舊音補注》之是非,亦不難斷定也。若夫《字林》音與顧氏《原本玉篇》音系之異同,余別有文論之,兹不多贅。

六、唐本《說文》及《字林》之反切

　　前人所引《說文》舊音分爲二系,前已言之矣。考唐本《說文》之音與《萬象名義》多不合,則非《玉篇》一系可知。其反切用字與《切韻》一系韻書亦有不同,且頗有爲《切韻》一系韻書所不采用者,如韻書中見母一、二、四等多用"古"字爲切,而不用"工"字;三等多用"居"字,而不用"己"字;定母多用"徒"字,而不用"大"字是也。其中即或有爲《切韻》所采者,次數亦少,如曉母用"呼虛"等字,鮮用"火";匣母用"胡户"等字,鮮用"下";喻母四等用"以羊"等字,鮮用"弋";澄母用"直除"等字,鮮用"丈";如此之類至衆,不煩枚舉。甚且其中每有以細音字切洪音字,以輕脣切重脣者,前者尤爲韻書中所罕見,如:欐,力回反;棱,六曾反;欐,力工反;此皆一等字,而以三等之"力"字爲切,是以細音字切洪音字也。《唐韻》則用"魯"用"盧"而不用"力"。又如:杷,父加反;栖,方來反;

槃,父安反;椑,父迷反;棚,父萌反;棓,父項反;柄,方命反;柲,方位反;榜,父庚反;柀,亡篤反;椑,父奚反;枰,防柄反;楄,父千反等,此又皆以輕脣切重脣之例也。其中類隔切既如是之多,實與隋唐之韻書大相徑庭。

往者魏建功先生嘗以此見示,且曰:唐代文字音義之書雖多,惟《五經文字》與此最合。案之果然。其木部所載與唐本《説文》完全相合者至多,如:檀(他各反)、櫌(音憂)、枓(音主)、杓(匹幺反)、槌(丈追反)、檕(工系反)、樴(音特)、椎(丈追反)、欑(才丸反)、橄(巨京反)、椌(口江反)、枒(方于反)、枹(音浮)、櫑(力佳反)、橾(助交反)、梜(工洽反)、檮(大牢反)、析(先狄反)、櫋(音西)等十九字之音莫不相符,若合一契,是二者必有連屬矣。然《五經文字·序》中實未言其反切所自,但云:“經典音字,多有假借。陸氏《釋文》,自南徂北,徧通衆家之學,分析音訓,特爲詳舉,固當以此正之。”又云:“《説文》體包古今,先得六書之要,有不備者,方求之《字林》。近代字樣,多依四聲,傳寫之後,偏傍漸失。今則采《説文》《字林》諸部,以類相從。”由是觀之,其反切當不出《釋文》《説文》《字林》三書矣。然與《釋文》相讎,雖音韻多合,而用字頗不合,其系統乃與《説文》木部及《字林》音最近,是取自《説文》及《字林》二書者必多,且其所據之《説文》必與唐本木部相當也。惟其中何者爲《説文》音,何者爲《字林》音,惜張氏未分別標明耳。

然而唐本《説文》之音與《字林》之音實爲一系,如“檕”音工內反,“檀”音他各反,“枹”音浮等既與《字林》音完全相同,且其他切語用字亦多一致,如:

字林	唐本説文
鍵,巨偃反(見《字林考逸》,下同)	楗,□偃反
謤,力支反	枇,力支反
欘,竹足反	欘,竹足反
摽,匹幺反	杓,匹幺反
批,父迷反	椑,父迷反
捐,几足反	枲,几足反
桭,丈庚反	棖,丈庚反
蕲,才冉反	槧,才冉反
耒,力佳反	櫑,力佳反
筴,公洽反	梜,工洽反
訂,音亭	打,音亭

字林	唐本説文
陶,大牢反	檮,大牢反
鯇,下短反	梡,下短反
緘,古咸反 （見《慧琳音義》卷五十二、六十五兩引《字林》）	械,古咸反

此類雖爲偶合,然其中不無意義。且《字林》音類隔切之多,一如唐本《説文》,如"攗鸓禙"並方沃反,"駮"方卓反,"閉"方結反,"貶"方犯反,"伓駓"並父之反,"仳"父几反,"駜"父必反,"憑"父冰反,"較"父末反,"瓣"父莧反,"阪"父板反,此皆以輕切重之例。又"孚"匹於反,"副"匹亦反,"豐"匹忠反,此又皆以重切輕之例。除此之外,二者之音類亦頗相近,如唐本《説文》"栺"音方來反,《字林》"枚"音莫改反,"邳"音方代反,《五經文字》"脢"音莫來反,此諸字《廣韻》皆在灰賄隊三韻,而唐本《説文》及《字林》同以咍海代三韻字爲切語,其體例正自相合。又"札",唐本《説文》音莊列反,考前代音韻之書不音俎黠反,即音側八反,均不作此音,然《春秋》左氏《傳》昭公十九年《釋文》云:"札,《字林》作扎,壯列反。"壯列一音正與唐本《説文》札字之音符合,即此足證唐本《説文》與《字林》音之系統相同矣。

考吕忱《字林》一書,作於晉代,原書當有反切注音,《顏氏家訓》曾引及。但《隋書·經籍志》載有宋揚州督護吳恭《字林音義》五卷,任大椿謂諸書所引反切或多爲恭之所加。案吳恭史無可考,其書作於何時,亦不可知。惟謝靈運《山居賦》所引《説文》《字林》之音與《五經文字》及任輯《字林》音多合,如"魴"音房,《爾雅釋文》引《字林》同;"鱖"音居綴反,《爾雅釋文》引《字林》几綴、巨月二反;"獌"音曼,《爾雅釋文》引《字林》音幔;"狸"音力之反,"玃"音火丸反,"鴇"音保,"鮒"音附,《五經文字》並同。如是言之,唐本《説文》之反切當非唐人所作,其與《釋文》所引之吾亦自同爲一系,似可斷言。欲考晉宋南朝之聲韻者不可忽也。

至於《説文》口部殘簡雖存字無多,反切用字亦與木部爲一類。且木部之"椓"音竹木反,口部之"嗀"音火木反,《廣韻》二字均入覺韻者也,而此並以屋韻之"木"字切之,是二者之音韻亦屬同類矣。

七、李陽冰本《説文》之反切

李陽冰之刊定《説文》,自宋以來雖久已失傳,然其所定許書部目之次第及部目之反切尚有可考。蓋五代宋初之際傳習李氏之篆法者,以郭忠恕、釋夢英二人最知名。郭氏《汗簡》一書之偏旁部目當即本於李氏之刊定《説文》,而夢英之篆隸《偏旁字源碑》,則又純爲傳李氏之學者,是足爲考證之資矣。《汗簡》作於後周廣漢間,時尚無徐鉉本;《偏旁字源碑》立於宋咸平二年(999),今在西安碑林,雖已在徐鉉校定《説文》之後,而《序》稱承用李氏之本,故並與鉉本不同。李書部目次第已別於《李陽冰篆書考》論及(見後),故不復道。至於部目之反切,殆即恕先夢英所記。二人所記均極相合,其必同出李氏之書無疑。陽冰之書雖亡,其部目之反切猶巋然獨在。余嘗以此與《五經文字》之音參校,大部相合,儼然如出一軌;由此可知陽冰本之反切又當爲開元大曆以來相傳之舊矣。今試比録如次:

	汗簡	字源碑	五經文字		汗簡	字源碑	五經文字
丨	公本			辵	丑斫		丑斫
屮	丑斫			彳	丑亦		丑亦
艸	莫朗			乁	弋忍		弋忍
釆			蒲莧	疋	音疏	山吕	
犛	莫交			朋	口立		
凵	口犯			谷	巨勺	巨灼	
吅	火元	火元		冎	女滑		女滑
走			祖苟	丩	己周	己州	
址	布末	音撥	讀若撥	卅	先合	先答	先答
誩	巨竟	音競		叜	口千		
举	士角	士角	士角	殳		示朱	示朱
粪	方木	方木	僕下云方木反	殺		所札	
卅	巨恭	巨恭	奐下云其恭反	几	示朱		
虤		浦班		冘	人兗	人兗	
爨	七玩	七亂	七亂	攴	普木	普木	普木
革			居百	夊	力爾		
鬲		力的	來的	旻	火劣	火劣	
鬻	力狄	力狄	音歷	眣	九遇	己具	
虱	己力	居逆		盾	食準	上尹	
鬥		丁候		白		蒲×革×	
又			音右	皕	音秘	筆備	

	汗簡	字源碑	五經文字		汗簡	字源碑	五經文字
聿	女涉	女涉		羽			于句
聿		以述		奞	息遭；又苦規	先佳	
隶	大内	大戴		萑	胡官	胡官	
艹	工瓦	工瓦	工瓦	咼	工瓦	工瓦	
苜	音末	芒鉢		肉			如叔
羴	式然	式延		刏	口八	口八	
瞿		己具	音絢	丯		革械	憲下音介
雦	上牛	上牛		耒	力外	力外	
䲅	音雜	才匝		丌	音奇	居其	
芈	方安	必干		珡	知演	陟輦	
冓	古候	古候		曰			于月
幺	一堯			丂	音考 又作苦杲反	枯藁	
絲	一周			壴	竹句		竹句
叀	上絹	上絹		豊	了弟		
受	平表	平表	平表	豐	芳公		
叔	才丹	在丹		慮	火奇	火奇	
歺	五達	五曷	几承	虍	火乎	火胡	音呼 又火故反 目作火胡反
虎		火古		冂		古熒	
虤	五閑	午閑		宣		許兩	
皿		明丙		甹		乎口	
厶	丘於	丘於		富	匹六	弗六	
去				卣	力錦	力錦	
血	在皿部下		呼決	嗇	所革	山力	
丶	竹父	無此部		麥		麻白	
丹	丁安			夊	山危	山危	山危
皀	彼立	方木	彼立	舛	充絹		充絹
鬯		丑向		舜		瑟順	
食				夂	竹几	竹几	竹几
亼	才入	音集 此部列倉部後	才入	桀		？列	
會				烾		而灼	
倉				宋	匹末	浦末	

	汗簡	字源碑	五經文字
矢		式旨	
丞		上唯	
乒	火于	火于	
禾	工兮	工奚	
來		音七	
橐	胡本	補幺	補幺
口	于非	于威	于非
嚚	下降	下降	
軌	公旦	工旦	
叺	於蹇	於蹇	音偃
囧	九永	古永	
丑	音冠	工丸	
馬	下感	下感	
東	乎南	乎南	
鹵	大堯,又作徒聊	大幺	大幺
宀	彌先	彌先	彌先目彌仙
穴			戶決
寷		莫貢	
广	女厄	女厄	女厄
一	亡狄在曰部下	彌狄	彌狄
冃	莫保	莫保	莫保
冐	莫報	莫報	莫報
兩			
网	亡兩		亡往
襾	火下	火下	火下
巾			
峭	匹曳	匹曳	
黹	竹几	竹几	
市	方勿	方勿	
帛	(市帛自三部在㡀部下)		
卯	於錦	於錦	

	汗簡	字源碑	五經文字
毛	竹革	竹革	
束	千賜又作千四	千賜	
录	力木	力木	
秫	郎的	力狄	
黍		式汝	
毇	音毀	火委	
臼		巨有	
尢	匹刃	匹刃	
桃	匹賣	匹賣	
麻		買巴	
未	式六	式六	
耑		丁丸	
韭	音九	音久	
瓜		古華	工華
瓠		戶故	
白 (市帛自三部在㡀部下)			
匕	火卦	火卦	火卦
匕	必履	卑里	必里目卑里
从		才容	自容
似	牛林	牛金	牛今
壬	他鼎	他頂	
裘		巨鳩	
尸		失之	
臥			五過
冐	於沂	於疑	
先	側林	莊林	
兒	莫教	莫效	
兆		公戶	
禿		土祿	
覍	音耀又作弋召反	音耀	
卯		豈京	

	汗簡	字源碑	五經文字		汗簡	字源碑	五經文字
次	徐延	似先		勹	音包 又作百交反	音包	音包
旡	音既	居忌		苟	己力		
頁			下結	甶	甫勿	分佛	
百		式九		厶		息咨	
丏	音湎	亡殄		屴		牛律	
首		尸誘		屾	所臻	所因	
県	工遥	工幺		屵	五曷	五曷	炭下音五末反
彡	山廉	山廉	音芟 又息廉反	广	牛儉	音儼	音儼
文		勿分		厂	呼旱	音罕	音罕
髟	必周	必由	必由	冄		耳占	
后		章移	音支	希	弋×	丈例	
卪		音節	音節	乢	己例	己例	
印		一刃		豚		徒昆	
豖	丈尒			壹		於吉	
𥅀		詞辭		夲	女涉	女涉	女涉
鳸	直買	丈買	丈解	亢	古湯		
麤	千胡	七吾	千奴	夲	土刀	他刀	
龟	丑矸	丑約	丑略	夰	工老	公道	
兔			湯故	夼	他頍	他頍	
莧	胡官	胡官		囟	音信 又作思進反	火爐	
犬			丘泫	惢	人隹		
狀	牛斤	牛斤	牛斤	氺	之水	之水	
鼠		式汝		頻	必人		
囱	口江	叉江		〈	工犬	古犬	
炙	之夜	之夜		巜	工外	公外	俞下云工外反
矢	俎匹?	俎力		蟲	似均	似均	
允	烏光	一黄		辰	匹賣	匹賣	浦賣 目普賣
壺	戶姑	戶姑		欠		筆陵	音冰
鸞	牛於	牛於		匸	甫方	音方	音方
卂		息進	訊下音信	畱	壯而	方九	
乙	於八	於迄		弨	巨丈	巨丈	

	汗簡	字源碑	五經文字
鹵			力土
鹽		以占	
臣	以之	弌之	
母	文夫		
丿	於小	於小	
厂	以制	以制	
乁	弌之 又作以之	弌之	
戉	于月 又作于曰		
亅	巨月	巨月	
乚	於近	於謹	
匸	胡米 目下米	胡米	下弟
劢	胡頼		
开	工千	工研	
且			千也，又子余
斤			居欣
斗			丁口
矛		莫侯	
自	丁回	丁雷	
自	浮否 目音負	浮否	輔九
皀	祥歲 目音隧	似醉	
厽	力恚	力恚	

	汗簡	字源碑	五經文字
系	下弟	下計	
糸	亡狄	莫狄	莫歷
虫	許鬼 目許委		火尾
蚰	古門	古門	古門
蟲	直中	直忠	
它		託何	託何
黽	莫狄	莫杏	莫杏
卵	力管	力管	
土			他古
垚	五聊	魚消	堯下音堯
畕	己良	居良	
宁		丈與	
叕	竹劣	知劣	
亞		乙駕	
内	人九	女九	人丸 又女厄 目女九反
畕	火又	火又	
庚		古衡	
辡		皮免	
弄		滓眷	莊眷
去	目陀兀 他骨		他兀
卯		茅絞	

據上所舉可知恕先夢英之音與《五經文字》大部相合，即使不合，或爲傳本之異，或爲傳寫之譌（如表中以×爲識者皆是），皆不足爲怪。余以爲惟其不合，適可證其非前後剿襲者也。

且夫此類注音既爲唐代《説文》傳本之舊，則當與唐本木部及口部殘片一致，今細審視，其用字體例大類均合。並與《字林》之音相類，如"羴"音式延反，"舛"音充絹反，"乡"音山廉反，"畕"音火又反，均與《字林》相同。而以下諸字之音亦與《字林》音及唐本木部所慣用者相若：

隶，大内反，《字林》棣，大内反

亩，力錦反，《字林》㐁，力錦反（見《慧琳音義》卷十二、十五引）

口，于非反，《字林》韋，于非反（見慧琳書卷五十八引）

蕊，人佳反，《字林》楼，人佳反

宁，丈與反，唐本木部杼，丈與反

丁，巨月反，唐本木部㮨，巨月反

虍，火胡反，《字林》呼，火胡反（見慧琳書卷廿八引）

丮，居逆反，《字林》戟，居逆反（見慧琳書卷十七、五十九引）

壴，竹句反，《字林》註，竹句反（見慧琳書卷廿七引）

鹵，大幺反，《字林》跳，大幺反

儽，才匝反，《字林》磼，才匝反

即此數例觀之，尤可證陽冰本與唐本木部之反切同爲一類矣。

八、結　論

案以上所用之材料皆極零散，若僅就一種材料以尋求結論，其事至難，故不得不參互比證，發其微隱，而後唐本之所以可貴及其反切來源之系統方可全部了然。雖文中藉反切用字以比合同異，或有可商，然隋唐以前反切用字之系統與隋唐以後者有異，則確無疑義。此爲考鏡音韻源流者所當留意也。且唐本存字過少，尚難定其音韻之分類，捨此則更無發現矣。兹總述結論如下：

一、唐本《說文》木部與口部殘本非李陽冰之刊定本。

二、唐本木部之字次固優於二徐，然與唐以前本尚有不合。

三、訓解大勝於二徐，惟亦有譌誤。

四、小徐本因襲唐本之舊者多，大徐本則多有改定。推其故，蓋大徐有承襲李陽冰者，亦有妄自改亂者。大徐之字學遠不若小徐之精通。

五、唐以前人所引《說文》之音分爲二系：一與顧氏《玉篇》相合，一與《字林》相近。

六、唐本《說文》木部、口部之音，爲唐以前人所作，或即取自《字林》。

七、《五經文字》之反切與唐本《說文》及《字林》音爲一系。

八、李陽冰本之反切與唐本木部、口部爲同類，即大曆間《說文》傳本之舊，非李氏所加。

今之所能推論者，如是而已。其有所疑，皆闕而不論，不敢强爲之説也。

1948 年 1 月

《説文解字》之宋刻本

——孫刻《説文解字》校勘後記

　　東漢許叔重博通經籍,尤精小學,以時人説字解經不明字例,昧於隸書,乖戾殊甚,故羅致舊文,考究字形,推求音義,作《説文解字》十四篇(合目録一篇爲十五篇)。上所以存古,究文字之本;下所以曉學者,而爲後世法。魏晉之間,其書未顯。至六朝隋唐以後,遂爲世人所重,如陸德明、孔穎達、李善及釋玄應、慧琳等詮字解經,皆稱引之。然傳寫譌脱,寖失其真。大曆中趙郡李陽冰首刊定之(《崇文總目》:李氏刊定《説文》二十卷。後蜀林罕《字原偏旁小説・序》云:"至唐將作少監李陽冰就許氏《説文》復加刊正作三十卷,今之所行者是也。"),惜師心自用,頗有改易;當時學者亦不能察其非(及二徐書行,李書乃微,其説惟見於徐鍇《袪妄篇》)。南唐時廣陵徐鍇復校訂許書,成《説文解字繫傳》四十卷。又依《切韻》著《説文韻譜》五卷(其後鍇兄鉉又增益之)。其書未行乃卒(徐鍇卒於宋太祖開寶中)。宋太宗雍熙三年(986),鍇兄鉉復承詔與句中正、葛湍、王惟恭等同校《説文》,詳參衆本,正誤補闕;又以篇帙繁重,卷分上下,釐成三十卷。書上,令雕爲印板,用廣流布。至神宗元豐元年(1078)王子韶、陸佃又奉詔修定《説文》,五年上之,其書不行(見《玉海》)。南宋孝宗時李燾有《説文解字五音韻譜》三十卷,以徐氏舊譜爲本,參取《集韻》卷第,起東終甲,而偏旁各以形相從,悉依類編;雖便檢閲,然許氏始一終亥之舊次紊亂矣。今日所傳《説文》以唐穆宗元和間寫本爲最早,僅存木部之半,與今本異處甚多(莫友芝有《箋異》)。今日通行之本則皆爲二徐本,鍇本有景抄宋本,鉉本有宋刻本。

　　鉉本宋刻本流傳甚希,元明兩代學者所見多爲李燾《韻譜》始東終甲本。至晚明常熟毛晉及子扆依宋刻始一終亥小字本以大字雕板印行,許書原來部次始爲人所知。毛氏初印本原與宋本相去未遠,爾後屢以《繫傳》剜改,則與原刻不合矣。清嘉慶以後乃有重刊宋本以明《説文》之真相者,如額勒布刻鮑惜分所藏宋本(即藤花榭本),孫星衍重刊仿宋小字本(即平津館本),丁少山影刊宋監本是也。三本皆出於宋刻,但各有異同,其中以平津館本譌字較少。其後孫刻原板爲兵火所毁,乃有蘇州浦氏修補重印本,平江洪氏翻刻本,吳縣朱氏重刻《平津館叢書》本,廣東陳昌治翻孫刻一篆一行本,《小學彙函》翻孫本等,而譌字較多矣。

清人書中所著録之宋本《説文》,有大字本小字本之別。據段玉裁《汲古閣説文訂》,小字本有三種:

(1)青浦王昶(蘭泉)所藏宋小字本。

此本原是汲古閣物,後歸王昶,又歸黄丕烈,又歸汪士鐘,終歸皕宋樓陸心源,今歸日本岩崎氏。中有王氏、汪氏、陸氏印記。此書每葉二十行,每行大字十七八,小字二十餘不等。陸心源跋曰:"版心有大小字數,刊工姓名,間有重刻之頁,版心有重刻字。'恆、貞'等字皆不缺,蓋真宗時刊本也。後有阮文達隸書手跋云:'毛晉所刊即據此本,凡有舛異,皆毛扆妄改。'愚謂平津館所刊即祖此本,匡格俱同。孫淵如作序謂毛刊祖大字本,與阮説不同,以今證之,似以孫説爲是。"又云:"即《百宋一廛賦》所云王司寇極加寶貴者也,段懋堂大令作《汲古閣説文訂》亦以此本爲據。"

(2)元和周錫瓚(漪塘)所藏宋小字本。段氏稱爲"周氏宋本"。

(3)明葉萬(石君)景抄宋本。段氏稱爲"葉本"。

至於大字本,則只有《汲古閣説文訂》所稱明趙靈均之景抄宋本一種。除段氏所見幾種宋本外,汪中、翁方綱所見宋本亦小字本,皆汲古閣舊物。

汪中(容甫)所藏宋小字本書末有丁晏跋云:"道光戊戌(1838)四月初六日孟慈户部以宋槧小字《説文》見示。余究心許書廿年,得見斯書,良可慶幸!其中亦有誤字,然因此可以考見原文,不似近刻臆改許書失卻本來面目,是可歎也。"又楊紹和跋云:"近時汲古閣本、平津館本、藤花榭本,皆依宋槧開雕。汲古閣本行字不同,而此本毛氏之印纍纍,當亦爲汲古所弄。至《延令書目》著録之'説文六本'及藤花榭所據之宋槧,即此本也。《百宋一廛》所載小字本款式無異,不知同出一板否。但彼多抄葉,此則完帙耳。向藏江都汪容甫先生家,哲嗣孟慈太守官豫中,適先公分巡大梁,訂交最密,太守因以此本爲贄,時道光之辛丑壬伇間也(1841—1842)。"

而翁方綱(覃谿)所見宋小字本則爲宋麻沙本。翁跋云:"此本有毛氏印,或疑即汲古閣刻本之所從出。然觀其三十卷中,漢太尉祭酒許慎之名改許慎爲許氏者,凡八處,則其爲孝宗以後刻本無疑,非北宋板本矣。又其中與汲古閣刻本不同處,除一二筆畫之誤是厥氏之失,不在所論;至於音訓反切之不同,則竟別是一本。蓋宋板亦非一本,而此板本極爲粗疏,譌誤之多,指不勝屈,則是宋時坊間麻沙板本。"

至於鈕氏《説文校録》所云宋本與嚴章福《説文校議議》所云宋本,皆與王氏宋本相近。嚴可均《説文校議》所云宋本,即孫氏所據之本,而兼襲《汲古閣説文訂》之説。鮑本則介於毛本王本之間,然亦有與孫本同者。蓋彼等皆未述及所見宋刻之版式及其内容,故頗難斷定其所本也。

上述數本今日所能見者,僅涵芬樓景印之王氏宋本(收於《續古逸叢書》及《四部叢刊》中)。王本版式陸心源跋中雖已言之,然仍有未盡者。案翁跋宋麻沙本云:"首葉'漢太尉祭酒許慎記'改許慎爲許氏者,有八處。"查此書一下、四下、六上、六下、七下、九下、十二下、十四下八處正作"許氏記"。且"慎"字缺筆者,亦有四處。此十餘葉爲孝宗以後所刻者無疑。書中"恆、項"未缺筆,"貞"字只一處缺。而重刻之葉中有遇"項"字、"煦"字、"眘"字者亦不缺,則其重刊之時又必在神宗之前。更有一二葉粗疏已極,譌誤較多,版心亦無"重刊"二字,或爲書賈以坊間麻沙本後配而成,亦未可知。書中復有補抄者七葉。由此觀之,此書版葉有真宗前者,有孝宗後者,非盡是北宋所刻也。

至於孫星衍重刻宋本,則譌字較少,筆迹清晰,略勝宋本。據陸心源説謂孫氏所刻即本於王氏宋本,然孫氏"重刊宋本《説文》序"只言:"今刊宋本,依其舊式,即有譌字,不敢妄改,庶存闕疑之意。"未嘗言其所據者爲何本。今觀孫本與王氏宋本,板匡相同,重刊之葉亦同;惟孫本譌字較少耳。取嘉慶間孫氏原刻本與《續古逸叢書》景印王氏宋本讎校,發現以下幾點:

(1)各有譌字;

(2)各有脱文;

(3)各有異文;

(4)反切有異;

(5)行款有異,如第二下一葉七行"趩、赳"二字,王氏宋本在下行;第三上三葉一行"談"下"聲"字王氏宋本在下一行;第五上三葉十一行首"作"字王氏宋本在十行"玉"字下是也;

(6)有同誤之字;

(7)孫本有後增字,如第九下六葉十五行"帠"下"帤"字下之"囜"字,宋本脱,孫氏後增;第十上五葉六行"獑"下"从"字下宋本脱"犬"字,孫氏後增;此皆顯而易見者也。

由是可知孫本所據必非王氏宋本矣。

今依段氏《汲古閣説文訂》考覈之，乃知孫氏所據當爲周錫瓚所藏之宋本，例如：

一上　示部　纛　讀若春麥爲纛之纛。

段氏曰："春，宋本、葉本、趙本皆作'春'，惟周氏宋本作'春'。按作'春'是也。"今案王氏宋本作'春'，孫本則作'春'。

二上　口部　唬　呼訝切。

段氏曰："宋本作'訐'，作'許'，皆非也。趙本、《韻譜》作'訝'是。"案王氏宋本作"許"，孫本則作"訐"。

三上　言部　譙　讀若嚼。

段氏云："王氏宋本及葉本'嚼'作'噍'。"案王氏宋本作"噍"，而孫本作"嚼"。

四上　烏部　焉　朋者羽蟲之長。

段氏云："周氏宋本'長'作'屬'誤。"案孫本即作"屬"。

五下　舜部　韢　从舜坒聲。

段氏云："周氏宋本篆體亦不誤，惟'坒聲'譌作'生聲'耳。"今案孫本篆體不譌，坒聲即作"生聲"。

六上　木部　橦　帳極也。

段氏云："宋本、葉本'極'作'柱'。"案王氏宋本作"柱"，而孫本作"極"。

八上　老部　耇　老人行才相逮。

段氏云："逮宋本葉本作'遠'，譌字也。又一宋本不誤。"案王氏宋本作"遠"，而孫本作"逮"。

九下　广部　庾　水漕倉也。

段氏云："宋本葉本作'漕'。"案王氏宋本作"漕"，而孫本作"槽"。

　　　　石部　礝　礐石也。

段氏云："宋本葉本作'礐'，誤字也。周氏宋本不誤。"案王氏宋本作"礐"，而孫本作"礐"。

十上　鹿部　麚　麋牡者。

袁廷檮曰："宋本作'牡'，與《爾雅》合。"案王氏宋本作"牡"，而孫本作"牝"。

　　　　黑部　黗　讀若飴㿝。

段氏云："周氏宋本及宋刊《五音韻譜》作"㿝"；宋本、葉本作'登'，誤也。"案王氏宋本作"登"，誤；孫本作"㿝"，不誤。

十下　大部　奯　讀若施罟泧泧。

段氏云:“周氏宋本、葉本及《類篇》皆作‘泧泧’。”案王氏宋本作“濊濊”,而孫本作“泧泧”。

心部　怚　矯也。

段氏云:“按宋本、葉本如此。”又云:“周氏宋本作‘驕’。”今案王氏宋本作“矯”,孫本則作“驕”。

十一上　水部　湌　水脈行地中湌湌也。

段氏謂王氏宋本、葉本作“湧湌”,周氏宋本作“湌湌”。今案王氏宋本正作“湧湌”,而孫本作“湌湌”。

水部　沸　畢沸濫泉。

王氏宋本如此,段氏謂周氏宋本作“滭”。今案孫本與周氏宋本同。

水部　沿　《春秋傳》曰王沿夏。

段氏謂周氏宋本如此,孫本同;王氏宋本王作“主”。

十二下　戈部　或　从戈又从一。

段氏云:“宋本、葉本如此,周氏宋本作‘从戈以守一’。”案王氏宋本作“从戈又从一”,而孫本作“从戈以守一”。

十三下　力部　勞　熒火燒門用力者勞。

段氏云:“門,周氏宋本作‘冂’。”孫本同。

十四上　車部　輨　轂耑沓也。

段氏云:“宋本、葉本皆作‘耑’。”案王氏宋本作“耑”,而孫本作“端”。

據是可知孫本與王氏宋本多異,而與段氏所言周氏宋本作某者盡合。雖孫氏未言其所本之宋槧如何,由此可證其所祖之本必爲周氏宋本,或與周氏宋本爲同一刻本。

余嘗見傅氏雙鑑樓所藏宋刻本《説文》一卷,存卷六下,亦小字本也。此本與孫本相近,而與王本不同。如王氏宋本

第六卷下二葉十四行　皣　符輒切。輒,雙鑑樓本作“輙”;孫本同。

三葉三行　□,雙鑑樓本作□,孫本同。

四葉十四行　賀　从禮相奉慶也。从,雙鑑樓本作“以”,孫本同。

四葉十七行　賸　从貝朕聲。朕,雙鑑樓本作“眹”,孫本同。

四葉二十行　贏　从貝嬴聲。嬴,雙鑑樓本作“羸”,孫本同。

八葉二行　郰　魯下邑孔子之郡。郡,雙鑑樓本作“鄉”,孫本同。

八葉十七行　鄜　房戎切。雙鑑樓本作房成切，孫本同。

由此益足以證明孫本不出於王氏宋本而出於另一宋本也。

至於毛氏刻本所據之宋本，各家説法不同。段氏謂毛氏依明趙靈均所抄之宋大字本仿刻（見《汲古閣説文訂·序》）。爾後孫星衍、陸心源皆從其説（見孫氏《重刊説文序》及陸氏《跋王氏宋本〈説文〉》）。惟阮元謂毛氏所祖即王氏宋本。今毛氏初印本不易見，但據毛扆《跋重刊北宋本〈説文〉》所云："先君（即毛晉）購得《説文》真本係北宋版，嫌其字小，以大字開雕，未竟，先君謝世。"由是可知毛氏雕板所據乃小字本，非大字本也。其次就段氏《汲古閣説文訂》所云考之，毛氏初印本與王氏宋本相合者多。今又以三本互勘，確知毛本與王氏宋本相近。由此可知阮元之説近是。前人著書往往有似是而非之論，學者不可不辨也。

1935 年 6 月重理舊稿

本文據段玉裁《汲古閣説文訂》及雙鑑樓所藏宋本殘葉證明孫星衍刻本非出自王蘭泉所藏宋本，孫刻本比王氏宋本譌字較少。近讀日本京都《東方學報》第十册一分倉田淳之助《説文展觀餘録》，稱内藤虎所藏宋本《説文解字》全書刻工姓名與孫刻完全一致，書中文字亦相同，而與王氏宋本不同處甚多，足證孫刻底本確爲另一宋本，本文所論不誤。

1939 年 7 月

孫星衍平津館重刊宋本《説文解字》校勘記

此以嘉慶間孫氏《平津館叢書》原刻本宋本《説文解字》與《續古逸叢書》中王氏宋本對校，因王本譌誤較多，舉不勝舉，故改就孫本爲記。王本之善處，業已采録無遺。凡孫本誤而王本不誤者，皆據以訂正；王本誤而孫本不誤者，則不一一列舉。至於二本同誤之處，亦略箋出，以便讀許書者知有所去取。

標目

二葉　二行　ㄋ　王氏宋本作ㄅ是也。（以下簡稱"王本"）

六行　百　百，博陌切。按"百"並當作"䌠"。

八行　芈　式潘切。王本"式"作"北"，是也。

三葉 七行 湴 朮，普活切。朮，王本作"朮"，是也。

   十四行 马 弓，乎感切。弓，王本作"马"，是也。

      束 束，七賜切。束，王本作"束"，是也。

四葉十二行 髟 必銜切。王本作必凋切，是也。

第一上

一葉 九行 丕 敷悲切。王本"敷"作"牧"，誤。

二葉 七行 絮 補冒切。冒，王本作"冐"，是也。

   十行 囊 臣鉉等曰："舂麥爲囊，今無此語。"舂，當作"春"。

第一下

二葉十四行 蓋 艸也，公艸盡聲。公，王本作"从"，是也。

   十七行 蓩 从艸，務聲。務，當作"殺"。

三葉 六行 莙 井藻也。井，當作"牛"。

四葉十一行 蘽 《詩》曰："邛有旨蘽。"蘽，王本作"鶠"（今《詩·陳風·防有鵲巢》作"鶠"）。

五葉 四行 薔 薔靡虆冬也。艸牆聲。艸上脱"从"字。

六葉十五行 蒔 時更切。王本作時吏切，是也。

七葉 五行 蘇 从艸，繇聲。繇當作"繇"，王本亦誤。

九葉 一行 蕐 从艸，繁聲。繁，當作"緐"，王本亦誤。

第二上

三葉十八行 啐 讀若刷。叔，王本作"刷"。

四葉 五行 噴 野人言之。毛本作"野人之言"，是也。

   二十行 噎 烏結切。烏，王本作"爲"，誤。

六葉 三行 唬 呼訐切。王本作呼許切亦誤，《五音韻譜》作呼訝切，當據正（參段氏《汲古閣説文訂》）。

   八行 唤 評也。王本作"呼"也。

   十四行 哭 一曰窑哭。王本同。段氏《汲古閣説文訂》云："二宋本、葉本作"窑"，毛本從之非也。趙本及《五音韻譜》《類篇》《集韻》及小徐、《廣韻》皆作'窒'不誤。"

七葉 二行 赳 讀若蹻。蹻，王本作"撟"。

   六行 趨 千牛从。王本同。从，當作"切"。

   九行 趎 子救切。毛本作于救切，是也。

十五行　趭　趨趙久也。趨,《玉篇》引作"趍",毛本同。

八葉　十行　辵　从止从又。以,當作"从"。

第二下

一葉　七行　䟓,赴　二字王本另起一行,誤。

二葉　八行　遳　特計切。王本作徒計切,《廣韻》作特計切。

十三行　迷　或也。毛本作"惑也"。

三葉　一行　迊　前頡也。頡,《韻譜》《集韻》《類篇》皆作"頓"。一讀若枱。枱,當作"拾"。

四行　趨　王本作"趨",毛本同。鈕氏《校録》與嚴氏《校議》並云:"宋本作趨。"

十六行　循　許遵切。許,藤花榭本作"詳",是也。

四葉十八行　齫　一曰馬口中橜也。橜,王本作"㯕",並譌;當作"樧"。

五葉十二行　猗　武牙也。武,避唐諱,當是"虎"字。

六葉　二行　趹　旁各切。王本作旁谷切。《廣韻》傍各切。

八行　跟　从足,貝聲,掠蓋切。王本作博蓋切,毛本同;當據正。

七葉　一行　躔　五甚切。王本作丑甚切,是也。

第三上

三葉　一行　聲　去挺切。挺,王本作"梃"。

談　从言,炎聲。聲,王本在下行。

四葉十二行　訝　《周禮》曰諸侯有卿訝發。王本同。發,當從《繫傳》作"也"。

五葉十一行　訋　如求婦先訋叕之。王本作"先言叕之"。唐寫本《玉篇》引"叕"作"發",當據正。

十五行　詪　眼戾也。眼,當作"很"。

六葉　十行　譙　讀若嚼。嚼,王本作"噍"。段氏《汲古閣説文訂》云:"王氏宋本及葉本嚼作噍。"嚴氏《説文校議》謂宋本作"嚼",與孫本同。按本書口部"噍"或體作"嚼"。

十二行　𧮫　詰詘也,□曰屈襞。𧮫,當作𧮫。"曰"上闕"一"字。

十五行　讕　低讕也。王本同。《汲古閣説文訂》云:"趙本、《五音韻譜》《類篇》作'抵讕',與《漢書·文三王傳》合(案《梁平王傳》云:"王陽病抵讕置辭,驕嫚不首。"師古注:抵,距也;讕,誣諱也)。宋本、葉本作"低",毛本及《集韻》作'羝',皆誤。"

八葉十三行　弈　《論語》曰："不有博弈者乎。"博，當作"博"，王本不誤。

第三下

一葉十六行　轈　曲轅轒縛，直轅篿縛。王本同。段氏《汲古閣説文訂》曰："各本篿譌篿不成字；車部篿下曰：直轅車轒也，从車具聲。"

三葉　四行　鬻　孚也。當作"享也"。

　　　　五行　鬻　吹聲沸也。王本同。段氏曰："趙本及毛本作'吹釜溢'，今按當作'炊釜灒溢也'乃完。《類篇》'吹'作'炊'不誤。"案當作"炊釜沸也"。

　　　　十二行　秡　虱持禾種之，《書》曰："我執黍稷。"徐鍇曰："坴，土也。魚祭切。"虱，毛本作"而"，"書"作"詩"。段氏曰："兩宋本、葉本'而'作'虱'，'詩'作'書'，按'書'誤。"魚祭切，王本作育祭切誤。

　　　　　　秡　設餁也。王本作"設食也"，《玉篇》同。

四葉　六行　爕　臣鉉等案：爕字義大熟也。熟，王本作"執"，是也。

　　　　七行　虔　引也。王本作"抻"，當是伸字。段氏曰："宋本作神也（按非是），恐是伸之誤。"段注《説文》依宋本作"伸"。鈕氏曰："宋本作神也，恐非，顧（案是顧千里）云：王蘭泉藏本經人描寫，故誤'引'爲'神'；其實予屢見宋槧，皆作'引'。傳之失真，不可不辨。"按鈕氏未見王本。

四葉　九行　叡　又卑也。又，王本作"叉"，是也。

九葉　一行　敲　横擿也。毛本、王本同。段氏曰："惟趙本作'横搉'，明刊《五音韻譜》同。考唐貞觀中釋玄應作《大唐衆經音義》卷十二、十三、十六、十七，凡四引皆作'搉'。"又云："手部擿投也，作横擿則爲桀石投人之義。"

九葉十一行　敄　从教从冂，冂尚朦也。朦，王本作"矇"，毛本同。

第四上

一葉十五行　暖　汎晚切。汎，當作"況"，王本亦誤。

二葉十三行　睼　也計切。也，藤花榭本作"他"，是也。

　　　　十五行　看　睎之。當作"睎也"。

三葉十五行　盾　食問切。問，當作"閏"。

四葉　四行　鼻　入二切。入，當作"父"。

　　　　七行　皕　讀若祕。祕，當作"祕"。

　　　　十三行　翰　从羽，幹聲。幹聲，當作"倝聲"。

五葉　九行　鞾　侯幹切。幹，王本作"幹"。《唐韻》侯旰反。

　　　　十一行　雛　雄雌鳴也。雌，王本同，誤。當從《類篇》作"雄"。

八葉　十行　雛　雛，或从隹。雛，當作"雞"。

九葉　四行　鸓　从鳥虍也。王本同。也，當是"聲"。

　　　十三行　鷖　从鳥，榮省聲。榮，王本作"塋"，誤。

十葉　六行　焉　朋者，羽蟲之屬。王本同。屬，毛本作"長"，是也。

第四下

二葉　二行　茲　使吾水茲。茲，王本作"玆"，是也。

　　　四行　予　余臣切。臣，當作"呂"。

　　　十行　矞　徐鍇曰曰。多一"曰"字，王本同。

　　　十六行　叡　王本作"叡"是也。

四葉十四行　胳　古洛切。洛，王本作"各"。《唐韻》古落反。

五葉十一行　胡　牛頷垂也。王筠《繫傳校錄》云："大徐頷作顄。頷，面黃也，非其義；或頷之譌。"今王本正作"頷"。

六葉　六行　古文然。然，當作"狀"。

七葉十六行　刺　从朿，朿亦聲。二"朿"字，當作"朿"，王本亦誤。

八葉　一行　刅　从刀从一。刀，王本作"刃"。是也。

　　　十一行　耕　册又可以劃麥。段氏以爲當作"冊叉可以劃麥"。《廣韻》冊，先立切。引《字統》云："插糞杷。"叉，爪字。

　　　十六行　舰　斫啟切。斫，當作"研"。

九葉　八行　觕　讀若觕。觕譌字。王本作"觘"，亦誤。毛本作"觕"是也[①]。

第五上

二葉　五行　簎　一曰，宋魏謂箸簛爲簎。簎，王本作"簎"，與今本《方言》同。《玉篇》"簎"爲"簎"之重文。

　　　十七行　篓　篗，或从女。女，當作"妾"，王本、毛本不誤。

三葉　一行　笭　从竹，令聲。曰笭籯也。"曰"上脱"一"字。王本有。

　　　十六行　笑　喜也。从竹从犬。犬，王本作"夭"，是也。

五葉　四行　麻　从麻，麻調也。麻，當作"麻"。

　　　五行　甚　从甘从匹，耦也。王本作"从甘，甘匹耦也"。誤。《韻會》引作"从甘匹，匹耦也"。當據正。

六葉十四行　旨　職雉切。王本作職稚切，《廣韻》作職雉切。

---

① 編者注：原稿如此。今大徐本（中華書局）作"觕"。

第五下

一葉　八行　青　丹青之信言象然。象,王本作"必",是也。

三葉十八行　饐　烏困切。王本作烏因切,誤。

四葉十七行　矣　語以詞也。以,當作已。

五葉　六行　帀　从冂,冂古文及。冂,王本皆作"丂"。

六葉　二行　厔　從后士。士,當作"土",王本不誤。

七葉　九行　厎　又卜切。又,當作"皮"。

　　　二十行　雘　从舜,生聲。王本同。生,當作屮。

八葉十九行　及　从了从反。了,王本作"丂"是也。

第六上

一葉十八行　楸　桑谷切。王本作桑屋切,毛本同。《廣韻》桑谷切。

三葉　十行　梗　山枌榆有束莢,可爲蕪夷者。王本作"山初榆有束莢,可爲蕪萊者"。誤。

四葉　七行　橋　木橋施。施,王本作"㯿"。

四葉十七行　榦　从木,榦聲。榦聲,當作"倝聲"。

五葉　五行　楣　武悲切。王本作莫悲切。

　　　九行　楯　闌楯也。闌,王本作檻。

　　　十五行　橦　帳極也。王本作"帳柱也"。

六葉　十行　杓　从从木从勺。多一"从"字,王本同。

　　　十八行　栫　徂悶切。悶,王本作"門"。《廣韻》徂悶切。

七葉　三行　柲　丘媚切。丘,王本作"兵"。是也。

八葉十五行　棐　敷尾切。毛本同。王本作府尾切,《廣韻》同。

　　　二十行　棟　棟也。王本作"梜也"。

九葉　九行　棼　複屋棟也。複,王本作"榱",譌。

第六下

三葉十七行　圓　似沇切。沇,王本作"浣",毛本同,是也。

　　　二十行　困　南倫切。藤花榭本同。王本作去倫切,毛本同,當據正。

四葉　二行　因　《左傳》曰:"植有禮因重固。"植,王本作"種",誤。

五葉　七行　貶　方歛切。歛,王本作"斂",是也。

七葉　二行　鄚　慕各切。慕,王本作"墓"。《唐韻》暮各反。《廣韻》慕各切。

　　　十三行　郣　什邡廣漢縣,邑方聲。"邑"上脱"从"字,王本同。

七葉十六行　鄄，當作鄭

八葉　二行　郰　孔子之鄉。鄉，王本作"郡"，誤。

　　　十七行　鄎　房成切。成，王本作"戎"，毛本同，是也。

　　　　　　　郂　從邑，敲省聲。敲，謲字。毛本作"蔽"，是也。

九葉　一行　鄉　六鄉治之。王本同。當作"六卿治之"。

第七上

二葉　一行　旱　乎旰切。旰，藤花榭本作"旰"，是也。

三葉十四行　旛　幅胡也。王本作"旛胡也"，《韻會》引作"幡"。

五葉十九行　東　從木马，马亦聲。二"马"字當作"尸"。

六葉　一行　辣　千非切。王本作于非切，毛本同，是也。

七葉十二行　稙　《詩》曰種稚未麥。種，當作"稙"。

　　　十四行　概　從禾既聲，利切。"利"字上脫"己"字，王本不誤。

　　　十八行　粢　齋或從次。齋，當作"齋"。

八葉　一行　穬　百猛切。百，藤花榭本作"古"，是也。

　　　一行　秜　稻今季落來季自生。季，王本作"秊"，是也。

　　　六行　秏　二秏二米。王本作"一秏二米"，是也。

　　　七行　秴　續若昨，在各曰。續，當作"讀"；曰，當作"切"。王本
亦誤。

　　　十三行　秆　稈，或從于。于，當作"干"，王本不誤。

　　　十四行　稍　從禾，稍聲。稍，當作"肙"。

　　　十五行　榜　蒲庚切。王本作蒲庚切，是也。

九葉　六行　秌　郎擊切。擊，王本作"狄"。

　　　十九行　梁　從米，梁省聲。當作"梁省聲"。

第七下

三葉　六行　窶　王本作"窶"，是也。

　　　八行　突　從宀，人聲。當作"久聲"。

　　　十行　窾　窾，或從穴。窾，當作"窾"。

　　　　　　　宄　居洧切。毛本同。王本作居鮪切。

九葉　十行　席　籍也。禮天子諸侯席有黼繡純飾。籍，當作"藉"。黼
繡，王本作"黼黼"，《繫傳》同。

　　　十一行　幡　以囊盛穀大滿而裂也。大滿，王本作"太滿"。

第八上

一葉　十行　佼　下功切。王本作下巧切,是也。

　　二十行　份　文質僃也。僃,當作"備"。

二葉十九行　倫　田屯切。田,當作"盧"。

三葉十五行　任　符也。毛本作"保也"。

　　　　倪　一曰䦒見。从人从見。《詩》曰:"倪天之妹。"䦒見,王本及毛本、鮑本皆作"聞見"。段氏曰:"䦒,各本作'聞',今正。《釋言》曰:'䦒倪也。'……䦒音諫,若言不可多見而䦒見之。"妹,王本作"妹",是也。

　　十六行　優　从人憂聲,曰倡也。"曰"上脱"一"字,王本不誤。

　　十九行　使　伶也。段氏曰:"按《類篇》《集韻》及小徐作'令'爲是。伶弄也,非其義。"

四葉　五行　倀　一曰什也。什,王本作"仆",毛本、《繫傳》並同,是也。

　　八行　佻　士彫切。士,藤花榭本作"土"。當據正。

　　十行　俔　隋也。毛本作"惰也"。

　　十二行　佚　一曰佚忽也。忽,當作"忽",王本不誤。

　　十三行　俋　其虚切。王本作其虐切,毛本同,是也。

　　十七行　傷　少羊切。少,藤花榭本作"式"。

　　十七行　侉　憮詞。王本作"備詞",毛本同,段氏不取。

　　十八行　催　相儔也。毛本作"相擣也",是也。

五葉　四行　傅　《詩》曰:"傅沓背憎。"憎,王本作"憎",毛本同,是也。

　　十七行　真　从匕从目从乚音隱。王本作"从匕从目从乚,乚音隱",是也。

六葉　一行　攲　《詩》曰:"歧彼織女。"歧,王本作攲,是也。

七葉　九行　觺　尼見切。見,當作"厄"。

八葉　七行　爨　籀文爨从棥。表,當作"爨"。

九葉十七行　卒　隸人給事者衣爲卒。王本同。案"衣"字當芟。

十葉　九行　耆　老人行才相逮。逮,王本作"遠",譌。

　　十七行　屍　士盍切。士,當作"土"。

十一葉三行　屈　从尸,由聲。由聲,當作凷聲。

　　十一行　屨　丘羽切。當作立羽切。

第八下

一葉　一行　漢太尉祭酒許氏記。許氏,王本作"許慎"。

十八行　俞　从舟从刂,刂水也。二"刂"字,王本作"〈〈"。

三葉十三行　親　王問切。此反切因"覼"下王問切而誤,《廣韻》力玉切。

十八行　覘　救豔切。救,當作"敉"。

十八行　覢　从炎,見聲。當作"从見炎聲"。

四葉　十行　霃　見雨而比息。比,毛本作"止",是也。

十八行　謌　謌或从言。謌,當作"歌"。

歍　心有所惡若吅也。吅,乃"吐"之譌。

五葉　四行　歠　欲歠歠。當作"欲歠也"。

六行　歡　从欠,蘇聲。蘇,當作"鰥",王本亦誤。

九行　歎　从欠,繫聲。繫,當作"嗀",王本亦誤。

第九上

一葉　十行　顱　項顱首骨也。段氏謂"項"乃"碩"之誤。

十八行　顩　八頑也。段氏曰:"字之誤也。毛本作大頭。"

二葉十一行　顧　从頁因聲。因,王本作"困",毛本同,是也。

四葉　九行　鬖　从髟差。毛本作"从髟,差聲"。段氏曰:"無聲字非也。"

髻　結也。王本作"髻也"。

十七行　髻　鬒髮也。毛本、小徐作"鬈髮也"。

十八行　髳　小人曰髳。小人,毛本作"小兒",是也。

五葉十七行　卷　从卩关聲。关,王本作"券"。

六葉十二行　匈　聲也。此誤。毛本作"膺也",當據正。

匍　帀偏也。偏,王本作"徧",是也。

二十行　匏　从包从夸聲。當作"从包夸聲"。

七葉　七行　魃　从鬼友聲。友,當作"犮",王本不誤。

八行　魃　鄭交甫逢二夂。夂,當作"女",王本不誤。

七葉十六行　篡　初官切。王本作初宦切,毛本同,是也。

厽　从多从厽。多,當作"厶"。

第九下

一葉十二行　屺　《詩》曰:"陟彼屺弓。"弓,乃"兮"字之譌。

十三行　岡　山骨也。骨,當作"脊"。

十五行　隋　讀若相。推落之憜。憜,當作"墮"。

二葉十一行　崖　从户,圭聲。户,王本作"屵",是也。

十八行　廎　从广,膚聲。膚,當作"虜"。

三葉　一行　庚　水槽倉也。槽,王本作"漕",是也。

二十行　厝　又七玄切。玄,當作"互"。

四葉　十行　廾　周禮有"廾人"。廾人,當作"廾人",王本不誤。

十四行　礎　陵也。王本作"陊也",毛本同,是也。

十五行　碻　若角切。若,當作"苦"。

十六行　磕　又若盍切。若,當作"苦"。

十七行　磬　鉅衛切。王本作鉏衛切,是也。

十八行　礉　塹石也。王本作"磐石也"。段氏曰:"作磐誤字也。"

十九行　磬　从石殸象縣虍之形。虍,當作"虡"。

二十行　硞　上摘巖空青珊瑚墮之。王本"摘"下有"山"字。

五葉　四行　砭　以石刺病也,方彡切。刺,當作"刺";彡,藤花榭本作"廉"。

五行　砢　來可切。來,藤花榭本作"求"。

六葉　六行　豛　上谷名豬豛。豛,當作"豛",毛本不誤。段氏云:"作豤非也。"

九行　貜　貜有爪而不敢以攗。攗,當作"橛"。見鈕氏《說文校錄》。

二十行　麂　後蹏發謂之麂。發,當作"廢",段氏說。

七葉　九行　玃　玃玃也。玃,當作"玃"。

第十上

一葉十九行　騝　从馬,倝聲。倝聲,當作"倝聲"。

二葉　四行　馼　馬飽也。飽,當作"肥"。

二葉　九行　騤　樂追切。王本作渠追切,是也。

十一行　馮　从馬,仌聲。仌聲,王本作"夂聲"。

十八行　騏　从馬,鞠聲。鞠聲,當作"鞠聲"。

三葉十六行　麠　以夏至解角角。當作"以夏至解其角"。

三葉二十行　麀　麋牝者。牝,王本作"牡",是也。

五葉十一行　狀　盈亮切。盈,當作"努"。

十二行　獩　讀若橚。橚,王本作"耨"。

十三行　狎　胡甲切。王本作胡時切,誤。

六葉　　五行　玃　母候也。王本作"母猴也",是也。

　　　　六行　夒　食母候。王本作"食母猴",是也。

　　　　八行　狐　小前大後。大,王本作"犬",誤。

　　　　九行　猵　布兹切。兹,當作"弦"。

七葉二十行　焛　從火,門省聲。門,王本作"兩",是也。

八葉　　三行　焇　從火,于聲。于,當作"干",王本不誤。

　　　　六行　焁　口迥切。迥,當作"迴"。

　　　　九行　蓼　敖,或從麥。敖,當作"熬"。

九葉　　二行　熠　《詩》曰:"熠熠宵行。"熠熠,當作"熠燿"。

　　　　五行　炫　耀燿也。毛本作"爓燿也"。

　　　　八行　威　褢似滅之。似,當作"姒"。

十葉　　一行　黶　申黑也。申,當是"中"字之誤。

　　　　六行　黠　切八切。當作胡八切。

　　　　九行　黲　黲姍下哂。哂,當作"色"。

　　　　十行　儵　式竹切。王本作式者切,誤。

第十下

一葉二十行　羲　讀若《詩》施罟沱沱。沱沱,王本作"濊濊"(段云"作濊濊非")。

二葉十八行　儠　從允,艮聲。艮,當作"㫃"。

　　　二十行　攦　即果切。即,當作"郎"。

三葉　　九行　睪　目視也。王本作"司視也",是也。

　　　　　　　圉　從夲從曰。曰,當作"口",王本不誤。

　　　　十行　報　博号切。王本作博耗切。《唐韻》作博耗反。

四葉　　六行　大　他達切。王本作他蓋切。《廣韻》徒蓋切。

五葉　　五行　文二,王本作文三,是也。

　　　　十行　息　從自,自下聲。下,當作"亦",王本不誤。

　　　二十行　恬　從心,甜省聲。甜,當作"甜",此涉上文而誤。

六葉　　二行　忯　巨文切。王本作巨支切,毛本同,是也。

　　　　五行　愍　從心,㗊聲。㗊,當作"昬"。

　　　二十行　愚　噳俱切。噳,王本作"虞"。

七葉　　六行　怚　驕也。王本作"矯也",誤。

八葉十五行　愆　其从切。从,當作"久"。

九葉　七行　惁　从心,葡聲。當作"葡聲"。

　　　十四行　懇　康恨切。恨,王本作"很",毛本同。

　　　十九行　縶　从糸系聲。系,當作"糸"。

第十一上

二葉　三行　涚　東南入海。王本作"東南入沔"是也(段氏説)。

　　　十七行　淮　水出南陽乎氏桐柏大復山。乎,當作"平"。

三葉二十行　浦　奴感切。王本作乃感切,

四葉　一行　湼　从水,圭聲。"圭"字誤。王本作"垩",是也。

　　　四行　沇　从水,光聲。"光"字誤,當作"尤"。

　　　十三行　湝　一曰湝湝寒也。王本作"一曰湝水寒也",段氏從王本。

　　　十四行　减　子逼切。王本作于逼切,是也。

　　　十七行　沄　王分切。毛本同。王本作于分切,《繫傳》作羽文切。

六葉　五行　沸　渾沸濫泉。《繫傳》同。渾,王本作"畢",毛本同。

　　　十八行　溯　成冰也。藤花榭本作皮冰切。

　　　　　　　瀸　小津也。王本作"水津也",段氏曰作"水"誤。

　　　十九行　泭　編水以渡也。水,當作"木",王本亦誤。

七葉　四行　没　黄勃切。黄,藤花榭本作"莫",是也。

　　　七行　　　一曰瀑資也。資,當作"賈"。

　　　八行　濆　久雨涔資也,水私切。資,當作"濱";水,當作"才"。

　　　　　　　澓　雨流霤下。《集韻》《類篇》"下"字下有"兒"字。

　　　十三行　涔　潰也。當作"漬也"。

八葉　七行　涫　古丸切。王本作古玩切。

　　　十行　浚　杼也。王本作"抒也"。

　　　十八行　滌　徙歷切。徙,當作"徒",王本、毛本皆不誤。

九葉　六行　染　枕茜之屬也。枕茜,王本作"桅茜",當作"梔茜"。

　　　七行　泰　今《左傳》作汏輔。王本作"汏輔",毛本作"汏輙",與今
《左傳》合。唐石經"汏"作"汰"。

　　　十六行　重二十二　王本作"重二十三",實重二十四。

　　　十八行　瀅　从水瀅省聲。瀅,當作"罃"。

第十一下

一葉　七行　頻　臣鉉等曰："今俗別作水濱，非是。"濱，王本作"賓"，誤。

　　　　十行　〈　姑泫切。泫，王本作"玄"。

三葉　三行　凝　俗水从疑。水，王本作"冰"，是也。

　　　十三行　霅　文甲切。文，王本作"丈"，是也。

　　　十五行　霰　穌旬切。旬，當作甸。

五葉　二行　鮦　从魚，同聲。當作"同聲"，王本不誤。

　　　十三行　鮾　尸賺切。尸，乃"户"字之譌，王本不誤。

第十二上

二葉十九行　開　門蔣櫨也。蔣，王本作"薄"，當作"蔣"。

二葉　十行　扇　从胈聲。當是从胈省。

三葉　六行　閣　乙鍇切。王本作乙割切。

　　　　　　闒　門響也。響，王本作"嚮"，《御覽》一八二居處部引同。段氏疑爲"鄉"字。

　　　　七行　閉　闔門也，从門才所从距門也。王本作"閉門也，从門，才所以距門也"。

　　　　九行　閹　宮中奄閽閉門者。奄，王本作"閹"，是也。

　　　　　　閱　弋垂切。當是弋雪切。

　　　十九行　玷　丁兼切。王本作丁廉切。

四葉二十行　撵　莘進趣之疾也。趣，王本作"趨"。

五葉　六行　撲　今折切。今，當作"食"。

五葉　八行　拼　从手井聲。當作"幵聲"。

　　　十三行　按　烏旰切。旰，王本作"肝"，是也。

六葉　三行　招　从手召。王本"召"下有"聲"字。

　　　　七行　摽　一曰挈門壯也。門，當是"閫"字。

　　　　七行　抉　从手夬聲。夬，當作"夬"，王本不誤。

　　　　九行　摘　竹戹切。王本作竹歷切。毛本作竹厄切，與《廣韻》同。

　　　十四行　捧　敷容切。毛本同。王本作扶容切，與《玉篇》同。

七葉　三行　抓　所臻切。王本作所巾切。《廣韻》所臻切。

　　　　四行　拓　从石切。从，當作"之"。

　　　　六行　抽　擂或从由。王本作"籀文从由"。清儒段、王、桂、朱皆作"擱或从由"。

　　　　　八行　　撰　　朝撰批之术蘭兮。批,當作"阰"。术,當作"木",王本
不誤。

　　　　十三行　　抲　　抲撝也。王本作"抲擔也"。

　　　　十八行　　摡　　《詩》曰:"摡之釜鬵。"摡,王本作"溉",與今《詩·檜
風·匪風》合。

　　八葉　八行　　扜　　从手,于聲。于,當作"干",王本不誤。

　　　　　十行　　挂　　畫也。王本作"宣也",李文仲《字鑑》同。《玉篇》懸也。

　　　　十八行　　掠　　《唐韻》或作擽。擽,王本作"櫟",毛本同,誤。

第十二下

　　一葉　八行　　娸　　杜林説。王本作"杜林曰"。

　　二葉　五行　　頾　　女嬃之嬋媛。嬋,王本作"嬋",是也。

　　　　十五行　　妃　　从女,妃聲。妃,當作"夗",王本亦譌。

　　三葉十二行　　媛　　爰,引也。王本作"爰於也",非。

　　　　十六行　　佞　　巧讇高材也。讇,王本譌作"調"。

　　四葉　八行　　孏　　一曰臥也。臥,當作"肾"。

　　　　十五行　　姅　　漢律曰:"見姅變又得侍祠。"又,王本作"不",毛本同,
是也。

　　六葉　五行　　戛　　从戈从首。首,當作"百",王本不誤。

　　　　　六行　　或　　从口从戈以守一,一地也。王本作"从口从戈,又从一,
一地也"。

　　　　　七行　　戕　　投也。王本作"殺也",是。

　　　　　八行　　戕　　搶也。王本作"槍也"。

　　　　　　　　　　士良切。士,當作"在"。

　　六葉　九行　　戵　　長搶也。王本作"長槍也",是。

　　七葉十三行　　望　　从亡望省聲。當作"从亡望省聲"。

　　八葉　二行　　匴　　从匚算聲。箕,當作"算"。

　　　　　三行　　匪　　器似竹筐。筐,毛本作"篋",與《廣韻》合。

　　　　　六行　　柩　　曰救切。當作巨救切。

　　　　十二行　　駢　　杜林从爲竹筥。从,當作"以"。

　　　　十九行　　㲃　　小盂也。盂,當作"盉",王本不誤。

瓨　夼似瓶也。夼,當是“瓫”之誤。

九葉　一行　𤬪　上封切。當是與封切。

第十三上

一葉　一行　漢太尉祭酒許慎記　王本無“記”字。

十行　緒　曰皆切。曰,王本作“口”,是也。

十一行　紙　从糸,氏聲,節兮切。氏聲,當作“氐聲”。節兮切,王本作都兮切,毛本同。

絓　一口以囊絮練也。一口,當作“一曰”,王本不誤。

十四行　統　他綜切。王本作他總切。

十五行　纇　从糸纇聲。纇,當作“頪”。

二葉　九行　緁　讀若撻。撻,當是“捷”字之譌。

十三行　縶　擻繒也。王本作“緻繒也”,《玉篇》《韻譜》《韻會》並同。

十九行　縉　惡也絳也。一日綃也。惡也,當作“惡色”;一日綃,當作“一曰絹”(段氏説)。

三葉　四行　纔　七咸切。七,王本作“士”,毛本同,是也。

九行　綅　植酉切。王本作殖酉切,毛本同。

十行　緺　綬紫青也。也,當作“色”。

十八行　緮　絳綫也。絳,當作“縫”。

五葉　一行　緆　先擊切,王本作先繫切,誤。

八行　彝　米,器中寶也。寶,當作“實”。

十五行　䵝　白約縞也。約,王本作“䵝”,毛本同,是也。

七葉　五行　蠕　即丁切。藤花榭本作郎丁切,是也。

八葉　一行　蝸　亡華切。亡,當作“古”。

八葉　四行　蠵　从胃鳴者。从,當作“以”,王本亦誤。

九行　蠗　首角切。首,藤花榭本作“直”。

第十三下

二葉十八行　没閤切。没,當作“汝”。

四葉十五行　垸　一曰補垸。垸,《繫傳》作“垣”,是也。

六葉　七行　艱　从堇,良聲。良聲,當作“艮聲”,王本不誤。

十八行　略　烏約切。烏,藤花榭本作“离”。

二十行　暘　今俗别作暢非是。王本無“今”字。

第十四上

一葉十七行　鎔　金封切。金,當作"余"。藤花樹本作"釜"亦誤。

二葉　九行　鍱从金葉聲。葉,當作"枼"。

三葉　二行　鉆　王本作"鉆",是也。

　　　四行　錐　藏追切。"藏"字誤,當是"職"字。

　　　五行　厀　籀文説从厂剡。説,當作"鋭"。

　　　八行　鍰　罰書曰列百鍰。王本同,非也。當作"書曰'罰百鍰'"。

　　十三行　鎛　一曰曰器。王本作"一曰田器",是也。

　　十五行　鏜　上郎切。上,當作"土",王本不誤。

　　二十行　錞　矛戟柲下銅鐏也。戟,當作"戟"。

四葉　一行　鏃　矢金鏃翦羽謂之鏃。謂之鏃,當作"謂之鏃",王本不誤。

　　　二行　鐧　从閒聲。从下脱"金"字,王本同。

　　　六行　鈆　當作"鈗"。

　　十八行　鈿　待季切。季,當作"季",王本不誤。

五葉十八行　新　从斤新聲。新,當作"亲",王本亦誤。

　　二十行　斝　玉爵也,从叩从斗曰象形。王,當作"玉",王本不誤;曰,當作"冂"。

六葉　一行　斡　从斗,斡聲。當作"倝聲"。

七葉　三行　肈　張營切。當作渠營切。

　　　四行　軝　軝或从革。軝,當作"軝"。

　　　六行　輨　轂端沓也。從車官聲。古滿切。王本"端"作"耑","滿"作"緩"。

　　　九行　衝　从車从行,曰衍省聲。"曰"上脱"一"字,王本不誤。

七葉十四行　轢　郎擊切。王本作歷各切,《廣韻》十九鐸有此音。

第十四下

一葉十七行　阮　門也。王本作"閞也",毛本同,是也。

　　　　　隤　讀若徒谷切。"讀若"下有脱字,小徐作"讀若潰"。

　　十九行　阺　泰謂陵阪曰阺。泰,當作"秦"。

六葉　十行　毃　从子毃聲。毃聲,當作"毃聲"。

　　十八行　孱　七連切。王本作士連切,是也。

七葉　六行　羞　息流切。王本作息旒切。

八葉　二行　午　此予矢同意。予,當作"與",王本亦誤。

七行　申　吏臣餔時聽事。臣,王本作"目",是也。

十八行　醲　厚酒也。王本作"淳酒也"。

二十行　酤　酒厚朱也。朱,乃"味"字之譌,王本作"味"不誤。

第十五上

一葉十二行　著於竹帛。著,王本作"箸"。

三葉　九行　使下杜人程之所作也。之,當作"邈",王本亦誤。

十六行　諸生競説字解經誼,稱秦之隸書爲倉頡時書。誼,王本作"誼"誤。

五葉十七行　百　當作"皕",王本亦誤。

第十五下

二葉十二行　慎又學孝經孔氏古文説,文古孝經者。文古,當作"古文",此誤倒。

五葉十六行　影　合通用景。合,王本作"今",是也。

六葉　一行　夐　群口相聚也。口,王本作"臣",是也。

七行　魚　止史籀筆迹小異。止,當作"上"。

李陽冰篆書考

一、李陽冰之事蹟

唐代精於書法者頗多。言行楷，則推歐陽詢、虞世南、褚遂良、顏真卿、陸柬之、徐浩；言草法，則推張旭、懷素、裴行儉、孫虔禮；言分書，則推韓擇木、韓秀實、史惟則、張從申；前後踵繼，耀質含章，可謂極一時之盛。至於篆法，非若行楷之習用，故能之者寡。惟李陽冰獨精於此，點畫竦桀，風骨特秀，是以名噪一時，至今人猶稱之。餘若王緒、瞿令問、李康諸人，則其流亞耳。

陽冰，《兩唐書》無傳，《新唐書·宰相世系表》趙郡李氏下有其名，官將作少監，是陽冰爲趙郡人也。陽冰者，蓋取“陽冰不冶”之義。其平生事蹟，正史所載者至少。惟《新唐書》卷二百二《蕭穎士傳》云：“穎士樂聞人善，以推引後進爲己任，如李陽、李幼卿、皇甫冉、陸渭等數十人，由獎目皆爲名士，天下推知人。”案幼卿等皆知名之士，獨李陽無稱，竊疑此李陽蓋爲李陽冰之誤，傳寫者誤奪冰字耳。又同卷《李白傳》云：“李陽冰爲當塗令，白依之。”其事蹟見於正史者僅此。然唐宋兩代論書之作，則頗有記載：一爲唐竇臮《述書賦》，一爲宋灊溪隱夫《續書斷》，一爲宋《宣和書譜》。竇氏《述書賦》云：

> 通家世舊，趙郡李君，《嶧山》並芬，宣父同群。洞於字學，古今通文。家傳孝義，意感風雲。

其兄竇蒙注云：

> 李陽冰，趙郡人。父雍門，湖丞令，家世住雲陽，承日門作尉。陽冰兄弟五人，皆負詞學，工於小篆。初師李斯《嶧山碑》，後見仲尼《吳季札墓誌》，便變化開合，如虎如龍，勁利豪爽，風行雨集，文字之本，悉在心胸，識者謂蒼頡後身。弟獬，灘子騰，冰子均，並詞場高邁。幼子曰廣，勤學孝義，以通家之故，皆同子弟也。

此云“家世住雲陽”，《唐書·地理志》雲陽屬關內京兆府，今之陝西涇陽縣北。考《唐書·宰相世系表》，雍門父名懷一，官晉陽尉，與此有異。此云“陽冰兄弟五人”，《世系表》僅書三人，伯曰湜，仲曰灘，季即陽冰。獬爲陽冰之兄，此則稱

李陽冰篆書《怡亭銘序》

之爲弟，未審孰是。

《宣和書譜》云：

> 唐李陽冰，字少溫，趙郡人，官至將作少監。善詞章，留心小篆迨三十年。初見李斯《嶧山碑》與仲尼《延陵季子》字，遂得其法，乃能變化開合，自名一家。推原字學，作《筆法論》，以別其點畫……其自許慎至是作刊定《說文》三十卷，以紀其學，人指以爲蒼頡後身。方時顏真卿以書名世，真卿書碑，必得陽冰題其額，欲以擅連璧之美，蓋其篆法妙天下如此。議者以"蟲蝕鳥迹"語其形，"風行雨集"語其勢，"太阿龍泉"語其利，"嵩高華岳"語其峻，實不爲過論。有唐三百年以篆稱者，唯陽冰獨步。

此語大半本之於《續書斷》。《續書斷》下李陽冰傳云：

> 李陽冰，趙郡人，好古，善屬文。嘗令當塗，李白往依之，贈以詩曰："落筆灑篆文，崩雲使人驚。吐辭又炳煥，五色羅華星。"歷集賢院學士，晚爲將作少監，韓退之稱曰李監是也。陽冰篆品入神，自秦李斯以蒼頡史籀之迹變而新之，特製小篆，備三才之用，合萬物之變，包括古籀，孕育分隸，功已至矣。歷兩漢魏晉至隋唐逾千載，學書者惟真草是攻，窮英擷華，浮功相尚，而曾不省其本根，由是篆學中廢。陽冰生於開元，始學李斯《嶧山碑》，後見仲尼《吳季札墓誌》，精探小學，得其淵源。偏觀前人遺迹，以謂未有點畫，但偏傍模刻而已。嘗歎曰："天之未喪斯文也，故小子得篆籀之宗旨。"其以書爲己任也如此。當世說者皆傾伏之，以爲其格峻，其氣壯，其法備，又光大於秦斯矣。蓋李斯去古近而易於習傳，陽冰去古遠而難於獨立也。雅好書石，魯公之碑，陽冰多題其額。觀其遺刻，如太阿龍泉，橫倚寶匣；華峰崧極，新浴秋露；不足爲其威光峭拔也。或其謂之蒼頡後身。嘗貽書李大夫，願刻石作篆，備書六經，立於明堂，爲不刊之典，號曰大唐石經，使百代之後無所損益。是時四方亂雜，執政者以爲迂，而陽冰之志不克就，後之人將安師仰乎？惜哉！舒元輿嘗得陽冰真迹，在六幅素上，見蟲蝕鳥步，痕迹若屈鐵石，陷入屋壁；霜畫焗著，疑龍蛇駭解，鱗甲活動，皆飛去。且贊之曰："斯去千年，冰生唐時；冰復去矣，後來者誰？後千年有人，誰能待之？後千年無人，篆止於斯！"自陽冰後，雖餘風所激，學者不墜，然未有能企及之者。

傳中所言，誠詳於《述書賦》及《宣和書譜》，然多論陽冰篆法之精妙，於其平生

事蹟亦不委細。今揭櫫三事,補疏於後:

(一)仕履　　據史書所記陽冰之仕履有二:一爲當塗令,一爲將作少監。然其在任之年載不詳。今自陽冰所書碑刻及其遺文考之,其爲當塗宰,蓋在寶應初以迄永泰之間。陽冰《李翰林(白)集序》云:"陽冰試弦歌於當塗,心非所好。公遇不棄我,乘扁舟而相顧。臨當挂冠,公又疾亟,草藁萬卷,手集未修,枕上授簡,俾予爲序。"序題寶應元年(762)十一月,時陽冰正爲當塗宰。是年代宗即位,明年改元爲廣德,越二年改元爲永泰。及永泰元年(765),裴鷗於武昌洲島造怡亭,陽冰曾爲之篆銘,是年蓋已秩滿而去當塗矣。然前此嘗爲處州縉雲令。縉雲有《城隍廟碑》,爲乾元二年(759)陽冰撰並書,記禱雨於城隍事。又《集古錄目》有《重修孔子廟像碑》,亦陽冰所撰,以上元二年(761)七月刻於縉雲。此二者,皆其爲令宰時所作,其年月甚明。爾後乃退居吏隱山(《集古錄目》有《吏隱山記》,亦陽冰文),未久,殆即遷官當塗矣。

至其爲將作少監,除《唐書》外,並見後蜀林罕《字原偏旁小說·序》及宋釋夢英《說文篆隸偏旁字源碑》。然陽冰所書石刻中題稱將作少監者,惟見《咸宜公主碑》。《集古錄目》四云:"唐咸宜公主碑,鄜坊節度掌書記武元衡撰,蘇州常熟令袁中孚書,將作少監集賢院學士李陽冰篆額,碑以興元元年(784)立。"

然前此已爲集賢院學士及國子丞,《集古錄目》有《唐刺史裴儆碣》,題集賢院學士李陽冰篆額;《寶刻叢編》卷十三引《復齋碑錄》云:"大曆八年(773)立。"今陝西西安碑林又有《顏惟貞廟碑》,爲顏真卿所撰(即顏氏家廟碑),立於德宗建中元年(780)七月,亦題集賢院學士李陽冰篆額。集賢院學士,蓋爲當塗令秩滿北歸後所擢任者也。又河南博物館藏石中有《唐崔祐甫墓誌》,題國子丞李陽冰篆額;祐甫之葬,在建中元年十一月廿四日,其碑蓋即立於是年之冬(780)。《集古錄目》有《王密德政碑》,以建中二年(781)十月立,題國子監丞李陽冰篆額,與崔誌官職亦同。是則陽冰既爲集賢院學士,又嘗領國子丞也。

考其北歸之年月,蓋在代宗大曆之初。今陝西碑林有《李氏扜先塋記》及《三墳記》,皆陽冰爲李適子季卿所書,大曆二年(767)刻石,是其明證。其爲集賢院學士,即在大曆中;與前之通習古文之衞包(於天寶間亦爲集賢院學士)後先輝映,足相媲美。至其爲將作少監,即在爲國子丞之後,蓋終於是官,故《唐書·宰相世系表》如是題,而韓愈《科斗古文記》亦稱之爲李監陽冰也。如是言之,則陽冰之仕履,蓋當肅宗乾元之初爲處州縉雲令,寶應初遷宣州當塗令,代宗大曆中擢集賢院學士,建中初領國子丞,興元初以將作少監致仕。此皆由碑刻考覈而知者。

　　然陽冰平生所爲官職，殆尚不止此。《集古録目》有李騰《說文字源》，云：
"唐義成軍節度使賈耽撰序，前揚府户曹參軍徐璹書，祕書少監李陽冰重修漢許
慎說文字源，陽冰從子檢校祠部員外郎騰篆。"而《廣川書跋》卷八"琴銘"下亦
稱陽冰爲李祕監；據此似陽冰復嘗爲祕書少監矣。惜騰碑不存，已無可考。又
《廣川書跋》卷十"顔泉記"下復稱陽冰嘗爲淄川尉，此又似當在爲縉雲令之前，
今亦不詳。是則陽冰生平所歷官職甚多，而元熊朋來《經説》乃謂陽冰仕不過
邑宰，豈非失考？

　　（二）遺事　　陽冰之遺事，可考者不多。乾元二年陽冰爲縉雲令，後遷當
塗令，李白自夜郎被赦歸，東游金陵，因往依之，卜居青山之麓。未久，卒於當
塗。陽冰乃裒其遺稿爲之序以傳之，此一事也。白集有《獻從叔當塗宰陽冰》
詩云：

　　　　金鏡霾六國，亡新亂天經。
　　　　焉知高光起，自有羽翼生。
　　　　蕭曹安嵋屼，耿賈摧欃槍。
　　　　吾家有季父，傑出聖代英。
　　　　雖無三台位，不借四豪名。
　　　　激昂風雲氣，終協龍虎精。
　　　　弱冠燕趙來，賢彦多逢迎。
　　　　魯連善談笑，季布折公卿。
　　　　遥知禮數絶，常恐不合并。
　　　　惕想結宵夢，素心久已冥。
　　　　顧慚青雲器，謬奉玉樽傾。
　　　　山陽五百年，緑竹忽再榮。
　　　　高歌振林木，大笑喧雷霆。
　　　　落筆灑篆文，崩雲使人驚。
　　　　吐辭又炳焕，五色羅華星。
　　　　秀句滿江國，高才掞天庭。
　　　　宰邑艱難時，浮雲空古城。
　　　　居人若薙草，掃地無纖莖。
　　　　惠澤及飛走，農夫盡歸耕。

廣漢水萬里，長流玉琴聲。

雅頌播吳越，還如太階平。

小子別金陵，來時白下亭。

群鳳憐客鳥，差池相哀鳴。

各拔五色毛，意重泰山輕。

贈微所費廣，斗水澆長鯨。

彈劍歌苦寒，嚴風起前楹。

月銜天門曉，霜落牛渚清。

長歎即歸路，臨川空屏營！

據是可知其人氣度軒朗，言辭博辯，接友以仁，亦足稱矣！

又《續書斷》云，陽冰曾上書李大夫請立大唐石經，朝廷未如所請，此二事也。惟其上書之李大夫爲誰，前人皆無所考。今案《唐文粹》卷八十一載其書曰：

陽冰志在古篆殆三十年，見前人遺迹，美即美矣，惜其未有點畫，但偏傍模刻而已。緬想聖達立制造書之意，乃復仰觀俯察六合之際焉。於天地山川得方圓流峙之形，於日月星辰得經緯昭回之度，於雲霞草木得霏布滋蔓之容，於衣冠文物得揖讓周旋之體，於鬚眉口鼻得喜怒慘舒之分，於蟲魚禽獸得屈伸飛動之理，於骨角齒牙得擺拉咀嚼之勢，隨手萬變，任心所成，可謂通三才之氣象，備萬物之情狀者矣。常痛孔壁遺文、汲冢舊簡，年代浸遠，謬誤滋多。蔡中郎以豐同豐，李丞相將束爲宋，魚魯一惑，涇渭同流，學者相承，靡所遷復。每一念至，未嘗不廢食雪泣，攬筆長歎焉。天將未喪斯文也，故小子得篆籀之宗旨。皇唐聖運，逮茲八葉，天生尅復之主，人樂惟新之令，以淳古爲務，以文明爲理。欽若典謨，疇茲故實，誠願刻石作篆，備書六經，立於明堂，爲不刊之典，號曰“大唐石經”，使百代之後無所損益，仰明朝之洪烈，法高代之盛事，死無恨矣！陽冰年垂五十，去國萬里，家無宿舂之儲，出無代步之乘，仰望紫極，遠於丹霄。若溘先犬馬，此志不就，必將負於聖朝，是長埋於古學矣。大夫銜命北闕，撫寧南方，苟利國家，專之可也。伏望處分。令題簡牘，及到主人，寒天已暮，闔燭之下，應命書之。霜深筆冷，未窮體勢。儻歸奏之日，一使聞天，非小人之己務，是大夫之功業。可否之事，伏惟去就之。陽冰再拜。

此稱"陽冰年垂五十,去國萬里",又云"大夫銜命北闕,撫寧南方",則此書必作於江南。書又稱"皇唐聖運,逮兹八葉",是其時又爲肅宗之世也。考肅宗乾元元年十二月置浙江西道節度使,領昇、潤、宣、歙、饒、江、蘇、常、杭、湖十州,治昇州,以昇州刺史韋黄裳爲之。又置浙江東道節度使,領越、睦、衢、婺、台、明、處、温八州,治越州,以户部尚書李峘爲之,兼淮南節度使(見《通鑑》卷二二〇)。李峘,太宗第三子吳王恪之孫。《舊唐書》卷一一二《本傳》云:"玄宗幸蜀,峘奔赴行在,除武部侍郎,兼御史大夫……上皇(即玄宗)還京,爲户部尚書……乾元初兼御史大夫,持節都統淮南江南江西節度宣慰觀察處置等使。"案陽冰書中既稱之爲李大夫,又云銜命北闕,撫寧南方,則其爲李峘無疑。乾元初陽冰方爲縉雲宰,縉雲屬處州,正爲李峘所節度,故得以上書自陳。然李大夫者,於上元元年(760)爲劉展所敗,廣德元年(763)遂死於袁州,陽冰欲立石經之意,恐亦不得上達。

又李士訓《記異》云(見郭忠恕《汗簡》卷七引):"大曆初,予帶經鋤瓜於灞水之上,得石函,中有絹素古文《孝經》一部,二十二章,壹仟捌佰柒拾貳言。初傳與李太白,白授當塗令李陽冰,陽冰盡通其法,上皇太子焉。"然韓愈《科斗書後記》云:"貞元中,愈事董丞相幕府,於汴州識開封令服之者,陽冰子,授余以其家科斗《孝經》、漢衞宏《官書》兩部,合一卷,愈寶蓄之,而不暇學。後來京師爲四門博士,識歸公。歸公好古書,能通之。愈曰:古書得據依,蓋可講。因進其所有書屬歸氏。"是陽冰未嘗以古文《孝經》上之皇太子也。士訓之言,蓋爲虛妄。惟據退之所稱,則陽冰既精於秦篆,復兼習古文,抑又可知。此三事也。

其平生事蹟可知者僅此。至於生卒之年,已不得其詳。《唐文粹》卷七十七載舒元輿《玉筋篆志》,謂"陽冰生皇唐開元天子時",其言當不誤。今考陽冰上李大夫論古篆書既爲乾元二年(759)所作,其自道年垂五十,溯其生年,則在開元之初也。至其卒年,載記皆無明文。今據其所書碑刻年月考之:《崔祐甫墓誌》爲建中元年(780)所書,《王密德政碑》爲建中二年(781)所書,《元魯山墓碣》爲建中四年(783)所立,《咸宜公主碑》爲興元元年(784)所立;此後不復有作,則其卒當在貞元之初矣。年壽當在七十以上。

李氏篆書於唐代最享盛名,凡豐碑大碣,多請陽冰爲之篆額。《續書斷·陽冰傳》稱:"陽冰雅好書石,魯公之碑(謂顔真卿所書),陽冰多題其額。"《韓擇木傳》云:"擇木當肅、代世,以八分得名,時(原作是,誤)韓雲卿以文顯,李陽冰以篆顯,擇木以八分顯,天下欲銘其先人功者,不得此三人,不稱三服。"唐人重視陽冰之篆書於此可見。考其平生所書碑刻至多,歷來金石書籍如《集古錄目》《金石錄》《寶刻叢編》《金石萃編》《八瓊室金石補正》《關中金石文字存逸考》等書所著錄者將近四十種,然今日亡佚者幾居其半。今之所存亦有托李氏之名而非李氏所書者,亦有非唐代原石而爲後人所摹刻者,皆不復詳記矣。

二、刊定《説文》與李氏之篆法

籀篆之學自六朝即已日趨衰微,下至唐代,通習古籀者,多喜詭更舊文,自炫奇巧,雖名之爲古文,而實昧遠流,無所依據。至如李陽冰,則一以秦篆爲法,粹然純正,自得籀篆之原,可謂有本之學矣。彼既著《筆法論》(見《墨池編》引),復刊定《説文》,以正傳寫之失。案許書隋以前原爲十五卷,陽冰以篇帙繁重,乃改分爲三十卷(見林罕《字原偏旁小説·序》及《崇文總目》),此爲舊本之外重定之新本。惜今日所傳之唐本《説文》非李氏之書,其改定本之面目如何已不可知。惟其中別出新解之處,尚可由二徐本見之。

徐鉉《進〈説文解字〉表》云:"唐大曆中李陽冰篆迹殊絶,獨冠古今,自云斯翁之後直至小生。此言爲不妄矣。於是刊定《説文》,修正筆法,學者師慕,籀篆中興。然頗排斥許氏,自爲臆説。夫以師心之見,破先儒之祖述,豈聖人之意乎?今之爲字學者,亦多從陽冰之新義,所謂貴耳賤目也。"徐鍇《説文解字繫傳·袪妄篇》云:"《説文》之學久矣,其説有不可得而詳者,通識君子所宜詳而論之。楚夏殊音,方俗異語,六書之内,形聲居多。其會意之字,學者不了,鄙近傳寫,多妄加聲字,篤論之士所宜櫽括;而李陽冰隨而譏之,以爲己力,不亦誣乎?"此於陽冰之書並有訾議。

今就兩家所引陽冰之説,窺其刊定許書者,約有三點:一爲論定筆法,二爲別立新解,三爲刊正形聲。如《説文》:

王,天下所歸往也。董仲舒曰:古之造文者三畫而連其中謂之王,三者天地人也,而參通之者王也。徐鉉云:"李陽冰曰:中畫近上,王者則天之義。"

玉,石之美有五德……象三玉之連,丨其貫也。徐鉉云:"陽冰曰:三畫正均如貫玉也。"

龠,樂之竹管,三孔,以和衆聲也。從品侖,侖理也。徐鍇《繫傳·袪妄》曰:"陽冰云:從人册,人古集字;品象衆竅,蓋集衆管如册之形而置竅爾。"

　　叀，專小謹也，從幺省，中財見也，中亦聲。徐鍇《繫傳·祛妄》曰："陽冰云：墨斗中形象車軸頭叀墨之形，上畫平引，不從中也。"

　　疐，礙不行也（徐鍇引作閡也）。從叀引而止之也。徐鍇《繫傳·祛妄》曰："陽冰云：車前重不前，合從車，宜上畫平，不從中明矣。"

　　笑，徐鉉曰："此字本闕。案孫愐《唐韻》引《説文》云'喜也，從竹從犬'，而不述其義，今俗皆從犬。又案李陽冰刊定《説文》從竹從夭，義云竹得風，其體夭屈，如人之笑。未知其審。"

　　舀，舌也，象形。從马，马亦聲。徐鍇《繫傳》曰（此見《通釋》）："按李陽冰云：許氏作舀非也，當依篆作函。"

　　同，合會也，從冃從口。徐鉉曰："李陽冰云從口非是。"

　　欠（㝂），張口气悟也，象气從人上出之形。徐鍇《繫傳·祛妄》曰："陽冰云：上象人開口，下象气，非從人，所謂欠去，許氏擅改作㝂，無所據也。"（按陽冰書欠作㝂。）

　　頁（𩑛），徐鍇《繫傳·祛妄》曰："陽冰云𩑛當作𧴀。"

　　豸，獸長脊行豸豸然。徐鍇《繫傳·祛妄》曰："陽冰云：從肉力。"[①]

　　需，頊也，遇雨不進，止頊也。從雨而聲。《易》曰雲上於天需。徐鉉曰："案李陽冰據《易》雲上於天，云當從天；然諸本及前作所書皆從而，無有從天者。"

　　坐（𡋟），止也，從土，從留省。土所以止也，此與留同意。徐鍇《繫傳·祛妄》曰："陽冰云從卯，卯時人不臥。"[②]

　　金（金），從土，左右注象金在土中形，今聲。徐鍇《繫傳·祛妄》曰："陽冰云當作金，許慎金體非。"[③]

　　勺（大徐𠃜，小徐𠃌），挹取也，象形。中有實，與包同意。徐鍇《繫傳·祛妄》曰："陽冰云：古文不從屈一之體，並從勺。勺一爲勺，二爲勻，一少也，二漸多也，兩均之義。許氏因俗輩云一勺爲与，便謂中畫屈一，則與与字同部。又云包同意，此正勺也，豈得爲同義哉？大小篆𠃌如此，許氏𠃌如此。"

　　矛（𫝑），酋矛也，建於兵車，長二丈，象形。徐鍇《繫傳·祛妄》曰："陽冰作𢎨，然無所説。"

---

① 陽冰書豸作𫝑。
② 如陽冰説，則書爲𡋟。
③ 《説文》金爲古文金。

巴（弓），蟲也，或曰食象蛇，象形。徐鍇《繫傳·袪妄》曰："陽冰云從已中一，不合次己下。（按陽冰篆作ろ故云。）臣鍇以爲己亦屈伸，可象巴蛇，陽冰妄矣。"

以上皆爲論定筆法之例。又如：

弍，古文一。徐鍇《繫傳·袪妄》云："陽冰曰弍質也，天地既分，人生其間，皆形質已成，故一二三皆從弋。臣鍇以爲弋之訓質，《蒼》《雅》未聞，既云天地既分人生其間皆形質已成乃從弋，則一二之時形質未成，何得從弋，其謬甚矣。"

羊（羊），撁也，從干，入一爲干，入二爲羊，讀若飪，言稍甚也。徐鍇曰："陽冰云干一爲羊。"按陽冰解此字爲從干、一。

叚，借也，闕。徐鍇曰："陽冰云從尸，尸予也，ㄓ器也，又手也，手持器爲求之於人，人與之也。"案陽冰此説甚迂曲。且尸音夷，亦不得訓予。

隹，鳥之短尾總名也。徐鍇曰："陽冰云鳥之總稱，《爾雅》長尾而從隹，知非短尾之稱。臣鍇以爲本注當言亦總名，脱亦一字爾，不然者，許慎豈如此之疏乎？"

幺，小也，象子初生之形。徐鍇曰："陽冰云厶不公也，重厶爲幺，蒙昧之象也，會意，非象形。"

改，更也，從攴己。徐鉉引李陽冰曰："己有過，攴之即改。"

刃，刀堅也，象刀有刃之形。徐鍇云："陽冰曰刀面曰刃，一示其處所也。此會意。臣鍇以爲刃在刀前即是象形，縱使以一示其處，即爲指事，非會意也。"

竹，冬生艸也。徐鍇曰："陽冰云謂之草非也。"

主（宔），鐙中火主也，從宔象形，從丶，丶亦聲。徐鍇曰："陽冰云ㄩ象膏澤之氣，土象土木爲臺，氣主火之義，會意。"

亼，三合也，從入一，象三合之形。徐鍇曰："陽冰云：亼者合集之義，自一而成乎億萬。亼者集之初，故從入從一。"

木，冒也，冒地而生，東方之行，從屮，下象其根。徐鍇曰："陽冰云象木之形，木者五行之一，豈取象於卉乎？"案陽冰以爲木即象木形，非從屮也。

日，實也。太陽之精不虧，從口一象形。徐鍇曰："陽冰云古人正圓象日形，其中一點象烏，非口一，蓋篆籀方其外，引其點爾。"

才，艸木之初也，從丨上貫一，將生枝葉，一地也。徐鍇云："陽冰曰才木之幹也，木體枝上曲，今去其枝，但有槎枿。”按許氏以才爲草木初生，將生枝葉之形，而陽冰以才爲木材，其義有異。

尗，豆也，象尗豆生之形也。徐鍇曰：“陽冰云父之弟爲叔，從上小，言其尊行居上而己小也。”

卪（𢎛），瑞信也……象相合之形。徐鍇曰：“陽冰云自字從卪而生，一重爲卪，二爲𠂤，三爲𠂤。臣鍇以爲卪自瑞信，𠂤自堆，堆自不相因也。”

州，水中可居曰州，周遶其旁，從重川。徐鍇曰：“陽冰云三丩爲州。”

仌，凍也，象水凝之形。徐鍇曰：“陽冰云象冰裂之形。”

非，違也，從飛下兩翅，取其相背也（此從徐鍇引）。徐鍇曰：“陽冰云兩手相背也。”

土，地之吐生物者也。二象地之下，地之中，丨物出形也。徐鍇曰：“陽冰云土數五，成數十，取成數，下一地也。臣鍇以爲土字從十從一，陽冰無異義；今云土字從十一，則士字復何以處之，其妄甚矣！”

与，賜予也，一勺爲与，此與與同。徐鍇曰：“陽冰云中畫盤屈，兩頭各鉤，物有交互相與之義，與互同意。許云一勺甚涉迂誕，與屈中爲虫何殊？”

𠫓，不順忽出也，從倒子。徐鍇曰：“陽冰云疏流二字並從古𠫓，疏通流行也，豈不順哉？”

午，啎也，五月陰氣午逆，陽冒地而出，此與矢同意。徐鍇曰：“陽冰云五月筍成竹，此之半枝出地。臣鍇以爲《説文》十干十二辰皆取象天地及氣之出入，或取物之大者，豈取半竹乎？”

亥，荄也……從二，二古文上字，一人男，一人女也；從乙，象裹子咳咳之形。徐鍇曰：“陽冰曰古文本象豕形，諸義穿鑿之爾。”

此或駁難許説，或於許説之外別立新解者也。又如：

毒，厚也，害人之艸往往而生，從中毒聲（此從《繫傳》）。徐鍇曰：“陽冰云從中母出地之盛，從土，土可制毒，非取毒聲，毒烏代反。”

路，道也，從足各聲（此從《繫傳》）。徐鍇曰：“臣鍇以爲古之音字或與今殊，蓋亦不甚切；或多聲字，可言各者，路各別之意。陽冰云：非各聲，從足輅省。臣今按《周禮》車輅字多借路字，然則先有路字，後有輅字，不得云路從輅省也。”

豐，豆之豐滿者也，從豆象形。徐鍇曰：“陽冰云山中之屮，乃豐聲也。”案陽冰以豐爲形聲。

血,祭所薦牲血也,從皿,一象血形。徐鍇曰:"陽冰云從一聲。臣鍇以爲人身之血無可以象,故象血在此,但見於器;若言一聲,則惟有皿在此,但見器爾,豈關血乎?"

𧧻,況也,詞也,從矢,引省聲;從矢,取詞之所之如矢也。徐鍇曰:"陽冰云蒼頡作字無形象者則取音以爲之,訓矢引則爲矧,其類往往而有之,𧧻字是也。"案陽冰以此爲一字二聲字。

臬,射準的也,從木自聲(今大徐本誤作從木從自)。徐鉉云:"李陽冰曰自非聲,從劓省。"

袁,長衣皃,從衣𠦝省聲(此從小徐,大徐作叀省聲)。徐鍇曰:"陽冰云從衣中口,非𠦝省。"

秃,無髮也,從人,上象禾粟之形,取其聲。徐鍇曰:"陽冰云從穮省聲。"

長,久遠也,從兀從匕,從倒亡聲(此從小徐引)。徐鍇曰:"陽冰云非倒亡聲;倒亡,不亡也。(按徐鉉采此說,云倒亡不亡也,長久之義。)臣鍇以爲《說文》傳寫實多聲字,非慎之過,陽冰非所致譏。"

忍,怒也,從心刀聲,讀若穎。徐鉉云:"李陽冰曰刀非聲,當從刈省。"

鰥,魚也,從魚𥈈聲。徐鉉云:"李陽冰曰當從𥆞省。"

戊,九月萬物畢成,陽下入地,從戊含一也。五行土生於戊,盛於戊,從戊一聲(此從徐鍇)。徐鍇云:"陽冰曰戊土也,一陽也,陽氣入地,一固非聲。"

　　是又不以許氏所解諧聲爲然,而重加刊定者也。要言之,陽冰之刊正許書,蓋有此三例。考其所論,言筆法者多本諸秦篆,論義訓聲音者,則多出於己見,無所依傍;是即徐鼎臣所謂"排斥許氏,自爲臆說;以師心之見,破先儒之祖述"者也。其中可取者十不一二焉。元熊朋來《經說》卷七"評篆"一則,於陽冰之說亦多所非難,學者可以參閱,無庸詳載。

　　由是以觀,陽冰書之篆法與解說,必多有異於許氏原書者。至於其中部次有無更易,所知者至鮮。案宋《崇文總目》有李騰《說文字源》一卷,云唐李騰集。又稱:"初陽冰爲滑州節度使李勉篆新驛記,賈耽鎮滑州,見陽冰書,歎其精絕,因命陽冰侄騰集許慎《說文》目錄五百餘字刊於石以爲世法云。"案此碑《集古錄》《金石錄》並著目。《集古錄目》云:"義成軍節度使賈耽撰敘,前揚州府曹參軍徐璹書,祕書少監李陽冰重修漢許慎說文字源,陽冰從子檢校祠部員外郎騰篆。凡五百四十字。碑以貞元五年(789)十月立。"是騰篆當即本諸其從父陽冰之書；惜此石久已泯滅無聞，難以定其得失。然後蜀林罕《字原偏旁小説》及宋僧夢英篆書《偏旁字源碑》並依據陽冰刊定《説文》而作（均見自序），今林書固不傳，而夢英碑具在，尚可據此以推知一二。

是碑立於宋真宗咸平二年（999）六月十五日，今存陝西西安碑林。《説文》建首共五百四十部，英公所書亦然（《金石存》謂止五百三十九部，誤）。惟與今徐鉉本小異。皿部下無丶部，一也。裘、老、毛、毳、尸、尺、尾七部列臥、身、㐆、衣四部之前，二也。几、勺二部倒置，三也。了部之孑立爲建首，次於子部之下，四也。其中不同者有此四端。案夢英自序云："今依刊定《説文》重書《偏旁字源》目録五百四十部貞石於長安故都文宣王廟。"則陽冰原書之部次或本如是也。復證以郭忠恕《汗簡》，其書之分部亦本於《説文》，而裘、老等七部亦列臥、身四部之前，是此處部敘本與今本有異可知。至英公之筆法，則一本之於陽冰，似無疑義。惟引筆曲直之間或不免小差耳。

夫陽冰之精習篆法，可謂專能矣，然身後百年之頃，統緒幾絶，幸有英公等一脈之傳，得以不滅。若就此以比合傳世陽冰之自作，庶可得李氏篆法之梗概焉。

三、李氏篆書舉例

李陽冰所書石刻甚多，其篆法與今日宋刻本《説文》頗有不同。今録出三百餘字，依夢英《説文偏旁字源》之部次迻寫如下。其《説文》所無者亦並載之，且參證秦漢之篆刻，注其異同，以爲考鏡之資焉。部首篆法宗夢英。所采李書之石刻均取其名目之首一字以爲簡稱，凡十三種：

城（城隍廟記，在浙江縉雲）
般（般若臺題記，在福州烏石山）
三（三墳記，後人重開，在西安）
倪（倪翁洞，在縉雲）
舜（舜廟碑，在廣西桂林虞山）
玄（玄靖先生碑，舊在江蘇句容茅山，原石已毀）
怡（怡亭銘，在武昌江中小島）
先（先塋記，宋人重開，在西安）
阮（阮客舊居詩，在縉雲）
滑（滑臺新驛記，舊在河南滑縣，原石已不存）
庾（庾公德政頌，金貞元三年重刻，在山東寧陽）
黄（黄帝祠宇篆額，在縉雲）
崔（崔祐甫墓誌，原石存河南博物館）

一（三）

（城、三、庾）魏《三體石經》作

天（三、滑）《説文》同。秦權或作天。《泰山刻石》《會稽刻石》及魏《三體石經》同。

帝（庚）

吏（城、三、滑）案使從人吏聲，使秦大駔權作㗱。見《秦金石刻辭》。

丄

上（三、庚）《説文》丄爲古文，上爲篆文。

帝（黄）

下（三、庚）《説文》丅爲古文，下爲篆文。

示（三）

禮（先、三）禮（庚）《説文》作禮。案《詛楚文》作禮，見《古石刻零拾》。

祿（滑）案漢《開母石闕》作祿。

福（三）《開母石闕》同，《説文》作福。

祉（庚、滑）

禍（城、先、滑）《詛楚文》作禍，《説文》作禍。

祀（三）

祗（城）《説文》作祗，筆勢小異。

祠（三）　　　　　　　　　　祠（黄）

禔（城）《説文》禋或省作禔。　　禁（先、三）

三（先、三）

王（庚、滑）

皇（先）《説文》作皇，案秦石刻及漢《袁安碑》、魏《三體石經》均作皇。

玉（先）

璿（三）案《説文》作璿

瑕（三）　　　　理（庚）　　　瑣（三）　　　玩（滑）

瑀（三）《説文》作瑀。　　　　　　　　　　瑱（三）

靈（先、三）《説文》作靈，從玉，云或從巫。《開母石闕》亦從巫。《詛楚文》則從玉。

玨部字未見。

气（滑）

士（先）

丨

中(阮、庚)《詛楚文》《説文》同,魏《三體石經》作中。

屮部字未見。

艸

苦(城、庚)

茻(三)《説文》作茻。案秦造鞅方量鞅作鞅。《會稽刻石》殃作茻,然則《説文》作茻是也。

茻(庚)　　　　　　　　　　蘦(滑)《説文》作蘦。

蔚(三)《説文》作蔚。

蒼(先)　莢(庚)　苗(三)　苛(般)　芃(三)

蘮(三)《説文》無。

蓺(三)《説文》有執,無藝字。　　　芷(三)《説文》無。

藏(先)見《説文新附》。　莒(庚)《説文新附》作莒。　蘩(阮)《説文》無。

蓐部字未見。

茻

薅(三)

小(先、三、滑)

少(三)

八(城、滑)

曾(三、庚)　　　　　　　　尚(三)尚(滑)

公(先、三、庚)公(崔)案《説文》從八從厶,《詛楚文》作公,《袁安碑》作公,魏《三體石經》作公。

必(城)　　　　　　　　余(滑)

釆部字未見。

半(三)

半

物(滑)

犛部字未見。

告告(城)

甘(阮、滑)

吻(滑)　　舍(三)　　召(怡、三、庚)

命(先、滑)《説文》同,魏《三體石經》作命。

唯(滑)　喟(庚)　咸(庚)

吉(先)案《説文》作吉,從士口。

周(庚)　　　　　　喬(庚、玄、崔)　　吐(滑)　　　　吟(滑)

暗(先)《説文》爲言部譖之重文,今依其偏旁列此,不悉從《説文》也。

Ｕ未見。

凵 夢英火元反

單(先)案《説文》作單,秦《嶧山碑》、徐鉉摹本戰作戰。

□部字未見。

□此從夢英,與金文合。魏《三體石經》趙作□。

緘(城)《説文》作□,《繫傳》作□。

□(三)《説文》作□,案《會稽刻石》作□。

此(三)

歸(庚)魏《三體石經》作□。

艸部字未見。

□

歲(三)□(滑)《説文》作□。

□(阮)

正(三)《説文》作正,魏《三體石經》作□。

是(先)《詛楚文》作□

辵《説文》作辵,案秦代石刻偏旁辵均作辵。魏《三體石經》作辵,同。

□(三)　　　　□(三)　　　　□(三)　　　　□(般、三)

諭(三)《説文》作諭。　　　□(滑)

遘(先)《説文》作□。案魏《三體石經》作□。

遷(三、先)《説文》作□,案《開母石闕》曹作□。

□(三)　　　　　　　　　　□(滑)案秦《會稽刻石》作□。

攜(城)攜(三)攜(先)《説文》攜古文從手西作□,《繫傳》作□,案古文西作□,作□者篆文也,自以作攜爲是。《袁安碑》還作□,魏《三體石經》古文作□,篆文作攜。

□(滑)　　　□(滑)　　　連(先)　　　□(先)　　　□(滑)

詣(先)《説文》作詣。

遣(滑)魏《三體石經》作□。　　　　　　□(先)

彳《説文》作彳。案秦刻石彳旁均作彳。

德(三、庚)魏《三體石經》作德,與此同,然《詛楚文》《會稽刻石》並作德。秦權亦然。

復(三、庚)《説文》作復，《嶧山碑》作復，然《詛楚文》作復，魏《三體石經》作復，與《説文》同。

徐(先、滑)　　　　　　　　　　　　編(先)

得(先、三)《説文》作得。案《泰山刻石》作得，從尋，《會稽刻石》作得。

御(般、庚)馭(庚)《説文》馭古文御。

乏《説文》作乏。

建(先、三)《説文》作建，陽冰所書與《泰山刻石》合。

延部字未見。

卂(三)卂(阮)《説文》作卂。案《泰山刻石》作卂。

齒(三)《説文》作齒。魏《三體石經》作齒。

齒部字未見。

牙部字未見。

足(城)《説文》作足

踰(滑)　　　　　　　　　　　　蹂(滑)《説文》無。

足

疎(滑)《説文》有"延"無"疎"。

品部字未見。

龠部字未見。

冊

嗣(先、三)《説文》作嗣，秦權同。

嚚部字未見。

舌部字未見。

干(先)

谷部字未見。

只部字未見。

商部字未見。

号部字未見。

号部字未見。

古(三)

十(三)

卉(庚)　慎(三)　廿(三)

卅

世(三)《説文》作世，言部"詍"則作詍，《詛楚文》作世。

言

讄（庚）　　　讄（庚、滑）　　　讄（三、庚）讄（滑）

訕（庚）《説文》同，魏《三體石經》作訕。

課（先）　　　讓（庚、滑）　　　詳（庚、滑）

讄（三）《説文》作讄。　訊（三）　　　　　　　信（三）

誠（滑）《説文》作誠，案《詛楚文》《嶧山碑》"成"作㫉。

譽（庚）《説文》作譽。然艸部新籀文作新。

試（滑）　　　調（三）

記（先）記（滑）《説文》與此同。

謙（三）　　　講（三）　　　　　誣（滑）

誇（滑）《説文》作誇。　讔（庚）　　譙（崔）《説文》無，見新附。

誩

競（滑）

音　此從夢英。

章（三）《説文》作章。

辛部字未見。

丵

業（三）

菐部字未見。

𠬞

弄（滑）　　　　　　　　具（城）

廾

樊（先）《説文》作樊。

革

鞻（庚）

鞻（先、庚滑）《説文》作鞻，案《石鼓文》作鞻，《開母石闕》"冀"作鞻。

鬲

融（城）　　　　　鬵（庚）

𦥑晨鬵夢英七亂反革鬲《説文》作鬲 鬲《説文》作鬲，諸部字未見。

爪

爭（先、三）

爯（先、三）爯（滑）案《石鼓文》作爯。《詛楚文》《會稽刻石》並作爯，《袁安碑》作爯。

見

　　　覣(先)《説文》作覣。

兜部字未見。

又

　　　寸(三)　　　　　　　　　　　　彐(庚)

　　　㕚(城、滑)案《石鼓文》《詛楚文》均作㕚，《嶧山碑》作㕚，此則筆勢小變。魏《三體石經》作㕚。

　　　叔(三)《説文》"叔"或從寸，魏《三體石經》作㖾。

　　　取(滑)　　　　　　　　　　　　彗(三)

　　　度(三、滑)《説文》作度，案秦權作度。　敘(三)《説文》入攴部作敍。

尸部字未見。

叏(三、般)

𠂔聿二部字未見。

聿

　　　書(滑)

隶臤二部字未見。

臣(滑)

臤《説文》作臤，魏《三體石經》殳旁作臤。

　　　𦒜(滑)

𣪊㕚二部字未見。

殳

　　　將(先、滑)　　　　　　　　　　毅(庚)《説文》作毅。

段𣪊二部字未見。

攴

　　　徹(三)《説文》作徹。　　　　　　䇂(滑)《説文》作䇂。

　　　故(三)　　　政(庚)　　　　　　改(先)《説文》作攺。

　　　攣(庚)　　　敏(庚)　　　　　　俶(先)《嶧山碑》作俶。

　　　敀(庚)　　　　　　　　　　　　牧(庚)

斅

　　　學(三)《説文》"斅"篆文省作"學"。

卜(先、三、怡)

　　　貞(三)鼎(先)亦貞字　　　　　　占(三)

用(先、滑)

㸚部字未見。

㸚

　　爽(庚)《説文》作爽，云篆文作爽。

寢《説文》作寢，此部字未見。

目(庚、滑)

　　眣(滑)《説文》作眣。　　　　　　　　　　相(崔)

明部字未見。

眉

　　眉(庚)

盾部字未見。

自(城、庚)

白

　　魯(庚)《説文》作魯。　　　皆(三、滑)《説文》作皆。　　　百(三)

鼻衋習《説文》作習，三部字未見。

羽《説文》作羽

　　翰(三)《説文》作翰。　　　翟(倪)　　　翄(三)　　　翳(滑)

隹

　　雕(滑)

雈

　　雚(滑)　　　　　　　　　　　　　　　　　舊(滑)

舊夢英作舊。

　　舊(阮)舊(滑)案《會稽刻石》作舊。

丫首二部字未見。

羊

　　羣(城、庚)　　　　　　　　　　　美(怡、庚)

羴瞿雦三部字未見。

雥

　　集(三)

鳥

　　鳳(先)　　鸚(怡)　　鳳(三)《説文》作鳳。

烏(先、三)於(三)《説文》“烏”作烏，“於”作於，云象古文烏省。案《繫傳》作於，與此同。《泰山刻石》亦作於。

　　焉(城)焉(三)《説文》作焉，《詛楚文》作焉。

▢▢▢三部字未見。

▢

　　▢（先）

▢《說文》作▢。

▢（玄）《說文》作▢，《開母石闕》作▢。

　　▢（先）《說文》作▢，訓黑也。茲此字《開母石闕》作▢。

▢《說文》"子"作▢▢二部字未見。

▢

　　▢（三）《說文》作▢。案魏《三體石經》作▢。

　　▢（三）《說文》作▢，云籀文作▢。案《詛楚文》作▢。魏《三體石經》作▢。

▢部字未見。

▢

　　▢（滑）

▢（三）

▢

　　▢（德、滑）

▢（三）

　　▢（滑）《說文》作▢

▢

　　▢（滑）　　　　▢（三）　　　　▢（三）《說文》作▢。

　　▢（德）　　　　▢（滑）　　　　▢（三）　　　　　　　　▢（滑）

▢部字未見。

▢

　　▢（滑）　　　　　　　　　　　　▢（滑）《說文》有"刷"，無"▢"。

　　▢（滑）　　　　▢（德）　　　　▢（德、滑）

　　▢（三、滑）　　▢（滑）　　　　▢（先）

　　▢（德）《說文》作▢，魏《三體石經》作▢。

　　▢（德）　　　　　　　　　　　　▢（三）《說文》無，見新附。

▢▢▢各部字未見。

▢

　　▢（滑）　　　　　　　　　　　　▢（先）

▢

　　▢（滑）　　　　▢（怡、先、玄）　　　　▢（三）　　　　▢（滑）

等(三、庚)　符(三)　笠(先)《說文》字作簪

簡(般)　箠(滑)　策(先)　管(先)　簿(三)　第(三)

箕其(城、三、滑)案《說文》"其"爲箕字籀文,作𠀠。《石鼓文》及秦《泰山刻石》均作其。

丌

典(城)《說文》古文"典"從竹。

左(三、先)

工(滑)

巧(滑)　巨(三)

㠭巫二部字未見。

甘

甚(先)

曰(城、怡、三)

曷(滑)

朁(三)《開母石闕》及魏《三體石經》同,《說文》從曰。

乃

𠧪(三)《說文》作𠧪

丂

寧(滑)《說文》作寧。案《石鼓文》作寍。

可

奇(滑)

兮

乎(滑)

号部字未見。

亏(城、三、滑、鮮)《說文》作亏,案《石鼓文》《詛楚文》《開母石闕》、魏《三體石經》等並作于。

粵(先)　平(先)《泰山刻石》及《袁安碑》同,《說文》作平。

旨

嘗(三)

喜部字未見。

壴(《說文》作壴)

彭(三)　嘉(庚)

鼓部字未見。《說文》"鼓"作鼓。

登(滑)《説文》作登。

豆豐豐豊四部字未見

虍

　　虞(三)　　　　　　　　　虜(先)　　　　　　　　虖(先)《説文》作虖。

虘䖒二部字未見。

皿

　　盛(滑)　　　　　　　　　盍(滑)　　　　　　　盈(三)

𠙴未見。

㔾(滑)

𠘧(滑)

　　盦(先)

┃夢英《字源碑》無此部目。

　　呈(三、滑)《説文》作呈。

冎

　　𦚢(滑)

青

　　靜(玄)

井(庚)

皀《説文》作皀

　　即(先)《説文》作即，魏《三體石經》作即。

　　既(城)既(三)《説文》"既"作既，魏《三體石經》作既。

鬯部字未見。

食(先)《説文》作食。

　　餞(滑)

△

　　合(城、先)　　　　　　　　　　　令(三、庚)

會倉人亼諸部字未見。

夲

　　㐭(滑)　　　　　　　　　　臭(先)

高(先)《説文》作高，魏《三體石經》作高。《會稽刻石》則作高。

　　亯(怡)亯(滑)　　　　　　　　亳(滑)

畗亯二部字未見。

京(三)《説文》作京，魏《三體石經》同。

猾（滑）

會皀二部字未見。

畣

　　皀（三）

㐭䤜來麥諸部字未見。

夊

　　（庚）　　　　　　（庚）　　　　　　（滑）

舛部字未見。

舞（舜）

韋（三）

弟夂夊三部字未見。

桀

　　（滑）

木（滑）

　　李（城、般等）　　稻（庚）　　梓（三）　　欋（先、三）

　　杞（三）　　　　　榮（三）　　榆（庚）　　松（庚）

　　杶（三）　　　　　　　　　　樸（三）《說文》作樸。

　　糧（庚）《說文》作糧。　　橘（三）

徐鍇的《説文》學

徐鍇,字楚金,先世會稽人,後遷居廣陵,所以通稱爲廣陵人。生於後梁貞明六年(920),仕南唐,起家祕書郎,後主時遷集賢殿學士,終内史舍人,國亡前一年(即宋開寶七年,974)卒。據陸游《南唐書》所云,其平生著述甚多,今僅存《説文解字繫傳》四十卷,《説文韻譜》十卷。

《繫傳》前結銜書"文林郎守祕書省校書郎",是此書爲初入官時所作(王鳴盛《蛾術篇》説)。書中卷一至三十爲《通釋》,三十一至三十二爲《部敍》,三十三至三十五爲《通論》,三十六爲《祛妄》,三十七爲《類聚》,三十八爲《錯綜》,三十九爲《疑義》,四十爲《系述》。此編自上祕閣之後,傳本極少,所以到宋時已不多覯。今本出自蘇頌所傳,闕卷二十五,而以大徐校本補足,已非完書。現在傳流的刻本有三種:一爲清乾隆間汪啟淑刻本,一爲馬俊良刻龍威祕書本,一爲道光間祁寯藻刻本。三者以祁刻本最精。除此,又有清錢曾述古堂影宋抄本及瞿氏鐵琴銅劍樓所藏卷三十至卷四十宋刻殘本。雖同爲善本,然與祁刻亦各有短長,未可一概而論。

徐氏作此書,《通釋》部分是解釋許氏原書的説解的,《部敍》是推陳《説文》五百四十部排列次序的意義的,《通論》是發揮文字結體的含義的,《祛妄》是駁斥前人説字的謬見的,《類聚》是舉出同類名物的字説明它們的取象的,《錯綜》是從人事推闡古人造字的意恉的,《疑義》是論列《説文》所闕之字及字體與小篆不合的。至於《系述》,則猶如《史記》的《自序》、《漢書》的《敍傳》一樣,是説明各篇著述的旨趣的。而全書之所以名爲《繫傳》,則是取法於《易傳》。他曾經説(見《祛妄》篇):"文字之義,無出《説文》。"所以比之於經,而稱自己的解釋爲傳。

《繫傳》既如此博大,所以宋人推崇備至。蘇頌嘗稱宋祁有云:"某少時觀此,未以爲奇,其後兄弟留心字學,當世所有之書訪求殆徧,其間論議曾不得徐公之仿佛。其所考據,以今所得校之,十不及其五六,誠該洽無比也。"陳振孫《直齋書録解題》亦云:"此書援引精博,小學家未有能及之者。"

但是到了清代,漢學盛行,研究許書的人漸多,而且都能探微索隱以發其蘊,所以對於《繫傳》就不重視了。甚且攻發其短,大加非難。首先盧文弨即評論其書過於繁宂,而且牽強徵引,時有謬誤。其引書既不檢原文,甚且失其本意,尤爲病累(見其段氏《說文解字注‧讀序》及《與翁覃溪論〈說文繫傳〉書》)。其後李兆洛亦稱(見祁刻本《說文繫傳‧跋》):"《通釋》視大徐雖時出新意,而不及大徐之淳確;又其引書似都不檢本文,略以意屬,亦不若大徐之通敏。"然詆毀最甚者,莫過嚴元照。他曾摘舉七目,以論其非:一曰妄改經典,二曰小學不明,三曰援引不典,四曰考覈失實,五曰箋釋多謬,六曰傳譌弗審,七曰徵引太支(見《奉梁山舟先生書》)。凡此所論,分辨極細。但古人著作,疏失在所難免,以《繫傳》之大,而求其確切無誤,那是很不容易的。即以段玉裁之精於許學而論,所注又何嘗無誤?何況徐氏所生的時代的學術水平遠遠不如清代,楚金能寫出《通釋》這樣的書已屬難能可貴。有些錯誤是出於後人傳寫的,更不能歸咎於楚金。現在讀《繫傳》應當從歷史發展方面著眼,看它有哪些特點和它對後代的影響如何來評論它的得失,有些不重要的問題可以存而不論。

《繫傳》的主體是《通釋》,《通釋》所著重的,是疏證古義與詮釋名物。徐鍇疏證古義的方法有二:一引古書證古義,一以今語釋古語。他所資取的古書極廣,九經三傳之外,有周秦漢魏以下各種子書和《國語》《楚辭》、四史、《晉書》《宋書》《南史》《北史》《文選》《文心雕龍》《本草》與雜史、傳記、石刻、文集、字書、韻書之屬,不下百餘種。取材之廣,於此可見。引古書證古義是一般注解古書的通例,不足爲奇;以今語釋古語,是最容易使人明白的方法,而往往不爲訓詁家所注意,徐氏能重視這一點是值得特別提出的。《繫傳》中以今語釋古語的例子很多,如《說文》:

臚,皮也。徐鍇曰:今人亦言皮臚也。(案臚,籀文作膚,即今皮膚字。此見《繫傳》卷八)

呧,苛也。徐鍇曰:今人謂詰難之爲呧呵。(卷三)

餥,乾食也。徐鍇曰:今人謂飯乾爲餥。(卷十)

饡,以羹澆飯也。徐鍇曰:今人云饡飯也。(卷十)

痹,足氣不至也。徐鍇曰:今人言久坐則足痹也。(卷十四)

恢,諧也。徐鍇曰:今人言恢,恢諧也。(卷二十)

這都是以今證古的實例。至於詮釋名物,則屬於器物的名稱,大都說明其製作的形式;屬於地理的名稱,則參考杜預《春秋釋例》;屬於草木鳥獸的名稱,則采用《爾雅》和《本草》(見卷十二酈字注);原原本本,都有根據,無庸詳説。

不過,在《繫傳·通釋》中除了疏解許説以外,還包括以下六件事:

(一)以許訓解古書,如《説文》:

　　踐,履也。徐鍇曰:《尚書序》成王既伐東夷,遂踐奄言中國。天子無所不賓,亦無所翦滅,故言踐若履行之而已。(卷四)

　　䉂,粉餅也。徐鍇曰:《周禮》羞籩之實,有糗餌粉餈。注云:粉稻米餅之曰餈。又劉熙《釋名》云:蒸燥屑餅之曰餈。臣鍇以爲皆非也。夫粉米蒸屑皆餌也,非餈也。許慎曰餈稻餅也。臣謂炊稻米爛,乃擣之如黏,然後蒸之,不爲粉也。粉餈,以豆爲粉,以糝餈上也;餌則先屑米爲粉,然後溲之,故許慎云餌粉餅也……諸家之説莫精於《説文》也。(卷六)

(二)説明古書的假借,如《説文》:

　　趩,趨進趩如也。徐鍇曰:趨進便駃,復有儀容,如鳥之翼也。今《論語》作翼字,假借也。(卷三)

　　盅,器虛也。《老子》曰道盅而用之。徐鍇曰:盅而用之,虛而用之也。今作沖,假借。(卷九)

(三)説明古今字,如《説文》:

　　蘋,大萍也。徐鍇曰:俗作蘋。(卷二)

　　吺,吺讘多言也。徐鍇曰:古文《尚書》書驩兜字作吺。(卷三)

　　退,斂也……《周書》曰我興受其退。徐鍇曰:此微子出奔之辭也。今文作敗。(卷四)

　　徇,行示也……《司馬法》斬以徇。徐鍇曰:且斬且行以令於衆也。今人作徇。(卷四)

　　眂,視貌也。徐鍇曰:此又古文視字,凡文有古今異者:若示,古爲神祇,今則直爲示字;厤,古爲厤字,今別爲字;其類多矣。(卷七)

　　籢,鏡籢也。徐鍇曰:今俗作匲。(卷九)

(四)説明引申義,如:

　　遽,傳也……一曰窘也。徐鍇曰:傳,馹車也。故《禮》曰大夫稱傳遽之言。傳車尚速,故又爲窘迫也。(卷四)

　　極,棟也。徐鍇曰:按極,屋脊之棟也。今人謂高及甚爲極,義出於此。

（卷十一）

（五）兼舉別義，如：

薺，蒺藜也……《詩》曰牆有薺。徐鍇曰：此今藥家所用蒺藜也。今人以此字爲薺菜。（卷二）

苕，苕艸也。徐鍇曰：按《爾雅〔注〕》陵苕也。古來亦通謂草木翹秀者爲苕，故江淹云青苕日夜黄也。（卷二）

殳，殳也……《詩》曰何戈與殳。徐鍇曰：馮翊有殳祤縣。（卷六）

睢，仰目也。徐鍇曰：睢盱也。又梁宋水名。（卷七）

（六）辨聲誤，如：

牽，引前也。從牛，象引牛之縻也。玄聲。徐鍇曰：指事也。（卷三）

牢，閑養牛馬圈也。從牛冬省聲。徐鍇曰：指事。（同上）

昌，美言也。從日從曰，曰亦聲。徐鍇曰：《尚書》曰禹拜昌言，昌言，即當言也。曰亦言也。此會意字。曰亦聲，後人妄加之，非許慎本言也。（卷十三）

這些都是徐氏在《通釋》中所注重的事情。清代段玉裁作《説文注》也是在這幾點留心，不過更加精深而已。這是就《通釋》所包括的内容來説的。

另外，在考索字義方面，徐氏特别注意的是從聲音上去探討。這也就是清人所説的"因聲以求義"。他所應用的"因聲以求義"的方法有二：一種是從諧聲上來看，即諧聲字的意義有時可以與其聲旁相通，有時可以與其同從一個聲旁的諧聲字相通。如《説文》示部：

禄，福也。徐鍇曰：禄之言録也，若言省録之也。

禎，祥也。徐鍇曰：禎者貞也，貞正也；人有善，天以符瑞正告之也。

祺，吉也。徐鍇曰：《爾雅》郭璞注：祺，吉之見也。臣以爲祺之言期也，天將與之福，先見其兆，與之爲期也。

禳，磔禳祀除癘殃也。徐鍇曰：禳之爲言攘也。

祲，精氣感祥……《春秋傳》曰見赤黑之祲是。徐鍇曰：祲之言侵也；又浸也，浸浸然將作也。

王部

閏，餘分之月，五歲再閏。徐鍇曰：閏之言搗也，若今俗縫衣，一長一短者，則搗其長以就短，謂之搗。

玉部

琬,圭有琬者。徐鍇曰:琬謂宛然宛也。琬之言婉也,宛然象柔婉也。

琰,璧上起美色也。徐鍇曰:琰之言炎也,光炎起也。

璁,石之似玉者。徐鍇曰:石色斑駁葱蘢。

艸部

芃,艸盛也……《詩》曰芃芃黍苗。徐鍇曰:汎汎然若風之起也。

芮,芮芮艸生皃。徐鍇曰:芮芮細皃,若言蚊蚋也。

牛部

牲,白牛也。徐鍇曰:按《詩》曰白鳥,義通於此。

走部

趚,緣大木,一曰行皃。徐鍇曰:蟲行曰蚑行,謂四足隨高下逶迤,其背多多然;人之緣木有似於此,故曰趚。

彳部

徠,復也。徐鍇曰:猶躁也,往來躁踐之也。

行部

衢,四達謂之衢。徐鍇曰:古謂四出矛爲戳,義出於此。

言部

訓,説教也。徐鍇曰:訓者,順其意以訓之也。

誣,相毀也。徐鍇曰:猶惡(音污),相毀惡也。

竹部

籟,竹聲也。徐鍇曰:猶言瀏然聲清也。

木部

橋,水梁也。徐鍇曰:橋之言矯也,矯然也。

毛部

氈,以毳爲纏色如虋禾之赤苗,故謂之氈。徐鍇曰:璊玉色赤,與此氈義相似也。

西部

醼,私宴飲也。徐鍇曰:醼猶匽也。

這都是從諧聲聲旁上説明字義的。雖是漢以來相傳聲訓的方法,不免有牽強附會之説,但也不失爲一種尋求語義本源的途徑。第二種因聲求義的方法,是從字音的聲韻上來看,用聲韻相同的字去説明字義之相類似,例如《説文》

示部：

祓，除惡祭也。徐鍇曰："按祓之爲言拂也。""祓、拂"同音字，《廣韻》敷勿切，"祓"之訓除，猶"拂"之訓除。

玉部

珛，朽玉也。徐鍇曰："朽玉謂惡玉朽敗也。《禮》曰：牛夜鳴則庮。庮，朽木也。"《廣韻》珛，許救切；庮，與久切，二字韻近，所以"珛、庮"義通。

艸部

蔤，艸多皃。徐鍇曰："蔤猶密也。"蔤，朱翱音訖示反。密，《廣韻》美畢切。二字韻近。

薋，艸多皃。徐鍇曰："薋猶積也。"《廣韻》薋，疾資切；積，資昔切，二字聲近。

芼，艸覆蔓。徐鍇曰："芼猶冒也。"《廣韻》"芼、冒"同莫報切。

辵部

遹，迴避也。徐鍇曰："遹猶沇也，回沇之意。"《廣韻》遹，餘律切；沇，胡決切，韻近。

遱，連遱也。徐鍇曰："按《淮南子》有連遱之言，猶參差零瓏，若連若絶之意也。""連遱、零瓏"並雙聲字。

隹部

雛，雞子也。徐鍇曰："雛猶云初也。"《廣韻》雛，仕于切；初，楚居切，二字聲韻並近。

木部

枀，弱皃。徐鍇曰："按《詩》曰荏苒柔木……枀者橈弱之意也。""枀"與"荏苒"並雙聲字。

人部

偲，强力也……《詩》曰：其人美且偲。徐鍇曰："偲之言材也，有材力也。"《廣韻》偲，倉才切；材，昨哉切，二字同韻。

書中這類的解釋很多，姑舉此以示例。這種因聲求義的方法對清代的訓詁學家影響極大。段玉裁《説文注》和王念孫《廣雅疏證》也常常應用這種方法申明字義。由此可見徐鍇的《説文繫傳》是清代文字訓詁之學的前驅，清人受徐鍇《繫傳》的啟示很多。儘管清人不曾這樣明白地説，可是就學術發展的歷史來看,事實正是如此。盧文弨、嚴元照專攻其短,識見未免局隘。

　　然而《繫傳》在解字方面具有一種根本性的缺點,就是過重會意,而略形聲。有不少《説文》字下説"從某某聲"的,徐氏都認爲傳寫誤多聲字,如示部的"神祔祫"等字、日部的"普"字、人部的"伊"字等,都解作會意。或者把原來的"從某某聲"解爲應作"從某某亦聲",如草部的"蔬菜"等字、言部的"詥"字、支部的"放"字、貝部的"貧賃"等字都是。這樣就把一些形聲字的聲旁看作是既表意又表音的了。這與他喜歡就音以求義是相聯繫的。解説文字,如果不從實際出發,過信聲中兼意或都從會意著眼,則必然陷於主觀臆測。徐氏把《説文》的形聲字解爲會意,或會意兼聲,都不免有誤。這都是由於相信古人造字都有深意而産生的。影響所及,到宋代就有王安石的《字説》。隨意立解,穿鑿附會,成爲一種封建的唯心主義的文字學,爲害極大。這又是我們不能不注意到的。至於《部敘》《通論》《錯綜》等幾部分,以義理説解文字,類似漢代今文經家説字解義,牽强附會,尤爲荒誕。今不細論。

　　總之,《繫傳》一書,有得有失,對後代的影響既有好的一面,也有壞的一面。讀者宜反復參研,辨其短長,不可都以前人所説爲準。清人的學識高於徐鍇的地方很多,因而鄙薄《繫傳》,認爲一無足取,這種態度是不對的。我們應當以歷史主義的觀點去認識它在文字學史上的地位。所以不憚辭費,略述己見,供學者參酌。

論段氏《説文解字注》

　　清代注解《説文》的有段玉裁、桂馥、王筠、朱駿聲幾家，而傳習廣、影響大的是段氏《説文解字注》。段書創始於乾隆四十一年（1776），先爲長編，名《説文解字讀》，後來因爲文字過繁，簡練成注，到嘉慶十二年（1807）才次第完成，前後用了三十一年的精力，可以説是一部體大思精的著作了。

　　《説文》是研究古代文字訓詁必讀之書，舊日除南唐徐鍇所作《説文解字繫傳》以外，没有其他注本，而徐鍇書傳抄也有殘缺。清代乾嘉之間，正是漢學昌盛的時期，《説文》一書尤其爲人所重視。段氏受學於戴震，既長於經學，又長於音韻、訓詁和校勘，而且熟悉先秦兩漢的古書和前代的字書、韻書，他用其所長來注解《説文》，不僅能淹貫全書，發其義藴，而又能疏通古今音訓，深知體要，所以大爲學者所推重。

　　不過，事情總是創始者難。段氏憑藉他那超卓的學力和才識來整理許書，固然有不少精闢的見解，但是由於一人的精力有限，平時裒集貫串用的時日多，考求研討用的時日少，方面既廣，自然不免有疏漏，甚且有時又自信太過，反而流於武斷。所以，段書刊行以後，專門著書評訂段氏之誤的就有好幾家，如鈕樹玉有《段氏説文注訂》八卷，王紹蘭有《説文段注訂補》十四卷，徐承慶有《説文段注匡謬》八卷。其他單篇散記駁正段注之誤的也還不少。足見段注並非完全正確。要讀段注，首先要瞭解其中得失所在，才不致迷罔而不知所從。

　　段氏認爲“向來治《説文解字》者多不能通其條貫，考其文理”，所以悉心校其譌字，而爲之注（見卷十五下許慎《敘》注）。段書包容甚廣，總起來看，段氏的主要工作有下列幾方面：

　　（一）校訂《説文》傳本的譌誤。

　　《説文》大徐本和小徐本不同，汲古閣所刻大徐本又與宋刻本不同，因此，段氏在作注之前，不能不先從事校勘。段氏是擅長校書的，他曾用幾種宋刻大徐本互校，又用元人《韻會舉要》校訂小徐本，然後又以大徐本與小徐本對校。此外並據陸德明《經典釋文》，唐人《五經正義》，《史記》、兩漢書注，李善《文選注》,玄應《一切經音義》,唐宋類書,及《玉篇》《廣韻》《集韻》等所引以刊正二徐本之誤;同時又斟酌《説文》通例,以本書證本書,決定今本之是非。誤者正之,缺者補之,複者、衍者删之,字失其次者改訂之,並在注中説明。其中固然有得有失,但這種旁搜遠紹、力求其是的作法是前所未有的。

(二)發明許書通例。

段氏以前解説許書的人一般總是側重於六書,而對許書的主旨和全書的大例並不甚理解。徐鍇作《繫傳·通釋》也很少發明。段氏以爲"自有《説文》以來,世世不廢,而不融會其全書者,僅同耳食,强爲注解者,往往眯目而道白黑"(見許慎《説文敘》注),所以他特别注意《説文》體例的闡發。有注於一字一句之下的,有注於一部之末的,例如:

《爾雅》《方言》所以發明轉注、假借,《倉頡》《訓纂》《滂熹》及《凡將》《急就》《元尚》《飛龍》《聖皇》諸篇僅以四言七言成文,皆不言字形原委,以字形爲書,俾學者因形以考音與義,實始於許,功莫大焉。(見一部一字下)

此書法後王,尊漢制,以小篆爲質,而兼録古文、籀文,所謂"今敘篆文,合以古籀"也。小篆之於古籀,或仍之,或省改之,仍者十之八九,省改者十之一二而已。仍則小篆皆古籀也,故不更出古籀;省改則古籀非小篆也,故更出之。(見一部弌字下)

凡篆一字先訓其義,若"始也""顛也"是(見元字和天字下);次釋其形,若從某某聲是;次釋其音,若某聲及讀若某是;合三者以完一篆,故曰形書也。(見一部元字下)

凡部之先後,以形之相近爲次,凡每部中字之先後,以義之相引爲次。(見一部部末。關於部中字次,段氏在玉部末又有具體説明)

凡許全書之例,皆以難曉之篆先於易知之篆,如"輯"下云車輿也,而後出"輿"篆,"輒"下云車兩輢也,而後出"輢"篆是也。(見車部輒字下)

凡言亦聲者,會意兼形聲也。(見一部吏字下)

凡言讀若者,皆擬其音也。凡傳注言讀爲者,皆易其字也。注經必兼茲二者,故有讀爲,有讀若。讀爲亦言讀曰,讀若亦言讀如。字書但言其本字本音,故有讀若,無讀爲也。(見示部禷字下)

凡字從某爲某之屬,許君必言其故。(見玉部瑱字下。此謂許慎必就字的形旁爲訓)

凡合二字成文,如"瑾瑜、玫瑰"之類,其義既舉於上字,則下字例不復舉,俗本多亂之。(見玉部瑜字下)

許君原書篆文之下以隸複寫其字,後人刪之,時有未盡。(見玉部靈字下)

《説文》言一曰者有二例:一是兼采別説,一是同物二名。(見艸部蘴字下)

《説文》凡艸名篆文之下皆複舉篆文某字,曰某艸也,如"葵"篆下必云葵菜也,"蘆"篆下必云蘆艸也。篆文者其形,説解者其義,以義釋形,故《説文》爲小學家言形之書也。淺人不知,則盡以爲贅而刪之,不知葵菜也、蘆艸也、河水也、江水也皆三字句,首字不逗。今雖未復其舊,爲舉其例於此。(見艸部葛字下)

凡言某與某同意者,皆謂其製字之意同也。(見羊部羋下)

按許引左氏,則言《春秋傳》曰,引公羊,則言《春秋公羊傳》曰,以別於左氏。(見邑部酇字下)

凡許云《禮》者,謂《禮經》也,今之所謂《儀禮》也。(見糸部緆字下)

許重復古,而其體例不先古文、籀文者,欲人由近古以考古也。小篆因古籀而不變者多,故先篆文,正所以説古籀也。隸書則去古籀遠,難以推尋,故必先小篆也。其有小篆已改古籀,古籀異於小篆者,則以古籀駙小篆之後曰古文作某,籀文作某。此全書之通例也。其變例,則先古籀,後小篆。如一篇二下云古文上,丅下云篆文二,先古文而後篆文者,以旁帝字從二,必立二部,使其屬有所從。凡全書有先古籀後小篆者,皆由部首之故也。(見許慎《敘》"今敘篆文,合以古籀"下。)

諸如此類有關許書體例的說明在段注中總有五六十處之多。王筠《説文釋例·序》説:"段氏書體大思精,所謂通例,又前人所未知。"對段書釋例的一部分極爲推重。讀者可以由此入手理解許書。

(三)根據古代群書訓詁解釋許説。

段氏《説文注》是段氏在經學、小學兩方面成就的集中表現。許書訓釋大都根據經籍訓詁而來,要疏證許説,必須對古書有根柢。段氏注《説文》所采用的方法是首先融會全書,以許解許。許書中同義詞往往互訓,段氏必隨文舉證,申明其義。其次則援引經傳子史,推求許説所本。間或引用今方言與許説相證。許書訓釋簡單,凡屬於草木、鳥獸、山川、地理、名物、制度一類的詞,段氏必博考群書,摘要説明。許説有可疑或傳寫有問題的,段氏也隨例詮發,如許云"哭"從獄省聲、"家"從豭省聲,段氏以爲皆不可信。二下告部"告"下云:"牛觸人,角著横木所以告人也。"段氏謂許因童牛之告而曲爲之説,非字意。八上人部"仞"下云:"伸臂一尋八尺。"段氏據"尺"字下解説,並詳考古代群書注釋定"仞"下當云七尺。這都是很對的。許慎訓解也有不可知的,則闕而不釋,如一上玉部"琥",許云:"發兵瑞玉。"段云:"許所云未聞。"三下殳部"殿",許云:"擊聲也。"段云:"此字本義未見。"七下宀部"宋",許云:"居也。"段云:"此義未見。"八上衣部"襄",許云:"衣帶以上。"段云:"此古義也,少得其證。"足見段氏在各方面都交代得很清楚。

段注引用的材料極廣,自先秦下至唐宋,很多重要的古書都涉獵到了。有時爲了解釋一個詞的用法往往翻徧好幾種書,反過來也運用《説文》訓釋解釋了不少古書的文句,例如:

若,許云:擇菜也。(一下艸部) 段云:《晉語》"秦穆公曰:夫晉國之亂,吾誰使先若夫二公子而立之,以爲朝夕之急?"此謂使誰先擇二公子而立之,若正訓擇。擇菜,引申之義也。

選,許云:遣也。(二下辵部) 段云:選遣疊韻。《左傳》"秦后子有寵於桓,如二君於景。其母曰:弗去懼選。鍼適晉,其車千乘。"按此選字正訓遣。后子懼遣,故適晉,實非出奔也。

宨,許云:深肆極也。(七下穴部) 段云:宨與窘爲反對之辭。〔《爾雅·〕釋言》曰:宨,肆也。《大戴禮·王言》"七者布諸天下而不宨,内諸尋常之室而不塞"。《淮南·俶真訓》"處小隘而不塞,横扃天地之間而不宨"……《齊俗訓》"大則塞而不入,小則宨而不周",《兵略訓》"入小而不偪,處大而不宨"。《墨子·尚賢》中"此道也,大用之天下則不宨,小用之則不困"……《荀卿子》曰"充盈大宇而不宨,入郤穴而不偪",《管子·宙合》曰"夫成軸之多也,其處大也不宨,其入小也不塞",《司馬法》曰"凡戰之道,位欲嚴,政欲栗,力欲宨,氣欲閑",又曰"擊其勞倦,避其閑宨",凡此皆可證宨之訓寬肆。凡言在小不塞、在大不宨者,謂置之小處而小處不見充塞無餘地,置之大處而大處不見空曠多餘地。高誘曰:"不宨,在大能大也。"今本《管子》《墨子》"宨"誤作"究",非是……郭注《爾雅》云:"輕宨者,多放肆。"真憒憒之説也。《左傳》曰"楚師輕宨",此"宨"義之引申,寬然無患謂之輕宨。

驕,許云:馬高六尺爲驕。《詩》曰:我馬維驕。(十上馬部) 段云:《漢廣》"言秣其馬""言秣其駒",傳曰:"六尺以上爲馬,五尺以上爲駒。"按此"駒"字《釋文》不爲音。《陳風》"乘我乘駒",傳曰:"大夫乘駒。"箋云:"馬六尺以下曰駒。"此駒字《釋文》作"驕",引沈重云:或作駒,後人改之。《皇皇者華》篇內同。《小雅》"我馬維駒",《釋文》云:"本亦作驕。"據《陳風》《小雅》,則知《周南》本亦作"驕"也。蓋六尺以下五尺以上謂之驕,與"駒"義迥別。三詩義皆當作"驕",而俗人多改作"駒"者,以"駒"與"蔞、株、濡、諏"爲韻,"驕"則非韻,抑知"驕"其本字音在二部(即宵部),於四部(即侯部)合韻,不必易字就韻而乖義乎?陸氏於三詩無定説,彼此互異,由不知古義也。

這些都是以許書與古書文句互相證發的例子。書中連帶校釋古書的地方很多,似乎支離,實際也是在證明許義。

許慎《五經異義》與《説文》有同有異,段氏以爲《異義》先成,《説文》晚定,當以《説文》爲主(見一上示部"社"下)。漢人《詩》《禮》傳注也有和許慎訓解不同的,大都屬於名物制度一類的詞,段氏也一併采録,加以比較,考其源流,辨其得失(見玉部"瑂"下)。

(四)闡發音與義之間的關係。

《説文》是很古的一部字書,其中保留了很多古字、古音、古義。段氏爲許書作注,在字的形音義三方面都用了很大的功力。他認爲文字的形音義三方面是互相關聯的,要研究《説文》,必三者互求。而三者之中,最重要的關鍵在於瞭解聲音,他在王念孫《廣雅疏證·序》裏曾説:

> 小學有形,有音,有義。三者互相求,舉一可得其二。有古形,有今形,有古音,有今音,有古義,有今義,六者互相求,舉一可得其五。古今者,不定之名也。三代爲古,則漢爲今;漢魏晉爲古,則唐宋以下爲今。聖人之制字,有義而後有音,有音而後有形。學者之考字,因形以得其音,因音以得其義。治經莫重於得義,得義莫切於得音。

他有這種卓見,所以在《説文注》裏特別注意音與形義的關係。每字之下,除舉出徐鉉本《説文》反切以外,並標出他所考定的古韻十七部的部類,使學者不僅可以由此略知古今音的異同,還可以藉此理解音與形義之間的種種關係。以音爲綱,就音以説明文字的孳乳通假和詞義的相近相通,這是段注的特點之一。鈕樹玉在《段氏説文注訂·敘》中反以"創十七部以繩九千餘文"爲病,那完全是不理解段注的話。

《説文》九千多字,形聲字最多。形聲字的聲旁,有的只是表音,有的可以由聲中見義。而聲旁相同的字,意義也有時相通。段氏在一上示部"禛"字下説:"聲與義同原,故諧聲之偏旁多與字義相近,此會意形聲兩兼之字致多也。《説文》或稱其會意,略其形聲,或稱其形聲,略其會意,雖則省文,實欲互見。不知此,則聲與義隔,又或如宋人字説,祇有會意,別無形聲,其失均誣矣。"在十四上金部"鏓"字下説:"囪者多孔,蔥者空中,聰者耳順,義皆相類。凡字之義必得諸字之聲者如此。"書中類似這種闡發聲義關係的例子很多,例如:

芌,許云:大葉,實根駭人,故謂之芌也。(一下艸部)　段云:口部曰:吁,驚也。毛傳曰:訏,大也。凡于聲字多訓大。

蔲,許云:華盛。(一下艸部)　段云:此於形聲見會意。蔲爲華盛,瀰爲水盛皃。

牭,許云:白牛也。(二上牛部)　段云:白部曰:皠,鳥之白也。此同聲同義。

詖,許云:辨論也。(三上言部)　段云:皮,剥取獸革也。柀,析也。凡從皮之字皆有分析之意,故詖爲辨論也。

誓,許云:悲聲也。(三上言部)　段云:斯,析也。澌,水索也。凡同聲多同義。

藞,許云:大鼓謂之藞。(五上鼓部)　段云:凡賁聲字多訓大,如毛傳云:墳,大防也;頒,大首皃;汾,大也;皆是。

衫,許云:禪衣也。一曰盛服。(八上衣部)　段云:參本訓稠髪。凡參聲字多爲濃重。

襛,許云:衣厚皃。(八上衣部)　段云:凡農聲之字皆訓厚。醲,酒厚也;濃,露多也;襛,衣厚皃也。

鍠,許云:鐘聲也。(十四上金部)　段云:按皇,大也,故聲之大,字多從皇。

陘,許云:山絶坎也。(十四下𨸏部)　段云:陘者領也。《孟子》作"徑",云山徑之蹊。趙注:山徑,山領也。楊子《法言》作山峌之蹊,皆即陘字。凡巠聲之字皆訓直而長者。

這些就是"因形以得其音,因音以得其義"的例子。但是並非所有的形聲字都如此。有的聲旁只是表音,有的字聲旁雖然相同而意義相去很遠,不能執一以概全(後來劉師培在《正名隅論》裏説凡從某一聲的字都具有某義,絲毫不加分辨,那是錯誤的)。不過,段氏就其中可考的加以闡發,使學者知道怎樣從散漫中去尋求條理，認識語音語義與文字之間的關係，仍然很重要。

在解釋聯綿詞的時候，段氏也同樣用聲音來貫串，例如：

齟，許云：齟齬，齒不相值也。（注連篆文爲句，二下齒部）　段云：《廣韻》曰：齟齬，不相當也。或作鉏鋙。上牀吕切，下魚巨切。按金部鉏下云：鉏鋙也。鉏或作鋙。《周禮》注作鉏牙。《左傳》西鉏吾，以鉏吾爲名。牙吾古音皆在九魚。

曃，許云：埃曃，日無光也。（七上日部，曃，奴代切）　段云：埃曃猶靉靆也。《通俗文》：雲覆日謂之靉靆。

旖，許云：旖施，旗皃。（七上㫃部）　段云：旖施，疊韻字，在十七部（案即古韻歌部）。許於旗曰旖施，於木曰橢施，於禾曰倚移，皆讀如阿那。《檜風》猗儺其枝，傳云：猗儺，柔順也。《楚辭·九辨·九歎》則皆作“旖旎”，《上林賦》旖旎從風，張揖曰：旖旎猶阿那也。《文選》作“猗狔”，《漢書》作“椅柅”。《考工記》注則作“倚移”，與許書禾部合。知以音爲用，製字日多。《廣韻》《集韻》曰婀娜，曰旖旆……皆其俗體耳。

侚，許云：侚瞀也。（八上人部）　段云：侚音寇，瞀音茂，疊韻字。二字多有或體。子部㲃下作㲃瞀，《荀卿·儒效》作“溝瞀”，《漢〔書〕·五行志》作“區霿”，又作“傋霿”，《楚辭·九辨》作“怐愁”，《玉篇》引作“侚愁”，應劭注《漢書》作“彀霿”，郭景純注《山海經》作“穀瞀”，其音同，其義皆謂愚蒙也。

以上所舉都是一些聯綿詞。聯綿詞的寫法有時雖然不相同，但是從聲音和意義兩方面來看，往往可以確定就是一個詞。段氏能用古韻部類來判斷（如“鉏牙”爲魚部字，“旖施”爲歌部字，“侚瞀”爲侯部字），更有很多是前人所没有説明過的。段氏也有時注意到聯綿詞中聲母的關係（如言部“諢”下説“諄諢”蓋猶“鈍遲”，水部“瀧”下説“瀧涷”即“瀧涿”），可是還没有能充分去推尋。如上文所舉“旖施”與“倚移”是一類，“猗儺”與“旖旎”又是一類，段氏混而爲一，還不夠恰當。

（五）比較古書中文字訓詁與許書的異同，説明古今字和假借字，並推陳字義的引申和變遷。

古書所用的字互有不同，或字同而義異，或字異而義同。與《説文》比較，又有同有異。段氏認爲《説文》所出大都爲本字本義，而古書則字有假借，義有

引申,所以與《說文》不同。要瞭解古書的文字訓詁,必須先瞭解《說文》,他說:

> 許以形爲主,因形以説音説義。其所説義與他書絶不同者,他書多假借,則字多非本義,許惟就字説其本義。知何者爲本義,乃知何者爲假借,則本義乃假借之權衡也。故《説文》《爾雅》相爲表裏。治《説文》,而後《爾雅》及傳注明,《説文》《爾雅》及傳注明,而後謂之通小學,而後可通經之大義。(見許慎《敘》"庶有達者理而董之"下)

這表明段氏治《說文》,正是要從《說文》入手以通經傳的文字訓詁。這是段氏注《說文》的積極目的。陳焕在段注跋語中説:

> 焕聞諸先生曰:"昔東原師之言:僕之學,不外以字考經,以經考字。余之注《説文解字》也,蓋竊取此二語而已。經與字未有不相合者,經與字有不相謀者,則轉注假借爲之樞也。"(案段氏言:"異字同義爲轉注,異義同字則爲假借。"見許慎《敘》"厥誼不昭,爰明以諭"下)

根據這些話來看段氏注,也確是如此。段氏書能不以解釋許氏原文爲限,進一步説明經傳中文字的假借,意義的引申,把研究《說文》和理解古書的詞義結合起來,這是段注的另一個特點。段氏在嚴元照《爾雅匡名・序》中説:"吾見讀《説文解字》而於經傳、《爾雅》愈不能通,鉏鋙不合,觸處皆是,淺人遂謂小學與治經爲二事。然則從事小學,將以何爲也?"正是説明所以要"以字考經,以經考字"的道理。段注給人的表面印象似乎是在解經,不易捉摸,但是如果瞭解其主旨所在,也就容易知所取裁了。

段氏書中詳考經傳用字之例,説明古今字和假借字的例子很多,例如:

> 余,許云:語之舒也。(二上八部) 段云:《釋詁》云:余,我也;余,身也……《詩》《書》用'予',不用'余';《左傳》用"余",不用"予"。《曲禮》下篇朝諸侯分職授政任功,曰予一人。注云:覲禮曰伯父寔來,余一人嘉之。"余、予"古今字。凡言古今字者,主謂同音,而古用彼,今用此異字。

段氏《經韻樓集》卷四解釋《曲禮》鄭注云:"凡鄭言古今字者,非如《説文解字》謂古文籀篆之别,謂古今所用字不同。如古人作'衡',後代作'横';古人作'鄉',後代作'向'是也。周初蓋用'余',故《禮經》古文用'余',左丘明述《春秋》亦用'余'。《詩》《書》則會萃衆篇而成,多用'予',《論語》《孟子》用'予'。春秋時名予字子我,知春秋時用‘予’,而左氏特爲好古。鄭意‘余’爲古字,‘予’爲今字,非可以互易之也。”這段話對古今字説得很清楚,足與此相發。考甲骨文金文中有“余”無“予”,亦可證“余”爲古字,“予”爲後起字。

于,許云:於也。(五上于部) 段云:《釋詁》、毛傳皆曰:于,於也。凡《詩》《書》用“于”字,凡《論語》用於字。蓋“于、於”二字在周時爲古今字,故《釋詁》、毛傳以今字釋古字也。

考甲骨文、金文亦有“于”無“於”。

亯,許云:獻也。(五下亯部) 段云:下進上之詞也。按《周禮》用字之例,凡祭亯用“亯”字,凡饗燕用“饗”字。如《大宗伯》吉禮下六言亯先王,嘉禮下言以饗燕之禮親四方賓客,尤其明證也。《禮經》十七篇用字之例,《聘禮》內臣亯君字作“亯”,《士虞禮》《少牢饋食禮》尚饗字作“饗”。《小戴記》用字之例,凡祭亯、饗燕字皆作“饗”,無作“亯”者。《左傳》則皆作“亯”,無作“饗”者。《毛詩》之例,則獻於神曰“亯”,神食其所亯曰“饗”,如《楚茨》以亯以祀,下云神保是饗;《周頌》我將我亯,下云既右饗之;《魯頌》亯祀不忒,亯以騂犧,下云是饗是宜;《商頌》以假以亯,下云來假來饗;皆其明證也。鬼神來食曰饗,即《禮經》尚饗之例也;獻於神曰亯,即《周禮》祭亯作亯之例也。各經用字自各有例,《周禮》之“饗燕”,《左傳》皆作“亯宴”,此等蓋本書固爾,非由後人改竄。

噌,許云:咽也。(二上口部) 段云:《小雅》噌噌其正,箋云:噌噌猶快快也。謂同音假借。盧氏文弨云:《淮南·精神訓》噌然得臥,《宋書·樂志》吳鼓吹曲我皇多噌事,皆與快同。

齗,許云:齒本也。(段於本上增肉字,二下齒部) 段云:《曲禮》笑不至矧,鄭云:齒本曰矧,大笑則見矧。正齗之近部假借字也。

齦,許云:齧也。(二下齒部) 段云:此與豸部狠音義同,疑古祇作狠,齦者後出分別之字也。今人又用爲齗字矣。

訟,許云:爭也……一曰歌訟。(三上言部) 段云:“訟、頌”古今字。古作“訟”,後人假頌皃字爲之。

離,許云:離黃,倉庚也。(四上隹部) 段云:今用“鸝”爲鸝黃,借“離”爲離別也。

宵,許云:夜也。(七下宀部) 段云:《釋言》、毛傳皆曰:宵夜也……有

假"宵"爲小者,《學記》之宵雅是也。有假宵爲肖者,《漢志》人宵天地之貌
是也。

抵,許云:側擊也。(十二上手部)　段云:《戰國策》抵掌而談,《東京賦》
抵璧於谷,《解嘲》介涇陽抵穰侯。按"抵"字今多譌作"抵",其音義皆殊。
《國策》夏無且以藥囊提荆軻,《史記》薄太后以冒絮提文帝,"提"皆"抵"之
假借字也。

畜,許云:田畜也。(十三上田部)　段云:田畜謂力田之蓄積也……俗
用畜爲六畜字。古假爲好字。如《説苑》尹逸對成王曰:民善之,則畜也;不
善,則讎也。晏子對景公曰:畜君何尤,畜君者,好君也。謂畜即好之同音假
借也。

另外,經傳中一個字可能有幾種用法,而在《説文》中往往可以找到幾個相
應的不同的字,段氏對這一類也特别留意,例如:

厲,許云:旱石也。(九下厂部)　段云:旱石者,剛於柔石者也。《禹貢》
厲砥砮丹,《大雅》取厲取鍛。引申之義爲作也,見《釋詁》;又危也,見《大
雅・民勞》傳、虞注《周易》;又烈也,見《招魂》王注。俗以義異異其形。凡砥
厲字作"礪",凡勸勉字作"勵",惟嚴厲字作"厲",而古引申假借之法隱矣。
凡經傳中有訓爲惡、訓爲病、訓爲鬼者,謂"厲"即"癘"之假借也。訓爲遮列
者,謂"厲"即"迾"之假借也,《周禮》之厲禁是也。有訓爲涉水者,謂"厲"即
"濿"之假借,如《詩》深則厲是也。有訓爲帶之垂者,如《都人士》垂帶而厲,
傳謂"厲"即"烈"之假借也。烈,餘也。

夷,許云:平也,從大從弓,東方之人也。(段據《韻會》改爲:東方之人
也。從大從弓。十下大部)　段云:《出車》《節南山》《桑柔》《召旻》傳皆曰
夷,平也,此與君子如夷、有夷之行、降福孔夷傳夷易也同意。"夷"即"易"之
假借也。"易"亦訓平,故假"夷"爲"易"也。《節南山》一詩中平、易分釋者,
各依其義所近也。《風雨》傳曰夷悦也者,平之意也。《皇矣》傳曰夷常也者,
謂"夷"即"彝"之假借也。凡注家云夷傷也者,謂"夷"即"痍"之假借也。
《周禮》注夷之言尸也者,謂"夷"即"尸"之假借也。尸,陳也。其他訓釋,皆
可以類求之。

這些就是段氏在《爾雅匡名・序》中所説"經傳、《爾雅》所假借有不知本字爲何
字者,求之許書而往往在焉"的例證。

　　明白古書中文字有假借和瞭解古代聲韻的部類,這是清人所以能讀通古書、超軼前代的主要憑藉。假借就是音同或音近的字互相替代,所以言假借亦必以音爲綱領(段氏曾指出"假借取諸同部者多,取諸異部者少",見《六書音均表》卷三"古異部假借轉注説")。上面所舉正是就音來加以推尋的。"厲、列"古韻同部,"夷、彝、尸"古韻同部("尸、夷"本爲古今字)。經傳用字之所以有假借,與古人字少和書寫時倉卒不得其字有關係。古人字少,一字可以兼數用,所代表的不一定就是一個語詞。後來文字日繁,就有不少後起的本字。這種後起的字是爲更好地適應需要而産生的。段氏把經傳的字和《説文》所收的字從音義上加以比較,説明其間的關係,不僅使人能够對《説文》有更多的理解,而且解釋了不少經傳中文字訓詁的問題。不過,《説文》所載不完全是本字本義,《説文》所收也有不少是後起的本字,段氏不察,完全相信《説文》,也往往陷於錯誤。

　　段氏雖然注重《説文》的訓釋,但對於字的其他經常見到的訓解仍然不放過。《經韻樓集》卷一"濟盈不濡軌,傳曰由輈以下曰軌"一條曾指出:"凡字有本義,有引申假借之餘義焉。守其本義,而棄其餘義者,其失也固;習其餘義,而忘其本義者,其失也蔽。蔽與固皆不可以治經。"這是很重要的見解。關於引申義和假借義,他在《經韻樓集》卷五"亯饗二字釋例"一條又具體舉例説:

　　　　凡字有本義,有引申之義,有假借之義。《説文解字》曰亯者獻也,從高省,曰象進孰物形。引《孝經》祭則鬼亯之。是則祭祀曰亯,其本義也。故經典祭亯用此字。引申之,凡下獻其上亦用此字;而燕饗用此字者,則同音假借也。

　　　　《説文解字》又曰饗者鄉人飲酒也,從食從鄉,鄉亦聲。是則鄉飲酒之禮曰饗。引申之,凡飲賓客亦曰饗,凡鬼神來食亦曰饗;而祭亯用此字者,則同音假借也。

此下又詳舉《易》《詩》《周禮》《儀禮》等書爲證,足與《説文》"亯、饗"二字注互相發明。《説文》所説"亯,獻也",從古文字來看,並不是字的本義。饗,古文字作"鄉",象二人相向共進飲食,"饗"爲後起字。《説文》訓"饗"爲"鄉人飲酒"也是後起的意義。但是在經傳中"亯、饗"二字各有引申義和假借義是很清楚的。段氏能從字義的發展上看問題,説明字有本義,又有引申假借之餘義,這在傳統的訓詁學上無疑是一大發展。

段氏對於字義既然有這樣的認識,他在《說文注》中說明字義引申的就有七百八十餘條,例如:

薈,許云:艸多皃。(一下艸部) 段云:引申爲凡物會萃之義。

牢,許云:閑也(段補也字),養牛馬圈也。(二上牛部) 段云:引申之爲牢不可破。

過,許云:度也。(二下辵部) 段云:引申爲有過之過。

循,許云:行順也。(段改爲:行也。二下彳部) 段云:引申爲撫循,爲循循有序。

世,許云:三十年爲一世。(三上卅部) 段云:按父子相繼曰世,其引申之義也。

目,許云:人眼也。(四上目部) 段云:目之引申爲指目、條目之目。

倍,許云:反也。(八上人部) 段云:此倍之本義。《中庸》爲下不倍,《緇衣》信以結之,則民不倍,《論語》斯遠鄙倍,皆是也。引申之爲倍文之倍,《大司樂》注曰:倍文曰諷。不面其文而讀之也。又引申之爲加倍之倍。以反者覆也,覆之則有二面,故二之曰倍。俗人鈲析,乃謂此專爲加倍字,而倍上、倍文則皆用背,餘義行,而本義廢矣。

段氏關於引申義是什麼,還缺乏明確的解釋。書中所舉字義的引申,性質也很複雜,甚至於有很多不屬於意義引申的一類也稱之爲引申,未免失之籠統,例如託意於此而寄形於彼的,不能算作引申;無字可寫,只是借音的,也不能算作引申。可惜段氏沒有能夠細加區別。這須要另加評述。

段氏言字有古今,同時也注意到義有古今,例如:

曾,許云:詞之舒也。(二上八部) 段云:曰部曰:朁,曾也,《詩》朁不畏明、胡朁莫懲,毛、鄭皆曰:朁,曾也。按"曾"之言乃也。《詩》曾是不意、曾是在位、曾是在服、曾是莫聽,《論語》曾是以爲孝乎。曾謂泰山不如林放乎,《孟子》爾何曾比予於管仲,皆訓爲乃,則合語氣。趙注《孟子》曰何曾猶何乃也,是也。是以"朁"訓爲曾。朁不畏明者,乃不畏明也。皇侃《論語疏》曰曾猶嘗也。嘗是以爲孝乎,絕非語氣。蓋曾字古訓乃,子登切,後世用爲曾經之義,讀才登切,此今義今音也,非古義古音也。

瞻,許云:臨視也。(四上目部) 段云:《釋詁》、毛傳皆曰:瞻,視也,許別之云臨視。今人謂仰視曰瞻,此古今義不同也。

伴,許云:大皃。(八上人部)　段云:《大學》注胖猶大也,胖不訓大,云
猶者,正謂胖即伴之假借也。《方言》《廣雅》、《孟子》注皆曰般大也,亦謂般
即伴。《廣韻》云侶也、依也,今義也。

僅,許云:材能也。(八上人部)　段云:材,今俗用之纔字也……材能言
僅能也……唐人文字僅多訓庶幾之幾。如杜詩山城僅百層,韓文初守睢陽時
士卒僅萬人,又家累僅三十口,柳文自古賢人才士被謗不能自明者僅以百數,
元微之文封章諫草緐委箱笥,僅逾百軸。此等皆李涪所謂以僅爲近遠者。於
多見少,於僅之本義未隔也。今人文字皆訓僅爲但。

驟,許云:馬疾步也。(十上馬部)　段云:《小雅》曰載驟駸駸。按今字
驟爲暴疾之詞,古則爲屢然之詞。凡《左傳》《國語》言驟者皆與“屢”同義。
如宣子驟諫公子、商人驟施於國,是也。《左傳》言驟,《詩》《書》言屢,《論
語》言屢亦言亟,其意一也。“亟”之本義敏疾也,讀去吏切,爲數數然,數數
然即是敏疾,“驟”之用同此矣。

據此可知段氏不僅善於發明古訓,而又能區別古義與今義,這是合乎歷史發展
觀點的。

除此之外,段注中有關古今語音、文字、詞義變移的説明極多,如四上鳥部
“鵑”字下論鸚鵡之“鵡”本作“鵑”音茂后反,“鵡”字爲後起;六上木部“枼”字
下説明古音緝盍兩部字與脂祭兩部字諧聲相通;八上人部“儔”下辨“儔”字有
徒到、直由二切,意義不同,儔侶字唐以前皆作“儔”,不作“儔”;又“佻”字下論
“愉”字本音他侯切,訓薄,後世音羊朱切,訓爲愉悦,非古音、古義。這種博舉
而詳説的例子對學者的啟發很大。

段氏研究詞義是從多方面來入手的,比較前代書傳訓詁的異同,形與音與
義三者互求,這都是最主要的方法。特別要提出的是段氏取材很廣,而推考詞
義,是從古書原文文句出發,而不是單純依靠前人的注解。他把字書和訓詁書
的訓解和書傳文句中實際表現的詞義聯繫起來考察,所以往往有獨到的見解。
一字多義的,段注在許訓之外,兼舉別義;數字義近義通的,則比類加以説明。
義有歧異的,又詳加辨析(如二上八部“介”下和十二上“耳”下説明“介、耳”兩
字不能相混,八下欠部“歉”下指出“歉、嘆”二字今人通用,而《説文》義訓不
同)。使學者可以聞一知二,繁複之中,自有條理。當時阮元等人編纂《經籍籑
詁》,搜羅古書的訓解極爲詳備,但是缺乏條貫。段氏《與劉台拱書》曾説(見劉
盼遂先生《段王學五種》,《經韻樓集補編》下《與劉端臨》第二十四書):“《經

籍簒詁》一書甚善,乃學者之鄧林也。但如一屋散錢,未上串。拙著《説文注》成,正此書之錢串也。"由此可見段氏抱負之大。

以上所論都是段氏所作的幾方面重要的工作。總起來説,段氏《説文解字注》的成就是很多的。一方面,把許慎作《説文》的意旨和《説文》這部書在考訂文字聲音訓詁方面的真實價值闡發無遺,而且貫串全書,詳加注釋,使《説文》成爲可讀之書;另一方面,段氏參考群書字訓,就形音義三方面互相考校,探討三者間的關係,並説明古書中文字的假借、意義的引申、古今語的異同,創通許多探討詞義的方法,繼承了前代訓詁學的優點,而又加以發揚,這樣就使訓詁學的理論和方法都有了新的内容和新的發展。

段氏對文字形音義的探討已經帶有歷史研究的性質,而且能從以往訓詁學只作一字一義的孤立的説明轉向注意全面系統知識的探索,這尤其值得重視。文字、音韻、訓詁之學以前僅是經學的附庸,從清代乾嘉以後才逐漸發展爲專門獨立的語言文字之學。段氏在這方面的貢獻是絶對不能忽略的。

段氏在注文中連帶解決和説明的問題還很多,例如有關漢人訓詁詞例的解釋(一上示部"祇"下釋"當爲、讀爲、讀如","祼"下釋"之言",三上言部"讎"下釋"猶"),有關一些古書體例的説明(如六下邑部"酈"下指出《漢書・地理志》的地名"皆隨其地語言爲音",十下心部"愿"下指出凡《釋文》云"本又作"之下往往出古字),對學者都有極大的幫助。段氏書中除了寫出自己的見解以外,別家有説可采的也一併録出,如惠棟、戴震、錢大昕、程瑶田、盧文弨、焦循、劉台拱、江聲、姚鼐、王念孫、汪龍、陳鱣、江沅、陳焕等人有關名物訓詁的解釋都有擇録,這更使讀者能夠開拓眼界,獲得更多的知識。

段氏對自己的書也是頗爲自負的。一則説浞長或許爲知己(見《説文・敍》注),一則説孰謂今人不可以勝古人(見十四上車部"軝"下評程瑶田説),足見胸中自有高低。但是一個人的才力究竟是有限度的,這樣一部大書,不能没有罅漏和缺點。何況成書的時候,已年近七十,精力就衰,校訂自不能周密。書中主要的缺點有以下幾方面:

(一)校訂許書,有時自信太過,流於武斷。

段氏《説文注》的長處在於徵引廣,有發明,有獨到的見解。但有時過於自信,失之於武斷。以校訂許書而論,許書久經傳寫,譌誤自多,段氏校改篆文九十二,删篆文十九,增篆文二十二。原來的訓釋和字次也頗有改訂。其中有些是比較可靠的,或者是符合許書體制的,但有些就缺乏足夠的根據,那就應當以不改爲是。

　　段氏對周代銅器文字既很少研究（僅注意到薛尚功《鐘鼎彝器款識法帖》，一下“蘄”字下曾提到鐘鼎文），對秦漢篆書石刻和漢人隸書也不重視，因此在刊正篆文上就有時失之鹵莽，例如齒部“齔”字，各本皆從齒從七，許云：“毁齒也。”段云：“今按其字從齒、匕，匕，變也……毁與化義同音近。玄應書卷五齔舊音差貴切，卷十一舊音羌貴切，然則古讀如未韻之㰥，蓋本從匕，匕亦聲，轉入實至韻也……古音蓋在十七部。”案段據玄應所稱舊音改“齔”字從匕，不可從。漢人隸書字皆從七，不從匕，許慎所録篆文一定也是從七。又如木部“本”字，許云：“木下曰本。從木，一在其下。”段氏依《六書故》所引唐本改作“木下曰本。從木從丅。”篆文也改作從木丅。“末”字，許云：“木上曰末。從木，一在其上。”段氏改篆文作從木從丄。案《六書故》所引唐本不可信。“本、末”都是屬於指事字一類，不是會意字。秦泰山刻石，“本”字與《說文》相同。段氏不察，誤據戴侗書改變相傳的寫法，未免武斷。又如《說文》有“鎦”無“劉”，段氏改“鎦”作“鐂”；《說文》“瘑”字篆文疒下從咼，許云“從疒蠚省聲”，段氏則改篆文作“瘒”，這些都是師心自用，一無是處。至於刪增篆文，增改注文，問題更多，例如齒部刪去“齹”字，足部刪去“踞”字、“跛”字，木部刪去“樛”字，水部刪去“瀎”字，日部“昧”字、“睹”字、“昕”字下注文“旦明也”都改作“且明也”，這些都極不妥當。不如只在注中說明，留待讀者思考。

　　（二）解釋轉注假借與許慎原意不合。

　　《說文・敘》所說六書轉注一類，歷來解說紛紜。許慎說：“轉注者，建類一首，同意相受，考老是也。”戴震根據《說文》“考、老”互訓以解釋轉注，而段氏又用戴震說把“建類一首”的“類”解爲義類，“首”解爲五百四十部部首（見《說文・敘》注），認爲數字展轉互相爲訓的都是轉注，因而轉注又有“類見於同部”和“分見於異部”之分。他又說：“轉注者，所以用指事、象形、形聲、會意四種文字者也。數字同義，則用此字可，用彼字亦可。”這不僅與許慎原來舉“考、老”二字爲例的情況不合，而且也自相矛盾。許慎既然說“建類一首”，依理只能限於同部之內，異部的互訓字就不能算爲轉注。段氏所說合於“同意相受”，而不合於“建類一首”，無怪鈕樹玉《段氏說文注訂》批評段說與許書不合。但是最根本的問題還在於轉注一類是否不屬於文字孳生繁衍的一類。依照戴、段兩家所說就只是同義字的互相替代了。這與許說也不相符。劉台拱《轉注假借說》曾經指出（見《劉端臨遺書》卷八）：“以一義生數字，謂之轉注；以一字攝數義，謂之假借。隨音立字,謂之轉注;依音托字,謂之假借。"這種解釋就比段氏所説要恰當得多了。不過,對於許慎所説"建類一首"的意思不談,仍然與許説不完全相合。另外,許説假借爲"本無其字,依聲托事,令長是也"。這顯然是專就最初本無其字而説的,而段氏偏偏又把古書中本有其字的同音假借與許説糾纏在一起,使漢人所指在文字發展過程中有借用已有文字不造新字的一種方式的含義變得模糊不清了。這都與許氏原意不符。

(三)解釋許書訓釋頗有錯誤,有時甚至穿鑿附會,强爲曲解。

許慎《説文》解説中的錯誤是很多的,但是在段注中也有原書不錯而把它解錯的,例如:

嚏,許云:悟解氣也。(二上口部) 段云:悟解氣者,欠字下云張口氣悟是也。悟,覺也;解,散也……許意"嚏"與"欠"異音同義。玉裁按:許説"嚏"義非是,不必曲徇。"嚏"之見於《月令》《内則》者各一……《月令》民多鼽嚏謂鼻塞而妨嚏。《説文》噴下一曰鼓鼻,而釋嚏爲欠,直以其字從口不從鼻故耳。殊不思《内則》既云不敢嚏,又云不敢欠,其爲二事憭然……故"嚏"解當改云歆鼻也爲安。口與鼻同時氣出,此字之所以從口也。

今案嚏與欠雖爲二事,但同是自内出氣,許訓嚏爲悟解氣,只能説不够明晰,而不能認爲是錯。任何人都能分辨嚏、欠,許慎不會如此無知。

臑,許云:臂羊矢也。(四下肉部) 段改許注爲"臂,羊豕曰臑"。段云:各本皆作臂羊矢也。《鄉射禮》音義引《字林》:臂羊豕也。《禮記》音義引《説文》:臂羊犬也。皆不可通,今正。許書嚴人物之辨,人曰臂,羊豕曰臑,此其辨也。

案羊矢,《禮記·少儀》釋文、《史記·龜策列傳》注徐廣引並同。錢坫《説文斠詮》説:"坫考《素問》,羊矢脈穴名,近臂臑,是矢字未嘗誤也。"然則段氏改羊矢爲羊豕,是以不誤爲誤。今考醫書,人臂肘上一節外側曰臑,内側曰臑。《説文》臑字也正與"臂肘"二字相廁,則臑並非專指羊豕臂而言。段氏强爲之説,徒使後人迷惑。王筠《説文句讀》不從段説,極是。

即,許云:即食也。(五下皀部) 段云:即當作節,《周易》所謂節飲食也。節食者,檢制之,使不過,故凡止於是之詞謂之即。凡見於經史言即皆是也。《鄭風》毛傳曰:即,就也。

　　案古書中"即"字没有訓爲節食的，段氏改即食爲節食，可以説是向壁虛造。"即"字古書通訓爲就，許所説的即食就是就食的意思。至於虛詞的"即"字與節食更没有關係，不能隨意牽合。

　　段注中除了有誤解許説的地方以外，還有不少牽强附會的説法，例如：

　　禧，許云：禮吉也。（一上示部）　　案"禮吉也"當依《廣韻》作"福也，吉也"。"福"誤爲"禮"，下又脱"也"字，所以錯爲"禮吉也"。禧訓福爲古書通訓，吉與福意義相近。段氏没有注意到今本文字有誤，而解釋爲"行禮獲吉也"，完全是望文生義，毫無根據。

　　牛，許云：大牲也。牛，件也，件，事理也。（二上牛部）　　此注"件"字嚴可均《説文校議》謂當作"倳"。段氏删"大牲"以下七字，改爲"事也，理也"，與馬下訓怒也，武也同例。段云："事也者，謂能事其事也。牛任耕。理也者，謂其文理可分析也。庖丁解牛，依乎天理，批大郤，道大窾。"案牛以事與理爲訓，已不盡可解，段氏又以《莊子・養生主》語説明牛有文理，尤爲荒謬。

　　用，許云：可施行也。從卜中，衛宏説。（三下用部）　　案篆文用字不從卜中，衛宏説不可從。段氏既不加辯駁，反而説："卜中則可施行，故取以會意。"這完全是牽强附會的話。

　　孚，許云：卵孚也，從爪、子。一曰信也。（三下爪部）　　段氏改"卵孚也"爲"卵即孚也"。段於"一曰信也"下注云："此即卵即孚引申之義也。雞卵之必爲雞，鳧卵之必爲鳧，人言之信如是矣。"案孚信與卵孚並無意義上的聯繫，段説迂曲，不可信。

段氏書中誤解、曲解的例子還很多，不煩多舉，讀者當善於分辨。與其過而信之，不如多聞闕疑。

　　（四）墨守許書，誤以爲許書説解必用本字。

　　《説文》所收的字有古字，有古今通用的字，又有不少異體字。其中有些字是現存古書中所没有的，例如：

　　《説文》：㒳，再也。兩，二十四銖爲一兩。（七下㒳部）　　案"㒳、兩"本爲一字。金文"㒳"字上或加一作"兩"，小篆則寫爲"兩"，猶如甲骨文帀字上或加一作帀，小篆寫爲"雨"，許慎把"㒳、兩"分爲兩個字，訓解不同。㒳，原來的意義不明，或説象物平分。《説文》説二十四銖爲兩則是假借義。現存古書中只有"兩"字，没有"㒳"字。

　　《説文》：悉，惠也。（十下心部）㤅（愛），行皃也。（五下夊部）　　案

"恶、憂"實爲一字。"恶"從心從无,无作𠂏,加心字則成"憂"。《説文》把
"夊"字做爲一個字,訓爲行遲曳夊夊,因憂從夊,所以訓爲行兒,古書慈愛字
都作"愛",不作"憂"。

　　《説文》:䠊,斷足也。(二下足部)刖,絶也。(四下刀部)　案"䠊、刖"
二字同從月聲,一從足,一從刀,但意義相同。《説文》就形説義,所以"䠊、
刖"訓解不同。現存古書中斷足字都作"刖"。

　　《説文》:坿,益也。(十三下土部)附,附婁小土山也。(十四下阜部)
案"坿、附"二字同從付聲,一從土,一從阜,從土從阜的字意義也有相通的,
如《説文》"阯"或作"址"。"坿、附"《説文》分收兩部,訓釋不同。現存古書
中坿益字多作"附"。

　　《説文》:屰,不順也。從干下丩,屰之也。(三上干部)逆,迎也,從辵,屰
聲。(二下辵部)案屰,甲骨文作𡴀,爲大字倒文,象人從對面來。逆,甲骨文
作�,卜或作彳,表示道路,𡴀象人的足,此字從𡴀從卜,表示在路上與人相迎、
相逢的意思。辵是後加的意符。《説文》"屰"字即由𡴀字變成,許慎説"屰"
從干下丩,與甲骨文原意不合。現存古書中只有"逆"字,没有"屰"字。

　　《説文》:夅,服也,從夊干相承不敢並也。(五下夊部)降,下也,從阜,
夅聲。(十四下阜部)　案降,甲骨文作𨾊,金文同,象兩足由阜自上下降。
另外没有看到𨾊字。《説文》分"夅、降"爲二字,而"夅"字訓服,説從夊干
相承不敢並,案降伏當爲降下的引申義。現存古書中只有"降"字,没有
"夅"字。

　　《説文》:散,妙也,從人從攴,豈省聲。(八上人部,妙,段改作"眇")微,
隱行也,從彳,散聲。(二下彳部)　案金文有散字,從𢆶從攴。《説文》訓妙,
不是造字的本義。現存古書中只有"微"字,没有"散"字。

　　《説文》:叀,小謹也。從幺省,中財見也,中亦聲。(四下叀部)專,六寸
簿也,從寸,叀聲。一曰專紡專。(三下寸部)嫥,壹也,从女,專聲。一曰女
嫥嫥。(十二下女部)　案甲骨文有𤔙𤔔二字。叀從又。象紡錘形,可能就
是《説文》"專"字下所説一曰紡專的"專"。不過甲骨文"叀"字讀如惠,與
"惟"字通(見唐蘭先生《天壤閣甲骨文存考釋》),音與"專"字不合。現存古
書中只有"專"字,没有"叀、嫥"二字。

從以上所舉的例子來看,《説文》中確實保存了不少古字。這些字雖然不見於
古書,但有一部分已在古文字中發現,足見許慎必有所本。不過《説文》的訓釋

未必都是造字的本義,如"网、夅、散、叀"都是。另外,《説文》中也有不少的字是晚周或秦漢時期所產生的,其中有些可能是異體字(如"跀"),有些可能是後起本字或有意加以區別的字(如"壅、悎、崒、迶"之類),情形非常複雜。文字的產生有先後,而古書的時代又有不同,歷久傳寫,也會發生不少的改變。所以《説文》中有些字不見於現存的古書,古書中所寫的形體和字的意義也不能都與《説文》相同。

《説文》是一部注重分析文字形體的書,許慎解釋字義自然傾向於就形説義。因此,"恿"訓惠,"㥚"則訓行兒;"夅"訓服,"降"則訓下;"散"訓妙,"微"則訓隱行。就形以説義固然容易得字義之本,但有時也會失之於牽強,如説"彳"小步也,"支"去竹之枝也,"叀"小謹也,"孚"物落上下相付也,"勿"州里所建旗,象其柄,有三游,等等,都與古文字原來造字的意義不合。《説文》既主就形説義,有些字不止一個意義的,也就只取其與形體相應的寫上,其他大都捨棄不錄。這樣,《説文》本身就有得有失。學者應當善於抉擇,取其是而違其非,不能信守不替,認爲許慎所説完全都是對的。其實許慎著書的目的在於遵修舊文,博采通人,使學者不爲誤説所蔽而已。

段氏理解到許慎因形説義的精神,但又爲許書所囿,認爲《説文》所載的形體義訓都是本字本義,凡古書中的字與《説文》不相符的統稱爲假借,這就把文字的形義死守在《説文》上而不能通權達變了。本字本義在研究文字訓詁的時候是要講的,可是必須分別從具體的例子來確定,不能一切都以《説文》爲準。因爲《説文》只是代表後漢許慎一家之言,而《説文》中所收的字包括由漢以上多少世紀內所產生的字,不是平面的一個時期內所造的,許慎給每個字所加的訓釋只是就他當時所能知道的采用,而不能説這些訓釋都合乎造字的原意。段氏倡本字本義之説,對解釋文字形義的發展是有用的,可是完全根據《説文》衡量一切古書,反而局隘,不符合古代使用文字的情況。

創製文字和使用文字都是在矛盾中不斷發展的。從創製文字來説,字少則不敷應用,勢必逐漸增多。有的就一個字增加偏旁而分化爲兩個字,以表示兩個不同的意義;有的由於語轉或其他原因,由同一個意義而產生兩個不同的字。可是形體繁複,則不便於書寫;文字數量過多,則又不便於使用。在這種矛盾情況下,字體必然要向簡化方向發展,在用字方面也必然要趨於以簡馭繁。因此在形體方面,大篆變爲小篆,而又變爲隸書、楷書。在用字方面,凡是不必要的,就廢置不用,而取其應用比較廣泛、意義相類的字來代表,如用"懷、稱、卒、交”，而不去用“袤、冓、砕、这”。有些已經通行的假借字，即使後來又産生了本字，這種後起的本字也未必爲群衆所采用。所以在使用文字方面，既要固定，以防止别字，同時又要在紛繁的文字系統中求其適用，避免繁雜。以簡馭繁，就是用字的歷史規律。

　　段氏不瞭解這種情形，膠執在《説文》的本字本義上，把具有不同文字層的《説文》看成是一個平面的總和，在《説文注》中每言“某當作某”，或“某古作某”“某行而某廢”，這都是就《説文》的訓釋來安排的，其實有不少字是後起的，或是在某個時期所産生的異體字，一般書籍中未必廣泛應用，甚至還有人不很熟悉，並非兩者都處於同樣的地位而抉擇取捨，有意要廢去哪一個。有些字很可能始終就不曾流行過。字書中雖然兼收並蓄，而用字的人還是要合乎約定俗成，還是要循着以簡馭繁的規律。因此段注所説“某行而某廢”的話是不正確的，如果説：某字古書罕用，通作某字，那就恰當多了。

　　段氏最大的誤解在於認爲《説文》注解必用本字。十四上金部“鋞”字，許云：“温器也。”段氏改“温”爲“昷”，注云：“昷，各本作温，今正。許書温系水名，昷訓仁也，昷訓仁，故引申爲昷煗字。煗下曰昷也，聶下曰安聶昷也。凡經史可借用温，而許書不宜自相矛盾。凡讀許書者知此，則九千三百餘文之説解絶無不可通之處矣。蓋非用其字之本義，即用其字之引申之義，斷無有風馬牛不相及者也。温訓水名，此云温器也，是爲風馬牛不相及矣。昷器者，謂可用煗物之器也。”他在注許慎《説文·敍》“六書假借”下又説：“如許書每字依形説其本義，其説解中必自用其本形本義之字，乃不至矛盾自陷。而今日有絶不可解者，如悤爲愁，憂爲行和，既畫然矣，而愁下不云悤也，云憂也……但爲裼，祖爲衣縫解，既畫然矣，而裼下不云但也，云祖也；如此之類，在他書可以托言假借，在許書則必爲轉寫譌字。蓋許説義出於形，有形以範之，而字義有一定，有本字之説解以定之，而他字説解中不容與本字相背，故全書譌字必一一諟正，而後許免於誣。許之爲是書也，以漢人通借繁多，不可究詰，學者不識何字爲本字，何義爲本義……故爲之依形以説音義，而製字之本義昭然可知。本義既明，則用此字之聲而不用此字之義者乃可定爲假借。本義明，而假借亦無不明矣。”

　　這些話正如鈕樹玉所説是自立條例（見《説文段注訂》），與實際不相符合。一則因爲許慎生當後漢，當時通行的是隸書，許慎通習五經，五經都是習用之字，他絶不會應用經史古籍罕用的字；一則從本書來看，注文中不用本字本義的不可勝數，如“省聲”的“省”不作“婼”，“人用己私”的“私”不作“厶”，“微”不作"散"，"專"不作"嫥"；由此足見段氏所説不足置信。段氏注許書遇"兩"字則改爲"网"，"左右"則改爲"ナ又"，"私"則改爲"厶"，"微"則改爲"散"，"温"則改爲"昷"，居處字則改爲"尻"，徒然自擾。有些字由於《説文》訓釋與古書通用的字義不同，段氏也就拘泥許説，論定用字的是非，例如：

　　迁，許云：進也。（二下辵部）　　段云：干求字當作"迁"，干犯字當作"奸"。（案《説文》：干，犯也。奸，婬也。）

　　龠，許云：樂之竹管。（二下龠部）　　段云：此與竹部"籥"異義，今經傳多用"籥"字非也。（案《説文》：籥，書僮竹笘也。）

　　敟，許云：主也。（三下攴部）　　段云：按凡典法、典守字皆當作"敟"，經傳多作"典"。"典"行而"敟"廢矣。（案《説文》：典，五帝之書也。）

　　晐，許云：兼晐也。（七上日部）　　段云：按此晐備正字，今字則"該賅"行而"晐"廢矣。《莊子》《淮南》作"賅"，今多作"該"。（案《説文》：該，軍中約也。無賅字。）

　　全書類此者極多。影響所及，下筆必從《説文》，反爲局隘。如俞樾曾作《考定文字議》（見《賓萌集》），提倡用字要用正體，要用本字本義，一切都以《説文》爲準，後來有些人著書也好用《説文》本字，表面上似乎尊崇漢學，則古稱先，實際上與許氏精神不合，完全是一種復古思想的表現，缺乏歷史發展的觀點。

　　（五）段注中所説意義的引申，類例不清，有些不是引申而列爲引申義。

　　段氏講字義有本義，有引申義，有假借義，這對研究字義的發展和一詞所以多義很有幫助。可是哪些算是引申義，哪些不是引申義，段氏並不曾劃分清楚，例如：

　　薄，許云：林薄也。（一下艸部）　　段云：按林木相迫不可入曰薄，引申凡相迫皆曰薄。如外薄四海、日月薄蝕皆是。

　　蓋，許云：苫也。（一下艸部）　　段云：引申之爲發端語詞。

　　莫，許云：日且冥也。（一下茻部）　　段云：且冥者，將冥也……引申之義爲有無之無。

　　羽，許云：鳥長毛也。（四上羽部）　　段云：長毛別於毛之細縟者。引申爲五音之羽。

　　而，許云：頰毛也。象形。（九下而部，"頰毛也"段改爲"須也"）　　段云：引申假借之爲語詞，或在發端，或在句中，或在句末。或可釋爲然，或可釋爲如，或可釋爲汝……

　　獨，許云：犬相得而鬬也。从犬蜀聲。羊爲群，犬爲獨。（十上犬部）

段云：犬好鬬，好鬬則獨而不群，引申假借之爲專壹之稱。《小雅·正月》傳曰：獨，單也。

這裏段氏所説的引申義都與字的本義無關，這只能説是假借。"羽"字本爲鳥長毛，五音之"羽"更是借音，無所謂引申。"而、獨"二字下又用"引申假借"爲説，把兩者混在一起，足見他自己也把握不準了。

　　段氏談意義的引申，主要是根據《説文》的訓釋。他認爲《説文》的訓釋都是字的本義，因此把與本義有關的意義稱爲引申義。但是《説文》的訓釋未必與古文字所表現的造字原意相合，例如許慎説：行，人之步趨也；孚，卵孚也，一曰信也；畫，界也；既，小食也；有，不宜有也。這些都不是造字的原意。從篆文和古文字的寫法來看，"行"爲道路，"孚"即"菜"字，"畫"即規畫，"既"爲食已，"有"象以手持肉。許慎的訓釋既然不是字的原意，段氏誤據許訓以推論意義的引申自然難得正確。許慎去古已遠，有些字原意如何，許慎也無從知道，我們不宜責備許慎，可是段氏過信許書，則反生紕繆。

　　所謂引申義必須是在原有意義的基礎上引發出來的一種新的意義，例如"牢"爲養牛馬圈，引申爲牢固；"過"爲度過，引申爲過失；"世"爲三十年，引申爲父子相繼曰世；"謝"爲辭謝，引申爲凋謝；"列"爲分解，引申爲行列。但是有些字原來的意義並不清楚，有的意義與許慎所説又毫無關係，這樣就無從稱之爲引申。有些可能是兩個詞，例如"甫"字，許云（三下用部）："男子之美稱也。"段氏云："以男子始冠之稱，引申爲始也，又引申爲大也。"案"甫"訓始訓大與男子之美稱無關，不得謂之引申，段氏强爲之説，不足取信。又如"方"字，許云（八下方部）："併船也。象兩舟省總頭形。"段氏云："《周南》不可方思，《邶風》方之舟之，《釋言》及毛傳皆曰方泭也……泭者，編木以爲渡，與併船異事，何以毛公釋方不曰併船，而曰泭也？曰併船編木其用略同，故俱得名方。方舟爲大夫之禮，《詩》所言不必大夫，則釋以泭可矣。若許説字，則見下從舟省，而上有並頭之象，故知併船爲本義，編木爲引申之義。又引申之爲比方，子貢方人是也……又引申之爲方圓，爲方正，爲方向。"案甲骨文"方"作方，不從兩舟省，許説方爲併船，不是本義。至於段氏所説比方與方舟或者有關係，而方圓的方與併船無關是可以肯定的。段氏籠統謂之引申，反而把引申義的含義弄模糊了。

由此足見段氏對於意義的引申還缺乏精細的研究。

研究詞義,聯綿詞跟一般單音詞是要分別處理的,聯綿詞是否由其中的單字的意義引申而來,更應當注意,不能隨意解釋,例如"詢"字,許云(三上言部):"騃言聲。從言勹省聲,讀若玄。"段改"騃"爲"駭",注云:"駭各本作騃,依《韻會》訂。此本義也。引申爲訇詢大聲。"案段改"騃"爲"駭",所以説引申爲訇詢大聲。"訇詢"即"鞼詢",張衡《西京賦》云:"奮隼歸鳧,沸卉鞼詢。""沸卉、鞼詢"都是疊韻,李善注云:"奮迅聲也。鞼,芳耕反,詢,火宏反。"此與許訓騃言聲不相關。又如"弟"字,許云(五下弟部):"韋束之次弟也。"段云:"以韋束物,如輈五束、衡三束之類。束之不一,則有次弟也。引申之爲凡次弟之弟,爲兄弟之弟,爲豈弟之弟。"案"豈、弟"爲疊韻,《詩》云孔燕豈弟,豈弟君子,都是樂易的意思,與次弟的意思無關。段氏把這一類聯綿詞與本字意義不相涉的也都視爲引申,那是錯誤的。

以上都是段注的主要缺點。其他毛病,仍然不少,如引文有誤,出處不詳;重古輕今,好言正俗;前後異義,互相矛盾;論音昧於雙聲,有時與疊韻相混;注中有時夾敘一些封建的理學的迂腐之論;這些都不再詳舉。

總之,段氏這部書雖然是一部體大思精的著作,但不無瑕疵。他自己曾説(見許慎《後敘》注末):"剖析既繁,疵纇不免,召陵或許其知己,達者仍俟諸後人。"他一方面自許有得,一方面也想到仍然免不了有缺點。我們讀段氏的書也應當有一個正確的尺度衡量他的得失。從大的方面來看,段氏的學識是豐富的,他的長處在於有見解,他能看到古今語言文字是有發展的,要研究語言文字,必須形音義三者相結合,不應當忽略三者之間的關係;他重視知識的實際運用,從反復考索材料而增加了不少理論知識,使傳統的訓詁學獲得新的發展。這些都是他的優點。但是他在當時漢學盛行的空氣下,由崇信許鄭而墨守許書,不肯應用篆文以外的材料,來分辨許書的是非;而且對文字在使用上以簡馭繁的道理缺乏認識,強分此疆彼界,而忽略許書本身的歷史性和它的局限性,因此注中有些地方比較圓通,有些地方就非常沾滯。在某些方面他是有獨到的見解的,但是有時又蔽於己見,改動許書,甚至説"凡此校正,私謂必符許意,知我罪我,所不計也"(見十四上金部"鏡"字下),足見自負之甚。不善於闕疑,強以爲知,那就難免發生罅漏了。這些都是他的缺點。因此我們必須具有革命的批判的精神,實事求是地去理解段注,先從總的方面認清它的得失,再看其中每個字的解釋也就容易知所去取了。

　　前人評論段注，每多似是而非之論。或如徐承慶之流，好爲詆訶，專攻其短，而學識遠不及段氏。古人説："好學深思，心知其意。"必須深造自得，瞭解他的意旨所在，才能正確地評議他的得失，才不致見其小而遺其大。清同治間馬壽齡作《説文段注撰要》，所注意的只是文字一方面，其他無所擇録，還不能算爲撰要。段注在過去的影響很大，所以不能不舉例略論段注的得失，使初學者不致爲注文浩汗所苦，迷罔而不知取捨。對段氏的缺點，我們必須認識清楚。至於段氏的成就，上文所説也僅是就書論書，想要變爲具體可用的能發展我們語言學的東西，還須要經過分析改造才行。

讀王氏《廣雅疏證》手稿後記

　　每觀前人著述,未有輕心率意以出之者。若顧寧人之《音學五書》、陳碩父之《詩毛氏傳疏》、孫仲容之《周禮正義》,皆經二三十年數易稿而成,真積力久,其功自大也。石臞先生四十四歲始注釋《廣雅》,日無間斷,十年方成。其肆力之勤,用心之專,亦可驚矣。《廣雅》一書自隋唐以來譌誤已多,後人又以曹憲《博雅音》次於正文下,因而傳寫之時更多紕繆。有正文誤入音內者,有音內字誤入正文者,有正文脱去、音內字升入正文而又誤者,有正文脱去、音內字混入他字下者,有校書者所記而誤入正文者。王氏一一分別訂正,備極精審。至其疏證徵引之博洽,斷制之確切,均極精到。曩聞新會陳援庵先生藏其手稿三卷,近承羅莘田先生示以所迻,因得知王氏之所用心及其治學之次第焉。稿存卷一下,卷二、卷三上下,三卷。卷二、卷三皆是第一次清本,後有增改;卷一則是第二次清本。其初稿卷二、卷三原不分上下,後以卷帙繁重,乃分爲二。曹憲《博雅音》亦因《廣雅》刻本之舊分列於本文下,後乃刪去獨立,至第二次清本本文下已無《博雅音》。今以原稿參校刻本,頗有異同,蓋刻本已刪減,改訂,增益矣。撮要言之:

　　(一)本文之常訓初稿皆有疏證,而刻本刪去。如:

　　　卷二上《釋詁》:利,貪也。稿云:利者,鄭注《坊記》云利猶貪也。刻本無之。

　　　卷二上《釋詁》:威,力也。稿云:威者,《吕氏春秋·蕩兵》篇云威也者力也。刻本無之。

　　(二)疏文援引古書訓釋前後相發者,去其重複,改注參見之卷數。如:

　　　卷一下《釋詁》:緒,末也。稿云:《莊子·讓王》篇:其緒餘以爲國家。司馬彪注云:緒者,殘也;謂殘餘也。《楚辭·九章》欷秋冬之緒風,王逸注云:緒,餘也。皆末之義。《山木》篇:食不敢先嘗,必取其緒。緒亦餘也,《釋文》以爲次緒之緒,失之。刻本刪之,識云:義見卷三"緒,餘也"下。

　　　卷二上《釋詁》:庋、閣,載也。稿云:庋閣者,《史記·梁孝王世家》索隱引周成《雜字》云:庋,閣也。又引《通俗文》云:高置立庋棚曰庋閣。《禮記·

檀弓》篇:始死之奠,其餘閣也與? 鄭注云:閣庋藏食物。《内則》篇,大夫七十而有閣。鄭注云:閣以板爲之,庋食物也。是庋、閣皆載之義也。"庋、庪"與"庋"同。刻本作:庋閣二字義見卷三"載、閣,庋也"下。

(三)疏文宂長者去之,以求簡潔。如:

卷二下《釋詁》:聞,誋也。稿云:《論語·泰伯》篇:禹吾無閒然矣。皇侃疏云:閒猶非間也。《先進》篇:人不閒於其父母昆弟之言。陳群注云:人不得有非閒之言也。今刻本《泰伯》篇下十八字删去。

卷二下《釋詁》:侏儒,短也。稿云:侏儒者,《晉語》:侏儒不可使援。《禮記·王制》篇:瘖聾跛躃,斷者侏儒。鄭、韋注並云:侏儒,短人也。今刻本作:《晉語》:侏儒不可使援,韋昭注云:侏儒,短人也。

(四)刻本有改訂原稿者。如:

卷二上《釋詁》:閒,加也。稿云:諸書無訓"閒"爲加者。《説文》閒,隙也。"隙、罅、瑕、釁"等字並在下條,則"閒"字亦當在下條。各本皆在此條,疑傳寫誤也。刻本删去,改爲:閒與誋同云云。

卷二下《釋詁》:誦、説、精、講,論也。稿作:誦、説、讀、講、論,道也。疏云:各本皆誦、説、精、講,論也,案"説、講"二字可訓爲論,"誦"字不可訓爲論。若"精"訓爲論,於理尤不可通。《初學記》引《廣雅》:講、讀、論,道也。是今本"論"下脱去"道"字,而"精"字爲"讀"字之譌。今據以訂正。今刻本仍作:誦、説、精、講,論也,此疏删去。

(五)原稿未疏證者,刻本補釋之。如:

卷一下《釋詁》:媱,好也。原稿未釋,刻本增云:"媱"與"禭"同義。《文選·答賓戲》注引應劭注云:遙,好也。"遙"與"媱"亦聲近義同。

卷一下《釋詁》:勝,舉也。原稿未釋,刻本增云:勝者,《周語》:耳之察清濁也,不過一人之所勝。注云:勝,舉也。

(六)原稿未申明者,復補正之。如:

卷一下《釋詁》:辯,使也。稿云:辯者,《酒誥》:勿辯乃司,民湎於酒。傳云:辯,使也。刻本續云:"辯"之言俾也,俾亦使也。《書序》:王俾榮伯作賄肅慎之命,馬融本"俾"作"辯",是"辯、俾"同聲同義。

卷二下《釋詁》:遁,欺也。稿云:遁者,《新書·過秦論》云:姦僞并起,而上下相遁。刻本續云:《淮南子·修務訓》:審於形者,不可遯以狀。高誘注云:遯,欺也。"遯"與"遁"同。

（七）援引證據以先秦古書及古注爲首要，原稿最初引用漢以後古書者，後每代以先秦古書。所引字書，亦取其時代較早者。如：

卷一下《釋詁》：眽，視也。刻本云：《魏策》云前眽地形之險阻。原稿作：《漢書・揚雄傳》：眽隆周之大寧。顔師古注云：眽，視也。

卷二下《釋詁》：繻，絣也。原稿云：繻者，《玉篇》繻衣。《廣韻》云：縫衣相著也。刻本作：隱者，《衆經音義》卷十四引《通俗文》云合袱曰繻。《説文》袱，縫也。

（八）疏證中之聲訓及所謂某某聲近義同、某亦某也、方俗語有輕重緩急等，多後來所增。此乃王氏注釋既畢，復據古音以求古義，觀其會通，故多有增改。如：

卷一下《釋詁》：婠，好也。稿云：婠者，《説文》婠，體德好也。婠者，刻本作：婠之言娟娟也。

卷一下《釋詁》：挾，動也。稿云：挾者，《玉篇》撼動也。刻本作：挾者，《玉篇》胡改切，撼動也。高誘注《淮南子・俶真訓》云：駭，動也。“駭”與“挾”聲近義同。

卷一下《釋詁》：憃，愚也。稿云：憃者，《説文》憃，愚也。憃者，刻本作：憃亦戇也。方俗語有輕重耳。

（九）稿本内每有簽記，足資佐證，而刻本無之，此即《廣雅疏證補正》之所本。如：

卷一下《釋詁》：嫭，好也。別簽云：《吕氏春秋・適威》篇：周書曰民善之則畜也，不善則讐也。高誘注：畜，好也。

卷一下《釋詁》：衢，動也。別簽云：《易》是類謀萌之衝。鄭注云：萌之始動。

此外所引釋藏，景宋本，皆後增者也。觀以上數則，可知王氏著書之矜慎，用心之縝密矣。其書校訂精確，疏證明通，絶無向壁虚造、鹵莽滅裂之嫌。稿凡數易，屢加修訂。而刻成之後，又於印本中別簽補正，學而善思，思而力學，勤勤焉，屑屑焉，以成其業。前人若此者，實不多見。至其持論，是非曲直，無所依違，實事求是，成就自高，絶非同時人之好臆斷妄改、詆訶自封者所可跂及也。惟書中闡發詞義，不言意義之引申與轉變，尚有不妥，暇當爲文論之。

1935 年 8 月

論《篆隸萬象名義》

　　《篆隸萬象名義》爲日本弘法大師空海所撰之字書。卷首題"東大寺沙門大僧都空海撰"。空海生當中國唐代,於德宗貞元二十年(804)曾來中國,受學於惠果,至憲宗元和元年(806)東渡回國,攜去中國之書籍甚多。此書即彼回國以後所作也。空海爲大僧都在日本淳和天長四年(827),卒於仁明承和二年(835),此書之作當在827—835之間,即當唐文宗太和年間。而全書是否成於空海一人之手,亦難斷定。卷五首葉有"篆隸萬象名義第十五之下續撰　惹曩三佛陀"一行,則自第十五以下蓋爲惹曩三佛陀所續撰。此書僅有日本山城國高山寺所藏鳥羽永久二年(1114)當宋徽宗政和四年之傳寫本,距今已八百餘年,1927年日本崇文書院曾據原本影印收入崇文叢書第一輯中。

　　此書分爲三十卷,本陳顧野王《玉篇》而作。顧氏之作成於梁代,經蕭愷刪改行世。至唐高宗上元間孫強增字本出(見《新唐書‧藝文志》),則漸失本來面目。宋真宗時復命陳彭年等廣益之,增字一萬二千有餘,大亂部中次第,且注中所引經傳及野王案語大都芟刈無遺,去原書更遠。至於元代所刻《玉篇》,次第注文改變益甚,又非宋本之舊矣。今幸賴日本存有唐宋間所寫《原本玉篇殘卷》,得以略窺野王原書之面目。惟所存僅二千一百三十餘字,才當原書八分之一。今《名義》之部目次第全與現存《玉篇殘卷》相合(詳張煦《玉篇原帙卷數部第敘説》),即字數亦與唐封演所記之數相若(《封氏聞見》云:共字一萬六千九百一十七字)。除注文但采訓詁,不引經傳,與《宋本玉篇》相近外,其餘一依《原本玉篇》,絕少增損凌亂,正可據以考見顧書分部隸字之情形及其與今本之異同。昔宜都楊守敬《日本訪書志》於"篆隸萬象名義"目下云:

　　　　按野王《玉篇》一亂於孫強,再亂於陳彭年,其原本遂不可尋。今得古抄卷子本五卷刻入《古逸叢書》中,可以窺見顧氏真面目矣。然亦只存十之一二。今以此書與五殘卷校,則每部所隸之字一一相合,絕無增損凌亂之弊;且全部無一殘闕,余以爲其可寶當出《玉篇》五殘卷之上。蓋廣益本雖刪顧氏所引經典原文,而經典義訓大抵尚存;唯顧氏上承《説文》,其所增入之字皆有根據,而其隸字次第亦多與《説文》相合,其有不合者,正足與今本《説文》互相證驗,則此中之原流升降有關於小學者匪淺！況空海所存義訓較廣益本亦爲稍詳(顧氏原書於常用之字往往列四五義,廣益本概取二三義而已)。蓋據此書校刻餉世,非唯出《廣益玉篇》上,直當一部顧氏《原本玉篇》可矣。唯抄此書者,草率之極,奪誤滿紙,此則不能不有待深於小學者理董焉。

楊氏發端示例,頗足爲治顧書者闢一坦途。今日人岡井慎吾氏於《原本玉篇殘卷》已研究有得(見所著《玉篇の研究》),而於《名義》一書尚未有人深求(僅有山田孝雄氏之解題及岡井氏之《讀篆隸萬象名義》二文)[1]。因取此書與《原本玉篇》《今本玉篇》及《説文》等,比觀異同,略論得失,以爲考訂《玉篇》者之參考。

一、《萬象名義》與《原本玉篇》之異同

楊守敬《原本玉篇跋》云:

> 日本釋空海所撰《萬象名義》,其分部隸字以此殘本校之,一一吻合,則知其全書皆據顧氏原本,絶無增損凌亂。

今取黎庶昌所刻《原本玉篇》及羅振玉影印《原本玉篇殘卷》與《名義》相比,二者分部隸字相合無間,足證楊氏之説甚確。然日人所存卷子本《玉篇》之寫者及其年代不一,譌奪之處,在所不免。且《名義》作者自有去取之見,故亦小有出入。今不憚煩,一一舉出:

(1)字之次第　每部所屬之字,次第偶有不同,如《原本玉篇》:

言部　腎在謷上,而《名義》在謷下。

食部　餿在餚下,而《名義》在餡下。

卜部　卟在卧貞上,而《名義》在卧貞下。

車部　轚在軻上,《名義》列於軻下。犢下轆字,《名義》置於轤下。

舟部　舩下肜字,《名義》列於艘下。

石部　譎下砥字,《名義》列於碙上。

《原本玉篇》與《名義》之字次亦有可以互相校正者,如言部"豐"字本"豐"字之籀文,《原本玉篇》誤列其上,《名義》則不誤。又如《原本玉篇》:

　　車部　　犇下輊字,野王謂"此亦犇字",《名義》次於軭下誤。輒下轓字,九緢反,《埤蒼》輒轓也,《名義》誤次於犇下。

　　阜部　　院下陙字、隃字,與《說文》次第相同,《名義》置於陀下,均誤。

　　(2)正文　　《名義》與《原本玉篇》每部統攝之字,大致相同。亦有《原本玉篇》之字不見於《名義》者,如于部之"虧"(去爲反),欠部欲上之"欨"(呼物反),食部養下之"飯"(扶晚反),石部硈下之"磑"(午概反),硐下之"磟"(力篤反),及阜部陓(原誤陙)下之"陶"(呼矩反),水部瀟下之"泔"(古藍反),糸部經下之"織"(之力反),緗下之"繂"(補謐、補蔑二反),練下之"纚"(尸移、思移反),《名義》並無。又有《名義》之字多於《原本玉篇》者,如言部評下之"謼"(呼故反,唬也),謧下之"諦"(於計反,諦也),詤上之"誰"(千佳反,就也)、"訋"(都叫反,挈也),欠部歃下之"歙"(口饒反,氣出兒),歈下之"欽"(大侯反,歌也),甘部甚下之"憛"(徒紺反,甘)、"鼸"(呼兼反,或醶,香也),車部輊下之"輬"(力堂反,輊),舟部舭下之"颿"(扶嚴反,船帳),山部嶇下之"嶵"(爲買反,別大山)、"坒"(甫庸反,古封字,界也,厚也),石部礦下之"磐"(苦革反,堅),硵下之"硌"(子石反,補〔硵〕),磌下之"礩"(之逸反,柱下石)、"碵"(裨顯反),礦下之"础"(叉曰反〔宋本叉瓦切〕),阜部賦下之"阰"(都庭反),皆《原本玉篇》所無。且二者正文互有譌誤,如石部"砡"《原本玉篇》譌作"砫",阜部"陙"《原本玉篇》譌作"隑",車部"軔"《名義》譌作"鈞",舟部"雛"《名義》譌作"雖"。又有兩書同誤者,如山部"峚"之作"岺",厂部"厰"之作"厔",阜部"隊"之作"隊",糸部"絡"之作"絡",是也。

　　(3)重文　　顧氏《玉篇》雖明隸變,於古籀或體一併采納。古籀多本於《說文》;或體則取自《字書》《聲類》。今觀《原本玉篇》重文,《名義》往往不列爲正文,僅附於本字之下。且《原本玉篇》所引古文籀文,《名義》多闕(如《原本玉篇》言部"謝"下"誕"下籀文,《名義》無)。間或列入,亦不明言(如言部"譮"《說文》籀文話字也,《名義》僅附於"話"下,曰"話字")。而《名義》重文亦有多於原本者,如石部碈下之"硪"是也。

　　(4)或爲某　　凡《原本玉篇》注釋之末所云"或爲某、今爲某、與某同"者,《名義》於是字反切訓解之下一概注云"某字、或某",如人部"儦"芳妙反,嫖字;"佝"公豆反,怐字;"能"勅資反,或態;"傃"博堅反,或蹁;是其例。

　　(5)訓釋　　《名義》於每字下僅取《原本玉篇》之訓詁,而不引經傳,已如上述。然有節引原文殘缺不全者,如:

訟 似縱反,責也,理也,爭罪曰。

案《原本玉篇》云:"《周禮》凡萬民有獄訟者聽而斷之,鄭玄曰:爭罪曰獄,爭財曰訟。"此未引全。

譮 吐和反,通也,語也。

案《原本玉篇》云:"《方言》楚或謂慧爲譮。郭璞曰:亦今之通語也。"《名義》所引,非其義也。

其中訓釋亦有以甲字訓釋誤置於乙字之下者,例如:言部"訒"下"讀也解也"乃講字之注釋,讆下"虛規反相毀也"乃謉字之音義是也。《原本玉篇》之訓釋譌字亦多,如言部"訐"下《說文》訐忌言也,"忌"當作"妄";叩部"咢"下《說文》諤訟也,"諤"當作"譁";欠部"歆"下《說文》指而嘆也,"嘆"當作"唉";食部"饉"下《說文》亦鬻字也,"鬻"當作"饘";广部"廲"下《說文》空盧,"盧"當作"虛",此皆傳寫者之筆誤。《名義》訓釋亦有不見於《原本玉篇》者,如言部"話"下謂也,"詣"下祈也,"誑"下誤也,蓋皆別有所據。

(6)反切 《名義》反切大半本於《原本玉篇》,凡《原本玉篇》有兩種切語者,《名義》多取其一。何所取捨,莫得而知,或抄胥之所省略也。偶有《玉篇》作反切而《名義》注直音者,如《名義》欠部"欯"朔縮二音,《原本玉篇》作所穀反;食部"餲"厓("瘥"之譌)喝二音,《原本玉篇》作於例、於芥二反。兩書反切用字亦時有不同,如《原本玉篇》言部"誼"魚寄反,《名義》作宜寄反;"詄"徒結反,《名義》作達結反;"誐"魚何反,《名義》作魚河反;"諼"許爰反,《名義》作許園反,是其例。又兩本譌字彼此可以互證之處甚多。間有兩本並闕並誤者,如厂部之"厎"(音於□反,《宋本玉篇》作於愷反),糸部之"纘"(音子□反,《宋本玉篇》作子卵反),兩書皆闕反切下字。又如石部之"碬"(丁加反,"丁"當作"下"),阜部之"阡"(音且曰反,"曰"當作"田"),此皆傳抄之誤,應據《今本玉篇》改正。

二、與《今本玉篇》之異同

《名義》既保存《原本玉篇》之面目,若與《今本玉篇》(澤存堂本宋《大廣益會玉篇》)相校,正可見宋人刊定廣益之迹。

(1)部目 《今本玉篇》部數與《名義》相同,而部目小有參差。《名義》卷四自部目部之間有凶部,今本脫落。又目部下《名義》之省部,今本作盾部,然二者皆誤,張煦先生定作眉部,極確。蓋《名義》失去部首眉字,乃誤以部中次一字省字爲部目矣(若此者不一見,如卷三几部之誤爲兀部,卷十五毇部之譌作繫部皆是)。今本卷十二木部林部之間多一東部,則爲《名義》所無。

(2)部次　二者部次,或有不同。如《名義》卷十五之末部列於丰部來部之間,《今本玉篇》列於卷十五秝部香部之間;卷十五之重部《今本玉篇》爲皿部,卷十六之皿部《今本玉篇》則爲重部;卷二十一奢部大部,《今本玉篇》大部在奢部之上;卷二十九比部《名義》廁於市部出部之間,而《今本玉篇》介於匕部从部之間;同卷彔部《名義》在克部之下,《今本玉篇》在單部之下。此皆部次之不同者。

(3)收字　顧氏《玉篇》自唐孫強增字後,宋陳彭年等又廣益之,字數較原書已增多將近一倍。《萬象名義》收字一萬六千餘,而《今本玉篇》增多一萬二千有餘(共字二萬八千九百八十九)。若就《今本玉篇》標出《名義》所有之字,則其餘大抵皆後來所增(《名義》亦偶有脫落者)。《名義》所收之字亦有不見於《今本玉篇》者二百餘字,如白部之"皆魯智百",邑部之"郎"(去王反,聚也),心部之"懯",言部之"謍",角部之"觮",皆是。又顧氏原書兩部兼收之字甚多,《名義》皆因承不改,而今本均已刪去。

(4)字之次第　顧氏原書,每部之字以意義相關者比次之,如"君、后"相聯,"和、叶"相系,即其例也。而《今本玉篇》每每紊亂原來之次第,與作者用意不合者甚多,如手部之字或从手,或从扌,心部之字,或从心,或从忄,原本相糅不分,但以意義相近與否爲序,而今本皆分爲兩類:从手从忄者先列,从扌从心者後列,則但憑字形而不論字義矣。除此之外,《今本玉篇》尚有與原本體例不合者,如《名義》示部"褶"下云"袖古文",今本列"袖"於"褶"前,云"恥雷切,古文褶",是亂重文列於本字下之例;又同部祄字《名義》列在部末,今本則次於部中,是亂疊文殿於部尾之例。《名義》一書足以訂正今本之誤。其次第相合者,亦足資比勘,如女部嬡上《名義》有"嫋"字云:"與妖反,游也,喜也。"《今本玉篇》則作"婬,余針切,喜也",與《説文》原來次第完全不合。《名義》部末另有"婬"字云"與深反",今本則誤脫"嫋"字矣。

(5)正文　《名義》正文寫法有與《今本玉篇》不同者,如言部"誖",《今本玉篇》作"誖";口部"呲",今本作"嘁";艸部蔭,今本作"莜";車部"軭",今本作"軶"是也。又《名義》正文重文亦有與《今本玉篇》不同者,如示部"祊"下《名義》云"纂上文",《今本玉篇》則"纂"爲正文,"祊"爲重文;田部"畤"下《名義》

云"界同上",今本則"界"爲正文,"畊"爲重文;彡部"鬏"(哉孔反,兩角髦也)下《名義》云"髻,鬏字也",今本無"鬏"字,僅有"髻"字(子紅切,馬鬣。又作孔切),則正文亦脫去矣。然《名義》亦有因傳寫而脫去正文者,如:

> 土部 呼𡙡反深也空也 本文是坑字,誤以呼字爲首。

> 又部 禹九反 本文是右字,誤以禹字爲首。

> 手部 枯同反 本文是控字,誤以枯字爲首。

又《名義》之正文附於他字之下者亦甚多,如玉部珸下之"理",瑠下之"璃",土部坓下之"墢",是也。《名義》與《今本玉篇》正文皆有譌字,兩相比較,自然發現。如土部"墀"、女部"嬌"、口部"噴",《名義》誤作"墆、嬀、喧";龠部"籲"、車部"輆",阜部"𡑭",《今本玉篇》誤作"龥、輗、堅"是也。

(6)訓釋 《原本玉篇》往往一字數義,引證極博,《名義》雖略去原書之引文,而所存原書之義訓甚多,常較《今本玉篇》爲詳,如:

> 人部 佸 會也,望也,至也,勤也。《今本玉篇》:《詩》曰曷其有佸,佸會也。

> 偭 點也,習也,疑也。《今本玉篇》:點也。

> 日部 昔 夜也,古也,昨也。《今本玉篇》:往也,久也,昨也。

> 昂 盛也,我也,温也。《今本玉篇》:我也,君之德也。

《名義》之注釋且有可以補正《今本玉篇》者,如示部祽"月祭也",《今本玉篇》只作"祭名";禓"道上祭也,逐强鬼也",《今本玉篇》則脫"逐"字。兩本訓解亦有不相同者,如玉部瑨"刀上飾",《今本玉篇》作"刀下飾也";彳部徺,"豬棘反,陟字,升也,登也",《今本玉篇》徺,"雨阮切,古文遠字"。

(7)反切 《今本玉篇》反切,經唐宋兩代增改,已非原本之舊(《名義》反切之聲韻部類詳拙著《〈萬象名義〉中之〈原本玉篇〉音系》)。然相因之處亦不少。以《名義》與《今本玉篇》相校,各有脫誤。條舉如下:

> a《今本玉篇》之重文,《名義》有時兼注反切。如土部墢"與坺同",《名義》非發反;田部畊"古文耕字",《名義》居箏反;司部嗣詞之"籀文",《名義》似資反。

> b《名義》反切可以校正《今本玉篇》之譌誤。如女部"陵"充涉反,《今本玉篇》作充陟切,誤。齒部"齝"又捉反,《今本玉篇》作又渥切,又字誤。糸部"絓"胡卦反,"卦"《今本玉篇》作"卧"誤。亦有宋本誤而元建安鄭氏本(有《四部叢刊》影印本)不誤者,人部"偲"七材反,元本同,宋本"七"作"士";女

部“娃”烏佳反,元本同,宋本“佳”作“佳”;“妾”且接反,“且”元本作“七”,宋本作“士”。頁部“頼”渠流反,元本同,宋本“渠”作“柔”;走部“赴”匹賦反,元本匹遇反,宋本亡遇切;艸部“芸”右軍反,元本同,宋本“右”作“古”。

　　c《名義》有反切而《今本玉篇》有僅注直音者。如《名義》示部禄“旅穀反”,《今本玉篇》作“音鹿”;禎“忠平反”,《今本玉篇》作“音貞”;女部媒“莫來反”,《今本玉篇》作“音梅”。

　　d《今本玉篇》反切有可以校正《名義》之誤者。玉部“玲”力絓反,絓,“經”之譌;田部“町”逵鼎反,逵,“達”之譌。《名義》反切有倒置者,如心部“惦”口感反,誤作感口反;“愧”居毀反,誤作毀居反是也。

　　e《名義》有無反切者。如田部“嶜”,《今本玉篇》詳遵切;人部“儜”,《今本玉篇》莫登切;口部“嘲”,《今本玉篇》陟交切。

三、與許氏《説文》之異同

　　顧氏《玉篇》上承《説文》,其分部隸字大體相同,且每字訓釋亦必引《説文》爲證。故現存《原本玉篇殘卷》可以訂正《説文》之處甚多(具見岡井氏書中)。今《萬象名義》無一殘闕,保存原本之全體面目,其中采録《原本玉篇》引《説文》者至多,正可與宋本《説文》比較,觀其因革得失。因取全部《説文》一一與《名義》讎對:一則可以明顧氏《玉篇》與《説文》之關係,一則可以互勘譌字脱文。今就所得,揭舉數事,餘詳所著《説文校本》。

　　(1)部目　《説文》部目凡五百四十,《玉篇》共五百四十有二,其中分合略有不同。錢大昕《十駕齋養新録》卷十三玉篇條云:“《説文解字》凡五百四十部,《玉篇》删併哭延教眉白(與自同)畾歓后六弦十部,而別增父云臬尢處兆磬索狀弋單丈十二部,共五百四十二部。又《説文》“書”字在聿部,今改爲部首,而併畫部入焉。此部分之不合於《説文》者也。”至於部次,《説文》皆據形系聯,不論意義,《玉篇》則根據《説文》而作,然亦有取其意義相近而歸爲一類者,如人儿父臣男民夫予我身兄弟女爲一卷是也。

　　(2)收字　《玉篇》之收字,以《説文》爲本,增以《爾雅》《三蒼》《方言》《聲類》《廣雅》《埤蒼》《字書》等所有不見於《説文》之字。野王序云:

　　　總會衆篇,校讎群籍,以成一家之製。文字之訓備矣。

足見其用力之勤,裒輯之廣。其每部收字之次第,就《名義》觀之,多與《説文》

相近,如女部頁部目部口部是也。然亦有大亂《説文》次第者,如土部艸部鳥部金部是也。其所增之字亦不盡續於《説文》所有者之後,亦有雜廁其中者。而《説文》大例,仍不背失,如示部頁部馬部犬部皆以疊文"祘頴驫猋"爲殿可證。

(3)正文　宋本《説文解字》錯亂譌脱之處甚多,前人所校,猶有未盡。今以《説文》與《名義》比勘,《名義》有可以改正《説文》之譌誤者。

a 正文形體有不同。如《名義》

邑部鄹:側牛反,陬也。《説文》作郰,"魯下邑孔子之鄉"。

案《論語》作鄹,《史記》作陬,從聚從取,古韻同部。

人部住:時注反。立也,或樹也。《説文》作住,讀若樹。

案從壴從豆,古韻同部。《名義》及《今本玉篇》別有住字,丁侯反,"佔住也"。

髟部髶:《説文》作髶,亂髮也,從髟,茸省聲。

案《今本玉篇》《集韻》皆作髶,段氏改從耳聲,於聲則是,於義則乖。蓋從茸方有亂髮之義也。

足部跨:口護反,踞也。《説文》作跨,踞也,苦化切。

案《集韻》十一暮:跨,踞也。玄應《一切經音義》卷七引《字林》:跨,踞也。卷十五引《字林》:跨,踞。又引《説文》:跨,渡也。鈕氏樹玉以爲訓踞者古本通用跨。

巾部㡾:枕巾。《説文》作㡖。

酉部酖:《説文》作酖。

案《今本玉篇》酖下云:"酖同上。"

b《説文》正文有誤。如《名義》

目部睆:華綰反。疲也,白翳。《説文》:"睅,大目也。睆,睅或从完。"

案睆爲睅之重文,乃徐鉉所補,誤。《玉篇》訓出目貌。玄應《一切經音義》卷五引許慎注《淮南子》曰:睆謂目內白翳也。

齒部齫下齞:胡夾反,缺(缺)齒也。《説文》齫下齞,缺齒也,一曰曲齒。讀若權。巨員切。

案《名義》別有齞字,"渠圓反,齒曲也",《説文》混爲一字非也。《今本玉篇》亦有齞齞二字,《説文》齫下定是齞字,寫者譌齞字,因以後面齞字合此爲一字。

手部撼:胡感反,摇也。《説文》搣搐(摇之誤)也。胡感切。

案《玉篇》《廣韻》並作撼。《慧琳音義》卷七十四、九十四,希麟《續音義》卷六及《文選·長門賦》李善注所引並作撼。

戈部㦵:徒結反。利也,常也,大也。《説文》作戜。

案《今本玉篇》亦作戕。故宮本王仁昫《刊謬補缺切韻》作戜。《詩》胡迭而微，《韓詩》迭作戜。是戜當從至聲方與迭音相合。如大部之戡、馬部之騺是也。

　　皂部麏：牛（生）冀反，似狠（貍）。《説文》：麏，獸也，似狄狄。古穴切。

案《今本玉篇》兩收，誤。此字當作麏，井季麏卣與沔陽刻石並作麏，是其證。

　　虎部虥：胡甘反，白虎。《説文》：虤，虥屬。呼濫切。

案《説文》虤字誤。《爾雅・釋獸》虥，白虎。陶氏釋文：虥，《字林》下甘反。

　　角部觕下觫：徂古反。麤也，大也。觫下"敊，桷也"。《説文》觡，角長貌，士角切。

案觫乃觕之重文。"徂古反"是桷字之切語，《名義》誤脱正文桷字。何以知之？《刊謬補缺切韻》："桷，似古反（《切韻》作徂古反），長角。又助角反，亦敊。"《今本玉篇》："桷，助角切，擽桷也。又古樂切。敊，同上。"可證。然徂古之音，麤大之義，古籍皆作觕。《名義》"觕"爲"觸"之重文，《唐韻》觸下云"古作觕"，《今本玉篇》同。《説文》觡字各書未見，當是桷字之誤。

　　c《説文》正文有錯置者。如《名義》

　　心部惛：呼昆反。亂也，癡，恨也。恨，莫昆反。不憭也。

　　《説文》恨，恢也。呼昆切。惛，不憭也，呼昆切。

案《説文》正文恨惛錯置。《説文》恨下："恢，亂也。《詩》曰：以謹惛恢。"《説文》訓恢，與《名義》惛之訓亂義同，而正文一作惛，一作恨。但由《説文》之引經及《毛詩・民勞》釋文"惛"下所云"音昏説文作昏云恢也"可證《説文》之恨當作惛（音呼昆切），方與《名義》相合。下文惛當作恨，音莫昆切。今《説文》正文反切皆誤。《今本玉篇》"惛，呼昆切，亂也，癡也。恨，莫昆切，悶也，不明也"，與《名義》次第音訓相合，亦足反證《名義》之不誤也。

　　雨部霿：武鉤反。天氣下。霄，霿字。昌（冒）也。（《今本玉篇》霿，武公、武賦二切。天氣下，地不應也。霄，同上。）

　　　務：武賦反。地氣發。霧，同上。（《今本玉篇》霧，武賦切。地氣發，天不應也。霧，同上。）

　　《説文》："霚，地氣發，天不應。從雨，敄聲。臣鉉等曰：今俗從務。亡遇切。""霿，籀文省。""霿，天氣下，地不應曰霿。霿，晦也。從雨，瞀聲。莫弄切。"

案今本《説文》正文反切並誤。僅霿爲霿之重文，不誤。《爾雅・釋天》云："天氣下地不應曰霧（郭注言蒙昧），地氣發天不應曰霧，霧謂之晦（注言晦冥）。"與

《名義》《今本玉篇》一理。由《名義》冒也之訓及《爾雅》郭注足證《説文》之誤。清嚴章福《説文校議議》曾乙正之，段、王諸家未能辨別。

　　d《説文》有脱落正文者。《名義》

　　　衣部襩：時屬反，長襦。襱，上字。(《今本玉篇》襱，市欲切，長襦也，連腰衣也。襩，同上。)

案《説文》列襩於襱下，云"襱或从賣"，非。蓋誤脱襱字，因置襩於襱下。段氏謂合音爲近，大謬。桂氏以襩爲襱之或體，亦非；襱短衣也，與此義不合。

　　e《説文》之字有不見於《名義》者。如《説文》田部"畹"字，齒部"齝"字，彡部"彰"字，木部"梭、橀"以下諸字，豆部"䜌"字，弓部"弱、弧、弨、彊"等字，鬼部"魖、魔、魘"等字，《名義》並闕。

　　(4)訓釋　《説文》一書幾經傳寫，紕繆在所不免。徐鉉所定，已不如鍇本之善，歷時愈久，譌誤愈多也。若就唐寫本木部殘卷與宋本比觀，則古本之佳妙，更令人心折！《萬象名義》本於《原本玉篇》，其訓釋可以參校《説文》之處至多。撮要言之：

　　a二者義訓有不相近者。如《名義》

　　　人部伇：遽也，懼也，利也，慧也。《説文》：志及衆也。

　　　女部嫜：恣也，娛也，美也。《説文》：不説貌。(《繫傳》有恣也一義。)

　　　頁部頷：頤也。(古書多有此。)《説文》：面黃也。

　　　木部桶：方木器，受十六斗也。《説文》：木方，受六升。(唐寫本《説文》木部："桶，木方器也，受十六升。"《廣雅》云："方斛謂之桶，受六斗。")

　　　皿部盧：飲器也。《説文》：飯器也。(《繫傳》飲器也。)

　　　馬部驪：純黃。《説文》：馬深黑色。

　　b二者訓釋用字有異。如《名義》

　　　土部壚：堅土也。(《廣雅》同。)《説文》：剛土也。

　　　　埁：赤堅土也。《説文》：赤剛土也。

　　　　甄：坑也。《説文》：阬也。("坑、阬"通用，述古堂本《繫傳》作坑。)

　　　人部僅：財能也，劣也，少也。《説文》：材能也。(材，《玄應音義》卷十五引作財。《説文》瞥涗霤下並作財。)

　　　　佻：偷也，且也，俠也，輕也。《説文》：愉也。(愉，薄也。《爾雅·釋言》："佻，偷也。")

　　　彡部髟：臥髻也。《説文》：臥結也。(《繫傳》作髻。)

觚部觥:設食也。(《今本玉篇》及陌宋樓本《説文》同,平津館本《説文》作設飪也。)

c《名義》訓釋有可以補證《説文》者:

人部佹:小也。小器兼(?)大物。(《玉篇》大也。)《説文》:小皃。

　　傽:帀也,遍也。《説文》:帀也。(段氏以爲當作"市也",誤。)

女部婺:謀也,女謹皃。《説文》:不繇也。(朱氏以爲即不媱也。)

　　嫛:婀也,孤疑隱伏。(《玉篇》婷嫛也。)《説文》:陰嫛也。

　　妵:憂也,媚也。《説文》:鼻目間皃。

肉部肫:面顴肥皃。《説文》:面顴也。(《玉篇》同。)

木部櫹:堅木也。《説文》:木也。

　　橦:帳柱也,極也。《説文》:帳極也。(《玉篇》引同。)

鬼部魋:似熊小,毛黄赤色。《説文》:神獸也。

虫部蛋:蝮屬。《説文》:蚨也。(誤,《玉篇》蚨蛋也。《五音韻譜》虺屬。)

d《名義》有足正《説文》訓釋之譌字及衍文者:

人部儆:精詳也。(《玉篇》同。)《説文》:精謹也。

案謹字誤。《繫傳》"臣鍇云:幾近詞也,切也,故爲精詳"可證。

　　俱:皆也,具也。《説文》:偕也。(段改作皆也。)

　　伬:惰也,移也,去惰也。(《廣韻》惰也,《玉篇》墮也。)《説文》:隋也。(隋字誤,段氏、王氏、鈕氏改作惰。)

　　佝:慫(愁之譌)也,俳也。《説文》:務也。(段改作瞀,當作愁。)

　　侉:怯也,侑也,痛訶也,病呼也。(《玉篇》痛呼也。)《説文》:憰詞。(當作"痛詞"。)

　　催:相擣也,伇也。《説文》:相儔也。(儔,段改作擣。)

女部媞:媞也。(《篇》《韻》同。)《説文》:諟也。(諟字誤。)

　　妊:女病也。《説文》:女出病也。(出字衍,下文"婷"即云:女病也。)

　　婑:餧飢也。《説文》:諉也。(誤。)

頁部項:頸後。《説文》:頭後也。(《九經字樣》、《文選·洛神賦》注引並作"頸也"。)

　　領:頸也。《説文》:項也。(案項乃頸後,不得訓領。段改作頸也。)

凵部皆:俱也,偏也。魯,鈍也。舓,知也。《説文》:此三字下作"俱詞也""鈍詞也""識詞也",並多詞字。

目部眜:物入目中。(《玉篇》同。)《説文》:物作艸,非。

耳部聶:附耳小語也。《説文》:附耳私小語也。(衍一私字。《玉篇》及《史記・魏其傳》索隱引並無私字。)

口部嗷:烏呼也,孔也,空也。《説文》:吼也。

案當作孔也。嗷與窾音義相同。

噫:飽出息也。《説文》:飽食息也。

案《玄應音義》卷十四、十五引並作飽出息也。

唪:大聲也。《説文》:大笑也。

案笑字誤。

呧:呵也。《説文》:苛也。

案《玄應音義》卷十二引作呵。

呫:呵也。《説文》:苛也。

案《慧琳音義》引作呵。

嗙:喻也。訶聲。《説文》:謌聲嗙喻也。

案謌字誤。

手部柿:推也,擊也,扑也。《説文》:擑也。

案擑字誤,當作推。小徐《韻譜》作推。段氏作擑,非也。

搔:刮也。《説文》:括也。

案括當作刮。

肉部脘:胃脯也。《説文》:胃府也。《繫傳》:胃脯也。

心部惏:愛也,語也,憐也,憮也。《説文》:撫也。段氏作憮。

走部趚:疑之起而去也。《説文》:疑之等趚而去也。

案《説文》有誤,注家皆不能解。《廣韻》十四咍"趚,起去也",《類篇》"趚,起也",足證《名義》不誤。

歹部殰:道上死人所覆也。《説文》重人字,《韻會》引止一人字,注家皆未采。

穴部窒:甑孔也。(《玉篇》同。)《説文》:甑空也。

木部梃:杖也。《説文》:一枚也。

案《小爾雅・廣服》:杖,謂之梃。《孟子》"殺人以梃與刃",趙注:梃,杖也。桂氏以爲"一枚也"當作"杖也"。

　　　　柏：末端木也。《説文》：黍端也。

案唐寫本《説文》木部"末端木也"，今本《説文》誤。

　　　　枕：桱也。《説文》：樂木空也，唐寫本：樂木桱也。

　　　　楅：大車輑也。《説文》：大車枙也，唐寫本作輑。

　　禾部稭：春粟不潰也。（《玉篇》同。）《説文》：春粟不漬也，漬字誤。

　　皀部皀：調也。《説文》：飯剛柔不調相著。

案不字衍。《玉篇》：飯剛柔調也，《廣韻》：皀謂堅柔相著也，可證。

　　豈部巀：訖也。《説文》：戲也。徐鉉已正爲訖字之誤。

　　皿部盂：飲器。《説文》：飯器。

案《後漢書‧明帝紀》注及《御覽》卷七六〇引並作"飲器"，《繫傳》同。

　　彌部鬻：炊釜湯。（《玉篇》釜湯溢。）《説文》：吹聲沸也。

案吹字誤。當作"炊釜溢也"，見《原本玉篇》食部餺下引。

　　水部泫：淚流皃。《説文》：潛流也。

案潛涉上文而譌。

　　　　澤：下濕。（《篇》《韻》同。）《説文》：小溼也。小字誤。

　　日部曹：煗也，日出也。《説文》：星無雲也。

案竊疑星爲日出二字之譌。或謂星即姓字，不免附會。

　　火部齎：餔疾。《説文》：炊餔疾也。

案《名義》脱炊字，《説文》餔譌作餔。段注云："餔日加申時食也，晚飯恐遲，炊之疾速，故字從火。"殊可笑也。

　　虫部蚰：虫伸行。（《玉篇》同。）《説文》：虫曳行也。曳，段作申，是也。

　　　　虯：龍无角。《説文》：龍子有角者。

案《文選‧甘泉賦》注引作龍無角者，《玉篇》云無角龍，《名義》黿部黿奇膠反，虬也，龍無角也，《説文》蓋誤。

　　羽部翯：羽盛皃。（《篇》《韻》同。）《説文》：飛盛皃。（《繫傳》羽盛皃也。）

　　角部觽：輝角皃。《説文》：揮角皃。

　　巾部褕：匹端裂也。《説文》：正尚裂也。（《玉篇》尚作褕。）

案李燾本作"繒尚裂也"。《五音集韻》：裂繒曰褕。《類篇》曰：褕，帛邊也。桂氏定正爲匹之譌，誠卓識也。段氏改尚爲褕，妄矣。

　　　　帮：力末反，拂也。《説文》：刜也。

案刜字誤。

　　　　衣部裹:夾也。《説文》:俠也。段謂當作夾,極確。

　　　　　　褚:裝衣也。《説文》:一曰製衣。

案製字誤。

　　　　e《名義》有可以改正《説文》訓釋之顛倒錯亂者:

　　　　土部墼:積土也。《説文》:土積也。段注作積土也。

　　　　黄部黇:黑黄色也。《説文》:黄黑色也。

案由《説文》本部文例可知其誤,段氏正之。

　　　　女部敡:項直兒。(《篇》《韻》同。)《説文》:直項兒。《繫傳》項直兒也。

　　　　目部眺:望也,察視也。《説文》:目不正也。涉下文而誤。

　　　　口部窖:食滿口也。《説文》:口滿食。

　　　　手部撋:擊傷也。(《玉篇》擊壞也,《廣韻》手擊傷也。)《説文》:傷擊也。

　　　　木部橚:木長兒。(《玉篇》同。)《説文》:長木兒。

　　　　　　桼:歷録交束也。《説文》:車歷録束文也,唐寫本:車歷録束交也。
《繫傳》同。

　　　　金部銜:馬口中鐵。《説文》:馬勒口中。(或云當作馬口中勒。)

　　　　車部輻:車前後衣。軡,車前衣。《説文》輻:軡車前衣車後也。

案注家不得其解。《左傳·宣十二年》疏引作"輻一名軡,前後蔽也",《急就篇》
顔注云:"輻衣車四面皆蔽也。"與《名義》可以互證。(輻車前後有衣,見魏曹望
憘造象,王國維有跋,在《觀堂別集補遺》中。)

　　　　水部洐:溝行水也。《説文》:溝水行也。《繫傳》溝行水也。

　　　　鬼部魖:老物精。《説文》:老精物。(《玉篇》同。)

案《文選·蕪城賦》注及《玄應音義》引並作"老物精",段氏從之。

　　　　犬部獥:犬怒。(《玉篇》犬怒也。)《説文》:怒犬兒。

　　　　　　犮:犬走兒。(《九經字樣》同。)《説文》:走犬兒。

　　　　巾部帟:車衡上衣。《説文》:一曰車上衡衣。《繫傳》作衡上。

　　　　酉部酣:樂酒曰酣。(《玉篇》同。)《説文》:酒樂也,誤。段氏未正。

　　　f《名義》有可補《説文》訓釋之脱文者:

　　　　土部坫:屏墻名。《説文》:屏也。

案沈濤《説文古本考》云:"《爾雅·釋宮》釋文:坫,丁念反,《説文》云屏牆。是
古本屏下尚有牆字,今奪。"

　　　　壦:塵起也。《説文》:天陰塵也。

案《玉篇》引塵下有起字,段氏從之。嚴章福云:"按字從壹故爲天陰,從土故爲塵起。"

　　　　黄部䵳:赤黄色也。《説文》:赤黄也。(《集韻》也作色。段依《類篇》補色字,是也。)

　　　　人部備:均也,直也。(《集韻》同。)《説文》:均直也,誤。段氏正之。

　　　　仰:舉首也。《説文》:舉也。

案《説文》脱"首"字,《玄應音義》卷八引有之。

　　　　女部嫛:始生謂嫛婗也。(《玉篇》人始生曰嫛婗。)《説文》:婗也。脱嫛字,段氏補之。

　　　　娑:舞容也。(《玉篇》婆娑舞者之容。)《説文》:容也。脱舞字。

　　　　嫳:不媚也。《説文》:不媚前卻嫳嫳也。媚下脱也字。

　　　　目部瞱:視不止也。《説文》:視而止也。《廣韻》獮韻引作"視而不止"。

　　嚴可均云:"以偏旁推之,當有不字。"

　　　　手部揣:推而擣也。(《玉篇》同。)《説文》:推擣也。奪而字。

　　　　骨部髃:肩前兩乳間骨。《説文》:肩前也。

案《漢書·司馬相如傳》顔注:肩前骨也。《説文》肩前下疑脱骨字。

　　　　門部闓:開閉門户利也。《説文》無户字,《繫傳》有,注家未從。

　　　　木部柳:繫馬柱也。(《集韻》同。)《説文》無繫字,唐寫本同。當補。

　　　　竹部箱:大車箱也,牝服也,篝也。《説文》:大車牝服也。奪箱字。

　　　　黍部䕠:治黍豆本下漬葉也。《説文》:治黍禾豆下漬葉。脱本字。

　　　　弓部彀:張弓弩也。(《玉篇》同。《文選·射雉賦》注、《七命》注及《玄應音義》卷十六引並同。)《説文》奪弓字。

　　　　毛部氊:撚毛爲席。《説文》:撚毛也。

案《説文》脱爲席二字。《玉篇》云:毛爲席。《御覽》卷七〇八引作"撚毛可以爲氊"。

　　　　革部鞏:以革有所束也。(《玉篇》同。)《説文》:以韋束也。(《爾雅·釋詁》疏引與《名義》同。)

　　　　巾部幀:衣領耑也。(《玉篇》同。)《説文》無衣字,《廣韻》引有。

　　　　衣部裎:无色衣。《説文》:無色也。《玉篇》:衣無色。注家從之。

　　　　長部肆:次也,陳也……極也……《説文》:肆極陳也。當作"極也,陳也",錢坫《說文斠詮》已發之,由《名義》可證錢氏之說是也。

　　綜觀以上所述,可知《名義》一書,誠足珍貴。但寫者非精究小學之人,譌字別字,殊難辨識。如"疸(莊)迍(遐)胃(胥)曰(圓)俟(侯)倿(候)桒(桑)耽(耽)閻(閻)衮(衮)兖(兖)牙(互)者(者)昺(曼)敁(故)戒(戒)㐬(充)遜迊(延)迊(匹)界(畀)繂(纏)刄(牙)獨(獵)臈(臘)尕(疑)迗(逆)冈(网)你(仰)迊(迎)国(國)互(氏)歆(欲)餝(飾)"等字是也。又"烏焉、弔予、且旦、革草、弋戈、館舒、火大、幼幻、倉食、微徵、胡朝、葵蔡、令全、沿治、如始、庚庚"等字往往淆亂不分,必待用心分辨始明。如有好學深思之士以《今本玉篇》與《名義》相配,參證《爾雅》《說文》《廣雅》等書精密校訂之,以還空海原書之面目;復據此與《玉篇》原本及諸書所引佚文比次成帙,而疏通證明之,"亦千載之快事也!"(見楊守敬卷子《玉篇跋》。)

　　　　　　　　　　　　　　　　　　1936 年 4 月 9 日寫於北京大學

《干禄字書》之湖本與蜀本

《干禄字書》,唐顏元孫撰。元孫者,師古之從孫,杲卿之父也。師古當貞觀中於祕書省刊正經籍,曾録字體數紙,以爲讐校書寫之楷式,當時流傳,號爲顏氏字樣。爾後元孫本之,更加推廣,以成是書。蓋唐制取士之法,兼及書判,有小學一科,此書既爲章表書判而作,故以"干禄"命名。

考《舊唐書·顏杲卿傳》曰(卷一八七下):"父元孫,垂拱初登進士第,考功員外郎劉奇榜其詞策,文瑰俊拔,多士聳觀。歷官長安尉,太子舍人,亳(案"亳"當作"豪")州刺史。"而杲卿之從弟顏真卿所書《干禄字書》,題爲"唐朝議大夫滁沂豪三州刺史上柱國贈祕書監顏元孫撰",是元孫不僅爲豪州刺史矣,且嘗守滁沂二州也。

真卿距師古爲四世,與杲卿爲同祖(《新唐書》以魯公爲師古五世從孫,與忠節爲同五世祖,誤)。自其九世祖騰之至公以能書名天下者凡十人(見《四部叢刊》本元劉因《靜修文集》卷二十二《跋懷素藏真律公二帖》墨本後),而公之翰墨,尤爲世人所重。當大曆九年公爲湖州刺史,乃書其伯父之書,鐫之於石(見公後跋),自是《干禄字書》大顯於世。然傳拓既久,剝損乃多。其後開成三年楊漢公自舒州刺史遷官湖州,見其刓缺已甚,遂重摹勒石,以永其傳。二者皆刻於湖州,故世稱爲湖本也。

然清修《四庫總目提要》云:"大曆九年真卿官湖州時嘗書是編勒石,開成四年楊漢公復摹刻於蜀中,今湖本已淜闕,蜀本僅存。"此則又有所謂蜀本者。然終非漢公所重摹者。

何以言之?案漢公摹本後記云:"太師魯公,忠孝全德,儀型古今,存道歿身,焕乎國史。文學之外,尤工隸書。異鍾繇之精能,極逸少之楷則。頃因左宦,曾牧兹郡,才大事簡,居多餘閒,録干禄字樣,鐫於貞石,仍許傳本,示諸後生。一二工人,用爲衣食業,晝夜不息,刓缺遂多。親姪顥頃牧天台,懼將磨滅,欲以文字移於他石,資用且乏,不能克終。漢公謬憩棠陰,獲觀墨妙,得以餘俸成顥之意,自看摹勒,不差纖毫,庶使筆蹤傳於永永。"此於刻石之原委敘述甚明。時漢公方官湖州,故曰"謬憩棠陰,獲觀墨妙"。今《提要》稱漢公之摹本刻於蜀中，匪特與漢公之後記不符，且與《唐書》所述漢公之仕履不相應。考《新唐書》本傳云（卷一七五）：漢公字用□，虞卿子，虢州弘農人。嘗爲"户部郎中，史館修撰，轉司封郎中。坐虞卿〔事〕，下除舒州刺史，徙湖亳蘇三州，擢桂管浙東觀察使"，後拜荆南節度使，左遷同州刺史，更宣武天平兩節度使而卒。據是則漢公平生蓋未嘗一至川蜀者，何得於蜀中摹刻是編乎？

夫漢公之摹本既非刻於蜀中矣，而《提要》所謂蜀本者，乃南宋初宇文時中刻於潼川者也。今《夷門廣牘》所收即爲蜀本。書後有紹興十二年壬戌八月梓學教授成都"句詠"跋，略謂："魯公所書之石刻在湖州刺史宅東廳院，傳之維艱，故世罕得善本。而蜀士大夫所見惟板刻，尤鮮得其真。府尹龍閣宇文公比刺湖州，得魯公所書與楊漢公所摹二本，特爲精詳，於是俾以楊蜀二本參校。若顏書之刊缺者，以二本補焉；不可推究者，闕之。合通顏書之士摹勒刻石于泮，使學者矜式。雖謂摹刻失真，然梗概猶在，學者意解神悟，尚庶幾得髣髴於斯，抑自公始也。"此所謂府尹宇文公者，名字未詳。吳省欽據元費著《氏族譜》，定爲成都宇文時中（見所著《白華前稿》及段玉裁《經韻樓集》卷七《書干禄字書後》），其言當不誤。觀句詠所記可知是書南宋以前蜀中已有板刻，其有石本，則自宇文氏始。然其去楊漢公之勒石也，已三百餘年矣，今《提要》即以蜀本爲漢公之摹本，得非誤乎？

且宋談鑰《嘉泰吳興志》卷十八云："《干禄字書》碑二：一在墨妙亭，唐顏元孫撰，第十三姪男金紫光禄大夫行湖州刺史上柱國魯郡開國公真卿書。一碑在魯公祠，開成四年刺史楊漢公重摹。"是則魯公、漢公二本所在甚明。墨妙亭者，宋熙寧五年孫覺莘老所建，位於府第之北，逍遥堂之東。亭成，取境內自漢以來古文遺刻以實之，故題曰墨妙。東坡既爲之記，又因莘老之請而爲詩云："蘭亭繭紙入昭陵，世間遺跡猶龍騰。顏公變法出新意，細筋入骨如秋鷹。"顏公者，即真卿也。

然則《題要》所謂蜀本者，即宇文時中所刻、句詠爲記者之傳本也。其原石至今尚存，在四川三臺。歷來著録金石者，如《金石萃編》《藝風堂金石文字目》《八瓊室金石補正》皆爲蜀本。明周履靖所刊《夷門廣牘》，即據石拓板刻。至於湖本真卿所書者，久已磨滅不存，而漢公之所摹刻，亦不可見。惟宋寶祐五年丁巳郴陽陳蘭孫曾以湖本錄木，清馬曰璐得其本重刻之，得以不亡。此三本者，自以蜀中石本最佳（《八瓊室金石補正》卷六十三有録文）。而周、馬二本則互有短長，暇當詳校，以復元孫原書之舊焉。

　　　　　　　　　　　　　　　　　　　　　　　　　　　1940 年

主要術語、人名、論著索引